Bürgerbewusstsein

Schriften zur Politischen Kultur und Politischen Bildung

Herausgegeben von
D. Lange, Hannover, Deutschland

Bürgerbewusstsein bezeichnet die Gesamtheit der mentalen Vorstellungen über die politisch-gesellschaftliche Wirklichkeit. Es dient der individuellen Orientierung in Politik, Wirtschaft und Gesellschaft und produziert zugleich den Sinn, der es dem Menschen ermöglicht, vorgefundene Phänomene zu beurteilen und handelnd zu beeinflussen. Somit stellt das Bürgerbewusstsein die subjektive Dimension von Politik, Wirtschaft und Gesellschaft. Es wandelt sich in Sozialisations- und Lernprozessen und ist deshalb zentral für alle Fragen der Politischen Bildung. Das Bürgerbewusstsein bildet mentale Modelle, welche die gesellschaftlichen Strukturen und Prozesse subjektiv verständlich, erklärbar und anerkennungswürdig machen.

Die mentalen Modelle existieren in Entstehungs- und Wirkungszusammenhängen mit der Politischen Kultur. Auf der Mikroebene steht das Bürgerbewusstsein als eine mentale Modellierung des Individuums im Mittelpunkt. Auf der Makroebene interessieren die gesellschaftlichen Bedingungen und sozialen Kontexte des Bürgerbewusstseins. Auf der Mesoebene wird untersucht, wie sich das Bürgerbewusstsein in Partizipationsformen ausdrückt.

Die „Schriften zur Politischen Kultur und Politischen Bildung" lassen sich thematisch fünf zentralen Sinnbildern des Bürgerbewusstseins zuordnen: „Vergesellschaftung", „Wertbegründung", „Bedürfnisbefriedigung", „Gesellschaftswandel" und „Herrschaftslegitimation".

„Vergesellschaftung": Das Bürgerbewusstsein verfügt über Vorstellungen darüber, wie sich Individuen in die und zu einer Gesellschaft integrieren. Welche Vorstellungen existieren über das Verhältnis von Individuum und Gesellschaft? Wie wird soziale Heterogenität subjektiv geordnet und gruppiert?

„Wertbegründung": Das Bürgerbewusstsein verfügt über Vorstellungen darüber, welche allgemein gültigen Prinzipien das soziale Zusammenleben leiten. Welche Werte und Normen werden in politischen Konflikten, gesellschaftlichen Auseinandersetzungen und ökonomischen Unternehmungen erkannt?

Herausgegeben von
Dirk Lange
IPW-AGORA Politische Bildung
Leibniz Universität Hannover
Hannover
Deutschland

Weitere Bände in dieser Reihe http://www.springer.com/series/12208

Andreas Kegel

Wie denkst du Politik

Zur Entwicklung eines
didaktischen Politikbegriffs

 Springer VS

Andreas Kegel
Hamburg, Deutschland

Zgl. Dissertation an der Gottfried Wilhelm Leibniz Universität Hannover, 2017

OnlinePlus Material zu diesem Buch finden Sie auf
http://www.springer.com/978-3-658-18834-4

Bürgerbewusstsein
ISBN 978-3-658-18833-7   ISBN 978-3-658-18834-4   (eBook)
DOI 10.1007/978-3-658-18834-4

Die Deutsche Nationalbibliothek verzeichnet diese Publikation in der Deutschen National-
bibliografie; detaillierte bibliografische Daten sind im Internet über http://dnb.d-nb.de abrufbar.

Springer VS
© Springer Fachmedien Wiesbaden GmbH 2018

Gedruckt auf säurefreiem und chlorfrei gebleichtem Papier

Springer VS ist Teil von Springer Nature
Die eingetragene Gesellschaft ist Springer Fachmedien Wiesbaden GmbH
Die Anschrift der Gesellschaft ist: Abraham-Lincoln-Str. 46, 65189 Wiesbaden, Germany

Danksagung

Das Verfassen einer Dissertation gleicht einer gedanklichen wie auch tatsächlichen Reise. Letztere führte mich nicht nur wiederholt an die Universität Hannover, sondern auch an verschiedene Schulen in Hamburg. Dort traf ich auf SchülerInnen, die mir erlaubten, ihre Vorstellungen zum zwischenmenschlichen Zusammenleben zu entdecken. Ihnen gilt mein erster Dank. Auch Dr. Sebastian Fischer bin ich für seine hilfsbereite Unterstützung dankbar, die zu Beginn meines Promotionsvorhabens wichtig war. Nicht unerwähnt möchte ich lassen, dass Roger Schmidt mir die kostenfreie Verwendung zwei seiner Karikaturen für die Veröffentlichung gestattete.

Mein besonderer Dank gilt Prof. Dr. Dirk Lange (Universität Hannover) sowie Prof. Dr. Tilman Grammes (Universität Hamburg). Dirk Lange unterstütze meine Dissertation über die ganze Zeit. Mit seinen äußerst klugen Ratschlägen half er mir, mein Vorhaben stetig weiterzuentwickeln. Zu einem späteren Zeitpunkt kam auch Tilman Grammes hinzu, der mich durch seine Sichtweise inspirierte. In beiden fand ich kritische Freunde. Herzlichen Dank!

In the end I am also grateful to my dear friends who have always been a real support.

I hope my readers will find my lines worthwhile.

Das Inhaltsverzeichnis

Den Anhang finden Sie auf der Produktseite dieser Publikation unter http://www.springer.com

Abbildungs- und Tabellenverzeichnis

Abschnitt A – ‚Die Suche nach einem didaktischen Politikbegriff‘

A.1. Politik didaktisch rekonstruieren

Heutige gesellschaftliche Realität ist von Komplexität geprägt. Lebensentwürfe pluralisieren sich. Optionen vervielfältigen sich. Wahlmöglichkeiten ermöglichen Selbstverwirklichung. Dies führt einerseits zu ungeahnten Chancen der individuellen und gesellschaftlichen Entwicklung, andererseits zu Herausforderungen für den Einzelnen und für die Gesellschaft. Sich in einer liberal-demokratischen Gesellschaft zu orientieren, ist schwierig. Sie bedarf eines Verständnisses der gesellschaftlichen Realität. Die Politikwissenschaft stellt sich dieser Herausforderung in der empirisch-theoretischen Erklärung gesellschaftlichen Zusammenlebens. Für eine eigenständige politische Bildungswissenschaft verschärft sich diese Aufgabe. Sie will gesellschaftliche Realität mit dem Ziel der Mündigkeit vermitteln: Mündige Bürger sollen ein konzeptuelles Deutungswissen bzw. Demokratiefähigkeit [1] erwerben, sodass sie in ihrem Alltag gesellschaftliche Realität situationsunabhängig deuten können. In der Vermittlung eines anwendungsbezogenen, weil aus Kompetenzen [2] bestehenden Wissens ergibt sich die Frage nach ihrer Zusammenführung. Die Antwort mag in Basiskonzepten liegen, die aufgrund ihrer Strukturfunktion den Kern eines Faches repräsentieren [3] und die Verknüpfung von Kompetenzen und Wissen zu leisten vermögen. [4]

---

1   vgl. beispielhaft Klieme et al. 2003, 11ff; Weinert 2001, 27 – 8; GPJE 2004, 13ff; Sander 2008, 71ff; Detjen 2007, 211ff; an dieser Stelle ist der Begriff ‚Demokratiefähigkeit‘ bewusst gewählt, um die Fähigkeit zur Partizipation in einer Demokratie zu betonen (vgl. u.a. GPJE 2004, 9ff; Adorno 1970, 133ff).

2   Dass Kompetenzen nicht nur kognitiv ausgerichtet sind, sei an dieser Stelle nur angemerkt. Natürlich sind Kompetenzen fachlich, aber auch fachübergreifend. Sie beziehen sich ferner auf Handlungskompetenzen, „die neben Kognitiven, auch soziale, motivationale, volitionale und oft moralische Kompetenzen enthalten und es erlauben, erworbene Kenntnisse und Fertigkeiten in sehr unterschiedlichen Lebenssituationen erfolgreich, aber auch verantwortlich zu nutzen" (Weinert 2001, 28).

3   vgl. Demuth et al. 2005; Sander 2008, 98ff; aufgrund ihrer Strukturierungsfunktion weisen (Basis- und Fach-)Konzepte eine große Nähe zum kategorialen Lernen auf. Kategoriales Lernen soll Schülern ermöglichen, „konkrete Politik zu analysieren, zu beurteilen und zu eigenen handlungsleitenden Werten zu kommen" (Massing 1997, 221; vgl. Sutor 1984, 68ff; vgl. Abschnitt B.4.4).

Politische Basiskonzepte schlüsseln allgemein ihren Gegenstand begrifflich auf. Sie ermöglichen ein Verständnis von politischen Prozessen. Sie beantworten die Frage nach dem Sein von Politik auf spezifische Art und Weise. Der politikwissenschaftliche Grundkonsens[5] beschreibt Politik als soziales Handeln mit dem Ziel der Herstellung allgemein gültiger Entscheidungen in und für eine soziale Gruppe. Dieser Grundkonsens löst sich mit dem Blick auf das spezifisch Politische auf, also jenen Einflussfaktoren, die auf den Willensbildungsprozess wirken.[6] Letztlich begreift sich die Politikwissenschaft als eine Disziplin, „die ständig auf der Suche nach ihrem Gegenstand sei"[7]; eine „Patenantwort"[8] auf die Frage nach dem Sein von Politik hat sie nicht. Aus dieser Perspektive erklärt sich die Kontroverse in der Politikdidaktik, aus der Vielzahl ihrer Modelle von Basiskonzepten[9] ein Konsensmodell zu entwickeln und Politik in Gestalt eines Politikbegriffs spezifisch didaktisch zu entwickeln. Die Kontroverse – abgesehen vom Lernverständnis[10] – verschärft sich aufgrund ihrer fehlenden Verankerung in tatsächlichen Bildungsprozessen.

Politikdidaktik als eigenständige Wissenschaft erschöpft sich nur unzureichend, wenn sie Vermittlungswege allein aus der Politikwissenschaft heraus konstruiert. Erfolgreiche politische Bildung ist mehr als eine didaktische Aufbereitung politikwissenschaftlicher Erkenntnisse. Sie bedarf auch (!) einer empirischen Veran-

---

    Diesbezüglich stellt Oeftering (2014, 25) fest, „wie wenig sich die Diskussion um Konzepte tatsächlich von dem kategorialen Denken entfernt hat."

4   vgl. beispielhaft Behrmann 2008, 22 – 3; Weißeno 2008, 17; Richter 2008, 156ff; Lange 2008a, 245ff; Weißeno 2006, 133ff; Henkenborg 2011, 120ff; Sander 2010, 54ff; Autorengruppe Fachdidaktik 2011b, 168ff; Goll 2013; insbesondere Abschnitt B.4.3.2.

5   Meyer (2010, 37) und Patzelt (2013, 23) verwenden beispielsweise ähnlich lautende Definitionen von Politik. Für Rohe (1994, 9ff) steht die Konfliktregulierung zur Herstellung allgemein gültiger Entscheidungen im Vordergrund, ähnlich wie bei Alemann (1995, 148).

6   An dieser Stelle werden die Begriffe ‚Politik' und ‚Politisch' als austauschbar verwendet, um in die Problematik einzuführen. Es sei die Schwierigkeit angemerkt, ‚Politik' zu konzipieren: Sternberg (1978) und Llanque (2008, 42ff) zeigen anhand der politischen Ideengeschichte, wie unterschiedlich ‚Politik' bzw. das ‚Politische' seit der Antike definiert wurde. Llangue (2008, 59) konkludiert, dass „die Deutungskämpfe um den Begriff des Politischen [...] mit dem Siegeszug der modernen Demokratie nicht erledigt" sind. Auch die heutige Politikwissenschaft setzt sich kontrovers mit diesem Thema auseinander (vgl. Schaal/ Heidenreich 2009, 20 – 1; Meyer 2010, 38)

7   Rohe 1994, 14; auch vgl. beispielhaft Schmitt 1963, 20; Meier 1980, 15 sowie 27ff; Alemann et al. 1994, 12ff; Alemann 1995, 140ff; Sternberger 1978, 19ff; Llanque 2008; Kreide/Niederberger 2011; dass der Begriff ‚Politik' normativ zu definieren ist, zeigt zum Beispiel Sternberger (1978, 440ff), der von einer guten Politik spricht und damit die Lehren Aristoteles meint. Eine normative Definition eines Begriffes – und im Besonderen des Begriffes ‚Politik' – stellt auch die Politikdidaktik vor einer niemals endgültig lösbaren Problematik, den eigenen Gegenstand abschließend bestimmen zu können. Dies zeigt sich beispielhaft bei Gieseke (1982, 114), der es als Voraussetzung ansieht, dass sich seine ausgewählten Kategorien „in jedem politischen Konflikt enthalten [sind] [...] bzw. – als Fragen an ihn gestellt – zu sinnvollen Antworten führen."

8   Rohe 1994, 61

9   vgl. beispielhaft Weißeno 2006, 136 – 8; Sander 2008, 100 – 4; Lange 2008a, 248 – 51; Richter 2008, 161 – 164; Weißeno et al. 2010; Autorengruppe Fachdidaktik 2011a

10   vgl. Weißeno et al. 2010; Autorengruppe Fachdidaktik 2011a; Abschnitt B.2; Abschnitt C.2.1

kerung, mit der sie ihre Subjekte als wesentlichen Faktor anerkennt.[11] Politikdidaktik hat die Erkenntnisse ihrer Subjekte und der Politikwissenschaft zusammenzuführen, um einen didaktischen Politikbegriff zu entwickeln. Auf der Suche danach muss politische Bildung Schülervorstellungen als Ausgangspunkt nehmen und mithilfe fachlicher Vorstellungen weiterentwickeln.

Politikvorstellungen entstehen im Bürgerbewusstsein; dem geistigen Ort, in dem Schüler ihr alltagsbezogenes Deutungswissen über die politisch-gesellschaftiche Wirklichkeit in Gestalt von Vorstellungen konstruieren. Vorstellungen bzw. kognitive Landkarten oder mentale Modelle ermöglichen, der Realität subjektive Plausibilität zu geben. Diese Objektrepräsentation verdichtet Denkfiguren in Abhängigkeit des situationsspezifischen Problems.[12] Denkfiguren bestehen aus Konzepten, „eine geistige Verknüpfung, die dem Verständnis und der Erklärung von Sachverhalten dient. [...] Konzepte sind [...] Erzeuger von Sinn."[13] Sie ermöglichen Deutungswissen. Sie entstehen im Erleben politischer Prozesse, die in alltäglichen Aushandlungsprozessen stattfinden, sei es im Freundeskreis, Familien-, Klassen- oder Betriebsrat oder auch in anderen Kontexten mit ihren (nicht-)fixierten Institutionen. Diese Politikvorstellungen werden fruchtbar, sofern die Didaktik Politik als Transformationsprozess von Partikularinteressen zu allgemein gültigen Entscheidungen beschreibt. Dieses Politikverständnis ist didaktisch sinnvoll, insofern es politische Prozesse im Alltag erkennbar macht, ohne entpolitisierend zu sein.[14]

Nichtsdestotrotz bleibt der beschriebene Politikbegriff unzureichend. Er erschwert die Erklärung und Vermittlung gesellschaftlicher Realität. Seine Simplizität kann keine Komplexität abbilden. Er affirmiert zwar Pluralität, insofern er die Existenz von Partikularinteressen anerkennt; er bleibt aber blind gegenüber die der Pluralität innewohnenden Friktionen, denn er ignoriert die konkreten Abläufe während des Aushandlungsprozesses. Der Politikbegriff muss um politische Basiskonzepte erweitert werden. Basiskonzepte bilden die Komplexität gesellschaftlicher Realität ab und helfen, Gesellschaft besser zu verstehen. Sie verdeutlichen die Friktionen gesellschaftlichen Zusammenlebens. Die Abbildung ist nur dann didaktisch sinnvoll, sofern sie nicht nur subjektursprünglich, weil im Bürgerbewusstsein veran-

---

11 vgl. Lange 2008a, 246; Autorengruppe Fachdidaktik 2011b, 167 – 8; Sander 2008b, 69 – 71; Sander 2010, 57; Reinhardt 2005, 137 – 8; Lange 2011a, 101; Lange 20011b, 19; Lutter 2010, 78 - 9; Müller 2001, 19; Kattmann et al. 1997, 6; Jung 1993, 92 - 6; für erkenntnistheoretische Erkenntnisse u.a. Siebert 2005, 34; insbesondere Abschnitt B.2; im Kontext um Basiskonzepte plädiert Meyer (2013, 163) für eine selbstbewusste Disziplin, die zum Beispiel den Naturwissenschaften nicht hinterherläuft.

12 vgl. Seel 2003, 24; Edelmann 2000, 160 - 2; Mandl et al. 1988, 110ff; Gerring/ Zimbardo 2008, 223 - 4; Weißeno 20006, 128

13 Lange 2011a, 95; Sander 2010, 48 - 53; Becker-Carus 2011, 285 - 6; Murphy 2004, 1ff

14 vgl. Lange 2004, 39; ebenda 2008b, 432; Kattmann 2007a, 11; Lange 2008a, 251; Lutter 2010, 78; vgl. Abschnitte B.4 und C.2.1.; bereits an anderer Stelle ergibt sich, dass Schüler ihre eigenen Ideen zu Gesellschaft und Politik konstruieren (vgl. Schelle 2003, 195ff; Schmiederer 1975, 142ff; Holtmann 1980, 67ff; Grammes 1997, 316ff).

kert, sondern auch fachlich, also politikwissenschaftlich weiterentwickelt wäre. Basiskonzepte würden dann einem „doppelten Ansatzpunkt"[15] entsprechen, obgleich ein dreifacher besser wäre.[16]

Ein subjektursprünglicher und politikwissenschaftlich weiterentwickelter Politikbegriff ist didaktisch zu rekonstruieren. Als Forschungsmodell führt die ‚Didaktische Rekonstruktion'[17] die ‚Lerner- und Fachperspektive' über einen ‚wechselseitigen Vergleich' zusammen, um fruchtbare Leitlinien im Sinne eines ‚komplexen Vorstellungswandels'[18] zu entwickeln.

Abbildung A.a: Das Bürgerbewusstsein mit Basiskonzepten zur Deutung von Politik

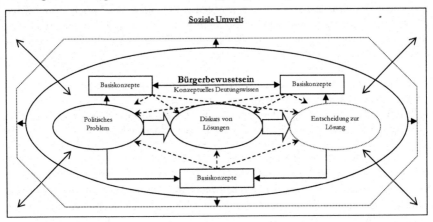

---

15   Henkenborg 2008a, 83 mit Verweis auf Lange 2008; mit Nachdruck sei an dieser Stelle auf die Einbeziehung der Lebenswelt verwiesen, da Politik auf den Alltag und der Alltag auf Politik wirkt - wie beispielsweise Lange (2004, 38ff) überzeugend argumentiert. Auch Holtmann (1980, 72ff) schlägt die Zusammenführung von Wissenschaft- und Alltagswissen vor.

16   Der dreifache Ansatzpunkt berücksichtigt nicht nur Schüler- und Wissenschaftswissen, sondern auch Institutions- und Berufswissen (vgl. Grammes 1997, 70ff; *ausführlicher:* Abschnitt F.2.2). Der hier entwickelte didaktische Politikbegriff (vgl. Abschnitt E) ist zwar unzureichend, jedoch in seiner Entwicklung aus Subjekt- und Wissenschaftswissen bereits eine gute Leistung.

17   Die ‚Didaktische Rekonstruktion' ist ein systematisch und interdisziplinär angelegtes Modell der Lehr-Lern-Forschung, das in der Didaktik der Naturwissenschaft (Kattmann/ Gropengießer 1996; Gropengießer 2007a; Kattmann et al. 1997; Abschnitt B.3) entwickelt und für die politische Bildung adaptiert wurde (Lutter 2011; Klee 2008; Klee et al. 2006; Lange 2007; Dahnken 2005, 18).

18   Der Begriff ‚Vorstellungswandel' ist nicht mit dem Begriff *‚conceptual change'* (Konzeptwechsel) gleichzusetzen, sondern mit *‚conceptual reconstruction'.* Vorstellungswandel bezieht sich nicht auf das Ersetzen von lebensweltlichen Vorstellungen, sondern lebensweltliche Vorstellungen sind Lernhilfen und Lernvoraussetzungen (vgl. Kattmann 2005, 168; Lutter 2010, 78 – 9; Duit 1996).

Die Schülervorstellung als Ausgangspunkt nehmend, liegt der Schwerpunkt der Studie auf der Lernlogik, also den Deutungs- und Argumentationsmustern der Schüler.[19] Sie zentriert ihre Denkstrukturen. Aus dieser Perspektive ergibt sich die an Lernende gerichtete Frage: *„Wie denkst du Politik?"*. Sie soll Lernende veranlassen, ihr umfängliches Aussagegefüge im Rahmen von Deutungs- und Rahmenmustern offenzulegen, sodass diese mittels wissenschaftsbezogenen Erklärungsansätze zum selbigen Gegenstand wechselseitig verglichen werden können. Dabei dürfen die Deutungs- und Rahmenmuster nicht in der Deskription gesellschaftlicher Realität verharren. Gesellschaftliche Realität ist zuweilen beeinflusst von aktuellen, sich abwechselnden Ereignissen, die die Erklärungsansätze auf spezifische Themen einengen. Wenn das Ziel in der Diagnose situationsunabhängiger Erklärungsansätze liegt, muss die Beschreibung gesellschaftlicher Komplexität soweit wie möglich frei von aktuellen Ereignissen bleiben. Dies erfordert eine Deskription gesellschaftlicher Idealität, die sich zwar stets auf gesellschaftliche Realität bezieht, sich aber von realexistierenden, sich auch aus aktuellen Ereignissen perspektivierten Zwänge soweit wie möglich befreit. Idealität zielt auf das Gelingen einer besseren Welt.

In der Beschreibung gesellschaftlicher Idealität löst sich das Spannungsverhältnis, einerseits die Befreiung von und andererseits die Bezugnahme auf gesellschaftliche Realität, mithilfe von Utopie auf. Allgemein lässt sich ‚Utopie' als „ein Phantasiebild einer Gesellschaft [definieren], das Lösungsvorschläge für ganz bestimmte ungelöste Probleme der jeweiligen Ursprungsgesellschaft enthält [...], die entweder anzeigen, welche Änderungen der bestehenden Gesellschaft die Verfasser oder Träger einer solchen Utopie herbeiwünschen oder welche Änderungen sie fürchten und vielleicht manchmal beide zugleich."[20] Die Sichtweise auf die „Fehlentwicklungen der eigenen Gesellschaft"[21], die dem klassischen Utopiebegriff zugrunde liegt, entspringt beim Utopie-Verfasser seiner spezifischen sozialen Lage und sagt nichts über die Realisierbarkeit der Utopie-Vorstellung aus.[22] Indem die Schüler ihre Politikvorstellung als Utopie darlegen, wählen sie eigenständig Aspekte zwischenmenschlichen Zusammenlebens aus, die sie als verbesserungs- bzw. regelungsbedürftig ansehen. Sie beziehen sich damit auf gesellschaftliche Realität, aber befreien sich gleichzeitig davon, insofern sie ihr ideales Zusammenleben darlegen.

---

19 Dahnken (2005, 31) bezieht ihre Studie explizit auf die Argumentations- und Deutungsmuster von Schülern und begründet dies im Rahmen des von Groeben et al. (1988) entwickelten Forschungsprogramms Subjektive Theorien (vgl. B.4.2).

20 Elias 1985, 103

21 Saage, 2008, 11; der klassische Utopiebegriff ist in der Utopie Forschung umstritten. Die Diskussion um den richtigen Utopiebegriff (vgl. bsp. Rohgalf 2015, 95ff oder die dritte Ausgabe der Zeitschrift „Erwägen – Wissen – Ethik" aus dem Jahr 2005) kann hier nicht aufgezeigt werde; vielmehr ist die Intention einen solchen Utopiebegriff zu nutzen, der es Schülern ermöglicht, ihre ganz eigene Sichtweise eines idealistischen Zusammenlebens von Menschen darlegen zu können.

22 vgl. Elias 1985, 101 sowie 144ff

Insofern sich der Untersuchungsgegenstand um politische Utopie konkretisiert und das Forschungsmodell die Lernerperspektive und die fachliche Perspektive zum selbigen Thema untersucht, ergibt sich die politische Theorie, *genauer* die Demokratietheorie als Quellengeber in der ‚Fachlichen Klärung'. Die Demokratietheorie klärt utopische Vorstellungen zum gesellschaftlichen Zusammenleben. [23] Sie ermöglicht eine politikwissenschaftliche Deutung schülerbezogener Vorstellungen zur politischen Utopie.

In der Klärung der Subjektvorstellung zur idealtypischen Politik orientiert sich die Studie an der qualitativen Sozialforschung. Sie konkretisiert sich durch die qualitative Inhaltsanalyse. In der Untersuchung subjektiver Denkweisen will die qualitative Sozialforschung „zu einem besseren Verständnis sozialer Wirklichkeit(en) beitragen und auf Abläufe, Deutungsmuster und Strukturmerkmale aufmerksam machen.“[24] Mit der qualitativen Inhaltsanalyse erfolgt die Erfassung der schülerbezogenen und fachlichen Vorstellung mittels eines „theoriegeleitet, am Material entwickeltes Kategoriensystem; durch dieses Kategoriensystem werden diejenigen Aspekte festgelegt, die aus dem Material herausgefiltert werden.“[25] Dies ermöglicht einen Zugang zu den subjektiven Sichtweisen über gesellschaftliche Realität.[26] Der Fokus liegt auf den „fach- und themenspezifischen Denkweisen in Begriffen und deren zugehörige konzeptuelle Rahmen und nicht [...] [in der] Häufigkeit ihres Kontextes beraubter Vorstellungen.“[27] Das Ziel liegt in Basiskonzepten, die bildungsempirisch, weil subjektursprünglich und fachlich, also demokratietheoretisch entwickelt sind. Diese Basiskonzepte lassen sich zu einem didaktischen Politikbegriff verdichten.

Mit der Frage an die Lernenden „*Wie denkst du Politik?*“ liegt das Erkenntnisinteresse der Studie in der Definierung eines didaktischen Politikbegriffs. Um der Gefahr entgegenzutreten, den von Lernenden und Fachlichkeit vorgenommenen Bedeutungs- und Sinnzusammenhang zu ignorieren,[28] zielt die Studie auf das Evo-

---

23   vgl. Abschnitt D.3.2.; auch Holtmann (1980) schlug das Eingehen der Didaktik auf politische Theorie vor.

24   Flick et al. 2010, 14; vgl. Mayring 2002, 19ff, Steinke 1999; einen interessanten Beitrag zur qualitativen Forschung in der politischen Bildung leistet Schelle (2015, 22ff). Grammes (1997, 279) verdeutlicht den Vorteil qualitativer Forschung wie folgt: „Werden alternative, qualitative Untersuchungsdesigns gewählt, dann können Heranwachsende erstaunlich differenzierte Bilder des Politischen entwerfen.“

25   Mayring 2002, 114

26   vgl. Witzel 2000

27   vgl. Kattmann 2007b, 101

28   Basis- und Fachkonzepten zeigen eine große Nähe zum kategorialen Lernen auf. Daher droht auch ihnen, sollten sie als isolierte Begriffe betrachtet werden, die Gefahr der „verständnislosen Begriffsakrobatik“ (Massing 1997, 222). Kategorien – und damit auch Basis- und Fachkonzepte – haben eine Brückenfunktion, insoweit „sie beim Lernenden Einsichten in Grundsachverhalte [...] oder, in strukturalistischer Sprache ausgedrückt, eine differenzierte kognitive Struktur“ (Sutor 1984, 73) ermöglichen sollen. Letztlich sind Konzepte und Kategorien „flexible, kontextübergreifende Begriffe, deren Beweglichkeit durch verschiedene Bedeutungsebenen oder Anschauungsinhalte erzeugt wird“ (Autorengruppe Fachdidaktik 2011b, 167). Murphy (2004, 5) betont: „It is of-

zieren solcher Vorstellungen, die Basiskonzepte als Mittel zur Erklärung eines utopischen Willensbildungsprozesses nutzen, sich im Rahmen von Deutungs- und
Argumentationsmuster offenbaren[29] und das didaktisch-spezifisch Politische erkennbar machen. Das Erkenntnisinteresse der Studie lässt sich wie folgt präzisieren:

1. Die Studie zentriert jene Vorstellungen, mit denen sich Schüler einen idealtypi-
    schen Willensbildungsprozess in einer Gesellschaft zentral erklären. Sie will
    versuchen, schülerbezogene Basiskonzepte offen zu legen und in einen sub-
    jektbezogenen Politikbegriff zu verdichten ('Lernerperspektive')
2. Ferner fragt die Studie nach fachlichen, *konkret* demokratietheoretischen Er-
    klärungen, mit denen die Schülervorstellungen gedeutet und in Bildungspro-
    zessen ausdifferenziert werden können. Sie will versuchen, einen demokratie-
    theoretischen, auf Schülervorstellungen basierenden Politikbegriff zu entwi-
    ckeln ('Fachperspektive')
3. Abschließend zielt die Studie auf einen wechselseitigen Vergleich zwischen den
    wissenschafts- und schülerbezogenen Vorstellungen über idealtypische Politik.
    Sie will abschließend versuchen, einen didaktischen Politikbegriff zu entwi-
    ckeln ('Didaktische Strukturierung')

Die Fragestellungen beruhen auf den Hypothesen, wonach...

a) ...Schüler eigene Politikvorstellungen in ihrem Bürgerbewusstsein entwickeln
    und verinnerlichen. Diese Vorstellungen stellen die wesentlichste Lernbedin-
    gung dar.
b) ...Schüler aufgrund ihrer subjektiv konstruierten sozialen Wirklichkeiten über
    eigene, noch zu identifizierende Basiskonzepte verfügen, mit denen sie Politik
    zentral deuten.
c) ...Basiskonzepte die Deutung des politischen Willensbildungsprozesses inner-
    halb einer Gesellschaft in variablen Situationen ermöglichen.
d) ...sich der Bedeutungs- und Sinnzusammenhang der Basiskonzepte erst im
    Kontext der Erklärung von Politik eröffnen.
e) ...die Herbeiführung eines 'komplexen Vorstellungswandels' bei Schülern von
    einem wechselseitigen Vergleich zwischen schülerbezogenen und politikwis-
    senschaftlichen Vorstellungen zur idealtypischen Politik abhängig ist.

---

ten hard to keep track of which of these one is talking about, because the two [Kategorien und
Konzepte – ASK] go together."
29 vgl. Autorengruppe Fachdidaktik 2011b, 167

A.2. Zusammenfassung und Ausblick

Im Befund eines zwar alltagstauglichen, jedoch für die Abbildung der komplexen Gesellschaftsrealität unzureichenden Politikbegriffs zielt die Studie auf die Entwicklung eines didaktischen. Dieser strukturiert sich in bildungsempirischen, weil subjektursprünglichen und fachlichen, insofern demokratietheoretisch weiterentwickelten Basiskonzepten. Diese offenbaren sich in utopischen Politikvorstellungen. Die Deskription gesellschaftlicher Idealität bleibt nicht blind gegenüber Aktualität, ermöglicht jedoch eine erweiterte Sichtweise auf gesellschaftliches Zusammenleben; Utopie evoziert eine allgemeinere Gesellschaftsvorstellung.

Die Entwicklung eines didaktischen Politikbegriffs gelingt über das Forschungsmodell der Didaktischen Rekonstruktion aufgrund eines wechselseitigen Vergleichs der Lerner- und Fachperspektive zum selbigen Gegenstand, *hier*: utopische Politikvorstellungen. Der wechselseitige Vergleich strukturiert die Studie: Nach der Einführung (*Abschnitt A*) bezieht sich der nächste Schritt (*Abschnitt B*) auf den Suchrahmen eines didaktischen Politikbegriff, woraus sich der theoretische Bezugsrahmen der gesamten Untersuchung ergibt. Der dann folgende dritte Schritt (*Abschnitt C*) zentriert die Suche nach einem subjektbezogenen Politikbegriff, indem er subjektspezifische Vorstellungen zum idealtypischen Gesellschaftsleben klärt. Diese Vorstellungen als Ausgangspunkt nehmend, erhebt der vierte Schritt (*Abschnitt D*) einen demokratietheoretischen Politikbegriff, also die fachliche Perspektive auf eine utopische Gesellschaft. Der fünfte Schritt (*Abschnitt E*) adressiert die ‚Didaktische Strukturierung', der die im dritten und vierten Schritt erhobenen Vorstellungen wechselseitig vergleicht. Sie entwickelt einen didaktischen Politikbegriff. Abschließend findet im sechsten Schritt (*Abschnitt F*) eine kritische Reflexion über den didaktischen Politikbegriff statt. Die Ergebnisse werden kritisch beleuchtet und mögliche Forschungsperspektiven aufgezeigt. Alle durchgeführten Schritte befruchten sich gegenseitig.

Abschnitt B – ‚Vom Suchrahmen eines didaktischen Politikbegriffs'

B.1. Ziel und Struktur des Abschnitts B

Das Erkenntnisinteresse der Studie liegt in der Entwicklung eines didaktischen Politikbegriffs. Dieser entsteht sich in einem wechselseitigen Vergleich der Lerner- und Fachperspektive zur idealtypischen Politik. Die Zusammenführung beider Perspektiven gelingt über das Forschungsmodell der ‚Didaktischen Rekonstruktion'. Im *Kapitel B.2* erfolgt zunächst die Skizzierung der epistemologischen Grundhaltung, basierend auf einem moderaten Konstruktivismus. Das *Kapitel B.3* konkretisiert die ‚Didaktische Rekonstruktion' hinsichtlich der Entwicklung des didaktischen Politikbegriffs. Anschließend thematisiert das *Kapitel B.4* Vorstellungen, welche das verbindende Element von Fachlichkeit und Lebenswelt darstellen. Sie sind daher in Bezug auf ihre Komplexitätsebenen, dem Bürgerbewusstsein und den (Basis-)Konzepten zu klären. Das *Kapitel B.5* begründet die qualitative Herangehensweise und erläutert die Gütekriterien, die eine externe Bewertung der Untersuchungsergebnisse ermöglichen sollen. Das *Kapitel B.6* fasst die Ergebnisse zusammen und gibt einen Ausblick auf die weitere Studie.

B.2. Epistemologische Grundhaltung der Studie

Die Studie nimmt eine moderat-konstruktivistische Forschungsperspektive ein. Der Ausgangspunkt liegt in einer Metatheorie, die „die Möglichkeiten und Grenzen menschlicher (wissenschaftlicher und alltäglicher) Theoriebildung beschreibt."[30] Im Folgenden werden die Konsequenzen einer solch perspektivierten Untersuchung auf das Lernverständnis erläutert. Hierzu wird der moderate Konstruktivismus zum radikalen abgegrenzt, um anschließend die Art und Weise der mentalen Wissenskonstruktion darzustellen. Abschließend werden die Konsequenzen für das Lernverständnis aufgezeigt.

Der epistemologische Konstruktivismus negiert eine subjektunabhängige Objektivität. Der radikale Konstruktivismus überbetont die subjektbezogene Wirklich-

---

30 Siebert 2004; vgl. Riemeier 2007, 71

keitskonstruktion. [31] Die in dieser Studie eingenommene erkenntnistheoretische Grundhaltung basiert – wie andere Arbeiten, die sich der ‚Didaktischen Rekonstruktion' bedienen – auf einer „moderat-konstruktivistische[n]."[32] Diese moderat-konstruktivistische Haltung sieht Lernen als eine aktive, selbstgesteuerte, selbstreflexive Konstruktion des Subjekts an. Lernen erfolgt nicht nur auf der Basis bereits vorhandenen Wissens, sondern auch in einem sozialen Aushandlungsprozess: Der moderate Konstruktivismus erweitert die Annahme der subjektabhängigen Objektivität um den Einfluss sozialer Zusammenhänge auf individuelle Wissenskonstruktionsleistungen.

Erkenntnistheoretisch entsteht Wissen mithilfe von Aushandlungsprozessen, bei denen sich Wissen als subjektiv plausibel erweist. Subjektive Plausibilität meint eine valide Deutung bzw. lebensdienliche Sinngebung des Wahrgenommen. Die sich dadurch konstruierende Objektrepräsentation in Gestalt von mentalen Modellen bzw. Vorstellungen ist eine beobachtungsabhängige, also subjektive Wirklichkeit.[33] Deutungen sind immer eine individuelle Verstehensleistung.[34] Wissen entsteht auch mithilfe von kulturell-gesellschaftlichen Aushandlungsprozessen bzw. sozialen Zusammenhängen, in denen sich Wissen als lebensdienlich, also viabel erweisen. Wissenskonstruktionen sind das Ergebnis *individueller als auch gesellschaftlicher* Beobachtungen. Menschen sind „*Homo socius*"[35] und leben in Gesellschaften. Sie kommunizieren mit anderen, gehen soziale Aushandlungsprozesse ein und verschränken ihre unterschiedlichen Perspektiven (Perspektivenverschränkung). [36] Infolgedessen entstehen Verständigungen, in denen individuell erzeugte Wissenskonstruktionen mit anderen individuell erzeugten Wissenskonstruktionen abgeglichen und verändert werden. Sprache bildet das Koordinatensystem menschlichen Wissens. Es konstruiert Wirklichkeit: Sprache legt die Art und Weise offen, wie ein Ausschnitt der Wirklichkeit gedeutet wird.[37]

---

31   vgl. u.a. Reich 2006, 85; Müller 2001, 4; Roth 2003, 207; Timm 2009, 44; die Leistung des Sozialkonstruktivmus bringt Siebert (2005, 24) auf den Punkt: „Die Radikalität des epistemologischen Konstruktivismus wird durch einen kulturalistischen sozialen Konstruktivmus entschärft und »abgefedert«, ohne dass die Einsicht in die operationale Geschlossenheit unseres Gehirns wieder verloren geht."

32   Kattmann et al. 1997, 6; Duit 1996, 147ff; andere Arbeiten, die eine moderat-konstruktivistische Grundhaltung einnehmen und sich der ‚Didaktischen Rekonstruktion' bedienen, sind u.a. Frerichs 1999, 13ff; Groß 2004, 120; Dahnken 2005, 16 – 7; Seitz 2005, 18 – 9; Gropengießer 2007a, 13ff; Klee 2008, 19ff; Lutter 2011, 19ff

33   vgl. Siebert 2005, 8; Sander 2005, 46ff

34   vgl. Roth 2003, 72

35   Berger/ Luckmann 1969, 54 (Hervorhebungen im Original – ASK)

36   vgl. Siebert 2005, 30; Reich 2006, 80ff

37   vgl. Berger/ Luckmann 1969, 25 sowie 36ff; Reich 2006, 76ff; Jung 1993, 88; Sander 2005, 48; ein interessantes Beispiel bildet die englische Übersetzung des Begriffs ‚Reichskristallnacht'. Der Kristall wird mit etwas positivem assoziiert. Im Englischen wird das Ereignis mit ‚Night of the broken glass' negativ gedeutet (vgl. Wildhage 2003, 80 – 1). Wie wichtig Metaphern für den politischen Diskurs sind, zeigt Lakoff (2002) zum unterschiedlichen Sprachgebrauch konservativ- und liberal-

Soziale Aushandlungsprozesse führen zu lebensdienlichem Wissen in Gesellschaften. Jedes individuell erzeugte Wissen muss sich als nützlich erweisen. Erweist sich Wissen in sozialen Handlungen in einer Verständigung als untauglich (*Perturbation*), rekonstruiert sich das Wissen entsprechend den Erfahrungen. Die Handlungen werden viabel, wodurch sie „individuell und gesellschaftlich lebensdienlich, funktionell, nützlich sind."[38] Die entstehenden subjektiven Plausibilitäten weisen zeitliche, räumliche, sozial-kulturelle, ethnische Begrenztheiten auf, beziehen sich aber auf Wahrheiten, da sie auf adäquates Handeln und Beobachtens innerhalb gesellschaftlicher Normierungen, Beobachtungen und Kontrollen[39] bzw. auf „intersubjektive Einheitlichkeit vieler Wahrnehmungsprozesse"[40] basieren. Subjektive Plausibilität, also lebensdienliches Wissen ist das Ergebnis individueller Beobachtungen als auch gesellschaftlicher Aushandlungsprozesse (Perspektivenverschränkung). Individuelle Deutungsleistungen bleiben relevant, denn „trotz der biologischen Gemeinsamkeiten [aber auch Abweichungen (Blinder und Seher) – ASK] aller Menschen und trotz der sozio-kulturellen „Vorgaben" [unterscheidet sich] für jedes neu geborene Kind die Konstruktion der Wirklichkeit noch einmal bei jedem einzelnen Menschen."[41] Wissen ist das Ergebnis individueller Konstruktionsleistungen, geprägt von sozialen Zusammenhängen.

Subjektive Plausibilität ist Interimswissen – unabhängig, ob es sich um lebensweltliche oder fachliche Vorstellungen handelt. Lebensweltliche Vorstellungen sind das Ergebnis von Beobachtungen alltäglicher Ereignisse in sozialen Aushandlungsprozessen. Die dadurch konstruierten Alltagsdeutungen erweisen sich in Abhängigkeit ihrer Viabilität als lebensdienlich. Sie verändern sich in Abhängigkeit ihrer Alltagstauglichkeit: Beweisen sich Deutungen im Alltag nicht mehr als lebensdienlich, werden sie rekonstruiert. Der politische Sinnbildungsprozess besteht sowohl aus Konstruktionsleistungen, also einer *top-down*-Verarbeitung bzw. Assimilation, als auch aus Rekonstruktionsleistungen, also einer *bottom-up*-Verarbeitung bzw. Akkommodation.[42] Ein solch verstandener Lernprozess ist insbesondere in aushand-

---

politisch denkender Menschen. Konservative verwenden das Bild eines strengen Elternbildes (Strict Father morality), während sich Liberale eines sich kümmernden Elternbildes (Nurturant Parent morality) bedienen (ebenda, 13). Auf die Unterrichtsforschung bezogen, verdeutlichen beispielsweise Gropengießer (2006; 2007b) und Baalman et al. (2004) die Relevanz von Sprache und Metaphern beim Verstehen der Lernerperspektive (selbiges gilt für die Fachlichkeit). Die Relevanz von Sprache zeigt sich auch darin, dass Wörter (und damit Sprache) eine Interaktion zwischen dem referentiellen und dem gedanklichen Bereich ermöglichen. Dass Sprache ein wesentlicher Bestandteil der individuellen Konstruktions- und Rekonstruktionsleistungen im Rahmen sozialer Aushandlungsprozesse ist, zeigt das Fremdsprachenlernen (vgl. Timm 2009, 45).

38   Siebert 2005, 24
39   vgl. Reich 2006, 80 – 1
40   Roth 2003, 208
41   Sander 2005, 49
42   Konstruktionsleistung sind im Lernprozess top-down-Verarbeitungen bzw. Assimilation, da sie auf der Grundlage vorhandenen Wissens stattfinden und existierende Vorstellungen erweitern und

lungsorientierten Lernumgebungen möglich, in denen Schüler ihre bereits konstruierte subjektive Plausibilität einbringen und andere Konstruktionsergebnisse handelnd erfahren; nur dadurch kann Lernen als ‚komplexer Vorstellungswandel' erfolgen. Die Lernumgebung hat solche „Lernangebote zu schaffen, in denen ausgehend von den Vorerfahrungen ein Konstruieren und Restrukturieren von Vorstellungen möglich sind. […] Die Lernumgebung muss Bedingungen bereitstellen, mit denen ausgehend von den Vorerfahrungen fachlich angemessene Konstruktionsprozesse ausgelöst werden."[43] Dieses Lernverständnis erfordert eine offene, situierte Lernumgebung. Es versteht Wirklichkeitskonstruktionen als *„Stadien des Interimswissens [...] und ‚Fehler' als Normalfall [...]."*[44]

Interimswissen ist kein Alleinstellungsmerkmal von Alltagsvorstellungen, sondern bezieht sich auch auf wissenschaftlich erzeugte Vorstellungen. Eine moderat-konstruktivistische Grundhaltung relativiert die Höherwertigkeit von Fachlichkeit. Sie postuliert Fachlichkeit als (re-)konstruiertes Wissen einer wissenschaftsbezogenen Verständigung. Fachlichkeit ist das Ergebnis wissenschaftlicher Beobachtungen, die sich innerhalb wissenschaftlicher Diskurse als viabel erweisen. Folglich „beschreiben fachliche Annahmen die Wirklichkeit nicht so, wie sie ist, sondern sie erschließen sie mit Hilfe ihrer Fragestellungen und Deutungen. Die Wirklichkeitsannahmen der Fachlichkeit sind dabei zwar andere als die des Alltags, aber auch Wissenschafterinnen und Wissenschaftler konstruieren letztlich eine – vielmehr ihre

---

verfeinern. Rekonstruktion bezeichnet hingegen eine bottom-up-Verarbeitung bzw. Akkomodation, insoweit vorhandene Vorstellungen umstrukturiert werden (vgl. Seel 2003, 251 – 2; Timm 2009, 47 – 8; Wilkening 1988, 215 – 6).

43   Riemeier 2007, 72 – 3; vgl. Lange 2008a, 252 – 3; Langner 2010, 167; Kattmann 2005, 166 - 7; die hier dargestellte Sichtweise auf Lernen soll nicht idealistisch sein. Lernen ist schwierig, da sich Lernende mit neuen Vorstellungen auseinandersetzen müssen und vertraute Auffassungen ablegen müssen. Die dabei entstehenden Schwierigkeiten verdeutlicht Mietzel (2007, 237 – 8 sowie 293) überzeugend und erfrischend an den Beispielen des kognitiven Prokrustesbett und der Vorlesung von Professor Barnetts.

44   Müller 2001, 19 (Hervorhebungen im Original übernommen – ASK); Reinhardt (2005, 130) bezeichnet Fehler als bedeutsam und folgert, dass es ein Lehr-Lern-Kurzschluss wäre, „den mitgebrachten und vielleicht „bewährten", womöglich gegen Irritation verteidigten Vorstellungen die „richtige Lehre" unvermittelt entgegenzustellen – sie hätte kaum eine Chance, einen Konzeptwechsel einzuleiten" (ebenda 137 – 8). Stark (2003, 136 – 7) betont, dass alltagsbezogene Konstrukte zwar aus wissenschaftlicher Perspektive fehlerhaft sind, jedoch „nicht notwendigerweise, dass sie da, wo sie Anwendung finden, nämlich im nicht-wissenschaftlichen Alltag, weniger funktional sind" (ebenda, 137). Lange (2008a, 246) bezeichnet es als ein „Problem, dass politische Bildung als ein Prozess der Ablösung von Miss- und Fehlkonzepten durch wissenschaftliche Kernkonzepte verstanden werden können. Außer im propädeutischen Unterricht der gymnasialen Oberstufe ist es aber nicht das vorrangige Ziel politischer Bildung, wissenschaftliche Kernkonzepte zu vermitteln." Auch Holtmann (1980, 79) fordert, „Wissenschaft zu elementarisieren, dem Alltagsbewusstsein auszusetzen [...]" und ergänzt später (1980, 86): „Didaktik müsste versuchen, wissenschaftliche Erkenntnisabläufe so zu elementarisieren, dass sie sich in entsprechende unterrichtliche Handlungsabläufe umsetzen lassen [...]."

– Realität."[45] So sind beispielsweise wissenschaftliche Untersuchungen im Rahmen der qualitativen Forschung eigene Verstehensleistungen: Indem qualitative Forscher das lebensweltbezogene Verstehen ihrer Probanden (*Verstehensleistung ersten Grades bzw. Konstruktion ersten Grades*) verstehen wollen, leisten sie eine eigene Konstruktion sozialer Wirklichkeit (*Verstehensleistung zweiten Grades bzw. Konstruktion zweiten Grades*).[46] Dass wissenschaftliche Plausibilität Interimswissen ist, zeigt sich an Paradigmenwechseln, bei denen wissenschaftliche Postulate durch neue ersetzt werden.[47]

Basierend auf den bisherigen Ausführungen, erfolgt der Erwerb eines anwendungsbezogenen Wissens in der gegenseitigen Befruchtung von Fachlichkeit und lebensweltlichen Vorstellungen. Lernen in einer situierten bzw. offenen Lernumgebung versteht sich als eine aktive, selbstgesteuerte und selbstreflexive Handlung, in denen das bereits konstruierte Wissen als Ausgangspunkt zum Erwerb neuen Wissens genommen wird.[48] Damit wäre es kurzsichtig, nur eine fachliche Klärung vorzunehmen. Fachlichkeit muss sich zwar im Unterricht als plausibel erweisen, „damit SchülerInnen an sie andocken können."[49] Der Prozess des Andockens erfordert die Klärung von Schülervorstellungen, die den Ausgangs- und Endpunkt des komplexen Vorstellungswandels bilden. Alltagswissen auszudifferenzieren, erfordert die Zusammenführung schüler- und fachbezogenen Wissens.

Schüler sollen ihre Vorstellung nicht aufgeben, sondern ausdifferenzieren. Eine Trivialisierung von Schülervorstellungen führt zu einem defizitorientierten Lernverständnis. Schülerwissen muss sich dann an einem ihnen unbekannten Kontext erweisen und mit dem Ziel der Wissenschaftlichkeit grundsätzlich rudimentär bleiben.[50]Erst wenn Lernende die Begrenztheit ihres Wissens erleben, sind sie für Rekonstruktionsleistungen offen und entwickeln ihr Wissen weiter. Die Initiierung eines ,komplexen Vorstellungswandels' wird folglich als ein Prozess angesehen, bei dem Schüler ihre Deutungen durch Interaktionen sowohl mit dem Alltagsgeschehen

---

45   Klee 2008, 20; vgl. Sander 2010, 50; Kattmann/ Gropengießer 1996, 183; Gropengießer 2007a, 35 – 6; Reich 2006, 75; Murphy 2004, 17 – 9; an dieser Stelle sei auf Fleck (2012, 53ff) verwiesen, der von einem Denkkollektiv spricht und darauf hinweist, dass in dieses Denkkollektiv Wissen konstruiert wird (vgl. ebenda, 54 – 60).

46   vgl. Helfferich 2011, 23; Siebert 2004; Schütz 1993

47   Roth (2003, 199 – 200) verweist unter anderem auf den Wechsel von einem geozentrischen zu einem heliozentrischen Weltbild. Die Politikdidaktik ist ebenfalls von Paradigmenwechsel geprägt: Früher wurden politische Kategorien gesucht, heutzutage sind es Basiskonzepte. Der epistemologische Konstruktivismus ist ebenfalls umstritten (vgl. Langner 2010, 169ff; Weißeno 2002, 109ff; Detjen/ Sander 2001).

48   Duit 1996, 147; Reinmann/ Mandl 2006, 626 – 8

49   Petrik 2007, 55; vgl. Langner 2010, 169; Lange 2008a, 254

50   vgl. u.a. Stark 2003, 136 – 7; Kattmann 2005, 167; Reinhardt 2005; Lange 2008a, 246; Reinhardt 2009, 53; Lutter 2011, 26 – 8; Grammes 1997, 64ff; Holtmann 1980, 80 – 1; Kattmann (2007a, 11) bedient sich in diesem Kontext auch der Metapher des Reisens, denn dann lohnt sich Lernen „schon beim Gehen (im Hier und Jetzt) und nicht erst durch das Erreichen des Ziels (in der Zukunft)."

(sie interagieren mit Mitmenschen und ihren Alltagsbeobachtungen) als auch mit fachlichen Erkenntnissen *(sie interagieren mit fachlichen Annahmen)* konstruieren und sich auf ihr Vorwissen beziehen (siehe Abbildung[51]). In einer solch situierten Lernumgebung erwerben sie ein alltagstauglicheres Anwendungswissen, indem sie ihr in den Unterricht mitgebrachtes Wissen weiterentwickeln.[52]

Zusammenfassend ist die in dieser Studie vertretene epistemologische Grundhaltung eine moderat-konstruktivistische. Sie perspektiviert die Lernlogik von Schülern als Priorität für das Gelingen politischer Bildungsprozesse. Hierzu sind Anknüpfungspunkte zwischen Fachlichkeit und Schülervorstellungen zu finden. „Die Aufgabe des Forschers ist es also nicht, die eigene Perspektive an die Lernervorstellungen heranzutragen, sondern vielmehr herauszufinden, was der Lernende zu verstehen meint und welche Vorstellungen er situativ aktiviert."[53] Die vorzunehmende didaktische Strukturierung bezieht sich auf die beiden Vorstellungskulturen ‚Fachlichkeit' und ‚Alltagsvorstellungen' gleichermaßen. Didaktisch fruchtbare Verknüpfungen, Korrespondenzen und Widersprüche entfalten sich in Gemeinsamkeiten, Verschiedenheiten, Begrenztheiten und Eigenheiten der jeweiligen Vorstellungskultur und ermöglichen dadurch eine gegenseitige Befruchtung. Das Forschungsmodell ‚Didaktische Rekonstruktion' ermöglicht eine solche didaktische Strukturierung.

---

[51] Wie die Abbildung andeutet, führt der Lernweg vom Ausgangs- zum Endpunkt über ‚Umwege'. Lernen wird hier als eine Wechselwirkung zwischen bereits vorhandenem Wissen und dem (re-)konstruierten Wissen begriffen, bei denen Interimswissen gebildet wird. Der Begriff „Endpunkt" ist kritisch zu betrachten. Erworbenes Wissen ist Interimswissen, insoweit eine konstruktivistische Perspektive lebenslanges Lernen forciert. Die Verwendung des Begriffs „Endpunkt" ergibt jedoch dergestalt Sinn, als Unterricht (wie auch Schule insgesamt) auf ein zu einem bestimmten Zeitpunkt erworbenes Wissen zielt.

[52] Einer konstruktivistischen Lehr-Lernauffassung wird vorgeworfen, den Politikunterricht zu entmaterialisieren: „[E]s marginalisiert die Politikwissenschaft als Bezugswissenschaft" (Weißeno 2002, 114) bzw. macht „[s]chulisches Lernen […] irgendwie beliebig" (Detjen/ Sander 2001, 130). Diese Kritikpunkte beziehen sich in der Regel auf den radikalen Konstruktivismus. Die in dieser Arbeit vertretene moderat-konstruktivistische Auffassung zielt auf die Generierung von Verknüpfungen, Korrespondenzen und Widersprüche zwischen Fachlichkeit und Schülervorstellungen. Konstruktivistisches Lernen ist damit weder beliebig noch entmaterialisiert, sondern ermöglicht einen zielorientierteren Komplexitätszuwachs des bereits existierenden Schülerwissens. Schüler werden ernst genommen und dadurch motiviert, wodurch sie ihr Lernpotenzial entfalten können. In diesem Prozess stellen sie die Gegenstandbedeutung neu her, „er stellt dabei Komplexität im Kopf her" (Siebert 2005, 46). Auch eine solche moderat-konstruktivistische Sichtweise ist Kritikpunkten ausgesetzt, wie zum Beispiel Reinmann/ Mandl (2006, 634 – 6) aufzeigen.

[53] Riemer 2007, 74; vgl. Siebert 2004; interessant für die politische Bildung ist der Beitrag von Grammes (1997, 276ff).

Abbildung B.a: Der ‚komplexe Vorstellungswandel' im Politikunterricht

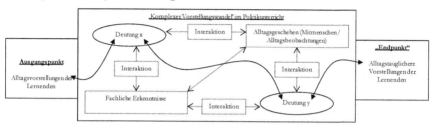

B.3. ‚Didaktische Rekonstruktion' in der Unterrichtsforschung

Die ‚Didaktische Rekonstruktion' ist ein systematisiertes, interdisziplinäres Modell der fachdidaktischen Unterrichtsforschung, um anhand einer Zusammenführung fachlicher und alltagsbezogenen Vorstellungen didaktisch sinnvolle Leitlinien für die Vermittlung eines Lerngegenstandes zu entwickeln. Sie ist auf die Vermittlungsperspektive angelegt. Sie zentriert Schülervorstellungen. Im Folgenden werden die Struktur und die Umsetzung der ‚Didaktischen Rekonstruktion' in der vorliegenden Studie erläutert. Dazu wird zunächst das Modell beschrieben, um ihren Mehrwert für die Untersuchung zu begründen (B.3.1.). Anschließend werden die zugrunde liegenden, sich gegenseitig befruchtenden Untersuchungsschritte auf die Studie bezogen (B.3.2.).

B.3.1. Grundzüge der ‚Didaktischen Rekonstruktion'

Das Forschungsmoll ‚Didaktische Rekonstruktion' zielt auf eine schülergerechte Aufbereitung eines Unterrichtsgegenstandes, um so Perspektiven in Gestalt von Planung, Durchführung und Auswertung für die fachdidaktische Unterrichtsforschung zu entwickeln. Diese Entwicklung konzipiert sich in einem In-Beziehung-Setzen fachlicher Erkenntnisse mit Schülervorstellungen zur didaktischen Strukturierung des ausgewählten Lerngegenstandes. „Die potentiellen Lerngegenstände werden nicht mehr aus den Fachwissenschaften übernommen, übersetzt oder „gefiltert", sondern durch den Vergleich der subjektiven und wissenschaftlichen Vorstellungskulturen erst produziert."[54] Der Vergleich soll Verknüpfungen, Korrespondenzen und Widersprüche anhand der Eigenheiten, Gemeinsamkeiten, Verschiedenheiten und Begrenztheiten zwischen beiden Vorstellungskulturen offen legen, sodass lernförderliche Leitlinien entstehen. Beide Vorstellungskulturen sind

---

54   Lange 2007, 50

gleichwertig und befruchten sich gegenseitig, insoweit „die Ergebnisse der fachlichen Klärungen nicht nur den Umgang mit den Schülervorstellungen beeinflussen, sondern umgekehrt die Kenntnis der erhobenen Schülervorstellungen auch die Darstellung und das Verständnis der fachlichen Anschauungen verändern kann."[55] Der Unterrichtsgegenstand soll nicht simplifiziert werden; vielmehr wird er durch die altersgerechte Aufarbeitung der fachlichen Erkenntnisse anhand von lebensweltlichen Vorstellungen an Komplexität bereichert.[56]

Die ‚Didaktische Rekonstruktion' besteht aus fünf Untersuchungsschritten. Die ‚fachliche Klärung', die ‚Erhebung der Lernerperspektive und die ‚didaktische Strukturierung' bilden die Hauptbestandteile und werden von den ‚Grundannahmen' und der ‚kritischen Würdigung' aus forschungsstrategischen Gründen flankiert. Die fachliche Klärung ist die hermeneutisch-analytische Untersuchung wissenschaftlicher Erkenntnisse, die Erhebung der Lernerperspektive die empirische Untersuchung alltagsbezogener Vorstellungen und die didaktische Strukturierung die konstruktive Untersuchung zum Lerngegenstand.[57] Die Grundannahmen klären grundlegende Fragen zur Studie. Die kritische Würdigung reflektiert die Studienergebnisse.

Im Folgenden werden die Untersuchungsschritte ‚fachliche Klärung', ‚Erhebung der Lernerperspektive und ‚didaktische Strukturierung' in gegebener Kürze vorgestellt.

Die ‚Erhebung der Lernerperspektive ist die empirische Untersuchung lebensweltlicher Vorstellungen zum Lerngegenstand. Lebensweltliche Vorstellungen bilden aufgrund ihrer erfahrungsbezogenen Bewährung im Alltag relevante Lernvoraussetzungen, die sich auf persönliche Konstrukte beziehen.[58] Folglich interessieren kognitive als auch emotionale und soziale Komponente alltagsbezogener mentaler Modelle und Konzepte.

Die ‚fachliche Klärung' ist die hermeneutisch-analytische Untersuchung wissenschaftlicher Erkenntnisse. Diese Analyse erfolgt mithilfe der qualitativen Inhaltsanalyse, mit der eine kritische und methodisch-kontrolliert systematische „Untersuchung fachwissenschaftlicher Aussagen, Theorien, Methoden und Termini aus fachdidaktischer Sicht, also in Vermittlungsabsicht"[59] erfolgt. Die Auswahl wissenschaftlicher Quellen resultiert aus einem didaktischen Begründungszusammenhang, in der die historische Tiefe der ausgewählten Begriffe und Termini (innerfachliche Klärung) abgedeckt werden.[60] Die Schülervorstellungen werden als Ausgangspunkt genommen.

---

55   Kattmann/ Gropengießer 1996, 184
56   vgl. Klee 2008, 21; Siebert 2005, 46
57   vgl. u.a. Kattmann et al. 1997, 10; Dahnken 2005, 17 – 20; Gropengießer 2005; Seitz 2005, 16 – 7;
     Kattmann 2007b, 94ff; Gropengießer 2007a, 15ff; Lange 2007, 52; Klee 2008, 22ff; Lange 2010,
     61ff; Lutter 2011, 21ff
58   vgl. Kattmann 2007b, 95 – 6; Lange 2010, 62 – 3;
59   Kattmann 2007b, 94
60   vgl. Gropengießer 2007a, 34 – 5

Die ‚Didaktische Strukturierung‘ ist der Planungsprozess, um grundsätzliche und verallgemeinerbare Ziel-, Inhalts- und Methodenentscheidungen zu entwickeln (*Design von Lernangeboten, Gestaltung von Lernumgebungen*).[61] Sie führt die wissenschafts- und schülerbezogenen Perspektiven in einem wechselseitigen Vergleich zusammen, sodass wesentliche und interessante Verknüpfungen, Korrespondenzen und Widersprüche zwischen den lebensweltlichen und fachlichen Vorstellungen offen gelegt werden. Dazu werden die „als gleichwertig behandelten Untersuchungsergebnisse aus der jeweils anderen Perspektive charakterisiert und bewertet […]. Dies geschieht in Vermittlungsabsicht.“[62] Der wechselseitige Vergleich bedarf eines Suchrasters. Die dabei zu formulierenden Leitfragen können helfen, fruchtbare Lernmöglichkeiten bzw. Wege zur Vorstellungsänderungen aufzuzeigen, indem didaktisch sinnvolle Leitlinien entwickelt werden. Sie ermöglichen Schüler, „eine Metaposition gegenüber wissenschaftlichen und eigenen Vorstellungen entwickeln zu können, aus der sie auch ihren eigenen Lernfortschritt beurteilen können.“[63]

Tabelle B.b Suchraster zum wechselseitigen Vergleich

Kategorie	Leitfrage der jeweiligen Kategorie
Eigenheiten	Was ist „typisch“ für die jeweilige Vorstellungswelt?
Gemeinsamkeiten	Was haben beide Vorstellungswelten gemeinsam?
Verschiedenheiten	Welche Gegensätze zu bestimmten Inhaltsbereichen weisen die Vorstellungswelten auf?
Begrenztheiten	Welche Grenzen weisen die jeweiligen Vorstellungswelten bezogen auf die Eigenheiten der anderen Vorstellungswelt auf?

B.3.2. Die Untersuchungsschritte im Kontext der Studie

Die ‚Fachliche Klärung‘, ‚Erfassung der Lernerperspektive‘ und der ‚Didaktischen Strukturierung‘ bilden die hauptsächlichen Untersuchungsschritte. Sie sind hinsichtlich der Entwicklung eines didaktischen Politikbegriffs zu klären. Diesbezüglich werden die zu bearbeitenden Untersuchungsaufgaben dargelegt und ihre Rekursivität begründet.

B.3.2.1. Die Untersuchungsaufgabe ‚Erfassung der Lernerperspektive‘

Die erste Untersuchungsaufgabe meint Schülervorstellungen über utopisches Gesellschaftsleben/ Politik. Erkenntnisleitend ist, wie sich Schüler anhand welcher

---

61   vgl. Klee 2008, 24; Kattmann 2007b, 96
62   Kattmann 1997, 12; vgl. Abschnitt B.4.1.
63   ebenda 2007b, 96

Basiskonzepte Politik bzw. den politischen Willensbildungsprozess idealtypisch vorstellen. Die Untersuchungsaufgabe lautet:

Entwicklung eines subjektbezogenen Politikbegriffs über die Erfassung von Schülervorstellungen zur alltagsbezogenen Deutung eines idealtypischen Willensbildungsprozesses anhand subjektiv bedeutender Basiskonzepte.

B.3.2.2. Die Untersuchungsaufgabe ‚Fachliche Klärung‘

Die zweite Untersuchungsaufgabe bezieht sich auf demokratiewissenschaftliche Erkenntnisse über utopische Politik unter besonderer Berücksichtigung der von Lernenden verwendeten Basiskonzepte. Hier wird hermeneutisch-analytisch untersucht, wie die von den Schülern vorgenommen Deutungen des Willensbildungsprozesses aus fachlicher Perspektive gedeutet werden können.

Entwicklung eines demokratietheoretischen Politikbegriffs über die Erfassung von demokratietheoretischen Vorstellungen zur Deutung von Schülervorstellungen über einen idealtypischen Willensbildungsprozess.

B.3.2.3. Die Untersuchungsaufgabe ‚Didaktische Strukturierung‘

Die dritte Untersuchungsaufgabe führt die explizierten fachlichen und schülerbezogenen Vorstellungen zusammen unter besonderer Berücksichtigung subjektbezogener Basiskonzepte im Rahmen eines wechselseitigen Vergleichs, um einen didaktischen Politikbegriff zu entwickeln:

Entwicklung eines didaktischen Politikbegriffs zur Vermittlung von ‚Politik‘ unter besonderer Berücksichtigung der von Lernenden verwendeten Basiskonzepten anhand eines wechselseitigen Vergleichs zwischen den erhobenen Vorstellungskulturen.

Die drei Untersuchungsaufgaben spezifizieren die ‚Didaktische Rekonstruktion‘ auf die vorliegende Studie. Sie konkretisieren sich in einer rekursiven Vorgehensweise. Didaktisch fruchtbare Leitlinien können nur entwickelt werden, wenn sich die ‚Fachliche Klärung‘, ‚Erfassung der Lernerperspektive‘ und ‚Didaktische Strukturierung‘ gegenseitig befruchten.

B.3.2.4. Die gegenseitige Befruchtung der drei Untersuchungsaufgaben

Die gegenseitige Befruchtung der drei Untersuchungsaufgaben erfordert keine lineare, sondern iterative Bearbeitung. Lernförderliche Leitlinien eröffnen sich in einer rekursiven Vorgehensweise, „die mit vorläufigen Untersuchungsergebnissen und wiederholten Perspektivenwechsel arbeitet."[64] Erst diese Vorgehensweise ermöglicht einen wechselseitigen Vergleich, wodurch die drei Untersuchungsaufgaben in einem stetigen Abhängigkeitsverhältnis stehen: Die Untersuchung einer Vorstellungskultur kann unter Umständen durch die Untersuchung der anderen Vorstellungskultur weiter vorangebracht werden. Gleichzeitig kann es sein, dass die Untersuchung einer Vorstellungskultur durch die Untersuchung in der didaktischen Strukturierung (und umgekehrt) gefördert werden kann. „Es wird immer wieder die Analyse, die empirische Untersuchung und die Entwicklung der Didaktischen Strukturierung auf erweiterter Basis aufgenommen und in ein wachsendes und vertieftes Verständnis übersetzt. Unzutreffende oder unzulässige Zuordnungen und Interpretationen können durch diese rekursive Vorgehensweise selbst korrigiert werden."[65]

Rückblickend bildet die ‚Didaktischen Rekonstruktion' den Untersuchungsrahmen. Sie konkretisiert sich in der Untersuchung von Vorstellungen zum idealtypischen Zusammenleben in einer Gesellschaft. Sie gliedert entsprechend die Studie.[66]

Abbildung B.c: ‚Didaktische Rekonstruktion' in „Wie denkst du Politik?"

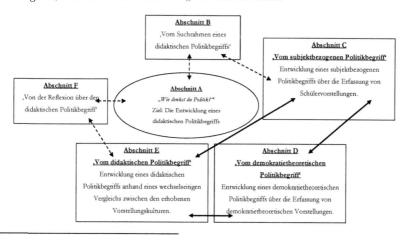

---

64   Frerichs 1999, 18; vgl. u.a. Seitz 2005, 17; Gropengießer 2007a, 18; Klee 2008, 25; Lutter 2011, 23 – 4
65   Gropengießer 2007a, 18
66   Die Abbildung ist in Form eines in sich geschlossenen Kreises gewählt, da das Forschungsvorhaben in sich stimmig sein muss, um zu verwertbaren, intersubjektiv nachvollziehbaren Antworten zu gelangen. Die Untersuchungsschritte müssen übereinstimmen.

B.4. Der Untersuchungsgegenstand ‚Vorstellung'

Die Entwicklung eines didaktischen Politikbegriffs konzipiert sich in der Untersuchung von Vorstellungen. Sie sind gedankliche Dispositionen, mit denen die wahrgenommene Wirklichkeit deutbar wird, unabhängig ob sie wissenschaftlich und alltagsbezogen sind (B.4.1.). Sie gliedern sich in vier Komplexitätsebenen (B.4.2.), haben ihren politikbezogenen Ursprung im Bürgerbewusstsein (B.4.3.) und strukturieren sich in (Basis-)Konzepte (B.4.4.).

B.4.1. Vorstellung – verbindendes Element von Fachlichkeit und Lebenswelt

Vorstellungen (engl.: *conception*) entsprechen mentalen Modellen bzw. kognitiven Landkarten. Sie sind gedankliche Prozesse zu Phänomenen oder Sachgebieten.[67] Vorstellung stellen gedankliche Dispositionen in Form von mentalen Objektrepräsentationen dar und ermöglichen eine Orientierung in der sozialen Umwelt: Vorstellungen erlauben zu situations- und problemspezifischen Phänomenen oder Sachgebieten entsprechende Lösungsvorschläge kognitiv zur Verfügung zu stellen und beziehen sich auf ein Wirklichkeitsbereich. Sie machen subjektive Wahrnehmungen deutbar.

Die Konstruktion von Vorstellungen erfolgt auf der Grundlage des zur Verfügung stehenden Weltwissens. Vorstellungen beziehen sich auf vielfältige Erfahrungen mit Objekten, Personen, Situationen und Handlungen, die in der Interaktion mit der sozialen Umwelt erworben werden.[68] Erfahrungen entstehen nicht nur in abgeschlossenen, sondern auch in unmittelbar ablaufenden Interaktionen mit der Umwelt. Die Handlung selbst bildet Erfahrung aus. Vorstellungen entstehen in einem kausalem Zusammenhang: Die vergangene Erfahrung A beeinflusst die gegenwärtige Erfahrung B beeinflusst die vergangene Erfahrung A. Mentale Modelle erwachsen „sowohl daraus, wie unsere Körper und wie unsere Gehirne strukturiert sind und funktionieren, als auch daraus, wie wir mit der physischen und sozialen Umwelt interagieren und wie diese strukturiert ist."[69] Vorstellungen sind auf Erfahrung basierende mentale Konstrukte, mit denen Phänomene oder Sachgebiete mental deutbar werden.

Fachliche und schülerbezogene Vorstellungen unterscheiden sich in ihrer Entstehung. Nichtsdestotrotz beziehen sich beide auf denselben Wirklichkeitsbereich. Fachlichkeit und Alltagsvorstellungen entstehen in sozialen Zusammenhängen.

---

67   Kattmann 2005, 166; Baalman et al. 8; Weißeno 2006, 128;
68   vgl. Seel 2003, 54; Gropengießer 2007b, 112
69   Gropengießer 2007b, 111; vgl. Mandl et al. 1988, 146; Seel 2003, 47ff; Timm 2009, 48ff; dieser kausale Zusammenhang verdeutlicht Flick (2010a, 109ff; 2010b, 159ff) in der Bedeutung konstruktivistischer Erkenntnisse für die qualitative Forschung.

Fachlichkeit ist das Ergebnis wissenschaftlicher Diskurse und spiegeln die Realität wider, die die *scientific community* als wahr postuliert. Auf ähnliche Weise entstehen Alltagsvorstellungen: Sie sind aus Beobachtungen und Gesprächen über das Wahrgenommene geronnen und bewähren sich in der Lebenswelt immer wieder aufs Neue. Obwohl sich Fachlichkeit und Alltagsvorstellungen in ihrer qualitativen Aussagefähigkeit unterscheiden, ermöglichen beide die Konstruktion viablen Wissens. Damit erlauben sie die erfolgreiche Deutung des Wahrgenommen, dergestalt sie Kohärenz und Stimmigkeit gewährleisten.[70] Die Deutung des Wahrgenommen bezieht sich stets auf den Wirklichkeitsbereich, also die soziale Umwelt. Beide Vorstellungskulturen deuten ihn aber aufgrund ihrer unterschiedlichen Entstehung anders und sind folglich verschiedene Sinnträger.

B.4.2. Die Komplexitätsebenen von Vorstellungen

Der Wirklichkeitsbereich von Vorstellungen lässt sich weiter ausdifferenzieren. Vorstellungen ermöglichen Deutungs- und Argumentationsmuster und offenbaren ein umfängliches Aussagegefüge. Um die Komplexität handlicher zu gestalten, ohne sie aufzulösen, können Vorstellungen in vier Komplexitätsebenen konzipiert werden. In zunehmender Komplexität beziehen sich diese Ebenen auf Begriff, Konzept, Denkfigur und Theorie. Die Komplexität lässt sich in den referentiellen, gedanklichen und sprachlichen Bereich scheiden.

Die einfache Komplexitätsebene sind Konzepte (gedanklicher Bereich). Konzepte bestehen aus Relationen zusammengesetzter Begriffe und beziehen sich auf die Referenten ‚Ding, Objekt, Ereignis'; entsprechend haben sie Wort, Bezeichnung, Benennung als sprachliches Zeichen. Die Zusammensetzung mehrere Begriffe führt zu einem Konzept, was sich in Behauptungen, Sätzen und Aussagen verdeutlicht.[71] Konzepte meinen im referentiellen Bereich verdichtete politikbezogene Vorstellungen zu einer politischen Situation bzw. Konstellation.[72]

Die Verdichtung mehrerer Konzepte ermöglicht die Entwicklung einer Denkfigur. Denkfiguren werden im sprachlichen Bereich als „Vorstellungsgrundsätze"[73] politikbezogenen Denkens begriffen. Sie konkretisieren sich in Handlungsmöglichkeiten, mit denen politische Probleme – wie sie sich beispielsweise in Fallbeispielen

---

70 vgl. Beck/Krapp 2006, 55 – 8; Kattmann et al. 1997, 6
71 vgl. u.a. Gropengießer 2007a, 29 – 30
72 vgl. Klee 2008, 27
73 ebenda

zeigen[74] – begegnet werden. Einzelne politische Problemlagen bzw. Fallbeispiele bilden den referentiellen Bereich von Denkfiguren.
Die höchste Komplexitätsebene ist die Vorstellungstheorie. Sie ermöglicht durch eine strukturierte Verknüpfung von Denkfiguren und Konzepten eine Systematisierung politikbezogenen Denkens. Folglich beziehen sie sich auf den gesamten Vorstellungsbereich ‚Politik'.[75] Politikbezogene Theorien eröffnen ein umfängliches Vorstellungssystem politikbezogenen Denkens und zeigen sich im sprachlichen Bereich durch Aussagengefüge und Darlegungen. Theorien über Politik lassen sich durch die Analyse von politikbezogenen Konzepten und Denkfiguren erschließen.

B.4.3. Bürgerbewusstsein – domänenspezifische Vorstellungen

Die bisherigen Ausführungen zeigten ein domänenspezifisches Forschungsinteresse. Nur solche Vorstellungen sind von Relevanz, die politikbezogen sind und sich im Bürgerbewusstsein verorten. Im Allgemeinen ist das Bewusstsein von Interesse, weil nur dort Vorstellungen entstehen. Vorstellungen entstehen in sozialen Interaktionen. Diesbezüglich ist das Bewusstsein „die Voraussetzung für das soziale Handeln und für Wissen. Wissen kann nirgendwo anders entstehen – und es kann nirgendwo anders auftreten."[76] Damit kann das Bewusstsein als Wissensspeicher eines Menschen begriffen werden, der mit seiner Geburt anfängt zu arbeiten, um jegliche Erfahrungen abzuspeichern und sich im Laufe des Lebens immer weiterzuentwickeln. Für die vorliegende Studie sind solche Vorstellungen relevant, die sich auf die politisch-gesellschaftliche Wirklichkeit beziehen, weswegen ein Fokus auf das Bürgerbewusstsein erfolgt.
    Das Bürgerbewusstsein ist jener Speicher, mit dem der Mensch seine wahrgenommene politisch-gesellschaftliche Wirklichkeit deutet (politischer Sinnbildungsprozess). Das Bürgerbewusstsein ermöglicht einem Menschen eine Orientierung und Beurteilung politisch-gesellschaftlicher Phänomene und lässt sich „als eine mentale Struktur begreifen, durch die sich Individuen Vorstellungen über das Funktionieren der politisch-gesellschaftlichen Wirklichkeit aufbauen."[77] Der Aufbau solcher Vorstellungen erfolgt im Alltag: Jeder Mensch beobachtet und deutet die Transformation von Partikularinteressen zu allgemein gültigen Entscheidungen. Dieser Transformationsprozess verdeutlicht das Deutungsfeld des Bürgerbewusstseins, welches sich auf einen Politikbegriff bezieht, der „das Politische nicht aus-

---

74 Gute Fallbeispiele sind zum einem das Planspiel „Bergstadt soll 10 Asylbewerber bekommen" (Klippert 2008, 64ff) und zum anderen die Auseinandersetzung um den §218 bzw. Schwangerschaftsabbruch (vgl. u.a. Kraft 1999; Petrik 2007, 55ff).
75 vgl. Gropengießer 2007a, 30 – 1; Klee 2008, 27
76 Knoblauch 2005, 148
77 Lange 2008a, 247; vgl. Lange 2008b, 433ff

schließlich im Staat, sondern [...] auch im Alltag von Lernenden sichtbar"[78] macht, ohne „die Grenzen zum Sozialen"[79] zu verwischen. Folglich bildet das Bürgerbe-wusstsein ein für die vorliegende Studie fruchtbares Instrument zur domänenspezi-fischen Untersuchung politikbezogenen Denkens von Lernenden (als auch wissen-schaftlichen Erkenntnissen). Dabei bilden Basiskonzepte eine wesentliche Struktu-rierungsfunktion zur Deutung der politisch-gesellschaftlichen Wirklichkeit, insoweit sie die Konstruktion eines mentalen Modells begünstigen.

B.4.4. (Basis-)Konzepte in der mentalen Objektrepräsentation

In den vier Komplexitätsebenen von Vorstellungen nehmen Konzepte eine wesent-liche Rolle ein. Konzepte dienen als geistige Verknüpfungen, „dem Verständnis und der Erklärung von Sachverhalten."[80] Sie sind konstitutiv für die mentale Objektre-präsentation und bilden die grundlegenden Wissenseinheiten für den politischen Sinnbildungsprozess. In diesem Sinnbildungsprozess nehmen Basiskonzepte als zentrale Knotenpunkte eines anwendungsbezogenen politischen Wissens eine her-ausragende Position ein. Daher ist die Funktion von Basiskonzepten innerhalb des Untersuchungsgegenstands ‚Vorstellung‘ zu klären. Hierzu wird im Folgenden die Funktion von Konzepten geklärt, sodass die Funktion von Basiskonzepten erläutert werden kann.

B.4.4.1. Konzepte als grundlegende Wissenseinheiten

Die Klärung des Begriffs ‚Konzept‘ ist ohne ein Verständnis vom ‚Begriff‘ unmög-lich. Die uneinheitliche Verwendung beider Begriffe ist zum einen auf „ein (miss-verständliche[n]) Anglizismus"[81] zurückzuführen: Der englische Begriff ‚concept‘ meint ‚Begriff‘, wird aber häufig mit dem Begriff ‚Konzept‘ übersetzt. Zum anderen sind beide Begriffe eng miteinander verbunden. Daher soll der Unterschied zwi-schen ‚Begriff‘ und ‚Konzept‘ aufgezeigt, ihre Verknüpfung dargelegt und die Funk-tion des Konzepts erläutert werden.

‚Begriffe‘ sind die Bausteine menschlichen Wissens. Sie ermöglichen die Bil-dung eines mentalen Ordnungssystems. Sie werden durch Wörter gekennzeichnet. Anlehnend an den moderaten Konstruktivismus, entstehen Begriffe zum einen in Interaktionen mit wahrgenommen Dingen, Objekten und Ereignissen; zum anderen entstehen sie in Interaktionen mit anderen Menschen. Jeder Begriff wird als Wort

---

78   ebenda 2005, 260
79   ebenda
80   Lange 2011a, 95; vgl. auch Timm 2009, 50
81   Gropengießer 2007a, 30

gekennzeichnet. Nur Wörter ermöglichen einen sozialen Aushandlungsprozess zwischen dem referentiellen (Ding, Objekt, Ereignis) und dem gedanklichen Bereich (‚Begriff').[82] Mithilfe sozialer Interaktionen werden Begriffen Erfahrungen zugeordnet. Begriffe werden dadurch zu geistigen Abstraktionen, „die Klassen von Sachen, Ereignissen oder Vorstellungen repräsentieren."[83] Als Repräsentanten von Objektklassen lassen sie Ordnungsvorstellungen zu, wodurch das Wahrgenommene im mentalen Bereich geordnet wird. Begriffe ermöglichen die Bildung von Ordnungssystemen, also Kategorien. So könnte beispielsweise der geistigen Abstraktion ‚Abgeordnete' verschiedenen Bedeutungen wie ‚Parlament' und ‚Fraktionen' zugeordnet werden. Folglich ist der ‚Begriff' „eine semantische Kategorie auf kognitiver Ebene."[84] Begriffe werden nicht isoliert gespeichert, sondern bedeutungsvoll zu grundlegenden Wissenseinheiten verknüpft. Solche Wissenseinheiten ermöglichen einfache, überprüfbare Aussagen, mit denen eine viable Deutung des Wahrgenommen möglich wird. Sie treten in Gestalt von Konzepten auf.

Konzepte sind bedeutungsvolle Verknüpfungen von Begriffen. Sie ermöglichen das Verstehen und Erklären des Wahrgenommen auf einer einfachen Ebene. Sie „sind kognitive Repräsentationen von Arten von Dingen. Sie umfassen die Eigenheiten oder Relationen, die einer Klasse von Objekten oder Ideen gemeinsam sind."[85] Einzelne Begriffe wie ‚Parlament', ‚Abgeordnete' oder ‚Fraktionen' lassen keine Aussagen über das Wahrgenommene zu. Die Begriffe müssen in einen bedeutungsvollen Zusammenhang gebracht werden, um zu überprüfbaren Aussagen zu werden.[86] Begriffe werden in sinnvolle sprachliche Sätze transferiert, wodurch eine Relation bzw. Beziehung zwischen den Begriffen entsteht (Beispiel: ‚Abgeordnete sitzen im Parlament und vereinigen sich zu Fraktionen.'). Entsprechend werden Konzepte auch als ‚Propositionen', ‚propositionale Netzwerke' oder ‚semantische Netze' bezeichnet.[87] Konzepte stellen als Wissenseinheiten eine sinnvolle Beziehung zwischen Begriffen her, wodurch Ordnungssysteme entstehen. Sie fassen dadurch „Informationen in von den Einzeleinheiten abstrahierender, strukturierender und kategorisierender Weise zusammen und ermöglichen deren Speicherung (Repräsen-

---

82   vgl. Seel 2003, 165
83   ebenda, 162
84   Mietzel 2007, 226
85   Becker-Carus 2011, 286
86   Begriffe und Konzepte müssen noch nicht semantisch vorhanden sein, um deren Existenz zu
      kennen. „So kann ein Kind intensive Eifersucht empfinden, ohne seine Gefühle oder Handlung
      entsprechend benennen zu können. Im allgemeinen [sic] aber gilt, dass Begriffe durch Wörter
      sprachlich fixiert werden und infolgedessen einen Namen haben" (Seel 2003, 165).
87   Seel (2003, 177ff) verwendet den Begriff ‚semantische Netze'. Er (2003, 178) drückt damit aus,
      dass „Wissen, das durch Begriffe repräsentiert werden, nicht isoliert besteht, sondern durch mehr
      oder weniger stabile Vernetzungen gekennzeichnet ist." Ähnlich argumentiert Mietzel (2007,
      226ff), indem er die Begriffe Propositionen' bzw. ‚propositionales Netzwerk' verwendet. Becker-
      Carus (2011, 285) benutzt zwar ‚Konzept', aber eingebettet im Begriff ‚propositionales Denken'.

tation) als konzeptuelles Wissen im Langzeitgedächtnis."[88] Dagegen kennzeichnen Begriffe Kategorien, denn jeder Begriff „wird, im Unterschied zu einem Konzept, auch als ein Zeichen oder symbolhaftes Wort verstanden, welches eine Kategorie von Ereignissen oder Objekten mit gemeinsamen Beziehungen oder Merkmalen *kennzeichnet.*"[89] Begriffe sind die Voraussetzungen für ein mentales Ordnungssystem. Konzepte ermöglichen das Erklären und Verstehen des Wahrgenommen, indem sie Begriffe in bedeutungsvolle Relationen setzen. Dadurch schaffen sie ein mentales Ordnungssystem.[90]

Das mentale Ordnungssystem ergibt sich aus einer sinnvollen Kategorisierung mehrerer Begriffe zu einem sinnvollen Konzept. Ein Konzept ist aber nicht trennscharf analysierbar, sondern ähnelt vielmehr einem *fuzziness* mit fließenden Übergängen aufgrund von offenen Rändern. Ein gutes Beispiel bildet das Konzept ,Tasse'. Ein Vergleich mehrerer Trinkgefäße offenbart die Schwierigkeit, eine Tasse von anderen Trinkgefäßen klar abzugrenzen.[91] Folglich ist eine klare Definition eines Konzepts nicht möglich, da sich Konzepte „auf die *Vorstellungen* [beziehen], die jemand sich von einem Gegenstand macht (verwandt mit „idea", aber im Unterschied etwa zu „term", „name" oder „expression")."[92] Solche Vorstellungen sind beliebig erweiterbar, da sie erfahrungsbezogen sind: Wenn ein wahrgenommener Gegenstand einem anderen Gegenstand aufgrund von Ähnlichkeiten (beispielsweise Schaukelstuhl und Bürostuhl; oder kleine und große Tasse) zugeordnet werden kann, werden die Vorstellungen von einem Gegenstand ergänzt und ausdifferenziert. Dadurch lässt sich die Entstehung von Konzepten mittels der ,Prototypentheorie' – ein idealer Prototyp dient als Vorlage – und der ,Exemplartheorie' – mehrere Beispiele dienen als Vorlage – erklären. Demnach findet die Kategorisierung

---

88   Henkenborg\ Krieger 2005, 31
89   Becker-Carus 2011, 286 (Hervorhebungen im Original übernommen – ASK); vgl. Gerring\ Zimbardo 2008, 258 – 60; Murphy 2004, 5; Sander 2010, 51 – 2
90   (Basis-)Konzepte und Kategorien weisen eine gemeinsame Schnittmenge auf: Sie kategorisieren die wahrgenommene soziale Umwelt und ermöglichen ein vernetztes und strukturiertes Lernen bzw. Denken. Sie reduzieren und ordnen Wissen (vgl. auch Abschnitt B.4.3.2); hierbei resümiert Henkenborg (2008a, 89) überzeugend, dass es falsch sei, „zwischen kategorialer Bildung und Basiskonzepten neue Polarisierungen zu eröffnen." Henkenborg (2011, 116) führt aus, dass Kategorien – trotz ihrer großen Nähe zu Konzepten – nicht überflüssig werden. Kategorien sind „ohne Konzepte leer, weil sie keinen Gegenstand haben; umgekehrt sind Konzepte ohne Kategorien blind, weil sie nichts objektiv Bestimmtes enthalten." Ein Impuls, der von einer konzept-, statt kategorialorientierten Politikdidaktik ausgeht, bezieht sich auf die Erweiterung der politikdidaktischen Diskussion um kognitionswissenschaftliche Erkenntnisse – wie zum Beispiel die Konsequenzen der Exemplar- und Prototypentheorie und einer kontextabhängigen Vermittlung unter Berücksichtigung von Vorwissen für Lernwege innerhalb politischer Bildungsprozesse (vgl. ebenda, 88).
91   vgl. Mietzel 2007, 280; weitere Beispiele beziehen sich u.a. auf das Konzept ,Hund' (Murphy 2004, 13ff) oder ,Spiel' (Seel 2003, 172).
92   Sander 2008b, 69 (Hervorhebungen im Original übernommen – ASK)

anhand von Ähnlichkeiten statt.[93] Ähnlichkeiten, aber keine klare abgrenzende Definitionen sind für die Konzeptbildung ausschlaggebend. Diesbezüglich zeigt sich die große Nähe zwischen Kategorien und Konzepten: Sie sind enge Verwandte. „Das Konzept bezeichnet demnach die mentale Repräsentation eines Phänomens [...] und die Kategorie einen Einzelbegriff, ein „Etikett" zur Identifizierung und Einordnung des Konzepts. Wir können auch von kategorialer Oberflächen- und konzeptueller Tiefenstruktur sprechen."[94] Die Kategorie ordnet zu; das Konzept differenziert aus. Indem Begriffe durch Ähnlichkeiten zu Konzepten kategorisiert werden, sind Aussagen möglich, die flexibel auf situationsspezifische Problemlagen reagieren. Diese Flexibilität ermöglicht die Deutung variabler Situationen.

Die Deutung des Wahrgenommen erfolgt mit Konzepten, die Orientierung geben. Die Verknüpfung von mehreren Konzepten führt zu einem tieferen Verständnis der Wirklichkeit, wodurch kognitive Entwürfe zur Lösung von (gesellschafts-politischen) Problemlagen entstehen. Konzepte sind „menschliche Ordnungs- und Interpretationsversuche der Wirklichkeit [...]. Konzepte haben [...] den Charakter eines „Entwurfs"."[95] Mit beliebigen Problemlagen konfrontiert, nutzen beispielsweise Lernende ein Netzwerk von Konzepten zur Entwicklung von Lösungsansätzen (Denkfiguren, Theorien). Ein solches Netzwerk von Konzepten führt zur Konstruktion eines der Situation entsprechendes mentales Modell, basierend auf bereits existierenden Konzepten. „Concepts are a kind of mental glue, then, in that they tie our past experiences to our present interactions with the world, and because the concepts themselves are connected to our larger knowledge structures."[96] Mithilfe ausgewählter Konzepte kann ein situationsspezifischer Wirklichkeitsaspekt, aber auch Wirklichkeitsbereich sinnvoll gedeutet werden. Konzepte erfüllen zwei wesentliche Funktionen: Sie unterteilen „die Welt in kognitiv handhabbare Einheiten"[97] und ermöglichen geistige Simulationen bzw. Vorhersagen.[98]

---

93 vgl. Becker-Carus 2011, 287; zur Notwendigkeit der Prototypentheorie im Rahmen der politikdidaktischen Diskussion über Basiskonzepte siehe Petrik 2011, 86; eine dritte Theorie bezieht sich auf die Merkmalstheorie, wird aber als unzureichend zurückgewiesen, da Konzepte nicht klar definierbar sind – wie Murphy (2004, 11ff) an diversen Beispielen zeigt. Aus Platzgründen kann die Merkmals-, Prototypen- und Exemplartheorie nicht ausführlich behandelt werden, daher sei auf Murhpy (2004, 11ff und 41ff), Becker-Carus (2011, 286ff), Mietzel (2003, 277 – 83), Seel (2003, 171 – 3) und Gerrin/ Zimbardo (2008, 261 – 2) verwiesen.
94 Petrik 2011, 86; vgl. Murphy 2004
95 Sander 2010, 50
96 Murphy 2004, 1
97 Becker-Carus 2011, 285
98 vgl. ebenda; Mandl et. al (1988, 146) und Seel (2003, 259 – 60) beziehen Denkoperationen auf mentale Modelle. Da mentale Modelle aus Konzepten bestehen, können sie durch Konzepte Gedankenexperimente vollziehen; selbiges gilt für ‚kognitive Landkarten', ein synonymer Begriff zum ‚mentalen Modell'. Wie mentale Modelle befähigen kognitive Landkarten Menschen dazu, „den Weg zu finden, sich nicht zu verirren, auch nachts nicht, oder gegebenenfalls abzuschätzen, welcher von mehreren möglichen Wegen der kürzeste, der sicherste oder sauberste ist, oder schließ-

Indem Konzepte grundlegende Wissenseinheiten eines mentalen Modells bilden, sind sie „Erzeuger von Sinn. Sie sind eine Grundform des Denkens."[99] Sie sind konstitutiv für die mentale Objektrepräsentation und für die Entwicklung von Lösungsansätzen zu situationsspezifischen Problemlagen.

Zusammenfassend wurde der Begriff ‚Konzept' als Grundform des Denkens aufgezeigt. Begriffe lassen keine überprüfbaren Aussagen zu. Sie stehen isoliert voneinander. Konzepte übernehmen die Funktion, überprüfbare Aussagen zu bilden: In Konzepten werden Begriffe sinnvoll miteinander verknüpft. Die Verknüpfung stellt zwischen den Begriffen Relationen her, wodurch ein einfaches mentales Ordnungssystem bzw. eine grundlegende Wissenseinheit (Kategorisierung) entsteht. Ein Konzept gibt Orientierung, insoweit es eine Deutung des Wahrgenommen auf einer einfachen Ebene möglich machen. Je komplexer die Deutung, desto größer das Netzwerk von Konzepten. „Mit Konzepten ordnen und interpretieren wir die sinnlichen Eindrücke von der äußeren Welt und entwickeln aus der Verknüpfung von Konzepten unser Verständnis der Welt oder von Bereichen dieser Welt."[100] Abhängig von der Komplexität der Deutung entstehen Denkfiguren, die zu Theorien politikbezogenen Denkens werden.[101] In diesem Netzwerk nehmen Basiskonzepte eine herausragende Stellung ein (*siehe Abbildung*).[102]

B.4.4.2. Basiskonzepte als zentrale Wissensknotenpunkte

Konzepte sind konstitutiv für die Organisation der mentalen Objektrepräsentation, weswegen Basiskonzepte als zentrale Knotenpunkte eine besondere Aufgabe haben: Sie sorgen für eine effektive Vernetzung und Strukturierung von Vorstellungen durch Reduktion von Wissen.[103] In diesen Funktionen verknüpfen sie Fachkonzepte sinnvoll zu einem mentalen Modell und machen eine situationsspezifische Problemlage effektiv deutbar. Im Folgenden wird die Reduktions-, Vernetzungs- und Strukturierungsfunktion von Basiskonzepten aus fachdidaktischer und kognitionspsychologischer Perspektive erläutert.

---

	lich unter Umständen auf einem Umweg ans Ziel zu gelangen; kurz zu überleben […]" (Steiner 1988, 111; vgl. Becker-Carus 2011, 358ff; Gerrig/ Zimbardo 2008, 223 – 4).
99	Lange 2011a, 95; vgl. Sander 2010, 48 – 53; Becker-Carus 2011, 285 – 6; Murphy 2004, 1ff
100	Sander 2010, 49
101	vgl. Abschnitt B.4.2.
102	Die Abbildung geht zurück auf Gropengießer 2007a, 30 sowie Klee 2008, 26 mit Verweis auf Frerichs 1999, 18 sowie der von Mietzel (2007, 238) dargestellten mentalen Struktur.
103	Basiskonzepte haben natürlich nicht nur eine Strukturierungsfunktion, wodurch sie Schülern die Lösung politischer Probleme situationsunabhängig ermöglichen. Basiskonzepte haben auch eine diagnostische Funktion, um die von den Lernenden erreichten Kompetenzniveaus ermitteln zu können (vgl. u.a. Weißeno 2008, 17; Detjen 2008a, 23ff; Sander 2010, 56)

Basiskonzepte ermöglichen eine effektive und sinnvolle situationsunabhängige Deutung von Politik. Basiskonzepte bilden wie Konzepte im Allgemeinen die Grundform des Denkens, erhalten aber insoweit eine herausragende Stellung, als sie den Kern eines Faches repräsentieren. Eine aus der Chemiedidaktik stammende und für die Politikdidaktik als Referenz dienende Definition erläutert Basiskonzepte als „*die strukturierte Vernetzung aufeinander bezogener Begriffe, Theorien und erklärender Modellvorstellungen, die sich aus der Systematik eines Faches zur Beschreibung elementarer Prozesse und Phänomene historisch als relevant herausgebildet haben.*"[104] Sie „streben somit eine Eingrenzung und auf Schule und Unterricht bezogene Sichtweise der jeweiligen wissenschaftlichen Konzepte an. Basiskonzepte eröffnen Schülern auf diese Weise die spezifisch naturwissenschaftliche [bzw. sozialwissenschaftliche – ASK] Sicht auf die Welt."[105] Indem sie eine Eingrenzung vornehmen und eine unterrichtsbezogene Sichtweise einnehmen, ermöglichen Basiskonzepte die Grundauffassungen eines Faches didaktisch zu setzen. Sie „bezeichnen in Form von abstrakten Begriffen die Eigenart des fachlichen Zugangs zur Welt und damit zugleich den „Kern" fachlichen Wissens."[106] Als Kern des politischen Wissens unterstützen sie die Deutung politischer Problemlagen in variablen Situationen.

---

104   Demuth et al. 2005, 57 (Hervorhebungen im Original übernommen – ASK)
105   ebenda, 58
106   Sander 2008b, 62; vgl. u.a. Henkenborg 2008a, 79 und 89; Detjen 2008a, 23; Weißeno 2008, 17; Sander 2008a, 98; Richter 2008, 156 – 7; Lange 2008a, 248ff; Weißeno et al. 2010, 48

Abbildung B.d: Vorstellungen und mentale Struktur

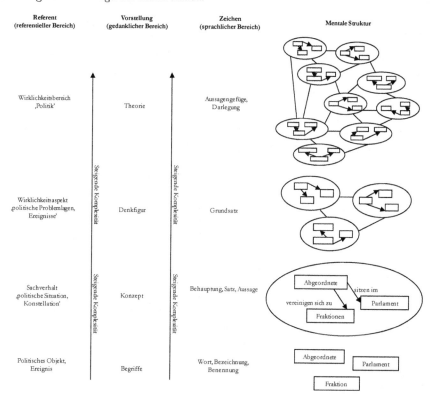

Eine didaktische Setzung von Basiskonzepten muss schülerbezogenes Alltagswissen mit Fachlichkeit verknüpfen. Eine solche Verknüpfung reduziert, vernetzt und strukturiert politisches Wissens, ohne einem defizitorientiertem Lernverständnis zu folgen. Die Hauptaufgabe von Kernkonzepten besteht in der Reduktion sowie Vernetzung politischen Wissens, insoweit sie Politik konkretisieren. „So reduzieren sie die für Schüler häufig erdrückende Vielfalt der Erkenntnisse auf eine begrenzte Zahl übergeordneter Aspekte. Sie erlauben also, das fachliche Wissen zu- und einzuordnen, folglich strukturiert und vernetzt zu lernen."[107] Im Sinne eines kumulativen Wissensaufbaus werden Kernkonzepte anhand von verschiedenen Unterrichtsthemen von Beginn bis Ende der Schulzeit weiter ausdifferenziert, wobei ihnen mehrere Fachkonzepte zugeordnet werden. Fachkonzepte konkretisieren Basiskon-

---

107 Detjen 2008a, 23

zepte. Ein Fachkonzept bezieht sich auf ein oder mehrere Basiskonzepte.[108] Sie verknüpfen Fachkonzepte in Abhängigkeit der jeweiligen situationsspezifischen Problemlage, wodurch sie den Aufbau eines mentalen Modells fördern. Erst in einer effektiven Organisation von Basis- und Fachkonzepten gibt die mentale Objektrepräsentation der Wirklichkeit subjektive Plausibilität. Die Zuordnung von Fach- zu Basiskonzepten erfolgt effektiv, insoweit politisches Wissen durch sie vernetzt und strukturiert wird.

In der Vernetzung und Strukturierung politischen Wissens stehen Basiskonzepte in einem Spannungsverhältnis zwischen Pluralität und Reduktion: Basiskonzepte „müssen einerseits den Ansprüchen an Pluralität und Kontingenz gerecht werden und andererseits unter dem Gesichtspunkt von Praktikabilität zugleich auch eine didaktische Fokussierung, Reduktion und Ordnungen von Gegenständen ermöglichen."[109] Dieses Spannungsverhältnis lösen Kernkonzepte insoweit auf, als ihre inhaltliche Setzung einem *fuzziness* mit fließenden Übergängen aufgrund von offenen Rändern entspricht. Anlehnend an die Prototypen- und Exemplartheorie sind die Merkmale eines Basiskonzeptes erfahrungsbezogen und beliebig erweiterbar. Als „komplexe Vorstellungsräume"[110] bestehen Basiskonzepte aus einer Vielzahl von Begriffen, die miteinander in Beziehung gesetzt werden. In konkreten Situationen werden bestimmte Begriffe für die Konstruktion effektiver Basiskonzepte ausgewählt. Die zwischen Begriffen stattfindende Kategorisierung zur Konzeptbildung findet dann auch auf komplexeren Ebenen des referentiellen, gedanklichen und sprachlichen Bereichs statt: Basiskonzepte kombinieren entsprechend der Situation Fachkonzepte und leisten eine effektive Kategorisierung auf den Komplexitätsebenen ‚Denkfigur' und ‚Theorie'.

Basiskonzepte entsprechen offenen Listen. Konzepte sind wie Kategorien „flexible, kontextübergreifende Begriffe, deren Beweglichkeit durch verschiedene Bedeutungsebenen oder Anschauungsinhalte erzeugt"[111] werden. Kernkonzepte konkretisieren sich situationsspezifisch, denen entsprechend sinnvolle Fachkonzepte zugeordnet werden. Die mentale Objektrepräsentation kann dadurch flexibel auf jegliche Problemlage reagieren. Diese flexible Reaktion ist eine besonders wichtige Leistung:[112] In Abhängigkeit der Situation werden notwendige Wissensbestände zur aktiven Deutung einer politischen Problemlage abgerufen. Dies ermöglicht eine Reduktion von Komplexität und eine flexible Reaktion auf variable Situationen. Basiskonzepte haben offene Ränder und sind hoch komplexe Setzungen.

---

108 vgl. u.a. Weißeno 2008, 17; Richter 2008, 157 – 8; im Zusammenhang des kumulativen Wissensaufbau bezeichnet Richter (2007, 40) Kernkonzepte als „die Klammer zwischen allen Themen des Unterrichts."

109 Autorengruppe Fachdidaktik 2011b, 168

110 Sander 2008a, 99

111 Autorengruppe Fachdidaktik 2011b, 167

112 vgl. beispielsweise Mietzel 2007, 287; Murphy 2004, 1; Seel 2003, 162

Aufgrund ihrer hoch komplexen Setzungen können Basiskonzepte nicht defizitorientiert vermittelt werden. Sie können nicht „per definitionem richtig"[113] sein. Vielmehr sollten sie sich an das Vorwissen von Schülern orientieren. Im Sinne eines ‚komplexen Vorstellungswandels' ermöglichen sie Gelegenheiten, Wissen weiterzuentwickeln.[114] Der Bewertungsrahmen einer sinnvollen politikdidaktischen Setzung von Basiskonzepten liegt in ihrer Alltagstauglichkeit. Es ist eine didaktische Binsenweisheit, dass Schüler politikbezogene Alltagsvorstellungen entwickelt haben, bevor sie im schulischen Kontext mit politischen Unterrichtsgegenständen konfrontiert werden.[115] Die Subjekte politischer Bildung verfügen über politikbezogene Denkgebäude, die sich darin zeigen, wie sie mithilfe von Basis- und Fachkonzepten ihre politikbezogenen Denkfiguren und Theorien konstruieren, um politische Alltagsphänomene zu deuten. Solche Konstruktionsleistungen ergeben für sie Sinn. Sie können nur dann von Bildungsprozessen optimiert werden, wenn politikdidaktische Basiskonzepte an die schülerbezogenen Denkgebäude anschließen und ihnen alltagstauglichere Deutungen ermöglichen.

Alltagstauglichkeit ist das vordergründige Interesse politischer Bildung. Schülervorstellungen bleiben nicht rudimentär, noch werden wissenschaftliche Erkenntnisse obsolet. Die Aufgabe politischer Bildung besteht in der Konzipierung von Lernangeboten, die das konzeptuelle Wissen von Schülern „komplexer, differenzierter und vor dem Hintergrund der Sozialwissenschaften vertretbar"[116] machen. Die didaktische Setzung von Basiskonzepten hängt von einer politikdidaktisch sinnvollen Verknüpfung von Schülerwissen mit Berufs- bzw. Institutionswissen[117] und wissenschaftlichen Erkenntnissen ab – mit dem Ziel einer zunehmenden Alltagstauglichkeit schülerbezogenen Anwendungswissens über Politik. Das Interesse liegt in der Art und Weise, zum einen wie Schüler mithilfe von Basiskonzepten ihre mentalen Modelle zur Lösung problemspezifischer Phänomene organisieren und zum anderen wie ihnen Lernmöglichkeiten gegeben werden kann, um ihre mentale Objektrepräsentation alltagstauglicher zu organisieren. Diese Klärung setzt Lernangebote voraus, die an politikbezogenen Theorien von Schülern anknüpfen, das

---

113 Weißeno et al. 2010, 50; Weißeno et al. (2010, 50) verweisen zwar auf die Notwendigkeit, Schülerwissen einzubeziehen. Sie bezeichnen Schülerwissen jedoch als Präkonzepte und konstruieren einen unnötigen Gegensatz zwischen Schülerwissen und wissenschaftlich gesetzten Basiskonzepte, da letztere richtig seien.
114 vgl. Abschnitt B.2
115 vgl. Autorengruppe Fachdidaktik 2011b, 168; Lange 2004; Lange 2008a/b; Sander 2008b, 70; Sander 2010, 55
116 Sander 2008b, 70
117 Die Denkgebäuden von Schülern strukturieren sich nicht allein aus wissenschaftsbezogenen Wissen, sondern auch aus den Handlungen und Ansichten ihrer Vorbilder, die sich beispielsweise in der Unterhaltungsindustrie finden lassen und sich zuweilen politisch engagieren. Die Einbeziehung dieser Wissensart findet nicht in dieser Studie statt – es würde die Möglichkeiten dieser Untersuchung überfordern – und stellt folglich einen weiteren Forschungsbedarf dar (vgl. Abschnitt F.2.2.).

Berufs- und Institutionswissen berücksichtigen und diese mithilfe von wissenschaftlichen Erkenntnissen mit dem Ziel der ‚Alltagstauglichkeit' ausdifferenzieren. Basiskonzepte können dann nicht mehr als „Modellvorstellungen, die sich aus der Systematik eines Faches zur Beschreibung elementarer Prozesse und Phänomene historisch als relevant herausgebildet haben"[118], definiert werden.

> Basiskonzepte sind die von Schülern vorgenommene Vernetzung aufeinander bezogener Begriffe, Theorien und erklärenden Modellvorstellungen, die sich aus ihren subjektiv relevanten Deutungsmustern zur alltagstauglichen Erklärung des politischen Willensbildungsprozesses gebildet haben. Sie differenzieren sich in ihrem Lebensverlauf zur qualitativ besseren Alltagsdeutung von Politik im Kontext (in-)formal vermittelter politischer Bildung weiter aus. Politische Bildung speist sich aus Wissenschafts- sowie Institutions- bzw. Berufswissen entsprechend den schülerbezogenen Deutungsmustern und dem Ziel der Mündigkeit.

Aufgrund dieser Definition[119] liegt das Erkenntnisinteresse in politikbezogene Denkstrukturen: Aus der Art und Weise, wie Schüler mithilfe von Basiskonzepten ihre mentalen Modelle zur Lösung politischer Probleme organisieren, ergibt sich ihre politikbezogene Theorie und damit Anknüpfungspunkte zu ihrer Weiterentwicklung unter zu Hilfenahme wissenschaftlicher Erkenntnisse und dem Institutions- und Berufswissen.

Rückblickend hat dieses Kapitel den Untersuchungsgegenstand ‚Vorstellung' konkretisiert. Eine Vorstellung stellt eine gedankliche Disposition in Form von mentalen Objektrepräsentationen bzw. mentalen Modellen dar. Sie sind erfahrungsbezogen, insoweit sie auf dem zur Verfügung stehenden Weltwissen basieren. Folglich unterscheiden sich fachliche und lebensweltbezogene Vorstellungen hinsichtlich ihres Entstehungskontextes, beziehen sich aber auf denselben Wirklichkeitsbereich. Beide deuten den Wirklichkeitsbereich ‚Politik' in Abhängigkeit ihres Weltwissens. Ihr Weltwissen konzipiert sich in der Konstruktion ihrer Vorstellungen. Die Konstruktion ihrer Vorstellungen ergibt sich aus der Art und Weise, wie die unteren Komplexitätsebenen von Vorstellungen verknüpft werden. Vorstellungen bestehen in steigender Komplexität aus Begriffen, Konzepten, Denkfiguren und Theorien im gedanklichen Bereich und scheiden sich weiter in den referentiellen und sprachlichen Bereich.

---

118 Demuth et al. 2005, 57 (Hervorhebungen im Original nicht übernommen – ASK)
119 Diesen Anspruch können die hier entwickelten Basiskonzepte nicht erfüllen. Diese beziehen sich „nur" aus Schüler- und Wissenschaftswissen, was bereits einen erheblichen Arbeitsaufwand darstellt. In der Berücksichtigung *formaler* und *informaler* politischer Bildung erkennt die obige Definition an, dass politische Bildung nicht nur in unterrichtsbezogenen Bildungsprozessen, sondern auch im Alltag stattfindet: Gesellschaftskritische Lieder, Literatur und Filme sowie Äußerungen von Persönlichkeiten sowie Vorbilder beeinflussen politisches Wissen und Werthaltungen, die sich in der Art und Weise der Partizipation niederschlagen. Im Folgenden bleibt das Institutions- und Berufswissen bewusst ausgespart. Trotzdem bleibt die Frage, wie dieses Wissen zu inkludieren wäre.

Konzepte als grundlegende Wissenseinheit nehmen für den Sinnbildungsprozess eine besondere Stellung ein: Sie sind konstitutiv für die mentale Objektrepräsentation, weil sie isolierte Begriffe miteinander bedeutungsvoll verknüpfen und
überprüfbare Aussagen ermöglichen. Konzepte kreieren ein einfaches mentales
Ordnungssystem, das durch die Verknüpfung von mehreren Konzepten zu komplexeren mentalen Systemen werden. Erst dadurch entstehen komplexere Aussagen
zur sozialen Umwelt. Den Aufbau komplexerer Aussagen zu Problemlagen unterstützen Basiskonzepte. Sie repräsentieren den didaktischen Kern des Politischen,
ermöglichen eine effektive Deutung von Politik in variablen Situationen und ver-
netzen sowie strukturieren Vorstellungen durch Reduktion politischen Wissens. Sie
unterstützen die Auswahl von Fachkonzepten. *Sie sind hoch komplexe didaktische Setzungen, die sich aus fachlichen und schülerbezogenen Vorstellungen ergeben sollten: Primär sind
schülerbezogene Vorstellungen, anhand derer Basiskonzepte auszuwählen sind. Solche subjektiv
verwendeten Basiskonzepte sind anhand der fachlichen Klärung didaktisch zu strukturieren, um
beide Vorstellungskulturen gegenseitig zu befruchten. Nur so können sie Schülerwissen ausdifferenzieren, um die Deutung von Politik alltagstauglicher zu unterstützen.*

Abbildung B.e: Basiskonzepte in der mentalen Struktur

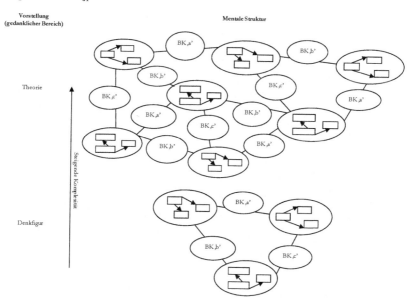

B.5. Das Forschungsdesign der Studie „Wie denkst du Politik?"

Die Untersuchung von Vorstellungen zur utopischen Politik unter besonderer Berücksichtigung subjektiv verwendeter Basiskonzepte erfolgt qualitativ. Die qualitative Sozialforschung ermöglicht eine ergebnisorientierte Untersuchung der Tiefenstrukturen der fachlichen und schülerbezogenen Vorstellungskulturen. Qualitative Forschung erfordert Gütekriterien, die die Untersuchung transparent machen. An dieser Stelle wird das Design der qualitativen Forschung auf die Studie forschungslogisch bezogen, indem nicht nur die Angemessenheit qualitativer Forschung für die Fragestellung deutlich wird, sondern auch die sich daraus ergebenen Gütekriterien.

B.5.1. Qualitative Forschung zur Untersuchung von Denkstrukturen

Das Erkenntnisinteresse der Studie liegt in der Untersuchung von politikbezogenen Denkstrukturen. Damit erfordert sie eine qualitative Vorgehensweise. Der Untersuchungsgegenstand konzipiert sich in ein In-Beziehung-Setzen schülerbezogenen Deutungswissens einerseits und fachlichen Erkenntnissen andererseits zur didaktisch fruchtbaren Gestaltung des ‚komplexen Vorstellungswandels‘. Das Ziel liegt in einem didaktischen Politikbegriff, der auf subjektbezogenen und fachlich geklärten Basiskonzepten basiert. Dies zu erreichen, erfordert Gemeinsamkeiten, Verschiedenheiten, Eigenheiten und Begrenztheiten zwischen beiden Vorstellungskulturen darzulegen. Erst in einer qualitativen Untersuchung zeigen sich Verknüpfungen, Widersprüche und Korrespondenzen, insoweit sie die Denkstrukturen der jeweiligen Vorstellungskultur offen legen. Denkstrukturen zeigen sich in der Untersuchung sozialer Wirklichkeiten, die von Subjekten konstruiert werden. Diese Studie muss daher die Denkweisen beider Vorstellungskulturen in das Zentrum ihres Erkenntnisinteresses rücken. Das Verstehen der Denkweisen betroffener Akteuren ist das zentrale Anliegen qualitativer Forschung.

Dass Denkweisen von betroffenen Akteuren das zentrale Anliegen qualitativer Forschung ist, offenbart sich in ihrem Anwendungsbereich: Sie zielt auf die Analyse von Subjekten konstruierten sozialen Wirklichkeiten und untersucht die Tiefenstrukturen subjektiver Vorstellungen. Sie orientiert sich an der sozial-konstruktivistischen Erkenntnistheorie[120] und fokussiert eine Innenperspektive, indem Subjekte in ihrer alltäglichen Umgebung untersucht werden. Dadurch „wird häufig ein wesentlich konkreteres und plastischeres Bild davon deutlich, was es aus der Perspektive der Betroffenen heißt, z.B. mit einer chronischen Krankheit zu leben, als dies

---

120   vgl. Flick 2010a, 106ff; ebenda 2010b

mit einer standardisierten Befragung erreicht werden kann."[121] Die große Nähe qualitativer Forschung zur subjektiven Perspektive von Betroffenen wird in den fünf Grundsätzen bzw. Postulaten qualitativen Denkens deutlich[122]: Der Ausgangspunkt und das Zielfeld qualitativer Forschung liegen in den betroffenen Subjekten (*Postulat „Subjektbezogenheit"*), die mit ihren unterschiedlich perspektivierten Vorstellungen über einen Gegenstand (*Postulat „Interpretation"*) innerhalb ihrer alltäglichen Umgebung (*Postulat „alltägliche Umgebung"*) ins Blickfeld der Untersuchung rücken. In diesem Zusammenhang erfordert der Untersuchungsgegenstand eine umfassende Beschreibung (*Postulat „Deskription"*), weil er mithilfe der subjektiven Vorstellungen der betroffenen Akteure aus verschiedenen Blickrichtungen betrachtet wird. Schließlich sind die Ergebnisse hinsichtlich ihrer Verallgemeinerung in Abhängigkeit der untersuchten Einzelfälle zu klären (*Postulat „Verallgemeinerbarkeit der Ergebnisse"*).[123] Der Anwendungsbereich qualitativer Forschung liegt in den Denkweisen betroffener Akteure.

Das Potential einer qualitativen Vorgehensweise für die vorliegende Studie zeigt sich in der Analyse der Tiefenstrukturen subjektiver Vorstellungen. Sie nimmt eine moderat-konstruktivistische Grundhaltung ein: Schülervorstellungen und ihre Alltagstauglichkeit bilden den Ausgangs- und Endpunkt politischer Bildungsprozesse.[124] Dadurch rückt das Interesse in den Vordergrund, wie Schüler politische Idealität denken, welche Basiskonzepte sie dabei verwenden und wie solche Denkweisen mithilfe fachlicher Erkenntnisse weiterentwickelt werden können.[125] Die Komplexität von Vorstellungen, die das verbindende Element zwischen Fachlichkeit und Schülervorstellungen bilden, zeigt sich in ihrer mentalen Struktur. Basiskonzepte verknüpfen Konzepte zu politikbezogenen Denkfiguren und Theorien, um politische Phänomene zu deuten (mentale Objektrepräsentation). Die Verknüpfung basiert auf der konkret wahrgenommen Situation und auf dem zur Verfügung ste-

---

121 Flick et al. 2010, 17; vgl. Diekmann 2010, 531ff; eine ähnliche Argumentation ist beispielsweise bei Dahnken (2005, 21 – 2) zu finden.

122 Mayring 2002, 19ff; Mayring (2002, 24ff) gelingt eine überzeugende und interessante Konkretisierung der fünf Postulate an den 13 Säulen qualitativen Denkens, die an dieser Stelle nicht aufgeführt werden. Ziel dieses Abschnittes kann nicht eine Darstellung qualitativer Forschung *en detail* sein, sondern beschränkt sich darauf, die Angemessenheit einer qualitativen Vorgehensweise dieser Studie nachvollziehbar aufzuzeigen. Insgesamt ist das Anliegen dieses Kapitels daher nicht, qualitative Forschung ausführlich zu besprechen.

123 Dass die an dieser Stelle dargestellten Postulate qualitative Forschung abbilden, zeigt sich in einem Vergleich der hier genannten Grundsätze mit den Grundannahmen, die Flick et al. (2010, 20 – 2) nennen. In beiden Fällen zentriert qualitative Forschung die von Menschen eingenommen und sozial entwickelten Perspektiven auf den Untersuchungsgegenstand, wodurch nicht Objektivität, sondern Subjektivität die Prämisse dieser Forschungsrichtung ist.

124 Abschnitt B.2.; Henkenborg (2002) und Breit/ Hams (1990) verweisen auf die Relevanz qualitativer Forschung für die Untersuchung des Alltags im Rahmen politikdidaktischer Unterrichtsforschung (vgl. dazu auch Dahnken 2005, Klee 2008 und Lutter 2011).

125 vgl. Abschnitt A; Abschnitt B.3., im Folgenden auch B.4.1. – B.4.3.

henden Weltwissen. Damit muss die Studie verschiedene politikbezogene Vorstellungen untersuchen und kann nicht – wie es im Falle einer quantitativen Vorstellung nötig wäre – auf „eine[r] feste[n] Vorstellung über den untersuchten Gegenstand"[126] beruhen; vielmehr postuliert diese Studie, dass individuelle Vorstellungen zum Untersuchungsgegenstand existieren. Sie sind für Bildungsprozesse erhellend, wenn sie im Rahmen der Lernerperspektive und der fachlichen Klärung erhoben und didaktisch strukturiert sind. Indem das Verstehen beider Vorstellungskulturen von Interesse ist, will diese Studie eine „Verstehensleistung zweiten Grades"[127] erreichen, um eine „genaue und dichte Beschreibungen"[128] der politikbezogenen Vorstellungen zu leisten. Die qualitative Forschung stellt für eine angemessene Vorgehensweise dar.

B.5.2. Gütekriterien der Studie „Wie denkst du Politik?"

Qualitative Forschung entbindet die Studie nicht davon, Gütekriterien zu formulieren, sofern sie sich anhand wissenschaftlicher Maßstäbe messen lassen will. Gütekriterien machen „die Qualität der Forschungsergebnisse"[129] messbar. Folglich führt die Negierung von Gütekriterien zu einer beliebigen und willkürlichen, also mitnichten wissenschaftlichen Untersuchung. Noch können Gütekriterien quantitativer Forschung wie Validität, Reliabilität und Objektivität wegweisend sein: „Sie wurden für ganz andere Methoden (z.B. Tests, Experimente) entwickelt, die wiederum auf entsprechenden Methodologien, Wissenschafts- und Erkenntnistheorien basieren."[130] Gütekriterien qualitativer Forschung lauten i) *intersubjektive Nachvollziehbarkeit*, ii) *Indikation des Forschungsprozesses*, iii) *empirische Verankerung*, iv) *Limitation* und v) *reflektierte Subjektivität* als auch vi) *Kohärenz und Relevanz*. Diese Gütekriterien sind relevant, weil nur mithilfe vieler Kriterien „das >bestmögliche< Ergebnis erzielt"[131]

---

126 Flick et al. 2010, 17; an dieser Stelle soll nicht die Höherwertigkeit qualitativer zu quantitativer Forschung unterstellt werden. Sowohl die qualitative als auch quantitative Forschung haben ihre Berechtigung, die sich in ihrem jeweiligen Anwendungsbereich zeigen. Quantitative Forschung ist besonders für vergleichend-statistische Untersuchung mit hohen Fallzahlen geeignet, während qualitative Forschung für subjektive Erfahrungen mit kleinen Fallzahlen sinnvoll ist (vgl. Dahnken 2005, 21 – 2; Flick 2010a, 41; Flick et al. 2010, 24 – 6; Lamnek 2010, 6ff sowie 30ff). Inzwischen wird dafür plädiert, beide Ansätze miteinander sinnvoll zu verbinden, um Untersuchungsergebnisse anzureichern (vgl. Mayring 2002, 37 – 8; Kelle/ Erzberger 2010, 300ff; Flick 2010a, 41ff).
127 Helfferich 2011, 23; vgl. Schütz 1993; Siebert 2004; Abschnitt B.2.
128 Flick et al. 2010, 17
129 Mayring 2002, 140; vgl. für ähnliche Studien siehe Dahnken, 2005, 21ff; Seitz 2005, 37 – 42; Klee 2008, 31ff; Lutter 2011, 31ff
130 Steinke 2010, 322; vgl. Mayring 2002, 141ff; Flick 2010a, 500ff; Steinke (1999, 131ff) zeigt ausführlich dar, inwieweit die Gütekriterien quantitativer Forschung für die qualitative Forschung nicht angemessen sind.
131 Steinke 2010, 331

werden kann. Im Folgenden werden diese Gütekriterien nicht nur näher betrachtet, sondern auch zur Qualitätssicherung auf diese Studie bezogen.[132]

B.5.2.1. Intersubjektive Nachvollziehbarkeit

Das Gütekriterium ,intersubjektive Nachvollziehbarkeit' bezieht sich darauf, dass der Leser durch die Lektüre in die Lage versetzt wird, die vollzogenen Untersuchungsschritte überprüfen und bewerten zu können. Das Zielfeld intersubjektiver Nachvollziehbarkeit besteht in einer transparenten Vorgehensweise. Dieses Zielfeld lässt sich wie folgt erreichen:

- die Dokumentationen des Forschungsprozesses,
- die Interpretation in Gruppen und
- die Anwendung kodifizierter Verfahren.[133]

Ein wesentlicher Bestandteil intersubjektiver Nachvollziehbarkeit ist die *Dokumentation des Forschungsprozesses*, der die Leser befähigen soll, „die Studie im Licht ihrer eigenen Kriterien beurteilen [zu] können."[134] Die Dokumentation erfordert eine umfassende Explikation, also eine genaue situative Beschreibung der einzelnen Untersuchungsschritte, wodurch aufzuzeigen ist, was warum wie erledigt wurde. Dies tangiert nicht nur das Vorverständnis des Forschers, sondern auch die Erhebungs- und Auswertungsmethoden. Ferner ist eine Dokumentation des Erhebungskontextes und der Transkriptionsregeln nötig. Außerdem werden auftretende Probleme und vollzogene Entscheidungen erläutert. Die Gütekriterien und Informationsquellen sind auch darzulegen.[135]

Die *Interpretation in Gruppen* bezieht sich auf eine Rückkopplung des Forschers mit anderen Forschern (diskursive Dateninterpretation), sodass die subjektiven Eindrücke eines einzelnen Forschers mit denen anderer abgeglichen werden (,*peer debriefing*')[136].

Obgleich sich qualitative Forschung durch ein offenes Forschungsdesign kennzeichnet, sollte sie eine systematische, weil regelgeleitete Analyse subjektiver Vorstellungen gewährleisten. Dies soll mittels der *Anwendung kodifizierter Verfahren* ermöglicht werden, indem sich die systematische Analyse aus den subjektiven Vor-

---

132 Für die Umsetzung der Gütekriterien auf die vorliegenden Studie werden die Arbeiten von Dahnken (2005, 22 – 28), Klee (2008, 31ff) und Lutter (2011, 31ff) als Vorbilder genommen und die Vorschläge von Steinke (1999, 205ff; 2010, 323ff) aufgegriffen.
133 vgl. Steinke 1999, 208 – 15; Steinke 2010, 324 – 6
134 Steinke 2010, 324
135 ebenda, 324
136 Lincoln/ Guba (1985, 308 – 9) geben einen guten Einblick in die Funktion eines ,peer debriefing'; vgl. auch Steinke 2010, 326

stellungen ergibt. Indem eine offene Haltung gegenüber den Daten eingenommen wird, kann eine strukturierte Analyse erfolgen.[137]

Die Anwendung der intersubjektiven Nachvollziehbarkeit ergibt mehrere Konsequenzen. Die *Dokumentation des Forschungsprozesses* soll dahingehend erreicht werden, indem die Grundannahmen (Abschnitt B) als auch die Erhebungs-, Auswertungs- und Interpretationsverfahren in den Abschnitten C, D und E transparent erläutert und nachvollziehbar aufeinander bezogen werden.

Die *Interpretation in Gruppen* wird durch eine regelmäßige Vorstellung der Studienergebnisse im Doktorandenkolloquium der AGORA Politische Bildung[138] gewährleistet. Ferner werden die Studienergebnisse in regelmäßigen Abständen mit dem Betreuer der Arbeit, Herrn Prof. Dr. Dirk Lange, besprochen. Das Ziel ist, dass im Sinne eines ‚peer debriefing' andere Forscher Rückmeldungen geben, um eine intersubjektiv valide Deutung der Studienergebnisse zu ermöglichen.

Die *Anwendung kodifizierter Verfahren* ergibt sich aus der ‚Didaktischen Rekonstruktion', die sich besonders der qualitativen Inhaltsanalyse bedient. Dieses interdisziplinär entwickelte Forschungsmodell bezieht sich darauf, dass Schülervorstellungen und fachliche Erkenntnisse anhand vorgegebener Schritte aufeinander bezogen werden. Dabei wird das Ziel verfolgt, didaktisch sinnvolle Leitlinien zu entwickeln.[139] Die vorgegebenen Schritte ermöglichen eine transparente, also gut begründete Datenerhebung und -interpretation. Dabei ist die qualitative Inhaltsanalyse besonders relevant, insofern sie die Deutung der Denkweisen der jeweiligen Vorstellungskultur ermöglicht. Die Deutung erfolgt anhand eines am Material entwickelten Kategoriensystems, wobei die ausgewählten Kategorien gut begründet und damit transparent ersichtlich werden.[140]

B.5.2.2. Indikation des Forschungsprozesses

Nicht nur Gegenstandsangemessenheit, sondern auch die Angemessenheit des gesamten Forschungsprozesses (Indikation) steht im Vordergrund dieses Gütekriteriums. „Durch Erfüllung dieses Kriteriums soll sichergestellt werden, dass der Anspruch qualitativer Forschung, einen neuen Gegenstandsbereich in seiner Komplexität zu erschließen, eingelöst werden kann."[141] Damit bezieht sich die Indikation des Forschungsprozesses auf die Fragestellung, der Methodenwahl, die Transkripti-

---

137   vgl. Bohnsack 1999; Steinke 2010, 326; hierzu ist auch das Gütekriterium ‚empirische Veranke-
      rung' wichtig (vgl. Abschnitt B.5.2.3.).
138   Die Besprechung der Studienergebnisse erfolgt in der Regel ein Mal im Jahr aufgrund einer be-
      rufsbegleitenden Promotion.
139   vgl. beispielhaft Gropengießer 2007, 13ff; Kattmann 2007b; Lange 2010; Abschnitt B.3
140   vgl. u.a. Lamnek 2010, 434ff; Abschnitt C.4.5.
141   Dahnken 2005, 23

onsregeln, der Samplingstrategie, der methodischen Einzelentscheidung im Kontext der Untersuchung und der Bewertungskriterien. Die aufgelisteten Bedingungen müssen sich in der Studie an der Angemessenheit einer qualitativen Untersuchung messen lassen können.[142]

Die Umsetzung dieses Gütekriteriums zeigt sich, insoweit jeder Untersuchungsschritt auf seine Angemessenheit kritisch geprüft und in der Dokumentation des Forschungsprozesses verbalisiert wird. Der Untersuchungsschritt bezieht sich sowohl auf die Datenerhebung und -auswertung bzw. -interpretation als auch auf die theoretischen Positionen. Die Datenerhebung und -auswertung bzw. -intepretation werden besonders durch das Forschungsmodell ,Didaktische Rekonstruktion' beeinflusst. Es bildet als kodifiziertes Verfahren den Untersuchungsrahmen. Die Erhebung der fachlichen Klärung und die Erfassung der Lernerperspektive werden mittels der qualitativen Inhaltsanalyse erhoben, aber in der jeweiligen Samplingstrategie *(fachliche Klärung = primäre und sekundäre Fachliteratur; Erfassung der Lernerperspektive = problemzentrierte Interviews mit Schülern)* zeigen sich Unterschiede, die später in ihrer Auswahl begründet und bezüglich ihrer Ergebnisse dargestellt werden. Die Quellenauswahl ist in den Abschnitten C und D jeweils dokumentiert. Die theoretischen Positionen verorten sich im Abschnitt B.

B.5.2.3. Empirische Verankerung

Das Gütekriterium ,empirische Verankerung' verknüpft Theorie und Empirie. Theoretische Annahmen sollen anhand empirischer Untersuchung erzeugt und begründet werden. „Theorien werden auf der Basis von Empirie generiert und auch geprüft, d.h. Bildung und Überprüfung von Hypothesen sollen empirisch begründet sein."[143] Diesbezüglich müssen die Vorannahmen des Forschers veränderbar, also revidierbar und modifizierbar sein. Wird diese Voraussetzung nicht erfüllt, ignoriert der Forscher wesentliche Erkenntnisse aus den empirisch gewonnenen Daten. Er bleibt der Realität gegenüber blind. Die dann explizierten Theorien können kaum wesentliche Aussagen machen. Um dies zu vermeiden, bietet sich „die Nutzung von bereits entwickelten, aus Regeln bestehenden, d.h. *kodifizierten methodischen Verfahren*"[144] an.

Die im Folgenden stattfindende Untersuchung soll durch ein enges Wechselspiel von Theorie und Empirie geprägt sein. Erst dann kann der erzeugte und empirisch begründete didaktische Politikbegriff Aussagekraft erhalten. Hierzu bildet die ,Didaktische Rekonstruktion' als ein kodifiziertes und in mehreren Studien erprobtes Forschungsmodell ein wesentliches Kriterium, um die enge Verknüpfung von

---

142 vgl. Steinke 2010, 326 – 8; ebenda 1999, 216 – 21
143 Steinke 1999, 221; vgl. ebenda 2010, 328
144 ebenda 1999, 223 (Hervorhebungen im Original – ASK)

Theorie und Empirie zu gewährleisten.[145] Dies wird in den drei Untersuchungsschritten weiter konkretisiert: Die ‚Erfassung der Lernerperspektive' erfolgt mithilfe
des problemzentrierten Interviews, wobei die problemlösenden Vorstellungen von
Schülern im Vordergrund stehen. Die erhobenen Schülervorstellungen, verdichtet
in einem subjektbezogenen Politikbegriff, bilden die Kriterien, um die Literatur in
der ‚Fachlichen Klärung' auszuwählen. Dort werden die Daten mithilfe der qualitativen Inhaltsanalyse erhoben, sodass ein demokratietheoretischer Politikbegriff in
der engen Anlehnung am Material gewonnen wird. Die Absicherung erfolgt zudem
in der Berücksichtigung relevanter Sekundärliteratur. Die ‚Didaktische Strukturierung' ermöglicht, die Theorie durch ein wechselseitigen Vergleich der fachlichen
Klärung und der Lernerperspektive zu generieren als auch abzusichern. Ziel der
didaktischen Strukturierung ist es, beide Perspektiven als Grundlage für den didaktischen Politikbegriff zu nehmen.

Abschließend erfolgt eine kommunikative Validierung, indem Aussagen der
Interviewten gespiegelt werden, um „mögliche Missdeutungen des Forschenden
bereits während des Interviewprozesses zu korrigieren."[146] Die kommunikative
Validierung ermöglicht, Ergebnisse, die auf ein Fehlverständnis des Forschenden
beruhen, zu vermeiden, wodurch die Ergebnisse am ehesten der Intention des Interviewten entsprechen. Daher wird auch in der fachlichen Klärung nicht nur Pri-
mär-, sondern auch Sekundärliteratur verwendet. Insbesondere die Sekundärliteratur kann die Deutung des Forschers validieren.

B.5.2.4. Limitation

‚Limitation' fragt nach der Verallgemeinerbarkeit und nach dem Geltungs- bzw.
Gültigkeitsbereich der qualitativ erzeugten Theorien. „Dazu sollte analysiert wer-
den, auf welche weiteren Bedingungen (Kontexte, Fälle, Untersuchungsgruppen,
Phänomene, Situationen etc.) die Forschungsergebnisse, die unter spezifischen
Untersuchungsbedingungen entwickelt wurden, zutreffen."[147]

Die Sicherung dieses Gütekriteriums erfolgt zunächst durch eine möglichst
präzise Beschreibung des Untersuchungskontexts. Die Untersuchungsquellen –
sowohl bei der ‚Fachlichen Klärung' als auch bei der ‚Erfassung der Lernerperspektive' – sollen theoriegeleitet ausgewählt werden, womit ein „ein theoretisches Verfahren der Stichprobenkonstruktion"[148] gewählt wird. Dies soll eine möglichst große Varianz in den ersten beiden Untersuchungsschritten sicherstellen, sodass eine

---

145   vgl. Lutter 2011, 34; Dahnken, 1999, 23; Abschnitt B.3.; Kattmann/ Gropengießer 1996;
      Gropengießer 2007a; Kattmann et al. 1997; Klee 2008; Klee et al. 2006; Lange 2007
146   Klee 2008, 33
147   Steinke 2010, 329
148   Klee 2008, 34; vgl. hierzu auch Abschnitt C.4.3.1.

breite Kontrastierung in den jeweiligen Untersuchungsaufgaben möglich wird. Der wechselseitige Vergleich in der ‚Didaktischen Strukturierung' ermöglicht ebenfalls, eine Kontrastierung der Ergebnisse aus den vorigen Untersuchungsschritten, insofern die Gemeinsamkeiten, Verschiedenheiten, Begrenztheiten und Eigenheiten der jeweiligen Vorstellungskultur offen gelegt werden.

B.5.2.5. Reflektierte Subjektivität

Die ‚reflektierte Subjektivität' sieht den Forscher als ein Subjekt mit einem eigenen *set of beliefs* an. Dieses entsteht dadurch, dass der Forscher selber Teil einer sozialen Welt ist. Er verfügt über subjektive Annahmen und Interessen, die seine Sichtweise bewusst oder unbewusst beeinflussen. Daraus erwächst die Konsequenz, die subjektive Sichtweise „methodisch reflektiert in die Theoriebildung"[149] einzubeziehen. Um dieser Konsequenz gerecht zu werden, kann die Untersuchung auf folgenden Ebenen bezogen werden:

- „auf die Beziehung der Forschenden zum Untersuchungsthema (Reflexion),
- auf die Beziehung des Forschenden zum Informant (Reflexion der Interaktion),
- auf den Einstieg in das Untersuchungsfeld (Reflexion der ersten Eindrücke)."[150]

Die Reflexion der ersten Eindrücke soll insbesondere durch Kurzprotokolle kurz nach den Interviews erreicht werden (*Ad-hoc Protokolle*). „Dadurch soll es ermöglicht werden, Eindrücke, Empfindungen und eventuell auftretende Irritationen zu konservieren und sie für den weiteren Verlauf der Untersuchung sowie für den nachträglichen Verstehensprozess fruchtbar zu machen."[151] In der ‚Fachlichen Klärung' wird der Einstieg durch die zuvor erhobenen Schülervorstellungen geleitet. Die subjektiven Annahmen des Forschers sollten dadurch an den Schülervorstellungen rückgekoppelt bleiben. Die Interpretation des Forschers wird transparent. *Die Reflexion der Interaktion* soll dadurch erreicht werden, indem die Informanten bzw. Probanden in den Interviews anonyme Aussagen über die von ihnen wahrgenommene Beziehung zum Forscher machen. *Die Reflexion der Beziehung zwischen Forschenden und Untersuchungsthema* soll durch eine Offenlegung der verwendeten Theorien sowie der eingangserwähnten Untersuchungshypothesen erreicht werden. Abschließend erfolgt die *Reflexion über die Beziehung zwischen Forscher und Untersuchungsthema* über die

---

149   Steinke 2010, 331
150   Klee 2008, 34
151   ebenda

Dokumentation des Forschungsprozesses, wodurch der thematische Zugriff ersichtlich wird.

B.5.2.6. Kohärenz und Relevanz

‚Kohärenz' und ‚Relevanz' meinen die Notwendigkeit einer in sich stimmigen Gesamtuntersuchung als auch die Bedeutsamkeit der generierten Theorie. Im Forschungsprozess sollen „[u]ngelöste Fragen und Widersprüche [...] offen gelegt werden"[152] und die generierte Theorie einen pragmatischen Nutzen aufweisen. Daher bedingen sich ‚Kohärenz' und ‚Relevanz' gegenseitig, insoweit der pragmatische Nutzen „einer Theorie im Sinne ihrer Viabilität [...] die Forderung nach Relevanz"[153] einbezieht. Insbesondere die Relevanz soll den Beitrag der Theorie zur Forschung sowie die Möglichkeiten neuer Deutungen und Problemlösungen, also „das Deutungspotential, die Erklärungskraft und die Problemlösekapazität einer Theorie"[154] aufzeigen. Damit ist aber nicht nur die Forschung bzw. Wissenschaft gemeint, sondern umfasst ebenfalls die Unterrichtspraxis.

Die Umsetzung der ‚Kohärenz' soll durch eine klar angezeigte Offenlegung von möglichen Widersprüchen und nicht gelösten Fragen innerhalb der generierten Theorien umgesetzt werden. Nur eine widerspruchsfreie Theorie kann einen pragmatischen Nutzen aufweisen.[155] Die Relevanz des pragmatischen Nutzens zeigt sich in der praktischen Anwendung der Theorie.[156] Dies kann aber nicht auf einer rein wissenschaftlichen Ebene verharren, sondern soll auch auf die unterrichtspraktische Ebene bezogen werden.[157] Weil das Ziel der Studie in einem didaktischen Politikbegriff unter besonderer Berücksichtigung schülerbezogener Basiskonzepte liegt, sollten sich dieser in der Praxis bewähren können. Er offenbart sich in der Explikation der Gemeinsamkeiten, Verschiedenheiten, Eigenheiten als auch Begrenztheiten beider Vorstellungskulturen.

Zusammenfassend ergibt sich die Angemessenheit einer qualitativen Vorgehensweise. Mit dem Ziel, einen didaktischen Politikbegriff unter Berücksichtigung einer Strukturierung fachlicher und schülerbezogener Vorstellungen zu entwickeln, ist die Analyse einer subjektiv konstruierten sozialen Wirklichkeit notwendig. Dieses Ziel ist mithilfe der qualitativen Forschung erreichbar. Sie stellt eine „genaue und

---

152 Steinke 2010, 330
153 Dahnke 1999, 25 (Hervorhebung im Original nicht übernommen – ASK)
154 Steinke 1999, 246; vgl. ebenda 2010, 330
155 Natürlich könnte auch eine Theorie ohne offene Fragen eine höhere Relevanz aufweisen, aber Forschung lebt davon, aus entwickelten Theorien neue Forschungsfragen zu entwickeln. Offene Fragen sind damit für den Forschungsprozess gewinnbringend.
156 Steinke 1999, 247 – 8; Dahnken 1999, 25
157 vgl. Lutter 2011, 37

dichte Beschreibungen"[158] subjektiver Vorstellungen in den Mittelpunkt ihres Forschungsinteresses und beachtet sechs Gütekriterien.

B.6. Zusammenfassung und Ausblick

Der Abschnitt B zielte auf eine begründete Darlegung des theoretischen Bezugsrahmens, um einen didaktischen Politikbegriff zu entwickeln. Der Bezugsrahmen konzipierte sich in einer moderat-konstruktivistischen Forschungs- und Lernperspektive, die für die Didaktische Rekonstruktion wesentlich ist. Sie sieht beide Vorstellungswelten als gleichwichtig für gelingende Lehr-Lernprozesse an. In der Untersuchung von utopischen Politikvorstellungen ergab sich der genauere Blick auf Vorstellungen nebst (Basis-)Konzepten. Weil sich die epistemologische Grundhaltung in einer moderat-konstruktivistischen und damit in den Tiefenstrukturen subjektiver Theorien verortet, charakterisiert sich die Untersuchung qualitativ. Sie basiert auf sechs Gütekriterien. Dies ermöglicht nun eine Erfassung der Lernerperspektive zur politischen Idealität.

---

158   Flick et al. 2010, 17

Tabelle B.f: Die Gütekriterien und ihre Realisierung in der Studie

Quellen	Gütekriterien	Definition	Realisierung in der vorliegenden Studie
Steinke 1999 Dahnken 2005 Klee 2008 Steinke 2010 Lutter 2011	Intersubjektive Nachvollziehbarkeit	Transparenz der Untersuchung durch die Explikation der Forschungsschritte	Dokumentation des Forschungsprozesses
			‚peer debriefing'
			Anwendung kodifizierter Verfahren
	Indikation des Forschungsprozesses	Angemessenheit des gesamten Forschungsprozesses bezogen auf qualitative Forschung	Darstellung getroffener Entscheidungen im Forschungsprozess
			Offenlegung der theoretischen Rahmung ‚Didaktische Rekonstruktion'
			Theorie geleitete Herleitung des Forschungsdesigns
	Empirische Verankerung	Methodisch kontrollierter Vorgang der Theoriegenerierung, Rückbindung der Ergebnisse an die Empirie	Theorie geleitete Interpretation der Daten
			Kommunikative Validierung
			Iteratives Vorgehen innerhalb der Didaktischen Rekonstruktion
	Limitation	Bestimmung des Geltungsbereiches der generierten Theorie	Theorie geleitete Konstruktion der Stichprobe
			Methode des wechselseitigen Vergleichs
	Reflektierte Subjektivität	Offenlegung der Subjekt-Objekt-Beziehung im Forschungsprozess	Formulierung von Untersuchungshypothesen
			Anfertigung von Ad-hoc-Protokollen
			Dokumentation des Forschungsprozesses
			Offenlegung der theoretischen Rahmung
	Kohärenz	Bestimmung des pragmatischen Wertes der generierten Theorie und die Offenlegung identifizierter Inkonsistenzen	Auseinandersetzung mit identifizierten Brüchen und Unklarheiten
			Darlegung nicht gelöster Fragen
	Relevanz	Prüfung der Erklärungskraft der gewonnenen Theorie	Alltags-, bzw. unterrichtspraxisnahes Untersuchungsdesign, Rückbindung der Theorie in die alltägliche Unterrichtspraxis (unterrichtliche Leitlinien)
			Reflexion der wissenschaftlichen Theoriediskussion
			Explizieren von Gemeinsamkeiten und Eigenheiten, Verschiedenheiten und Begrenztheiten

Abschnitt C – ‚Vom subjektbezogenen Politikbegriff'

C.1. Ziel und Struktur des Abschnitts C

Der erste Schritt zur Entwicklung eines didaktischen Politikbegriffs liegt darin, einen subjektbezogenen zu entwickeln. Dieser perspektiviert, wie Schüler gesellschaftliche Realität wahrnehmen und gestalten wollen. Dazu gliedert sich der Abschnitt C in zwei Teile: Der erste bereitet die empirische Untersuchung vor; der zweite legt sie dar.

Der erste Teil verdeutlicht zunächst den Stand der Forschung und beschreibt dazu nicht nur politikdidaktische Modelle von Basiskonzepten, die Kontroverse um die beiden Lernansätze, sondern auch empirische Forschungsarbeiten (*Kapitel C.2*). Dies fundiert und spezifiziert das empirische Forschungsinteresse der Studie. Entsprechend thematisiert das *Kapitel C.3* den Forschungsbedarf und legt die empirische Fragestellung offen. Das *Kapitel C.4* konkretisiert die methodische Umsetzung: Nicht nur Gegenstandsangemessenheit von Fragestellung und Methode als auch Maßnahmen zur Qualitätssicherung, sondern auch das Design des Untersuchungsinstruments und die Vorgehensweise der Datenerhebung werden offengelegt. Ferner erfolgt eine Beschreibung der Datenauswertung und Verallgemeinerung. Abschließend fasst das *Kapitel C.5* den ersten Teil des Abschnitts C zusammen und klärt seine Relevanz für die empirische Untersuchung.

Der zweite Teil legt den Schwerpunkt auf die Schülervorstellungen zum idealtypischen Gesellschaftsleben mit dem Ziel, einen Politikbegriff aus Schülersicht zu entwickeln. Beginnend mit einer inhaltlichen Übersicht zu den durchgeführten Interviews, erläutert das *Kapitel C.6* die Auswahl der sieben analysierten Schülerinterviews. Das *Kapitel C.7* beinhaltet die geordneten Aussagen, die Explikation und die Einzelstrukturierung. Die Transkripte und redigierten Aussagen finden sich im Anhang. Diese Einzelauswertung führt im *Kapitel C.8* dazu, schülerbezogene Konzepte zu entwickeln. Hieraus lässt sich im *Kapitel C.9* ein schülerbezogener Politikbegriff ableiten; der erste Schritt zum didaktischen. Das abschließende *Kapitel C.9* fasst die Ergebnisse zusammen und gibt einen Ausblick auf die Fachliche Klärung, in der ein demokratietheoretischer Politikbegriff entwickelt werden soll.

Abschnitt C – Teil I

C.2. Zum Stand der Forschung

Die politische Bildung hat zunehmend kritisch über politikdidaktische Basis- bzw. Kernkonzepte oder fundamentale Konzepte diskutiert. Diese Diskussion soll im Folgenden nachgezeichnet werden, um den Stand der politikdidaktischen Forschung und das vorliegende Forschungsinteresse aufzuzeigen. Diesbezüglich wird sich das erste Unterkapitel mit den Lernansätzen auseinander setzen. Anschließend erfolgt eine Darlegung der diskutierten Modelle. Abschließend findet die Darstellung der aktuellen empirischen Forschungsvorhaben zu Basiskonzepten statt. Dies ermöglicht, das Forschungsinteresse und die Fragestellung der Studie aufzuzeigen.

C.2.1. Lerntheoretische Ansätze zu Basiskonzepten

Die politische Bildung hat verschiedene theoretische Modelle zu Basiskonzepten entwickelt. Diese Diskussion mündete in zwei Ansätze, vertreten von zwei Autorengruppen[159]: den politikwissenschaftlich-objektiven[160]und den konstruktivistisch-subjektiven.[161] Die Kontroverse um beide Ansätze werden im Folgenden vorgestellt. Um die individuellen Stimmen in den Autorengruppen angemessen zu berücksichtigen[162] und gleichzeitig beide Ansätze in gegebener Kürze zu präsentieren, fokussieren die Absätze die Präsentation der jeweiligen Ansätze und werden in Fußnoten um die individuellen Stimmen ergänzt.

C.2.1.1. Der politikwissenschaftlich-objektive Ansatz

Der politikwissenschaftlich-objektive Ansatz favorisiert ein Experten-Novize-Modell. Schüler als Novizen verfügen über Fehlkonzepte, die durch den Unterricht mithilfe der Politikwissenschaft korrigiert werden sollen. Basiskonzepte haben eine „doppelte Funktion: Sie sind einerseits die normativen Kriterien für die Festlegung von Inhalten und Wissen und andererseits Normen, um Fehlkonzepte im politischen Wissen diagnostizieren und bewerten zu können."[163] Die normative Ausrich-

---

159   Henkenborg 2008a, 82; Deichmann 2011
160   vgl. Weißeno et al. 2010
161   vgl. Autorengruppe Fachdidaktik 2011a
162   Die Autorengruppe Fachdidaktik (2011c, 8) verweist darauf, dass sie in ihrem Buch „auch gemein-
      sam ausgearbeitete Alternativen vor[stellen], […] das Buch aber nicht als durchgängig gemeinsam
      formuliertes Kollektivprodukt angelegt" haben.
163   Henkenborg 2008a, 82 mit Verweis auf Richter 2008

tung dieses Ansatzes wird insbesondere in der Publikation "*Konzepte der Politik – ein Kompetenzmodell*"[164] deutlich. Im Versuch, ein Konsensmodell für die Politikdidaktik zu entwickeln, sehen die Autoren in der Politikwissenschaft die Leitwissenschaft, von der die politische Bildung selektiv auswählt, um ihr Ziel des mündigen Bürgers zu erreichen.[165] Konzepte sollen "per definitionem richtig"[166] sein, also normativen Ansprüchen wie wissenschaftsorientierten Erläuterungen entsprechen. Dies zeigt sich beispielsweise in den Kommentaren zu den Schülerantworten im Rahmen des von den Autoren dargelegten Unterrichtsbeispiels. So liest man: "Die Vielzahl an geforderten Begriffen ergibt ein fachlich richtiges und komplexes Begriffsnetz [...]."[167]

Des Weiteren sei die Zuordnung von Fach- zu Basiskonzepten nicht beliebig, sondern erfolge auf der Grundlage politikwissenschaftlicher Theorien und politik-didaktischer Perspektiven.[168] Diesbezüglich nehmen die Autoren eine Einschrän-kung vor, insoweit "die Zuordnung von Fach- zu Basiskonzepten nicht streng lo-gisch herzuleiten [ist]. Fachkonzepte weisen mehr oder weniger starke Bezüge zu allen Basiskonzepten auf; dies liegt an dem Charakter der Basiskonzepte als ord-nende Begriffe des Politischen."[169] Nichtsdestotrotz bleibt eine stark politikwissen-schaftliche Orientierung: Die vorzunehmenden Erweiterungen von Fachkonzepten erfolgen mittels "politikwissenschaftlichen Theorien bzw. Diskussionssträngen. [...] Nach einer Definition wird der Bezug des Fachkonzepts zum zugeordneten Basis-konzept dargestellt. Es folgen Ergänzungen, Problematisierungen und Erweiterun-gen aus der Perspektive der Wissenschaft."[170] Dieser wissenschaftsorientierte An-satz verfolgt das Ziel, Fehlvorstellungen zu Fachwissen zu transferieren.

Das Anliegen, schülerbezogene Fehlvorstellungen anhand eines normativ rich-tigen Wissens zu korrigieren, zieht sich wie ein roter Faden durch den politikwis-senschaftlich-objektiven Ansatz. Die wesentliche Funktion von Basis- und Fach-konzepten besteht in der Messung bzw. Beurteilung von Schülerwissen. "Fachkon-zepte stellen die kritterielle Norm zur Bewertung des Wissens von Schüler/-innen

---

164 Weißeno et al. 2010

165 vgl. ebenda, 25; Weißeno (2006, 136 – 7) wählt seine Basiskonzepte anhand von Standardwerken zur Politikwissenschaft aus.

166 ebenda 2010, 50

167 ebenda, 210

168 vgl. ebenda, 49; vgl. Richter 2008, 160; Juchler 2008, 181; Massing 2008, 191; ähnlich argumentiert Weißeno (2008, 17): Die Auswahl von Fachkonzepten zu Basiskonzepten ist "nicht allein aus der Fachsystematik bzw. Sachstruktur heraus vorzunehmen, sondern dies geschieht nach lernpsycho-logischen und fachdidaktischen Gesichtspunkten." Eine kritischere Haltung zur Rolle der Politik-wissenschaft nahm Detjen (2008, 200 – 3) ein, insofern sich politische Bildung nicht auf die Bil-dung eines Sozialwissenschaftlers, sondern eines "Common man" (ebenda, 201 - Hervorhebungen im Original übernommen) orientiert. Politikunterricht ist ein "synoptisches Unterrichtsfach" (ebenda) – um nur auf zwei Kritikpunkte zu verweisen.

169 Weißeno et al. 2010, 49

170 ebenda

dar. Basis- und Fachkonzepte charakterisieren daher einen Kernbereich des Wissens der Domäne im didaktischen Interesse."[171] Fehlvorstellungen bzw. *misconceptions* zeigen sich als Abweichungen von unterrichtsbezogenen Konzepten.[172] Schülerbezogene Präkonzepte sollen zwar im Unterricht aufgegriffen, aber in unterrichtsbezogene Konzepte transferiert werden. Obgleich Präkonzepte richtig oder falsch, differenziert oder vage sein können,[173] orientiert sich der Bewertungsrahmen an wissenschaftsbasierten Annahmen. Demnach sind schülerbezogene Konzepte nur richtig, wenn sie wissenschaftlichen Theorien entsprechen.[174] Zusammenfassend konzentriert sich der politikwissenschaftlich-objektive Ansatz darauf, sich didaktisch an der Politikwissenschaft zu orientieren und Schülervorstellung – in der Regel Fehlvorstellungen – zu fachlich korrekten Konzepten zu entwickeln.

Der politikwissenschaftlich-objektive Ansatz wurde von einer anderen politikdidaktischen Autorengruppe kritisiert. Diese beklagt in ihrem Band *„Konzepte der politischen Bildung. Eine Streitschrift"* unter anderem einseitige und geschlossene Konzepte[175], also einen fehlenden multiperspektivischen Zugriff auf das Politische, ein Instruktionsverständnis von Politikunterricht (*teaching to the test*)[176], basierend auf per definitionem richtige Basiskonzepte (Abbilddidaktik), eine fehlende Methodik, eines kaum kompetenzorientiertem Unterrichtsbeispiels und quantitative Messung von Schülerwissen (Fehlvorstellung) anstelle eines prozessorientierten Politikunterrichts.[177]

---

171   ebenda, 49; Richter 2007, 48; ähnlich argumentiert Richter (2008, 158 – Hervorhebungen im Original übernommen) in ihrem Aufsatz über die Kompetenzdimension Fachwissen: „Erst vor dem Hintergrund von Fachkonzepten lässt sich entscheiden, ob bei den Schüler/-innen Fehlkonzepte (misconceptions) vorliegen. Insofern sind sie nicht »neu«, sondern stellen schon immer eine Grundlage für die (»gefühlte«) Beurteilung dar, ob Schüler/-innen Wissen erworben hatten oder Fehlvorstellungen."

172   Weißeno et al. 2010, 50; dieses Verständnis wird auch bei Massing (2007, 30) deutlich, insoweit Politiklehrer die Aufgabe haben, „zu diagnostizieren, über welche unsystematischen Anhäufungen politischer Informationen [...] die Kinder verfügen, welche falschen Faktenverbindungen existieren und welche »Misconceptions« dominieren [...]."

173   vgl. ebenda, 50; in eine ähnliche Richtung argumentiere Juchler (2008, 175), stellte aber deutlicher heraus, dass sich „die so genannten naiven theoretischen Annahmen eines Individuums, die auf Alltagsbegriffen als »Fehlkonzepte« beruhen, in vielen Situationen des täglichen Lebens als hilfreich" erweisen.

174   Weißeno et al (2010, 13) beklagen indirekt eine mangelnde Fehlkonzeptforschung in der Politikdidaktik.

175   An dieser Stelle sei der Ehrlichkeitswegen darauf verwiesen, dass Weißeno et al. (2010, 49) darauf verweisen, dass Fachkonzepte allen Basiskonzepten zugeordnet werden können. Dies entspricht einem multiperspektivischen Zugriff, auch wenn dieser in der Publikation deutlicher hätte ausgeführt werden müssen. Die Struktur der Publikation verdeutlicht eher, dass Fachkonzepte im Sinne einer geschlossenen Liste den Basiskonzepten zugeordnet werden.

176   Diese Kritik hat auch Deichmann (2011, 167).

177   Autorengruppe 2011b; zur Kritik siehe auch Sander 2008b, 70; 2010; 2011a; 22; Grammes 2011; Hedtke 2011; Lange 2011a; Petrik 2011; Grammes (2011) verdeutlicht zum Beispiel seine Kritik an der Publikation „Konzepte der Politik – ein Kompetenzmodell", indem er die in der Publikation

Die Reaktion auf diese Kritik erfolgte dadurch, dass die politikwissenschaftlich-objektive Autorengruppe auf ihren „objektivistischen Wissensbegriff und die daraus folgenden Lehr-Lern-Vorstellungen"[178],ihren Begriff ‚Fehlkonzept' sowie ihrem Politikbegriff als auch auf ihre Konzentration auf die deutsche Politikwissenschaft und auf ihr verwendetes Unterrichtsbeispiel eingeht.

Hinsichtlich ihres Wissensbegriffs verweist die Autorengruppe darauf, dass sie nicht von einem Instruktionsverständnis ausgeht. Sie fordert vielmehr den Aufbau systematischer und flexibler kognitiver Wissensstrukturen. Der Kern ihrer Forderung ist damit, dass Schüler fähig werden sollen, politische Alltagsphänomene *überprüfbar* verstehen zu können. Mündigkeit zeigt sich in Gestalt bestimmter Wissensstrukturen. Schüler „müssen kohärente kognitive Strukturen aufbauen, welche die (politische) Wirklichkeit modellhaft repräsentieren."[179] Diese kognitiven Strukturen zeigen sich in solchen Konzepten, „die fachlich als richtig definiert werden können und die eventuell bei den Schülern/Schülerinnen einen *conceptual change* erfordern."[180] Das Anliegen der politikwissenschaftlich-objektiven Autorengruppe ist ein klarer, eindeutiger und überprüfbarer Zielbereich.

---

vertretende Auffassung eines engen Politikbegriffs, einer geschlossenen Liste von Konzepten, Methodenmonotonie sowie einer fehlenden Schülerorientierung anhand von Kurt Gerhard Fischer, Hermann Giesecke, Bernhard Sutor und Rolf Schmiederer kritisch hinterfragt. Die Kritik richtet sich insoweit, als Grammes (2011, 43) „andere Lesarten" der politikdidaktischen Theorieentwicklung aufzeigen will. Die Kritik von Hedtke (2011) bezieht sich unter anderem auf eine falsches Verständnis von Bybees scientific literacy (ebenda, 53 – 4) als auch einer fast einseitigen Konzentration auf die deutsche Politikwissenschaft (ebenda, 54 – 5). Hedtke (2011, 65 – 7) kritisiert insbesondere die fehlende Inklusion der Ökonomie, die im Politikunterricht zu berücksichtigen ist. Ferner sieht Lange (2011, 100) die Gefahr eines zunehmenden eingeschränkten Blickes auf „die tatsächlichen Vorstellungswelten von Lernenden über Politik." Die Bedeutung von per definitionem richtigen Begriffen sieht Besand (2011, 142 – 4) bezogen auf Unterrichtsmaterial kritisch. Die Qualitätsbeurteilung von Unterrichtsmaterial bleibt nämlich unterkomplex, berücksichtigt man die bisher entwickelten Qualitätsstandards (ähnlich Sander 2011b, 157f). Diesbezüglich meint Henkenborg (2011, 113; 125), dass ein solches Konzeptverständnis objektiven Lexikoneinträgen gleicht, das Spannungsverhältnis zwischen subjektive Subjektivität (u.a. subjektive Vorstellungsbildern, Lebenswelt) und Objektivität (u.a. Wissenschaft, Sache) auflöst und „„die politische Differenz" zwischen der Politik und dem Politischen vernachlässigt" (ebenda, 124). Reinhardt (2011, 148 – 51) verdeutlicht ihre Kritik anhand des Unterrichtsbeispiels von Weißeno et al., das aus ihrer Sicht u.a. eine Methode mit fehlender Dynamik enthält, von Begriffen dominiert wird, einem fragendentwickelnden Unterricht gegen Schüler zur Folge hat und keine Verbindung zwischen fachlichen Konzepten und schülerbezogenen Konzepten herstellt. Dies macht sie daran deutlich, dass Schüler die Opposition mit Konflikt nicht gleichsetzen, aber Weißeno et al. dies voraussetzen (vgl. Reinhardt 2011, 150). Außerhalb der Autorenschaft kritisiert Meyer (2013) ein Konzeptverständnis, welches per definitionem richtig sei.

178 Massing et al. 2011, 135
179 ebenda, 137
180 Detjen et al. 2012, 155; sie werfen ihren Kritikern – besonders Sander und Hedtke – Beliebigkeit vor. Der erkenntnisphilosophische Konstruktivismus negiert Objektivität. Dies führt „zum einen zur begrifflichen Beliebigkeit im Unterrichtsfach selbst, zum anderen zu einer zu beobachtenden

Die Autorengruppe betont weiterhin die Existenz von Fehlkonzepten. Sander kritisiert ein von Weißeno et al. dargelegtes Fehlkonzept, wonach Demokratie Selbstbestimmung bedeute.[181] Das von Weißeno et al. dargelegte Fehlkonzept sei kein Fehlkonzept, was Weißeno et al. jedoch anders sehen.[182] Aus deren Sicht ermögliche Demokratie keine Selbstbestimmung. Jeder herrsche über jeden und somit sei jeder dem anderen unterworfen. Sie resümieren, dass es Fehlkonzepte gebe. „Sie dürfen weder in der Wissenschaft noch in Bildungsprozessen unwidersprochen bleiben. Natürlich ist in den Kulturwissenschaften manches offener und unbestimmter als in den Naturwissenschaften. Und manches ist auch nur umrisshaft zu definieren."[183]

Ferner weist die Autorengruppe um Weißeno die Kritik an einem zu engen Politikbegriff und einer zu engen Perspektive auf die deutsche Politikwissenschaft zurück. Aus ihrer Sicht ist ihr Politikbegriff nicht staats- bzw. institutionszentriert. Der Politikbegriff denkt den Alltag mit, auch wenn der Staat und Institutionen einen wesentlichen Teil des politischen Willensbildungsprozesses ausmachen.[184] Die Autorengruppe sieht auch in der Konzentration auf die deutsche Politikwissenschaft keine Gefahr, da sie keinen engen Politikwissenschaftsbegriff verfolgen, sondern in dieser Disziplin einen „transdisziplinäre Wissenschaft mit engen Bezügen zur Soziologie, zur Ökonomik, zur Rechtswissenschaft und anderen Sozialwissenschaften [...]"[185] sehen, wobei die deutsche Politikwissenschaft grundsätzlich international ausgerichtet sei.[186]

Abschließend ist das von der politikwissenschaftlich-objektiven Autorengruppe dargelegte Unterrichtsbeispiel[187] aus ihrer Sicht kein „instruktionsorientiertes *teaching to the test*."[188] Das Unterrichtsbeispiel soll keine Unterrichtsplanung darstellen, „sondern lediglich ein Instrument zur Klassifizierung der Aufgaben und der Texte"[189] sein und entspricht „dem state of the art der Diskussion über standardbasierten Aufgabenbeispiele."[190]

---

begrifflichen Beliebigkeit auch in der didaktischen Reflexion – und eben in der Rezeption wissenschaftlicher Texte" (Massing et al. 2011, 137).

181   Sander 2011b, 157
182   vgl. Weißeno et al. 2010, 63; Sander 2011, 157; Detjen et al. 2012, 156
183   Detjen et al. 2012, 159
184   Massing et al. 2011, 140 – 1; Deichmann (2011, 167) argumentiert gegen einen zu engen Politikbegriff im politikwissenschaftlichen Ansatz, insoweit gesellschaftliche und ökonomische Teilbereiche ebenfalls in den Basis- und Fachkonzepten berücksichtigt werden.
185   ebenda, 140
186   ebenda
187   Weißeno et al. 2010, 196ff
188   Detjen et al. 2012, 153 (Hervorhebungen im Original übernommen – ASK)
189   Massing et al. 2011, 142
190   ebenda

C.2.1.2. Der konstruktivistisch-subjektive Ansatz

Die Autorengruppe zur Publikation „*Konzepte der politischen Bildung. Eine Streitschrift*" bezieht sich auf einen konstruktivistisch-subjektiven Ansatz. Demnach tritt der Schüler als lernendes Subjekt mit eigenen subjektiven Theorien in Begegnung mit sozialwissenschaftlichen Erkenntnissen und differenziert dadurch seine Vorstellungen aus.

Die Begegnung zwischen dem Schüler als lernendes Subjekt mit eigenen subjektiven Theorien und sozialwissenschaftlichen Erkenntnissen erfordert eine multiperspektivische Perspektive auf Politikunterricht. Politische Bildung zeigt sich in Pluralität und Kontingenz. Der Politikunterricht darf das subjektive Wissen seiner Subjekte nicht unterdrücken oder eliminieren, sondern bezieht es vielmehr in die Unterrichtsprogression mit ein: „Politische Bildung kristallisiert sich in einer kommunikativen Praxis offener und demokratischer Verständigung, in der Verhandlung der politischen Konzepte und Deutungsmuster von Schülerinnen und Schülern durch „Interaktion", „Begegnung", „Dialog"."[191] Anders formuliert: Es geht um jene grundlegenden Annahmen, „von denen aus die Lernenden ihre Vorstellung vom inner- und zwischengesellschaftlichen Zusammenleben, also von Politik im weiteren Sinn, konstruieren. […] [E]s geht, bildlich gesprochen, um die zentralen Knotenpunkte in den Wissensnetzen, mit denen Menschen ihre Vorstellungen von Politik organisieren."[192] Der Schwerpunkt politischen Bildens besteht darin, auf die

---

191   Autorengruppe 2011b, 167 – 8; vgl. Sander 2009; Sander 2010, 60 – 2; Hedtke (2011, 59 – 61) verweist zum Beispiel immer wieder auf die Notwendigkeit von Pluralismus und Kontroversität, während Henkenborg (2011, 113) das Spannungsverhältnis zwischen Subjektivität und Objektivität betont. Auch Besand (2011, 138) sieht die Notwendigkeit, komplexe und authentische Lernarrangements zu gestalten, „in denen nicht nur Wissen abgefragt, sondern politische Urteile entwickelt und politische Handlungsfähigkeiten erprobt werden können." Die Reproduktion politischen Wissens ist aus ihrer Sicht (ebenda, 137 – 8) für einen kompetenzorientierten Politikunterricht nicht ausreichend; ähnlich ist Petrik (2011, 88) zu verstehen, wenn er in reproduktiven Aufgaben die Folge sieht, „automatisch definitorisch-oberflächige Antworten nach sich" zu ziehen, ohne dass im Unterricht das konzeptuelle Verständnis von beispielsweise Wirtschaft und Demokratie deutlich wird (Petrik 2011, 87). Das Problem besteht, dass definitorisch-oberflächige Antworten nicht zwangsläufig darlegen können, ob Schüler ein angemessenes Konzept haben, sondern nur Begriffe unreflektiert reproduzieren, denn einen „wirklich „eigenen Kontext" […] müssen die Schüler nicht kreieren" (Petrik 2011, 88). Reinhardt (2011, 155) sieht in der Methode die Möglichkeit, „Lehren und Lernen" zusammenzubringen. Dafür darf Unterricht nicht aus einer rein fachlichen Perspektive betrachtet, sondern muss Lernervorstellungen als ein wesentlichen Teil des Bildungsprozess verstanden werden. Dies legt Reinhardt in ihrem Alternativvorschlag zum Unterrichtsbeispiel von Weißeno et al. (2010, 195ff) sowie in ihrem eigenen Unterrichtsbeispiel dar.

192   Sander 2008a, 96; Sander 2008b, 69; Lange (2011, 97) führt hierzu aus, dass „[m]it der Orientierung auf Urteilsfähigkeit und auf Mündigkeit richtet sich das Interesse gerade auf den in der black box verdunkelten Vorgang des Erwerbs politischer Denk- und Sinnbildungsfähigkeiten." Ähnlich schreibt Reinhardt (2011, 153 mit Verweis auf Hedtke 2011 und Lange 2011a), dass es „nicht um das Lernen des Stoffes, wie er z.B. von Fachwissenschaften definiert wird, sondern um seine Integration mit den Bedürfnissen und Alltagsvorstellungen der Lernenden" geht. Aus einer

subjektiven Theorien von Schülern einzugehen, sie weiterzuentwickeln und nicht abzuqualifizieren.

Aus Sicht des konstruktivistisch-subjektiven Ansatzes können Schülervorstellungen zwar falsch sein, sollten aber trotzdem ernst genommen werden. Sie weisen eine innere Plausibilität auf. Der Unterschied zum vorigen Ansatz zeigt sich darin, dass mögliche schülerbezogene Fehlvorstellungen nicht durch per definitionem richtige Wissenschaftsvorstellungen korrigiert werden sollen.[193] Lernende beziehen ihre Politikvorstellungen aus ihrem Alltag. Dadurch erklären sie sich alltagsbezog die politisch-gesellschaftliche Wirklichkeit. Sollten diese Vorstellungen aus politikdidaktischer Sicht keine ausreichenden Deutungsmöglichkeiten erlauben, weisen diese für den Lernenden immer noch eine innere Plausibilität auf. „Es handelt sich um subjektive Konzepte, die der Alltagsbewältigung dienlich sind, wodurch nicht ausgeschlossen ist, dass es andere und bessere Konzepte geben kann."[194] Die Aufgabe liegt in der Modifizierung und Ausdifferenzierung politikbezogener Schülervorstellungen. „Lernprozesse in der politischen Bildung sollten die vorhandenen Vorstellungen aktivieren und Lernanlässe geben, um diese zu wandeln und auszudifferenzieren."[195] Schülervorstellungen rücken damit in den Fokus des Politikunterrichts. Politische Bildung zentriert „die Bedürfnisse und Erfahrungen, die individuellen Konzepte und Deutungsmuster, die subjektiven Lernthemen und Lernauffassungen, die Schülerinnen und Schülern in ihrer Auseinandersetzung mit den Themen politischer Bildung selbst hervorbringen."[196] Da Schülervorstellungen

---

konstruktivistisch-subjektiven Perspektive argumentiert Petrik (2011, 90) die Notwendigkeit, dass Basiskonzepte „das dialektische Zusammenspiel aus gesellschaftlicher Normsetzung, institutioneller Gesetzgebung und sozialwissenschaftlicher Theoriebildung erschließen", also Lebenswelt und Fachlichkeit miteinander verbinden müssen.

193   Sander 2008a, 102 – 4; diesbezüglich verweist Deichmann (2011, 167) darauf, dass Schülerkonzepte „ergänzt und erweitert werden [müssen], damit überprüfbares und vergleichbares politisches Wissen der Bürger generiert wird." Interessanterweise kritisiert Meyer (2013, 155 – 60) die von der Autorengruppe angeblich verfolgte Subjekt-Objekt-Relation, denn objektivierbares Wissen existiere nicht.

194   Lange 2011a, 101; wenn politische Mündigkeit das Ziel ist, so kann zum Beispiel die Anmerkung von Besand (2011, 136) verstanden werden, dass die Schüler „selbständige[s] Lösen von Problemen üben und trainieren" müssen. Dabei müssen sie zwangsläufig ihre Konzepte einbringen und diese modifizieren bzw. ausdifferenzieren. Fehler sind hilfreich und fördern aktives Lernen, weil Lernende nur dann zu neuen Einsichten kommen können, wenn sie ihre Fehler selbständig erkennen.

195   Lange 2011a, 101; für Petrik (2011, 83) ist es notwendig, dass Basiskonzepte einen „größtmöglichen Kontrast kontroverser demokratischer Antworten auf distributive und prozedurale Grundfragen darstellen, die nicht nur jedes politische System und jede politische Bewegung beantworten muss, sondern zu denen auch jedes Individuum zumindest durch sein alltägliches Verhalten Stellung bezieht." Ergo ist ein für eine kompetenzorientierte Politikdidaktik angemessener Politikbegriff „‚‚polyzentrisch", also die wechselseitige Abhängigkeit von alltagspolitisch-situativer Normsetzung und institutionell-fallbezogener Gesetzgebung herausstellen."

196   Autorengruppe 2011b, 168; vgl. beispielhaft Sander 2008a, 99 – 100; Grammes 2011, 34; diesbezüglich zeigt sich aus Sicht von Sander (2010, 57) die „Spannung, die zwischen Alltagstheorien

heterogen sind, ist Politikunterricht im Sinne von Pluralität und Kontingenz zu denken.

In einem multiperspektivischen Politikunterricht ergeben sich multiperspektivische Basiskonzepte, die einen erklärenden bzw. analytischen Charakter für sozialwissenschaftliche Phänomene haben. Auf das sich daraus resultierende Problem verweist die Autorengruppe selbst: Basiskonzepte „müssen einerseits den Ansprüchen an Pluralität und Kontingenz gerecht werden und andererseits unter dem Gesichtspunkt zugleich auch eine didaktische Fokussierung, Reduktion und Ordnung von Gegenständen ermöglichen."[197] Daher formulieren die Autoren keine eng definierten Basiskonzepte, sondern verstehen sie als kontextübergreifende. Damit lassen sich die Basiskonzepte nicht nur auf die Politikwissenschaft, sondern auch auf weitere sozialwissenschaftliche Fächer anwenden. Folglich kann jedes Basiskonzept auch für andere Basiskonzepte relevant werden (offene Liste von Fachkonzepten). Damit wäre „der Anspruch von Basiskonzepten erfüllt: den analytischen Blick für *gemeinsame* Foci *verschiedener* sozialwissenschaftlicher Zugänge zu öffnen und diese koordinieren zu helfen."[198] Zusammenfassend führt der konstruktivistisch-subjektive Ansatz schülerbezogene Vorstellungen mit sozialwissenschaftlichen Zugängen zusammen, wodurch Basiskonzepte den Anspruch erfüllen müssen, multiperspektivisch (*Pluralität und Kontingenz*) und in der Anzahl wenige zu sein (*didaktische Reduktion*).

Summa summarum zeigen sich in beiden Ansätzen die Notwendigkeit, Schülervorstellungen in die Bildungsprozesse einzufließen, jedoch der Umgang mit diesen differiert. Die politikwissenschaftlich-objektive Autorengruppe sieht Schülervorstellung als Fehlkonzepte, die wissenschaftlich zu korrigieren sind. Mündigkeit zeigt sich in einem klar definierten Zielbereich. Ein Zielbereich ist diagnostizierbar und orientiert sich an wissenschaftlichen, also objektivierten Erkenntnissen. Das Primat des Politikunterrichts äußert sich in der Wissenschaft; Schülervorstellungen sind zweitrangig. Dies negiert die konstruktivistisch-subjektive Autorengruppe, die das Primat in den Schülervorstellungen sieht. Schülervorstellungen sollen weiterentwickelt, modifiziert und ausdifferenziert werden; wissenschaftliche Erkenntnisse sind zweitrangig, insoweit sie als Hilfsmittel zur Weiterentwicklung, Modifikation und Ausdifferenzierung schülerbezogener Politikvorstellungen dienen. Mündigkeit zeigt sich hier in einer angemesseneren Deutung der politisch-gesellschaftlichen Wirklichkeit im sozialen Nahraum der Subjekte. Dass Schülervorstellungen womöglich

---

und zwischen wissenschaftlichem Wissen besteht, [...] innerhalb eines Basiskonzepts, zu dem (heterogene[n]) Vorstellungen der Subjekte einerseits und (oftmals divergente) Theorien und Forschungen in den Wissenschaften andererseits [...]." Lange (2011, 100) verweist darauf, dass „Grundfragen an die soziale Welt [...] sowohl im Alltag [...] als auch in der Wissenschaft" gestellt und beantwortet werden und führt dies anhand mehrerer Forschungsarbeiten aus (vgl. ebenda, 102ff; siehe hierzu auch Lange\ Fischer 2011).

197 Autorengruppe 2011b, 168; Sander 2008a, 102
198 Autorengruppe 2011b, 169 (Hervorhebungen im Original übernommen); vgl. Sander 2010, 58

falsch sind, wird nicht bestritten, aber ihre Korrektur als weniger wichtig als die Weiterentwicklung vorhandener Konzepte angesehen. Als Konsensvorschlag lässt sich die Empfehlung lesen, von einem intersubjektiven Wissen zu sprechen.[199]

C.2.2. Modelle von politikdidaktischen Basiskonzepten

Die politische Bildung entwickelte bisher mehrere Modelle von Basiskonzepten. Derzeit existieren ungefähr dreizehn Modelle, von denen die zwei aktuellsten von Autorengruppen verfasst worden sind. Eine tabellarische Auflistung provoziert einen Vergleich, der jedoch auf der Annahme basiert, dass alle Politikdidaktiker unter dem Basiskonzept x dieselbe Vorstellung haben; wahrscheinlicher ist die Existenz *ähnlicher* Vorstellungen, wodurch unterschiedliche Perspektiven auf das Basiskonzept genommen werden. Dass ein Vergleich möglich ist, zeigt sich darin, dass der Begriff ‚politische Ordnung' sowohl bei Weißeno et al. und bei der Autorengruppe Fachdidaktik aufzufinden ist.[200] Dagegen ist Petriks ‚Grundorientierung' nicht mit ‚Gemeinwohl' vergleichbar. Er kritisiert ‚Gemeinwohl' von Weißeno et al. als „vorpolitisch-homogenisierend."[201] Er fordert konfligierende Wertvorstellungen ein.[202] Ein Vergleich ist nur bedingt möglich und läuft Gefahr, die Vorstellungen der Autoren nicht angemessen zu berücksichtigen.[203]

199   vgl. Meyer (2013), 163 – 7
200   vgl. Deichmann 2011, 165 – 6
201   Petrik 2011, 78; damit kritisiert er das Basiskonzept ‚Freiheit, Gleichheit, Solidarität, Frieden' von Weißeno (2006, 136 – 7), die nämlich Weißeno et al. (2010,161ff) als Fachkonzepte des Basiskonzepts ‚Gemeinwohl' auflisten.
202   vgl. Petrik 2011, 78
203   Viele Autoren führen ihre Basiskonzepte mithilfe von weiteren Konzepten aus, ohne diese zu erklären. Dies erlaubt keine exakten wissenschaftlichen Vergleichsuntersuchungen. Kritisch zu den Modellen zeigt sich auch Oeftering (2014, 26 – 7).

Tabelle C.a: Politikdidaktische Modelle von Basiskonzepten

Politik-didaktiker	**Autorengruppe Fachdidaktik 2011b 169 – 70**	**Detjen 2008b, 203 – 6**	**Henkenborg 2011, 125 – 30**	**Juchler 2008, 178 – 81**
Modelle von Basis-konzepten	1) System 2) Akteur 3) Bedürfnisse 4) Grundorientie-rungen 5) Macht 6) Wandel	1) Volkssou-veränität 2) Repräsen-tation 3) Wahlen 4) Mehrheits-prinzip 5) Opposition 6) Gewaltentei-lung 7) Herrschafts-begrenzung 8) Herrschaft des Rechts 9) Grundrechte 10) gesellschaft-licher Pluralis-mus	1) Handeln 2) System 3) Sinnvorstellun-gen 4) Prozess	1) Macht 2) Interesse 3) Recht

Politik-didaktiker	**Lange 2008, 248 – 51**	**Massing 2007, 32 – 3**	**Petrik 2011, 76 – 8**	**Richter 2007, 39 – 46**
Modelle von Basis-konzepten	1) Vergesellschaf-tung 2) Wertbegründung 3) Bedürfnisbefrie-digung 4) Gesellschafts-wandel 5) Herrschaftslegiti-mation	1) *polity* 2) *politics* 3) *policy* 4) Gemeinwohl	1) System 2) Grundorientie-rungen 3) Akteure und Machtbildungspro-zesse	1) Autorität und Macht 2) Privat – Öffentlich 3) Repräsen-tation 4) Gemein-wohl – Gerech-tigkeit

Politik-didaktiker	Sander 2008a 100 – 4	Weißeno 2006, 136 – 8	Weißeno et al. 2010, 47 – 189
Modelle von Basis-konzepten	1) System 2) Öffentlichkeit 3) Knappheit 4) Gemeinwohl 5) Recht 6) Macht	1) Freiheit, Gleichheit, Solidarität, Frieden 2) Öffentlichkeit 3) Macht und Legitimität 4) Interessen-Vermittlung und politische Willensbildung 5) politische Systeme 6) Pluralität	1) Ordnung 2) Entscheidung 3) Gemeinwohl

Politik-didaktiker	Massing 2008, 193 – 6	Henkenborg 2008b, 221 – 5
Modelle von Basis-konzepten	1) Wirtschaft: Tausch, Geld, Erzeugung von Gütern und Dienstleistungen zur Sicherung von Bedürfnissen 2) Kultur: Diskursive Begründungen, Sinn, Geltung 3) Recht: Rechtsprechung, Recht, Rechtsbindung/ Verpflichtung 4) Gemeinschaft: Sozialisation, Affekte, Solidarität und Loyalität 5) Politik: Entscheidungen, Macht, gemeinwohlorientierte Regelungen	1) Kategorien der klassischen Gesellschaftstheorien (wie z.B. Beteiligte, Interessen,...) 2) Kategorien der postmodernen Theorien und Theorien reflexiver Modernisierungen (wie z.B. Risiko, Globalität,...)

C.2.3. Empirische Untersuchungen zu Basiskonzepten

Die Diskussion um Basiskonzepte hat auch zu empirischen Untersuchungen geführt.

Anke Götzmann beteiligt sich an einer Studie zu den Basiskonzepten »Macht, Krieg, Wahlen und Öffentlichkeit« mit dem Ziel, „Antworten auf die Frage »Kann von Konzepten zu Macht, Öffentlichkeit, Krieg und Wahlen auf eine naive Theorie der Politik geschlossen werden?« zu finden."[204] Dabei werden die Konzepte von Erst- und Zweitklässlern in einer quasi-experimentellen Studie mit vollstandardisierten Interviews mit einer Fallzahl von 219 Schülern erhoben. Sie legte 2008 erste Ergebnisse vor und veröffentlichte ihre Arbeit 2015. Sie konkludiert ihre Arbeit mit

---

204   Götzmann 2008, 294; ausführlicher Götzmann 2015

der Existenz naiver Theorien und der Notwendigkeit, Grundschülern Fachbegriffe näherzubringen.[205]

Die Qualifikationsarbeiten von Anika Wagner (‚Gemeinwohl‘) und Kathleen Raths (‚Macht‘) fragen nach dem Stellenwert der beiden Basiskonzepte im „politischen Verstehen der jeweiligen Probanden [...].“[206] Die qualitativ ausgerichtete Untersuchung mit halbstandardisierten Interviews zentriert Vorstellungen von Schülern der 5. und 9. Klassen der deutschsprachigen Schweiz zu ‚Macht‘ und ‚Gemeinwohl‘, ihre unterschiedlichen Ausprägung in zwei unterschiedlichen Altersgruppen sowie bedeutende biografische Einflüsse, um „Typenbildungen vorzunehmen und daraus Folgerungen für Ansätze in Richtung Unterrichtsentwicklung [...] zu ziehen.“[207] Die Arbeit von Weber-Blaser zielt auf die Identifizierung relevanter Konzepte zur Entwicklungspolitik, erhoben mithilfe halbstandardisierte Interviews und bereits ausgewählter Konzepte.[208]

Ein sehr interessanter Vorschlag bildet eine empirische Untersuchung, entstanden im Rahmen einer wissenschaftlichen Hausarbeit. Die Studie untersucht mithilfe eines Gruppeninterviews, wie Grundschüler zu verschiedenen Fragekomplexen (Bundespolitik/ -kanzlerin, Staatsform, Kommunalpolitik, Wahlen, Parteien, Ministerpräsident, Ausblick in die Zukunft) stehen.[209] Auch wenn die Fragen offen gestellt sind, strukturieren die Themen das Interview bereits erheblich vor. Die Begründung zu den ausgewählten Fragen erfolgt auf der Grundlage theoretisch entwickelter Basiskonzepte.[210]

Die lapidar dargestellten Untersuchungen zeigen das derzeitige empirische Interesse der Politikdidaktik an Basiskonzepte. Bezeichnenden für diese Empirie ist der Versuch, Schülervorstellungen zu vorab ausgewählten Basiskonzepten zu untersuchen. Die (unterschwellige) Annahme ist dabei, dass diese Kernkonzepte jene sind, mit denen sich Schüler politische Problemlagen situationsunabhängig erklären.

Zusammenfassend diskutiert die politische Bildungswissenschaft zwei lerntheoretische Ansätze, die – sehr lapidar – das Primat entweder in Schülervorstellungen oder in der Wissenschaft sehen. Die Politikdidaktik verfügt über eine Vielzahl von Modellen von Basiskonzepten, von denen zwei von jeweils einer Autorengruppe entwickelt wurden und damit auf einem Konsens mehrerer Politikdidaktiker beruhen. Ein Vergleich dieser Modelle ist nur bedingt möglich. Abschließend wurden Untersuchungen aufgezeigt, die Schülervorstellungen zu vorab ausgewählten Basiskonzepten untersuchen.

---

205   vgl. Götzmann 2015, 189ff; auch Götzmann 2008, 306
206   Gessner et al. 2011, 168
207   ebenda; vgl. auch Wagner 2014
208   vgl. Weber-Blaser 2011; Schelle 2015, 25 – 6
209   vgl. Asal/ Burth 2016, 76 – 85; Die Auswertung findet sich später (ebenda, 92ff)
210   vgl. beispielhaft ebenda, 77 (Bundespolitik) oder 79 (Staatsform)

C.3. Fragestellung zur ‚Erfassung der Lernerperspektive'
‚
Nachdem das letzte Kapitel den Stand der Forschung aufzeigte, stellt sich nun die Frage, welche Konsequenzen sich daraus ergeben. Die Antwort mündet in den Forschungsbedarf, der im Rahmen der Erfassung der Lernerperspektive geklärt werden soll. Um dies transparent zu gestalten, werden zwei Schritte begangen: Der erste Schritt problematisiert den Forschungsstand und perspektiviert den Forschungsbedarf. Der zweite Schritt fokussiert die zentrale Fragestellung zur Erfassung der Lernerperspektive.

C.3.1. Forschungsbedarf

Für die kritische Auseinandersetzung mit dem aktuellen Stand der Forschung wird die Kontroverse um die lerntheoretischen Ansätze und die Modelle von Basiskonzepten nebst den Qualifikationsarbeiten kritisch diskutiert. Dabei erfolgt eine Positionierung dieser Studie. Abschließend werden Problemstellungen listenartig aufgeführt; diese List erhebt kein Anspruch auf Vollständigkeit.

Wie der Abschnitt B zeigte, verortet sich die Studie im konstruktivistisch-subjektiven Ansatz. Demnach hat die forschende und unterrichtspraktische politische Bildung die Schülervorstellungen in den Fokus politikdidaktischen Bemühens zu rücken und sie mithilfe wissenschaftlichen Erkenntnissen, *die eine dienende Funktion einnehmen*, zu modifizieren, zu differenzieren und alltagstauglicher zu gestalten. Keine wissenschaftlich korrekte, sondern eine alltagstauglichere Deutung der politisch-gesellschaftlichen Wirklichkeit führt zu politischer Mündigkeit. Die bereits vorhandenen Sinndeutungen von Lernenden werden als solche angesehen, mit denen sie sich die politisch-gesellschaftliche Wirklichkeit erklären können. Diese Sinndeutungen haben für sie eine innere Plausibilität und sollen im Rahmen des Politikunterrichts weiterentwickelt werden, um den Alltag angemessener deuten zu können. Schülerbezogene Sinndeutungen sind nicht zwangsläufig richtig, sondern werden in ihrer Funktion, die politisch-gesellschaftliche Wirklichkeit zu deuten, anerkannt. Der Auftrag politischen Bildens besteht in der Weiterentwicklung der vorhandenen Sinndeutungen. Weiterentwicklung versteht sich im Aufzeigen anderer, womöglich besserer Konzepte, um politische Problemlagen zu verdeutlichen. Konzepte sind in dieser Lesart unterschiedlich fähig, eine bestimmte politisch-gesellschaftliche Problemlage erklären zu können.[211] Die Fähigkeit, angemessene

---

211   Eine Kontroverse bezog sich im vorigen Kapitel auf Fehlkonzepte. Die politikwissenschaftlich-objektive Autorengruppe versuchte die Existenz von Fehlkonzepten anhand des Konzepts ‚Demokratie', wonach Demokratie keine Selbstbestimmung ermögliche (zur Diskussion vgl. Sander 2011b, 157; Detjen 2012, 159). Zwar ermögliche Demokratie keine vollständige Selbstbestimmung, da man sich mit anderen arrangieren muss. Gleichzeitig erhalten Bürger durch Demokratie

Konzepte für die jeweilige Situation auszuwählen, ist der Auftrag politischer Bildung. Diese Weiterentwicklung – und hier soll der politikwissenschaftlich-objektiven Autorengruppe explizit Recht gegeben werden – sollte sich an fachspezifischen Mindestanforderungen orientieren. Diese Mindestanforderungen definieren eine angemessene alltagsbezogene Deutung der politisch-gesellschaftlichen Wirklichkeit.[212] Das Erreichen politischer Mündigkeit in (außer-)schulischen Bildungsinstitutionen sollte vergleichbar und überprüfbar sein.[213] Basiskonzepte sind vom Subjekt her zu entwickeln und orientieren sich an Mindestanforderungen. Sie sind zum einen subjektbezogen und haben zum anderen eine normative und diagnostische Funktion, mit denen die angemessene Alltagstauglichkeit schülerbezogener Konzepte bewertet werden kann.

In der Anerkennung vorhandener Sinndeutungen bei Lernenden kann ihnen ein von außen entwickeltes Modell von Basiskonzepten nicht vorgegeben werden. Metaphorisch gesprochen, können die theoretisch entwickelten Modelle von Basiskonzepten jener Kleidung gleichen, die die Lernenden anziehen sollen. Der Maßstab für die Kleidung ist nicht die Konfektionsgröße der Lernenden, sondern vom Designer vorgegebene Größen. Dass die Kleidung bei der Anprobe nicht passt, ist wahrscheinlicher als der umgekehrte Fall. Diesbezüglich haben die im vorigen Unterkapitel dargestellten Modelle von Basiskonzepten den Nachteil, nicht vom Subjekt her entwickelt worden zu sein. Es bleibt unklar, ob sie den Lernenden helfen, die politisch-gesellschaftliche Wirklichkeit besser zu deuten. Wie argumentiert, soll das Entwicklungsziel (bzw. Endpunkt) von Lernenden normativ festgelegt werden und sich wissenschaftlichen Erkenntnissen bedienen, *aber der Ausgangs- und Endpunkt muss in der „Konfektionsgröße" der Lernenden liegen.* Das Erreichen des Entwicklungsziels hat sich am jeweiligen Wachstum der Tragenden zu orientieren. Diesbezüglich ist es löblich, wenn Basiskonzepte mit offenen Listen von Fachkonzepten entwickelt werden. Aber auch hier stellt sich die Frage nach dem Subjekt und seiner subjektiv mentalen Strukturverbindungen von Basis- und Fachkonzepten.

---

eine größere Freiheit, sich selbst zu entfalten. Unbestrittene Aspekte einer wirklichen Demokratie sind beispielsweise Meinungs-, Religions- und Versammlungsfreiheit. Demokratie ist damit ein hochkomplexes Konzept, dass sich nicht einfach definieren lässt. Dass politische Konzepte besonders im Politikunterricht als hochkomplexe anzusehen sind, ergibt sich bereits aus dem Beutelsbacher Konsens: Konsens innerhalb der Politikdidaktik ist es, umstrittene Themen auch als solche zu thematisieren. Je umstrittener ein Konzept in Politik, Gesellschaft und Wissenschaft ist, desto mehr nimmt zu an Komplexität zu. Nichtsdestotrotz existieren auch im Politikunterricht eindeutige Fehlkonzepte – und zwar vor allem auf einfacher Ebene, wenn beispielsweise behauptet wird, der Bundestag sei ein Feiertag oder gehöre zur Judikative.

212   Ähnlich argumentiert Deichmann (2011, 166 – 7), der zum einen individuelle Sinndeutungen mit den Grundorientierungen verbinden will und zum anderen auf die Überprüfbarkeit und Vergleichbarkeit politischen Wissens von Bürgern verweist.

213   Mit dem Abitur 2014 sollten in Hamburg mehrere Unterrichtsfächer – so auch PGW (Politik – Gesellschaft – Wirtschaft) zentral überprüft werden, sodass die Vergleichbarkeit von Schülerleistung an Relevanz gewinnt (vgl. Freie und Hansestadt Hamburg 2012).

Die im Abschnitt C.2.3. dargestellten empirischen Forschungsarbeiten orientieren sich an theoretisch entwickelten Modellen und erforschen die dazu gehörigen Schülervorstellungen. Dies sind zweifellos wichtige und notwendige Forschungsarbeiten, insoweit sie Schülervorstellungen zu wichtigen Konzepten der politischen Bildung untersuchen. Nichtsdestotrotz verharren sie in den theoretisch entwickelten Basiskonzepten und untersuchen nicht, anhand welcher Basiskonzepte sich Schüler politische Problemlagen erklären. Dies sollte aber ein wesentlicher erster Schritt politikdidaktischer Forschung sein.

Fasst man die bisherigen Ausführungen zusammen, ergeben sich folgende Probleme:

- Welche Basiskonzepte nutzen Schüler zur Deutung gesellschaftspolitischer Problemlagen?
- Wie strukturieren Schüler Basis- und Fachkonzepte miteinander?
- Wie sehen Mindestanforderungen für den Politikunterricht aus, über die Lernende zur angemessenen alltagstauglichen Deutung von Politik verfügen sollen?
- Wie lässt sich eine angemessene alltagstaugliche Deutung von Politik definieren?[214]

Diese vier Fragestellungen ergaben sich aus der vorigen kritischen Diskussion. Diese sehr knappe Liste erhebt keinen Anspruch auf Vollständigkeit. Weitere Probleme könnten formuliert werden. Nichtsdestotrotz zeigt diese Liste bereits wesentliche Forschungsbedarfe.

C.3.2. Fragestellung

Die sich aus der – wenn auch lapidaren – kritischen Diskussion ergebenen Probleme sind vielseitig und können in ihrer Gänze nicht im Rahmen einer einzigen Studie untersucht werden. Das zu untersuchende Problem ist daher sinnvoll auszuwählen. Um mehr über subjektive Denkstrukturen zu Basiskonzepten zu erfahren, soll im Rahmen der Erfassung der Lernerperspektive vom Subjekt her gedachte Basiskonzepte entwickelt werden (*Erkenntnisinteresse im Rahmen der Erfassung der Lernerperspektive*). Erkenntnisleitend sind diesbezüglich Schülervorstellungen zum Unter-

---

214 An dieser Stelle sei betont, dass die letzten beiden Forschungsfragen derzeit nicht bearbeitbar sind; zu wenig weiß man über die schülerbezogene Deutung der politisch-gesellschaftlichen Wirklichkeit. Wenn der Ausgangs- und Endpunkt aber ihre subjektiven mentalen Strukturen sind und mithilfe wissenschaftlicher Erkenntnisse im Rahmen politischer Bildungsprozesse ausdifferenziert werden sollen, können Mindestanforderungen dann definiert werden, wenn die vorhandenen subjektiven mentalen Strukturen geklärt sind.

suchungsgegenstand ‚Politik'. Nicht nur ihre Vorstellungen zum Begriff ‚Politik', sondern insbesondere ihre Idealvorstellungen von Politik sind von Interesse. Während die Vorstellungen zum Begriff ‚Politik' die von Lernenden vorgenommene Zugangsweise offenbaren, ermöglichen besonders ihre Idealvorstellungen über gesellschaftliches Zusammenleben ihren Bewertungsrahmen offen zu legen. Erst durch ihren Bewertungsrahmen können die von ihnen zentral verwendeten Konzepte, also Basiskonzepte, identifiziert und durch die damit verbundenen Grundannahmen (*Denkfiguren zu den Basiskonzepten*) geklärt werden. Ziel der Untersuchungsaufgabe ‚Erfassung der Lernerperspektive' besteht darin, jene Basiskonzepte zu identifizieren, mit denen sich Schüler die politisch-gesellschaftliche Wirklichkeit deuten, um einen subjektbezogenen Politikbegriff zu entwickeln. Hieraus ergibt sich die Fragestellung[215]:

Anhand welchen zentralen Vorstellungen, also Begriffen, Konzepten und Denkfiguren, erklären sich Schüler einen idealtypischen Willensbildungsprozess unter Berücksichtigung der für sie subjektiv bedeutenden Basiskonzepte, um daraus einen subjektbezogenen Politikbegriff zu definieren?

Diese Fragestellung wird in den folgenden Teilbereichen ausdifferenziert:

Teilbereich 1:   Welche Vorstellungen haben Schüler zum Begriff ‚Politik'?
Teilbereich 2:   Über welche Idealvorstellungen von Politik verfügen Schüler und anhand welcher zentralen Konzepte erklären sie sich diese?
Teilbereich 3:   Auf welchen Grundannahmen beruhen diese Konzepte (*Denkfiguren zu Basiskonzepten*)?
Teilbereich 4:   Welche Gemeinsamkeiten bezüglich den zentralen Konzepten und Grundannahmen lassen sich zwischen den Schülervorstellungen identifizieren?

Die Intention dieser Untersuchungsaufgabe liegt darin, die Denkstrukturen der Schüler zu Basiskonzepten zu identifizieren. Die von ihnen entwickelten Denkgebäuden, die sich in den von ihnen verwendeten Assoziationen, Lebensweisheiten, Alltagsmetaphern und Werthaltungen zeigen[216], stehen im Zentrum des Erkenntnisinteresses. Sie offenbaren jene Vorstellungen, die für die Unterrichtsvermittlung lernförderlich und -hinderlich sein könnten. Die Denkgebäude strukturieren sich in den drei Komplexitätsebenen ‚Begriffe', ‚Konzepte' und ‚Denkfiguren'.[217] Gemeinsamkeiten zwischen den individuellen Denkgebäuden der Schüler sind von Interesse. Sie ermöglichen eine Verdichtung von Deutungsstrategien. Eine didaktisch strukturierte Zusammenführung der Lernerperspektive (*hier*: subjektbezogener

---

215   Die Fragestellung verhält sich analog zur Untersuchungsaufgabe, formuliert in B.3.2.1.
216   vgl. Lutter 2011, 87
217   vgl. B.4.

Politikbegriff) mit der Fachlichen Klärung (*hier:* demokratietheoretischen Politikbegriff) ergibt die Möglichkeit, einen didaktischen Politikbegriff zu entwickeln.

C.4. Methodische Umsetzung zur Untersuchung von Schülervorstellungen

Das Erkenntnisinteresse der Untersuchungsaufgabe ‚Erfassung der Lernerperspektive‘ liegt in der Entwicklung eines subjektbezogenen Politikbegriffs, basierend auf
schülerbezogenen Basiskonzepten. Daher soll dieses Kapitel die methodische Umsetzung offen legen, indem die Gegenstandsangemessenheit von Fragestellung und
Methode geklärt und durch Maßnahmen ergänzt wird, mit denen eine Qualitätssicherung der gewonnen Ergebnisse sichergestellt werden kann. Letzteres konkretisiert sich in der begründeten Auswahl des Untersuchungsinstruments (*hier:* problemzentriertes Interview). Die Datenerhebung ist Gegenstand des darauf folgenden
Kapitels, welches die Stichprobenkonstruktion, der Zugang zum Untersuchungsfeld
und den Interviewleitfaden beinhaltet. Abschließend klärt sich die Vorgehensweise
bei der Interviewauswertung.

C.4.1. Gegenstandsangemessenheit von Fragestellung und Methode

Die in Frage kommende methodische Umsetzung zur Erhebung der Lernerperspektive zeigt sich in ihrer Angemessenheit zur Beantwortung der Forschungs-
frage (Gütekriterium: *intersubjektive Nachvollziehbarkeit*). Diese Gegenstandsangemessenheit bezieht sich auf eine sinnvolle Verknüpfung von Untersuchungsmethode
und Theorie. Diesbezüglich hat sich die methodische Umsetzung an der Eigenart
der gewählten Fragestellung und dem Forschungsrahmen (*hier:* Didaktische Rekonstruktion) zu orientieren.[218] Die Gegenstandsangemessenheit äußert sich in Bezug
auf die Studie anhand von zwei Kriterien.

   Das erste Kriterium bezieht sich auf die Fähigkeit der Methode, individuelle
Denkstrukturen in ihrer Tiefe zu erheben. Erkenntnisleitend sind Sinnvorstellungen
zur idealtypischen Politik. Folglich ist eine offene Herangehensweise notwendig. Sie
hat zu gewährleisten, dass die Probanden ihre Sicht frei und offen äußern können.
In der Erhebung von Vorstellungen zu einem abstrakten Gegenstand lassen sich
bereits jetzt Instrumente, die soziales Handeln untersuchen, ausschließen.

   Das zweite Kriterium zielt auf die Verallgemeinerung der erhobenen Vorstellungen (Gütekriterium: *Limitation*). Sinn der Studie kann keine statistische Erhebung, also die Einbeziehung quantitativer Aussagen sein. „In einer Unterrichtssitua-
tion handelt es sich um individuelle Schüler mit individuellen Vorstellungen. Gerade

---

218   vgl. Flick 2004, 13f; Gropengießer 2007a, 128; Helfferich 2011, 46;

dieser Teilbereich ihrer Lernvoraussetzungen soll erkennbar und klassifizierbar werden, und es sollen Hinweise zu Möglichkeiten für Vorstellungsänderungen [...] gegeben werden, die auf die individuellen Vorstellungen bezogen sind."[219] Um eine Verallgemeinerung zu gewährleisten, ist das Ziel, Kategorien zu den Schülervorstellungen qualitativ zu bilden. Erst dann erhalten Ergebnisse, basierend auf einer kleinen Fallzahl, Gültigkeit.[220] Die methodische Umsetzung der Fragestellung zielt darauf ab, Kategorien anhand von Schülervorstellungen zu bilden.

Bezogen auf die Gegenstandsangemessenheit von Fragestellung und Methode haben sich zusammenfassend zwei wesentliche Kriterien herausgestellt: Das zu wählende Untersuchungsinstrument muss fähig sein, die individuellen Denkstrukturen der Lernenden zur idealtypischen Politik zu erheben; Ziel ist nicht die Ermittlung einer statistischen Größe, sondern eine Verallgemeinerung der von den Schülern verwendeten Kategorien. Zur weiteren Konkretisierung werden Im folgenden Maßnahmen zur Qualitätssicherung der Ergebnisse dargelegt. Dies soll den Anspruch einer qualitativen Forschung gewährleisten.

C.4.2. Maßnahmen zur Qualitätssicherung der Ergebnisse

Eine offene Herangehensweise kann nicht im luftleeren Raum erfolgen. Vielmehr müssen Maßnahmen getroffen werden, um die Qualität der erhobenen Ergebnisse zu sichern und dadurch die Erfüllung der zuvor genannten Kriterien sicherzustellen. Dies bedingt die Berücksichtigung folgender Maßnahmen: Auswahl- und Verfahrensgültigkeit:[221]

Auswahlgültigkeit:
Bei der Auswahl der zu interviewenden Schüler werden solche ausgewählt, von denen ausgegangen werden kann, dass sie über keine Extremvorstellungen zur idealtypischen Politik verfügen; „z.B. um Vorstellungen einer von anderen Schülern längst überschrittenen Entwicklungsstufe oder um elaborierte Phantastereien."[222]

Verfahrensgültigkeit:
Zur Sicherung der Validität werden in gegebener Kürze fünf Maßnahmen dargestellt, die sich auf allgemeine Gütekriterien zur Durchführung qualitativer Interviews beziehen.[223]

---

219 Gropengießer 2007a, 128
220 vgl. ebenda, 128 – 9; Abschnitt C.4.3.1.; Abschnitt C.4.4.4.
221 vgl. (auch im Folgenden) Gropengießer 2007a, 132; Frerichs 1999, 100
222 Gropengießer 2007a, 132
223 vgl. Gropengießer 2007a, 132; Frerichs 1999, 100 mit Verweis auf Mayring 1990, 103f

1)   *Verfahrensdokumentation:*
Jeder Schritt in der Aufbereitung, Erhebung und Auswertung des vorliegenden
Materials werden detailliert dokumentiert.

2)   *Schrittweise und kontrolliertes Vorgehen:*
Die Vorgehensweise findet geplant und schrittweise unter Berücksichtigung der
Fragestellung statt – wie zum Beispiel beim Leitfaden.[224] Dies wird durch die kriti-
sche Begleitung anderer Forscher ergänzt und abgesichert.

3)   *Argumentative Interpretationsabsicherung:*
Sowohl in der Explikation als auch in der Strukturierung erfolgt die Interpretation
argumentativ.[225]

4)   *Mitwirkung der Interviewpartner:*
Die Mitwirkung der Schüler hinsichtlich ihrer Bereitschaft und sprachlichen Fähigkeit, ihre Vorstellungen über utopische Politik mitzuteilen, ist für die Studie entscheidend. Die Situation und der Interviewer nehmen eine besondere Rolle ein,
sodass ein vertrauensvolles Gesprächsklima entstehen sollte. Ansonsten ist die
Mitwirkung der Schüler nicht gegeben.

5)   *Interne methodologische Triangulation:*
Um die Validität gleichgesinnter Äußerungen zu gewährleisten, wird das Interview
so geplant und durchgeführt, „dass zwei oder mehrere methodisch variierte Interventionen auf wesentliche Bereiche"[226] zum Untersuchungsgegenstand der utopischen Politik zielen. „Zu demselben Aspekt können dann verschiedene Zugänge
und Äußerungen erhoben und untereinander verglichen werden."[227]

Die genannten Kategorien sind Voraussetzung, eine offene Herangehensweise
sowie die Erhebung schülerbezogener Kategorien intersubjektiv gewährleisten zu
können. Gleichzeitig bilden die beschriebene Auswahl- und Verfahrensgültigkeit
Maßnahmen, um die Qualität der Ergebnisse zu gewährleisten. Sie sind zentrale
Kriterien für die empirische ‚Erfassung der Lernerperspektive'.

C.4.3. Auswahl des Untersuchungsinstruments

Das Untersuchungsinstrument muss das Kriterium gewährleisten, individuelle
Denkstrukturen zur utopischen Politik offenzulegen. Die diesbezügliche Relevanz
einer qualitativen Vorgehensweise wurde bereits an anderer Stelle begründet und
wird an dieser Stelle nicht näher behandelt.[228] Ziel dieses Kapitels ist die begründete

---

224   vgl. Abschnitt C.4.4.3.1.
225   vgl. Abschnitt C.4.4.3.
226   Gropengießer 2007, 132
227   ebenda; vgl. Abschnitt C.4.4.3.1.
228   vgl. Abschnitt B.5.1.; Abschnitt C.4.1.

Auswahl des Untersuchungsinstruments. Hierzu wird geklärt, warum die Einzelinterviewform im Vergleich zu anderen qualitativen Methoden am sinnvollsten ist. Anschließend können die qualitativen Interviewformen exemplarisch dargelegt und die zu verwendende Interviewform spezifiziert werden.

C.4.3.1. Das qualitative Interview als Untersuchungsinstrument

Die qualitative Sozialforschung verfügt über zahlreiche Instrumente zur Datenerhebung wie zum Beispiel das qualitative Interview (mit seinen unterschiedlichen Interviewformen wie dem narrativen, fokussierten, problemzentrierten, etc.) und der Beobachtung. [229] Allgemein formuliert, zentriert die Beobachtung – unabhängig einer teilnehmenden oder einer nicht-teilnehmenden – die Untersuchung von Handlungsweisen, Interaktionen und Ereignissen, also die von den Probanden tatsächlich durchgeführten Verhaltensweisen. [230] Indem Verhaltensweisen, also das soziale Handeln von Menschen im Erkenntnisinteresse der Methode ‚Beobachtung‘ stehen, kann sie schwerlich Vorstellungen, Einstellungen und Empfindungen von Probanden ermitteln. Nur die Probanden selbst können ihre Empfindungen und Vorstellungen darlegen. Darin liegt der Vorteil qualitativer Interviews für die Studie: Sie ermöglichen die verbale Mitteilung subjektiver Bedeutungen, die von den Subjekten selbst mitgeteilt werden. [231] Eine auf subjektive Vorstellungen zielende Untersuchung kann sich nur der Interviewmethode bedienen. Qualitative Interviews beziehen sich auf „Kommunikationssituationen, das heißt: die entscheidenden Daten werden in einer hochkomplexen und die Subjektivität der Beteiligten einbeziehenden Situation erzeugt." [232] Indem die Subjektivität der Beteiligten im Zentrum der Interviewmethode steht, kann sie die Vorstellungen von Lernenden erheben und erfassen.

In der Erhebung subjektiver Vorstellungen lassen sich für qualitative Interviews vier Grundprinzipien[233] identifizieren:

---

229   vgl. Mayring 2002; Przyborski\ Wohlrab-Sahr 2008; Diekmann 2010; Flick 2010; Lamnek 2010;
      Die an dieser Stelle aufgezählten qualitativen Untersuchungsinstrumente sind nur beispielhaft ge-
      meint und sollen nur das Spektrum andeuten. Eine vollzählige Aufzählung ist ausdrücklich nicht
      intendiert. Wie gesagt, ist das Ziel dieses Unterkapitels aufzuzeigen, welches Erhebungsinstrument
      die sinnvollste Auswahl sein könnte. So bietet sich für die Untersuchung die Einzelfallstudie kaum
      an, weil sie sich nicht einer einzigen Erhebungsmethode bedient, sondern multimethodisch ange-
      legt ist und sich auf spezifische und individuelle Einheiten wie Personen, Gruppen, Kulturen, etc.
      bezieht (vgl. Lamnek 2010, 273).
230   vgl. Flick 2010, 357ff; Lamnek 2010, 502
231   Mayring 2002, 66
232   Helfferich 2011, 9
233   ebenda, 24

i)   Das *Grundprinzip der Kommunikation* bezieht sich auf den kommunikativen Zu-
       gang zum Sinn des Interviewten;

ii)   das *Grundprinzip der Offenheit* verweist auf die Sinnentfaltung durch den Inter-
       viewten und damit auf eine offene Interviewform;

iii)   das *Grundprinzip der Vertrautheit und Fremdheit* drückt die Notwendigkeit aus,
       dass der Interviewende sein Sinnsystem nicht auf den Interviewten überträgt,
       sondern ihn in seinem eigenen, also für den Interviewenden fremden Sinnsys-
       tem anerkennt;

iv)   das *Grundprinzip der Reflexivität* zeigt auf, dass sich der Interviewende seinem
       eigenen Sinnsystem während des Interviews und der Interpretation bewusst ist
       und es in beiden Phasen reflektiert.

Qualitative Interviewformen bewegen sich in einem Aktionsfeld, in der die Interviewten eine freie Sinnentfaltung erfahren und die Interviewer sich stark zurückhal-
ten müssen.

Hinsichtlich qualitativer Interviews lassen sich zwei Formen unterscheiden: das
Gruppeninterview und das Einzelinterview. Das Gruppeninterview bezieht sich auf
Interviews, bei denen mehrere Personen zusammen interviewt werden. Im Er-
kenntnisinteresse dieses Interviewtyps steht die „Erhebung kollektiver Einstellungen, Ideologien und Vorurteile,"[234] die sich erst in sozialen Zusammenhängen zeigen. Der Nachteil der Gruppendiskussion liegt darin, dass sich Teilnehmer in ihrer
Meinungsäußerung behindert fühlen und ihre Einzelmeinung der Gruppenmeinung
anpassen.[235] Dagegen hat das Einzelinterview den Vorteil, dass „die subjektiven
Bedeutungsstrukturen des Einzelnen"[236] sehr genau erfasst werden können. So sehr
Gruppeninterviews ihre Vorteile haben,[237] ist für die vorliegende Studie das Einzelinterview angemessener: Es zentriert die subjektiven Denkgebäude unterschiedlicher Schüler[238] und schließt die Beeinflussung durch andere aus. Daher werden die
hier dargestellten Interviews als Einzelinterviews geplant und durchgeführt.

C.4.3.2. Qualitative Interviewformen

Qualitative Interviews existieren in ihren unterschiedlichen Formen. Diese Unterschiede ermöglichen keine Vereinheitlichung von Interviewtypen:

---

234   Mayring 2002, 78; Przyborski/ Wohlrab-Sahr (2008, 102) sehen dies allgemeiner, indem sie „Inter-
      aktionen in ihrem sozialen Kontext" als Untersuchungsgegenstand sehen.
235   vgl. Lamnek 2010, 429; Przsyborski/ Wohlrab-Sahr 2008, 106
236   Mayring 2002, 76
237   vgl. Beispielhaft Lamnek 2010, 428; Mayring 2002, 76ff
238   vgl. Abschnitt C.4.3.1.

Die Vielfalt ist beeindruckend und zugleich verwirrend, denn die Bezeichnungen werden uneinheitlich verwendet und die Systematiken stützen sich auch bei ein und denselben Autoren auf unterschiedliche Kriterien: Mal zielt die Bezeichnung auf einen spezifischen Forschungsgegenstand oder Anwendungsbereich, mal wird eine Unterscheidung nach Besonderheiten der Erhebungs- oder auch der Auswertungsstrategien getroffen.[239]

Das Spektrum dieser Vielfalt bewegt sich in der Regel im Bereich der Standardisierung[240]: Ein fokussiertes Interview orientiert sich an einem vorab entwickelten Leitfaden, während ein narratives bzw. biografisches Interview auf den freien Erzählungen des Befragten basiert. Dabei stellt ein problemzentriertes Interview eine Mischform dar, insoweit sich der Gesprächsverlauf begrenzt an einem Leitfaden entwickelt. Diese Unterschiede werden in gegebener Kürze behandelt.

Das narrative Interview zielt auf freie Erzählungen durch den Interviewten.[241] Der Befragte soll über ein bestimmtes Ereignis in seinem Leben reden, ohne vom Interviewer beeinflusst zu werden. Entsprechend verfügt der Interviewer beim narrativen Interview über kein Leitfaden und greift nicht in die Erzählung ein, „es sei denn, der rote Faden der Geschichte ginge verloren."[242] Der Interviewer ist Zuhörer. Das Erkenntnisinteresse dieser Methode liegt darin, den Interviewten zu einer „sprachliche[n] Rekonstruktion vergangener Ereignisse und deren retrospektive[n] Deutung"[243] aus seiner Perspektive zu animieren. Das narrative Interview ist geeignet, wenn es um vergangene Ereignisse geht und sich möglicherweise auf den gegenwärtigen Zustand bezieht. Diese Interviewform zielt auf „subjektive Bedeutungsstrukturen, die sich im freien Erzählen über bestimmte Ereignisse herausschälen, sich einem systematischen Abfragen aber verschließen würden."[244] Die Anwendungsgebiete dieser Interviewform liegen bei Thematiken mit starkem Handlungsbezug sowie bei explorativen Fragestellungen, insbesondere bei „schwer abfragbaren subjektive[n] Sinnstrukturen."[245] Durch die damit verbundene freie Erzählung ähnelt das narrative Interview dem biografischen, das sich der Erschlie-

---

239 Helfferich 2011, 35 – 6; vgl. Mayring 2002, 66; Lamnek 2010, 326
240 vgl. beispielhaft Hopf 2010, 351; Lutter 2011, 93
241 vgl. Schütze 1977
242 Mayring 2002, 73; vgl. Flick 2010, 229; Diekmann 2010, 540; Hopf (2010, 355) geht darauf ein, dass narrative Interviews auch einen teilstandardisierten Leitfaden haben können, dies aber ursprünglich nicht vorgesehen war.
243 Lamnek 2010, 329; vgl. beispielhaft die Arbeit von Küsters (2009, 11ff) über Menschen, die im Erwachsenenalter Musikinstrumente zu spielen erlernen.
244 Mayring 2002, 72; vgl. Hopf 2010, 355 – 7
245 Mayring 2002, 74

ßung von Lebensgeschichten widmet.[246] Beide Interviewformen sind nicht voneinander klar abgrenzbar.[247]

Das fokussierte Interview ist ein Leitfaden gestütztes, das sich auf eine dem Interviewten und dem Interviewer bekannten Situation bezieht.[248] Der Interviewer analysiert zunächst die Situation und konstruiert entsprechend seinen Leitfaden für das Interview. Den Interviewpartnern ist die Situation bekannt. Diese Situation (Film, Radioprogramm, etc.) dient als Fokus.[249] Durch diese Analyse „soll bestimmt werden, was die <objektiven> Bestandteile der Situation und was die subjektiven Interpretationen des Befragten sind, um beides miteinander zu vergleichen."[250] Obgleich sich diese Interviewform auf einen Leitfaden stützt, soll sie weiterhin Offenheit gegenüber dem Interviewten gewährleisten.[251] Der Leitfaden soll vor allem unstrukturierte und halbstrukturierte Fragen enthalten. Strukturierte Fragen sollen in das fokussierte Interview einfließen, jedoch erst im weiteren Interviewverlauf zum Einsatz gebracht werden (*flexible Handhabung des Leitfadens*).[252] Im Vergleich zum narrativen und biografischen Interview ist das fokussierte ein vom Interviewer sehr viel stärker strukturiertes Interview, das sich um ein bestimmtes Thema zentriert und dem Befragten weniger Raum zu monologischen Erzählungen gibt.[253]

Das problemzentrierte Interview zentriert den offenen, individuellen Problemlösungsversuch des Interviewten. Der Interviewte soll frei erzählen, aber der Interviewer nimmt während der Erzählphase eine aktive Rolle ein.[254] Das problemzentrierte Interview orientiert sich an der *Problemzentrierung, Prozess- und Gegenstandsorientierung*. Der Interviewte soll ein Lösungsversuch zu einem gesellschaftlich relevanten Problem entwickeln (*Problemzentrierung*). Die dabei möglicherweise auftauchenden Redundanzen sowie Widersprüche sollen im Interviewverlauf angesprochen und geklärt werden. „Ihnen liegen möglicherweise Missverständnisse des Interviewers

---

246   vgl. Merton et al. 1956; Merton\ Kendall 1984; Hopf 2010, 353
247   Dem narrativen Interview ähnlich ist das episodische Interview, das sich nicht auf ein Ereignis, sondern auf mehrere Ereignisse im Leben des Probanden – Ereignisse können Situationen und auch Phantasien – beziehen. Der Proband wird zum Erzählen aufgefordert, soll sich aber gleichzeitig auch auf andere Situationen beziehen. Um dies zu gewährleisten, bezieht sich der Interviewer einerseits auf die freien Erzählungen des Interviewten, greift andererseits mithilfe eines Leitfadens in die Erzählungen ein. Das episodische Interview versucht die Vorteile des narrativen und des Leitfaden-Interviews zu verknüpfen (vgl. Flick 2010, 238ff; Lamnek 2010, 331 – 2).
248   vgl. Hopf 2010, 353
249   vgl. Merton et al. 1956, 3; Przyborski/ Wohlrab-Sahr 2008, 146; Diekmann 2010, 536
250   Flick 2010, 195; vgl. Diekmann 2010, 536 – 7
251   vgl. Merton\ Kendall 1984, 184ff
252   Flick 2010, 196
253   Hopf (2010, 355) führt aus, dass dieses Instrument auch genutzt werden kann, um schwer zugängliche Erfahrungen offen zu legen. Sie nutzte ein Film als Impuls zur Aktivierung der Gewalterfahrungen von Jugendlichen. Hier zeigt sich, wie schwer es ist, die einzelnen Interviewformen voneinander abzugrenzen, insoweit – so das hier gewählte Beispiel – Elemente eines fokussierten Interviews als Impuls für narrative Interviews genutzt wird.
254   vgl. Diekmann 2010, 542

oder Fehler und Lücken in der Erinnerung der Interviewten zugrunde, die durch Nachfragen aufgeklärt werden können"[255] (*Prozessorientierung*). Das Interview konzentriert sich auf einen Gegenstand und soll sich flexibel verschiedener Methoden bedienen (*Gegenstandsorientierung*).[256] Der Interviewer nimmt eine zurückhaltende Rolle ein. Das heißt, er orientiert sich zwar an einem vorab entwickelten Gesprächsfaden – Problemanalyse vor Durchführung des Interviews –, lässt aber dem Interviewten viel Freiraum. Der Leitfaden hat die Funktion, den Interviewten bei Abschweifungen auf den Gegenstand zu fokussieren und Gesprächsimpulse bei wenig ergiebigen Erzählungen zu setzen (halbstandardisiertes Interview).[257] Das problemzentrierte Interview ist also ein leicht strukturiertes Interview, das dem Befragten die Möglichkeit zu monologischen Erzählungen gibt und dem Interviewer die Chance zu dialogischen Eingriffen ermöglicht.

Die in diesem Unterkapitel stattgefundene Darlegung der qualitativen Interviewformen verwies einleitend auf die Schwierigkeit einer systematischen Darlegung aller qualitativer Interviewformen und zeigte anschließend beispielhaft die Unterschiede zwischen den narrativen bzw. biografischen, fokussierten und problemzentrierten Interviews auf.

C.4.3.3. Das problemzentrierte Interview als Erhebungsinstrument

Die bisherigen Überlegungen lassen die Schlussfolgerung zu, dass weder das narrative noch das biografische Interview ein für die Studie angemessenes Untersuchungsinstrument ist. Beide Interviewtypen fokussieren das vergangene soziale Handeln zur retroperspektiven Deutung der Ereignisse aus Sicht des Subjekts. Auch das fokussierte Interview erscheint für die vorliegende Untersuchung unangemessen. Entscheidend ist hierbei, dass die Studie Schülervorstellungen zentriert. Die Schüler sollen nicht durch von außen kommende fachliche Ideen beeinflusst werden.[258] Vielmehr sollte der Forscher einen unvoreingenommenen Blick auf die Schülervorstellungen nehmen, was durch eine vorangegangene Analyse fachlicher Vorstellungen behindert werden würde. Folglich bedient sich die Studie dem problemzentrierten Interview. Für die Erfassung der Lernerperspektive „bieten sich problemzentrierte, durch einen Leitfaden strukturierte, offene Einzelinterviews an, weil sie es erlauben, subjektive Denkstrukturen zu einem Thema in ihrer Komplexi-

---

255   Witzel 2000
256   ebenda
257   Flick 2010, 210
258   Dies soll dem Anspruch der iterativen Bearbeitung der Untersuchungsaufgaben in der ‚Didaktischen Rekonstruktion' (vgl. Abschnitt B.3.2.4.) nicht widersprechen; vielmehr können erhobene Schülervorstellungen mit fachlichen Vorstellungen abgeglichen werden, um den Verstehensprozess zu unterstützen; während der dann weiteren Interviews dürfen diese Erkenntnisse jedoch nicht in die Interviewverläufe einfließen.

tät zu erheben [...]."²⁵⁹ Die Vorteile des problemzentrieten Interviews liegen in seiner *Prozessorientierung*, *Problemzentrierung* und *Gegenstandorientierung*.

Die *Prozessorientierung* verdeutlicht den flexiblen Interviewverlauf. Der Vorteil eines dialogischen Verfahrens besteht darin, dass Nachfragen seitens des Interviewenden möglich sind. Dies ermöglicht dem Interviewenden, die Vorstellungen des Interviewten besser zu verstehen und bei der Auswertung zielführender zu interpretieren. Das dialogische Verfahren erlaubt ferner Interventionen, mit denen die Probanden zu thematisch relevanten Äußerungen motiviert werden können. Dies ist bei wenig erzählfreudigen Probanden ein wichtiges Instrument, um ihnen ihre Vorstellungen zu entlocken. „Insbesondere die dialogische Gesprächsordnung ermöglicht eine weitergehende Auseinandersetzung mit den Vorstellungen der Schüler und schafft durch die Techniken der Spiegelung, der Konfrontation und durch Verständnisfragen eine aussagekräftigere Datenbasis für besser abgesicherte Interpretationen der Schüleräußerungen."²⁶⁰ Interventionen sollen nur eingesetzt werden, wenn es notwendig ist. Interventionen beziehen sich auf Nachfragen und schließt beispielsweise die Möglichkeiten von Ad-hoc-Fragen ein, die relevant werden, wenn im Interview neue Aspekte auftauchen. Interventionen müssen nicht nur sprachlicher Natur sein, sondern können sich auch auf visuelle Assoziationsreize wie Zeichnungen oder Fotos beziehen. Der Interviewte kann auch selber Zeichnungen produzieren.²⁶¹ Das dialogische Verfahren sollte sich auf einen Leitfaden stützen, um den Interviewer eine Orientierung zu den bereits behandelten und noch anstehenden Themen zu geben – im Sinne einer planvollen Strukturierung.²⁶² Das problemzentrierte Interview stützt sich auf einen halb-standardisierten Leitfaden.

Die *Problemzentrierung* ermöglicht den Fokus auf den Untersuchungsgegenstand im Rahmen narrativer Erzählungen und den Aufbau von Vertrauen.²⁶³ Ein problemzentriertes Interview schließt die Möglichkeit narrativer Erzählungen seitens der Probanden ein.²⁶⁴ Sie sollen sich frei und offen äußern, um ihre Sinnvorstellungen zum Untersuchungsgegenstand entfalten zu können. Dabei entsteht ein Vertrauensverhältnis zwischen Interviewer und Interviewten, insoweit sich der Interviewte in seiner Problemsicht ernst genommen fühlt.²⁶⁵ Um dieses Vertrauensverhältnis zu unterstützen, sollte sich der Interviewer neutral verhalten. „Die Intention des Interviews ist vorrangig ermittelnd und verstehend."²⁶⁶ Die Vorannahmen des Interviewers sollen zwar im Vorfeld der Untersuchung expliziert werden, aber nicht in das Interview einfließen; zu sehr droht die Gefahr einer Beeinflussung durch die Vor-

---

259   Gropengießer 2005, 175
260   Fischer 2011, 99
261   vgl. Gropengießer 2007a, 130; Lutter 2011, 96
262   Gropengießer 2007a, 130
263   vgl. Witzel 2000
264   vgl. beispielhaft Lenk 2011, 155
265   vgl. Witzel 2000
266   Gropengießer 2007a, 130

stellungen des Interviewten. Der Kommunikationsstil gestaltet sich als eher weich, „d.h. verstehend und akzeptierend [...].“[267] In der freien und offenen Äußerungen des Lernenden, der sich aufgrund eines weichen Kommunikationsstils in seiner Expertise ernst genommen fühlt, entfaltet er seine Sinnvorstellungen und gibt dem Interviewer die Möglichkeit, sein Denkgebäude zum Untersuchungsgegenstand verstehen zu können.

Die *Gegenstandsorientierung* greift bereits erwähnte Aspekte auf. Die Gegenstandsorientierung betont den flexiblen Einsatz von Methoden. Die Methoden sollen auf den Forschungsgegenstand ausgerichtet werden. Im Sinne einer Prozessorientierung entfalten sie sich schrittweise im Forschungsverlauf, wodurch sich die Angemessenheit der Methode „durch reflexive Überprüfung der erhobenen Daten in Bezug auf die verwendeten Instrumente erhöht [wird]. Dieser Prozess ist zu dokumentieren.“[268] Ferner begründet sich durch die Gegenstandsorientierung und dem damit verbundenen flexiblen Einsatz von Methoden die Verwendung monologischer Erzähltechniken.[269] Die Problemsicht des Interviewpartners wird nur ernst genommen, wenn er sie frei von Interventionen seitens des Interviewers äußern kann. Aber auch hier ist Flexibilität der Vorteil des problemzentrierten Interviews: „Den Erfordernissen des Aufbaus einer befragtenzentrierten Kommunikationssituation folgend kann der Interviewer je nach der unterschiedlich ausgeprägten Reflexivität und Eloquenz der Befragten stärker auf Narrationen oder unterstützend auf Nachfragen im Dialogverfahren setzen.“[270] Das problemzentrierte Interview ist also ein flexibles Instrument, um auf die zu untersuchenden Denkgebäuden der Interviewten eingehen zu können. Der Leitfaden entwickelt sich in einem Prozess und wird an neue Erkenntnisse angepasst. Die Problemsicht des Interviewpartners entfaltet sich in monologischen Erzählungen, die durch Interventionen auf neue Aspekte des Gegenstands bezogen werden können. Der Interviewer kann mögliche Missverständnisse ansprechen, um die Deutungen des Interviewten zu verstehen und den Interpretationsprozess zielorientierter zu gestalten.

Zusammenfassend zeigen sich die Vorteile des problemzentrierten Interviews. Es ermöglicht den Fokus auf eine Problemstellung, mit deren Hilfe Schüler ihre Sinnvorstellungen entfalten. Sie werden zu monologischen Erzählungen motiviert und in ihrer Problemsicht ernst genommen. Ihre Vorstellungen werden nicht als fehlerhaft abqualifiziert. Die Möglichkeiten zu Interventionen erlauben dem Interviewer, die Vorstellungen seines Interviewpartners besser zu verstehen. Ein halbstandardisierter Leitfaden ermöglicht einen besseren Vergleich zwischen mehreren

---

267   ebenda
268   ebenda, 129
269   Witzel (2000) verweist auf die biographische Methode, mit der er „auf den Aspekt der Entwicklung von Deutungsmustern im Rahmen der individuellen Auseinandersetzung mit sozialer Realität" verweist.
270   ebenda

Interviews und kommt dem explorativen Charakter dieser Studie zugute. Schülervorstellungen zur utopischen Politik müssen noch entdeckt werden. Ein standardisierter Leitfaden setzt aber Kenntnisse darüber voraus.[271]

C.4.4. Vorgehensweise bei der Erhebung der Daten

Neben der Auswahl des qualitativen Interviewtyps stellt sich die Frage, wie die Daten erhoben werden. Dies bedingt eine Beschreibung der Stichprobenkonstruktion, um die Auswahl der Probanden zu begründen. Daneben stellt sich die Frage, nach dem Zugang zum Untersuchungsfeld. Dadurch wird ersichtlich, wie die Probanden angesprochen und zu ihren Vorstellungen befragt wurden. Der wesentlichste Aspekt ist der Leitfaden. Er dient zur (schnellen) thematischen Orientierung während des Interviews und beeinflusst den Interviewverlauf erheblich.

C.4.4.1. Auswahl und Umfang der Stichprobe

Die vorliegende, qualitative Studie zielt auf das Allgemeine im Besonderen. Folglich kann keine quantitative Repräsentativität, sondern nur die Rekonstruktion charakteristischer Sinnstrukturen das Anliegen sein. Es ist „allgemein anerkannt, dass Verallgemeinerungen von Interpretationen qualitativer Interviews auf die Rekonstruktion *typischer* Muster und nicht auf *Verteilungsaussagen* wie in der standardisierten Forschung zielen."[272] Die Grundgesamtheit[273] ist zunächst durch die inhaltliche Repräsentation zu gestalten. Diese „ist immer dann erreicht, wenn einerseits der Kern des Feldes in der Stichprobe gut vertreten ist und andererseits auch die abweichenden Vertreter hinreichend in die Stichprobe aufgenommen worden sind."[274] Bezogen auf die vorliegende Studie würde sich die Konsequenz ergeben, unterschiedliche „Typen" von Lernenden zu interviewen, um dem Anspruch der inhaltlichen Repräsentation gewährleisten zu können.

Die Berücksichtigung unterschiedliche „Typen" von Lernenden gemäß der inhaltlichen Repräsentation erfordert Auswahlkriterien. Diese beziehen sich auf das

---

271 Auf diesen Umstand verweisen beispielsweise Gropengießer (2007, 130) und Lutter (2011, 95).
272 Helfferich 2011, 173; Diekmann (2010, 543) beschreit die Stichprobenkonstruktion bei qualitativen Untersuchungen als ein quasi-experimentelles Design. „Man befragt z.B. arbeitslose Jugendliche mit niedriger und höherer Qualifikation aus Großstädten und Landgemeinden. Aus diesen 2x 2-Design resultieren vier Gruppen, und in jeder Gruppe werden dann z.B. zehn Interviews mit arbeitslosen Jugendlichen durchgeführt" (ebenda).
273 Mit Grundgesamtheit wird nach Merkens (1997, 98) „die tatsächlich vorhandene Gesamtzahl der Ereignisse bezeichnet; die Stichprobe umfasst dann die aus dieser Gesamtzahl in die Untersuchung aufgenommene Zahl."
274 Merkens 1997, 100; vgl. ebenda 2010

Alter der Probanden, welches zwischen 17 und 19 Jahren liegt. Sie besuchten zum Zeitpunkt der Interviews das zweite Semester[275] der Hamburger Studienstufe, womit sie ein Jahr vor der Abiturprüfung stehen. Die Probanden sollten ferner leistungsheterogen sein. Um die Leistungsheterogenität sicherzustellen und unterschiedliche „Typen" zu gewährleisten, wählte ich vier Schulen nach ihren, von der hamburgischen Schulbehörde wissenschaftlich untersuchten KESS-Sozialindex (*Kompetenz* und *Einstellungen* von *Schülern* und *Schülerinnen*) aus. Der Sozialindex jeder Schule wurde – sehr allgemein ausgedrückt – „im Rahmen von statistischen Analysen auf der Grundlage des Gesamtdatensatzes aller Schulen"[276] berechnet, unter Berücksichtigung des sozialen, ökonomischen und kulturellen Merkmals sowie dem Migrationshintergrund. Der Sozialindex geht von 1 (niedrigster) bis 6 (höchster Wert). Weil in Hamburg allgemeinbildende Schulen entweder Gymnasien (Abitur nach acht Jahren) oder Stadtteilschulen (Abitur nach neun Jahren) sind, wählte ich jeweils zwei Gymnasien und zwei Stadtteilschulen aus. Jede Schulform sollte mit dem Sozialindex 2 und 5 vertreten sein: Gymnasien ermöglichen, eher leistungsstärkere und -homogene Schüler für die Interviews zu gewinnen; Stadtteilschulen, eher leistungsschwächere und –heterogene Schüler.

Tabelle C.b: Auswahlkriterien für die Stichprobenkonstruktion[277]

Auswahlkriterium für Oberstufenschüler der Sek. II	Variation innerhalb der Stichprobenkonstruktion
Einschätzung der Leistungsfähigkeit durch die Oberstufenkoordinatoren/ Lehrer	hoch/ niedrig
Alter bei der Schulstufe	17 – 19 Jahren (Schüler am Ende des zweiten Semesters der Studienstufe)
Schulform	Gymnasien/ Stadtteilschulen (jeweils mit dem KESS-Sozialindex 2 und 5 vertreten)

---

275 Die Interviews wurden vor den Sommerferien des Jahres 2013 durchgeführt.

276 Drucksache 20/7094 der Hamburgischen Bürgerschaft; siehe auch http://bildungsserver. hamburg.de/bildungsqualitaet/ vom 20.09.2014; kritische Anmerkungen finden sich bei Klein et al. (2014), die am Beispiel der verwendeten mathematischen und naturwissenschaftlichen Aufgaben sowie an der methodischen Vorgehensweise die Aussagekraft der KESS-Studie in Bezug auf die vorhandenen Kompetenzen als auch die sozialen Lagen der Schüler stark in Zweifel ziehen. Nichtsdestotrotz wird diese wissenschaftliche Studie zur Auswahl der Schulen genutzt, damit die Schulauswahl fundierter ist.

277 in Anlehnung an Lutter 2011, 97

Neben der inneren Repräsentation kann eine qualitative Studie in ihrem Umfang nach dem Kriterium der inhaltlichen Sättigung erfolgen. Die inhaltliche Sättigung ist erreicht, wenn keine neuen Vorstellungen gefunden werden bzw. sich die Vorstellungen wiederholen.[278] Dieses Kriterium wird aus praktikablen Gründen in der Studie nicht verfolgt. Das Erkenntnisinteresse liegt zwar in der Identifizierung von wesentlichen Verbindungen zwischen politikbezogenen Schüler- und Wissenschaftsvorstellungen, die wechselseitig verglichen werden sollen, um einen didaktischen Politikbegriff zu entwickeln. Jedoch zielt diese Untersuchung auf *eine erste Annäherung an* Schüler- und Wissenschaftsvorstellungen zum Themenfeld *utopische Politik*, sodass auf eine umfangreiche empirische Untersuchung verzichtet wird. Dieses Ziel im Blickfeld erfolgt die tatsächlich durchzuführende Anzahl von Untersuchungen in Abhängigkeit davon, „inwieweit eine Verallgemeinerung unter dem Gesichtspunkt der verfolgten Ziele gelingt."[279]

Obgleich eine inhaltliche Sättigung nicht erfolgt, berücksichtigt die Studie durch die oben genannten Auswahlkriterien vielfältige Schülervorstellungen. Auch diese qualitative Studie erfolgt unter limitierten Forschungsressourcen, „die die Einschränkung des Stichprobenumfangs im Hinblick auf die Machbarkeit eines Vorhabens notwendig macht."[280]

C.4.4.2. Zugang zum Untersuchungsfeld

Die Kontaktaufnahme kann entscheidend sein, wie sich Interviewer und Interviewten gegenseitig erleben.[281] Um dem Interviewten zu einem freien und offenen Gespräch hinsichtlich seiner Vorstellungen zur idealtypischen Politik zu bewegen, sollte der Interviewer außerhalb der schulischen Hierarchie stehen. Daher sollten die Probanden nicht aus jener Schule kommen, an der der Interviewer als Lehrer tätig ist. Daher habe ich mich an verschiedene Oberstufenkoordinatoren von jeweils zwei Stadtteilschulen und Gymnasien gewandt und gebeten, vier S2[282]-Schüler zu benennen, die bereit sind, von mir interviewt zu werden. Ich nannte ihnen dabei die Kriterien, wonach die Schüler kommunikativ sind, sich also durch kritische Nachfragen nicht verunsichern lassen und ein unterschiedliches Leistungsspektrum abdecken. Der Zeitbedarf wurde auf bis zu eineinhalb Stunden pro Einzelinterview beziffert. Anschließend wurde ein Termin vereinbart. Eine erfolgreiche Interviewdurchführung erfolgte an drei Schulen (1x Gymnasium (KESS 5), 2x Stadtteilschu-

---

278   vgl. Bertaux 1981; Helfferich 2011, 174ff
279   Gropengießer 2007a, 149
280   Klee 2008, 141; vgl. Helfferich 2011, 175; Merkens 1997, 98
281   vgl. beispielhaft Frerichs 1999, 101; Gropengießer 2007a, 133; Lutter 2011, 98
282   In Hamburg wird das zweite und dritte Semester mit S2 und S3 abgekürzt.

len (KESS 2 und 5)).[283] Das Gymnasium mit dem Sozialindex 5 stellte mir leistungshomogene, die anderen Schulen leistungsheterogene Schüler zur Verfügung. Die Stadtteilschule mit dem Sozialindex 5 ermöglichte mir drei Schülerinterviews. Die Kontaktaufnahme erfolgte am Tag des Interviews. Die Interviews einer Schule wurden jeweils an einem Vormittag nacheinander durchgeführt. Den Oberstufenkoordinatoren und den Schülern erklärte ich, dass mein Promotionsvorhaben Schülervorstellungen zu Politik thematisiert.

C.4.4.3. Der Leitfaden zum problemzentrierten Interview

Im Folgenden soll der eingesetzte Leitfaden vorgestellt werden. Diesbezüglich werden zunächst allgemeine Grundlagen zum Leitfaden beschrieben, um den Rahmen zur Leitfadenkonstruktion ersichtlich zu machen. Anschließend erfolgt der Aufbau des Leitfadens.

C.4.4.3.1. Allgemeine Grundlagen zum Leitfaden

Der im Abschnitt C.4.4.3.2. vorgestellte Leitfaden wurde im Rahmen der Interviews verwendet. Er ist das Ergebnis einer reflektieren Auseinandersetzung: Die Reihenfolge der Interventionen – erzählauffordernde Impulse und Art des Material – wurde prozessorientiert verändert. Dieser Veränderungsprozess erfolgte durch kritische Anregungen anderer Forscher und den Ergebnissen zu einem Testinterview[284]. Jede Veränderung bezog sich auf das angestrebte Erkenntnisinteresse.
     Der theoretische Bezugsrahmen der Leitfadenkonstruktion bezieht sich auf einen Anforderungskatalog für Leitfäden:[285] Der Leitfaden…

- …entspricht stets den Grundprinzipien qualitativer Forschung und ermöglicht Offenheit gegenüber dem Interviewpartner – sowohl in Gänze als auch in Teilen.

- …enthält nicht zu viele Fragen, um ein „bürokratisches Abhaken"[286] zu vermeiden. Er muss genügend Zeit für eine offene Äußerungszeit und für „eine gewisse Erzählzeit hinweg aufrechterhaltene Darstellung"[287] gewährleisten.

---

283   Leider erwies es sich als nicht möglich, eine weitere Schule für die Untersuchung zu gewinnen.
284   Das Testinterview erfolgt mit dem Schüler Watson, dessen KESS 2-Stadtteilschule in der eigentlichen Interviewreihe unberücksichtigt blieb.
285   vgl. im Folgenden Helfferich 2011, 180
286   Hopf 1978, 102
287   Helfferich 2011, 180

- ...ist formal übersichtlich und gut handhabbar gestaltet, um den Fokus des Interviewers auf die Interviewsituation und Erzählperson zu lenken
- ...entspricht in seiner Komposition dem natürlichen Erinnerungs- und Argumentationsfluss.
- ...wird nicht abgelesen, sondern wird im Bedarf nur als Erinnerungsstütze verwendet.
- ...ist kein fester Rahmen von vorgefertigten Fragen. Spontan produzierte Erzählungen, die über den Leitfaden hinausgehen, sind immer zu berücksichtigen. Nicht die im Leitfaden formulierten Fragen, sondern die geäußerten Vorstellungen des Interviewpartners haben Priorität.[288]

Gemäß den oben genannten Anforderungen ist die Konstruktion eines Leitfadens komplex. Der Leitfaden soll das Interview zwar gut vorstrukturieren, aber sich gleichzeitig der Interviewsituation flexibel anpassen. Um dies zu gewährleisten, werden die für den Leitfaden notwendigen Interventionen in drei Fragearten unterteilt: Diese lauten *Sondierungsfragen, Leitfadenfragen* und *Ad-hoc-Fragen*.[289] Sie werden im Folgenden auf die Studie näher spezifiziert, indem die jeweilige Frageart durch exemplarische Fragestellungen aus dem verwendeten Leitfaden illustriert werden.[290] Abschließend werden die zwei Techniken *‚Spiegelung'* und *‚methodische Triangulation'* näher erläutert, mit denen die Vorstellungen der Lernenden während des Interviews validiert werden sollen.

Sondierungsfragen:
Sondierungsfragen sind für einen allgemeinen Einstieg in die Thematik nützlich. Sie beziehen sich auf den thematischen Zugang, den der Interviewpartner zum Thema vornimmt. „Dabei soll eruiert werden, ob das Thema für den Einzelnen überhaupt wichtig ist, welche subjektive Bedeutung es für ihn besitzt."[291] Eine beispielhafte Sondierungsfrage aus dem Leitfaden lautet: „*Woran denkst du beim Wort ‚Politik'?"*

Leitfadenfragen:
Leitfadenfragen sind solche Fragen, die für den jeweiligen Themenaspekt als wesentlich gelten und ihn vertiefen.[292] Eine beispielhafte Leitfadenfrage lautet: „*Was sind Kriterien guter Politik auf deinem Planeten? Schreibe bitte mindestens drei Kriterien auf (Material M2)."*

---

288 vgl. Hopf 1978
289 vgl. Mayring 2002, 70
290 als Vorbild gilt Klee 2008, 129 – 3.
291 Mayring 2002, 70
292 vgl. ebenda

Ad-hoc-Fragen:
Der Leitfaden soll sich gegenüber dem Interviewten und seinen Äußerungen flexibel erweisen. Ein abzuhackender Fragekatalog kann nicht Sinn und Zweck sein. Daher enthält der Leitfaden Ad-hoc-Fragen bzw. wird der Interviewer spontane Fragen äußern, sodass „für die Themenstellung oder für die Erhaltung des Gesprächsfadens bedeutsame"[293] Aspekte berücksichtigt werden können. Eine beispielhafte Ad-hoc-Frage lautet: *„Wie könntest du dich als Bürger in die Politik einbringen?"*

Spiegelung:
Neben diesen drei Fragetypen wird ferner die Technik der Spiegelung verwendet. „Das heißt, es wird versucht die Äußerungen der Befragten im Verlauf des Gesprächs durch eine erneute Intervention rückzuspiegeln. [...] Durch diese Form der kommunikativen Validierung werden mögliche Missdeutungen des Forschers bereits während des Interviewprozesses wahrgenommen und bestenfalls korrigiert."[294]

Interne Triangulation:
Zur weiteren Validierung werden verschiedene Interventionen geplant, die auf denselben thematischen Bereich zielen. „Die dabei mit methodischen Variationen erhobenen und unterschiedlich aspektierten Äußerungen können mit einander verglichen werden (interne Triangulation)."[295] Dies kann beispielhaft anhand der Karikaturen gezeigt werden, bei denen der Schüler gezwungen wird, seine zu diesem Thema getätigten Aussagen kritisch zu reflektieren.

C.4.4.3.2. Der Aufbau des Leitfadens

Die Interviews begannen mit einer Begrüßung. Anschließend wurde der Name, das Datum, das Alter als auch die Klassenstufe und Schulform aufgezeichnet, wodurch eine genaue Zuordnung der Aufzeichnung und des Interviewten möglich war. Weiterhin wurde dem Interviewten der Zweck des Interviews sowie die Rolle des Interviewten verdeutlicht, um Rollenklarheit zu ermöglichen. Ferner wurde gegenüber dem Interviewten erwähnt, dass Nachfragen kommen und Materialien vorgelegt werden könnten. Dabei wurde wiederholt die Wichtigkeit der Sichtweise des Interviewten betont, die keineswegs durch den Interviewer beeinflusst werden sollen.[296] Abschließend wurde darum gebeten, dass Spiegelungen des Interviewers vom Interviewten korrigiert werden sollen. Um die Gesprächsatmosphäre locker zu gestal-

---

293   ebenda
294   Klee 2008 mit Verweis auf Witzel 2000, 5
295   Gropengießer 2007a, 134
296   Ähnlich ging zum Beispiel ebenda, 133 vor.

ten, fing das Interview mit *small-talk* an und wurde anschließend zum eigentlichen
Themenfeld gelenkt.

Auf den nächsten Seiten ist der Leitfaden tabellarisch dargestellt. Der Leitfaden ist in drei Spalten unterteilt. Die erste Spalte enthält die Intervention, die zweite Spalte die vom Interviewer – sofern möglich – erwarteten Schülervorstellung und die dritte Spalte Bemerkungen und Hinweise, wodurch die Intervention lapidar begründet werden soll. Die erste Erzählaufforderung (Themenabschnitt: *„Wie nehme ich Politik wahr?"*) soll klären, wie der Proband Politik aktuell sieht. Dadurch hat er die Möglichkeit, Kritik, negative als auch positive Eindrücke von Politik zu benennen. Diese Bestandsaufnahme mündet in die zweite Erzählaufforderung (Themenabschnitt: *„Wie sollte Politik sein?"*), in der sich der Interviewte vorstellen soll, Politik bzw. das menschliche Zusammenleben auf einem anderen Planeten zu gestalten. Indem er imaginativ auf einen anderen Planeten versetzt wird, kann er seine Wünsche an Politik äußern. Die Bezugnahme auf realexistierende Aspekte zwischenmenschlichen Zusammenlebens entsteht durch die Auswahl des jeweiligen Interviewpartners. Basierend auf seinen Vorstellungen, artikuliert er verbesserungs- und regelungsbedürftige Aspekte und zeichnet sein Phantasiebild einer besseren Welt – und zwar als Raum-Utopie, insoweit der Proband keine zeitliche (Zeit-Utopie), sondern eine räumliche Versetzung erfährt. Diese Raum-Utopie ist ein „Nirgendwo als Fluchtpunkt utopischen Denkens einen zeitgleich mit der Herkunftsgesellschaft existierenden Ort [...]. Ein beliebter Topos, diesen Ort bzw. Nicht-Ort zu plausibilisieren, ist die abgelegene, neu entdeckte Insel"[297] – im Falle der vorliegenden Studie ein anderer Planet. Die Materialien sollen dem Interviewten dabei helfen, seine Gedanken zu sammeln und zu fokussieren. Außerdem unterstützen sie das Interview, insofern wesentliche Gedanken des Interviewten nicht verloren gehen können. Die nächste Erzählaufforderung (Themenabschnitt: *„Wunsch und Realität im Vergleich"*) zielt auf einen Vergleich beider Politikvorstellungen, sodass der Lernende seine Wunschvorstellung präzisiert und sich seine Kritik an Politik bewusster wird. Die verwendeten Karikaturen sind wertend. Sie helfen, mögliche Widersprüche in den Politikvorstellungen aufzudecken und seine Aussagen zu präzisieren. Die Karikatur M4 wurde verallgemeinert, um inhaltliche Lenkungen zu vermeiden. Den Probanden wurde die Originalkarikatur zum Schluss des Interviews zur Verfügung gestellt. Abschließend werden in der letzten Erzählaufforderung (Themenabschnitt: *„Interesse und Lebensgeschichte"*) (biografische) Interessen und Motivation zum Themenfeld sowie der Ursprung der Vorstellungen geklärt. Diese können einen Einblick geben, warum der Proband die Vorstellungen hat. Sie können eine unterstützende Rolle bei der späteren Interpretation des Interviews einnehmen. Die Aufforderungen nach einer *mind map* sowie einer Liste sollen dem Interviewten helfen, die zunächst spontan geäußerten Ideen zu fokussieren und zu erweitern.

---

297 Rohgalf 2015, 145

Erhebungsinstrument C.c: Der Interviewleitfaden

Erzählaufforderung zum Thema *Wie nehme ich Politik wahr?* Schwerpunkt: Mindmap		
Intervention	Erwartete Vorstellung	Bemerkungen und Hinweise
Woran denkst du beim Wort ‚Politik'?	Politik im Fernsehen und Zeitungen: Politiker machen Gesetze und sind machthungrig	lockere Einstiegsfrage in das Thema; erste Erzählaufforderung
Erstelle eine Mindmap zur Frage: Was ist Politik für dich? (Material M1)	Verhaltensweisen, Tätigkeiten, Charaktermerkmale, Rollenunterschiede von Politikern und Bürgern	Die Anfertigung der Mindmap trägt dazu bei, dass der S seine Gedanken fokussiert und einen Bezugspunkt zum Interview hat.
Benenne bitte konkrete Beispiele zu deiner Antwort.	Benennung konkreter Beispiele, die aktuell sind oder in der eigenen Lebensgeschichte wahrgenommen wurden.	*Anmerkung:* Die Frage nur stellen, sofern keine konkreten Beispiele genannt wurden.
Wenn du dir das Zusammenleben von Menschen anschaust, wie ist es aus deiner Sicht organisiert?	Benennung von Alltagsverhalten von Menschen in Gruppen (Familie, Freunde, fremde Menschen beim Einkaufen, Verkehr, Fernsehen, Mitschülern, etc.)	*Anmerkung:* Die Frage stellen, sofern der Interviewte Politik institutionell betrachtet. Die Frage legt den Fokus von Politik als Zusammenleben von mehreren Menschen.

Erzählaufforderung zum Thema *Wie sollte Politik sein?* Schwerpunkt: Assoziation		
Intervention	Erwartete Vorstellung	Bemerkungen und Hinweise
Stell dir vor, du bist auf einem anderen Planeten, auf dem du sagen kannst, wie Politik funktionieren soll. Wie würdest du Politik gestalten?	-	Allgemeine Einstiegsfrage, um in das neue Themenfeld einzusteigen. Der Ortswechsel soll dazu führen, dass sich der S freier in seinen Vorstellungen bewegt und sich nicht durch Realitäten gehemmt fühlt.
Was sind Kriterien guter Politik auf deinem Planeten? Schreibe bitte mindestens drei Kriterien auf (Material M2).	-	Die Anfertigung soll dazu beitragen, dass der S seine Gedanken fokussiert.
Erläutere bitte deine Kriterien.	-	Der S legt seine Kriterien dar und vertieft sie.
Wie sollte auf deinem Planeten das menschliche Zusammenleben organisiert sein?	-	*Anmerkung:* Die Frage nur stellen, sofern der Interviewte Politik nur institutionell betrachtet.
Was sind Kriterien eines guten Zusammenlebens von Menschen?	-	*Anmerkung:* Die Frage nur stellen, sofern der Interviewte Politik nur institutionell betrachtet.

Erzählaufforderung zum Thema ‚*Wunsch und Realität im Vergleich*'		
Schwerpunkt: Karikaturen		
Intervention	Erwartete Vorstellung	Bemerkungen und Hinweise
Welche Unterschiede und Ähnlichkeiten siehst du zwischen deiner Politikvorstellung und wie du Politik siehst?	-	Der S präzisiert anhand des Vergleichs seine Wunschvorstellung zu Politik und wird sich seiner Kritik an Politik in der Realität bewusster.
Schaue dir bitte die Karikatur M4 an. Was siehst du? Warum stimmst du der Aussage zu oder warum lehnst du die Aussage ab?	-	Die Karikaturen sollen den Schülern ermöglichen, mögliche Widersprüche in den eigenen Aussagen zu identifizieren und die eigenen Aussagen zu präzisieren.
Schau dir bitte die Karikatur M5 an. Was siehst du? Warum stimmst du der Aussage zu oder warum lehnst du die Aussage ab?	-	
Welche Schlussfolgerungen kannst du aus deinem Vergleich zwischen deiner Politikvorstellung und deiner Wahrnehmung von Politik ziehen?	-	Der S soll mithilfe dieser Frage seinen Vergleich präzisieren und eigenständig Fehler in seinen Vorstellungen identifizieren können.

Erzählaufforderung zum Thema ‚Interesse und Lebensgeschichte'		
Schwerpunkt: eigene Biografie und Motivation		
Intervention	Erwartete Vorstellung	Bemerkungen und Hinweise
Könntest du mir verraten, ob dich die hier angesprochene Thematik interessiert? Möchtest du mehr darüber erfahren? Bitte begründe deine Antwort.	-	Hier soll das Interesse, die Neugierde und Motivation geklärt werden.
Woher weißt du, was du mir erzählt hast? Hattest du das im Unterricht bereits besprochen?	-	Hier soll geklärt werden, woher der S seine Informationen her hat.
Ist das besprochene Thema für den Unterricht wichtig? Begründe deine Antwort.	-	-

Ad-hoc-Fragen
Welche Rolle sollten Bürger und Politiker jeweils einnehmen?
Wann sollten nur Bürger/ Politiker entscheiden?
Wie könntest du dich als Bürger in die Politik einbringen?
--*oder*--
Wie könnten sich Bürger in die Politik einbringen? (allgemeinere Frage)
Haben wir etwas vergessen, das dir für das Thema noch wichtig erscheint?

Erhebungsinstrument C.d: Anhang zum Interviewleitfaden M1 – M4

Material M1

Was ist Politik für dich?

Material M2

Was sind Kriterien guter Politik auf deinem Planeten?

Material M3

SCHLIEßLICH IST DER BÜRGER MÜNDIG UND
SOLL BEI VOLKSENTSCHEIDEN MITREDEN DÜRFEN...

⊕ROGER WWW.KARIKATUR-CARTOON.DE

Quelle: http://www.karikatur-cartoon.de/politik/politik29-volksentscheid.htm
(heruntergeladen am 11.10.2012)

Material M4 (verallgemeinerte Karikatur)

Quelle: http://www.karikatur-cartoon.de/politik/politik29-volksentscheid.htm
(heruntergeladen am 11.10.2012)

Material M4 (Originalkarikatur)

C.4.5. Vorgehensweise bei der Auswertung der erhobenen Daten

Im Anschluss an die Interviews erfolgt ihre Auswertung. Das Ziel und der Weg dieser Auswertung soll beschrieben werden, um Transparenz bezüglich des Auswertungsverfahrens zu gewährleisten. Die Darlegung des Auswertungsverfahrens erfolgt in drei Schritten: Der erste Schritt bezieht sich auf die Vorüberlegungen, die bei der Auswertung zu bedenken sind. Nicht nur das Ziel der Auswertung, sondern auch allgemeine Postulate zur Interpretation der Interviews werden ersichtlich. Die anschließenden Schritte konkretisieren den Auswertungsprozess. Diesbezüglich geht der zweite Schritt auf die Aufbereitungsphase ein, sodass die anzuwendenden Transkriptionsregeln und das Verfahren der ersten Reduktion deutlich werden. Der dritte Schritt beschreibt die Inhaltsanalyse, mit der die Auswertung des Textmaterials herangezogen wird. Dieser Schritt ermöglicht darzulegen, anhand welcher Verfahren das Textmaterial analysiert wird, um die Zielsetzung zu erreichen. Der letzte Schritt berücksichtigt das Verfahren zur Verallgemeinerung der interpretativ erschlossenen Einzelkonzepte, sodass allgemeine Schülerkonzepte formuliert werden können, was die Entwicklung eines subjektbezogenen Politikbegriffs ermöglicht.

C.4.5.1. Vorüberlegungen zur Auswertung der Interviews

Bevor die Aufbereitung der Interviews sowie die inhaltsanalytische Auswertung als auch Verallgemeinerung der erschlossenen Einzelkonzepte darzulegen sind, werden die Vorüberlegungen zur Interviewauswertung skizziert. Hierzu wird als erstes das Auswertungsziel dargelegt, um auf die Intention dieser Vorgehensweise einzugehen. Abschließend werden die Annahmen zur Interpretation der Interviews beschrieben: Die hier vorgenommene Auswertung ist hoch interpretativ. Der Forscher muss Fremdverstehen leisten, was ein sehr schwieriger Verstehensprozess ist.[298]

C.4.5.1.1. Ziel der Auswertung

Die Datenauswertung zielt auf die interpretative Erschließung von Konzepten, die mit einer treffenden Bezeichnung benannt werden. Diese Konzepte dienen in der Untersuchungsaufgabe ‚Didaktische Strukturierung' als Grundlage, um sie mit den Ergebnissen der Untersuchungsaufgabe ‚Fachliche Klärung', in der ebenfalls Konzepte interpretativ erschlossen und mit einer treffenden Bezeichnung versehen werden, ergebnisorientiert vergleichen zu können. Erst auf der Grundlage einer gleichen Komplexitätsebene (Konzepte – Denkfigur – Theorien) lassen sich Gemeinsamkeiten, Verschiedenheiten, Eigenheiten und Begrenztheiten zwischen der Lernerperspektive und der fachlichen Klärung unter didaktischer Perspektive identifizieren.[299] Hieraus ergibt sich die Konsequenz für die Reduktion der schülerbezogenen Aussagen im Rahmen des problemzentrierten Interviews, in der die Aussagen durch Konzepte begründet zusammengefasst werden. „Metaphorisch gesprochen, soll der Aufbau der disparaten Denkgebäude einzelner Schüler verstanden und kategorisiert werden."[300] Das Auswertungsziel liegt darin, die von den Schülern verwendeten Konzepte zu erfassen, die aber nicht individuell, sondern allgemein gelten sollen.

C.4.5.1.2. Annahmen zur Interpretation der Interviews

Bei der Interpretation der Interviews tritt der Interviewer als Interpret auf. Er soll kritisch, aber wohlwollend das Interview interpretieren.[301] Diesbezüglich unterliegt

---

298   vgl. Gropengießer 2007a, 142 – 3; Abschnitt C.45.1.2.
299   vgl. Abschnitt B.4.; Abschnitt D.2.3.
300   Gropengießer 2005, 175
301   vgl. ebenda 2007a, 143

der Interpretationsprozess Annahmen, die im Folgenden als allgemeine Postulate formuliert werden[302]:

„Aufrichtigkeit":
Jeder Interviewpartner zeigt sich im Interviewverlauf ehrlich, ernsthaft und offen.

„Korrespondenz":
Interviewer und Interviewpartner weisen ein bestimmtes Maß an Übereinstimmung bezüglich der Wahrnehmung von Situationen und Aspekten der Wirklichkeit auf.

„Konsistenz":
Die Interviewpartner weisen eine Einheitlichkeit zwischen Verhalten (z.B. Äußerungen, Zeichnungen) und Vorstellungen auf.

„Kohärenz":
Die Interviewpartner haben keine zusammenhangslosen Vorstellungen, sondern ihre Vorstellungen weisen einen gemeinsamen Kontext auf. Sollte der Interviewer die geäußerten Vorstellungen als sinnfrei erscheinen, so „ist zu vermuten, dass sie noch nicht verstanden wurden."[303]

„Parakonzepte/ dissonante Konzepte"[304]:
Der Interviewpartner kann je nach Kontext zum selben Wirklichkeitsbereich unterschiedliche, gar gegensätzliche Vorstellungen äußern. Dem Interviewpartner fällt dies unter Umständen nicht auf. „Davon sind jedoch diejenigen Artefakte zu unterscheiden, die ausschließlich durch situative Erklärungsnot oder durch den speziellen Charakter der Interviewsituation erzeugt worden sind."[305]

„Veränderung":
Die Interviewpartner aktualisieren ihre Vorstellungen, konstruieren sie aber auch ad hoc während der Interviewsituation. „Das Interview verändert die Vorstellungen der Interviewteilnehmer, d. h., die angedachte Ermittlung von Vorstellungen beinhaltet in gewissem Maße stets eine Vermittlung von Vorstellungen."[306]

---

302   vgl. im Folgenden ebenda; Lutter 2011, 102 – 3
303   Gropengießer 2007a, 175
304   Lutter (2011, 103) verwendet anstelle des Begriff ‚Parakonzepte' den Begriff ‚dissonante Konzepte'. M.E. ermöglicht insbesondere der letzte Begriff, das Wesen von Parakonzepte zu erfassen. Daher werden an dieser Stelle beide Begriffe verwendet.
305   Lutter 2011, 103
306   ebenda

‚Fassbarkeit von Metaphern‘:
Insbesondere Metaphern verweisen auf die von den Interviewpartnern verwendeten kognitiven Strukturen zur Deutung der Wirklichkeit. Sie stellen daher besondere sprachliche Aspekte dar.[307]

‚Kontextabhängigkeit der Bedeutung‘:
In Anlehnung an das Postulat ‚Kohärenz‘ sei darauf verwiesen, dass sich die Bedeutungen einer Äußerung nur aus dem Kontext ergeben. Sie dürfen nicht zusammenhangslos betrachtet werden.

‚Schrittweises Vorgehen und Kontrolle‘:
Die sich aus den Äußerungen der Interviewpartner ergebenden Vorstellungen werden in „Form von Begriffen, Konzepten und Denkfiguren aufgefächert abgeleitet und herauspräpariert, die jeweils reflektiert und unter Berücksichtigung der verwendeten Methode infrage gestellt werden können."[308] Hierzu ist eine schrittweise Vorgehensweise als Kontrollmechanismus nötig. Jeder Schritt ist daher nicht nur explizit zu gestalten, sondern auch zu dokumentieren. Der dabei zu tragen kommende Interpretationsprozess seitens des Forschers vollzieht sich sowohl in der Erhebungs- als auch Aufbereitungs-, Auswertungs- und Verallgemeinerungsphase. Die Interpretation während der Erhebungsphase zeigt sich in den geplanten Interventionen sowie während des Interviews durchgeführten Interventionen, die sich anhand von Ad-hoc-Fragen zeigen. Die Interpretation zeigt sich in der Aufbereitungsphase bei der Auswahl der bedeutungstragenden Inhalte (Auswahl und Verständnis). „Ganz deutlich wird die Interpretation bei der Anordnung und Zuordnung in der strukturierenden Auswertung."[309]

Rückblickend konnte zunächst das Ziel der Auswertung geklärt werden. Die schülerbezogenen Äußerungen sollen auf Konzepte reduziert werden, mit denen sich der Interviewpartner die politisch-gesellschaftliche Wirklichkeit deutet. Anschließend werden diese individuellen Konzepte verallgemeinert, sodass sie in der ‚Didaktischen Strukturierung‘ mit den Konzepten der ‚Fachlichen Klärung‘ wechselseitig verglichen werden. Anschließend wurden allgemeine Postulate zur Interpretation der Schüleräußerungen dargelegt. Diese Postulate legen die vom Forscher durchgeführte Interpretation der Schüleräußerungen offen. Dieser Verstehensprozess erfolgt kontrolliert unter Beachtung eines allgemeinen Auswertungsverfahrens, der sich in anderen Arbeiten zur Didaktischen Rekonstruktion als bewährt erwiesen

---

307 Vergleiche die Untersuchung von Lakoff (2002) bezüglich konservativer und liberaler Sprache.
308 Lutter 2011, 103
309 Gropengießer 2007a, 143

hat.[310] Dieses im Folgenden erläuterte Verfahren gliedert sich in die Aufbereitung, Auswertung und Strukturierung.

C.4.5.2. Aufbereitung des Materials

Das Material liegt nach den Interviews in gesprochener Sprache vor. Um die Schüleraussagen auswerten zu können, müssen die Aussagen in Textform vorliegen, also transkribiert werden. Im Folgenden wird das Transkriptionsverfahren erläutert und anschließend auf die Erstellung redigierter Aussagen eingegangen. Dies bildet den Ausgangspunkt für die inhaltsanalytische Auswertung.

C.4.5.2.1. Transkriptionsverfahren

Der erste notwendige Schritt nach der Interviewdurchführung ist die Transkription, die an dieser Stelle auf die vorliegende Studie bezogen werden soll. Hierzu werden drei thematische Felder bearbeitet: Die ersten beiden Felder beziehen sich allgemein auf die Transkription, insoweit das erste Feld die Relevanz und das zweite Feld vier verschiedene Transkriptionsverfahren darstellt. Das dritte Feld beschreibt die konkrete Umsetzung der Transkription auf die vorliegende Studie.

Die Transkription ist ein zwingend erforderlicher Schritt, um die Äußerungen des Interviewten analysieren zu können. Der Grundgedanke der Transkription liegt darin, dass „[d]urch wörtliche Transkription [...] eine vollständige Textfassung verbal erhobenen Materials hergestellt [wird], was die Basis für eine ausführliche interpretative Auswertung bietet."[311] Die Textfassung erlaubt es, relevante Passagen hervorzuheben, sie mit anderen zu vergleichen und sie intersubjektiv, also dem Leser einer wissenschaftlichen Studie zugänglich zu machen. Mit anderen Worten ermöglicht die Transkription „die Besonderheiten eines einmaligen Gesprächs sichtbar werden"[312] zu lassen und so die Basis für die Interpretation von Interviews zu bilden.

Hinsichtlich der zu Frage kommenden Art und Weise der Transkription existieren verschiedene Verfahren wie das *Internationale Phonetische Alphabet*, der *literarischen Umschrift*, dem *eye dialect* sowie der *Übertragung in normales Schriftdeutsch*. Von den vier Transkriptionsverfahren stellt das *Internationale Phonetische Alphabet* die exakteste Form dar. Es ist „eigens für das gesprochene Wort entwickelt worden, um auch alle Arten von Dialekt und Sprachfeinheiten festhalten zu können."[313] Eine andere

---

310   vgl. beispielhaft Frerichs 1999; Gropengießer 2007a; Klee 2008; Lutter 2011
311   Mayring 2002, 89
312   Kowal/ O'Connell 2010, 438
313   Mayring 2002, 89

Technik ist die *literarische Umschrift*, mit der die Dialektik des Interviewten erfasst wird.[314] Das *eye dialect* berücksichtigt eine möglichst lautgetreue Abbildung der Umgangssprache, wie beispielsweise „*«askedsche»* für *«asked you»*."[315] Dieses Transkriptionsverfahren wird vor allem im englischsprachigen Raum angewendet. Eine weitere Variante bezieht sich auf die *Übertragung in normales Schriftdeutsch*. Hier wird „[d]er Dialekt [...] bereinigt, der Satzbaufehler [...] behoben, der Stil [...] geglättet. Dies kommt dann in Frage, wenn die inhaltlich-thematische Ebene im Vordergrund steht, wenn der Befragte beispielsweise als Zeuge, als Experte, als Informant auftreten soll."[316] Jedes Transkriptionsverfahren kommt besonders dann ergebnisorientiert zum Tragen, wenn es zur Fragestellung der Studie passt. So ist es beispielsweise sinnfrei, das *Internationale Phonetische Alphabet* anzuwenden, wenn weder Dialekt noch Sprachfeinheiten im Erkenntnisinteresse einer Studie steht.

Bezogen auf die vorliegende Untersuchung stellt sich die Frage, welches Transkriptionsverfahren angewendet werden soll. Maßgabe ist dabei, „nur die Teile von Interviews und auch nur so genau zu transkribieren, wie die Fragestellung der Untersuchung es tatsächlich verlangt."[317] Bezüglich der Erfordernisse der Fragestellung dieser Studie erscheint die *Übertragung in normales Schriftdeutsch* als eine angemessene Transkriptionstechnik, insoweit der Befragte als Experte angesehen wird und seine Vorstellungen zum Untersuchungsgegenstand für relevant erachtet werden. Seine Vorstellungen, aber nicht sein Dialekt und seine Sprachfeinheiten stehen im Zentrum des Erkenntnisinteresses; im Fokus liegt also die inhaltlich-thematische Seite des Interviews.

Bei der Transkription sind vier Schritte relevant, basierend auf bereits durchgeführte Untersuchungen der Didaktischen Rekonstruktionen.[318] Sie lauten I) *Tonaufzeichnung als Maßgabe*, II) *Transkription nur inhaltsrelevanter Passagen (Reduktion)*, III) *Übertragung in normales Schriftdeutsch* und IV) *Kommentierung zur besseren Inhaltsanalyse*. Diese Schritte sollen die Aufbereitungs- und Auswertungsphase entlasten und erleichtern.

I) Tonaufzeichnung als Maßgabe:
Bei jedem Aufbereitungs- und Auswertungsschritt gilt, dass die Tonaufzeichnung immer entscheidend ist.

---

314 ebenda
315 Kowal et al. 2010, 441 – Hervorhebungen im Original übernommen
316 Mayring 2002, 91
317 Flick 2010, 264 unter Verweis auf Strauss 1991, 266 und Kowal/ O'Connell 2010.
318 vgl. Frerichs 1999, 113ff; Gropengießer 2008, 175ff; Gropengießer 2007a, 144ff; Klee 2008, 133ff; Lutter 2010, 104ff

II) Transkription nur inhaltsrelevanter Passagen (erste Reduktion):
Die Transkription stellt eine Interpretation der Interviews dar, insofern das Material
erstmals reduziert wird. Nach mehrfachen Abhören wird entschieden, welche Abschnitte inhaltsrelevant und daher zu transkribieren sind. So werden beispielsweise
die Einleitung zum Interview, Ausführungen zu technischen Aspekten des Interviews und den zu verwendenden Materialien nicht transkribiert.

III) Übertragung in normales Schriftdeutsch:
Inhaltsrelevante Abschnitte werden in normales Schriftdeutsch übertragen. Weder
Satzbaufehler noch der Stil sind zu glätten. „Im Hinblick auf die angestrebte In-
haltsanalyse soll stattdessen der genau Wortlaut und die exakte Ausdrucksweise der
Interviewten wiedergeben werden."[319] Die Behebung von Satzbaufehlern und die
Glättung des Stils erfolgen beim Erstellen redigierter Aussagen, „wo die Kontrolle
aus dem Kontext heraus besser möglich ist."[320]

IV) Kommentierung zur besseren Inhaltsanalyse:
Jene Stellen werden kommentiert, wenn die Kommentare ein Gewinn für die Inhaltsanalyse erwarten lässt. Rezeptionssignale wie ‚Mh' (neutral oder zustimmend),
‚Nhm' (ablehnend) und lange Pausen (ein Strich ‚-' markiert eine Pause in der Länge
von einer Sekunde) werden notiert. Sie erlauben einen Einblick in die Gesprächssi-
tuation und „inwieweit eine Vorstellung dem Interviewpartner vertraut ist."[321] Sollte
der Interviewpartner inhaltsrelevante Betonungen vornehmen, werden diese durch
Unterstreichungen markiert. Nicht-sprachliche Vorgänge wie beispielsweise ‚La-
chen' werden in eckigen Klammern gesetzt. Pausenfüller wie ‚Äh' werden nicht
transkribiert. Zur besseren Lesbarkeit werden Satzzeichen verwendet. Der Interviewer wird mit ‚I', der Interviewte (zwecks Anonymisierung) mit ‚S' gekennzeichnet. Ein schneller Abgleich zwischen Analyse und Transkription wird durch eine
Zeilennummerierung erleichtert.

Tabelle C.e: Angewandte Regeln bei der Transkription der Interviews

Zeichen	Bedeutung
I	Interviewer
S	interviewter Schüler
Mh	neutrales oder zustimmendes Rezeptionssignal
Nhm	ablehnendes Rezeptionssignal
-	Pause in der Länge einer Sekunde
Unterstreichung	inhaltsrelevante Betonung
[Material 1; S zeigt auf; …]	Kommentare zu nichtsprachlichen Vorgängen
.,:!?	Satzzeichen zur besseren Lesbarkeit

---

319   Klee 2008, 134; Gropengießer 2005, 176
320   Gropengießer 2007a, 144; vgl. Abschnitt C.4.4.2.2.
321   ebenda

C.4.5.2.2. Erstellung redigierter Aussagen

Die Erstellung redigierter Aussagen ist eine redaktionelle Bearbeitung der Transkription. Dieser Schritt fokussiert die inhaltstragenden Aussagen der Interviewpartner, sodass die für die Fragestellung wesentlichen Ansichten deutlicher hervortreten und die darauf folgende inhaltsanalytische Auswertung ergebnisorientierter erfolgen kann. Die Folge ist eine deutlichere und klarere Lesbarkeit, aber ein Verlust an Unmittelbarkeit und Lebendigkeit der von den Lernenden vorgetragenen Argumentation.[322] Aufgrund der redaktionellen Bearbeitung wohnt diesem Schritt ein hohes Maß an Interpretation des Forschers inne. Daher ist es erforderlich, den Inhalt der redigierten Aussagen mit den Tonaufzeichnungen wiederholt zu vergleichen und das vorliegende Transkriptionsmaterial genau zu lesen. Dies soll die Qualität der redigierten Aussagen sichern. Die redaktionelle Bearbeitung und die dabei erforderliche Qualitätssicherung erfolgt anhand von vier Schritten:

I) Selegierung inhaltsrelevanter Passagen (zweite Reduktion):
Die Grundidee der Erstellung redigierter Aussagen liegt in einer weiteren Reduktion des vorliegenden Materials, sodass eine stärkere Fokussierung auf die inhaltsrelevanten Passagen der Interviewäußerungen gelingt. In den vorliegenden Transkriptionen finden sich nebensächliche Äußerungen, die die Lesbarkeit der Passagen und die Inhaltsanalyse erschweren.[323] Daher werden die für die Fragestellung relevanten bedeutungstragenden Aussagen selegiert. Solche Aussagen, die Elemente einer größeren Argumentationskette und Bedeutungszusammenhänge enthalten, werden in Abschnitten zusammengestellt. Die Reihenfolge ihres Erscheinens bleibt erhalten. Die Dokumentation der Herkunft der Aussagen aus dem Transkript erfolgt durch die jeweilige Anfangs- und End-Zeilennummer, „die in Klammern davorgesetzt werden."[324]

II) Entfernung von Wiederholungen und Füllwörtern bzw. -sätzen
Die Fokussierung auf inhaltsrelevante Passagen soll durch die Entfernung unnötiger Wiederholungen und inhaltsleeren Füllwörtern bzw. -sätzen unterstützt werden. Inhaltlich bedeutende Aussagen erfolgen in der freien Rede „erst nach mehreren Versuchen"[325], weswegen die Interviewpartner Wiederholungen und Füllwörter bzw. -sätze verwenden. Diese werden bei der Erstellung der redigierten Aussagen entfernt. Selbstkorrekturen werden mit runden Klammern gekennzeichnet. „Zu erwägen ist aber immer die Möglichkeit, ob eine Einschränkung oder Differenzie-

---

322   vgl. ebenda 2005, 179
323   vgl. beispielhaft ebenda
324   Frerichs 1999, 114; Gropengießer 2007a, 145
325   Frerichs 1999, 114

rung der Aussage gemeint war."[326] Diesbezüglich ist zu erwähnen, dass Spiegelungen, vorgenommen vom Interviewer zwecks Verständnissicherung[327], ebenfalls ausgelassen werden, um unnötige Wiederholungen zu vermeiden. Spiegelungen werden nur redigiert, wenn sie unter Umständen neues offenbaren.

III) Transformation in eigenständige Aussagen des Interviewpartners:
Aufgrund der dialogischen Form des Interviews ergeben sich die Äußerungen des Interviewten erst im Zusammenhang der Äußerungen des Interviewers. In der Erstellung redigierter Aussagen werden die Äußerungen des Interviewers entfernt und in die Aussagen des Interviewten eingearbeitet. „Dadurch wird die Kontextbezogenheit der Interviewkommunikation gewahrt und das verständnisfördernde Wechselspiel zwischen den Aussagen der Probanden und den Fragen, Einwürfen und Hinweise des Interviewers in den Prozess der Auswertung integriert."[328] Um diesbezüglich ein hohes Maß an Transparenz zu gewährleisten, werden jene vom Interviewer geäußerten und für das kontextuelle Verständnis notwendige Aussagen mittels eckiger Klammern signalisiert und in den Zeilenangaben mitangegeben. Hierbei werden Ja-/Nein-Antworten des Interviewten auf Fragen des Interviewers komplett in eckigen Klammern dargestellt – nebst Zeilennummern.

IV) Sprachglättung zur besseren Lesbarkeit (Paraphrasieren):
Zur besseren Lesbarkeit werden die Aussagen der Probanden sprachlich geglättet. Die Aussagen werden in ganzen Sätzen geschrieben und grammatikalisch geglättet. Die von den Probanden verwendete Sprache soll erhalten bleiben, insbesondere die von ihnen verwendeten Metaphern und Analogien.[329] Die Ziele der redigierten Aussagen sind eine bessere Lesbarkeit und eine vereinfachte Inhaltsanalyse; nicht, die Aussagen des Interviewpartners sprachlich und inhaltlich zu verzerren.

Zusammenfassend zeigten sich zwei Schritte, die zur Aufbereitung der Interviews vorgenommen werden. Der erste Schritt, die Transkription, fächert sich wie folgt auf: I) *Tonaufzeichnung als Maßgabe,* II) *Transkription nur inhaltsrelevanter Passagen (Reduktion),* III) *Übertragung in normales Schriftdeutsch* und IV) *Kommentierung zur besseren Inhaltsanalyse.* Der zweite Schritte, die Erstellung redigierter Aussagen, gliedert sich wie folgt: I) *Selegierung inhaltsrelevanter Passagen (zweite Reduktion),* II) *Entfernung von Wiederholungen und Füllwörtern bzw. –sätzen,* III) *Transformation in eigenständige Aussagen des Interviewpartners* und IV) *Sprachglättung zur besseren Lesbarkeit (Paraphrasieren).* Insgesamt zielt die Aufbereitung auf eine zunehmende Reduktion der Interviews auf die inhaltstragendenen Aussagen, um Schüleräußerungen besser zu deuten.

---

326   Gropengießer 2007a, 145
327   vgl. Abschnitt C.4.4.3.1
328   Klee 2008, 135
329   vgl. Gropengießer 2007a, 145

C.4.5.3. Inhaltsanalytische Auswertung der Interviews

Nach der Transkription erfolgt die Auswertung. Die qualitative Inhaltsanalyse ist dazu ein angemessenes Auswertungsinstrument. Sie setzt kein von außen kommendes Kategoriensystem an, sondern entwickelt das Kategoriensystem anhand des vorliegenden Materials. „Im Zentrum steht [...] ein theoriegeleitet am Material entwickeltes Kategoriensystem; durch dieses Kategoriensystem werden diejenigen Aspekte festgelegt, die aus dem Material herausgefiltert werden sollen."[330] Wenn es das Ziel ist, die von Lernenden verwendeten Konzepte zu ermitteln, kann dies nur anhand ihrer Deutungen entstehen. Das Kategoriensystem ist daher anhand ihrer Aussagen zu ermitteln. Weil das auszuwertende Material aus den von den Schülern getätigten Aussagen besteht, kann anhand dessen das Kategoriensystem entwickelt werden. Die Entwicklung dieses Kategoriensystems erfolgt mithilfe der Software Maxqda, mit welcher die am Material geordneten Aussagen als auch generierten Kategorien vereinfacht erstellt werden können.[331] Dieser Vorgang vollzieht sich in drei Schritten, in denen das Material zunehmend reduziert wird: *Zusammenfassung, Explikation* und *Strukturierung*.[332]

C.4.5.3.1. Erstellung geordneter Aussagen (Zusammenfassung)

Der erste Schritt der qualitativen Inhaltsanalyse bezieht sich auf die Zusammenfassung, bei der die Schüleraussagen geordnet werden sollen. Hierdurch wird das Material weiter reduziert (*dritte Reduktion*), um die schülerbezogenen Denkgebäude in einem übersichtlichen Korpus, der dem Grundmaterial entsprechend und in einer schülernahen Sprache verfasst werden soll[333], darzustellen. Die Reduktion und die Erstellung des übersichtlichen Korpus gelingen durch eine *Klassifizierung der redigierten Aussagen*, einer *Kohärenzprüfung und Identifizierung von Widersprüchen*, der *Bündelung bedeutungsgleicher Aussagen* sowie einer *Sequenzierung*.[334]

---

330 Mayring 2002, 114; zur näheren Ausführung über die qualitative Inhaltsanalyse vgl. Mayring (2010).
331 vgl. Kuckartz 2014, 142ff, besonders 144 – 7
332 Mayring (2010, 65) vergleicht diese Reduktion mit einem Felsbrocken, den man sich zunächst als Ganzes ansieht (Zusammenfassung), anschließend interessante Teile näher betrachtet, um abschließend Details über den Felsbrocken zu erfahren.
333 ebenda 2002, 115; Gropengießer 2005, 180
334 vgl. (auch im Folgenden) Frerichs 1999, 115; Gropengießer 2007a, 146; Gropengießer 2008; Klee 2008, 136; Lutter 2011, 106 – 7

I) Klassifizierung der redigierten Aussagen:
Die redigierten Aussagen werden dahingehend überprüft, welchen Klassen, also
Kategorien, Kontexten und Themengebieten sie zu zuordnen sind. Die Aussagen
werden zu ihren jeweiligen Klassen hinzugefügt.

II) Kohärenzprüfung und Identifizierung von Widersprüchen:
Anschließend werden die klassifizierten Aussagen miteinander verglichen. Folglich
wird geprüft, inwieweit die Vorstellungen tatsächlich zusammenpassen (Kohärenz-
Prüfung) oder Verschiedenheiten und Gegensätzlichkeiten aufweisen (Parakonzepte). Sollten die Vorstellungen kohärent sein, werden diese zusammengestellt und mit
einer Titelzeile benannt. Ihre Herkunft wird durch die Benennung der Zeilennummern kenntlich gemacht. „Explizite, von den Interviewpartnern bemerkte Widersprüche bleiben erhalten, geben sie doch wichtige Hinweise auf Parakonzepte."[335]

III) Bündelung bedeutungsgleicher Aussagen:
Unnötige Wiederholungen werden vermieden, indem bedeutungsgleiche Aussagen
einmal aufgenommen, also gebündelt werden. Variationen der gleichen Aussagen
werden durch Zeilennummern in Klammern gesetzt, sodass diese in der Erstellung
geordneter Aussagen berücksichtigt werden. Sprachliche Charakteristika, Metaphern
und Analogien bleiben erhalten. Diese können einen näheren Aufschluss zu Denkgebäuden der Interviewpartner geben. Variierende Beispiele werden verallgemeinert, es sei denn sie haben eine besondere Bedeutung.

IV) Sequenzierung:
Die von den Schülern verwendeten kohärenten Aussagen werden in eine logische
Reihenfolge gebracht, wobei ihre Argumentationskette erhalten bleibt.

C.4.5.3.2. Explikation

Auf der Grundlage der redigierten und geordneten Aussagen zielt die Explikation
auf ein näheres Verständnis der Aussagen. Es geht um die Charakteristika der Schülervorstellungen zur idealtypischen Politik.[336] Diesbezüglich erfolgt eine *interpretative
Erschließung der Charakteristika der schülerbezogenen Verständnisse*. Ferner werden die
sprachlichen Aspekte sowie die *Quellen der Vorstellungen* berücksichtigt. Abschließend
werden auch die aufgetretenen *Widersprüche und Probleme in den Schüleräußerungen* analysiert.

---

335 Gropengießer 2007a, 146
336 vgl. beispielhaft ebenda 2005, 181

I) Interpretative Erschließung der Charakteristika der schülerbezogenen Äußerungen:
Auf der Basis des eigenen Verständnisses und in Kontrastierung mit fachlichen
Konzepten erfolgt eine interpretative Erschließung der Elemente des schülerbezogenen Verständnisses. Die Interpretation erfolgt mittels einer interpretativen Strukturierung. Das Ziel liegt nicht darin, ein fachliches Raster an die Schülervorstellungen anzulegen. Im Zentrum stehen die Schülervorstellungen.

II) Widersprüche und Probleme in den Schüleräußerungen:
Die in den Schüleräußerungen auftretenden Widersprüche und Probleme werden
im Hinblick auf die Vermittlungsabsicht dokumentiert. Dieser Punkt überschneidet
sich mit dem zuvor genannten, weswegen beide gleichzeitig behandelt werden.

III) Berücksichtigung sprachlicher Aspekte:
Besonders relevant sind bei der inhaltsanalytischen Auswertung der schülerbezogenen Äußerungen die von den Lernenden zentral verwendeten Bezeichnungen. Dies
gilt zum Beispiel für den Gegenstand ‚idealtypische Politik‘, aber auch für die von
den Schülern verwendeten Metaphern und Analogien. Diese offenbaren besonders
ihren Zugang zum Untersuchungsgegenstand.[337] Nicht nur ermöglicht der sprachliche Zusammenhang die Genese der Vorstellungen einzuordnen, sondern auch
wesentliche Aspekte zur unterrichtlichen Vermittlung identifizieren zu können.
Sprachliche Ausdrücke können sich im Unterrichtsprozess als lernhinderlich und –
förderlich erweisen.[338]

IV) Quellen der Vorstellungen:
Die Quellen der Schülervorstellungen liegen im lebensweltlichen Zusammenhang,
die sich in formale und mediale Vermittlungszusammenhänge scheiden lassen.
„Dies ist allerdings eine idealtypische Unterscheidung, denn lebensweltliche Vorstellungen können auch in den formalen oder medialen Zusammenhängen vermittelt werden.“[339] Die Interviewpartner können auch selber Auskunft über die Herkunft ihrer Vorstellungen geben.

C.4.5.3.3. Darlegung schülerbezogener Konzepte (Einzelstrukturierung)

Die Ergebnisse der inhaltsanalytischen Auswertung zu den Schülervorstellungen
sind mit den Ergebnissen der inhaltsanalytischen Auswertung zur fachlichen Klärung kommensurabel zu machen und auf die Ebene der Konzepte weiterzuführen.

---

337 Zur Bedeutung von Sprache im politischen Denken vgl. beispielhaft Lakoff 2002
338 vgl. Frerichs 1999, 116; Gropengießer 2007a, 147; Klee 2008, 137; zur Bedeutung von Sprache im
   Allgemeinen vgl. beispielhaft Gropengießer 2006, 35ff; Lakoff/ Johnson 2008; Abschnitt B.2.
339 Gropengießer 2007a, 147

Erst dann können fachliche und schülerbezogene Vorstellungen im Rahmen der Didaktischen Strukturierung mit dem Ziel der Vermittlung zusammengeführt und miteinander verknüpft werden. Auf der Grundlage der geordneten Aussagen und der Explikation werden die schülerbezogenen Aussagen auf die Ebene der Konzepte weitergeführt. Dies vollzieht sich in der Einzelstrukturierung, die den Auswertungsprozess komplettiert.

Konzepte bestehen aus Relationen zusammengesetzter Begriffe. Sie zeigen sich in sprachlich verdichteten und – im Fall der vorliegenden Studie – politikbezogenen Vorstellungsstrukturen, die sich in Behauptungen, Sätzen und Aussagen verdeutlichen. Die Konzepte werden auf der Grundlage der ermittelten Vorstellungen herauspräpariert, formuliert, also interpretativ erschlossen und mit einem Namen gekennzeichnet. Die von den Schülern geäußerten Vorstellungen und Konzepte werden von ihnen als richtig angesehen, aber auch fragend diskutiert, explizit abgelehnt und/oder kontrastierend beschrieben. „Für das Verständnis und die Interpretation können besonders die abgelehnten und kontrastierenden Vorstellungen und Konzepte nützlich sein."[340] Dies gilt auch für antithetische Vorstellungen, besonders „wenn sie von den Schülern selbst als Fehlvorstellungen gekennzeichnet werden."[341] Konzepte werden durch ein vorangestelltes Zeichen gekennzeichnet: vom Interviewpartner...

1) ...zustimmend vertreten [+],
2) ...fragend diskutiert [?],
3) ...antithetisch vertreten [-], wobei ferner der Text durchgestrichen wird [~~durchgestrichen~~].

Folgendes Verfahren wird zur Kategorisierung des Materials angewendet:

1. „Definition der Kategorien: Es wird genau definiert, welche Textbestandteile unter eine Kategorie fallen.
2. Ankerbeispiele: Es werden konkrete Textstellen angeführt, die unter eine Kategorie fallen und als Beispiele für diese Kategorie gelten sollen.
3. Kodierregeln: Es werden dort, wo Abgrenzungsprobleme zwischen Kategorien bestehen, Regeln formuliert, um eindeutige Zuordnungen zu ermöglichen."[342]

Zusammenfassend zeigte sich die inhaltsanalytische Auswertung. Sie vollzieht sich in einer *Zusammenfassung*, *Explikation* und *Strukturierung* der Schüleräußerungen. Das Ziel liegt in einer zunehmenden Reduktion der Schüleräußerungen, um sie in ein-

---

340   Frerichs 1999, 116; vgl. Gropengießer 2007a, 148; Gropengießer 2008, 182; Klee 2008, 137;
341   Gropengießer 2007a, 148
342   Mayring 2010, 92

zelne Konzepte zu strukturieren. Dann können die gefundenen Konzepte, die sich auf individuelle Schüler beziehen, verallgemeinert werden, sodass sich allgemeine Konzepte herauskristallisieren.

C.4.5.4. Verallgemeinerung der Ergebnisse (Strukturierung)

Im Rahmen der Studie stellt sich die Frage nach der Gültigkeit der erzielten Ergebnisse. Dies wird an dieser Stelle aufgegriffen und auf die ‚Erfassung der Lernerperspektive' bezogen. Hierzu wird auf die Kategorienbildung anhand der erfassten individuellen Denkstrukturen und anschließend auf ihre Aussagekraft eingegangen.

Ausgehend von Einzelfällen können Verallgemeinerungen durchgeführt werden. Das Allgemeine zeigt sich im Besonderen „– wie sonst könnte es überhaupt gültig verallgemeinert werden?"[343] Diese Verallgemeinerung erfolgt in der ‚Erfassung der Lernerperspektive' anhand einer Kategorienbildung, ausgehend von den individuell erfassten Denkstrukturen der interviewten Schüler. Dabei werden Klassen von Vorstellungen gebildet, die ähnliche oder verbindende Eigenschaften aufweisen. Es geht nicht mehr um „einzelne, mit Eigennamen identifizierten individuellen Vorstellungen, sondern Kategorien für Vorstellungen"[344] zur utopischen Politik. Diese Verallgemeinerung gelingt anhand einer Klassifikation von Schülervorstellungen. Die kategorienbezogene Klassifikation enthalten „äquivalente und gemeinsame Merkmale von Vorstellungen [...]."[345] Damit werden „die erfassten individuellen Denkstrukturen in ihren gestalthaften Zusammenhängen verallgemeinert,"[346] und zwar zu Kategorien, die im Politikunterricht lernwirksam werden können. Wie bereits vorher wird hier kein fachliches Raster angelegt, sondern das Ziel ist die Identifizierung schülerbezogener Kategorien. Es kann nicht um richtige und falsche Vorstellungen gehen. „Die schülerorientierten oder ideographischen Kategorien sind die Ansatzpunkte der Bezugnahme auf fachliche Konzepte im Zusammenhang der Didaktischen Rekonstruktion."[347] Dadurch entsteht ein Repertoire von politikbezogenen Vorstellungen unter Berücksichtigung der untersuchten bedeutungsvollen Schüleräußerungen[348], die mit fachlichen Konzepten unter didaktischer Vermittlungsperspektive strukturiert werden können. Sie ermöglichen, einen didaktischen Politikbegriff zu entwickeln.

Maßgeblich ist bei der vorliegenden qualitativen Studie nicht die durchschnittliche Häufigkeit von bestimmten Schülervorstellungen; erkenntnisleitend ist viel-

---

343 Gropengießer 2007a, 148
344 ebenda 2005, 183
345 ebenda
346 ebenda
347 ebenda 2007a, 148 – 9
348 vgl. Klee 2008, 137

mehr die Qualität und Tiefe der erfassten individuellen Denkstrukturen. Hierdurch lassen sich Ansatzpunkte erkennen, mit denen eine wechselseitige Kooperation von fachlichen und alltagsbezogenen Politikvorstellungen gelingen kann. Indem die Qualität und Tiefe der erfassten Denkstrukturen im Zentrum des Erkenntnis stehen, zielt die Untersuchung auf das Allgemeine im Besonderen. Damit soll die Existenz weiterer, in dieser Studie nicht erfassten Denkstrukturen nicht ausgeschlossen werden. „Zusätzliche Interviews würden aber auch durch die gewählte Art der Verallgemeinerung die Kategorien nicht entwerten, sondern höchstens zur Bildung weiterer qualitativer Kategorien bzw. deren Differenzierung führen."[349] Die hier erfassten politikbezogenen Vorstellungen dürften ein breites Spektrum umfassen und somit bei anderen Schülern auftreten. Das Interesse der Studie liegt in den politikdidaktischen Möglichkeiten und Chancen zur unterrichtlichen Vermittlung.

Summa summarum ging dieses Kapitel auf die methodische Umsetzung der empirischen ‚Erfassung der Lernerperspektive' ein. Hierzu gliedert sich das Kapitel in fünf größere Abschnitte. Der erste Abschnitt fragte nach der Gegenstandsangemessenheit von Fragestellung und Methode. Er betonte die Notwendigkeit einer offenen Herangehensweise, sodass sich Schüler frei und offen zu ihren politikbezogenen Vorstellungen äußern können. Außerdem unterstrich der erste Abschnitt, dass keine statistische Größe, sondern anhand einer kleinen Fallzahl die Bildung qualitativer Kategorien untersuchungsrelevant ist. Der zweite Abschnitt stellte Maßnahmen zur Qualitätssicherung der gewonnen Ergebnisse dar, indem er auf die Auswahl- und Verfahrensgültigkeit einging; letztere wurden durch fünf Maßnahmen (*Verfahrensdokumentation, Schrittweise und kontrolliertes Vorgehen, Argumentative Interpretationsabsicherung, Mitwirkung der Interviewpartner, Interne methodologische Triangulation*) näher spezifiziert. Anknüpfend an diese Bedingungen fand im dritten Abschnitt eine begründete Auswahl der problemzentrierten Interviewform statt, indem das qualitative Interview als Untersuchungsinstrument, verschiedene qualitative Interviewtypen und die Relevanz des problemzentrierten Interviewtyps für die durchzuführenden Interviews aufgezeigt wurde. Anschließend war Gegenstand des vierten Abschnittes die Vorgehensweise bei der Datenerhebung. Hierzu wurden nicht nur allgemeine Grundlagen zum Leitfaden geklärt, sondern auch der Leitfaden selbst dargestellt. Dieser ist unterteilt in vier Erzählaufforderungen, mit denen der Untersuchungsgegenstand zur idealistischen Politik aus verschiedenen Perspektiven vom Interviewer beleuchtet werden soll. Unterstützend wirken dabei die vom Probanden auszufüllenden (*Mindmap zu Politik, Liste zu Kriterien guter Politik*) und zu reflektierenden (*zwei Karikaturen*) Materialien. Der fünfte Abschnitt zentrierte die schrittweise Aufbereitungs- und Auswertungsphase, um die schülerbezogenen Denkgebäude zu erschließen; ergänzt wurde dieser Abschnitt um die Verallgemeinerung der erhobe-

---

349 Gropengießer 2007a, 149; vgl. auch Gropengießer 2005, 183ff; Klee 2008, 138; Lutter 2011, 109 – 10

nen schülerbezogenen Kategorien. Die individuellen Kategorien werden miteinander verglichen und in Klassen zugeordnet. Die Klassen weisen solche Kategorien auf, die ähnliche oder verbindende Eigenschaften haben. Ziel ist es, verallgemeinerbare politikbezogene Schülerkonzepte zu identifizieren und zu einem subjektbezogenen Politikbegriff zu verdichten. Die Vorgehensweise im fünften Abschnitt ist in der folgenden Tabelle[350] überblicksartig dargestellt.

Tabelle C.f: Chronologische Abfolge der Aufbereitungs- und Auswertungsphase

Aufbereitungsphase des Materials	Schritt 1	Transkriptionsverfahren	I) Tonaufzeichnung als Maßgabe II) Transkription nur inhaltsrelevanter Passagen (*erste Reduktion*) III) Übertragung in normales Schriftdeutsch VI) Kommentierung zur besseren Inhaltsanalyse	siehe Abschnitt C.4.5.2.1.
	Schritt 2	Erstellung redigierter Aussagen	I) Selegierung inhaltsrelevanter Passagen (*zweite Reduktion*) II) Entfernung von Wiederholungen und Füllwörtern bzw. – sätzen III) Transformation in eigenständige Aussagen des Interviewpartners IV) Sprachglättung zur besseren Lesbarkeit (Paraphrasieren).	siehe Abschnitt C.4.5.2.2.

---

350   in Anlehnung an Gropengießer 2005, 176

Auswertungsphase des Materials	Schritt 3	Erstellung geordneter Aussagen (Zusammenfassung)	I) Klassifizierung der redigierten Aussagen II) Kohärenzprüfung und Identifizierung von Widersprüchen III) Bündelung bedeutungsgleicher Aussagen (*dritte Reduktion*) IV) Sequenzierung	siehe Abschnitt C.4.5.3.1.
	Schritt 4	Explikation	I) Interpretative Erschließung der Charakteristika der schülerbezogenen Äußerungen II) Berücksichtigung sprachlicher Aspekte III) Quellen der Vorstellungen IV) Widersprüche und Probleme in den Schüleräußerungen	siehe Abschnitt C.4.5.3.2.
	Schritt 5	Darlegung schülerbezogener Konzepte (Einzelstrukturierung)	I) Weiterführung der erfassten Schülervorstellung zu Konzepten	siehe Abschnitt C.4.5.3.3.
Strukturierungsphase	Schritt 6	Verallgemeinerung der Ergebnisse	I) „Verallgemeinerung der Einzelstrukturierung durch Kategorienbildung"[351] II) „Zusammenstellen der Kategorien von Vorstellungen zu Denkstrukturen."[352]	siehe Abschnitt C.4.5.4.

C.5. Zusammenfassung und Ausblick

Der erste Teil des Abschnittes C konkretisierte den Untersuchungsrahmen, um Schülervorstellungen zu Politik zu klären. Die politikdidaktische Forschung fokussiert sich auf die Kontroverse um den politikwissenschaftlich-objektiven und konstruktivistisch-subjektiven Ansatz. Bisherige empirische Forschungsarbeiten greifen theoretische Modelle von Basiskonzepten auf, sodass sich ein Forschungs-

---

351 Gropengießer 2005, 176
352 ebenda

bedarf nach empirisch entwickelten Konzepten ergibt. Dies führte zur Fragestellung:

Anhand welchen zentralen Vorstellungen, also Begriffen, Konzepten und Denkfiguren, erklären sich Schüler einen idealtypischen Willensbildungsprozess unter Berücksichtigung der für sie subjektiv bedeutenden Basiskonzepte, um daraus einen subjektbezogenen Politikbegriff zu definieren?

Ferner zentriert der erste Teil die methodische Umsetzung der empirischen Untersuchung. Die Gegenstandsangemessenheit von Methode und Theorie sowie Maßnahmen zur Qualitätssicherung als Ausgangspunkt nehmend, zeigte es die Relevanz eines problemzentrierten Interviews auf und legte den Interviewleitfaden dar. Anschließend wurde die Aufbereitungs- und Auswertungsphase aufgezeigt. Lapidar ausgedrückt, reduziert diese Phase das Material auf die bedeutungsrelevanten Schüleräußerungen, sodass über die Zusammenführung einzelner Schülervorstellungen eine Verallgemeinerung bzw. Strukturierung erfolgen kann. Dies ermöglicht, einen subjektbezogenen Politikbegriff zu definieren. Der zweite Teil des Abschnitts C thematisiert nun die empirischen Ergebnisse.

Abschnitt C – Teil II

C.6. Ein Vergleich von elf Schülerinterviews

Die empirische Untersuchung umfasste elf Schülerinterviews, von denen aus pragmatischen Gründen nur sieben ausgewertet wurden. Der Inhalt aller Interviews wird in gegebener Kürze dargestellt, um anschließend die Auswahl begründen zu können.

C.6.1. Darstellung der Schülerinterviews

Die Schüler befanden sich im zweiten Semester der Studienstufe. Ihre Namen wurden durch bekannte Romanfiguren der deutsch- und englischsprachigen Literatur ersetzt. Ein Zusammenhang zwischen Romanfigur und Schülervorstellung ist nicht existent. Die Wiedergabe basiert auf dem Sprachgebrauch der Schüler, auf wiederholtes Anhören der Interviews und auf den ersten drei Erzählaufforderungen. Die letzte Aufforderung ist nicht enthalten, da der Fokus auf die Politikvorstellungen gelegt wurde, um eine inhaltsbezogene Auswahl zu treffen.

C.6.1.1. Die Politikvorstellung von Margaret

Margaret besuchte die Studienstufe einer KESS-2-Stadtteilschule.
Margaret nimmt Politik als etwas wahr, bei der sich der Staat um Bedürftige kümmert und nutzt den Begriff *Solidarität*. Sie sieht Politik als ein gemeinsames Handeln, bei beim sich nicht nur Parteien, sondern auch Betroffene beteiligen. Sie finden Kompromisse, haben ein vertrautes Miteinander und führen Diskussionen zu einem gemeinsamen Entschluss. Die aus ihrer Sicht wichtige Beteiligung will Margaret auf ihrem Planeten fördern und einfordern: Sie will, dass Debatten miteinander geführt, eine Pflicht zur Wahlbeteiligung besteht und Kurse zur politischen Bildung obligatorisch sind. Weitere Beteiligungsformen seitens der Bürger seien freiwillig. Sie kritisiert Politik als ein Schauspiel ohne Bezug zum wahren Leben. Daher sollen sich Politiker in die Position des Bürgers hineindenken, wobei Bürger ehrlich zu Politikern sein und Hilfe annehmen sollen. Die Distanz zwischen Politikern und Bürgern soll abgebaut werden, indem beide Akteursgruppen in einen direkten Kontakt treten und Medien keinen großen Einfluss ausüben sollen. Bürger und Politiker sollen gemeinsame Entscheidungen treffen. Dass es zu wenig Bürgerbeteiligung gibt, sieht Margaret in der Karikatur M3. Demnach dürfen Bürger in Deutschland nicht mitbestimmen und die Politiker treffen die Entscheidungen. In eine ähnliche Richtung geht ihrer Meinung nach die Karikatur M4: Politiker beeinflussen und verunsichern Bürger zu sehr. Insgesamt kritisiert sie ein fehlendes Verständnis beider Akteursgruppen für einander. Sie schlussfolgert aus dem Interview die Notwendigkeit nach mehr Diskussion, mehr Beteiligung und mehr Auseinandersetzung um die wahren Probleme der Bürger.

C.6.1.2. Die Politikvorstellung von Hector

Hector besuchte die Studienstufe einer KESS-5-Stadtteilschule.
Hector nimmt Politik als ein Zusammenleben wahr, bei der Politik die Gesellschaft leitet und Güter wie Steuern sammelt, um Menschen zu helfen und Bildung zu ermöglichen. Wirtschaftspolitik sieht er als Versorgung an. Dabei wurden falsche Entscheidungen bezogen auf Kolonien getroffen, da diese ausgebeutet wurden. Außerdem ist Politik geprägt von sozialem und asozialem Denken als auch Macht. Macht sieht er als Möglichkeit für Unterdrückung, Missbrauch und Gier. Er stellt daher eine Verantwortung für Macht fest, wobei Macht durch Medien negativ dargestellt wird. Ferner habe Religion keinen sachlichen Einfluss auf Politik. Auf seinem Planeten will Hector Gleichberechtigung schaffen und Menschenrechte für alle durchsetzen. Er legt außerdem einen Schwerpunkt auf das Soziale, um eine optimale Wohlfahrt zu erzeugen. Dadurch soll es zu einem vollkommenen Markt und einem ausgeglichenen Verhältnis zwischen Angebot und Nachfrage (ungefähr gleiche

Produkte) kommen, Sozialschwache unterstützt werden und alle die gleichen Bildungschancen haben. Er setzt sich zudem für Religionsfreiheit ein, wobei keine Religion überlegen ist. Hinsichtlich des Entscheidungsprozesses solle jeder unter Berücksichtigung wissenschaftlicher Wahrheiten mitentscheiden, sofern Bürger sachliche Entscheidungen treffen können. Entscheidungsträger zeichnen sich durch ein ausreichendes Wissen über das Themenfeld aus. Hierbei sind wissenschaftliches Denken und das Streben nach Wissen wichtig, insofern wissenschaftliche Wahrheiten umgesetzt und wissenschaftliche Meinungen ausgetauscht werden. Die Karikatur M3 zeigt aus Hectors Sicht, dass Parteien wichtige Entscheidungen ohne das Volk treffen und ihre Grundsätze bleiben, da zum Beispiel die Primarschule zwar zur Abstimmung stand, aber nicht die Stadtteilschulen. Ferner stimmt er der Karikatur M4 zu, da diese aus seiner Sicht zeigt, dass viele Menschen Konsequenzen aus Entscheidungen nicht anerkennen wollen. Abschließend würde er sich über ein Leben auf seinem Planeten freuen und sieht in Politik Vorteile, wobei Macht falsch eingesetzt wird, falsche Entscheidungen getroffen werden, Menschen zu wenig mitentscheiden können und lernen müssen, mit Konsequenzen zu leben.

C.6.1.3. Die Politikvorstellung von Atticus

Atticus besuchte die Studienstufe eines KESS-5-Gymnasiums.
Atticus beschreibt Politik als Zusammenleben und bezieht sich auf die Wirtschaft wie zum Beispiel freier Markt als auch auf das politische System. Er berücksichtigt Demokratie und Mitbestimmung. Er geht ferner darauf ein, dass Politik eigentlich ein Kampf um Prinzipien/ Utopien seien, derzeit jedoch eher von pragmatischen, alternativlosen Reaktionen geprägt sei. Politik ermögliche Regelungs- und Anreizsysteme und hat Gestaltungsmöglichkeiten, wobei sich letzteres auch außerhalb des politischen Systems abspiele. Er nennt die Hamburger Tafel und die Besetzung des Gängeviertels als Beispiel. Aus seiner Sicht ist alles Politisch, auch das Unpolitische. Auf seinem Planeten möchte Atticus Chancengerechtigkeit und ein menschenwürdiges Leben schaffen, indem Märkte beschränkt werden, alle Länder eine eigene Wirtschaft erhalten und ein starker Sozialstaat (Grundeinkommen) für ein gutes Leben aller sorgt sowie die individuellen Talente gefördert werden und sich so vielfältige Entfaltungsmöglichkeiten ergeben. Atticus ist die Mitbestimmung möglichst vieler wichtig, sieht aber ein Widerspruch zwischen einer Teilhabe von 80 Millionen Menschen und einer effizienten Diskussion. Daher ist ihm ein repräsentatives System mit Volksentscheiden wichtig, wobei letztere geringe Hürden aufweisen. Diskussionen entfalten sich mithilfe einer logischen Argumentation vieler, die zur besten Lösung führt. Der Austausch logischer Argumente soll mithilfe einer guten Bildung und neutralen Medien ermöglicht werden. Neutrale Medien werden durch staatliche Gelder gesichert und von breiten, unabhängigen Aufsichtsgremien

hinsichtlich ihrer journalistischen Qualität geprüft. Politik soll aus seiner Sicht nicht nur systempolitisch, sondern auch im Alltag durch Ehrenämter gestaltet werden, wobei Argumente im Kleinen ins Große wie dem Parlament getragen werden. Ferner soll die Umwelt nicht ausgebeutet werden. Information wie auch Bildung sollen die Bürger zu kritischem und logischem Denken und somit zum Mitreden verhelfen. Grundsätzlich soll es den Bürgern und nicht den Unternehmen gut gehen sowie Demokratie über die Wirtschaft bestimmen. Den starken Einfluss der Oberschicht auf Politik sieht Atticus in der Karikatur M3 bestätigt, insofern Volksentscheide nicht funktionieren: Bürger seien Marionetten und nicht ausreichend politisiert, informiert und gebildet; nur die Oberschicht kann aufgrund ihrer Bildung und Information mitreden und bestimmen. Die Karikatur M4 vergleicht Atticus mit politischen Diskussionen, bei denen Medien Angst vor großen Veränderungen erzeugen und Menschen daher kaum ein Wille zur Veränderung zeigen. Er schlussfolgert aus dem Interview, dass Veränderungen nötig seien, Bürger ihre Fesseln auflösen und politisiert werden müssen, um eine bessere Welt zu schaffen. Heutzutage würde mit Angst gearbeitet, sodass Veränderungen ausbleiben.

C.6.1.4. Die Politikvorstellung von Emil

Emil besuchte die Studienstufe einer KESS-2-Stadtteilschule.
Emil bezeichnet Politik zunächst als leeres Gerede bzw. Humbug und sieht in Politik einen riskanten Job, was er anhand von Politikern wie beispielsweise Guttenberg, Wulff und de Maziére als erwiesen ansieht. Ferner entstünde ein Interessenskonflikt, da Parteien unterschiedliche Standpunkte vertreten. Politik sorgt für Problemlösungen und hilft Bürgern (zum Beispiel durch günstige und nachhaltige Energie). Er kritisiert Politiker, insofern manche sich als etwas Besseres ansehen, obgleich Politiker umsetzen, was Bürger wollen. Ohne auf die Punkte näher einzugehen, ist für ihn Politik die Vertretung von Bürgern, wobei letztere entscheiden. Emil würdigt die Organisation des menschlichen Zusammenlebens im Zusammenhang einer Arm-Reich-Schere, denn Migranten erhalten durch Hartz IV und Flüchtlingsunterkünfte Hilfe. Die Politik kümmere sich weniger um Obdachlose als vielmehr um jene, die versuchen, in Deutschland etwas zu erreichen, wobei es zu Konflikten zwischen Menschen unterschiedlicher Herkunft (wie beispielsweise Deutsche/Türken) kommt. Auf seinem Planeten will Emil eine gute Problemlösung erreichen, bei der Parteien Vorschläge erarbeiten und das Parlament als Spiegelbild der Bürger entscheidet. Abgeordnete und Minister bleiben trotz Fehler für eine bestimmte Zeit im Amt, wobei sie je nach Härte der Fehler eine Schonfrist vom Parlament erhalten. Er kritisiert Medien, da diese durch ihren Einfluss zwecks Profitmaximierung einen großen Schaden anrichten. Zugleich problematisiert er Medienkontrolle, da sowohl Meinungsfreiheit als auch Politiker vor aufgebauschten Meinungen zu schützen

seien. Medien sollen nur wahre Meldungen abgeben. Politiker sind zudem mit Bürgern gleichgestellt, indem es zu einem direkten Kontakt zwischen beiden Akteursgruppen kommt. Medien sind Informationsvermittler, die die Fragen von Bürgern weitergeben und keine eigenen stellen. Bürger kontrollieren nicht, sondern vertrauen Politikern. Bürger entscheiden, wer für welches Amt geeignet ist. Um durch Bürgerinitiativen das Wohl des Planeten zu erreichen, sollen Bürger falsche Entscheidungen der Politik im Nachhinein korrigieren; im Nachhinein, weil sie auch Politiker gewählt haben. In der Karikatur M3 sieht Emil, dass die Politik manchmal zu schnell sei (Eurorettungsschirm), sodass die Bürger nicht mehr hinterherkommen. Gleichzeitig zeigt die Karikatur, dass sich Politiker über den Bürgern sehen (Machthaberei). Die Karikatur M4 deutet er insofern, als Entscheidungen zu Veränderungen führen und die Bürger nicht realitätsnah seien. Er schlussfolgert aus dem Interview, dass es auf seinem Planeten besser sei, da Politiker und Bürger nahe einander und die Bürger am höchsten stehen.

C.6.1.5. Die Politikvorstellung von Sherlock

Sherlock war in der Studienstufe einer KESS-2-Stadtteilschule
Politik wird von Sherlock mit einem mehrstufigen Wahlsystem beschrieben, bei dem Politiker erst Bundestagsabgeordnete und anschließend Bundeskanzler werden. Ferner besteht für ihn Politik aus verschiedenen Staatsformen wie Demokratie, Monarchie und repräsentativer, also konstitutioneller Monarchie. Außerdem geben in der Politik Bürger Stimmen für Politiker ab, weswegen letztere erstere begehren. Dabei gibt es auch Aristokraten, also gute Volksredner bzw. Sprecher, unterteilt in Parteien, Regierung und Opposition. Weiterhin kommen in der Politik Kommunal-, Landes-, Bundes- und Europawahlen vor. Bei der Organisation des menschlichen Zusammenlebens geht er auf soziale Ungerechtigkeiten (Armut und Reichtum) ein und bezeichnet das Leben in Deutschland als sicher. Auf seinem Planeten ist ihm die freie Meinungsäußerung (keine Verfolgung für Kritik an der Regierung) wichtig als auch, dass die Macht zu bestimmen, beim Volk liegen sollte. Dass aus einem König ein Diktator und das Volk dadurch unzufrieden wird, sieht er in Syrien als erwiesen an. Mehrheits- und nicht Konsensentscheidungen können aus seiner Sicht die Bedürfnisse befriedigen. Den Entscheidungsprozess arbeitet Sherlock komplex aus: Das Volk und die Politiker arbeiten Gesetze aus, während Politiker diese kontrollieren. Große Gesetze werden aufgrund von Betroffenheit und Kontroversität vom Volk, kleine Gesetze von Politikern entschieden, wobei Sherlock eine genau Differenzierung zwischen kleine und große nicht gelingt. Betroffenheit versucht er am Beispiel von Stuttgart 21 zu verdeutlichen, wobei er zunächst nur Stuttgarter, später aber alle Deutsche als (in)direkt Betroffene ansieht. Regionale Volksentscheide soll es auch geben, was er am Beispiel der Hamburger Primarschulreform ver-

deutlicht. Volksentscheide sorgen für mehr Solidarität. Hinsichtlich des menschlichen Zusammenlebens soll die Polizei auf die Einhaltung von Regeln achten, Gerichte über Verbrecher entscheiden und das Zusammenleben fair sein, insoweit die Schere zwischen Arm und Reich klein ist. Reiche sollen mehr Steuern zahlen, was aber unfair sei. Arme Menschen erhalten Unterstützung, wenn sie nicht faul sind. Die Karikatur M3 deutet Sherlock so, dass Politiker Bürger nicht mitentscheiden lassen, was er in der aktuellen Politik (Beispiel: Atomkraft) als teilweise erwiesen ansieht. Die Karikatur M4 ist realistisch, insofern Bürger etwas möchten, ohne etwas geben zu wollen (Beispiel: Energiewende). Er reflektiert, dass ein solches Bürgerverhalten auf seinem Planeten Probleme verursachen könnte. Sherlock schlussfolgert aus dem Interview eine hohe Komplexität von Politik und fehlende optimale Lösungen. Bedürfnisse des Volks müsse gestillt werden. Gerechtigkeit sei kaum definierbar und könne nur minimal hergestellt werden, da es immer einen Verlierer und Gewinner gibt.

C.6.1.6. Die Politikvorstellung von Caius

Caius besuchte die Studienstufe an einer KESS-5-Stadtteilschule.
Caius beschreibt Politik institutionell und durch Wahlen. Obgleich Politik auch in Diktaturen stattfindet, seien Demokratien eher wichtiger, wo Wahlen die Grundlage bilden. Weiterhin bedeutet Politik das Agieren zwischen Politiker und Volk. Unabhängig, welche Politiker im Bundestag sitzen, bleiben Bürger als Einzelperson unwichtig; das Volk ist wichtig. Politik ist ferner Gesellschaftspolitik, geprägt durch Verbindungen zu anderen Ländern, Menschenrechten und Gesetzen, wobei letztere nur noch Kleinigkeiten darstellen. Wirtschaft ist ebenfalls ein Bestandteil von Politik, insofern mit anderen Ländern gehandelt, der Markt für fairen Wettbewerb reguliert, Steuerpolitik gestaltet wird sowie Insolvenzverfahren (Banken), Bauprojekte und Energiepolitik existieren. Die Politik auf seinem Planeten will er ähnlich wie in Deutschland gestalten: Es herrscht eine freie, wahrhaftige Demokratie, wo Wahlen nicht manipuliert werden und Meinungen frei sind; jeder kann Politiker werden und ist wahlberechtigt. Wahlkampf soll während einer Regierungsperiode nebensächlich sein, obgleich dieser wichtig ist. Abgrenzungen vom Konkurrenten sind gut, jedoch soll trotz Wahlkampf regiert und sich nicht gegenseitig „runter gemacht" werden. Größere Entscheidungen, also die Einführung von etwas noch nicht Eingeführtes wie einem allgemeinen Tempolimit auf Autobahnen werden vom Volk bestimmt. Kleinere Gesetze werden von Politikern entschieden und können vom Volk mittels einer Unterschriftensammlung und einem darauf folgendem Volksentscheid im Nachhinein verändert werden. Ferner ist Caius die soziale Marktwirtschaft wichtig, insofern verschiedene Angebote und Konkurrenz sowie die soziale Absicherung von Arbeitnehmern (wie zum Beispiel Mindestlohn) als auch Regeln für Arbeit-

nehmer und Unternehmer nötig sind. Politik soll sich im Rahmen von Menschenrechten vollziehen und sei wichtiger als die Demokratie. Caius deutet die Karikatur
M3, dass der Staat seine Bürger knebelt und sie unfrei macht. Er widerspricht der
Karikatur als eine übertriebene Deutung. Bürger sind in Deutschland frei und können Veränderungen im Mittleren Osten herbeiführen; nur in manchen Ländern
seien sie nicht frei. Der Karikatur M4 stimmt er zu, denn die Bürger wollen nur
positive Aspekte und man könne es nur schwer allen recht machen. Er schlussfolgert aus dem Interview, dass es den Menschen in Deutschland politisch und wirtschaftlich gut gehe im Vergleich zu asiatischen Ländern, jedoch werden in 100
Jahren überall Demokratien auf westlichem Niveau sein.

C.6.1.7. Die Politikvorstellung von Huckleberry

Huckleberry war in der Studienstufe eines KESS-5-Gymnasiums.
Huckleberry sieht Politik in der Organisation des Staats und als Kommunikation,
was zu erreichen und zu verändern sei. Politik vermittelt auch Werte, ob zum Beispiel der Mindestlohn gerecht sei. Politik sollte versuchen, Gerechtigkeit zu schaffen, jedoch zielen Politiker nur auf schnelle und einfache Lösungen, um den Zeit-
plan einzuhalten. Das Volk wird gerecht behandelt, insofern sie Politiker wählen,
die ihre Werte vertreten und dafür sorgen, dass alle gerecht behandelt werden.
Huckleberry beschreibt Politik als kompliziert, da es aufgrund der Beachtung vieler
Faktoren schwierig sei, gute Problemlösungen zu finden. Auf seinem Planeten
favorisiert Huckleberry soziale Gerechtigkeit als Wert, sodass Reiche Arme helfen
und wissen, was Armut bedeutet. Die Steuerverteilung soll gerecht sein und ein
Mindestlohn sowie eine gerechte Verteilung von Bildungschancen geben. Jeder soll
wählen dürfen, unabhängig seines Geschlechts und seiner Herkunft. Eine Wahlpflicht wird aber nicht eingeführt. Nachhaltiger Umweltschutz ist wichtig, und
Versprechen sollen eingehalten werden, indem Vorhaben umgesetzt und diese
vorausschauend geplant werden. Die Planung soll über eine Legislaturperiode be-
stand haben und alle möglichen Szenarien beachten. Lösungsansätze sollen mittels
einer ergebnisoffenen, zielführenden und kurzen Diskussion gemeinsam gesucht
werden. Das Volk entscheidet bei Konflikten per Mehrheitsentscheid im Internet
und soll aufgrund fehlender Zeit nicht immer entscheiden. Auf seinem Planeten will
Huckleberry den Jugendlichen die Politik mittels der Vermittlung einer eigenen
Meinung zu Werten, Wahlversprechen, Politikern etc. näher bringen. Jugendliche
mit einer entsprechenden Reife, bestimmt durch politisches Interesse und Willens-
abklärung zur Teilhabe, dürfen vor dem 21. Lebensjahr politische Mitgliedschaft
und Wahlrecht ausüben. Ab 21 Jahren erreicht man die nötige geistige Reife, da
man ab dem Zeitpunkt im Strafrecht als Erwachsener behandelt wird. Die Karikatur M3 deutet er so, dass Bürger Politiker wählen und dann schuld sind, an dem was

passiert. Huckleberry vertritt die Meinung, dass Bürger jene Politiker kündigen, die lügen und betrügen. Politiker müssen ausreichend gebildet sein, um gute Entscheidungen zu treffen. Hinsichtlich der Karikatur M4 sieht er in der Aussage „Wir wollen dafür nichts zahlen" eine Kritik der Reichen, die mittels der Vermittlung von Werten beseitigt werden könne. Mehr politische Bildung sorgt für ein richtiges Handeln, in der Veränderungen akzeptiert werden. Huckleberry schlussfolgert aus dem Interview die Notwendigkeit, dass politische Vorhaben gut geplant werden und Reiche Arme helfen.

C.6.1.8. Die Politikvorstellung von Fogg

Fogg besuchte die Studienstufe eines KESS-5-Gymnasiums.
Fogg beschreibt Politik als die Ebene der Entscheidung für das Wohl des Volkes. Es finden sich Länder zusammen. Konsequenzen werden formuliert. Ferner ist Politik die Möglichkeit, wie Politik implementiert werden kann (Demokratie; die Diktatur als weniger ideal). Politik bildet die Ebene der Entscheidung, bei der kritisiert, diskutiert und hinterfragt wird. Auf dieser Ebene wählt das Volk (Ebene des Meinungsfindung) Repräsentanten. Diese tragen die Meinung des Volkes auf jene Ebene hoch, auf der Entscheidungen getroffen werden. Außerdem ist Politik im Alltag integriert, insoweit alltägliche Entscheidungen in eine Richtung einschlagen wie beispielsweise die Beeinflussung durch Werbung, die einem Leitbild/ Standpunkt einer Partei entspricht. Außerdem bilden Alltagsgruppen Politik wie zum Beispiel in der sozialen Struktur von Lehrer-Schüler (hierarchisiert) und Freunde (demokratisiert). Nebenpunkte von Politik sind seines Erachtens Regeln, Gesetze und Kontrolle von Vorgängen innerhalb des Landes sowie die Tatsache, dass Politik kompliziert sei. Auf seinem Planeten ist Fogg mehr Selbstlosigkeit wichtig; der Fokus liegt auf andere, ohne die eigene Meinung zu verlieren. Die persönliche Ausdrucksweise, ohne kritisiert zu werden, und ein wirklicher Meinungsaustausch sind ihm ebenfalls wichtig. Meinungen dürfen nicht abgelehnt werden. Die aus seiner Sicht perfekte Gesellschaft gestaltet sich dadurch, dass die eigenen Bedürfnisse für das allgemeine Wohl zurückgestellt werden, weswegen alle das eigene Wohl zurückstellen sollen. Politische Teilhabe ist nicht verpflichtend, jedoch sollten die Möglichkeit und das Interesse relevanter sein. Zwar ist ihm eine Opposition bzw. Kritik aufgrund von Fehlern und Egoisten wichtig, jedoch wäre durch die Kompromissbereitschaft und Selbstlosigkeit aller eine Opposition unnötig. Ein Regelwerk soll die Nachprüfung von Fehlverhalten ermöglichen, wobei Repräsentanten eine mildere oder gar keine Strafe erhalten, wenn sie sich falsch verhalten. Neuwahlen soll es geben. Da es schwierig sei, viele Menschen gleichzeitig zufrieden zu stellen, möchte er kleine Gruppen in Form von Kolonien organisieren. Kolonien sollen Werte/ Meinungen entsprechen, mit denen sich die dortigen Menschen identifizieren kön-

nen. Überzeugende, kompromissbereite Repräsentanten können Kolonien besser vertreten und für das Allgemeinwohl sorgen, indem sie über kolonieübergreifende Themen entscheiden. Bei schnellen Meinungswechseln darf man die Kolonien wechseln. In kleinen Kolonien können die Bürger selber entscheiden, bei großen Kolonien werden Bezirke gebildet. Je kleiner die Entscheidungsebene, desto mehr Meinungen können berücksichtigt werden, aber je mehr Ebenen, desto mehr Meinungen werden gefiltert. Die Karikatur M3 deutet er insoweit, als Bürger mundtot gemacht werden, die nur mitreden dürfen, wenn sie gefragt werden. Dies verhindere kürzere Legislaturperioden, die eine konstante Regierungsarbeit behindern. Trotzdem sollen Repräsentanten jährlich gewählt werden. In der Karikatur M4 sieht Fogg eine ignorante, paradoxe Bevölkerung. Wer mehr will, muss auch mehr dafür tun. Er schlussfolgert aus dem Interview, dass die Gestaltung von Politik komplex sei; je mehr man sich damit beschäftige, desto mehr Lücken zeigen sich.

C.6.1.9. Die Politikvorstellung von Dorothy

Dorothy war in der Studienstufe einer KESS-5-Stadtteilschule.
Dorothy betrachtet Politik institutionell, also wie das Land regiert wird, welche Parteien welche Ansichten vertreten und wie Politik funktioniert. Sie beschreibt die Auswirkungen von Politik auf die Gesellschaft. Sie konkretisiert dies auf den Alltag anhand von Schule (G8- und G9-Abitur, verdichteter Schulstoff) und allgemeinen Arbeitsbedingungen. Politik bezieht sich ferner auf Grundgesetze und Vorschriften. Auf ihrem Planeten sind Grundgesetze, die das Zusammenleben regeln und die Gestaltung von Politik einrahmen, wichtig. Diese widersprechen nicht den Menschenrechten, sollen ein vernünftiges Leben ermöglichen und die Menschenwürde bewahren. Letztere bezieht Dorothy auf Arbeitsbedingungen, die nicht gesundheitsschädlich sind; auf ein Schulsystem, das die Schüler nicht depressiv macht. Die Regierung bestünde aus verschiedenen Personen, die ähnlich in Deutschland das System leiten und verschiedene Ansichten vertreten. Hierbei soll ein System geschaffen werden, das Gleichberechtigung ermöglicht, sodass Menschen mit verschiedenen Traditionen und Kulturen gleich sind. Statt von Parteien redet sie von Gruppen, in der sich jeder einbringen kann. Der Begriff Gruppe klingt ihr vertrauter und zugänglicher als der Begriff Parteien. Des Weiteren kritisiert sie, dass eine Regierung nicht existieren kann, wenn das Volk regiert. Das Volk solle Briefe schreiben und Ideen geben. Ihrer Auffassung nach sollten wenige Gruppen die Mehrheit haben und Kompromisse schließen, um so viele Interessen wie möglich einzuschließen. Des Weiteren will Dorothy auf ihrem Planeten nachhaltige Entwicklung ermöglichen, sodass die Natur des Planeten nicht so geschädigt wird, dass der Planet nicht überleben könne (ökologischer Fußabdruck). Abschließend ist ihr eine effektive Finanzierung wichtig, weswegen politische Programme entsprechend

den zur Verfügung stehenden Mitteln umgesetzt werden. Dorothy deutet die Karikatur M3 dergestalt, als sich der Bürger selber gefesselt hat, um zu zeigen, dass er sich nicht überall einbringen kann, weil er einerseits nicht wählen geht, andererseits bei Entscheidungen nicht mitwirken kann. Politiker und Bürger ignorieren sich gegenseitig. In der Karikatur M4 zeigt sich, dass Deutsche viel wollen, ohne zahlen zu wollen. Zum Beispiel wollen manche Geld haben, ohne zu arbeiten. Ferner zeigt sich ihres Erachtens das Problem, dass kein Kompromiss entstehen kann, wenn keiner etwas dafür tun will. Dorothy schlussfolgert aus dem Interview, dass Politik sehr umfassend sei und sich auf unser Leben auswirke, weswegen Teilhabe wichtig sei.

C.6.1.10. Die Politikvorstellung von Alice

Alice besuchte die Studienstufe einer KESS-2-Stadtteilschule.

Alice nimmt Politik zunächst so wahr, dass sich alle aufeinander abstimmen müssen, um Lösungen zu finden. In Wahlen werden Politiker gewählt, und in Demokratien entscheidet das Volk. Hinsichtlich der Organisation des menschlichen Zusammenlebens hierarchisiert sie Politik, insofern Politiker über den Bürgern stünden und die Bürger durch die Politiker entscheiden. Politik zielt für Alice auf die Herstellung eines Gleichgewichts und auf Kompromisse. Mit dem Begriff Struktur verweist sie am Beispiel des Gerichts, dass zunächst die niedrigste Instanz vor einer höheren zuständig sei. Auf ihrem Planeten spricht Alice als erstes von einer Demokratie, in der sie eine Zusammenarbeit aller erreichen will, um Probleme zu lösen. Alle Meinungen sollen berücksichtigt werden. Später revidiert sie diese Aussage, insofern sie sich einen König wünscht, der im Endeffekt alle Entscheidungen trifft. Dieser König ist immer mächtig, liebevoll, barmherzig und gerecht und sorgt dadurch für ein gutes Leben aller; entsprechend werden von ihm nur gute Gesetze gemacht und er trifft bei Konflikten zwischen den Bürgern immer die richtige Entscheidung. Sollte der König ein oder mehrere seiner vier Eigenschaften nicht mehr haben, entsteht Chaos und Anarchie unter den Bürgern. Die Menschen haben ein Widerstandsrecht, bis sie einen neuen König haben. Die Bürger halten sich an Grundsätze wie „Liebe deinen Gott, Liebe deinen Nächsten." Bei einer Gesetzesübertretung erhalten sie vom König eine Warnung. In der Karikatur M3 sieht Alice die Meinung des Bürgers von einem Politiker unterdrückt, während der andere Politiker aufgrund seiner Aussage ein höheres Gerechtigkeitsempfinden hat. Ihrer Meinung nach werden Meinungen nicht unterdrückt, insofern Politiker zur politischen Teilhabe aufrufen, jedoch ist Politik kompliziert und Bürger können mit ihrer Meinung nichts anfangen, da sie oben nicht ankommt. In M4 unterscheidet Alice zwischen Bürgern, die mittels einer Bürgerinitiative tatsächlich eine Änderung herbeiführen wollen, während Bürger, die gegen etwas sind, keine Veränderungen möchten. Sie schlussfolgert aus dem Interview, dass die Politik auf der Erde zwar strukturiert sei, aber trotzdem viele Probleme hätte. Dies würde auf ihrem Wunschplaneten nicht passieren, da alles gerecht sei.

C.6.1.11. Die Politikvorstellung von Tom

Tom besuchte die Studienstufe eines KESS-5-Gymnasiums.

Tom kritisiert in seiner Ist-Wahrnehmung, dass Politiker eher Elite als Experten sind und mit einfachen Argumenten meinen, Menschen erreichen zu können. Sie vermitteln Politik, insbesondere für Jugendliche, nicht interessant genug. Politik ist für ihn essentiell/ allgegenwärtig, da jeder eine Meinung hat, sich für das gesellschaftliche Miteinander interessiert, sich auf die Wirtschaft bezieht und Politik die Gesellschaft als auch die Regeln des Zusammenlebens bestimmen. Ohne darauf näher einzugehen, bezieht Tom Politik auf Debatten/ Diskussionen. Aus seiner Sicht haben Jugendliche ein lockeres Verhältnis zu Politik, während Erwachsene Politik formaler sehen. Auf seinem Planeten möchte er Politik mit sozialer Gerechtigkeit verbinden. Armut soll verhindert werden. Tom will zur Vermeidung eines zu hohen Konsums und dem Anreiz zur Arbeit Geld, aber auch gleichzeitig ein Grundgehalt einführen. Ihm ist ferner Chancengleichheit wichtig. Er entfaltet dies am Beispiel der Bildung, insofern durch kostenlose/ kostengünstige Nachhilfe, keine Studiengebühren jedem die Möglichkeit zu einer guten Bildung gegeben wird. Seiner Einschätzung nach können alle durch gleiche Chancen ähnliche Ergebnisse erzielen. Außerdem müssen Politiker auf seinem Planeten die Meinung der Wähler berücksichtigen, weswegen auch unpolitische Leute ihre Meinung abgeben sollen. Minderheits- und Mehrheitsmeinungen sind zu berücksichtigen. Das Wahlrecht soll auf 16 Jahre abgesenkt werden, wobei Schüler mehr PGW-Unterricht zwecks Vorbereitung erhalten sollen. Mittels Volksabstimmung legitimieren Wähler die Politik, wenn sie sich ändert, es sei denn es sind kleine Themen. Große und kleine Themen unterscheidet er insofern, als Bürger Unterschriften zur Volksabstimmung sammeln. Volksentscheide helfen dem Volk, Politik besser zu verstehen. Ferner soll es mehr öffentliche Diskussionen über Politik geben – auch von normalen Menschen. Eine Wahlpflicht soll eingeführt werden, wobei man sich auf einem Wahlzettel enthalten kann. Der Utilitarismus, wonach das Glück zu vermehren und Egoismus zu verhindern sei, ist Tom wichtig. Die Politik handelt für das Volk, nicht für die Wirtschaft. Tom sieht sich zwar als einen selbstlosen Herrscher, will aber eher nur bestimmen, wenn etwas aus dem Ruder läuft. Gleichzeitig reflektiert er einen möglichen Machtmissbrauch, weswegen er sich dem Mehrheitswillen beugen muss. Tom spricht sich für Minderheitenschutz aus, glaubt aber, dass es ohne Länder keine Minderheiten geben würde. Die Polizei sorgt für die Einhaltung von Regeln und wird von den Herrschern kontrolliert. Letztere werden durch Richter kontrolliert.

Die Karikatur M3 bezieht Tom auf die Wahlpflicht, die Freiheit gibt, auch wenn
diese sie entzieht. In der Karikatur M4 sieht er ein egoistisches Verhalten der Bürger, die durch politische Bildung und mehr Volksentscheiden verhindert werden
kann. Hierbei wünscht er sich differenzierte Volksentscheide. Er schlussfolgert aus
dem Interview, dass die heutige Politik nicht der repräsentativen Demokratie ent-
spreche. Auf seinem Planeten gibt es mehr soziale Gerechtigkeit, mehr Demokratie
durch Volksentscheide und Menschen mit einer differenzierten Sichtweise.

C.6.2. Eine inhaltsbezogene Auswahl der Schülerinterviews

Die Auswahl der sieben Schülerinterviews kann gemäß dem Forschungsansatz
dieser Studie nicht anhand einer statistischen Größe, sondern hat nach inhaltlichen
Gründen (*inhaltliche Repräsentation der Grundgesamtheit*) zu erfolgen.[353] Das Ziel dieser
Studie ist eine erste Annäherung an Politikvorstellungen von Schülern. Daher werden solche Schülerinterviews inhaltsanalytisch erfasst, die zwar mit anderen Politikvorstellungen gleich bzw. ähnlich sind, aber nach Möglichkeiten auch ein Alleinstellungsmerkmal aufweisen. Dass dadurch unter Umständen manche Politikvorstellungen nicht erfasst werden, soll an dieser Stelle nicht negiert werden. Tatsächlich
könnte die Analyse der anderen sowie weiterer Interviews zusätzliche schülerbezogene Politikvorstellungen offenbaren. Aber die vorliegende Studie zielt zunächst
darauf ab, einen ersten Beitrag zur Untersuchung von schülerbezogenen Politikvorstellungen zu leisten. Sie beschränkt sich daher auf die qualitative Inhaltsanalyse von
sieben Schülerinterviews – auch aus pragmatischen Gründen.

Resümierend zeigt sich eine individuelle Politikvorstellung bei Alice. Sie
spricht sich für einen allmächtigen, liebevollen, barmherzigen und gerechten König
aus, der immer gute und gerechte Entscheidungen trifft und sich um das Wohl aller
kümmert. Die Menschen treffen keine Entscheidungen, sondern beugen sich dem
Willen ihres Königs.

Toms Vorstellungen gleichen sich mit anderen. So fordert er zum Beispiel
Chancengerechtigkeit durch die Einführung eines Grundeinkommens wie auch
Atticus. Ähnlich wie Hector und Atticus bezieht er sich auf die Wirtschaft und
betont, dass Politik für das Volk und für die Wirtschaft da sei. Ferner ist ihm wie
Margaret, Atticus und Huckleberry politische Bildung wichtig. Er will eine Wahlpflicht wie Margaret einführen. Volksentscheide sowie eine Differenzierung zwischen großen und kleinen Gesetzen finden sich bei ihm genauso wie bei Caius und
Sherlock. Jedoch findet sich bei Tom die Forderung nach Utilitarismus als Leitlinie
von Politik und die Idee, sich selber als selbstlosen Diktator einzusetzen, der sich
dem Mehrheitswillen zu beugen hätte.

---

353   vgl. Abschnitt C.4.4.1

Ein Transkipt soll ebenfalls vom Interview mit Dorothy erstellt werden. Dorothy ist wie Tom und anderen die Gleichberechtigung wichtig, und bei ihr finden sich die Menschenrechte genauso wie bei Caius und Hector. Nachhaltige Umwelt sind ihr und Atticus wichtig. Zwar möchten Atticus, Emil und Fogg ein repräsentatives System wie Dorothy, aber Dorothy will keine Volksentscheide[354] einführen, sondern schreibt dem Volk die Rolle des Ideengebers zu. Ferner ist ihr als einzige eine effektive Finanzierung wichtig. Aus diesen Gründen wird das Interview mit Dorothy ausgewählt.

Das Interview mit Atticus zeigt sich auch relevant. Ihm ist – wie auch anderen – ein starker Sozialstaat, beispielhaft geprägt durch das Grundeinkommen, wichtig. Zwar will er wie Dorothy und Huckleberry die Umwelt nachhaltig schützen und wie Emil ein repräsentatives System mit Volksentscheiden einführen, wobei Emil Volksentscheide nur im Nachhinein haben möchte. Auch übt er wie Margaret und Emil Kritik an Medien. Ihm ist das logische Argumentieren genauso wichtig wie Hector und Margaret. Im Gegensatz zu den beiden arbeitet er jedoch die logische Argumentation deutlicher heraus, weswegen seine Vorstellungen inhaltsanalytisch ausgewertet werden.

Des Weiteren soll das Interview mit Fogg transkribiert werden. Fogg betont beispielsweise auch die Meinungsfreiheit wie Sherlock und Caius, aber im Gegensatz zu den anderen hebt er die Selbstlosigkeit, den Fokus auf andere, Kompromissbereitschaft im Zusammenhang mit der Vertretung der eigenen Meinung besonders hervor.

Ein weiteres zu transkribierendes Schülerinterview ist jenes mit Hector. Ähnlich wie Atticus kritisiert er beispielsweise das Abhängigkeitsverhältnis zwischen der entwickelten und weniger entwickelten Welt und fordert deliberative Entscheidungsprozesse, die er – jedoch im Gegensatz zu Atticus – mit dem Primat wissenschaftlicher Wahrheiten beschreibt. Ferner ist ihm eine optimale Wohlfahrt wichtig, die er durch die Unterstützung Sozialschwacher und gleichen Bildungschancen für alle verwirklicht sehen will – wie beispielsweise auch Huckleberry, Atticus und Tom. Jedoch verknüpft er optimale Wohlfahrt auch mit einem perfekten Markt und kritisiert den Einfluss von Religion auf Politik. Des Weiteren unterscheiden sich seine Politikvorstellungen durch seinen ausgeprägten historischen Bezug von Politik. Somit zeigen sich die Alleinstellungsmerkmale in Hectors Politikvorstellungen nicht nur anhand seiner Kritik an religiös beeinflusster Politik als auch an den Forderungen nach einem perfekten Markt, dem Primat wissenschaftlicher Wahrheiten in politischen Entscheidungsprozessen sowie einer historischen Betrachtung von Politik.

---

354 Fogg redet zwar nicht von Volksentscheiden, will aber die Bürger selber entscheiden lassen (C.6.1.8).

Das siebte und letzte Transkript bezieht sich auf das Interview mit Caius. Er unterscheidet zwischen kleinen und großen Gesetzen wie auch Sherlock. Aber ihm gelingt hier eine Differenzierung, insofern er kleinere durch die Veränderung bereits eingeführter und größere durch die Einführung vorher noch nicht existenter Gesetze definiert. Ferner rahmt er Politik durch die Menschenrechte ein, wie es auch Hector und Dorothy fordern. Er geht auch auf den Aspekt der sozialen Marktwirtschaft ein, die den Markt regulieren, Arbeitsbestimmungen definieren und soziale Absicherungen ermöglichen sollen. Die in seiner Politikvorstellung zu findende Alleinstellungsmerkmale zeigen sich nicht nur – zwar bedingt – in seiner Differenzierung von großen und kleinen Gesetzen, sondern vor allem durch den Wahlkampf, der aus seiner Sicht die Unterschiede zwischen den politischen Konkurrenten zwar sichtbar machen, aber weder zu einem politischen Stillstand führen noch unfaire Umgangsformen annehmen soll. Den Aspekt des Wahlkampfs behandelt nur Caius tiefgehend, weswegen auch dieses Schülerinterview transkribiert wird.

Dieses Kapitel zeigte zusammenfassend die einzelnen Politikvorstellungen aus den elf Schülerinterviews. Diese wurden nahe am Sprachgebrauch der Schüler dargelegt. Anschließend wurden sieben Interviews begründet ausgewählt. Die Auswahl bezog sich auf einen Vergleich der Interviews, indem nicht nur ihre Gemeinsamkeiten, sondern insbesondere ihr Alleinstellungsmerkmale aufgezeigt wurden. Dies erlaubt nun, die Inhaltsanalyse darzulegen – gemäß dem im ersten Teil dieses Abschnitts C aufgeführten Verfahrens.

C.7. Inhaltsanalytische Auswertung der einzelnen ausgewählten Interviews

Die Transkripte sowie die redigierten Aussagen der ausgewählten Interviews finden sich im Anhang, während nachstehend, geordnet nach den Interviews, die geordneten Aussagen, die Explikation sowie die Einzelstrukturierung dargestellt sind – mit dem Ziel, die individuellen Ergebnisse zu verallgemeinern (*Strukturierung der Schülervorstellungen zur idealistischen Politik*).

C.7.1. Atticus: „Das Unpolitische ist politisch."

Hier findet sich die Analyse des Interviews mit Atticus.

C.7.1.1. Die geordneten Aussagen zum Interview mit Atticus

Politik sind systempolitische Sachen [Zeilen 3 – 5; 36 – 39; 43 – 44]
Beim Wort Politik denke ich sofort an systempolitische Sachen wie Markt, Wirtschaft und natürlich unser politisches System, also der Bundestag, unsere Regierung, was die gerade so macht. Alles spielt mit rein, wie frei der Markt sein soll.

Das Zusammenleben von Menschen wird viel von der Politik einfach bestimmt [Zeile 13 – 17]
Das Zusammenleben von Menschen im Kontext der Politik würde ich auf jeden Fall sagen, dass viel von der Politik einfach bestimmt wird.

Das Unpolitische ist politisch [Zeile 18 – 21; 124 – 129; 133 – 135;]
Es gibt ja nichts Unpolitisches. Sogar das Unpolitische ist politisch. Aber viele Menschen bilden sich ein, unpolitisch zu sein Das ist dieses Typische: Ich interessiere mich nicht für Politik, das ist mir relativ egal. Aber was ich dazu sage, selbst wenn man sich sagt, mich interessiert die Politik ein Dreck, dann heißt es, mir liegt nichts daran, groß was zu ändern. Das heißt, man bejaht die Politik. Ich bejahe das, was im Moment geschieht.

Politik ist, wie wir bestimmen, wie wir zusammenleben [Zeile 21 – 23; 35 – 36; 44 - 45]
Die Politik ist unser Zusammenleben und ist einfach nur eine Art, wie wir am besten bestimmen, wie wir zusammenleben. Demokratie, Mitbestimmung ist für mich vor allem Politik.

Utopien sollte das Hauptziel von Politik sein [Zeile 44 – 48; 49 – 51]
Kampf um Prinzipien, Utopien, also wie wir eine bessere Gesellschaft schaffen wollen, sollte in einer Gruppe im Vordergrund stehen. Dies sollte ja eigentlich das Hauptziel der Politik sein. Aber Politik sollte eigentlich sein, dass man sich im demokratischen Sinne darüber streitet, in was für einer Gesellschaft man leben will und wie wir diese erreichen können.

Politik ist im Moment pragmatisch [Zeile 48 – 49; 98 – 108]
Auch wenn wir im Moment Politik nur pragmatisch und ohne Utopien haben. Pragmatismus ist, was im Moment geschieht. Was haben wir im Moment für Parteien? Eine wirkliche Machtoption haben vor allem SPD und CDU. Ich weiß nicht, wann ich das letzte Mal gehört habe, dass sie etwas machen, weil sie dafür stehen als

Partei, weil das ihre Vision für eine bessere Gesellschaft ist, sondern es geht immer darum, wie wir möglichst viele Wähler erreichen, wie wir in die Mitte der Gesellschaft kommen. Und da geht es erst mal nicht mehr um Visionen. Oder wenn man sich die Politik von Angela Merkel anhört. Es geht immer darum, es ist alternativlos. Wir müssen jetzt pragmatisch sein und nur auf das reagieren, was gerade kommt. Da steht nur dahinter, wie kommen wir möglichst heil durch die Krise und dann durch die nächste Krise und dann so weiter.

Alles, wo man gestalten will, ist Politik [Zeile 51 – 56; 59 – 60]
Das ist vielleicht ein bisschen komisch: Regelungen und Anreizsysteme, also dass man viele Dinge natürlich über die Politik regelt. Man hat Gesetze wie zum Beispiel das Strafgesetzbuch. Man schafft Anreize, womit man vielleicht Dinge nicht direkt verbietet, wie zum Beispiel den Immissionshandel als typisches Anreizsystem. Die Mineralölsteuer macht das Benzin teurer und dadurch sollen Leute weniger Auto fahren. Alles, wo man wirklich etwas gestalten will, ist Politik.

Gestaltungsmöglichkeiten geht in Richtung Mitbestimmung [Zeile 56 – 59; 68 – 74; 641 – 658]
Gestaltungsmöglichkeiten geht wieder in Richtung Mitbestimmung, also wo man praktisch die Gesellschaft gestalten kann, auch wenn es dann wieder außerhalb des politischen Systems ist, also außerhalb von klassischen Parteien. Für mich ist alles von der Hamburger Tafel, wo man isst, ein Stück Gestaltung. Wir versuchen, die Armut ein bisschen zu bekämpfen. Wir versuchen, jeden Menschen die Möglichkeit zu geben, etwas zu Essen zu haben. Dementsprechend ist das für mich schon Politik. Oder wenn Leute das Gängeviertel besetzen und ein künstlerisches Projekt daraus machen. Es ist ja immer noch Gestaltung der Gesellschaft und dementsprechend politisch. Wir müssen einen Staat mit bürgerlicher Freiheit haben, wo entsprechend Freiräume geschaffen werden und wo jeder Mensch die Möglichkeit hat, sich im Allgemeinen bzw. im Kleinen politisch zu engagieren. Also politisch in dem Sinne, dass es nicht ist, ich gehe in den Bundestag und führe eine Debatte da und dazu, sondern kleine Wirklichkeiten zu verändern, sich ein bisschen auszuprobieren wie zum Beispiel im Gängeviertel, ohne unbedingt einen Häuserblock besetzen zu müssen. Aber es besteht die Möglichkeit, kleine Gemeinschaftsprojekte zum Beispiel zu machen und zum Beispiel neue Lebensformen, neue Möglichkeiten des Miteinanderlebens, gemeinsamen Wirtschaftens und so weiter auszuprobieren. Ich war neulich bei einer Hausbesetzung dabei. Ich bin der Meinung, dass es Leuten unter gewissen Bedingungen erlaubt sein sollte, leer stehende Häuser zu besetzen. Da hat man auch wieder die Schaffung eines Freiraums, sich auszuleben, das Miteinanderleben neu auszuprobieren, weiterzudenken. Das ist auch politisches mitgestalten.

Man braucht zwangsläufig eine Demokratie, um zu guten Lösungen zu kommen [Zeile 153 – 158; 231 – 233]
Das Wichtigste wäre erst mal für mich immer noch die Demokratie, die Freiheit. Wir können nur sagen, niemand von uns hat immer Recht. Und die einzige Möglichkeit, möglichst gute Lösungen zu finden, ist möglichst viel zu hinterfragen und aus möglichst vielen Perspektiven zu sehen. Das heißt, man braucht zwangsläufig eine Demokratie, um zu guten Lösungen zu kommen. Wir brauchen möglichst viel Mitbestimmung, denn nur wenn wir eine gute logische Argumentation für Dinge habe, wo viele Menschen diskutieren können, können wir auch die beste Lösung finden.

Die Leute sollen sich informieren und interessieren [Zeile 162 – 168; 238 – 240; 562 – 564; 569 – 578, 677 – 679; 740 – 750; 958 – 962; 1073 – 1075]
Dann würde ich gerne, dass viel mehr Leute wirklich politisch denken und nicht nur sagen, hey, das interessiert mich nicht und damit einfach nur das, was gerade passiert, irgendwie abnicken, sondern sich wirklich viel mehr damit beschäftigen. Und mich nervt es immer, dass unglaublich viele Dinge einfach nur aus Unwissenheit basieren. Man hört so viel Schwachsinn, wenn man irgendwie anfängt, über Politik zu reden. Also sollen sich die Leute informieren und interessieren. Damit möglichst jeder politisch teilhaben kann und das auf eine sinnvolle Art und Weise. Und nicht nur die Bild-Meinung wird zitiert. Wenn wir 80 Millionen komplett uninformierte Leute haben, die sich beteiligen, würden wir wahrscheinlich immer noch Schrott rauskriegen. Aber es ist ein gewisses Maß an Grundwissen, auch an Softskills notwendig. Man braucht philosophische Grundgedanken, sodass man zum Beispiel Dinge kritisch nachfragt. Das ist nicht jemanden in die Wiege gelegt. Und dann muss natürlich auch der Zugang zur Information für die Leute gewährleistet sein. Dann wird man die bestmögliche Lösung finden, wenn sich möglichst viele Leute auf so einer Grundlage damit beschäftigen. Man hat eine Grundpolitisierung, also dass den Leuten bewusster ist, was wirklich gesellschaftliches Denken ist und entsprechend auf kleiner Ebene mitgestalten. [Zu verhindern, dass eine kleine Gruppierung der Mehrheit etwas sagt] kann verhindert werden. Das Problem ist, wir hatten im Fall der Schulreform eine Kampagne. Ich vereinfache das auf Blankenese. Der Staat hat da ordentlich viel Geld reingepumpt und es ist zu einer unglaublichen Angst-Hetz-Kampagne geworden. Da kam dann Sachen wie: „Ja, der deutsche KFZ-Mechaniker in Billstedt muss dann mit den Türken auf eine Schule gehen" und so weiter. Es war schrecklich. Das war noch deutlich unter Bild-Niveau. Die Leute haben sich davon mitreißen lassen. Zwei Dinge: Es gab wenig neutrale Information dazu. Und die Leute, die davon profitiert hätten, was eine große Mehrheit wäre, war schlichtweg nicht interessiert und war nicht in politische Prozesse eingebunden. Die Wahlbeteiligung in Steilshoop lag ungefähr bei zehn Prozent. Wir müssen den Menschen politisieren. Er muss sich bewusst werden, dass Politik wich-

tig ist. Dass das seine Möglichkeit ist, eine bessere Welt zu erzeugen und dass die Welt, in der wir jetzt leben, nicht gut ist. Wenn das nicht von oben gewollt ist – wie in der Karikatur M3 –, müssen wir das von unten machen. Wenn wir nicht gebildet sind, auch politisch, dann sind wir ein geknebelter Bürger.

In einer Diskussion bildet man sich gegenseitig [Zeile 564 – 569]
Wobei man sich in einer Diskussion immer gegenseitig bildet. Ich wirke irgendwie auf dich ein und du wirkst irgendwie auf mich ein. Dementsprechend würde man trotzdem zu einer guten Lösung kommen, wenn man die Leute lange genug in einen Raum setzen würde und sie wirklich offen an die Sache ran gehen.

Jedem Menschen wird die gleiche Chance gegeben [Zeile 172 – 175; 195 – 206; 228 – 230; 259 – 267; 293 – 296; 304 – 320]
Ich würde gerne – man rutscht da so schön in Marx rein – die Ausbeutung abgeschafft sehen, also ich würde gerne sehen, dass jedem Menschen die gleiche Chance gegeben wird und ein menschenwürdiges Leben geschaffen wird. Das soll nicht nur auf Deutschland bezogen oder nicht nur auf ein Land bezogen sein. Im Endeffekt beuten wir immer noch einen Großteil der Welt aus. Wir haben eine reine Wirtschaftspolitik statt einer Entwicklungspolitik. Wir tun immer so als Gutmensch: Wir sind die Lieben, wir machen alles richtig. Aber wir geben Ländern in Afrika, in Südamerika, in Asien einfach keine Chance, sich zu entwickeln. Und das gehört sowohl in dieses menschenwürdiges Leben rein als auch in die Chancengerechtigkeit, Chancengleichheit, dass man eine Politik gestaltet, die anderen Ländern, anderen Menschen die Chance gibt, sich wirtschaftlich auszuleben. Man muss wahrscheinlich die Märkte und die Unternehmen einschränken. Man müsste zum Beispiel dafür sorgen, dass sich Länder wie Deutschland und die USA ihre Politik ändern, insofern dass sie aufhören zum Beispiel in der Entwicklungspolitik, die Bedingungen an Importe zu knüpfen, also dass zum Beispiel keine Importzölle erhoben werden. Das sind ja alles Dinge, die anderen Ländern es praktisch unmöglich machen, eine eigene Wirtschaft aufzubauen. Also muss das abgeschafft werden. Es geht auch darum, dass sie andere Länder dazu zwingen, keine Importzölle zu erheben. Die Freiheit des einen hört da auf, wo die Freiheit des anderen anfängt. Und man muss gucken, dass man eine gute Balance findet. Das ist eine schwierige Sache. Mir wäre es zum Beispiel lieber, wenn die USA und Europa einen Teil dieser Schutzwelle, die sie wirtschaftlich aufbauen, wieder abbauen müssten, auch dem Gemeinwohl, also den Zielen zu liebe, dass man jedem Menschen ein wirtschaftlich gutes Leben, Freiheit und ein menschenwürdiges Leben zu sichern. Also wenn man sich zum Beispiel das Strafgesetzbuch anguckt, dann darfst du nicht alles machen. Das sind auch alles Einschränkungen meiner persönlichen Freiheit, aber zu einem gewissen Grad müssen sie vorgenommen werden. Ich denke, dass es auch in einem wirtschaftlichen Sinne passieren muss, damit der Mensch die Chance hat, sich zu

entfalten. Man kommt in ein Paradox rein: Man muss gewisse Freiheiten einschränken, um andere Freiheiten, die deutlich schwerer wiegen, gewährleisten zu können.

Jeder sollte ein menschenwürdiges Leben haben und man muss die Umwelt dabei beschützen [Zeile 175 – 184; 233 – 234; 783]
Das gleichzeitig aber nicht nur auf den Menschen geachtet wird, sondern auch auf die Umwelt, weil ich nicht glaube, dass wir ohne die Umwelt, wie sie sich in Jahrmillionen evolutioniert hat, in der Lage sind, irgendwie glücklich zu leben. Das glaube ich nicht, vor allem weil wir mit unserer Wirtschaft in die Umwelt eingreifen. Das sind Veränderungen von Jahrzehnten, wenn es hoch kommt innerhalb von Jahrhunderten. Wir krempeln einfach alles um. Wir können überhaupt nicht die Auswirkungen davon erkennen in so einer kurzen Zeit. Jeder sollte ein menschenwürdiges Leben haben. Mit der Umwelt im Einklang leben. Nachhaltigkeit.

Ich würde gerne sehen, dass Profit nicht mehr das Wichtigste in der Gesellschaft ist [Zeile 185 – 191; 340 – 356]
Ich würde gerne sehen, dass Profit nicht mehr das Wichtigste ist in der Gesellschaft, dass Leute nicht rein nach der Profitmaximierung bewertet werden. Es wird immer von Wirtschaftswachstum geredet. Wir brauchen Wirtschaftswachstum. Es ist halt die Frage: Wachstum bedeutet ja immer auch mehr Ausbeutung von anderen Menschen, mehr Ausbeutung von Ressourcen und das wird auf Dauer nicht gut gehen. Die wirklich großen Leistungen des Menschen geschehen nicht aus reiner Profitgier, sondern von ihm selber hinaus. Du gibst einer Gruppe die Aufgabe mit Aussicht auf Belohnung, der anderen nicht. Dann stellt man bei ganz simplen Aufgaben fest, dass die Leute mit Belohnung schneller arbeiten, um halt die Belohnung zu bekommen. Aber sobald es zu gestalterischen Aufgaben kommt, was auch immer wichtiger wird in der Gesellschaft – es wird ja immer weniger wichtig, Holz zu hacken und zu setzen, sondern um die Ecke zu denken –, werden Leute mit einer Belohnung viel schlechter arbeiten, als wenn du ihnen keine Belohnung gibst. Den Leuten mit der Belohnung werden Scheuklappen aufgesetzt. Es wird nicht mehr breit in die Weite gedacht. Der Mensch kriegt gar nicht mehr die Möglichkeit, sich kreativ für diesen Aufgabenbereich zu entfalten. Ich denke, wenn du den Menschen die Chance gibst, sich ausbilden zu lassen, sich zu bilden und dann auch anspruchsvolle Aufgaben gibst, wird er trotzdem arbeiten.

Der Staat, also die Politik, die Demokratie bestimmt über die Wirtschaft [Zeile 207 – 209; 238; 778]
Wobei mir vor allem wichtig ist, dass der Staat, also die Politik, die Demokratie über die Wirtschaft bestimmt. Und nicht wie es im Moment ist, dass die Wirtschaft über die Demokratie bestimmt.

Freiheit im bürgerlichen Sinne, also Meinungsfreiheit, Bewegungsfreiheit und nicht Freiheit im neoliberalen-kapitalistischen Sinne [240 – 244]
Freiheit im bürgerlichen Sinn, also Meinungsfreiheit, Pressefreiheit, Bewegungsfreiheit und nicht die Freiheit im neoliberalen-kapitalistischen Sinne, also dass man mit seiner Firma machen kann, was man will. Es soll wirklich um die Bürgerrechte gehen und nicht darum, den Unternehmen möglichst viel Freiheit zu geben.

Jeder muss eine Grundsicherung haben, die ein menschenwürdiges Leben sichert [Zeile 267 – 277; 334 – 340]
Jeder muss die Chance haben, sich wirtschaftlich zu betätigen. Auch kranken Menschen, alten Menschen, behinderten Menschen, jungen Menschen muss es möglich sein, ein gutes Leben zu führen – und auch Arbeitslosen. Das heißt, dass man jedem Menschen eine gewisse Geldsumme gibt, die dann auch wirklich für ein gutes, simples Leben reicht. Das muss jedem gesichert sein und man von da aus dann anfängt und weiter gearbeitet werden kann, um sich natürlich mehr leisten zu können. Jeder muss eine Grundsicherung haben, die ein menschenwürdiges Leben sichert. Ich glaube nicht, dass der Mensch nur etwas leistet, weil er gezwungen wird. Wenn du jedem Menschen ein Grundeinkommen von 100.000 Euro im Jahr zusicherst, dann würde keiner mehr arbeiten, weil er schon reich ist. Ich meine, man muss es natürlich in einem Bereich ansiedeln, dass man ein gutes Leben gesichert ist, aber eben auch ein simples. Der Mensch hat immer Verlangen nach mehr. Dementsprechend würde er auch arbeiten.

Gleiche Bedingungen heißt, dass du möglichst vielfältige Bedingungen hast [Zeile 370 – 383]
Jeder Mensch ist anders. Jeder Mensch kann andere Dinge. Ich bin der Meinung, dass jeder Mensch auf jeden Fall etwas kann. Und dann hast du die Frage, wie du welche Dinge bewertest, was du als wertvolle Arbeit ansiehst und was nicht. Wenn ich jetzt sage, der Mensch ist nicht die hellste Leuchte, aber er ist ein unglaublich guter Bäcker. Und dass er als Bäcker, der eine wichtige Leistung für die Gesellschaft erbringt, dementsprechend gewürdigt und entlohnt wird. Verschiedene Lebenswege sollen mehr gewürdigt werden. Gleiche Bedingungen heißt nicht, dass alle dasselbe durchlaufen müssen. Das heißt, dass du möglichst vielfältige Bedingungen hast, um jeden Typen Mensch die möglichst gute Entfaltungsmöglichkeit gibst, in dem Bereich, in dem er gerade stark ist.

Rahmenbedingungen schaffen, die zwar möglichst jedem die Chance gibt, mitzubestimmen, aber auch effektiv zu arbeiten [Zeile 399 – 415; 443; 447 – 448; 459 – 466; 640 – 641; 671 – 673, 702; 706 – 712; 723 – 728]
Ich bin ein großer Freund der Demokratie, wobei man immer auch irgendwann ein organisatorisches Problem hat. Du kannst nicht mit 80 Millionen Menschen in einem Raum sitzen und was ausdiskutieren. Irgendwo muss man die Rahmenbedin-

gungen schaffen, die zwar möglichst jedem die Chance gibt, mitzubestimmen, aber gleichzeitig auch effektiv zu arbeiten. Parteien wie die Piraten scheiten einfach daran, dass 500 Leute in einem Raum sitzen und jeder noch etwas sagen will und kommen zu nichts. Es gibt Entscheidungen, die getroffen werden müssen und nicht immer im Plenum ausdiskutiert werden können. Und deswegen muss man halt gucken, wie man einen möglichst guten Kompromiss findet. Das versuchen wir in unserer Gesellschaft mit der repräsentativen Demokratie. Es wird wahrscheinlich wieder auf ein repräsentatives System hinauslaufen, aber man kann auch über Volksentscheide und so was zum Beispiel Mitbestimmung erzeugen; über Medien natürlich auch. [Durch Volksentscheide] kann man die repräsentative Demokratie zu einem bestimmten Thema überspringen. Man muss die Hürden senken, damit die Leute auch mehr Chancen haben, mitzugestalten. Dinge wie Bürgerinitiativen, wie Volksinitiativen müssen geschaffen werden, damit bestimmte Ideen leichter umgesetzt werden können, damit Menschen, die sich für ein Thema engagieren, leichter die Möglichkeit kriegen, an diesem Thema mitzubestimmen und auf die Tagesordnung zu setzen. Man muss zu diesem Thema auch wirklich gute Informationen kriegen können. Wir haben ein System, wo jeder über eine funktionierende Demokratie, über Volksentscheide und so weiter sich einbringen kann. Es ist unglaublich schwer, die genaue Balance zwischen verschiedenen Polen, wo wir die Effizienz haben und das Credo, dass möglichst viele Leute mitbestimmen müssen, um gute Lösungen zu finden. Wie genau man da die Limits setzt, zum Beispiel wie viele Leute einen Volksentscheid unterschreiben müssen, können, kann ich hier nicht sagen. Man braucht natürlich auch eine Finanzierung des Ganzen, damit es nicht auf die Wohltätigkeit einiger Reichen abhängig ist. Die Schulreform war maßgeblich die Volksinitiative aus Blankenese finanziert. Wir sollen nicht in so eine Situation kommen. Also erst einmal geringe Hürden und dann muss es zum großen Volksentscheid kommen können.

Über Medien kommt man sehr schnell in ein hohes Manipulationspotential [Zeile 415 – 422; 896 – 905]
Wobei man über Medien ganz schnell in ein sehr hohes Manipulationspotential kommt. Ich rede jetzt immer von der Bild. Aber die Bild hilft nicht zu einer logischen Meinungsfindung, sondern steht dem eher entgegen, weil den Menschen auf relativ subtile Art – bei der Bild nicht sonderlich subtil – bei anderen Springer-Zeitungen einfach eine Meinung die ganze Zeit mitgeliefert wird. Man kann gucken, welche Argumente wie betont werden.

Man bräuchte neutrale Medien, was unmöglich ist [Zeile 422 – 423; 470 – 474; 478 – 484; 488 – 489; 506 – 517; 530 – 531; 535 – 550]
Man bräuchte neutrale Medien, was unmöglich ist. Man soll nicht nur einseitige Informationen erhalten. Man hat überall so ein bisschen Gradwanderung. Man

muss den Menschen gute Informationen zugänglich machen. Für mich sind so unglaublich manipulative Medien wirklich ein Dorn im Auge. Aber andererseits muss man Leuten auch die Meinungsfreiheit zugestehen. Da ist halt die Frage, ob man zum Beispiel ein bisschen den Profitansatz wegzieht. Also dass man Zeitungen nicht als Unternehmen in dem Sinne führt, dass dessen Ziel die Gewinnmaximierung ist, sondern dass auch ein gewisses Maß an Sicherheit ohne riesige Verkaufszahlen gesichert ist. Dass nicht das wichtigste Ziel ist, die Zeitungen zu verkaufen und deswegen möglichst reißerische Schlagzeilen zu bringen, sondern dass das Ziel ist, gut zu informieren. Man verbietet dadurch keine Zeitung. Man gibt ihnen eher eine Sicherheit. Der Erfolg kann nicht in reinen Verkaufszahlen gemessen werden. Ich sehe nicht, warum die Bild als meistverkaufte Zeitung Deutschlands dafür groß belohnt werden sollte. Man braucht da andere Kriterien wie guten Journalismus zum Beispiel, wobei natürlich sofort die Frage ist, wo wer die Kriterien feststellt. Man muss da unglaublich aufpassen, auch wenn man sagt, wir geben den Zeitungen zum Beispiel eine Grundsicherung, dass sie journalistische Arbeit leisten können, die wichtig für den Staat ist. Woher kommt die Grundsicherung? Vom Staat wahrscheinlich. Wenn man die Situation hat, wo der Staat die Medien praktisch bezahlt, kannst du halt schnell in die Situation kommen, wo gesagt wird: „Ne, der hat gegen uns berichtet. Ich fand das journalistisch jetzt gerade nicht so hochwertig." Und zack, hast du wieder eine Einschränkung der Pressefreiheit. [Bei Medien] muss man wieder das Prinzip der möglichst breiten Mitbestimmung haben. Du brauchst wieder Gremien oben, die möglichst unabhängig von bestimmten Gruppen sind. Das erreichst du nur, indem du möglichst vielfältig Menschen da sitzen hast, die andere Leute repräsentieren und dass du da wieder eher ein demokratisches Mittel oben hast, also demokratisch in kleinerer Runde. Man könnte da zum Beispiel erfahrene Journalisten und Wissenschaftler und Soziologen reinsetzen, wobei auch wieder Wissenschaft nicht komplett neutral ist. Wenn man zum Beispiel sagt, die Grundsicherung der Zeitung nach objektiven Kriterien – steht schon im Grundgesetz – dann kann das auch nicht irgendwie von einer Regierung schnell umgerüttet werden. Je größer die Kompetenz ist, desto größer die Vielfalt in diesem Gremium und je größer die Sicherheit dieses Gremiums, desto kleiner ist die Chance, dass es groß manipulativ auf die Medien eingewirkt wird. Die Chance ist aber immer da.

Volksinitiativen sind wie eine Partei, nur eben zu einem Thema [Zeile 452 – 458]
Volksinitiativen sind auch nichts anderes als eine politische Gruppierung wie eine Partei, nur eben zu einem Thema. Dementsprechend senkt man einfach die Hürde der Mitbestimmung. Es ist unglaublich viel Arbeit, sich in einer Partei zum Beispiel zu engagieren. Man müsste eigentlich zu jedem Thema immer mitdiskutieren können und es gibt unglaublich viele Treffen – eine Plenumsdiskussion hier und da – und dann muss man sich irgendwie hochklüngeln.

Der Bürger wird sich bilden müssen, um mitzubestimmen [Zeile 589 – 590; 605 – 615; 619; 1061 – 1064]
[Jemand mit keiner ausreichenden Bildung] darf auch mitbestimmen. Das ist der Grundsatz der Meinungsfreiheit. [Der Bürger] sollte gebildet sein im Sinne von, wie man nachdenkt. Jeder hat natürlich die Möglichkeit, sich zu beteiligen. Gerade wenn die große Mehrheit gebildet ist – im Sinne von logischem Denken, kritischem Denken, Hinterfragen, mit Argumentation –, wird jemand, der nicht auf so einer Ebene mitdenken kann, relativ bald merken, dass er argumentativ nicht ernst genommen wird, so langer er nur Mist redet. Also wird sich der Mensch bilden müssen, um mitzubestimmen. Wenn die große Mehrheit gebildet ist, wird diese auch erkennen, wenn jemand Mist redet und dementsprechend darauf eingehen. Hilfe zur Selbsthilfe. Ich stelle mir gut vor, dass der Bürger sich zwar zu einem gewissen Grad selber knebelt, aber das hier natürlich alles dafür getan wird, dass er sich selbst knebelt. Es wird gelockt. Es wird gedroht mit Zuckerbrot und Peitsche. Ich scheue nicht die Diskussion. Dinge zu hinterfragen, ist das wichtigste. Wenn man Dinge hinterfragt, dann sieht man relativ schnell, was Scheiße läuft. Man braucht immer Anreize, man braucht wissen. Das gehört dazu. Wenn man viel hinterfragt, dann kommt man auch zu vielen Ergebnissen.

Durch einzelne werden Argumente hochgetragen [Zeile 679 – 683, 687 – 692; 716 – 719]
Es muss nicht jeder in eine politische Organisation eintreten und mitdiskutieren, aber dass durch Einzelne Argumente in diese Gruppen reingetragen und so hochgetragen werden können. Das ist eine Art repräsentative Demokratie. Wir haben unten eine Gruppe von Leuten, die gerne viel diskutieren, die vielleicht auch eine Koreane-Projekt machen. Aber wenn nur einer Lust hat, in so eine Volksinitiative zu dem Thema einzutreten, haben wir schon einen Repräsentanten für die Gruppe auf unterster Ebene und der kann das praktisch vereinfacht hochtragen. Wir brauchen erst mal geringe Hürden im ersten Schritt, sodass das Thema relativ schnell eine gewisse Öffentlichkeit erreichen kann und dementsprechend weiter zur Diskussion kommt, je nach Wichtigkeit des Themas im öffentlichen Sinne.

Da sind wir dann wieder bei der Bildung und (...) Chancengerechtigkeit. Das hängt ja damit zusammen [Zeile 754 – 757; 761 – 764]
[Die Wahlbeteiligung in Steilshoop] war nix, während die Wahlbeteiligung in Blankenese bei 90 Prozent lag. Da sind wir dann wieder bei der Bildung und auch bei der Chancengerechtigkeit. Das hängt ja damit zusammen. Es werden Leute aus dem politischen System zwar unbewusst, aber irgendwo ausgestoßen. Wir müssen dafür sorgen, dass auch sozialbenachteiligte Leute sehen, dass es um ihre politische Zukunft geht und dass sie ein gewisses Maß an politischer Bildung erlangen und sich an diesen Prozessen aktiv beteiligen.

*Dadurch, dass viele Bürger nicht politisiert sind, nicht die Information, nicht die Bildung haben,
keine neutralen Medien, besteht diese Chancengerechtigkeit nicht [Zeile 804 – 819; 831 – 834;
838; 953 – 954]*
Ich kann den Kasper schlecht einordnen. Aber ich denke, dass er der mündige
Bürger in Anführungszeichen sein soll, wobei die beiden Menschen im Anzug
wahrscheinlich die Politiker oder generell Unternehmer, also die Menschen, die
entscheiden, sind. Der Bürger, so interpretiere ich den Kasper, guckt wütend, aber
kann natürlich nichts sagen. Und da haben wir den Kontrast, die Politiker sagen,
„Ja, der Bürger ist mündig und soll bei Volksentscheiden mitreden dürfen." Aber
der Bürger ist nicht in der Lage, was zu sagen. Also ist die Aussage, Volksentscheid
funktioniert nicht. Und dem würde ich zustimmen. Das hatten wir ja: Dadurch,
dass viele Menschen nicht im dem Maße politisiert sind, nicht die Information,
nicht die Bildung, keine neutralen Medien haben, besteht nicht diese Chancengerechtigkeit. Volksentscheid ist in einer Gesellschaft, die eigentlich nur einer gewissen Oberschicht die Möglichkeit gibt, sich zu bilden und mitzureden, Schwachsinn,
weil es nur ein direkteres Mittel dazu ist, den Reichen noch mal ein Hammer zu
geben, um die Politik zu formen. Ich hätte die Fesseln und Knebel auf die fehlende
Bildung, auf die fehlende gute Information zurückgeführt, dass er durch fehlendes
Wissen, fehlender Fähigkeiten im Sinne von Argumentation und Hinterfragen, nicht
in der Lage ist, zu einer guten Lösung zu kommen, sondern nur zu dem, was ihm
von manipulierenden Medien gesagt wird. Deswegen stellt der Bürger eine Marionette dar. Wir brauchen aber auch, um bildlich zu sprechen, den Menschen, der
seine Fesseln und Knebeln aufbricht.

*Die Menschen im Anzug bestimmen über den Geknebelten, Gefesselten [Zeile 842 – 844; 848 –
849; 854 – 856; 865 – 866; 870; 1075 – 1077]*
Ich würde die Menschen im Anzug vom Aussehen her in Richtung Oberschicht
setzen. Das sind die Menschen, die ihr Leben lang Bildung genossen haben. Die
Menschen im Anzug sind nun in der Situation, wo sie eigentlich machen, tun oder
lassen können, was sie wollen. Man kann schlecht sagen, ob die Menschen im Anzug Politiker sind. Sie sind entweder Politiker, Unternehmer oder irgendwie Leute
aus der Oberschicht. Sie könnten jetzt auch Ärzte zum Beispiel sein, die mal im
Anzug herumlaufen. Die Menschen im Anzug bestimmen über den Gefesselten,
Geknebelten. Er kann sich nicht wehren. Er sitzt. Sie stehen. Sie sind links im Bild,
also da, wo die Aktion herkommt im Bild. Aber wie gesagt, wir leben in einer Gesellschaft, wo die Wirtschaft über die Politik bestimmt. Also ist es relativ schnuppe,
ob der links Unternehmer oder Politiker ist. Wenn wir ein geknebelter Bürger sind,
dann können wir nur abnicken, was die sagen. Und die werden nicht für uns bestimmen wollen. Die werde nicht dafür sein, dass wir ein möglichst gutes Leben
haben, sondern dass sie ein gutes Leben haben.

Wenn es mir anders geht, wird es mir automatisch schlechter gehen [909 – 912; 916 – 917; 919 – 925]
Weil alles schlechter wird, fehlt oft der Wille zur Veränderung im eigenen Leben, vor allem wird das dadurch ausgedrückt, dass drunter steht: „Deutsche Träume". Wir wollen so eine Gesellschaft, die für alle gerecht ist, solange es nicht mein Leben beeinflusst. Wenn es mir anders geht, wird es mir automatisch schlechter gehen.

Wir brauchen erst mal Veränderungen [Zeile 948; 952 – 953; 1025; 1029 – 1037; 1073]
Wir brauchen erst mal Veränderungen. Politik in welchem Sinne auch immer ist der Rahmen, in welchem diese Veränderungen geschehen werden. Mir gefällt die Gesellschaft, in der wir leben, nicht. Unser System, gerade unser wirtschaftliches System, in dem wir leben, ist Scheiße. Die meisten Leute haben nicht die Eier, nicht die Lust, da irgendwas zu verändern. Der einzige Weg, das zu verändern, ist durch Bildung. Deswegen muss jeder Einzelne sich bilden. Durch das Aufkommen einer Diskussion wird die Diskussion gefördert, andere gebildet und Veränderungen geschaffen.

Es wird viel mit Angst gearbeitet [Zeile 970 – 973; 987 – 990; 994 – 998; 1002 – 1006; 1008 – 1013]
Ich stelle mir gut vor, dass der Bürger sich zwar zu einem gewissen Grad selber knebelt, aber das hier natürlich alles dafür getan wird, dass er sich selbst knebelt. Es wird gelockt. Es wird gedroht. Zuckerbrot mit Peitsche. Ich glaube, was auf jeden Fall betont werden muss, ist, dass viel mit Angst gearbeitet wird; die Angst vor Veränderung, die Angst davor, dass es einem noch schlechter gehen muss. Die Arbeit mit Angst zieht sich von Arbeitsmarktpolitik, wo man auf einmal diesen Sozialschmarotzer mit Hartz IV hat, zur globalen Wirtschaftspolitik, wo es heißt, wenn jetzt die acht Leute in Afrika auf einmal was zu essen haben sollen, dann muss es uns auch schlechter gehen. Und zur Bildungspolitik, über die Schulreform, eigentlich über alle Felder. Mit der Angst wird am effektivsten gearbeitet. Das geht auch über die ganze Ausländerkriminalität, also dieses zwischen Sündenbock und uns könnte es noch schlechter gehen. Eine Angstlähmung der Bürger wird erzeugt, sodass sie knietief vor der Schlange immer sitzen und deswegen Angst vor Veränderungen haben. Und deswegen haben wir so eine Situation wie in M4. [Angstlähmung zu verhindern, erfordert logische Argumentation, Chancengerechtigkeit, Information und Bildung.]

Gerade durch die Medien wird eine große Angst vor Veränderungen erzeugt [Zeile 896 – 905]
Wir haben vier relativ bunt gemischte Leute, die Schilder tragen. Der eine mit dem Spruch „Wir wollen X." Dann steht auf dem nächsten: „Aber wir wollen dafür nichts zahlen." Und auf dem dritten: „Wir sind dafür. Aber unser Leben soll sich nicht verändern." Das ist der Rahmen, in dem politische Diskussionen geführt

werden. Man kann sich vielleicht zu einer Sache bekennen, auch weil es gesellschaftlich gefordert ist. Aber es wird auch gerade durch die Medien eine große Angst vor Veränderungen erzeugt. Es wird uns gesagt, bestimmte Dinge sind gut, also Bürgerrechte. Atomkraft ist schlecht. Erneuerbare Energien, Umwelt, alles ist gut, aber dann wird uns gleichzeitig gesagt, es wird alles schlechter. Sobald sich was ändert, wird es automatisch schlechter.

C.7.1.2. Die Explikation zum Interview mit Atticus

Interpretative Erschließung der Charakteristika der schülerbezogenen Aussagen nebst Widersprüche und Probleme
Atticus hat eine differenzierte und elaborierte Politikvorstellung. Grob umrissen, beziehen sich seine hauptsächlichen Aussagen auf die Ausweitung von Mitbestimmung, mehr politisch informierte und interessierte Bürger, mehr Chancengleichheit sowie neutrale Medien. Hierbei warnt er vor einer erzeugten Angst bei Bürgern sowie einer gesellschaftlichen Obersicht, die Politik zum Nachteil des Bürgers, aber zum eigenen Vorteil nutzt.

Politik setzt Atticus mit systempolitischen Sachen wie Markt und dem politischen System gleich und beklagt, dass Politik über das Zusammenleben von Menschen einfach bestimmt[355] und im Moment nur pragmatisch ausgerichtet ist. Er sieht das Hauptziel von Politik in Utopien bzw. dem Kampf um Prinzipien, sodass man „im demokratischen Sinne darüber streitet, in was für einer Gesellschaft man leben will und wie wir dies erreichen können."[356] Aus diesem Grunde beklagt er eine pragmatisch ausgerichtete Politik, in der es um die Erreichung möglichst vieler Wähler bzw. die alternativlose Reaktion auf Krisen geht. Nicht ohne Grund setzt er Politik mit Gestaltungswille gleich: Politik gestaltet Gesellschaft mittels Regelungen und Anreizsystemen.[357] Daher ist „Politik, wie wir am besten bestimmen, wie wir zusammenleben."[358]

Mitbestimmung, also Gestaltung ist ein wesentlicher Baustein seiner Politikvorstellung. Die aktive Gestaltung des Alltags ist ein Ausdruck politischer Partizipation und beginnt bei der Teilnahme in der Hamburger Tafel zur Armutsbekämpfung. Gestaltung bedeutet auch das Ausprobieren neuer Lebensformen, neuer Möglichkeiten des Miteinanderlebens und des gemeinsamen Wirtschaftens.[359] Daher sollen die Bürger Freiräume zur Gestaltung politischer Verhältnisse haben.

---

355   vgl. Transkript zum Interview mit Atticus, Zeile 1 – 17
356   ebenda, Zeile 49 – 51
357   vgl. ebenda, Zeile 51 – 6
358   ebenda, Zeile 21 – 2
359   vgl. ebenda, Zeile 650 – 2

Aufgrund einer hohen Mitbestimmungs- und Gestaltungsmöglichkeit seitens der Bürger setzt er auf eine Demokratie, um zu guten Lösungen zu kommen. Dabei basiert seine Demokratie auf politisch informierte und interessierte Bürger, die sich mittels Diskussion weiterbilden. Für die Findung guter Lösungen ist eine logische Argumentation wichtig, bei der möglichst viel hinterfragt und aus verschiedenen Perspektiven betrachtet wird.[360] Hierdurch sieht er die Möglichkeit, dass sich Menschen gegenseitig bilden.[361] Ein solch differenzierten gesellschaftlichen Diskurs bedingt Bürger, die nicht „einfach nur das, was gerade passiert, irgendwie abnicken [...]."[362] Vielmehr fordert er eine Grundpolitisierung, mit der Bürgern bewusster wird, was gesellschaftliches Denken ist und Politik auf kleiner Ebene mitgestalten.[363] In diesem Zusammenhang verweist auf den Hamburger Volksentscheid zur Primarschulreform, bei dem jene Bürger, die von der Reform profitiert hätten, desinteressiert waren aufgrund ihrer fehlenden Einbindung in politische Prozesse.[364] Dabei nimmt er den Bürger ausdrücklich in die Pflicht, sich selber bilden zu müssen, um mitbestimmen zu können. Nur mit Bildung wird er argumentativ von anderen ernst genommen[365] und kann sich politisch einbringen. Bildung und Chancengerechtigkeit hängen miteinander zusammen.[366] Politische Bildung und Partizipation bedingen sich gegenseitig.

Politische Teilhabe möglichst vieler erfordert nicht nur informierte und interessierte Bürger, sondern auch neutrale Medien. In Medien sieht Atticus ein hohes Manipulationspotential. Dabei verweist er auf die Bild-Zeitung sowie auf andere Springer-Zeitungen.[367] Die Etablierung neutraler Medien empfindet er als schwierig. Er sieht ein Spannungsverhältnis zwischen Meinungsfreiheit und Medienkontrolle, um manipulative Medien zu vermeiden. Aus seiner Sicht sollten nicht Verkaufszahlen, sondern gute Informationen das Erfolgskriterium einer Zeitung sein,[368] abgesichert durch eine wie auch immer geartete Grundsicherung. Trotzdem warnt er vor staatlicher Kontrolle, die Pressefreiheit einschränken könnte. Daher schlägt er folgendes Verfahren vor: In kleiner Runde kontrollieren erfahrene Journalisten, Wissenschaftler und Soziologen Zeitungen nach nicht näher beschriebenen objektiven Kriterien.[369] Die Gefahr der Manipulation sieht er aber weiterhin.[370]

---

360 vgl. ebenda, Zeile 154 – 8
361 vgl. ebenda, Zeile 566 – 7
362 ebenda, Zeile 164 – 5
363 ebenda, Zeile 677 – 9
364 vgl. ebenda, Zeile 748 – 9
365 vgl. ebenda, Zeile 611
366 vgl. ebenda, Zeile 754ff
367 vgl. ebenda, Zeile 415 – 22
368 vgl. ebenda, Zeile 478 – 84
369 vgl. ebenda, Zeile 535 – 547
370 vgl. ebenda, Zeile 547 – 550

Die Abschaffung der Profitmaximierung beschränkt Atticus nicht nur auf Medien. Er fordert, dass Profit nicht mehr das Wichtigste in einer Gesellschaft sein darf. Durch Profitgier entsteht Ausbeutung. Er merkt an, dass zwar einfache Arbeiten mittels Belohnungen gut erledigt werden. Dagegen erledigen Menschen gestalterische Aufgaben viel schlechter. Den Leuten werden „praktisch Scheuklappen aufgesetzt [...], es wird nicht mehr breit in die in die Weite gedacht [...]."[371] Belohnung und Profitgier hemmen Bürger in der Erledigung komplexer Aufgaben. Ohne Belohnung sind Bürger kreativer.

Hinsichtlich der Abschaffung der Profitgier verweist Atticus auf die Abschaffung der Ausbeutung. Er will jedem Menschen die gleichen Chancen und somit ein menschenwürdiges Leben ermöglichen. Diesbezüglich setzt er sich nicht nur für eine Grundsicherung, sondern auch für eine Einschränkung des freien Markts ein und will für eine bessere globale Entwicklungspolitik sorgen. Die Schaffung eines menschenwürdigen Lebens bedingt aus seiner Sicht eine Grundsicherung, wodurch jeder die Möglichkeit zu einem simplen Leben hat, aber weiterhin zum Arbeiten motiviert wird, um die eigenen Lebensverhältnisse zu verbessern. Dies wird durch einen entsprechenden Betrag gewährleistet, der weder zu gering noch zu hoch angesetzt ist.[372] Eine genaue Betragsbemessung gelingt ihm nicht. Ferner sollen Entwicklungsländer die Möglichkeit haben, ihre eigene Wirtschaft aufzubauen.[373] Obgleich dies einer Einschränkung von Freiheit gleich kommt, wiegen aus seiner Sicht die anderen Freiheiten schwerer. Die Ermöglichung eines menschenwürdigen Lebens muss aus Atticus' Sicht den Schutz der Umwelt beinhalten. Er glaubt „nicht, dass wir ohne die Umwelt, wie sie sich in Jahrmillionen evolutioniert hat, in der Lage sind, irgendwie glücklich zu leben."[374] Daher sind ein menschenwürdiges Leben, indem alle Menschen die gleichen Chancen haben, und der Umweltschutz gleich wichtig.

Indem den Menschen gleiche Chancen gegeben werden, braucht er möglichst vielfältige Bedingungen. Die Förderung der individuellen Talente ist Atticus wichtig. Er sieht in jeder Arbeit einen relevanten gesellschaftlichen Beitrag.

Die Rahmenbedingungen seines politischen Entscheidungsprozesses liegen in einer möglichst großen Mitbestimmungsmöglichkeit vieler als auch in einer effektiven Arbeitsweise. Obgleich logische Argumentation unter Beteiligung vieler wichtig ist, sieht Atticus die Notwendigkeit einer schnellen Entscheidungsfindung. Hierbei verweist er auf die Piratenpartei, die mit 500 Leuten entscheidungsunfähig ist.[375] Folglich ist er für eine repräsentative Demokratie, will aber mittels Volksentscheide mehr Mitbestimmung erzeugen, um Argumente von Einzelnen nach oben tragen zu

---

371   ebenda, Zeile 352 – 3
372   vgl. ebenda, Zeile 334 – 40
373   vgl. ebenda, Zeile 306 – 10
374   ebenda, Zeile 177 – 8
375   vgl. ebenda, Zeile 405 – 6

können.[376] Die weitere Ausgestaltung dieser Idee gelingt ihm jedoch nicht, da er Effizienz und breite Mitbestimmung nicht konkret ausgleichen kann. Ferner verweist er auf die Finanzierung, die Mitbestimmung erst ermöglicht und dadurch – wie am Beispiel der Hamburger Primarschulreform – nur ein Mittel für Reiche sein könnte.[377] Auch hierzu gelingt ihm kein Lösungsvorschlag.

Abschließend beklagt er Chancenungerechtigkeit aufgrund manipulativer Medien und einer fehlenden Politisierung und Bildung der Bürger. Er sieht die Gefahr, dass Leute aus der Oberschicht Entscheidungen treffen. Er differenziert beide Gruppen mittels Bildung. Leute der Oberschicht haben „ihr Leben lang Bildung genossen"[378] und sorgen nur dafür, selber ein gutes Leben zu haben. Aus seiner Sicht bestimmt die Wirtschaft die Politik, aber es müsse umgekehrt sein.[379] Der Bürger verfügt jedoch nicht über eine ausreichende Bildung[380] und hat daher Angst vor Veränderung, insbesondere suggeriert durch Medien.[381] Jegliche Veränderung assoziiert der Bürger fälschlicherweise mit einer Verschlechterung seiner Lebensverhältnisse. Daher ist Atticus für gesellschaftliche Veränderungen, indem sich der Einzelne bildet und an Diskussionen partizipiert.[382]

Insgesamt lässt sich feststellen, dass Atticus eine sehr elaborierte Politikvorstellung hat, sie jedoch nicht immer *en détail* ausführen kann. Er selbst geht mit den Worten, „Das ist [...] ein unglaublicher Balanceakt"[383], wiederholt darauf ein.

Berücksichtigung sprachlicher Aspekte:
Allgemein lässt sich Atticus' Sprache als abstrakt und punktuell konkret beschreiben.

Metaphern erläutern in seiner Politikvorstellung Mitbestimmung. Atticus beschreibt ein hierarchisches Verhältnis zwischen Bürgern und Mitgliedern der Oberschicht unter teilweiser Zuhilfenahme des durch die Karikatur M3 erzeugten Bildes. Er setzt den Bürger mit einer *Marionette* gleich,[384] da dieser aufgrund fehlender Bildung ein *Geknebelter* bzw. *keine helle Leuchte*[385] ist und daher nur ab nickt, was andere sagen.[386] Daher benötigen wir im *Rahmen von Politik* den Menschen, der *seine Fesseln und Knebeln aufbricht*. Atticus beklagt, dass viele nicht *die Eier* zur Veränderung ha-

376   vgl. ebenda, Zeile 687ff
377   vgl. ebenda, Zeile 723
378   ebenda, Zeile 843 – 4
379   vgl. ebenda, Zeile 207 – 9
380   vgl. ebenda, Zeile 804 – 34
381   vgl. ebenda, Zeile 896 – 905
382   vgl. ebenda, Zeile 1029 – 37
383   ebenda, Zeile 706
384   vgl. ebenda, Zeile 838
385   vgl. ebenda, Zeile 375
386   vgl. ebenda, Zeile 1073 – 77

ben.[387] Obgleich sich der Bürger selber knebelt, wird er auch mit *Zuckerbrot und Peitsche* gelockt[388] und ihm wird mittels Belohnung *Scheuklappe aufgesetzt*.[389] Er verdeutlicht, dass wenn Veränderungen *von oben nicht gewollt sind, wir dies von unten machen müssten*.[390] Mit oben meint er Menschen der Oberschicht, die über den Gefesselten, Geknebelten bestimmen.

Eine metaphorische Beschreibung von oben und unten wendet Atticus auch bei der Unterscheidung zwischen dem politischen System und der politischen Partizipation im Alltag an. Er redet davon, dass Argumente *höhergetragen bzw. nach oben getragen* und damit ins politische System hineingebracht werden sollen.[391] Auch bei der Medienkontrolle redet er davon, dass *oben* ein demokratisches Mittel existieren soll, da Mitbestimmung möglichst vieler eine Notwendigkeit sei.[392]

Die Anwendung von Analogien bezieht sich nicht nur auf die Gestaltung mittels und Mitbestimmung von Politik, sondern auch auf fehlende Bildung, Ausbeutung und einem starken Sozialstaat. So beschreibt Atticus Regeln und Anreize durch den Immissionshandel als typisches Anreizsystem oder die Mineralölsteuer, wodurch das Benzin teurer wird und die Leute weniger Auto fahren.[393] Gestaltung führt er auch anhand der Hamburger Tafel oder des Gängeviertels als künstlerisches Projekt aus. Er schlussfolgert, dass Gestaltung die Veränderung kleiner Wirklichkeiten beinhaltet.[394] Mitbestimmung setzt er mit guter logischer Argumentation und damit Volksentscheiden gleich.[395] Fehlende Bildung erläutert er am Beispiel der Bild-Zeitung, die zu keiner logischen Meinungsfindung beiträgt.[396] Eine klassische Analogie zeigt sich in der Gleichsetzung von Wachstum bzw. Wirtschaftspolitik mit Ausbeutung von Menschen und Ressourcen[397], weswegen Freiheit im neoliberal-kapitalistischen Sinne viel Freiheit für Unternehmen entspricht. Jedem die gleichen Chancen zu geben, setzt er mit der Möglichkeit, Kranken, Behinderten, Arbeitslosen und jungen Menschen ein gutes Leben zu ermöglichen, und damit einem starken Sozialstaat gleich.[398] Gleiche Chancen entsprechen der Würdigung unterschiedlicher Lebenswege, die in jeglicher Form eine wichtige Leistung für die Gesellschaft darstellt wie beispielsweise die Tätigkeit als Bäcker.[399]

---

387   vgl. ebenda, Zeile 1031
388   vgl. ebenda, Zeile 972 – 3
389   vgl. ebenda, Zeile 352 – 3
390   vgl. ebenda, Zeile 961 – 2
391   vgl. ebenda, Zeile 660 – 5
392   vgl. ebenda, Zeile 539
393   vgl. ebenda, Zeile 51 – 7
394   vgl. ebenda, Zeile 68 – 74
395   vgl. ebenda, Zeile 231 – 2; 443
396   vgl. ebenda, Zeile 417 – 9
397   vgl. ebenda, Zeile 172 – 91
398   vgl. ebenda, Zeile 268 – 71
399   vgl. ebenda, Zeile 370 – 83

Quellen der Vorstellungen:
Hinsichtlich der Quellen seiner Vorstellungen[400] verweist er auf seine Zugehörigkeit zur akademischen Schicht aufgrund seiner Eltern. Ferner informiert er sich in Zeitungen, Nachrichten und Bücher, wobei er explizit auf das Buch „Die offenen Adern Lateinamerikas" verweist. Er hinterfragt und diskutiert sehr viel. Er ist in der Grünen Jugend aktiv gewesen und verweist an anderer Stelle auf seine Teilnahme an einer Hausbesetzung.[401]

C.7.1.3. Die Einzelstrukturierung zum Interview mit Atticus

	Konzept: Politik		
	Definition der Kategorie	**Ankerbeispiel**	**Quellen**
+	Politik sind systempolitische Sachen	Ich würde sofort, glaub' ich, sofort eher an so so Sachen denken, so systempolitische Sachen Markt, Wirtschaft, ähm (-) natürlich unser politisches System	0003 – 0005 0036 – 0039 0043 – 0044
–	~~Das Zusammenleben wird von der Politik einfach bestimmt~~	Ich würde auf jeden Fall sagen, dass viel von der Politik auch einfach bestimmt wird.	0013 – 0017
+	Utopie sollte das Hauptziel von Politik sein.	Und ist ja einfach nur n eine Art, wie wir ähm am besten bestimmen, wie wir zusammenleben.	0021 – 0035 0035 – 0036 0044 – 0051
–	~~Politik ist pragmatisch~~	... auch wenn wir im Moment nur ähm pragmatisch und eigentlich ohne Utopien.	0048 – 0049 0098 – 0108
+	Über die Politik regeln	Ähm ja, das ist vielleicht ein bisschen komisch, Regelungen und Anreizsysteme, also dass man viele Dinge über die Politik regelt.	0051 – 0056 0059 – 0060
	Konzept: Mitbestimmung		
	Definition der Kategorie	**Ankerbeispiel**	**Quellen**
+	Gestaltung der Gesellschaft, auch im Kleinen	Oder wenn man, weiß ich nicht, Leute hat, die das Gängeviertel besetzen und da ein künstlerisches Projekt daraus machen. Es ist ja eine Gestaltung der Gesellschaft und dementsprechend politisch.	0051 – 0059 0068 – 0074 0641 – 0658
+	Demokratie, um gute Lösungen zu finden	Das Wichtigste wäre für mich die Demokratie, die Freiheit. Im Endeffekt können wir sagen, niemand von uns hat immer Rech. Und die einzige Möglichkeit,	0153 – 0158

---

400   im Folgenden vgl. ebenda, Zeile 1041ff
401   vgl. ebenda, Zeile 654

	Konzept: Mitbestimmung		
	Definition der Kategorie	**Ankerbeispiel**	**Quellen**
		möglichst gute Lösungen zu finden, ist, möglichst viel zu hinterfragen und aus möglichst vielen Perspektiven zu sehen. Das heißt, man braucht zwangsläufig eine Demokratie, um zu guten Lösungen zu kommen.	0231 – 0233
+	Rep. Demokratie als Balance zwischen Effizienz und Mitbestimmung	Wir versuchen irgendwo in unserer Gesellschaft auch mit der repräsentativen Demokratie, ist ja auch nichts anderes als ein Kompromiss.	0399 – 0413 0706 – 0710
+	Über Volksinitiative Hürden zur Mitbestimmung senken	Wobei Volksinitiativen nichts anderes sind als eine politische Gruppierung wie eine Partei, nur eben zu einem Thema. Und dementsprechend senkt man die Hürden der Mitbestimmung.	0452 – 0454
-	~~Engagement in einer Partei~~	Es ist unglaublich viel Arbeit sich in einer Partei zum Beispiel zu engagieren. Man müsste eigentlich zu jedem Thema immer mitdiskutieren können und es gibt unglaublich viele Treffen und man muss da und da und dann hier eine Plenumsdiskussion und dann muss man sich da irgendwie hochklüngeln.	0454 – 0458
+	Durch Einzelne Argumente hochtragen	Und es muss ja nicht jeder dann in politischer Organisation eintreten und da mitdiskutieren. Aber dass sich diese Argumente auf jeden Fall durch Einzelne, die das in diese Gruppe reingetragen werden können und so hochgetragen werden können	0679 – 0683 0687 – 0692
+	Jeder darf teilnehmen	Doch darf er. Das ist der Grundsatz der Meinungsfreiheit.	0589 – 0590

	Konzept: Teilhabe durch Bildung		
	Definition der Kategorie	**Ankerbeispiel**	**Quellen**
+	Gegenseitige Bildung durch offene Diskussion	Wobei man sich ja in einer Diskussion auch immer gegenseitig, also so lange man offen irgendwie an die Sache ran geht, bildet man sich ja gegenseitig. Es ist ja immer noch Austausch. Ich wirke irgendwie auf dich ein und du wirkst irgendwie auf mich ein.	0564 – 0569 1034 – 1037
+	Bildung und Chancengerechtigkeit hängen zusammen	[Die Wahlbeteiligung in Steilshoop] ist nix, während die Wahlbeteiligung in Blankenese bei 90 Prozent lag. Da sind wir wieder bei der Bildung und bei der Chancengerechtigkeit. Das hängt zusammen. Es werden Leute im Endeffekt aus dem politischen System zwar unbewusst, aber irgendwo ausgestoßen. Sozialbenachteiligte Menschen	0605 – 0617 0754 – 0757 0761 – 0764
+	Dinge zu hinterfragen, ist das wichtigste	Dinge hinterfragen, das wichtigste. Wenn man Dinge hinterfragt, dann sieht man auch relativ schnell, was Scheiße läuft. Man braucht immer Anreize, man braucht Wissen, das gehört dazu. Wenn man viel hinterfragt, dann kommt man auch zu vielen Ergebnissen.	1061 – 1064

	Konzept: Teilhabe durch Bildung		
	Definition der Kategorie	**Ankerbeispiel**	**Quellen**
+	Viel mehr Leute sollen politisch denken	Ich würde gerne, dass viel mehr Leute wirklich politisch denken und dass sie nicht nur sagen, hey, das interessiert mich nicht und damit im Endeffekt einfach nur das, was gerade passiert, irgendwie abnicken, sondern sich wirklich vielmehr damit beschäftigen.	0162 – 0168 0238 – 0240 0562 – 0564 0953 – 0954
+	Wenn wir nicht gebildet sind, sind wir ein geknebelter Bürger	Man braucht philosophische Grundgedanken, dass man zum Beispiel Dinge kritisch nachfragt. Das muss man ja auch lernen. Das ist nicht jemanden in die Wiege gelegt. Natürlich auch die der Zugang zur Information. Wenn wir nicht gebildet sind, politisch auch, dann sind wir ein geknebelter Bürger. Und wenn wir ein geknebelter Bürger sind, dann können wir nur abnicken, was die sagen.	0018 – 0021 0124 – 0129 0133 – 0135 0569 – 0578 0605 – 0606 0677 – 0679 0740 – 0750 0804 – 0805 0813 – 0814 0831 – 0834 0958 – 0962 1073 – 1076
-	~~Gebildete Oberschicht kann machen, was sie will~~	Und das sind die Menschen, die ihr Leben lang Bildung genossen haben. Und nun in der Situation sind, wo sie machen, tun oder lassen können, was sie wollen.	0805 – 0807 0842 – 0844 0854 – 0856 0865 – 0866 0874 – 0876 1076 – 1077

	Konzept: Menschenwürdiges Leben und Chancengerechtigkeit		
	Definition der Kategorie	**Ankerbeispiel**	**Quellen**
+	Abschaffung der Ausbeutung	Mir wäre es zum Beispiel lieber, wenn die USA, Europa teil dieser Schutzwelle, die sie praktisch wirtschaftlich aufbauen, wieder abbauen müssten, auch dem Gemeinwohl, also diesen Zielen zu liebe, dass man jedem Menschen, eine wirklich wirtschaftliche Freiheit und auch menschenwürdiges Leben zu sichern.	0172 – 0175 0195 – 0206 0228 – 0230 0259 – 0267 0293 – 0296
+	Einschränkung der	Und ich denke, dass es auch in einem wirtschaftlichen	0311 – 0320

Konzept: Menschenwürdiges Leben und Chancengerechtigkeit		
Definition der Kategorie	**Ankerbeispiel**	**Quellen**
wirtschaftlichen Freiheit für mehr Chancengerechtigkeit	Sinne passieren muss, damit der Mensch damit gerade die diese ersten beiden Punkte des, also, dass jeder Mensch die Chance hat, sich zu entfalten, und dass jeder Mensch ein menschenwürdiges Leben führen kann, gesichert sind.	
+ Mit der Umwelt im Einklang leben	Jeder sollte ein menschenwürdiges Leben haben. Und man muss die Umwelt natürlich dabei beschützen, mit der Umwelt im Einklang leben.	0175 – 0184
+ Bildung und anspruchsvolle Aufgaben statt Profit	Ich würde gerne sehen, dass Profit nicht mehr das Wichtigste ist in der Gesellschaft. Dass Leute nicht nach der Profitmaximierung bewertet werden. Das das nicht das Wichtigste in unserer Gesellschaft ist.	0185 – 0191 0340 – 0356
+ Demokratie bestimmt über die Wirtschaft	Wobei mir vor allem wichtig ist, dass der Staat, also die Politik, die Demokratie über die Wirtschaft bestimmt. Und nicht wie es im Moment ist, dass die Wirtschaft über die Demokratie bestimmt.	0207 – 0209 0238 0778
+ Jedem Menschen möglichst gute Entfaltungsmöglichkeiten geben	Gleiche Bedingungen heißt nicht, dass alle dasselbe durchlaufen müssen. Das heißt, dass du möglichst vielfältige Bedingungen hast, um jeden Typen Mensch auch die möglichst gute und dem dementsprechend gleiche Entfaltungsmöglichkeit gibst, in dem Bereich, in dem er gerade stark ist.	0370 – 0378
+ Grundsicherung, die ein menschenwürdiges Leben sichert	Man muss es natürlich in einem Bereich ansiedeln, dass ein gutes Leben gesichert ist, aber eben auch ein simples Leben. Der Mensch hat immer Verlangen nach mehr. Dementsprechend würde er, denke ich, auch arbeiten	0267 – 0277 0334 – 0340

Konzept: Volksentscheide		
Definition der Kategorie	**Ankerbeispiel**	**Quellen**
+ Über Volksentscheide Mitbestimmung erzeugen	Aber da gibt es ja viele Möglichkeiten, da gibt es viel Spielraum, man kann auch über Volksentscheide zum Beispiel Mitbestimmung erzeugen.	0413 – 0415 0443 0447 – 0448 0459 – 0464 0641 – 0642 0671 – 0673 0702
? Unklare Limits bei Volksentscheiden	Wie genau man da die Limits setzt, zum Beispiel wie viele Leute einen Volksentscheid unterschreiben müssen kann ich jetzt hier nicht sagen auf den Menschen genau.	0710 – 0712
+ Gewisse Finanzierung von Volks-	Man braucht natürlich eine Finanzierung des Ganzen, dass es nicht von der Wohltätigkeit einiger Reicher	0723 – 0728

	Konzept: Volksentscheide		
	Definition der Kategorie	**Ankerbeispiel**	**Quellen**
	entscheiden	abhängig ist. Die Schulreform war ja maßgeblich aus Blankenese finanziert. Dass wir nicht in so eine Situation kommen.	
+	Geringe Hürden bei Volksentscheiden	Dann geringere Hürden und dann muss zum großen Volksentscheid kommen können.	0458 – 0459 0716 – 0719 0726 – 0728
+	Volksentscheid muss Bürgern, die Möglichkeit geben, mitzureden	Und da haben wir den Kontrast, die Politiker sagen, „ja, der Bürger ist mündig und soll bei Volksentscheiden mitreden dürfen.", aber er Bürger ist nicht in der Lage, was zu sagen. Also ist die Aussage, Volksentscheid funktioniert nicht, weil der Bürger nicht in der Lage ist, etwas zu sagen.	0804 – 0812
-	~~Volksentscheid gibt der Oberschicht die Möglichkeit, Politik zu formen~~	Volksentscheid ist in einer Gesellschaft, die einer gewissen Oberschicht praktisch die Möglichkeit gibt, sich zu bilden und mitzureden, Schwachsinn, weil es nur ein direktes Mittel dazu ist, den Reichen noch mal ein Hammer zu geben, um die Politik zu formen.	0815 – 0819

	Konzept: Medien		
	Definition der Kategorie	**Ankerbeispiel**	**Quellen**
+	Mitbestimmung über Medien	über Medien natürlich auch.	0415 0464 – 0466
+	Über Medien in ein sehr hohes Manipulationspotential	Für mich sind, wie gesagt, so unglaublich manipulative Medien wirklich ein Dorn im Auge. Aber andererseits muss man Leuten auch die Meinungsfreiheit zu gestehen.	0415 – 0422 0472 – 0474
?	Neutrale Medien für gute Informationen	Man bräuchte im Endeffekt neutrale Medien, was auch unmöglich ist. Man hat überall so ein bisschen die Gradwanderung, man muss den Menschen gute Informationen zugänglich machen.	0422 – 0423 0470 – 0472
?	Kriterien guten Journalismus	Da braucht man andere Kriterien wie guten Journalismus zum Beispiel, wobei natürlich sofort die Frage ist, wer stellt die Kriterien auf.	0508 – 0517
+	Sicherheit für Zeitungen ohne große Verkaufszahlen	Dass man das nicht das wichtigste Ziel ist, die Zeitungen zu verkaufen und deswegen möglichst reißerische Schlagzeilen zu bringen zum Beispiel, sondern dass das Ziel ist, gut zu informieren.	0478 – 0484 0488 – 0489 0506 – 0508
?	Breite Mitbestimmung als Kontrolle guten Journalismus	Je größer die Kompetenz ist, desto größer die Vielfalt in diesem Gremium ist und je größer die Sicherheit dieses Gremiums ist, desto kleiner ist die Chance, dass es groß manipulativ auf die Medien eingewirkt wird. Die Chance ist aber immer da, ja.	0530 – 0531 0535 – 0550

Konzept: Veränderung		
Definition der Kategorie	Ankerbeispiel	Quellen
+ Angstlähmung der Bürger wird erzeugt	Also eine Angstlähmung der Bürger wird erzeugt. So dass sie knietief vor der Schlange immer sitzen und deswegen Angst vor Veränderungen haben und wir deswegen so eine Situation haben.	0909 – 0912 0916 – 0917 0919 – 0925 0970 – 0973 0987 – 0990 0994 – 0998 1002 – 1006
+ Durch Medien wird Angst erzeugt	Aber es wird auch durch die Medien eine große Angst vor Veränderungen erzeugt.	0896 – 0905
+ Veränderung ist nötig	Wir brauchen Veränderung. Politik in welchem Sinne ist der Rahmen, in diese Veränderung geschehen wird.	0948 0952 – 0953 1025 1029 – 1031 1073
+ Veränderung nur durch Bildung	Der einzige Weg, das zu verändern, ist durch Bildung.	0970 – 0971 1008 – 1013 1031 – 1037
+ Freiheit im bürgerlichen statt neoliberalen-kapitalistischen Sinne	Und Freiheit im bürgerlichen Sinne, also Meinungsfreiheit, Pressfreiheit, Bewegungsfreiheit und nicht von der Freiheit im neoliberalen-kapitalistischen Sinne, also dass man mit seiner Firma machen kann, was man will.	0240 – 0244

C.7.2. Tom: „Man hat mehr Erfahrung damit, über Dinge zu entscheiden"

Hier findet sich die Analyse des Interviews mit Tom.

C.7.2.1. Die geordneten Aussagen zum Interview mit Tom

Politik ist etwas Allgegenwärtiges [Zeile 3 – 9; 18 – 19; 30 – 34]
[Beim Wort Politik] denke ich, dass Politik sehr wichtig ist und einfach dazu gehört. Es bestimmt erstens die Gesellschaft, also hat es ziemlich viel Aussagekraft darüber, wie eine Gesellschaft sich untereinander verhält und auch wie Regeln für das gemeinsame Leben bestimmt werden. Dann hat es einen wirtschaftlichen Aspekt, weil es halt Geld und so abwickelt. Ich denke nicht unbedingt an diese Anzugsträger im Bundestag, sondern Politik ist etwas Allgegenwärtiges. Ich habe noch essentiell/ allgegenwärtig aufgeschrieben. Ich denke, dass es trotzdem was Wichtiges ist. Poli-

tik verbinde ich nicht mit diesen Politikern, sondern dass man einfach eine eigene Meinung hat und man sich für das gesellschaftliche Miteinander interessiert und gestalten will.

Leere Worte [Zeile 19 – 30]
Ich habe auch leere Wort dazu aufgeschrieben, weil ich finde, was man in den Medien, sei es Nachrichten, eine politische Sendung oder eine Talkshow, sagen die etwas, was man sich eigentlich in 20 Minuten vor Sendung vorbereiten kann. Man merkt nicht wirklich, dass es Experten sind. Es ist auffällig, dass Politiker sich oft nicht so darstellen, als ob sie einfach probieren wollen, die Leute mit einfachen Argumenten zu überreden. Sie denken, dass sie die Leute dadurch einfach erreichen. Es ist sehr unwahrscheinlich, dass sie es nicht besser wissen. Es ist eher so, dass sie die Leute besser erreichen wollen.

Sind das Volk und die Politik nicht so extrem voneinander abgekoppelt [Zeile 38; 480 – 495; 744 – 752; 762 – 781; 1208 – 1211]
Dann spielen auch Debatten/ Diskussionen mit rein. [Mit seriöser Politik meine ich] die Klasse der Politiker. Manche Menschen fühlen sich davon abgeschreckt, weil sie nicht zu der Riege der Anzugträger gehören und sie deswegen immer denken, dass Politik zwingen damit verknüpft ist, dass man Anzug trägt und im Bundestag sitzt und redet, aber das ist nicht so. Diese Leute, die jetzt für unpolitisch gehalten werden, würden sich bei Volksentscheiden deutlich mehr beteiligen, weil man öfter abstimmen kann. Wenn man alle vier Jahre abstimmen kann, dann ist es oft so, dass du dich, also für manche Leute ist es so, dass du bis 22 nie wählst. In den ersten 22 Jahren deines Lebens beschäftigst du dich kaum mit Politik und wenn, dann nur in der Schule. Wenn man so was in der Schule lernt, dann heißt es nicht unbedingt, dass man was positives damit verknüpft, weil ziemlich viele Leute die Schule nicht so gut finden und dann alles, was in der Schule ist, nicht so gut finden. [Damit Volk und Politik nicht voneinander abgekoppelt sind, sind Volksentscheide eine Variante.] Der Volksentscheid trägt dazu bei, dass sich Leute mehr mit der Politik identifizieren. Mal gucken, ob die Leute in meinem Parlament auch Anzüge tragen. Wenn die Leute mehr einbezogen werden, sind das Volk und die Politik nicht so extrem voneinander abgekoppelt. Jetzt ist es so ein bisschen, dass man die Leute wählt, die dann alles entscheiden. Wenn man selber mitentscheidet, wird es wahrscheinlich immer noch eine Klasse von Politikern geben. Es ist nicht immer was negatives, wenn es verschiedene Klassen in einer Gesellschaft gibt. Man wird es auch nicht ganz verhindern können. [Eine weitere Möglichkeit für die Aufhebung der Trennung zwischen Politiker und Volk außer Volksentscheide wäre] öffentliche Diskussion. Allerdings ist das dann eine Wahlveranstaltung, also eine optionale Veranstaltung, wo nicht jeder hingehen muss. Das wäre auch ein bisschen zu harsch, zu extrem, wenn man das als Pflichtveranstaltung gestalten würde. Viel-

leicht sollte man Fernsehformate, die wir jetzt schon haben, so gestalten, dass mehr Leute diese gucken. Das wird jetzt auch ein bisschen gemacht. Politische Sendungen laufen nicht nur auf ARD, ZDF, NDR, sondern auch ProSieben, wobei das auch ein bisschen lala ist. Man könnte vielleicht mehr normale Leute einladen, die darüber diskutieren, also nicht nur Politiker. Stefan Raab hat so eine Sendung. Er lädt immer eine relativ normale Person ein. Das ist auch keine normale Person, sondern irgendein Prominenter, der auch mitdiskutiert. Aber vielleicht diskutieren auch mehr Personen, die nicht unbedingt Politiker sind, weil sich dann Leute vielleicht noch mehr damit identifizieren können. Dadurch, dass den Leute die Politik näher gebracht werden würde, fühlen sie sich nicht mehr so entfremdet von dieser Riege von Anzugsträgern, sondern interessieren sich wirklich dafür und es wird für jeden etwas Alltägliches.

Jugendliche und Politiker haben eine andere Vorstellung von Politik [Zeile 58 – 62; 87 – 98; 103 – 110; 114 – 116]
[Es ist nicht so, dass sich Politiker nicht richtig vorbereiten.] Es wirkt ein bisschen so, als wenn sie ihre eigene Gesellschaftsschicht nicht unbedingt so rüber bringen, dass es für jeden interessant ist und deswegen interessieren sich Jugendliche zum Teil nicht so wirklich für Politik. Besonders Jugendliche können sich meistens nicht mit Politikern identifizieren. Jugendliche sehen Politik ein bisschen anders als dieses Anzugsträgergeschäft, also wenn sie für sich selber politisch sind. Für Jugendliche ist es eher etwas Alltägliches. Man redet mal darüber. Jugendliche und Politiker haben eine andere Vorstellung von Politik. Für mich ist es eben dieses Allgegenwärtiges, eine eigene Meinung haben. Bei Erwachsenen hat Politik eher einen offiziellen Charakter. Ich kann nur für mich sprechen und es gibt auch Jugendliche, die sich überhaupt nicht für Politik interessieren. Ich sehe es so, dass Jugendliche lockerer mit dem Thema umgehen. Es ist auch mehr in der Freizeit verankert. Wenn man sich mit Freunden unterhält, unterhält man sich auch mal über politische Themen. Man hat eine Meinung dazu, aber es ist nicht so, dass man konkret in eine Partei eintritt oder sich dafür einsetzt. Es ist auch nicht so, dass man immer so formelle Diskussionen halten muss, sondern dass man nebenbei darüber redet. Erwachsene nehmen das Thema Politik ernster, aber nicht ernster wie Jugendliche. Sie beschäftigen sich damit anders.

Kommunismus kann nur funktionieren, wenn alle mitspielen [Zeile 148 – 151; 168 – 171]
[Bei der Gestaltung von Politik auf meinem Planeten] ist Kommunismus eine relativ gute Alternative. Das geht leider auf der Erde nicht, weil die Menschen nicht mitspielen. Das ist aber immer dann schwer, wenn jemand nicht mitspielt, denn Kommunismus kann nur funktionieren, wenn alle mitspielen. Wenn das so auf dem Planeten wäre, wäre es gut. Sobald man jemand unterdrücken muss, kann man das System nicht mehr rechtfertigen.

Ich wäre wahrscheinlich der Herrscher [Zeile 159]
[Auf meinem Planeten] wäre ich wahrscheinlich der Herrscher.

Wenn ich der Herrscher bin, wäre es ja sozialistisch [Zeile 167]
Der Planet soll kommunistisch sein oder, wenn ich der Herrscher bin, wäre es ja sozialistisch.

Kein egoistisches System aufbauen, sondern wo Gleichheit gesichert ist [Zeile 159 – 163; 1200 – 1203]
Ich würde aber kein egoistisches System aufbauen, sondern wo Gleichheit gesichert ist. Da gibt es verschiedene Möglichkeiten: Man kann das demokratisch und dann mit einem Grundgehalt regeln. Vielleicht würde ich noch nicht mal Geld einführen. Wenn ich auf meinem Planeten ein eigenes politisches System einführen würde, würde ich dafür sorgen, dass die Meinung des Volkes und mehr soziale Gerechtigkeit berücksichtigt werden, zum Beispiel durch ein Grundgehalt.

soziale Gerechtigkeit, also dass es allen Menschen gut geht [Zeile 184 – 188]
[Eine meiner Kriterien guter Politik,] soziale Gerechtigkeit, ist eindeutig, also dass es allen Menschen gut geht. Es wird immer eine Armutsgrenze geben, weil man sie ausrechnet, aber niemand soll unter der Armutsgrenze leben, also niemand soll, wie wir es hier in Deutschland haben, auf der Straße leben.

Mit einem Grundgehalt kann man sich das Grundlegende leisten und auch was dazu verdienen [Zeile 192; 194 – 197; 297 – 307]
[Mit dem Grundgehalt] könnte man ein Leben unterhalb der Armutsgrenze zum Beispiel regeln. Man muss sich etwas erarbeiten und daher wäre das Grundgehalt besser. Mit einem Grundgehalt kann sich jeder das Grundlegende leisten und man kann auch was dazu verdienen. Allerdings bin ich mir nicht sicher. Da überlege ich manchmal. Ich denke manchmal darüber nach, ob es so ist, dass manches auch angeboren ist. Es gibt bestimmt Leute, die von Geburt aus nicht so intelligent sind; nicht die Möglichkeit haben, Leistung zu erbringen. Da überlege ich, weil es einen philosophischen Hintergrund hat, ob es gerechtfertigt ist, dass diese Leute ein schlechteres Leben haben, weil sie nicht die Möglichkeit haben, von Geburt an diese Leistung zu erbringen. Sie können eigentlich nichts dafür, wie sie geboren sind. Das würde vielleicht dafür sprechen, dass es gleiches Geld für alle oder kein Geld gibt, also die extreme Variante. Aber mit dem Grundgehalt hat jeder immerhin die Chance, ein gutes Leben zu führen.

Das Grundgehalt eine relativ gute Alternative [Zeile 192 – 194; 204 – 224]
Man führt überhaupt gar kein Geld ein. Das ist aber etwas kompliziert. Das kann ich mir jetzt gar nicht so wirklich vorstellen, wie das dann funktioniert, weil Geld

doch wieder dazu gehört. Die Schwierigkeit ist folgende: Wenn wir kein Geld hätten und ich in den Supermarkt gehe, kann ich mir eigentlich alles einfach aus dem Regal nehmen. Das wird sehr schnell unübersichtlich. Dass es Bertrieben Geld kostet, Sachen herzustellen, kann man nicht abstreiten. Wenn es kein Geld gäbe, würde das nicht so sein, aber warum sollte dann jemand noch Dinge produzieren? Das wird mit der ganzen Abfertigung ziemlich kompliziert. Wenn ich außerdem mir alles einfach so holen kann, verliert es seinen Reiz. Es gehört irgendwie dazu, dass man sich was erarbeitet hat. Gebe ich in meiner Freizeit Nachhilfe, kann ich mir dafür etwas leisten. Wenn es kein Geld gäbe, würden Leute wahrscheinlich nicht mehr arbeiten. Deswegen finde ich das Grundgehalt eine relativ gute Alternative, weil es vielleicht am Anfang so ist, dass Leute erst weniger arbeiten, weil sie denken, sie hätten das Grundgehalt. Aber spätestens nach einer Generation ist es zum Normalzustand geworden, dass man dieses Grundgehalt hat. Dann wird sich die Gesellschaft so anpassen, dass man wieder mehr haben will und trotzdem wieder anfängt, zu arbeiten.

Grundgehalt jedes Jahr neu bestimmen, an dem, was man braucht, um zu leben [Zeile 238 – 247; 255 – 262]
[ich sehe mit dem Grundgehalt die Gefahr, dass manche vielleicht nicht mehr arbeiten.] Die Gefahr ist natürlich auch, dass sich mit der Zeit die Preise nach oben anpassen. Das würde natürlich dem Sinn des Grundgehalts nicht entsprechen. Jeder bekommt das Grundgehalt statt Hartz IV, also ungefähr das Dreifache, vielleicht bei 1000 Euro. Die Mieten werden dann drei Mal teurer und das Essen wird drei Mal teurer und schon hat man das ganze ausgeglichen. [Wie die Anpassung der Preise beim Grundgehalt zu verhindern sei,] ist eine gute Frage. Das ist die Frage, inwieweit man in den Markt eingreifen kann, weil man vielleicht das Grundgehalt an der Inflation anpassen müsste, also man müsste Studien durchführen und das Grundgehalt jedes Jahr neu bestimmen, an dem, was man braucht, um zu leben.

Es gibt gleiche Chancen und möglicherweise sogar gleiche Ergebnisse [Zeile 294 – 297; 323 – 335; 340 – 341; 350 – 367; 379 – 390; 403 – 408]
Es gibt gleiche Chancen und möglicherweise sogar gleiche Ergebnisse. Chancengleichheit und möglicherweise sogar gleiche Ergebnisse könnten auf meinem Planeten zusammenspielen, weil die Chancengleichheit relativ präsent sein sollte, wenn es allen Leuten gut geht. [Chancengleichheit zwischen Eltern mit einem Grundgehalt und Eltern, die sowohl das Grundgehalt und ein zusätzliches Einkommen haben herzustellen, gelingt] definitiv auf dem Bildungsweg wie kostenlose oder sehr kostengünstige Nachhilfe. Man muss natürlich gucken, wie der Staat das alles finanzieren kann, aber gehen wir jetzt mal davon aus, dass es möglich ist. Es soll auch keine Studiengebühren geben. Definitiv ist es wichtig, Privatunis zu unterdrücken. Aber man müsste zumindest dafür sorgen, dass die staatlichen Uni mit diesen Privatunis

mithalten können, also nicht, dass man einen Vorteil am Ende dadurch hat, dass man irgendwie zehntausende Euro im Jahr bezahlt, dass man einen Abschluss von einer zertifizierten Privatuni, die irgendwie ein hohes Ansehen in der Wirtschaft hat, sondern dass jeder sich eine gute Bildung leisten kann. Den Kindern wird durch Nachhilfe geholfen, falls sie Schwächen haben. Die Eltern haben die Chance, sich Nachhilfe für das Kind zu leisten. [Die Herstellung von Chancengleichheit bei Erwachsenen, die nur das Grundgehalt haben, und Erwachsenen, die das Grundgehalt und ein zusätzliches üppiges Einkommen haben,] ist schwer, weil die Chancengleichheit dadurch geebnet wird, dass der Bildungsweg gegangen wird. Das wären die Erwachsenen, die ich mit rüber nehme. Wenn sie schon auf meinem Planeten aufgewachsen sind, hatten sie die Chance gleich am Anfang. Es gibt natürlich eine Generation, die sich vielleicht opfern muss, damit es den anderen besser geht. Bei Erwachsenen würde ich es eigentlich so sehen, dass sie die Chance hatten. Natürlich ist Chancengerechtigkeit das Problem. [Kinder haben auf dem Bildungsweg alle Chancen zu nutzen, um das Abitur und ein Studium zu machen, aber wenn sie die Chancen nicht nutzen, haben sie als Erwachsene Pech gehabt.] Das ist natürlich schwierig, weil man als Kind oft Sachen nicht vorausschauend macht. Aber da wären auch die Eltern gefragt, dass sie dem Kind helfen. Man muss das irgendwie regeln. Das ist natürlich schon kniffelig. Allerdings wird es nie ein perfektes System geben, das vollkommen und ohne Makel funktioniert. Wenn man das so regelt, gibt es schon eine höhere Erfolgsquote. Das gleiche Ergebnis wäre, dass die Leute nicht gleich sind, sondern dass sie die gleichen Möglichkeiten haben. Das wäre natürlich Kommunismus, aber das ist eher so ein vager Punkt. Wenn man die gleichen Chancen hat, gibt es eine höhere Möglichkeit, dass es den Leuten ähnlich gut geht. Vielleicht wäre eher ähnliches Ergebnis angebracht. Gleiches Ergebnis ist utopisch.

In Deutschland soll Chancengleichheit theoretisch geben [Zeile 283 – 294]
Momentan ist es so, dass es in Deutschland Chancengleichheit theoretisch geben soll. Allerdings funktioniert das nicht so wirklich, weil es einfach einen Unterschied macht, ob du in einer armen oder reichen Familie aufwächst. Es macht aber auch einen Unterschied, ob man zum Beispiel in einer Familie mit Migrationshintergrund aufwächst oder nicht, weil die Eltern zum Teil nicht wirklich Deutsch können und dann ist das Aufwachsen schwieriger für das Kind. Dafür kann das Kind aber eigentlich nichts. Und deswegen gibt es diese Chancengleichheit nicht unbedingt.

soziale Marktwirtschaft einführen, die aber den sozialen Aspekt [Zeile 367 – 369]
Ich will keinen Kommunismus einführen, weil es dadurch mehr Probleme gibt. Man sollte eher eine soziale Marktwirtschaft einführen, die aber den sozialen Aspekt noch mehr unterstützt.

Alle Meinungen müssen berücksichtigt werden [Zeile 418 – 435; 439 – 457; 467 – 476]
Alle Meinungen müssen berücksichtigt werden. Das ist natürlich ein bisschen
schwierig, aber in unserem System ist es ein bisschen so, dadurch dass alle vier
Jahre gewählt wird und die Politiker die Macht für sich haben, kommt die Meinung
der Bevölkerung manchmal bisschen zu kurz, weil wir zum Beispiel momentan
keine Volksentscheide auf Bundesebene haben. Das sehe ich ein bisschen kritisch,
weil die Politiker, die wir gewählt haben, keine wirkliche Pflicht haben, sich an
etwas zu halten, wie zum Beispiel Angela Merkel. Als sie gewählt wurde, verspricht
sie die Atomzeitverlängerung, dann entschiedet sie nach Fukushima, das ganze
wieder umzudrehen, was ich persönlich gut fand, aber was natürlich nicht unbedingt die Meinung der Wähler, also der Leute, die sie gewählt haben, entspricht. Das
muss man natürlich auch berücksichtigen. Sie hat dabei die Meinung ihrer Wähler
komplett vernachlässigt, was nicht geht, auch wenn das Ergebnis vielleicht – nach
meiner Meinung – gut war. Aber es geht nicht, dass sie die Meinung ihrer Wähler
vernachlässigt und deswegen hätte es einen Volksentscheid geben müssen, der
wahrscheinlich zum selben Ergebnis geführt hätte. Wir wären auch ausgestiegen.
Wir hätten nach Fukushima einfach einen Volksentscheid gemacht und dadurch
hätten wir das gleiche Ergebnis gehabt. Es wäre aber mehr durch das Volk legitimiert gewesen. Deswegen würde ich auf jeden Fall deutlich mehr Abstimmungen
machen, wobei es bei Abstimmungen auch immer diese Leute gibt, die sagen, dass
es so viele unpolitische Leute gibt, die nicht wirklich darüber urteilen können. Deswegen haben wir die repräsentative Demokratie, bei der man die Verantwortung an
Leute abgibt, die sich intensiv damit beschäftigen. Aber auch wenn es Leute gibt,
die nicht so die Weitsicht haben, sollten sie trotzdem das Recht haben, ihre eigene
Meinung durchzusetzen und bei einer Volksabstimmung zu vertreten. Deswegen
würde ich auf dem Planeten auf jeden Fall Volksabstimmungen durchführen oder
mir zumindest die Meinung der anderen anhören und sie berücksichtigen. Natürlich
will man dabei auch immer die Meinung der Minderheiten berücksichtigen. Das ist
aber immer so eine Sache, weil es natürlich deutlich wichtiger ist, die Meinung der
Mehrheit zu berücksichtigen, weil es mehr Leute sind. Da müsste man gucken,
inwiefern man das vereinbaren kann. [Bei Volksentscheiden gibt es auch Leute, die
unpolitisch sind,] wobei ich mit unpolitisch meine, dass sie sich nicht für diese
seriöse Politik interessieren. Ich glaube, dass jeder Mensch zu gewissen Sachen eine
Meinung hat, also ich würde schon sagen, dass jeder Mensch zum Beispiel zum
Thema Soziale Gerechtigkeit eigentlich eine Meinung hat, auch wenn er sie jetzt
nicht öffentlich vertritt und weil er sich vielleicht von diesen ganzen seriösen Politikern irgendwie abgeschreckt fühlt. Aber ich würde sagen, dass eigentlich jeder
Mensch eine Meinung hat.

Dass man zum Teil erst sehr spät wählen kann [Zeile 504 – 510]
[Trotz des Wahlrechts ab 18 rede ich von 18 Jahren.] Ich werde für die Bundes-
tagswahl drei Wochen zu spät 18. Ich meinte nur, dass es so ist, dass man zum Teil
erst sehr spät wählen kann. 18 ist natürlich schon spät, aber 22 ist noch vier Jahre
später.

*würde ich auf 16 Jahren oder tiefer runtersetzen [Zeile 514 – 518; 522 – 514; 561 – 566; 570
– 581; 596 – 602; 618 – 628; 653 – 657]*
[Das Wahlrecht] würde ich auf 16 Jahren oder tiefer runtersetzen. Keine Ahnung,
warum auf 16 Jahren. Letztendlich ist es auch wieder eine Grenze und irgendwann
wird diskutiert, warum 15jährige noch nicht wählen dürfen, aber irgendeine Grenze
muss es geben. Mit 16 kann man seinen Realschulabschluss machen. 18 ist auch auf
Abiturienten ausgelegt und natürlich auf die Volljährigkeit, allerdings kann man mit
16 seinen Realschulabschluss haben und dadurch dieses Kinderleben, das Schulleben verlassen und eine Lehre beginnen und damit in die Berufswelt einsteigen.
Dann ist man direkt betroffen von allen möglichen Entscheidungen. Ehrlich gesagt,
ist man auch schon direkt davor betroffen. Aber gerade deshalb sollten Schüler
bereits vermehrt auch über bildungspolitische Themen abstimmen können. Den
Schülern betrifft das vielleicht nicht mehr, weil sie schon im Abiturjahrgang sind,
aber sie sind trotzdem mehr in der Materie, weil sie in der Schule sind. Sie wissen
mehr, wie es da aussieht und dann hat man sozusagen nicht nur die Lehrerseite in
den politischen Abstimmungen vertreten, sondern auch die Schülerseite. Lehrer
dürfen sowieso abstimmen, weil sie erwachsen sind und Erwachsene urteilen jetzt
über die Schulpolitik und es fehlt die Meinung der Kinder. Der Realschulabschluss
war nur ein neuer Richtwert dafür, wie man das Wahlrecht ab 16 und nicht ab 14
begründen könnte. Mit 14 ist man noch nicht unbedingt soweit, dass man wirklich
über politische Themen urteilen kann. Mit 16 ist man deutlich weiter. Die meisten
Leute sind mit 16 Jahren deutlich weiter als mit 14, weil der Realschulabschluss mit
16 gemacht wird und dann muss man das bevölkerungsweit anlegen. Die Hauptschüler können nicht ausgeschlossen werden. Bei mir gibt es auch keine Hauptschule wie es jetzt in Hamburg mit Stadtteilschule und Gymnasium der Fall ist. Da hat
jeder mit 16, wenn er nicht abgebrochen hat, den Realschulabschluss. Warum ist
das so? Man müsste einfach eine Studie durchführen und dann urteilen, welches
Alter am besten ist. Vielleicht ist auch 15 oder 17, irgendeine krumme Zahl, ein
gutes Alter. [Dass man in der Lage ist, zu überblicken, was in der Gesellschaft passiert,] ist auf jeden Fall vor 18 der Fall. Es gibt sicherlich auch einige 18jährige, die
nicht soweit sind, aber sobald es eine relativ großen Anteil an Leuten gibt, die soweit sind, sollte man das Wahlrecht einführen, weil ich diese ganze Geschichte, dass
Jugendlich aus Spaß die NPD wählen, für Gerüchte halte. Niemand, den ich kenne,
würde das machen. Ich bin zwar auf einem Gymnasium, aber trotzdem würden
Leute nicht aus Spaß die NPD wählen. [Den Hauptschulabschluss bzw. den ersten

Schulabschluss als Kriterium für das Wahlrecht zu nehmen,] darüber weiß ich nicht gut genug Bescheid. Man schreibt am Gymnasium die Realabschlussprüfung in der zehnten Klasse. Ich denke, dass der schon qualifiziert, aber ich müsste ich jetzt mit dem Hauptschulabschluss beschäftigen. Wenn er ein Jahr früher ist, würde man das so einbeziehen, dass man mit 16 beide in der Tasche hat, also, dass dann Hauptschüler noch ein Jahr warten müssen und die Realschüler gekoppelt ranlässt. [Das Wahlrecht] könnte man bildungspolitisch so koppeln, dass man dazu besonderen PGW-Unterricht macht, also dass man die Schüler noch mal darauf vorbereitet, in dem Jahr statt zwei vier Stunden politischen oder wirtschaftlichen Unterricht oder was auch immer einführt, sodass man die Schüler darauf vorbereitet, in das Wahlleben einzusteigen.

Wenn Leute die NPD wählen wollen, dann haben sie das Recht in der Demokratie [Zeile 602 – 605; 610]
Das klingt jetzt doof, aber wenn Leute die NPD wählen wollen, weil sie davon überzeugt sind, dann haben sie das Recht in der Demokratie, weil wir die Partei nicht verboten haben. Das ist kein Argument, um das Wahlrecht ab 16 zu verbieten. [Eine Partei zu wählen,] muss erlaubt sein, wenn sie nicht verboten ist.

Ich finde die repräsentative Demokratie suboptimal [Zeile 667 – 675]
[Ich wünsche mir keine beständige Politik von Politikern,] deswegen finde ich die repräsentative Demokratie suboptimal, weil es die Möglichkeit gibt, dass sie beständig bleibt, was aber auch nicht immer angemessen ist, weil manche politische Sachen es einfach erfordern, dass man seine Meinung ändert. Es war richtig von Angela Merkel, dass sie den Atomausstieg abgeschafft hat. Ich war auch im vorneherein dafür, dass man das abschafft, aber war richtig von ihr, dass sie reagiert hat und den Atomausstieg abgeschafft hat. Hätte sie das nicht gemacht, wäre das sehr schlecht gewesen. Aber deswegen finde ich auch, dass man in solchen Fällen eine Volksabstimmung einberufen sollte, damit diese Entscheidung wirklich noch mal von den Wählern legitimiert wird.

Hürden bei dem Volksentscheid [Zeile 675 – 677; 682 – 693; 698 – 702]
Man müsste natürlich gucken, welches Thema groß genug ist für eine Volkabstimmung, weil man nicht über jede kleine Sache eine Volksabstimmung durchführen kann. [Den genauen Unterschied zwischen großen und kleinen Themen zu machen,] ist das Problem. Man könnte dies über Unterschriftensammlung machen, wobei das auch wieder so ist, dass man natürlich dazu bereit sein muss, um Unterschriften für seinen Volksentscheid zu sammeln. Aber vielleicht sollte man nicht Unterschriften sammeln, sondern dass sich Bürger einfach selbstständig melden, wenn sie etwas nicht für richtig halten und – ich weiß nicht, wie viele Leute dort leben – wenn fünf bis zehn Prozent oder zehn bis fünfzehn Prozent der Wahlbe-

rechtigten etwas ändern wollen, dass es dann zur Abstimmung kommt. [Ein wichtiges großes politisches Thema ist ein wichtiges großes politisches Thema, wenn die Gesellschaft sagt, das ist wichtig und wir wollen darüber abstimmen.] Dann müsste man gucken, ob man die Grenze bei einem Viertel, einem Achtel der Wahlberechtigten oder der Bevölkerung ansetzt. Wenn ein Achtel der Bevölkerung sich meldet und sagt, dass sie das ändern wollen, dann würde ich davon ausgehen, dass wahrscheinlich ein Fünftel bis ein Viertel sich wirklich dafür interessieren. Es werden sich garantiert nicht alle melden, die eigentlich etwas ändern wollen.

Handeln nach Utilitarismus ist grundlegend [Zeile 717 – 736; 881 – 886]
Das Handeln nach Utilitarismus ist grundlegend, also dass man nicht egoistisch handelt. Utilitarismus bedeutet, dass man Leid verringert und Glück vermehrt. Man sollte in der Politik für das Volk handeln und nicht für die Wirtschaft. Es gibt ja immer diese Korruptionsaffären nicht nur in Deutschland, sondern in allen möglichen Ländern. So was sollte man unbedingt vermeiden. Man sollte bei Entscheidungen durchgehend für das Volk argumentieren. Man sollte nicht vergessen, dass Demokratie Herrschaft des Volkes heißt und man wirklich die Wünsche des Volkes berücksichtigen soll. Bei uns kommt es manchmal so rüber, dass die Politiker über die Köpfe des Volkes weg entscheiden und sie sozusagen wirklich über das Volk herrschen. Das ist aber eigentlich nicht der Sinn, denn sie sollen das Volk repräsentieren und die Politik für sie nur übernehmen. Man arbeitet einfach auf eine Glücksvermehrung hin. Wenn die Mehrheit der Menschen sagt, es ist eine falsche Entscheidung, ist es eine falsche Entscheidung, weil, wenn die Mehrheit der Menschen etwas will, dann wäre es nach dem utilitaristischen Prinzip für mich richtig, so zu handeln, dass die Mehrheit der Menschen glücklich ist. Wenn sie das wollen, dann würde ich so handeln, dass es passiert. Wenn die Mehrheit des Volkes etwas will, ganz egal, was es ist, dann muss es durchgeführt werden.

Eine Wahlpflicht gibt es bei Grundwahlen, nicht bei jedem Volksentscheid [Zeile 781; 786 – 794; 799; 825 – 831; 836 – 841]
Außerdem könnte man darüber nachdenken, eine Wahlpflicht einzuführen. [Bei einer Wahlpflicht] würde es dann nicht so aussehen, dass man sich nicht enthalten kann, sondern dass man hingehen und da sein Kreuz auf Enthaltung setzen muss, weil es natürlich die Möglichkeit geben muss, sich in einer Demokratie zu enthalten. Aber man muss wenigstens hingehen, weil, wenn man den Schritt macht und hingeht und diesen Zettel vor sich liegen hat, überlegt man sich, ob man vielleicht doch irgendwas anderes wählt, weil es dann nicht mehr oder weniger Aufwand ist. Eine Wahlpflicht gibt es nur bei den Grundwahlen, nicht bei jedem Volksentscheid, sondern dass man einmal in vier Jahren aufsteht und zum Wahllokal geht. Das ist nicht zu viel verlangt. [Bei einer Parlamentswahl] kann man auch per Briefwahl wählen. [Bei Volksentscheiden müssen alle Wahlberechtigten zwingend wählen

gehen.] Aber nicht so, dass es immer so ist. Es gibt einmal diese Hürde bei 15 Prozent. Wenn 15 Prozent der Leute sagen, wir wollen das verändern, dann gibt es den Volksentscheid, der nicht bindend ist. Dann macht man noch eine Hürde, sagen wir mal bei 30, 40 Prozent. Wenn sich wirklich 30 oder 40 Prozent der Bevölkerung über ein Thema beschweren, dann ist dieser Volksentscheid bindend, weil ich nicht glaube, dass sich jedes Jahr irgendwie 30 bis 40 Prozent der Wahlberechtigten wirklich melden und sich über ein besonderes Thema beschweren. [Mit bindend meine ich,] jeder Bürger ist verpflichtet, zur Wahl hinzugehen. Da kannst du ein Kreuzchen bei Ja, Nein oder Enthaltung setzen.

Bildung dazu beitragen, dass Leute von sich aus, sich damit beschäftigen [Zeile 808 – 814]
Aber sonst denke ich nicht, dass man alles als Pflichtveranstaltung gestalten kann. Vielleicht muss auch die Bildung dazu beitragen, dass die Menschen von sich aus, sich damit beschäftigen wollen.

Selbstloser Diktator [Zeile 854 – 864; 868 – 871; 893 – 895; 926 – 928]
[Als selbstloser Diktator] würde ich wahrscheinlich selber keine Gesetze bestimmen, sondern das ganze eher überwachen. Ich habe das Recht, alles aufzulösen. Aber ich würde es halt nur machen, wenn es aus dem Ruder läuft. Das wäre eigentlich wie unser System. Ich wäre der Bundespräsident, aber dass seine ganzen Fähigkeiten, also dass er alles auflöst, ist eher formell. Dafür gibt es ja das Bundesverfassungsgericht. Das ist vielleicht die Möglichkeit, um ihn ein bisschen größer zu machen. Ich würde davon nicht gebrauch machen und das ganze so nutzen, dass es mir besser geht als allen anderen. Natürlich ist es schon eine Verlockung, das zu machen, aber ich würde sogar denken, dass ich das schaffe, die Macht nicht zu missbrauchen. [Ich habe die Befürchtung, dass ich die Macht missbrauchen könnte,] spätestens wenn es einen Nachfolger gibt. Irgendjemand muss es ja danach machen. Es kann passieren, aber wie ich mir das jetzt vorstelle, würde ich sagen, dass man die Macht nicht missbraucht. [Wenn das Parlament ein Gesetz beschließt, das ich ablehne, aber die Bevölkerung will, muss ich mich unterwerfen.] Ich würde als Diktator mich nicht immer aktiv in die Gesetzgebung einmischen, sondern dass das eher über die Bevölkerung und das Parlament läuft. Solange man selbstlos handelt und keine Entscheidung selber trifft, wird das Volk wahrscheinlich auch nichts machen. Wenn ich was Falsches mache und das Volk will, dass ich zurücktrete, dann würde ich es machen.

Es ist wichtig zum Teil, dass jemand über dem Diktator steht [Zeile 904 – 907]
Es ist wichtig zum Teil, dass jemand über dem Diktator steht, weil eine Diktatur an sich schlecht ist, weil Leute das als Machtmissbrauch benutzen. Ich weiß gar nicht, ob ich der richtige dafür wäre.

Der perfekte Herrscher immer so handelt, dass das Volk entscheidet [Zeile 906 – 917]
Aber das System garantiert auch etwas, wenn jemand da oben steht, der wirklich
selbstlos denkt und sich dem Willen des Volkes unterwirft, weil er so denkt, dass in
einer Demokratie das Volk das Sagen hat. Dann würde ich sagen, dass es diese
Kontrolle nicht braucht, weil der perfekte Herrscher immer so handelt, dass das
Volk entscheidet. Wenn das Volk will, dass ich zurücktrete, dann ist das natürlich
schwer, aber ich müsste es wahrscheinlich machen.

Art Grundgesetz geben, was einfach universell gilt [Zeile 934; 942 – 951; 955 – 957; 961 –
965; 970]
[Eine Mehrheit entscheidet gegen eine Minderheit.] Das heißt, die Minderheit müsste aus dem Land raus? Wir sagen mal, wir Deutschen würden jetzt in Deutschland
alle dafür stimmen, dass alle Ausländer aus Deutschland raus gehen. Das ist kniffelig. Das ist das Problem. [Wenn die Mehrheit gegen eine Minderheit stimmt,] wüsste
ich auch keine Lösung. Ich kann nicht sagen, dass die Minderheit drin bleibt, weil
dann das Volk mich abwählt und noch mal dafür entscheidet. [Eine Art Minderhei-
tenschutz] müsste es geben. Wenn auch dem Planeten keine Länder geben würde,
sondern eine Welt und das wäre in der Region, dann könnte man ja die Minderheit
nicht ausschließen, außer man würde sie töten, was dann aber das Grundgesetz
widersprechen würde, was man irgendwie aufsetzt und doch für jeden eine Pflicht
ist. [Das Volk kann nicht gegen bestimmte Gesetze verstoßen.] Es würde so eine
Art Grundgesetz geben, was einfach universell gilt.

So was geben, wie die Militärpolizei für den Inneneinsatz [Zeile 974 – 975; 979]
[Für die Einhaltung der Gesetze sorgt] die Polizei. Es müsste natürlich auch so was
geben wie die Militärpolizei, was auch immer, für den Inneneinsatz. [Das Militär
und die Polizei befiehlt] die gewählten Militärherrscher, die für die nächsten vier
Jahren nicht abgewählt werden können.

Gerichte, die das Ganze kontrollieren [Zeile 985 – 987]
[Wenn das Volk alles richtig gemacht hat und die Militärherrscher versuchen, irgendwas zu machen,] muss es definitiv Gerichte geben, die das Ganze kontrollieren.
Es wird ja auch eine Verfassung geben. Das ist ähnlich wie hier, also dass es Gericht
gibt, die dann auch gewählt werden müssten.

Es wäre ziemlich viel Wahl für das Volk [Zeile 987 – 989; 997 – 1004]
Mal gucken, ob die direkt vom Volk oder indirekt über das Parlament gewählt wer-
den. Es wäre ziemlich viel Wahl für das Volk. [Bei allem] soll das Volk entscheiden.
Vielleicht könnte man das wieder so regeln, dass das Volk die Möglichkeit hat,
Einspruch zu erheben, falls sie nicht zufrieden sind mit der Wahl. Das gibt wahr-

scheinlich weniger Aufwand, wenn man das Volk einfach immer kontrollieren und nicht entscheiden lässt.

Gesetze entziehen Freiheit und dienen der Freiheitserweiterung [Zeile 1021 – 1024; 1028 – 1029; 1033 – 1049; 1053 – 1055; 1066 – 1068; 1090 – 1091]
[Auf der Karikatur M3 sind] zwei Männer in einem Anzug, die wahrscheinlich Politiker darstellen. Der Bürger ist gefesselt. Sollte das vielleicht die Wahlpflicht darstellen? Ich bin mir jetzt gerade nicht sicher. Sollen die Fesseln vielleicht darstellen, dass er verpflichtet ist, was zu machen? [Oben auf der Karikatur M3 lese ich:] „Schließlich ist der Bürger mündig und soll bei Volksentscheiden mitreden dürfen." Es geht um Volksentscheide. Die Frage ist, soll das der Bürger sein? Der Bürger ist gefesselt. Das könnte einmal heißen, dass er mitreden muss und dass das natürlich die Freiheit entzieht, wenn man mitreden muss. Was würde ich dazu sagen, dass die Wahlpflicht bei Volksentscheiden die Freiheit entzieht? Letztendlich entziehen Gesetze auch Freiheit und dienen aber der Freiheitserweiterung. Es ist so ein bisschen Paradox. Dadurch dass man Freiheit durch Gesetze beschränkt, wird sie erweitert, weil Eigentum geschützt wird. So ähnlich sehe ich das bei einer Wahlpflicht: Du musst zwar zum Wahllokal gehen und dich entscheiden, aber du hast auch mehr Freiheit bei der Entscheidung und deswegen ist der Gang zum Wahllokal das geringere Übel. Das ist ein bisschen überspitzt, aber das ist meistens so bei Karikaturen. Ich sehe das nicht so schlimm, dass man zum Wahllokal gehen muss, um mitzumachen, denn man kann sich ja immer noch enthalten bei einer Wahlpflicht. [Bei einer Wahlpflicht] sehe ich den Freiheitsgewinn, also dass man mitentscheiden kann, größer als den Freiheitsverlust, also dass man hingehen muss. Deswegen wird durch die Aktion Freiheit gewonnen. [Beim Volksentscheid] kann man sich immer noch enthalten. Man kann sich ja auch nicht entscheiden.

Man hat einfach mehr Erfahrung, über Dinge zu entscheiden [Zeile 1109 – 1131]
[Auf der Karikatur M4] stehen Bürger bei einer Demonstration und wollen was. Sie wollen dafür nicht zahlen, und das Leben soll sich nicht verändern. Das lässt sich natürlich nicht vereinbaren. Das ist ein egoistisches Verhalten von den Bürgern. Ich will als Beispiel, dass es den anderen besser geht, aber mir soll es nicht schlechter gehen. Das ist natürlich richtig, dass es Leute gibt, die alles für sich besser haben, aber nie auf irgendetwas verzichten wollen. Erstens kann man das durch eine stärkere politische Bildung verändern. Zweitens legt sich eine solche Auffassung, wenn die Leute Erfahrungen damit haben, bei Volksentscheiden teilzunehmen. Diese Auffassung resultiert daraus, dass sie sich von Politikern bevormundet fühlen. Wenn sie selber entscheiden und bei Volksentscheiden teilnehmen, wird man sich sicher davor irgendwas zu dem Thema durchlesen und man hat einfach mehr Erfahrung, über Dinge zu entscheiden. Die Auffassung der Bürger ist ein Problem, das im Moment existiert, weil wir eben diese Volksentscheide nicht haben. Dieses

Problem wird deswegen auch als Argument dafür gebraucht, diese Volksentscheide nicht einzuführen. Nach einer Übergangsphase von 10 Jahren oder so wird es sich weitestgehend gelegt haben. Letztendlichen müssen sich die Bürger bei Volksentscheiden dafür oder dagegen entscheiden. Das heißt, sie können gar nicht diese differenzierende Meinung einbringen. Wenn sie X wollen und es gibt den Gesetzesvorschlag, sie wollen X und sie müssen dafür zahlen, dann können sie sich dafür oder dagegen entscheiden. Sie müssen abwägen, was ihnen wichtiger ist: Entweder sie wollen es oder sie wollen nicht dafür zahlen. Sie müssen sich entscheiden, ob ja oder nein oder sie können sich enthalten.

nicht diese Möglichkeit haben, Volksentscheide über das Internet abfertigen zu können [Zeile 1140 – 1157]
Das ist ein großes Problem bei Volksentscheiden, dass man Entscheidungen auf eine Ja-Nein-Frage runterbringen muss. Das Problem ist wirklich, dass wir im Moment nicht diese Möglichkeit haben, Volksentscheide zum Beispiel über das Internet abfertigen zu können, was im Moment gehen würde, aber nicht wirklich wünschenswert ist, weil man sich da einfach einhacken kann und alle Ergebnisse irgendwie beeinflussen kann. Das Problem ist, dass man über das Internet es eigentlich so gestalten könnte, dass man verschiedene Gesetzesvorlagen anbietet und man hat zum Beispiel als Volksentscheid nicht Ja oder Nein, sondern man hat vier verschiedene Varianten von der Gesetzgebung, die mit verschiedenen Rahmenbedingungen eingeführt wird. Und man hat die Enthaltungsoption. Das wäre eine Möglichkeit. Oder man macht es halt so, dass man hintereinander über verschiedene Gesetzesvorschläge abstimmt. Aber das würde sehr viel Zeit kosten. Die Bürger wollen abstimmen, entscheiden sich für den Gesetzesvorschlag und dann wollen aber wieder 15 Prozent etwas anderes. Dann muss noch ein Volksentscheid eingeführt werden. Das ist nicht realisierbar, wenn man das über den Gang ins Wahllokal regelt, sondern das wäre nur über das Internet realisierbar, was aber nicht gut ist, weil man sich da einhacken kann.

verschiedene Gesetzesvorschläge entwürft [Zeile 1162 – 1166; 1172; 1180; 1203 – 1207; 1221 – 1233]
[Die Ja-Nein- und Enthaltungsmöglichkeit ist am realistischsten durchzuführen.] Die andere zweite noch realistische Möglichkeit wäre, dass man verschiedene Gesetzesvorschläge entwürft, also dass man bei dem einen mehr dazu sagen muss, beim anderen weniger, weil sich dann wahrscheinlich alle Leute für das weniger entscheiden würden, obwohl es auch einige Leute gibt, die wissen, dass man das auch irgendwie finanzieren muss. [Wenn man das X haben möchte, aber nichts dafür zahlen will, gibt es die Möglichkeit, das große X zu bekommen, aber dafür muss man viel zahlen.] Oder es gibt eine abgeschwächte Version, wo man weniger dafür zahlen muss. [Ihr könnt das kleine X bekommen, aber dafür müsst ihr auch

weniger zahlen.] Oder ihr könnt gar nichts bekommen und alles bleibt beim Alten. Den Demokratiezuwachs würde ich durch Volksentscheide einführen, wobei man gucken muss, wie man die Volksentscheide auslegt, also ob man sie mit Ja- oder Nein-Fragen auslegt oder mit verschiedenen Gesetzesalternativen, über die abgestimmt werden können, weil die Bürger auch sehr differenzierte Ansichten haben und nicht nur für diese Gesetzesvorlage sind, sondern vielleicht auch für eine leichte Abänderung. [Welche der beiden Varianten besser ist, zum einen wo die Bürger eine differenzierte Meinung abgeben können und zum anderen wo sie nur Ja, Nein und Enthaltung haben,] muss man für jedes Thema einzeln überlegen. Im Grundsatz finde ich, die mit den Varianten besser, aber es macht nicht für jeden Volksentscheid Sinn, so eine Variante einzuführen. Es gibt relativ simple Entscheidungen, die natürlich trotzdem wichtig sein können, wo man einfach Ja, Nein, Enthaltung sagen kann, zum Beispiel: Sollen Truppen dahin geschickt werden? Dann gibt es Gesetzesvorschläge wie: Sollen die Atomkraftwerke abgeschafft werden? Wie schnell sollen sie abgeschafft werden? Da kann man verschiedene Varianten anbieten. Grundsätzlich bin ich eher für die Varianten. Auch wenn sie komplizierter ist, spiegelt sie das Meinungsbild der Bürger besser wieder.

Politik nicht mehr wirklich dem Sinn der Demokratie entspricht [Zeile 1189 – 1203]
[Meine Schlussfolgerung aus dem Interview ist,] dass Politik, die heutzutage in Deutschland und auch in vielen anderen Ländern auf der Welt gemacht wird, nicht wirklich mehr dem Sinn der Demokratie entspricht, weil Demokratie Herrschaft des Volkes heißt und die repräsentative Demokratie, die wir haben, nicht mehr dem eigentlichen Sinn der repräsentativen Demokratie entspricht, weil das eigentlich so gemacht wurde, dass die Meinung des Volkes vertreten sein soll. Jetzt ist immer Wahlkampf, wo die ganzen Inhalte ausgepackt und groß getönt werden, damit man gewählt wird. Danach entscheidet man sich eigentlich. Der Koalitionsvertrag wird nach der Wahl ausgehandelt. Das heißt, nach der Wahl entscheidet sich die Regierungskoalition eigentlich darüber, was sie jetzt überhaupt machen will. Das sehe ich kritisch, weil das nicht dem entspricht, dass man die Meinung des Volkes vertritt, sondern eher die eigene Meinung.

C.7.2.2. Die Explikation zum Interview mit Tom

Interpretative Erschließung der Charakteristika der schülerbezogenen Aussagen nebst Widersprüche und Probleme
Toms Politikvorstellungen, basierend auf seinen Lebenserfahrungen, zielen auf eine größere Politisierung des Volks und zu einer breit angelegten Beteiligung, ergänzt um soziale Gerechtigkeit, die er mit einem Grundgehalt erreichen will. Er reflektiert

seine Vorstellungen selbstkritisch und geht von einer längeren Übergangszeit (eine Generation) aus.[402]
Politik ist für Tom essentiell und allgegenwärtig. Politik bestimmt Gesellschaft, die Regeln für das gemeinsame Leben und die Wirtschaft.[403] Politik geht auf die eigene Meinung ein sowie das Interesse und Gestaltungswille für das gesellschaftliche Miteinander.[404]
Ein wichtiger Aspekt ist für Tom das Handeln gemäß dem Utilitarismus, welches grundlegend ist. Hierbei gilt zwar die Macht der Mehrheit, jedoch, um die Minderheit zu schützen, durch eine Art Grundgesetz beschränkt, überwacht von der Militärpolizei und Gerichten. Anhand des Utilitarismus negiert Tom egoistisches Handeln, insofern Leid zu verringern und Glück zu vermehren ist.[405] Die Wünsche der Mehrheit des Volks sollen im Fokus politischer Handlungsprozesse stehen, wodurch es zur Glücksvermehrung kommt: „Ich denke, dass wenn die Mehrheit des Volkes etwas will, ganz egal, was es ist, dann muss es durchgeführt werden."[406] Erst durch die Nachfrage des Interviewers bemerkt Tom die Benachteiligung der Minderheit, die er nach längeren Überlegungen durch die Beschränkung der Macht der Mehrheit ausgleichen will. Die Mehrheit muss sich an eine Art Grundgesetz halten, das universell gilt.[407] Das Grundgesetz wird von einer Militärpolizei überwacht.[408] Das Ganze wird von Gerichten kontrolliert.[409]
In seinem Bestreben, das Glück des Volkes zu mehren, setzt Tom auf eine größere Identifikation des Volkes mit der Politik, indem alle Meinungen des Volkes mittels Volksentscheide berücksichtigt werden, die Altersbegrenzung zum Wahlrecht abgesenkt und eine Wahlpflicht eingeführt wird. Seine Forderung leitet er aus seiner Kritik an bestehenden politischen Verhältnissen ab. Sich selbst als Beispiel nehmend, kritisiert er das Wahlrecht ab 18 Jahren, insofern es dazu führen kann, dass jemand erst mit 22 wählen darf, obwohl er kurz nach einer Wahl 18 geworden ist.[410] Dies führt zu einer Auseinandersetzung mit Politik nur in der Schule, wodurch die betreffende Person eine negative Einstellung zu Politik einnimmt, da er alles aus der Schule kommend ablehnt.[411] Ferner kritisiert er die repräsentative Demokratie, die es Politikern ermöglicht, politische Kehrtwenden ohne den Einfluss der Wähler durchzuführen. So beschloss Angela Merkel nach Fukushima den

---

402 vgl. Transkript zum Interview mit Tom, Zeile 221 – 2
403 vgl. ebenda, Zeile 3 – 9
404 vgl. ebenda, Zeile 30 – 4
405 vgl. ebenda, Zeile 721 – 3
406 ebenda, Zeile 884 – 6; ähnlich äußert sich Tom an anderer Stelle (vgl. Zeile 454 – 7).
407 vgl. ebenda, Zeile 963 – 70
408 vgl. ebenda, Zeile 974 – 9
409 vgl. ebenda, Zeile 985 – 7
410 vgl. ebenda, Zeile 489 – 1; 504 – 10
411 vgl. ebenda, Zeile 491 – 5

Atomausstieg, obgleich sie vorher das Gegenteil versprach.[412] Solche Entscheidungen sollten vom Wähler legitimiert werden. Abschließend kritisiert er an der repräsentativen Demokratie ihre zunehmende Enddemokratisierung. Vor einer Wahl geben Politiker zwar viele Versprechen ab, vereinbaren jedoch in Koalitionsverhandlungen das tatsächliche Regierungshandeln. Dadurch wird nicht mehr die Meinung des Volks, sondern die eigene Meinung durchgesetzt.[413]

Tom will die Probleme mit einer größeren Beteiligung des Volkes begegnen. Öffentliche Diskussionen sollen helfen, die Trennung zwischen Politikern und dem Volk aufzuheben, indem beispielsweise nicht nur Politiker, sondern auch relative normale Personen in politischen Fernsehformaten, anlehnend an die Sendung von Stefan Raab, mitdiskutieren.[414] Die dadurch hoffentlich stärkere Identifikation des Volkes mit Politik will Tom ferner mit Volksentscheiden unterstützen. Am Beispiel des Atomausstiegs erklärt Tom, dass Volksentscheide helfen sollen, die Meinung des Volkes in politische Entscheidungsprozesse einzubinden und stärker zu legitimieren.[415] Erst dadurch werden alle Meinungen berücksichtigt, wobei er sich unsicher zeigt, wie die Meinung der Minderheit zu berücksichtigen wäre. Die Meinung der Mehrheit sei wichtiger.[416] Um das Volk zum politischen Engagement zu bringen, will er eine Wahlpflicht bei Grundwahlen, also bei Parlamentswahlen, einführen, jedoch nicht für jeden Volksentscheid. Bei Volksentscheidend differenziert Tom dergestalt, als jeder zur Abstimmung verpflichtet ist, wenn nur 30 % oder 40 % der Bevölkerung einen Volksentscheid wollen. Dies ist nicht der Fall, wenn 15 % einen Volksentscheid befürworten.[417] Aufgrund der Wahlpflicht soll jeder die Möglichkeit haben, sich enthalten zu können.[418] Das Wahlalter will er auf 16 Jahren herabsetzen.[419] Insgesamt hofft Tom auf Bildung, mit der Menschen zum politischen Handeln angeregt werden sollen.[420]

Selbstkritisch reflektiert er die von ihm vorgeschlagenen Beteiligungsmöglichkeiten. Er teilt nicht die Auffassung vieler, es gebe unpolitische Leute, die unfähig sind, politische Entscheidungen zu treffen; vielmehr sollte jeder, unabhängig seiner politischen Weitsicht, mitentscheiden dürfen.[421] Jeder hätte eine Meinung, obgleich sie unpolitisch sind und/ oder sich nicht für „diese seriöse Art der Politik interessieren."[422] Die Herabsetzung des Wahlalters, welches auch auf 15 oder 17 Jahren ge-

---

412   vgl. ebenda, Zeile 427 – 31
413   vgl. ebenda, Zeile 1189 – 203
414   vgl. ebenda, Zeile 770 – 81
415   vgl. ebenda, Zeile 433 – 42
416   vgl. ebenda, Zeile 454 – 7
417   vgl. ebenda, Zeile 825 – 837
418   vgl. ebenda, Zeile 781 – 94
419   vgl. ebenda, Zeile 514ff
420   vgl. ebenda, Zeile 808 – 14
421   vgl. ebenda, Zeile 446 – 57
422   ebenda, Zeile 467 – 8

setzt werden könnte,[423] begründet er mit der Betroffenheit Jüngerer von politischen Entscheidungen, unabhängig davon, ob sie eine Berufsausbildung beginnen oder das Abitur ablegen.[424] Er empfindet zwar sein Wahlrechtsalter als künstliche Grenze, die aber irgendwo gezogen werden müsse. Ferner glaubt Tom, man sei mit 16 Jahren deutlich weiter als mit 14 und mit dem Realschulabschluss hätte man eine ausreichende Qualifikation, wobei der Abschluss unabhängig vom Wahlrecht sei und die politische Bildung junger Wähler durch verstärkten Politikunterricht verbessert werden könne.[425] Daher könne man mit 16 politische Entscheidungen treffen. Es gebe auch 18jährige, die noch unfähig seien, politisch zu entscheiden, aber viel wichtiger ist die Befähigung der breiten Masse.[426] Außerdem negiert er die Begründung, junge Menschen würden die NPD wählen. Selbst wenn, dürfte jeder jede Partei wählen, so lange sie nicht verboten sei.[427] Er beklagt die zunehmende Anzahl von Wahlen. Er will dem Volk, mehr ein Kontrollrecht als Entscheidungsrecht zu billigen, ohne es näherauszuführen.[428]

Volksentscheide bilden einen wesentlichen Aspekt in seiner Politikvorstellung. Um Abstimmungen über jegliches Thema zu verhindern, sollen die Bürger Unterschriften für eine Volksabstimmung sammeln. Hierbei zeigt er sich unsicher, wo er die Grenze setzt (zehn bis fünfzehn Prozent, ein Viertel, ein Achtel der Wahlberechtigten).[429] Auf die Karikatur M4 Bezug nehmend, kritisiert er zwar das egoistische Verhalten von Bürgern, welches er durch stärkere politische Bildung begegnen will. Viel entscheidender ist aber, dass Tom den Egoismus der Bürger mit der Bevormundung der Politiker begründet. Den Egoismus abzubauen, gelingt mithilfe von Volksentscheiden, wodurch Bürger mehr Erfahrungen haben, politische Entscheidungen zu treffen – nach einer Übergangsphase von zehn Jahren. Gleichzeitig bemängelt er an Volksentscheiden die fehlende Möglichkeit, differenzierende Meinungen einzubringen.[430] Er überlegt zwar, Abstimmungen über das Internet zu ermöglichen, verwirft diese Idee aber aufgrund der Manipulation durch Hackerangriffe.[431] Er bejaht dabei die Möglichkeit, dass anstelle einer Ja-Nein-Enthaltung-Abstimmung verschiedene Gesetzesentwürfe entworfen werden, über die die Bürger abstimmen können. Darin sieht er die Möglichkeit, eine differenzierende Meinungsbildung zu ermöglichen. Er glaubt aber, dies ergibt nicht bei jedem Entscheid Sinn, weil die Frage, ob Truppen zu einem Ort hingeschickt werden soll, mittels Ja-Nein-Enthaltung beantwortet werden könne, jedoch nicht, wie schnell Atomkraft-

---

423 vgl. ebenda, Zeile 578 – 81
424 vgl. ebenda, Zeile 529 – 41
425 vgl. ebenda, Zeile 653 – 7
426 vgl. ebenda, Zeile 529 – 31; 596 – 8
427 vgl. ebenda, Zeile 602 – 605; 610
428 vgl. ebenda, Zeile 987 – 1004
429 vgl. ebenda, Zeile 675 – 702
430 vgl. ebenda, Zeile 1109 – 1131
431 vgl. ebenda, Zeile 1140 – 57

werke abgeschaltet werden sollten.[432] Ihm gelingt dabei keine Reflexion darüber, dass auch zur ersten Frage differenzierte Meinungen möglich sind wie zum Beispiel über die Anzahl und Dauer der Truppenentsendung. Die Einbindung des Volkes zeigt sich bei Tom auch darin, dass der perfekte Herrscher immer das Volk entscheiden lässt.[433] Daher würde er als selbstloser Herrscher zurücktreten, wenn das Volk dies möchte.[434]

Sein Fokus auf das Volk zeigt sich bei Tom auch in seinem Willen, ein auf Gleichheit und sozialer Gerechtigkeit beruhendes System aufzubauen. In seiner Negation eines egoistischen Systems überlegt er, Geld abzuschaffen, verwirft die Idee und favorisiert das Grundgehalt als sinnvolle Alternative,[435] stets mit dem Ziel, Armut nicht abzuschaffen – was er für unmöglich hält –, sondern jedem zu ermöglichen, nicht auf der Straße und damit unterhalb der Armutsgrenze zu leben.[436] Mithilfe des Grundgehalts sollen die Menschen animiert werden, weiterhin zu arbeiten, um sich ein besseres Leben erlauben zu können. Das Grundgehalt soll das Dreifache von Hartz IV, aus seiner Sicht also 1.000 Euro, betragen[437] und jährlich anhand der Inflation als auch von Studien angepasst werden. Beides soll bestimmen, wie viel zum Leben benötigt wird.[438]

Die Einführung eines Grundgehalts begründet Tom philosophisch. Er stellt das Leistungsprinzip in Frage, insoweit bestimmte Leute von Geburt aus keine ausreichende Intelligenz hätten. Es wäre ungerecht, „dass diese Leute ein schlechteres Leben haben am Ende, weil sie einfach nicht die Möglichkeit haben, von der Geburt an diese Leistung zu erbringen, weil sie können ja eigentlich nichts dafür, wie sie geboren sind."[439] Seine philosophische Kritik bezieht er auch auf Deutschland, wo es eine theoretische Chancengleichheit gebe. Für das Kind mache es einen Unterschied, ob er in einer reichen oder armen Familie, ob er in einer Familie mit oder ohne Migrationshintergrund (sprachliche Barriere) aufwächst. „Und dafür kann das Kind ja aber eigentlich nichts."[440]

Sich an dieser Kritik orientierend, zielt Tom auf gleiche Chancen, wenn möglich gleiche Ergebnisse durch Bildung.[441] Chancengleichheit will er mittels kostengünstiger, wenn nicht gar kostenloser Nachhilfe, der Unterdrückung von Privatunis, wobei staatliche Unis qualitativ gleichwertig zu Privatunis sein, und der Abschaffung von Studiengebühren erreichen. Leistungsschwache Kinder und arme Eltern

---

432   vgl. ebenda, Zeile 1162ff
433   vgl. ebenda, Zeile 911 – 2
434   vgl. ebenda, Zeile 917
435   vgl. ebenda, Zeile 159 – 63 sowie 1200 – 3
436   vgl. ebenda, Zeile 184 – 8
437   vgl. ebenda, Zeile 238 – 47
438   vgl. ebenda, Zeile 255 – 62
439   ebenda, Zeile 302 – 4
440   ebenda, Zeile 293
441   vgl. im Folgenden ebenda, Zeile 282ff

sollten die gleichen Chancen haben wie reiche Eltern und leistungsstarke Heranwachsende. Er bezweifelt, ein perfektes System zu schaffen. Er glaubt aber, die
Erfolgsquote erhöhen zu können. In diesem Kontext sieht er die Eltern in der
Verantwortung, ihre Kinder zu Bildung zu animieren, da diese nicht immer vorausschauend denken. Gleichzeitig sieht Tom im Bildungsweg, für jeden die Chance auf
ein besseres Leben, welche auch zu nutzen ist. Seinen Begriff „gleiche Ergebnisse"
präzisiert er mit gleichen Möglichkeiten, da er gleiche Ergebnisse für utopisch hält
und ihn an den Kommunismus erinnert.

Obgleich er den Kommunismus grundsätzlich bejaht, setzt er sich eher für soziale Marktwirtschaft ein. Aus seiner Sicht kann der Kommunismus nur funktionieren, „wenn alle mitspielen. Wenn das so auf dem Planeten wäre, wäre es gut, weil
[...] sobald man jemanden unterdrücken muss, kann man das System, finde ich,
nicht mehr gerechtfertigen [sic]."[442] Sich selbst als Herrscher sehend, will er zunächst den Kommunismus einführen, präzisiert sich dann als sozialistisch[443], lehnt
aber später den Kommunismus ab, da dadurch mehr Probleme entstehen. Er will
eine soziale Marktwirtschaft einführen, „die aber den sozialen Aspekt noch mehr
unterstützt."[444]

Berücksichtigung sprachlicher Aspekte:
Unter Anwendung von Analogien und Metaphern beschreibt er das Verhältnis
zwischen Politikern und der Gesellschaft als auch der Gesellschaft zur Politik. Ferner verwendet er diese sprachliche Mittel für die Beschreibung seiner eigenen Rolle
als selbstloser Diktator. Eine weitere Analogie bezieht sich auf Gesetze.

Zunächst stellt Tom Politiker metaphorisch mit „leeren Worten"[445] als auch
als „Anzugträger"[446] bzw. „Anzugträgergeschäft"[447] abwertend dar. Mittels „leere
Worten" kritisiert er, dass Politiker mithilfe von einfachen Worten versuchen, das
Volk zu überzeugen. Außerdem merke man ihnen gar nicht an, Experten zu sein
und sich sorgfältig auf eine Talkshow vorbereitet zu haben. Mit Anzugträger bzw.
Anzugträgergeschäft kritisiert er nicht nur die Distanz von Politikern zur Gesellschaft, sondern besonders zu Jugendlichen. Aus Toms Sicht fühlen sich viele Menschen abgeschreckt, „weil sie nicht [...] zu der Riege der Anzugträger gehören
[...]."[448] Jugendliche sehen „Politik ein bisschen anders [...] als [...] dieses Anzugsträgergeschäft, also wenn sie jetzt für sich selber politisch sind."[449]

---

442 ebenda, Zeile 169 – 71
443 vgl. ebenda, Zeile 167
444 ebenda, Zeile 369
445 ebenda, Zeile 20
446 ebenda, Zeile 8; 485; 1209 – 10;
447 ebenda, Zeile 89
448 ebenda, Zeile 484 – 5
449 ebenda, Zeile 88 – 90

Die Aufteilung zwischen Politiker einerseits und Gesellschaft bzw. auch Jugendliche andererseits erklärt Tom anhand von Analogien. So sieht er eine „Klasse der Politiker"[450], die in ihrer „eigenen Gesellschaftsschicht"[451] leben. Obgleich er verschiedene Klassen in einer Gesellschaft nicht zwingend negativ sieht[452], haben Politiker und Jugendliche eine andere Einstellung zu Politik. Jugendliche sehen Politik als etwas Alltägliches an, worüber man nebenbei redet und keine formellen Diskussionen führt. Erwachsene – hier verwendet Tom den Begriff „Erwachsene" – sehen Politik mit einem offiziellen Charakter.[453] Jugendliche beschäftigen sich mit Politik anders.[454] Ferner sollen den Menschen Politik näher gebracht werden, sodass eine höhere Identifikation gelingt und „sie [...] sich nicht mehr so entfremdet fühlen von dieser Riege von Anzugsträger."[455]

Er selbst sieht sich als einen selbstlosen Diktator. Wie ein Bundespräsident mit erweiterten Fähigkeiten[456] (Analogie) bestimmt er keine Gesetze, sondern überwacht alles. Er greift metaphorisch nur ein, „wenn es aus dem Ruder läuft."[457] Aufgrund seiner Selbstlosigkeit glaubt er nicht, seine Macht zu missbrauchen. Gleichzeitig lehnt er eine Diktatur ab, da diese zu Machtmissbrauch führe, weswegen er sich fragt, ob er dafür geeignet sei. Daher wäre es gut, wenn – metaphorisch – „jemand drüber steht."[458]

Abschließend verwendet Tom bei Gesetzen eine Analogie in Bezug auf die Wahlpflicht. Diese bezieht sich darauf, dass Gesetze zwar Freiheit entziehen, aber auch erweitern. Daher ermöglicht die Wahlpflicht einen Freiheitsgewinn. Er sieht damit „den Freiheitsgewinn größer als den Freiheitsverlust, also den Freiheitsgewinn dadurch, dass man mitentscheiden kann, größer ist als Freiheitsverlust dadurch, dass man dahin muss."[459]

Quellen der Vorstellungen:
Seine Quellen bezieht Tom zunächst auf Unterhaltungen mit seinem Bruder, der Politik, Wirtschaft und Philosophie in England studiert. Den PGW-Unterricht bezeichnet er nur als ersten Anstoß, aber nicht als wirkliche Quelle. Ferner berichtet er von Unterhaltungen mit seinem Eltern sowie über das Lesen von Artikeln in Zeitungen und im Internet als auch von Wahlprogrammen.[460] Diesbezüglich sind

---

450   ebenda, Zeile 480
451   ebenda, Zeile 59
452   vgl. ebenda, Zeile 751 – 2
453   vgl. ebenda, Zeile 87 – 98
454   vgl. ebenda, Zeile 88 – 9
455   ebenda, Zeile 1209 – 10
456   vgl. ebenda, Zeile 856 – 8
457   ebenda, Zeile 856
458   ebenda, Zeile 904 – 5
459   ebenda, Zeile 1066 – 8
460   vgl. ebenda, Zeile 1261 – 6

seine noch nicht abgeschlossenen Überlegungen über einen Parteieintritt und einem Studium, welches dem Interview thematisch naheliegt, erwähnenswert.[461]

C.7.2.3. Die Einzelstrukturierung zum Interview mit Tom

	Konzept: Politik		
	Definition der Kategorie	**Ankerbeispiel**	**Quellen**
+	Politik ist sehr wichtig und gehört einfach dazu	Eigentlich denke ich, ich denke, Politik ist sehr wichtig zum Zusammenleben und es gehört einfach dazu.	003 – 009 030 – 031
+	Man sich für das gesellschaftliche Miteinander interessiert	Wie gesagt, mit Politik nicht diese Politiker unbedingt verbinde, sondern einfach dass man eine eigene Meinung hat und dass man dazu ticken und dass man, also dass man sich für das gesellschaftliche Miteinander interessiert und das auch gestalten will.	031 – 034
+	Jugendliche sehen Politik anders als dieses Anzugsträgergeschäft	Ich glaube nämlich, dass Jugendliche Politik ein bisschen anders sehen als diese ähm diesen dieses Anzugsträgergeschäft, also wenn sie jetzt für sich selber politisch sind.	058 – 062 087 – 098 103 – 110 114 – 116

	Konzept: Fernsehen		
	Definition der Kategorie	**Ankerbeispiel**	**Quellen**
+	Fernsehformate so gestalten, dass mehr Leute diese gucken	Vielleicht sollte man auch, eher Fernsehformate haben wir jetzt schon, allerdings könnte man die vielleicht, bin ich mir jetzt auch gerade nicht so sicher, so gestalten, dass mehr Leute die gucken.	770 – 781
–	~~Leere Worte~~	Und ähm ich habe auch noch mal leere Worte dazu aufgeschrieben, weil ich finde, dass es, also was man in dem Medien mitbekommt, das ist häufig so, also ich weiß nicht, wenn ich jetzt mal Nachrichten höre oder, also wenn ich Nachrichten höre oder sogar so eine politische Sendung höre, dann denke ich mir oft so, was die da sagen oder auch in Talkshows, was die sagen, dass kann man sich eigentlich in so ne Art 20 Minuten vor der Sendung vorbereiten.	019 – 030

---

461   vgl. ebenda, Zeile 1253 – 6

	Konzept: Kommunismus		
	Definition der Kategorie	**Ankerbeispiel**	**Quellen**
+	keinen Kommunismus, eher soziale Marktwirtschaft, die den sozialen Aspekt noch mehr unterstützt	Also, ich will keinen wirklichen Kommunismus einführen, weil ich glaube, dass es dadurch auch mehr Probleme gibt und dass man deswegen eher so demokratisch ist, also so eine soziale Marktwirtschaft ähm einführt, die aber den sozialen Aspekt noch mehr unterstützt.	367 – 369
+	Planet wäre sozialistisch	Und das dann kommunistisch, oder wenn ich der Herrscher bin, wäre es ja dann sozialistisch	167
+	Kommunismus kann nur funktionieren, wenn alle mitspielen	wobei das halt immer schwer ist, wenn jemand nicht mitspielt, denn Kommunismus kann ja nur funktionieren, wenn alle mitspielen. Wenn das so auf dem Planeten wäre, wäre es gut, weil sobald man jemanden unterdrücken muss, kann man das System, finde ich, nicht mehr gerechtfertigen.	148 – 151 168 – 175

	Konzept: Herrscher		
	Definition der Kategorie	**Ankerbeispiel**	**Quellen**
+	89	Dann würde ich eigentlich sagen, dass es diese Kontrolle nicht braucht, weil, ähm sagen wir, der perfekte Herrscher handelt immer so wie, lässt das Volk entscheiden und ja, okay, wenn das Volk will, dass ich zurücktrete, das ist dann natürlich schwer.	906 – 917 927 – 928
+ /?	ich das schaffe, die Macht nicht zu missbrauchen	Natürlich ist man dann na schon irgendwie wird man dazu. Es ist schon eine Verlockung, das zu machen, aber ich würde denken sogar, dass ich das schaffe. Also, dass ich nicht die Macht missbrauche.	862 – 864 868 – 871 907
+	wichtig zum Teil, dass jemand über dem Diktator steht	Also, ich würde, na ja, ich würde schon sagen, dass das es wichtig ist zum Teil, dass jemand drüber steht, weil ich würde sagen, dass sind, Diktatur an sich natürlich schlecht ist, weil Leute das ähm als Machtmissbrauch benutzen.	904 – 906
+	selbstloser Diktator	Ein selbstloser Diktator Ich denke, aber solange man dann so selbstlos handelt und keine Entscheidung selber trifft, wird das Volk wahrscheinlich auch nichts machen.	849 854 – 862 893 – 895 926 – 927

	Konzept: soziale Gerechtigkeit		
	Definition der Kategorie	**Ankerbeispiel**	**Quellen**
+	können nichts dafür, wie sie geboren sind	nen philosophischen Hintergrund, ob es jetzt gerechtfertigt ist, dass diese Leute ein schlechteres Leben haben am Ende, weil sie einfach nicht die Möglichkeit haben, von der Geburt an diese Leistung zu erbringen, weil sie können ja eigentlich nichts dafür, wie sie geboren sind.	297 – 304
+	soziale Gerechtigkeit ist eindeutig, dass es allen Menschen gut geht	Soziale Gerechtigkeit ist ja relativ eindeutig, also das ist das ist die Menschen allen gut geht, also niemand soll nicht, es wird ja immer eine Armutsgrenze geben.	184 – 188

	Konzept: Grundgehalt		
	Definition der Kategorie	**Ankerbeispiel**	**Quellen**
+	Grundgehalt jedes Jahr neu bestimmen, an dem, was man braucht, um zu leben	Das dann immer die Frage, inwieweit man eingreifen kann in den Markt, weil vielleicht müsste man das Grundgehalt dann anpassen mit der Inflation, also einfach gemessen am, müsste man Studien durchführen und das Grundgehalt dann jedes Jahr neu bestimmen, [...] was man braucht, um zu leben.	238 – 247 255 – 262
+	Grundgehalt hat und trotzdem wieder anfängt zu arbeiten	Und deswegen finde ich eben Grundgehalt so eine relativ gute Alternative, weil es ist vielleicht am Anfang so, als wenn man es einführt, dass sich Leute auch erst mal weniger arbeiten, weil sie denken, ich habe dieses Grundgehalt, aber, sagen wir, spätestens nach einer Generation ist es ja dann zum Normalzustand geworden, dass man dieses Grundgehalt hat und dann wird sich die Gesellschaft auch wieder so anpassen, dass man dann wieder mehr haben will und dass man trotzdem wieder anfängt, zu arbeiten.	219 – 224
+	Mit dem Grundgehalt hat jeder die Chance, ein gutes Leben zu führen	Und das würde dann wieder vielleicht wieder dafür, also die extreme Variante, um das durchzusetzen, wäre, gleiches Geld für alle oder kein Geld, aber mit diesem Grundgehalt hätte man das dann wieder so drin, dass jeder immerhin die Chance hat, ein gutes Leben zu führen.	161 – 162 192 194 – 197 304 – 307 1202 – 1203
-	~~Vielleicht würde ich noch nicht einmal Geld einführen~~	Vielleicht würde ich noch nicht mal Geld einführen.	162 – 163 192 – 194 204 – 215

	Konzept: Chancengleichheit		
	Definition der Kategorie	**Ankerbeispiel**	**Quellen**
+	kein egoistisches System, sondern wo Gleichheit gesichert ist	Ich würde aber kein egoistisches System aufbauen, sondern entweder so eine Art Kommuni, also so was wo relativ viel Gleichheit gesichert ist.	159 – 161
-	~~In Deutschland Chancengleichheit geben soll~~	Momentan ist es ja so, dass es Chancengleichheit theoretisch geben soll in Deutschland, [...] allerdings funktioniert das nicht so wirklich	283 – 294
+	ähnliches Ergebnis ist angebracht. Gleiches Ergebnis ist utopisch	Und vielleicht wäre eher ähnliches Ergebnis angebracht. Also gleiches Ergebnis ist utopisch.	403 – 408
+	nie ein perfektes System geben, das vollkommen funktioniert	Allerdings wird es nie ein perfektes System geben, was vollkommen ohne Makel funktioniert. Und ich denke, dass das wenn man das so regelt, das ist schon eine höhere Erfolgsquote hat.	384 – 390
+	definitiv auf dem Bildungsweg	Also, auf dem Bildungsweg definitiv kostenlose Nachhilfe oder sehr kostengünstige Nachhilfe, das man dann natürlich gucken, wie der Staat das alles finanzieren kann, aber gehen jetzt wir mal davon aus, dass es möglich ist.	323 – 335 / 340 – 341
+	Chancengleichheit dadurch geebnet wird, dass der Bildungsweg gegangen wird	das ist natürlich schwer, weil diese Chancenheit gleichheit eigentlich dadurch geebnet wird, dass sie dass der Bildungsweg da gegangen wird und [...] das, das wäre sozusagen die Erwachsene, die ich mit rüber nehme oder weil eigentlich sonst wenn die schon aufgewachsen sind, hatten sie ja Chancen gleich am Anfang.	350 – 367 / 379 – 384
+	Chancengleichheit relativ präsent sein sollte, wenn es allen gut	Und ich habe mir jetzt aufgeschrieben, möglicherweise sogar gleiche Ergebnisse, allerdings könnte auf meinem Planeten diese beiden Dinge zusammenspielen, weil wenn es allen Leuten gut geht, dann sollte die Chancengleichheit auch relativ präsent sein und	294 – 297

	Konzept: Meinungen		
	Definition der Kategorie	**Ankerbeispiel**	**Quellen**
+	Volk, die Möglichkeit haben, Einspruch zu erheben	Vielleicht könnte man das dann wieder so regeln, dass das Volk die Möglichkeit hat, Einspruch zu erheben, falls sie nicht zufrieden sind mit der Wahl. Dass man das, weil so gibt es, sagen wir, wahrscheinlich weniger Aufwand. Also, wenn man das Volk einfach immer kontrollieren lässt und nicht entscheiden.	987 – 989 / 997 – 1004
?	immer die Meinung der Minderheit berücksichtigen	Natürlich will man dabei auch immer die Meinungen von Minderheiten berücksichtigen. Das ist aber immer so eine Sache, weil es natürlich deutlich wichtiger ist, die Meinung der Mehrheiten zu be-	454 – 457

	Konzept: Meinungen		
	Definition der Kategorie	**Ankerbeispiel**	**Quellen**
+	Leute, die nicht so die Weitsicht haben, sollten trotzdem das Recht haben, ihre Meinung durchzusetzen	rücksichtigen, weil das mehr Leute sind. Da müsste man gucken, inwiefern man das vereinbaren kann. Aber ich finde eigentlich, dass man, auch wenn es Leute gibt, die nicht so diese Weitsicht haben, dass sie trotzdem das Recht haben, ihre eigene Meinung durchzusetzen und zu vertreten bei so einer Volksabstimmung	446 – 454 467 – 476
+	wäre aber mehr durch das Volk legitimiert	Ich meine, dass wir wären auch ausgestiegen wären, hätten wir nach Fukushima einfach einen Volksentscheid ähm gemacht und dadurch hätten wir dann das gleiche Ergebnis gehabt, es wäre aber mehr durch das Volk legitimiert gewesen	434 – 442 673 – 677 1200 – 1201
+	Politiker, die wir gewählt haben, keine wirkliche Pflicht haben, sich an etwas zu halten	Und das sehe ich ein bisschen kritisch, weil die Politiker, die gewählt haben, ja auch keine wirkliche Pflicht haben, sich an etwas zu halten.	426 – 434
+	Die Meinung der Bevölkerung kommt manchmal bisschen zu kurz	dadurch dass alle vier Jahre gewählt wird und dann die Politiker die Macht für sich haben, dass manchmal die Meinung der Bevölkerung bisschen zu kurz kommt,	418 – 426

	Konzept: Wahlrecht		
	Definition der Kategorie	**Ankerbeispiel**	**Quellen**
+	Partei zu wählen, muss erlaubt sein, wenn sie nicht verboten ist	Und wenn, das klingt jetzt natürlich doof, aber wenn Leute die NPD wählen wollen, weil sie davon überzeugt sind, dann haben sie das Recht in der Demokratie, weil wir die Partei nicht verboten haben.	602 – 605 610
+	irgendeine Grenze muss es geben	Das weiß ich gar nicht, weil ich glaube, dass letztendlich ist es auch wieder eine Grenze und irgendwann wird dann diskutiert werden, warum 15jährige noch nicht wählen dürfen, aber irgendeine Grenze muss es geben.	518 – 524
+	es fehlt die Meinung der Kinder	Es fehlt ein bisschen die Meinung der Kinder, finde ich.	533 – 541
+	Die Schüler darauf vorbereitet, in das Wahlleben einzusteigen	Und man könnte das auch so bildungspolitisch koppeln, dass man vielleicht dazu begleitend besonderen PGW-Unterricht macht, also dass man die Schüler sozusagen darauf vorbereitet noch mal, dass man vielleicht in dem Jahr statt zwei Stunden vier Stunden politischen Unterricht oder wirtschaftlichen Unterricht oder was auch immer einführt, sodass man die Schüler ein bisschen darauf vorbereitet, jetzt einzusteigen in das Wahlleben sozusagen.	653 – 657

Konzept: Wahlrecht		
Definition der Kategorie	**Ankerbeispiel**	**Quellen**
+ ein relativ großen Anteil, die soweit sind, sollte man das Wahlrecht einführen	Also, ich glaube aber, dass es vor 18 auf jeden Fall der Fall ist. Es gibt sicherlich auch einige 18jährige, die nicht soweit sind, aber sobald es ein relativ großen Anteil an Leuten gibt, die soweit sind, sollte man das Wahlrecht einführen	596 – 602
+/? Realschulabschluss ein Richtwert, wie man das Wahlrecht begründen kann	Das war nur so ein so ein neuer Richtwert dafür, wie man das Wahlrecht dann begründen könnte, dass es ab 16 ist und nicht ab 14 oder so.	524 – 533 561 – 578 618 – 628
+ Eine Studie durchführen und dann urteilen, welches Alter am besten ist	sonst müsste man einfach eine Studie durchführen und dann müsste man urteilen, welcher welches Alter jetzt am besten ist, vielleicht ist auch 15 oder 17, irgendeine krumme Zahl.	578 – 581 596
+ auf 16 Jahre oder tiefer runtersetzen	ich würde es wahrscheinlich auf 16 Jahren runtersetzen.	514
+ 18 ist natürlich schon spät	18 ist natürlich auch schon spät, aber 22 ist noch vier Jahre später, deswegen.	504 – 510
+ öffentliche Diskussion, eine optionale Veranstaltung	Man könnte so was wie öffentliche Diskussion stärker einbringen. Allerdings ist das dann für mich auch immer eine Wahlveranstaltung, also eine optionale Veranstaltung, wo nicht jeder hin muss.	038 767 – 770

Konzept: repräsentative Demokratie		
Definition der Kategorie	**Ankerbeispiel**	**Quellen**
- ~~repräsentative Demokratie die Möglichkeit gibt, dass sie beständig bleibt~~	Ne, deswegen finde ich die repräsentative Demokratie auch suboptimal, weil ähm es gibt einer einmal die Möglichkeit, dass ähm sie beständig bleiben	667 – 673
+ nicht mehr dem Sinn der Demokratie entspricht	Ich denke, dass die Politik, die heutzutage in Deutschland gemacht wird und auch in vielen anderen Ländern auf der Welt nicht wirklich mehr dem Sinn der Demokratie entspricht, weil Demokratie Herrschaft des Volkes heißt und ich sogar glaube, dass die repräsentative Demokratie, die wir hier haben, nicht mehr dem eigentlichen Sinn der repräsentativen Demokratie entspricht,	1189 – 1203

Konzept: Utilitarismus		
Definition der Kategorie	**Ankerbeispiel**	**Quellen**
+ Wenn die Mehrheit des Volkes etwas will, dann muss es durchgeführt werden	Und wenn sie das wollen, dann würde ich so handeln, dass es passiert. Ich denke, dass wenn die Mehrheit des Volkes etwas will, ganz egal, was es ist, dann muss es durchgeführt werden.	726 – 736 881 – 886
+ für das Volk handeln	dass man in der Politik halt für das Volk handeln sollte und nicht für die Wirtschaft.	723 – 726
+ Handeln nach Utilitarismus ist grundlegend	Utilitarismus bedeutet ja, dass man allgemein Leid verringert und Glück vermehrt	721 – 723

Konzept: Volksentscheid		
Definition der Kategorie	**Ankerbeispiel**	**Quellen**
+ Wenn Bürger selber entscheiden, hat man mehr Erfahrung über Dinge zu entscheiden	Und wenn sie dann selber entscheiden, dass sie sich, wenn sie bei Volkentscheiden teilnehmen, dann wird man sich sicher davor irgendwas dazu durchlesen und man, man hat einfach mehr Erfahrung damit, über Dinge zu entscheiden.	1109 – 1131
+ verschiedene Gesetzesvorschläge entwürft	man verschiedene Gesetzesvorschläge entwürft, also dass man bei dem einen mehr dazu sagen muss, beim anderen weniger, weil sich dann wahrscheinlich die Leute alle für das weniger entscheiden würden. Obwohl es auch einige Leute gibt, die dann wissen, dass man das auch irgendwie finanzieren muss und so weiter.	1162 – 1166 1172 1180 1203 – 1207 1221 – 1233
- ~~Volksentscheide über das Internet abfertigen~~	Und das könnte man, das Problem ist wirklich, dass wir im Moment noch nicht diese Möglichkeit haben, zum Beispiel, sagen wir, Volksentscheide über das Internet abfertigen könnte, was im Moment gehen würde, was aber nicht wirklich wünschenswert ist, weil man sich da einfach einhacken kann und alle Ergebnisse irgendwie beeinflussen kann	1141 – 1157
? Volksentscheide auf eine Ja-Nein-Enthaltung runterbringen muss	Das ist das große Problem bei Volksentscheiden, dass man das auf eine Ja-Nein-Frage runter bringen muss.	1140 – 1141
? gucken, wo man die Grenze ansetzt	Genau, dann müsste man halt gucken, ob man das bei einem Viertel, einem Achtel oder der Wahlberechtigten oder	690 – 693 698 – 702

	Konzept: Volksentscheid		
	Definition der Kategorie	**Ankerbeispiel**	**Quellen**
		der Bevölkerung ansetzt	
?	gucken, welches Thema groß genug ist für eine Volksabstimmung	Und dann ja müsste man natürlich gucken, welches Thema jetzt groß genug ist für eine Volksabstimmung immer, weil man kann ja auch nicht jetzt über jeden irgendwie, über jede kleine Sache eine Volksabstimmung durchführen.	675 – 677 682 – 693
+	Politik wird für jeden etwas Alltägliches	Und dadurch glaube ich auch, dass die Leuten die Politik ein bisschen näher gebracht werden würde, also dass sie ähm sich nicht mehr so entfremdet fühlen von dieser Riege der Anzugträger, sondern dass sie wirklich sich auch dafür interessieren würden und ähm dass zu was alltäglichem für wirklich jeden.	1207 – 1211
+	Volksentscheid trägt dazu bei, dass sich Leute mehr mit Politik identifizieren	Ich glaube, dass der Volksentscheid dazu beiträgt, weil sich, also sagen wir mal, wächst damit auf, dass es diesen Volksentscheid gibt, dass es einfach so ist, dass die Leute sich mehr mit der Politik identifizieren.	480 – 495 744 – 752

	Konzept: Wahlpflicht		
	Definition der Kategorie	**Ankerbeispiel**	**Quellen**
+	Freiheitsgewinn größer als Freiheitsverlust	Ich sehe den Freiheitsgewinn größer als den Freiheitsverlust, also den Freiheitsgewinn dadurch, dass man mitentscheiden kann, größer ist als Freiheitsverlust dadurch, dass man dahin muss. Und deswegen wird durch die Aktion insgesamt Freiheit gewonnen.	1033 – 1049 1053 – 1055 1066 – 1068 1090 – 1091
+	Bildung dazu beitragen, dass sie von sich aus sich damit beschäftigen	Vielleicht da muss dann auch die Bildung dazu beitragen, dass die Menschen von sich aus irgendwie [...] sich damit beschäftigen wollen.	808 – 814
+	nur bei Grundwahlen, nicht bei jedem Volksentscheid	Und ich finde, also ne Wahlpflicht dann nur bei den Grundwahlen, nicht bei jedem Volksentscheid, sondern dann, ich finde, dass man einmal in vier Jahre aufsteht und zum Wahllokal geht. Das ist nicht zu viel verlangt.	791 – 794 799 825 – 831
+	überlegt, ob man vielleicht doch irgendwas anderes wählt	Aber dass man halt wenigstens da hingehen muss, weil ich glaube, wenn man den Schritt macht und da hingeht und dann diesen Zettel vor sich liegen hat, dann überlegt man sich, ob man nicht vielleicht doch irgendwie, ob man nicht	781 – 794

	Definition der Kategorie	Konzept: Wahlpflicht	Quellen
		Ankerbeispiel	
		vielleicht doch irgendwas anderes wählt, weil es ist ja dann nicht mehr Aufwand oder weniger Aufwand.	836 – 837

	Definition der Kategorie	Konzept: Grundgesetz	Quellen
		Ankerbeispiel	
+	Gerichte, die das Ganze kontrollieren	Es muss definitiv auch Gerichte geben, die das ganze kontrollieren. Und die, also es wird ja auch eine Verfassung geben und die aktuelle, das ist dann ähnlich wie hier, also dass es auch Gerichte gibt, die dann auch gewählt werden müsste.	985 – 987
+	Militäreinsatz für den Inneneinsatz	Es müsste natürlich auch so was geben. Die Militärpolizei, was auch immer. Für den Inneneinsatz.	974 – 975 979
+	Art Grundgesetz, was universell gilt	Es gibt, es würde dann so eine Art Grundgesetz geben, was einfach gilt universell.	934 942 – 951 955 – 957 961 – 965 970

C.7.3. Fogg: „Was ich mir mehr wünsche, ist eine gewisse Selbstlosigkeit"

Hier findet sich die Analyse des Interviews mit Fogg.

C.7.3.1. Die geordneten Aussagen zum Interview mit Fogg

Auf dieser Ebene [Politik] werden Meinungen ausgetauscht und Konsequenzen gezogen [Zeile 3 – 7; 28 – 31]
Politik ist für mich die Ebene, wo Entscheidungen für das Wohl des Volkes getroffen werden und wo sich verschiedene Länder, also verschiedene Regierungen zusammenfinden und diskutieren können. Auf dieser Ebene werden also die Meinungen ausgetauscht und dann Konsequenzen bzw. Beschlüsse gezogen. [Auf meiner Mindmap, was Politik für mich ist, ist] der wichtige Punkt, dass auf dieser Ebene für mich die Entscheidungen getroffen werden, die dementsprechend, weil es ja nicht nur eine einzelne Person ist, hinterfragt, kritisiert und diskutiert werden.

Möglichkeiten, wie man Politik im Land implementieren kann [Zeile 12 – 15]
[Bei Politik, wo es um das menschliche Zusammenleben geht, denke ich] an die verschiedenen Systeme, also die Möglichkeiten, wie man Politik im Land implementieren kann, sei es durch Demokratie oder durch andere nicht so ideale Formen wie

Diktatur, also wie man Leuten seine Ideologie näher bringt, wie bei uns zum Beispiel anhand der Parteien durchgeführt wird.

nicht ganz einfach ist, was da läuft [Zeile 31 – 36]
Des Weiteren habe ich mir noch als kleinen Nebenpunkt aufgeschrieben, dass es nicht ganz einfach ist, was da läuft: die ganzen Regelungen, Vorgänge, an denen man sich halten muss. Das wird auch in Bezug auf die Regelungen, Gesetze bezogen, welche in der Politik beschlossen werden. Entscheidungen oder Gesetzesentwürfe, die vorgelegt werden, und generell die Kontrolle von Vorgängen innerhalb des Landes werden auf dieser Ebene getroffen.

die Repräsentation des Volkes [Zeile 36 – 39; 48 – 55]
Was auch wichtig für die Zusammenkunft von Ländern ist, ist die Repräsentation des Volkes. Die Politik gibt das nach außen wieder, also zu den anderen Ländern, aber auch nach innen, also was das Volk will, wofür diese Partei steht. Da wir im Moment in einer repräsentativen Demokratie leben, ist es für mich so, dass das Volk gewisse Repräsentanten – also noch nicht ich, weil ich noch nicht volljährig bin – wählt, die dann die Politik und die Regierung bestimmen. Auf dieser Ebene werden die Wünsche des Volkes nach oben gebracht und von da aus nach außen getragen. Die eine Ebene ist das Volk, wo die eigentliche Meinungsfindung stattfindet und dieses Interesse über die Repräsentanten auf eine andere Ebene, die die Entscheidung für das Volk trifft, trägt.

Dass die Politik die politischen Inhalte sind, die für mich wichtig und wegweisend sind [Zeile 39 – 41]
Dann denke ich an die Art der Politik, die Regierung, die Demokratie, dass die Politik die politischen Inhalte sind, die für mich wichtig und wegweisend sind.

Politik in unserem Alltag integriert ist [Zeile 63 – 66; 70 – 75]
[Dass Menschen im Alltag politische Entscheidungen treffen,] würde ich durchaus sagen. Mir fällt jetzt nichts ein, aber ich denke schon, dass Politik so in unserem Alltag integriert ist, dass jede unsere Entscheidungen, sei es auch eine kleine, die wir jetzt nicht so unmittelbar mit Politik verbinden würden, immer irgendwie in eine gewisse Richtung geht, die man dann einschlägt. [Ein Beispiel für die Integration von Politik ist,] dass man sich vielleicht von Werbung beeinflussen lässt, die dann einem gewissen Leitbild oder Programmpunkt einer Partei entspricht, dass man wenn man jetzt besonders für die Senkung von Steuern ist, dass man sich mit einer Partei identifizieren kann und versucht, sein Interesse oder seine Meinung durchzusetzen. Dann hat eine Partei besonders mein Punkt in Erwägung gezogen, das zu ändern. Man verbindet sich dann irgendwie damit.

Struktur in sozialen Gruppierungen [Zeile 83 – 91]
Natürlich gibt es eine gewisse Struktur in sozialen Gruppierungen, sei es eine Hierarchie, wenn es von Lehrern zu Schülern geht, eine Art Demokratie in einem Freundeskreis. Diese Elemente der Politik sind schon vorhanden, wenn man in der Freizeit über bestimmte Themen diskutiert, man sich zusammensetzt und die Meinung austauscht. Dadurch schafft man vielleicht eine Meinung, die der größten Menge entspricht und sich dann ein Bild davon schafft, wie die Umgebung denkt, wie ich denke: Gibt es da Unterschiede? Wo sind die Differenzen? Und warum entstehen diese Differenzen? Liegt es an meinem vorherigen Umfeld oder an gewissen Einflüssen, die auf mich geschehen sind?

es eindeutig kompliziert ist, Politik zu gestalten [Zeile 102 – 107; 829 – 842]
[Wenn ich auf meinem Planeten Politik gestalten kann, wie ich will,] würde es für mich schon schwer, den Begriff Politik zu definieren, weil das wirklich ein relativ großes Einzugsgebiet nach sich zieht. Ich kann das nur im Vergleich zu der jetzigen Situation sehen. [Meine Schlussfolgerung aus dem Gesagten ist,] dass es eindeutig kompliziert ist, Politik zu gestalten und zu definieren. Man kann recht allgemein anfangen, aber je mehr man sich mit dem Thema beschäftigt, desto mehr Lücken findet man, desto mehr mögliche Probleme findet man, auf die man eingehen muss. Je nach dem, welches System man anstrebt, will man möglichst einen hohen Erfolg erzielen. Es gibt immer Ausnahmen vom System, die mit einkalkuliert werden müssen, wo wiederum Leute, die wahrscheinlich in das System passen, davon nicht so profitieren. Das hat mir geholfen, mir darüber im Klaren zu werden, wie ich Politik sehe und was ich mir darunter vorstelle. Aber mir ist hängen geblieben, dass es sehr kompliziert ist, auch im konkreten Beispiel auf die Demokratie, wirklich etwas zu finden, wo alle zufrieden sind und wo mit Fehlern im System eine Meinung oder eine Lösung gefunden werden kann, die wirklich ideal für alle ist.

wäre mehr eine gewisse Selbstlosigkeit [Zeile 107 – 112; 140 – 145; 161 – 163; 809 – 817]
Was ich mir mehr wünschen würde, ist eine gewisse Selbstlosigkeit; dass man sich mehr auf andere fokussiert, dabei aber seine Meinung nicht aus dem Blick verliert, also dass man durchaus bereit ist, zu diskutieren, zu kritisieren, aber dass man immer noch im Hinterkopf behält, dass der Gegenüber auch eine Meinung hat und in gewissem Sinne auch respektieren muss. [Zu meiner Liste Kriterien guter Politik] gehört natürlich die Kompromissbereitschaft dazu. Man ist also im gewissen Sinne selbstlos und sollte manchmal die eigenen Bedürfnisse zurückstecken, um das Wohl der Allgemeinheit zu fördern, also jetzt nicht so, dass man sagt, okay, ich stecke mich zurück, damit die anderen profitieren, sondern es geht mir zwar nicht so gut, aber ich profitiere immer noch in einem gewissen Maße, aber dann würden noch andere genauso davon profitieren. [Freiheit, seine Meinung zu äußern, sowie Respekt/ Akzeptanz ist wichtig, weil] in einer gesellschaftlichen Gruppe sollte keiner

vernachlässigt werden. Diesen Grad zwischen dem Durchsetzen seiner eigenen Bedürfnisse und dem Gewähren anderer, ist ein sehr schmaler. [Bezüglich der Selbstlosigkeit auf meinem Planeten] ist der große Punkt, der den Ausschlag geben könnte, diese Kompromissbereitschaft. Wenn man sagt, okay, ich will 200 Euro mehr haben und will dafür nicht mehr arbeiten, kann man sich einigen, okay, ich kriege jetzt 100 Euro mehr und arbeite dafür zwei Stunden oder je nach dem, worauf man sich einigt. Je nach dem, wie extrem die Kompromissbereitschaft ausgeprägt ist, löst sie die meisten Probleme. Man steckt manchmal mehr oder weniger zurück. Dadurch findet man immer eine Meinung, die nicht jeden zufrieden stellt, aber mit dem jeder leben kann.

je mehr man die Ebenen unterteilt, desto klarer kriegt man die Meinung hin [Zeile 112 – 118; 163 – 170; 223 – 239; 443; 468 – 485; 503 – 512]
Natürlich ist es schwer, in einer Demokratie eine Lösung zu finden, die alle zufrieden stellt. Wie das zu lösen ist, ist für mich eigentlich fast unmöglich, weil es echt schwer ist, 80 Millionen Leute gleichzeitig zufrieden zu stellen. Deshalb würde ich es vielleicht so handhaben, dass es kleinere Gruppen gibt, also fast schon Kolonien, die sich über Repräsentanten, die dann durch eine kleinere Masse der Gruppe eine noch klarere Meinung haben, austauschen, falls Differenzen aufkommen würden. Immer die perfekte Lösung zu finden, ist sehr schwierig, vor allem je größer die Gruppe wird, desto schwieriger wird es. Deshalb sind wahrscheinlich auch kleinere Gruppen ansprechender auf solche Systeme. Mir ist es so wichtig, weil jeder in der Gruppe es verdient hat, mitzubestimmen, was da passiert. Sonst ist er gar kein Teil der Gruppe mehr und wird ausgeschlossen. Ein Mensch kann ohne soziale Kontakte, soziale Gruppen wirklich nicht überleben. Deshalb ist es wichtig, in einer Gruppe dazu zu gehören und auch wirklich mitentscheiden zu können. [Kleine Gruppen] finde ich sinnvoller, weil mehrere Menschen glücklich sein können. Man sollte danach gehen, die Kolonien so auszusuchen, dass sich da möglichst keine Unstimmigkeiten herausfiltern, dass so ausgesucht wird, dass man sagt, okay, es gibt hier Kolonien, die gewissen ethnischen Vorsätzen oder Meinungen zugewandt sind und man sagen kann, okay, das ist die Kolonie, wo das besonders geschätzt wird, wirst du jetzt angesiedelt. Natürlich entwickelt sich seine Meinung, aber dass man in diesem Umkreise seine Meinung entwickelt. In diesen Kleingruppen entstehen eindeutigere Meinungen und Repräsentanten können damit auch besser für die Kolonien sprechen. Auf dieser Repräsentantenebene kann darüber gesprochen werden, wie man das Allgemeinwohl der Kolonien verbessern kann. [Jeder bringt seine Meinung in den Entscheidungsprozess ein.] Dadurch dass die Kolonien am Anfang so klein sind, sollte das einfacher sein. Zu Beginn der Kolonisation würden sich innerhalb einer Kolonie wirklich alle zusammensetzen. Die Kolonie wäre dann so groß oder so klein, dass wirklich jeder daran teilhaben könnte und dass zusammen eine Entscheidung gefunden werden kann. Wenn man jetzt wirklich von alle

spricht und man versucht, nach und nach diese Systeme zu verallgemeinern, braucht man am Ende noch ein Regelwerk, dass es eigentlich nur noch eine große Bevölkerung ist, bei der alle miteinander auskommen. Da ist es nicht machbar, dass sich alle zusammensetzen. Da müssten wieder verschiedene Repräsentanten von verschiedenen Meinungen zusammengehen. Deshalb würde ich sagen, wenn ich jetzt noch mal darüber nachdenke, dass die Grenzen gesellschaftlich fließend sein können, aber es immer noch gewisse Bezirke bzw. Zugehörigkeitsbereiche gibt, wo dann ein Repräsentant dafür zuständig ist, die Meinung dieses Bezirks zu repräsentieren. [Bei der höheren Ebene, der kolonieübergreifenden Ebene] sehe ich als Vorteil, je mehr man die Ebenen unterteilt, desto klarer kriegt man die Meinung dargestellt, weil immer weniger Menschen am Entscheidungsprozess vorhanden sind. Aber je mehr Ebenen es gibt, desto mehr Entscheidungen können raus gefiltert werden und desto mehr Bezirke könnten nicht wirklich gehört werden. Wenn viele Repräsentanten auf viele Ebenen diese verschiedenen Meinungen durchlaufen, kommt oben eine Meinung oder eine Entscheidung, die möglichst viele Meinungen miteinbeziehet, aber dann ist die Frage, wo welche Meinung auf der Strecke bleibt oder was man zurückstellen muss, damit der andere profitiert.

Meinungsfreiheit, somit auch die Freiheit, sich selber ausdrücken zu können [Zeile 132 – 136; 145 – 148; 435]
[Auf meiner Liste Kriterien guter Politik habe ich aufgeschrieben] zum einem die Meinungsfreiheit, somit auch die Freiheit, sich selber ausdrücken zu können, ohne Angst zu haben, von anderen dafür negativ kritisiert zu werden, was man denkt. Dann gibt es auch Respekt und die Akzeptanz anderer Meinungen, also dass man keine Meinung von Grund auf ablehnt, nur weil sie gegen seine eigenen Vorstellungen entspricht. Auch sehr wichtig ist, dass wirklich jeder erhört wird, also dass jede Stimme miteinbezogen werden sollte und dass jeder nicht unbedingt dazu verpflichtet ist, seine Stimme abzugeben, aber dass durch dieses System die Möglichkeit und das Interesse seine Stimme abzugeben, wesentlich höher ist. [Bei der Entscheidungsfindung soll man unterschiedliche Standpunkte vertreten.] Man soll durchaus seine eigene Meinung miteinbringen.

eine Art Opposition, damit Entscheidung hinterfragt wird [Zeile 148 – 151; 372 – 385; 390 – 396]
Außerdem sollte es trotzdem noch Kritik geben, also eine Art Opposition, damit die Entscheidung wirklich noch hinterfragt wird, ob da nicht wirklich noch ein Fehler ist oder etwas, woran man arbeiten kann, was man verbessern kann. [Bei Kritik, Opposition] ist mir in den Sinn gefallen, falls eine Kolonie oder ein Teil der Kolonie eine Entscheidung fällt, womit sich die meisten identifizieren können und denken, dass sie gut ist, kann sich jemand damit beschäftigen und jemanden auffallen, dass da irgendwas nicht stimmt oder Konsequenzen könnten folgen, die

schlecht sein könnten. Es soll immer jemanden geben, der das an den Tag legt und
mit den anderen bespricht. Bei den kolonieübergreifenden Themen oder Versamm-
lungen soll es immer jemanden geben oder eine bestimmte Partei, Gruppierung, die
sich mit dem Thema kritisch auseinandersetzt, die vielleicht einen anderen Weg
einschlagen möchte. Man soll Entscheidungen hinterfragen und wirklich durch-
leuchten, nicht nur weil alle damit einverstanden sind, dass die Entscheidung durchgeführt wird und keine auf Anhieb irgendwas entgegenzusetzten hat, sondern weil
wirklich jede Entscheidung getestet wird, ob sie wirklich gut ist. Das ist auf längere
Sicht durchaus gut für alle. [Bei Unstimmigkeiten soll es immer jemanden geben,
der sagt, ich sehe das anders,] aber das auch begründet vorlegt. Man soll sehen, wo
es Potential zum Verbessern gibt, wo man etwas verändern kann, wo man etwas
ändern sollte. Man sollte vielleicht die Punkte dann noch mal besprechen, die wichtig sind.

*strukturiert dagegen vorgehen kann, falls etwas passieren sollte [Zeile 151 – 154; 535 – 542;
547 – 549]*
Wenn man sich auf gewisse Regeln geeinigt hat, sollten diese auch niedergeschrie-
ben werden, damit, falls mal einer aus der Gruppe fallen sollte, der sich irgendwie
mit dem System nicht anfreunden will, es dann gewisse Regeln gibt, die das alles
regeln. [Bei Regelwerk, welches wesentliche Gesetze wie Grundrechte beinhaltet,
meine ich,] dass, falls es Ausreißer aus diesem System gibt, man nachlesen kann, so
läuft das hier nicht, also du musst dich diesem System beugen, weil es sonst nicht
funktioniert. Wenn alle die Kompromissbereitschaft haben und diese Aspekte, die
ich in der Politik voraussetze, besitzen, dann brauchen wir kein Regelwerk, um
andere in die Schranken zu weisen, sondern lediglich um zu zeigen, dass man eine
geordnete, strukturierte Politik führen kann. [Vorsichtshalber gibt es ein Regelwerk,
sodass] man auf jeden Fall strukturiert dagegen vorgehen kann, falls etwas passieren
sollte, was nicht vorhersehbar war und nicht so einfach zu diskutieren ist.

*schade finde ich die Menschen, die das Wohl anderer völlig vernachlässigen [Zeile 179 – 181; 206
– 211; 414 – 418]*
In gewissem Sinne ist jeder egoistisch, auch ich. Jeder strebt an, sein Wohl zu ma-
ximieren. Nur schade finde ich die Menschen, die das Wohl anderer völlig vernachlässigen. Wenn einer es schamlos ausnutzt, dann wird das immer so sein, dass mehrere denken, warum sollte ich so handeln, wenn er nicht so handelt und davon
profitiert? Jeder müsste diese gleiche Mentalität haben, sonst funktioniert das in
einer Gruppe nicht. Je größer die Gruppe ist, desto höher die Wahrscheinlichkeit,
dass es so einen Menschen gibt, der die Lücke im System findet und sie ausnutzt.
Aber wenn man davon ausgeht, dass es immer Fehler im System gibt, wie es auch
hier immer jemanden gibt, der in der Entscheidung irgendwas sieht, was er zu seinem Vorteil benutzen könnte oder als Schlupfloch, das er den anderen aber nicht

mitteilt, gibt es immer Wege, wie andere einen Vorschlag zu seinen Nutzen nutzen könnte.

Wenn man sieht, okay, das finde ich gut begründet, stellt sich ein Gleichgewicht her [Zeile 181 – 196; 204 – 205]
Natürlich kann man sagen, okay, das ist mehr sehr wichtig. Wenn man dieses Anliegen gut vorbringt, wenn man auch bereit ist, mit der Gruppe zu diskutieren, rede ich gerne von einer perfekten Gesellschaft, weil es immer Ausnahmen gibt. Wenn diese Gründe gut vorgelegt werden können, sehen die anderen ein, okay, das scheint ihm wichtig zu sein, dann können wir ihn gewähren lassen. Man zählt dann nicht auf, du warst dieses Mal im Recht, dann möchte ich jetzt mein Vorrecht haben, sondern dass man so handelt, dass man sagt, okay, ihm wird das hier zugesprochen. Und dem, dem das zugesprochen wurde, denkt sich dann, okay, ich habe mein Teil bekommen. Ich fühle mich jetzt besser, also meine Wünsche wurden erfüllt. Er setzt sich dann auch in der nächsten Zusammensetzung für andere Meinungen ein, wenn es mal nicht sein Thema ist, wo man denkt, okay, mir ist das relativ egal, weil ich nichts Interessantes sehe. Wenn man dann sieht, okay, das finde ich gut begründet, dafür kann ich mich einsetzen, stellt sich ein gewisses Gleichgewicht her. Das funktioniert nur, wenn jeder Teil der Gruppe so denkt.

wird organisatorisch recht schwer, aber man sollte keinem Menschen das verwehren [Zeile 247 – 250; 255 – 260]
[Statt die Auswahl nach Merkmalen zu organisieren, sondern den Menschen die freie Wahl bei den Kolonien zu geben,] wird organisatorisch recht schwer, aber man sollte keinem Menschen das verwehren. Wenn jemand den Wunsch hat, in eine andere Kolonie zu gehen, weil er glaubt, sich da besser zu entwickeln, für sich ein besseres Umfeld zu haben, dann sollte man ihm das eigentlich nicht verwehren. Wir reden davon, die Welt umzusiedeln. Jeden einzelnen zu charakterisieren, ein Profil zu erstellen, damit man diesen zuordnen kann und auf die Extrawünsche einzugehen, erfordert einen sehr großen Aufwand an Zeit. Es erfordert auch einen sehr großen Aufwand, es so hinzuschichten, dass jeder glücklich ist. Das große Problem ist, dass sich Meinungen so schnell wandeln können. Wahrscheinlich wird es so viele Kolonien geben, dass sich Leute nicht entscheiden können und sich später umentscheiden wollen, aber das kann man zulassen. Wenn die Akzeptanz in meinem politischen System vorhanden ist, sollte es kein Problem sein, wenn ein neuer dazukommt oder ein alter geht. Unter den Voraussetzungen sollte es keine Schwierigkeit sein.

Millionen von Menschen setzen sich wirklich zusammen und können sich dadurch vielleicht besser verstehen [Zeile 275 – 290]
[Dass manche Kolonien attraktiver sind und andere vernachlässigt werden,] wird früher oder später auftreten. Natürlich wird die eine Kolonie vernachlässigt oder soweit dezimiert, dass sie sich auflösen muss, aber das wird sich so weiterführen, bis es große Gruppen gibt, die aber dadurch, dass sie klein angefangen haben, immer noch ungefähr das gleiche Meinungsbild haben. Dementsprechend können größere Kolonien bis ganze Völker entstehen. Diese könnten so eine Art Verteidigung aufbringen und größere Ländereien erschließen. Millionen von Menschen setzen sich wirklich zusammen und können sich dadurch vielleicht besser verstehen. Durch den Zuwachs befinden sich immer mehr Gruppen in den anfänglich kleinen Kolonien. Durch die anfängliche Meinungsbildung denkt man, okay, da passe ich vielleicht rein und das ist der einzige oder größte Beweggrund. Natürlich gibt es auch den Faktor, den scheint es gut zu gehen. Das sind dann die Einzelgänger, die im System ein bisschen für Furore sorgen. Aber diese Meinungsbildung wurde am Anfang so klein gehalten, dass sich weniger Probleme entwickeln würden.

Bei einer so großen Weltbevölkerung gibt es kaum ein System, was dauerhaft jeden zufrieden stellt [Zeile 299 – 307]
[Die Entstehung von Neid und Missgunst] ist ein weiteres Problem, ohne zu wissen, wie ein Lösungsansatz zu finden wäre, aber solche Gefühle, Emotionen sind menschlich. Es ist schwer, jedem es recht zu machen. Wenn sich eine Kolonie verkleinert, dann muss man traurigerweise sagen, es ist so. Wenn die nicht damit klar kommen, muss man gucken, ob man denen eine andere Alternative anbieten kann oder ob sie so kompromissunbereit sind, dass da vielleicht sogar eine kleine Revolution ausbricht oder sie handgreiflich werden. Aber bei einer so großen Weltbevölkerung gibt es kaum ein System, was dauerhaft jeden zufrieden stellt.

Repräsentanten werden anhand bestimmter Fähigkeit ausgesucht [Zeile 317 – 325]
Auf jeder Kolonie gibt es jemand, der ausgesucht worden ist, wo man denkt, dass er die Meinung der Kolonie relativ gut vor anderen bringen kann. Diese treffen sich wie im Bundesrat oder Bundestag und besprechen wichtige Entscheidungen, die über eine Kolonie hinausgehen. Die Repräsentanten werden anhand bestimmter Fähigkeiten wie Überzeugungskraft, Kompromissbereitschaft, Selbstlosigkeit ausgesucht. Je kleiner die Gruppe ist, also je weniger Leute zusammen an einem Thema diskutieren, desto leichter fällt es, eine Entscheidung zu finden.

jeder sollte das Recht haben, mitzuentscheiden [Zeile 331 – 341]
[Jede Stimme zählt und sollte miteinbezogen werden.] Oft beschweren sich Leute, dass sie gar nicht richtig erhört werden. Ihre Wünsche werden gar nicht richtig in Betracht gezogen. Das ist auch der Grund vieler, warum sie denken, dass ihre

Stimme nichts wert ist, also ob sie jetzt wählen oder sie irgendeine Partei wählen. Manchen ist es so im Gedächtnis, dass sie denken, ich bin nur einer von vielen und deshalb brauche ich gar nicht mein Kreuz zu setzen. Aber um ein Meinungsbild der ganzen Gruppe zu finden, sollte jeder dazu bereit sein, seine Meinung zu äußern. Deshalb ist es mir wichtig, dass jeder, egal ob arm, reich, klein, groß, von wo er kommt, wenn er in der Kolonie oder in dieser sozialen Gruppe ist, sollte das Recht haben, mitzuentscheiden. Man sollte ihn gewähren lassen und seine Wünsche mit einbeziehen und gucken, wie man sich einigen kann.

Das Problem ist dann, dass die Minderheiten vernachlässigt werden [Zeile 354 – 364]
[Falls Kolonien – trotz des Prinzips, dass jede Stimme zählt – unterschiedlicher Größe jeweils einen Repräsentanten schicken und] sich die kleinere durchsetzt, kommt eine größere Anzahl von Menschen nicht auf ihre Kosten oder nicht unmittelbar auf das, was sie wollen. Hier wird es schon so gehandhabt, dass je größer die Partei oder je mehr Stimmen die Partei hat, desto mehr Abgeordnete darf sie entsenden. Dieses System könnte man dann auch einführen. Das Problem ist dann, dass die Minderheiten, also die kleinere Kolonie, vernachlässigt werden. Wie man das optimieren könnte, wüsste ich jetzt auf Anhieb auch nicht.

Opposition überflüssig, weil die Entscheidung im Sinne aller getroffen wurde [Zeile 409 – 414; 423 – 424; 429 – 430]
Angenommen, jeder würde in dieses System passen, jeder würde sich mit dieser Politik vereinbaren, jeder würde dieses Konstrukt der Meinungsbildung adaptieren, dann bräuchte man keine Opposition, weil das schon in der Entscheidungsfindung beinhaltet ist. Wenn man die gleiche Meinung hat, kann man darüber diskutieren und eine Entscheidung finden, die jeder für richtig hält. [Auf meinem Planeten gibt es keinen Egoismus.] Daher wäre die Kritik, die Opposition überflüssig, weil die Entscheidung im Sinne aller getroffen werden würde. [Es gibt keinen Egoist, der] wirklich aktiv versucht, sein Wohl zu verbessern und das der anderen völlig vernachlässigt.

Der Begriff, alle setzen sich zusammen, für den Planeten nicht anwendbar [Zeile 455 – 462]
Das Ziel wäre natürlich, dass die gesamte Bevölkerung meines Planeten so zusammenleben kann, dass es keine Begrenzung mehr zwischen den Kolonien geben müsste. Aber zunächst wären alle natürlich nicht alle, weil in der Kolonie natürlich nur die in der Kolonie über die Entscheidungen diskutieren und im Entscheidungsprozess auf repräsentantlicher Ebene nur ein Bruchteil der Menschen zusammen kommen würde. Also wäre der Begriff, alle setzen sich zusammen und bilden eine Meinung, die dem ganzen Volk entspricht, für den ganzen Planeten nicht anwendbar.

Es sonst zu aufgedröselt wird und dann gehen viele Meinungen verloren [Zeile 520 – 523]
Also es gibt einmal die Repräsentanten in der Kolonie, die von den Bezirken ausgesendeten, einmal dann die Repräsentanten, die darüber gehen, also die Volksebene. Es gibt die Repräsentanten erste Stufe und die Repräsentanten zweite Stufe, weil es sonst zu aufgedröselt wird und dann gehen viele Meinungen verloren.

Die Kritik des Volkes möglichst schnell an den Mann zu bringen [Zeile 568 – 581; 587 – 591]
Wenn etwas beschlossen wird, was nicht für die meisten vertretbar ist, wäre es angebracht, die Kritik des Volkes möglichst schnell an den Mann zu bringen, also dass sich wieder die Bezirke mit ihren Repräsentanten beraten, so wollten wir das aber nicht. Wir hören auch von unserem Einkauf, dass auch andere Bezirke eindeutig dieses Problem haben. Daher versucht man, dieses Problem möglichst schnell zu bereinigen. Aber wie man jetzt rechtlich einen Fehler ausbessern könnte, der irgendwie menschlich ist, also dass man sich mal auf was Falsches einigt, dass man etwas nicht berücksichtigt, das kann man einsehen. Bestimmt gibt es dann eventuelle Probleme oder Zeiten, in denen es mal nicht so rosig ist, aber muss dann einfach human geregelt werden. Man sollte einen neuen Anlauf starten. [Fehler auf einer höheren Ebene wird gelöst] durch die Rückmeldung des Volkes. Das wäre nicht so, dass man versucht solche Entscheidungen in bestimmten Abständen zu führen, sondern jeder Bezirk, falls sie mit etwas nicht zufrieden sein sollte, ein Entscheidungsprozess in Gang bringen könnte, nach dem das geprüft werden sollte.

Man prüft erst mal die Effizienz dieses Antrags [Zeile 591 – 595; 600 – 605; 647 – 653; 657 – 662]
Je größer die Kolonien werden, desto mehr Bezirke gibt es, desto öfter könnte es vorkommen, dass jemand etwas möchte und das wäre dann relativ übersichtlich. Deshalb sollte eine Entscheidung erst mal geprüft werden, ob es von Belang wäre, das zu diskutieren und ob dann wirklich ein Ergebnis rauskommen würde, was für alle besser wäre. Man prüft erst mal die Effizienz dieses Antrags. [Es muss erst mal gekuckt werden, ob überhaupt ein Fehler gemacht worden wurde.] Das muss nicht generell auf den Fehler bezogen werden, weil Fehler einfach nur Rückmeldungen des Volkes sind. Aber falls im funktionierenden System scheinbar ein Bezirk findet, was ihnen nicht passt, könnten die Repräsentanten darüber reden, ob das überhaupt wert ist, das noch mal aufzugreifen, ob das dann wirklich so effizient ist, dass daran etwas positives geändert werden kann. Wenn eine falsche Entscheidung von der höheren Instanz von den Repräsentanten gefällt wird und das eingesehen oder vom Volk bemerkt wird, kann der Repräsentant, dessen Bezirk diesen Fehler bemerkt hat, diesen Antrag vor den anderen stellen. Wenn die anderen das auch so sehen, also wenn das jetzt nicht unbedingt aus dem eigenen Bezirk kommt, sie sehen, das stimmt, da wurde etwas nicht richtig gemacht und sie die Meinung ihres Bezirks

kennen, können sie dementsprechend eine bessere Lösung finden. Das wird wieder nach oben getragen. Sollte eine Situation in Ordnung sein, aber ein Bezirk oder auf der höheren Ebene einer Kolonie findet etwas, womit sie sich nicht ganz vereinbaren könnte, dann wird das wieder vorgebracht. Das wäre ein anderer Prozess, als wenn ein Fehler gemacht worden ist. Das Anliegen wird wieder vorgebracht und noch mal diskutiert und falls das genauso gesehen wird oder man sieht, da ist wirklich etwas fehl am Platz, wird das wieder hoch getragen.

Man könnte jährliche Umfragen einführen, ob alles in Ordnung ist [Zeile 610 – 615; 621 – 630; 719 – 727]
[Dass die Repräsentanten der höheren Ebene darüber entscheiden, ob die Kritik einer unteren Ebene an die höhere gerechtfertigt ist,] wäre wieder eine Möglichkeit der Diktaturbildung. Die Kritik kann untersagt werden. Man könnte jährliche Umfragen oder ein Test einführen, ob alles noch in Ordnung ist und diese Intervalle könnten kürzer gefasst werden als die vier oder fünf Jahre, sodass schneller auf Bewegungen in der Gesellschaft eingegangen werden kann. [Die Repräsentanten der höheren Ebene sollen häufiger gewählt werden, um immer wieder für einen Erneuerungsprozess zu sorgen.] Nicht zwingend müssen die Repräsentanten in einem Bezirk oder in einer Kolonie wechseln, aber man macht immer wieder ein Meinungstest, sodass sich die Repräsentanten zusammensetzen und gucken, wir leben momentan nach diesen Regeln, nach diesen Entscheidungen: Können wir uns damit noch vereinbaren? Wenn das stimmt, ist alles schön, aber wenn irgendwo ein Fehler gesehen wird, wir uns so weiterentwickelt haben, dass das für uns jetzt ein Problem ist und das auch von anderen geteilt wird, wird das geändert. Also nicht unbedingt werden nicht nur die Repräsentanten gewechselt, sondern das Meinungsbild wird regelmäßig hinterfragt. Ich könnte mir vorstellen, dass der Repräsentanten-Wahlvorgang an das jetzige System angepasst werden könnte, aber dieser Meinungstest, also die Umfrage jährlich durchgeführt werden sollte, sodass man jedes Jahr sagen kann, ob ich noch damit zufrieden bin. Wenn es einen großen Anteil an Leuten gibt, die damit nicht zufrieden sind, können die Repräsentanten noch mal zusammengesetzt werden. Vielleicht wird auch durch ein Gesetz gekuckt, wenn so viele mit dem aktuellen System, mit der aktuellen Führung nicht zufrieden sind, könnten Wege eingeleitet werden, das vorliegende Konzept zu überdenken oder im äußersten Fall vor Ablauf dieser vier Jahre neu zu wählen.

Man findet auf Kolonieebene und auf kolonieübergreifende Ebene ein Gerüst, damit es möglichst für alle komfortabel [Zeile 638 – 643]
Es gibt diese Bezirke der größeren Kolonien, die einen Repräsentanten wählen, der für die Kolonie kolonieübergreifende Themen mit anderen Kolonierepräsentanten zusammen bespricht. Man findet auf Kolonieebene und vielleicht sogar auf kolo-

nieübergreifender Ebene ein gewisses Gerüst, wie das Leben zu führen ist, damit es möglichst für alle komfortabel ist.

Für jedes Gesetz gibt es Sanktionen [Zeile 667 – 674]
Gesetze sind dafür da, um Richtlinien festzulegen. Für jedes Gesetz gibt es dementsprechende Sanktionen. [Wenn eine höhere Ebene gegen das Gesetz verstößt,] wäre es sehr harsch, wenn man mit irgendwelchen Gefängnisstrafen droht. Wenn jemand gegen das Gesetz verstößt, sei es also im besten Fall ein Repräsentant, dann könnte man sagen, dass der Repräsentant neu gewählt werden muss. Der Repräsentant kriegt nicht unbedingt eine Sperre, sodass er nie wieder Repräsentant werden darf, aber er sollte abgewählt werden, um einen zu finden, der regelbewusster und für die Kolonie oder den Bezirk bessere Entscheidungen treffen kann.

Meinung wird zwischen den Wahltagen nicht erhört. [Zeile 680 – 692; 696 – 704; 731 – 741]
[Auf der Karikatur M3] sehe ich drei Männer. Diese sind in zwei Gruppen aufzuteilen. Der eine repräsentiert ein Teil des Volks und die beiden anderen den anderen Teil. Der Inhalt, schließlich ist der Bürger mündig und darf bei Volksentscheiden mitreden, kommt so rüber, dass der Bürger zwischen den Teilen, wo er mitbestimmen darf, sei es bei Wahlen oder bei Volksentscheiden, mundtot gestellt wird. Er darf nur mitreden, wenn er wirklich gefragt wird. Es findet zwischendrin keine Rückmeldung statt. Wenn man jetzt vom vorherrschenden Politiksystem in Deutschland ausgeht, wo die Legislaturperioden so lang gesetzt worden sind, kann es manchmal so erscheinen, dass man zwischen diesen vier Jahren nichts zu entscheiden hat, weil man eine Partei gewählt hat und sich die vier damit zufrieden stellen musste. Ich würde der Karikatur M3 zustimmen. [Auf der Karikatur M3 ist noch zu sein, dass] sein Mund durch dieses Tuch verschlossen gehalten wird und seine Arme gefesselt sind. Wie das jetzt mit dem Mundtot sein in Verbindung gebracht werden kann, kann ich mir noch nicht so richtig erklären. Wenn er seine Arme nicht benutzen kann, kann er seine Anliegen, die er gerne anbringen möchte, weder schriftlich noch mündlich vorbringen. Seine Meinung wird zwischen den Wahltagen nicht erhört.

Wenn man sie jährlich tauscht, gibt es eine Verwirrung und keiner kann ein Projekt zu Ende führen [Zeile 704 – 709]
Wenn es aber hieße, es würde besser werden, wenn man diese Perioden verkürzen würde, würde ich nicht unbedingt mit Ja antworten, weil so eine Regierung oft zu wechseln, ist dann sehr schwer, wenn man ein konstantes Vorhaben hat. Dann könnten verschiedene Meinungen an die Macht kommen, wenn man sie jährlich tauscht, gibt es eine Verwirrung und keiner kann ein Projekt wirklich zu Ende führen.

Diese Mentalität ist sehr oft vorhanden [Zeile 748 – 761; 765 – 778; 795 – 803]
[Zur Karikatur M4] gehört „deutsche Träume". Eine Gruppe von Menschen mit Plakaten ist zu sehen. Die Stimmung in der Karikatur M4 interpretiere ich so, dass viele Menschen mit einer bestimmten Situation nicht zufrieden sind und etwas anderes, aber kein Aufwand dafür aufbringen wollen oder nicht wissen, wie sie das so ändern können, dass es gleich bleibt, aber sich verbessert. Die Texte auf der Karikatur M4 sind gegensätzlich. Die Meinungen sind gegensätzlich. Wir wollen etwas, aber wir wollen nichts dafür zahlen. Das „zahlen" ist entweder finanzieller oder zeitlicher Aufwand. Diese Mentalität, Wir wollen mehr Geld, aber wir sind nicht bereit, dafür mehr zu arbeiten, ist sehr oft vorhanden. [Bürger fordern etwas, ohne etwas dafür zu geben und Veränderungen zu akzeptieren]. Man kann nicht für die gesamte Bevölkerung sprechen, aber es gibt durchaus einen Teil, der so denkt. Da ist natürlich die Frage, wie groß dieser Teil ist. Es liegt auch am Menschen, dass eine große Ignoranz in unserem System vorhanden ist. Das ist zwar nicht die Mehrheit, aber auch kein zu vernachlässigender Teil.

Wenn man mehr will, muss man mehr dafür tun [Zeile 778 – 789]
Ich stimme dieser Einstellung nicht zu, da jeder gesunde Menschenverstand eigentlich sehen müsste, dass es so was nicht geht. Wenn man mehr will, muss man auch mehr dafür tun. Das ist meine Einstellung. Bei der Aussage, wir sind dafür, aber unser Leben soll sich nicht verändern, fällt es mir noch schwerer, entweder ein konkretes Beispiel zu finden, damit ich es verstehen oder analysieren kann. Diese Aussage ist noch gegensätzlicher und paradoxer als die beiden Aussagen davor. Wenn man für etwas ist, hat es ja unmittelbar eine Veränderung in seinem Lebensalltag zur Folge. Deshalb wüsste ich jetzt nicht, was ich mit dem Schild anfangen sollte.

fällt es mir schwer zwischen dem perfekte Vorgang und dem tatsächlichen zu differenzieren [Zeile 406 – 409]
[Der Verzicht auf eine Opposition] ist mir ein bisschen schwer gefallen. Bei Aufgabenstellungen, wie deine Meinung nach oder wie das laufen könnte, fällt es mir schwer zwischen dem perfekten, idealen Vorgang und dem tatsächlichen zu differenzieren.

C.7.3.2. Die Explikation zum Interview mit Fogg

Interpretative Erschließung der Charakteristika der schülerbezogenen Aussagen nebst Widersprüche und Probleme
Fogg formuliert in seiner Politikvorstellung eine auf Selbstlosigkeit, verbunden mit einer hohen Kompromiss- und Empathiefähigkeit, basierende politische Kultur. In

verschiedenen Kolonien sollen sich Menschen nach homogenen Meinungsvorstellungen organisieren. Am Willensbildungsprozess soll zwar das Volk partizipieren, jedoch treffen gewählte Repräsentanten die Entscheidungen. Er reflektiert für sich die Schwierigkeit, seine Politikvorstellung adäquat zu konzipieren.

Politik entspricht einer Ebene, auf der für das Wohl des Volkes Meinungen ausgetauscht und Konsequenzen gezogen sowie Entscheidungen hinterfragt, kritisiert und diskutiert werden. Hierbei verweist er auf internationale Zusammenarbeit.[462] Hinsichtlich des menschlichen Zusammenlebens bezieht er sich auf Möglichkeiten, Politik zu implementieren. Er verweist auf die Demokratie und „nicht so ideale Formen wie Diktatur, also wie man Leuten seine Ideologie [...] näher bringt [...]."[463] Ferner empfindet er Regelungen, Vorgänge, Gesetzesentwürfe, Entscheidungen und Kontrolle von Vorgängen als „nicht ganz so einfach [...], was da alles läuft."[464] Ferner besteht Politik aus wesentlichen politischen Inhalten, verknüpft mit der Art der Politik, sei es Regierung oder Demokratie.[465]

Die Gestaltung von Politik auf seinem Planet sollte für Fogg von Selbstlosigkeit und Kompromissbereitschaft geprägt sein. Er benennt eine entsprechende Akzeptanz bei allen als Voraussetzung. Beide Eigenschaften zeigen sich weniger in der Aufgabe seines Selbst als vielmehr in der Anerkennung der Bedürfnisse der Anderen. Nicht egoistisches Handeln, also die Durchsetzung der eigenen Bedürfnisse sind wegweisend, sondern die Vereinbarkeit der eigenen Bedürfnisse mit jenen der anderen.[466] Mit Entscheidungen soll nicht jeder zufrieden sein, aber damit leben können.[467] In diesem Kontext beklagt er „Menschen, die dann das Wohl anderer völlig vernachlässigen."[468] Entsprechend reflektiert er, dass ein auf Selbstlosigkeit und Kompromissbereitschaft basierendes System „funktioniert, nur wenn [...] jeder Teil dieser Gruppe so denkt, also wenn einer es schamlos [...] ausnutzt, dann wird das immer so [sein], dass sich [...] mehrere denken, warum sollte ich denn so handeln, wenn er nicht so handelt und er davon profitiert."[469]

Neben Selbstlosigkeit und Kompromissbereitschaft ist Meinungsfreiheit, geprägt von Respekt und Akzeptanz vor anderen Meinungen, eine wesentliche Komponente in Foggs Politikvorstellung. Meinungsfreiheit zeigt sich im angstfreien Aufzeigen seines Standpunkts, ohne negativ kritisiert zu werden.[470] Meinungen dürfen nicht aufgrund einer gegensätzlichen Vorstellung abgelehnt werden.[471]

---

462   vgl. Transkript zum Interview mit Fogg, Zeile 3 – 8
463   ebenda, Zeile 13 – 4
464   ebenda, Zeile 31 – 2
465   vgl. ebenda, Zeile 39 – 41
466   vgl. beispielhaft ebenda, Zeile 107 – 12; 140 – 5
467   vgl. ebenda, Zeile 809 – 17
468   ebenda, Zeile 180 – 1
469   ebenda, Zeile 205 – 7
470   ebenda, Zeile 133 – 4
471   ebenda, Zeile 136

Ferner soll der Willensbildungsprozess von einer Opposition begleitet werden, die er aber gleichzeitig unter bestimmten Vorgaben als überflüssig darstellt. Obgleich die Meisten Entscheidungen treffen sollen, soll man Entscheidungen hinterfragen, kritisieren und Verbesserungen vorschlagen.[472] Auf der anderen Seite sieht er Opposition und Kritik unter den Prämissen einer Gesellschaft, bei der alle die getroffenen Entscheidungen bejahen, jeder in das System passt und sich mit der Politik vereinbaren, als überflüssig.[473] Entsprechend gebe es keinen Egoisten, der sein Wohl verbessern will.[474]

Ein wesentlicher Bestandteil des politischen Entscheidungsprozesses bezieht sich bei Fogg auf Kolonien, die mit der Zeit wachsen können und daher in Bezirke zu gliedern sind. Gleichzeitig warnt er vor einer zu großen Ebenenaufteilung. Aufgrund der Schwierigkeit, für alle zufrieden stellende Lösungen zu finden – insbesondere bei 80 Millionen Menschen – will er kleine, meinungshomogene Kolonien bilden.[475] Solche Kolonien erlauben die Integration aller dort lebenden Menschen, denn „je kleiner die Gruppen sind [...], desto leichter [...] fällt es dann eine Entscheidung zu finden."[476] Alle sollen und können aufgrund der Größe mitbestimmen und sozial integriert sein, da keiner ohne soziale Kontakte überleben kann.[477] Diese soziale Inklusion unterstützend, setzen sich die Kolonien aus meinungsgleichen Gruppen zusammen, wodurch eindeutigere Meinungen entstehen und diese von den gewählten Repräsentanten besser vertreten werden können. Die Repräsentanten treten für die verschiedene Meinungen ein, die sich aus den einzelnen Kolonien gebildet haben. Eine solche Vertretung ist notwendig, insoweit sich die Gesamtbevölkerung nicht zusammensetzen kann, aber trotzdem alle Meinungen einzubinden sind.[478] Wenn sich ihr Meinungsbild verändert, dürfen Menschen ihre Kolonien wechseln. Fogg kritisiert dies zwar als organisatorisch schwierig umsetzbar, aber hält es für wichtiger, jeden glücklich zu machen.[479] Die Folge ist eine Vergrößerung bestimmter Kolonien. Um eine vernünftige Repräsentation in diesen Großkolonien zu ermöglichen, will er diese in Bezirke bzw. Zugehörigkeitsbereiche unterteilen.[480] In solch einer Ebenenaufteilung sieht Fogg einerseits den Vorteil, dass alle verschiedenen Meinungen einbezogen werden.[481] Andererseits sieht er die Gefahr, dass

---

472   vgl. ebenda, Zeile 148 – 51
473   vgl. ebenda, Zeile 409 – 14
474   vgl. ebenda, Zeile 429 – 30
475   vgl. ebenda, Zeile 112 – 8
476   ebenda, Zeile 324 – 5
477   vgl. ebenda, Zeile 163 – 70
478   vgl. ebenda, Zeile 472ff
479   vgl. ebenda, Zeile 247 – 60
480   vgl. ebenda, Zeile 482 – 5
481   vgl. ebenda, Zeile 503 – 9

durch eine Vielzahl an Ebenen Meinungen verloren gehen könnten und damit „wird es echt zu aufgedröselt und dann gehen viele Meinungen […] verloren."[482]

Fogg fordert Mitbestimmung von allen ein. Er sieht zwar die Gefahr egoistischer Motive, glaubt aber daran, auch in großen Kolonien meinungshomogene Gesellschaften kreieren zu können. Egoistische Motive bezieht er darauf, dass Menschen nur der guten Entwicklung einer Kolonie wegen wechseln wollen. Solche Beweggründe sieht er jedoch nur bei einzelnen. Aufgrund der durch die Kolonien entstandenen Meinungsbildung entwickeln sich nicht nur weniger Probleme, sondern Millionen von Menschen setzen sich zusammen und verstehen sich dadurch besser.[483] Hierbei reflektiert er, dass dies aufgrund der Vielzahl von Menschen nicht durchführbar sei.[484] Sich auf Menschen beziehen, deren Meinung im Willensbildungsprozess nicht berücksichtigt wird, fordert er für alle das Recht auf Mitbestimmung, unerheblich ihrer individuellen Merkmale (reich, arm, groß, klein, etc.). Man sollte jedem „gewähren lassen und […] seine Wünsche vielleicht mit einbeziehen und gucken, wie man sich da einigen könnte."[485]

Fogg fragt sich, inwieweit die Größe einer Kolonie bei der Meinungsvertretung wesentlich ist. Einerseits problematisiert er das Prinzip, bei dem jede Kolonie einen Repräsentanten entsendet, wodurch Meinungen der Mehrheiten unberücksichtigt bleiben. Andererseits kritisiert er eine der Stimmenanzahl entsprechende Meinungsvertretung, weil dann Minderheiten unzureichend repräsentiert werden. Eine Lösung kann er nicht anbieten.[486]

Repräsentanten haben in Foggs Politikvorstellung nicht nur bestimmte Kompetenzen, sondern beziehen das Volk in den Willensbildungsprozess ein. Die Auswahl der Repräsentanten gestaltet jede Kolonie für sich, wobei ein Repräsentant über Überzeugungsfähigkeit, Kompromissbereitschaft und Selbstlosigkeit zu verfügen hat.[487] Kritik des Volkes soll zeitnahe von Repräsentanten besprochen werden, wobei jeder Bezirk einen Entscheidungsprozess in Gang setzen kann.[488] Da aber eine ansteigende Anzahl von Bezirken zu einer Vielzahl von Kritik führen kann, ist jeder Antrag nach seiner Effizienz zu überprüfen, also inwieweit die Kritik zu einer positiveren Entscheidung führen kann. Dies kann sich auf einen Fehler oder eine Meinungsverschiedenheit beziehen.[489] Hinsichtlich der Rückkopplung der Repräsentanten mit dem Volk schlägt Fogg die Durchführung von jährlichen Meinungsumfragen vor, sodass nicht nur eine Diktaturbildung verhindert wird, sondern auch auf gesellschaftliche Bewegungen zeitnahe eingegangen werden kann – insbesonde-

---

482 ebenda, Zeile 522 – 3
483 vgl. ebenda, Zeile 275 – 90
484 vgl. ebenda, Zeile 460 – 1
485 ebenda, Zeile 339 – 41
486 vgl. ebenda, Zeile 354 – 64
487 vgl. ebenda, Zeile 322 – 3
488 vgl. ebenda, Zeile 568 – 91
489 vgl. ebenda, Zeile 299 – 307

re außerhalb der vier- bzw. fünfjährigen Wahlperioden.[490] Wenn das Volk seine Unzufriedenheit in solchen Umfragen ausdrückt, sollen sich entweder die Repräsentanten zusammensetzen oder ihre vorzeitige Neuwahl eingeleitet werden.[491] In Bezug auf die Karikatur M3 beklagt er im politischen System Deutschlands fehlende Rückmeldungsmöglichkeiten durch das Volk an die Politik, da sich die Bürger mit den gewählten Parteien zufrieden geben müssen.[492] Andererseits kritisiert er verkürzte Wahlperioden, insoweit dies Verwirrung verursacht und langfristige Projekte unmöglich machen.[493]

Fogg geht zwar davon aus, dass alle kompromissbereit und selbstlos sind, will aber trotzdem ein Regelwerk sowie Gesetze nebst Sanktionen einführen. Dieses Regelwerk hat zunächst die Funktion, zu zeigen, „dass man eine geordnete strukturierte [...] Politik führen kann und auch führt."[494] Ferner erfüllen Regeln die Aufgabe, regelwidriges Verhalten zu verhindern und eine strukturierte Vorgehensweise bei wie auch immer gearteten Unvorhersehbarkeiten, die nicht so einfach zu diskutieren sind, darzulegen.[495] Ferner definiert Fogg Gesetze mit der Festlegung von Richtlinien, die Sanktionen enthalten. Am Beispiel eines gegen das Gesetz handelnden Repräsentanten empfindet er Gefängnisstrafen als zu hart. Er negiert eine Wahlsperre und bevorzugt eine Abwahl, sodass ein regelbewusster Repräsentant, der bessere Entscheidungen trifft, gefunden wird.[496]

Hinsichtlich der Karikatur M4 beklagt Fogg die Mentalität vieler, etwas ohne Aufwand haben zu wollen. Er empfindet eine solche Auffassung als widersprüchlich.[497] Wegen diesem paradoxem Verhalten verdeutlicht er seine Interpretationsschwierigkeit, glaubt aber daran, dass ein Teil der Bevölkerung, sich selbst nach der Größe dieses Teils fragend, so denkt. Diesbezüglich bescheinigt er Menschen eine große Ignoranz.[498]

Abschließend beschreibt Fogg nicht nur die Definition von Politik als herausfordernd[499], sondern auch ihre Konzeption. Er ist der Auffassung, dass man zunächst Politik allgemein gut beschreiben kann, aber je tiefer man sich mit der Materie auseinandersetzt, „desto mehr Lücken [...], desto mehr mögliche Probleme findet man, auf die man alle eingehen muss [...]."[500] Beispielhaft bezieht er sich auf nicht weiter ausgeführte Ausnahmen, von denen Leute, die zwar in das System

---

490 vgl. ebenda, Zeile 610 – 5
491 vgl. ebenda, Zeile 719 – 27
492 vgl. ebenda, Zeile 680 – 92; 696 – 704; 731 – 41
493 vgl. ebenda, Zeile 704 – 9
494 ebenda, Zeile 541 – 2
495 vgl. ebenda, Zeile 151 – 4; 547 – 9
496 vgl. ebenda, Zeile 667 – 74
497 vgl. ebenda, Zeile 748 – 78
498 vgl. ebenda, Zeile 778 – 803
499 vgl. ebenda, Zeile 102 – 7
500 ebenda, Zeile 832 – 3

passen, nicht profitieren würden.[501] An anderer Stelle führt er aus, dass es ihm schwer fällt, „zwischen dem perfekten, idealen Vorgang und dem tatsächlichen zu differenzieren."[502]

Berücksichtigung sprachlicher Aspekte:
Fogg bedient sich in seiner Politikvorstellung verschiedener sprachlicher Aspekte. Er bezieht sich fast ausschließlich auf Metaphern. Dieser Bereich lässt sich allgemein auf die Willensbildung, der Beziehung zwischen Volk und Politik als auch auf zwischenmenschliche Beziehungen beziehen. Nur zwei Mal verwendet er Analogien.
       Die von ihm verwendeten Analogien berücksichtigen sein Gesellschaftsziel sowie den Treffpunkt der Repräsentanten. Das Ziel seiner Utopie entspricht für ihn einer perfekten Gesellschaft,[503] bei der sich ein gewisses Gleichgewicht[504] zwischen den Wünschen aller einstellt, ohne dass es zu einer Aufzählung der durchgesetzten Bedürfnisse kommt.[505] Ferner vergleicht er den Treffpunkt aller Repräsentanten mit dem Bundesrat oder Bundestag, um wichtige Entscheidungen, die über eine Kolonie hinausgehen, zu besprechen.[506]
       Viele der von Fogg verwendeten Metaphern beziehen sich auf die Willensbildung. So soll es im Entscheidungsprozess eine Partei, eine Gruppierung geben, die sich nicht nur kritisch mit einem Thema beschäftigt, sondern auch einen anderen Weg einschlagen möchte.[507] Entscheidungen sollen durchleuchtet werden.[508] In den von ihm dargelegten Entscheidungsebenen sieht er in zu vielen Ebenen die Gefahr, dass Meinungen auf der Strecke bleiben.[509] Selbst kleine Entscheidungen im Alltag gehen „in eine gewisse Richtung [...], die man dann einschlägt."[510] Wenn das Volk mit Entscheidungen nicht einverstanden ist, bekommen Repräsentanten dies beim Einkauf mit, wobei Kritik des Volkes schnell an den Mann, also an die Repräsentanten zu bringen ist.[511] Hinsichtlich der fehlenden Rückmeldungsmöglichkeiten des Volkes an die Politik in Deutschland sieht er den Bürger als mundtot, Bezug nehmend auf Karikatur M3.[512] Hinsichtlich der Lebensführung findet sich auf Kolonie-

---

501   vgl. ebenda, Zeile 829 – 42
502   ebenda, Zeile 408 – 9
503   vgl. ebenda, Zeile 183 – 4
504   vgl. ebenda, Zeile 195 – 6
505   vgl. ebenda, Zeile 186ff
506   vgl. ebenda, Zeile 317 – 21
507   vgl. ebenda, Zeile 379 – 80
508   vgl. ebenda, Zeile 381
509   vgl. ebenda, Zeile 510
510   ebenda, Zeile 65 – 6
511   vgl. ebenda, Zeile 573 – 5
512   vgl. ebenda, Zeile 689

ebene und auf kolonieübergreifende Ebene ein von Fogg nicht näher spezifiziertes gewisses Gerüst.[513]

Ferner verdeutlicht er die Beziehung zwischen Volk und Politik sowie unter Menschen metaphorisch. Von einer repräsentativen Demokratie ausgehend, bezeichnet Fogg eine Hierarchie dergestalt, als auf der Ebene der Politik und Regierung die Wünsche des Volkes nach oben gebracht und nach außen getragen werden.[514] Dies bezieht sich auch auf die Beziehung zwischen Volk und Repräsentanten in seiner Utopie. Explizit von Hierarchie spricht er im Kontext der Struktur sozialer Gruppierungen, wenn es um die Lehrer-Schüler-Beziehung, von einer Demokratie im Freundeskreis geht. In der Freizeit über Themen diskutierend und Meinungen austauschend, erhält man eine Meinung, „die der [...] größten Menge entspricht und dadurch sich dann auch [...] ein Bild [...] davon schafft, wie die Umgebung denkt."[515] Hinsichtlich der von Fogg angesprochenen Selbstlosigkeit und Kompromissbereitschaft sieht er die zeitgleiche Befriedigung nicht nur der eigenen Bedürfnisse, sondern auch der anderen als einen schmalen Grad an.[516] Andererseits sieht er Menschen, die stets ein Schlupfloch zu nutzen wissen, um eigene Bedürfnisse durchzusetzen.[517] Menschen mit einem regelwidrigen Verhalten sollen durch ein Regelwerk in die Schranken gewiesen werden.[518]

Quellen der Vorstellungen:
Die Quellen seiner Vorstellungen bezieht Fogg lapidar auf den Unterricht.[519] Ausführlicher geht er auf seine Reflexion über soziale Kontexte ein, wo der Schwerpunkt auf sein, auch erwartetes Verhalten gegenüber Mitmenschen liegt. Ohne auf sich selbst direkt Bezug nehmend, begründet er den Wunsch nach Selbstlosigkeit und Kompromissbereitschaft in sozialen Kontexten anhand erfahrener Unterdrückung in Gruppen.[520]

---

513   vgl. ebenda, Zeile 638 – 43
514   vgl. ebenda, Zeile 52 – 3
515   ebenda, Zeile 88 – 9
516   vgl. ebenda, Zeile 161 – 3
517   vgl. ebenda, Zeile 414 – 8
518   vgl. ebenda, Zeile 541
519   vgl. ebenda, Zeile 873 – 4
520   vgl. ebenda, Zeile 888 – 92

C.7.3.3. Die Einzelstrukturierung zum Interview mit Fogg

	Konzept: Politik		
	Definition der Kategorie	**Ankerbeispiel**	**Quellen**
+	Ebene, wo Entscheidungen für das Wohl des Volkes getroffen werden	Politik ist quasi für mich halt die Ebene, wo Entscheidungen getroffen werden für das Wohl des Volkes. Und dann auch da, wo sich verschiedene Länder dann zusammenfinden und dann diskutieren können.	003 – 007 028 – 031
+	Möglichkeiten, wie man Politik im Land implementieren kann	Also natürlich an die verschiedenen System, also die Möglichkeiten, wie man Politik im Land implementieren kann, sei es durch Demokratie oder halt durch andere nicht so ideale Formen wie Diktatur, also wie man Leuten seine Ideologie näher bringt, also was jetzt bei uns zum Beispiel anhand der Parteien durchgeführt wird.	012 – 015
+	Politik die politischen Inhalte sind, die für mich wegweisend sind	Und dann auch die Art der Politik, die Regierung, die Demokratie, dass das so die Politik die politischen Inhalte sind, die für mich wichtig und dann äh auch wegweisend sind	039 – 041
+	Nicht ganz einfach, Politik zu gestalten	Also, ich kann eindeutig daraus ziehen, dass ich dieses Wort größer und fetter schreiben kann, dass es eindeutig äh kompliziert ist, Politik zu gestalten und auch zu definieren, was grade bei dem Beispiel mir aufgefallen ist, dass man recht allgemein anfangen kann, aber je mehr man sich mit dem Thema beschäftigt, desto mehr Lücken findet man, desto mehr mögliche Probleme findet man, auf die man alle eingehen muss.	102 – 107 829 – 842
+	Politik in unserem Alltag integriert ist	Mir fällt da jetzt nichts ein, aber ich denke schon, dass Politik so integriert in unserem Alltag ist, dass da eigentlich jede unsere Entscheidungen, sei es auch eine kleine, die wir jetzt nicht so unmittelbar mit Politik verbinden würden, dass immer irgendwie in eine gewisse Richtung geht, die man dann einschlägt.	063 – 066 070 – 075
+	Nicht ganz einfach, was da läuft	Des Weiteren dann habe ich mir noch als kleinen Nebenpunkt ein aufgeschrieben, dass es nicht ganz einfach ist, was da alles läuft: die ganzen Regelungen, die ganzen Vorgänge, an was man sich halten muss.	031 – 036

Konzept: Gesetze		
Definition der Kategorie	**Ankerbeispiel**	**Quellen**
+ Für jedes Gesetz gibt es Sanktionen	Na ja, Gesetze sind ja zum einen dafür da, um die Richtlinien festzulegen. Und für jedes Gesetz gibt es ja auch dementsprechend Sanktion.	667 – 668
+ Wenn gegen das Gesetz verstößt, muss der Repräsentant neu gewählt werden	Aber ich denke, wenn jemand gegen das Gesetzt verstößt, sei es also im besten Fall ein Repräsentant, dann könnte man lediglich sagen, dass der Repräsentant neu gewählt werden muss, dass der quasi eine Art, nicht unbedingt Sperre kriegt, dass er nie mehr Repräsentant werden darf, aber dass er erst mal abgewählt werden sollte, um dann vielleicht einen zu finden, der regelbewusster und auch für die Kolonie oder für den Bezirk bessere Entscheidungen treffen kann.	668 – 674

Konzept: Repräsentation		
Definition der Kategorie	**Ankerbeispiel**	**Quellen**
+ Volk Repräsentanten wählt, die die Politik und Regierung bestimmen	Also da wir im Moment eigentlich ja in einer repräsentativen Demokratie leben, ist für mich so, dass wir gewisse Repräsentanten, also noch nicht ich, noch nicht, weil ich ja noch nicht volljährig bin, aber dass das Volk gewisse Repräsentanten wählt, die dann äh quasi die Politik bestimmen und dann noch mal äh die Regierung, die Parteien wählen und dass da auf dieser Ebene quasi die Wünsche der äh des Volkes, also quasi nach oben gebracht werden und von da aus dann nach außen getragen werden.	036 – 039 048 – 055
+ Auf Repräsentantenebene wird darüber gesprochen, wie man das Allgemeinwohl verbessern kann	Und da können dann wieder, wie ich das eben mit den Ebenen gesagt habe, und dann auf dieser Repräsentantenebene darüber gesprochen werden, wie kann man das Allgemeinwohl der Kolonien verbessern.	237 – 239 477 – 485
+ Repräsentanten anhand bestimmter Fähigkeiten ausgesucht	Und dass die vielleicht dann auch ausgewählt werden anhand bestimmt besonderer Fähigkeiten so wie Überzeugungskraft oder halt auch, was mir, wie gesagt, wichtig ist, Kompromissbereitschaft, Selbstlosigkeit.	317 – 319 321 – 323
+ Repräsentanten, der für die Kolonie kolonieübergreifende Themen mit anderen Kolonierepräsentanten bespricht	Und noch mal vielleicht dann Klarheit zu schaffen, es gibt diese Bezirke, die quasi aus den kleinen Kolonien, die größer die Bezirke, die dann einen Repräsentanten entsenden, die dann einen Repräsentanten wählen, der für die Kolonie kolonieübergreifenden Themen mit den anderen Kolonierepräsentaten zusammen das bespricht	319 – 321 638 – 643

Konzept: Repräsentation		
Definition der Kategorie	**Ankerbeispiel**	**Quellen**
?	Problem, dass die Minderheiten vernachlässigt werden	Das Problem ist natürlich dann, dass die Minderheiten, die kleinere Kolonie dann vernachlässigt wird. Wie man das dann optimieren könnte, da wüsste ich jetzt auf Anhieb dann auch nichts.	354 – 364
+	Begriff, alle bilden eine Meinung, für den Planeten nicht anwendbar	Also wäre dieser Begriff „alle setzen sich zusammen und bilden ein, bilden eine Meinung, die dem ganzen Volk entspricht" wäre für den ganzen Planeten dann noch nicht anwendbar.	455 – 462
+	Kritik des Volkes möglichst schnell an den Mann bringen	In dem in dem Sinne wäre es natürlich angebracht, dann die Kritik der des Volkes möglichst schnell an Mann zu bringen, also dass äh sich wieder die Bezirke mit ihrem Repräsentanten beraten „So wollten wir das aber nicht."	568 – 581 587
+	Man prüft die Effizienz dieses Antrags [Kritik]	Deshalb sollte dieses erst mal überprüft werden, ob es von Belang wäre, das zu diskutieren und ob dann wirklich ein Ergebnis rauskommen würde, was für alle dann besser wäre. Dass man erst mal die Effizienz dieses Antrags überprüft.	587 – 595 600 – 605 647 – 653 657 – 662
+	jährliche Umfragen, ob alles in Ordnung ist	Da müsste man, einführen, dass es schon eine zum Beispiel jährliche Umfrage sozusagen oder quasi ein Test gibt, ob alles noch in Ordnung ist und dass diese Intervalle einfach kürzer gefasst werden als jetzt zum Beispiel die vier Jahre oder die fünf Jahre, dass schneller auf Bewegung in der Gesellschaft eingegangen werden kann.	610 – 615 621 – 630 719 – 727
-	~~Meinung wird zwischen den Wahltagen nicht erhört~~	Wenn er seine Arme nicht benutzen kann, dass vielleicht seine Anliegen, also wenn er irgendwas hat, was er gerne anbringen möchte, dass es weder schriftlich noch mündlich vorbringen kann, dass er einfach nicht seine Meinung, also vielleicht noch mal die Verdeutlichung, dass seine Meinung zwischen diesen Wahltagen nicht erhört wird.	680 – 692 696 – 704 731 – 741
+	Wenn man die Repräsentanten jährlich tauscht, gibt es Verwirrung	Und dann so verschiedene Meinungen an die Macht kommen könnten, dass es sich dann jährlich tauscht, also dass es dann so eine Verwirrung gibt, dass keiner wirklich ein Projekt zu Ende führen kann.	704 – 709

Konzept: soziale Gruppierung		
Definition der Kategorie	**Ankerbeispiel**	**Quellen**
+ Bild davon schafft, wie die Umgebung denkt, wie ich denke	Und dadurch dann vielleicht eine Meinung schafft, die der größten Menge entspricht und dadurch sich dann auch ein Bild davon schafft, wie die Umgebung denkt: Wie ich denke? Gibt es da Unterschiede? Wo sind die Differenzen? Und warum entstehen diese Differenzen? Liegt es an meinem vorherigen Umfeld oder an gewissen Einflüssen, die irgendwo an auf mich geschehen sind?	83 – 91

Konzept: Opposition		
Definition der Kategorie	**Ankerbeispiel**	**Quellen**
+ Opposition, damit die Entscheidung wirklich hinterfragt wird	Außerdem sollte es– wie gesagt – dann ein, trotzdem noch Kritik geben, also eine Art Opposition, damit die Entscheidung wirklich noch hintergefragt werden, ob da nicht wirklich noch ein Fehler ist oder etwas, woran man arbeiten kann, was man verbessern kann.	148 – 151 372 – 385 390 – 396
+ jeder würde in das System passen, dann bräuchte man keine Opposition	Also, angenommen, jeder würde in dieses System passen, jeder würde sich mit dieser Politik vereinbaren, jeder würde dieses, dieses Konstrukt der Meinungsbildung adaptieren, dann bräuchte man keine Opposition, weil das ja schon in der Entscheidungsfindung quasi beinhaltet ist, wenn man die gleiche Meinung hat, da kann man darüber diskutieren und findet eine Entscheidung, die jeder für richtig hält.	409 – 414 423 – 424 429 – 430

Konzept: Kleine Kolonien		
Definition der Kategorie	**Ankerbeispiel**	**Quellen**
+ Je kleiner die Gruppe ist, desto leichter fällt es, eine Entscheidung zu finden	Also dass die Kolonie dann so groß beziehungsweise so klein wäre, dass wirklich jeder daran teilhaben könnte und dass da zusammen wirklich zusammen eine Entscheidung gefunden werden kann.	112 – 118 163 – 166 235 – 237 468 – 477
+ je mehr man die Ebenen unterteilt, desto klarer kriegt man die Meinung dargestellt	Also, was ich da als Vorteil sehe, ist natürlich, je mehr man das unterteilt, desto klarer kriegt man die Meinung dargestellt, weil immer weniger Menschen an diesem Entscheidungsprozess ähm vorhanden sind.	323 – 325 503 – 505
+ wichtig, in einer Gruppe dazu zu gehören und mitentscheiden zu können	Und ein Mensch kann ohne soziale Kontakte, soziale Gruppen nicht wirklich überleben, und deshalb ist es wichtig, so einer Gruppe zu dazu zu gehören und dann auch wirklich mitentscheiden zu können.	166 – 170 223 – 228 331 – 341

Konzept: Kleine Kolonien		
Definition der Kategorie	**Ankerbeispiel**	**Quellen**
+ Kolonien, die gewissen ethnischen Vorsätzen und Meinungen zugewandt sind, da wirst du angesiedelt	Und wenn man schon danach geht, die Kolonien so auszusuchen, dass sich da möglichst keine Unstimmigkeiten herausfiltern, dass vielleicht auch äh so ausgesucht wird, dass man sagt, okay, es gibt hier Kolonien, die gewissen ethischen Vorsätzen oder gewissen Meinungen quasi zugewandt sind und dass man sagen kann, okay, das ist hier die Kolonie, wo das besonders geschätzt wird, da äh wirst du jetzt angesiedelt.	228 – 234
+ je mehr Ebenen es gibt, desto mehr Bezirke könnten nicht gehört werden	Aber je mehr Ebenen es gibt, desto mehr Entscheidungen können halt auch rausgefiltert werden und desto mehr Bezirke könnten dann nicht wirklich gehört werden.	505 – 512 520 – 523
+ Wenn jemand den Wunsch hat, in einer andere Kolonie zu gehen, dann nicht verwehren	Also wenn jemand den Wunsch hat, da in eine andere Kolonie zu gehen, weil er glaubt, dass er sich da besser entwickeln kann, dass er ein besseres Umfeld für sich hat, dann sollte man ihm das eigentlich nicht verwehren.	247 – 250 255 – 260
+ große Gruppen gibt, die klein angefangen haben, immer noch ungefähr das gleiche Meinungsbild haben	Das Problem, jetzt wo du es sagst, wird mir natürlich klar, wird früher oder später auftreten, aber ich denke, natürlich wird dann die eine Kolonie vernachlässigt oder vielleicht soweit dezimiert, dass sie sich auflösen muss, aber ich denke, das wird sich dann so weiterführen, bis es dann eben so große Gruppen gibt, die aber dadurch, dass sie klein angefangen habe, immer noch ungefähr das gleiche Meinungsbild haben	275 – 290

Konzept: Selbstlosigkeit/ Kompromissbereitschaft		
Definition der Kategorie	**Ankerbeispiel**	**Quellen**
+ auf andere fokussiert, aber seine Meinung nicht aus dem Blick verlieren	Dass man sich mehr auf andere fokussiert, dabei aber seine Meinung nicht aus dem Blick verliert, also dass man durchaus bereit ist, zu diskutieren, auch zu kritisieren, aber dass man immer noch im Hinterkopf behält, dass der Gegenüber auch eine Meinung hat und dass man den in gewissem Sinne auch respektieren muss.	107 – 112 140 – 145 161 – 163
+ Findet immer eine Meinung, mit der jeder leben kann	Und deshalb diese Kompromissbereitschaft, je nach dem wie extrem diese ausgeprägt ist, löst die meisten Probleme, denke ich, da man manchmal sich zurücksteckt, manchmal mehr, manchmal weniger, und dadurch eigentlich immer eine Meinung findet, die jetzt nicht jeden zufrieden stellt, aber mit dem jeder, mit die je, mit der jeder leben kann.	809 – 817

Konzept: Selbstlosigkeit/ Kompromissbereitschaft		
Definition der Kategorie	**Ankerbeispiel**	**Quellen**
+ Der Respekt und die Akzeptanz anderer Meinungen	Dann auch der Respekt und die Akzeptanz anderer Meinungen, also dass man keine Meinung von Grund auf ablehnt, nur weil sie gegen seine eigenen Vorstellungen entspricht.	132 – 136
+ wirklich jeder erhört wird	Dann auch sehr wichtig, dass wirklich jeder erhört wird, also dass jede Stimme miteinbezogen werden sollte. Dass auch jeder nicht unbedingt verpflichtet dazu ist, seine Stimme abzugeben, aber dass durch dieses System die Möglichkeit und das Interesse seine Stimme abzugeben, wesentlich höher ist.	145 – 148 435
+ Regelwerk, um zu zeigen, dass man eine geordnete Politik führen kann	Und wie wir eben geklärt haben, wenn alle diese Kompromissbereitschaft, diese Aspekte besitzen oder adaptieren, die ich in dieser Politik voraussetze, dann bräuchte man eigentlich kein Regelwerk, um andere in die Schranken zu weisen, sondern lediglich um zu zeigen, dass man eine geordnete, strukturierte Politik führen kann und auch führt.	151 – 154 535 – 542 547 – 549
- ~~Wohl anderer völlig vernachlässigen~~	Also natürlich ist jeder in gewissem Sinne egoistisch. Also auch ich, wie jeder strebt natürlich sein Wohl zu maximieren. Nur schade finde ich dann äh die Menschen, die dann das Wohl anderer völlig vernachlässigen.	179 – 181 206 – 211 414 – 418
+ Wenn man sieht, okay, das finde ich gut begründet, stellt sich ein Gleichgewicht her	Ich fühle mich jetzt besser, also meine Wünsche wurden erfüllt, dass er sich dann vielleicht in der nächsten Debatte, in der nächsten Zusammensetzung dann auch für andere Meinung einsetzt, wenn er gerade mal nicht, wenn es gerade mal nicht sein Thema ist, wo man dann denkt „Okay, mir ist das relativ egal, weil ich da nichts Interessantes sehe." Und wenn man dann auch sieht, „Okay, das finde ich gut begründet, dafür kann ich mich einsetzen", dass sich da so ein gewisses Gleichgewicht bereitstellt.	181 – 196 204 – 205
+ bei einer so großen Weltbevölkerung kaum ein System, was dauerhaft jeden zufrieden stellt	Und wenn die nicht damit klar kommen, dann muss man gucken, ob man den eine andere Alternative anbieten kann oder ob sie so kompromissunbereit sind, dass da vielleicht sogar eine kleine Revolution ausbricht oder handgreiflich werden, aber ich denke, bei einer so großen Zahl, wenn wir jetzt von unserer Weltbevölkerung ausgehen, da gibt es kaum ein System, was dauerhaft jeden zufrieden stellt.	299 – 307

Konzept: Menschen		
Definition der Kategorie	**Ankerbeispiel**	**Quellen**
+ Mentalität, mehr Geld, aber nicht bereit, mehr zu arbeiten, ist sehr oft vorhanden	Genau, wir wollen etwas, aber wir wollen nichts dafür zahlen. Das „zahlen" nehme ich dann jetzt entweder finanziell oder zeitlichen Aufwand. Das „Wir wollen mehr Geld, aber wir sind nicht bereit, dafür mehr zu arbeiten." Diese Mentalität ist natürlich sehr oft vorhanden, denke ich.	748 – 761 765 – 778 795 – 803
+ Wenn man mehr will, muss man mehr dafür tun	Aber ich, also ich spreche dieser Einstellung eigentlich nicht zu, da jeder gesunde Menschenverstand eigentlich sehen müsste, dass so was nicht geht, also dass, wenn man mehr will, dass man auch mehr dafür tun muss. Das wäre meine Einstellung.	778 – 789

C.7.4. Hector: „Ohne Politik würden wir im Chaos versinken"

Hier findet sich die Analyse des Interviews mit Hector.

C.7.4.1. Die geordneten Aussagen zum Interview mit Hector

Demokratie sinnvoller finde als Kommunismus und ähnliche Dinge [Zeile 3 – 8]
[Beim Wort Politik denke ich] als erstes an die Notwendigkeit einer Demokratie, also dass ich die Demokratie sinnvoller finde als Kommunismus und ähnliche Dinge. Aber dann kommt mir sofort der Gedanke an korrupte Politiker aus anderen Ländern, weil die Demokratie in vielen Ländern einfach nicht funktioniert. Das halt auch eine Art Hetzjagd immer stattfindet.

Es wird nicht verfolgt, was den Menschen interessiert [Zeile 8 – 12]
Es wird teilweise eigentlich nicht das verfolgt, was verfolgt werden sollte, also was den Menschen interessiert. Die Atomkraftlobby oder sonstiges hat so viel Geld zur Verfügung, dass sie einfach indirekt bestechen kann. Das macht keinen Sinn. Das ist nicht der Grundsatz.

Soziales Denken ist, dass man versucht, Sozialschwachen zu helfen [Zeile 17 – 19; 419 – 425; 429 – 431; 620 – 622; 890 – 891]
[Die Organisation menschlichen Zusammenlebens] ist wichtig. Ich bin ein sehr sozialer Mensch und finde, dass Leute, die weniger Geld haben, irgendwie unterstützt werden sollen. Das wird von der Politik entschieden. Soziales Denken ist, dass man nicht einfach sagt, das hat schon einen Grund, warum die da sind, sondern dass man Sozialschwachen versucht zu helfen. Sozialschwache können da

herauskommen, weil kein Mensch dumm ist. Jeder könnte an dieser Schule viel bessere Noten haben, wenn er sich irgendwie besser anstrengt oder bessere Bedingungen gehabt hätte. Wenn wir das gesamte Potential schaffen würden, zu nutzen, wäre das ein enormer Fortschritt für uns, für das Zusammenleben, auch für die Gesellschaft, für die Entwicklung. Und wenn das auf einem neuen Planeten möglich wäre, sollte man das auf jeden Fall anstreben. Der Mensch als solches ist nicht asozial, sondern wird eher so erzogen oder bekommt die Gedanken eingeflößt. Das muss man unterbinden. Man muss Verantwortung übernehmen, was soziales Denken angeht.

Ohne Politik würden wir im Chaos versinken [Zeile 19 – 21; 29 – 35; 38 – 40]
Ohne Politik würden wir im Chaos versinken. Es ist die Frage, ob es eine gute oder schlechte Politik ist, weil es Vor- und Nachteile gibt. Die Politik leitet alles in der Gesellschaft. Es werden Güter gesammelt durch Steuern und damit kann dann Leuten geholfen und Bildung ermöglicht werden, also das Zusammenleben ermöglichen. Man kann bei der Organisation mitentscheiden. Das hängt davon ab, welche Politik das ist. Soziales und asoziales Denken kann theoretisch unterstützt werden, je nach dem, was für eine Politik angeschlagen wird, zum Beispiel Hitler.

Die Wirtschaftspolitik ist wichtig [Zeile 35 – 36]
Wirtschaftspolitik ist wichtig, weil ich Wirtschaftsfan bin.

Die (Welt-)Versorgung ist wichtig [Zeile 36 – 38]
Die (Welt-)Versorgung ist wichtig. Da werden aber auch falsche Entscheidungen getroffen, zum Beispiel bei den Kolonien.

Politik ist vor allem Macht [Zeile 40 – 49; 109 – 110; 114 – 116; 889; 1069 – 1070; 1090 – 1094]
Politik ist auch vor allem Macht, also wenn man weit in der Politik nach oben steigt oder eine Partei viel Macht hat, dann kann man unterdrücken. Man kann Macht missbrauchen. Machtgier gehört auch dazu. Ich kann mir nicht vorstellen, dass jemand, der Präsident der USA war, sehr gerne sein Amt abgibt und wieder nicht mächtig ist. Macht verändert die Menschen. Ich kann mir nicht vorstellen, dass es nicht so ist. Macht geht auch mit Verantwortung einher und es gibt wieder eine Verbindung zu Missbrauch der Macht. Es gibt dafür viele Beispiele, wo Macht nicht richtig eingesetzt wurde oder nicht wirklich gut entschieden wurde. Viele gehen mit Macht richtig um. Auch Merkel macht das mit dem sozialen Denken richtig, indem sie der EU weiterhelfen wollte. Sie hätte auch einfach sagen können, wir schotten uns jetzt richtig ab. Ich habe das mit der Macht drin, halt auch Machtmissbrauch unterbinden. Aber die Macht wird auch falsch eingesetzt, falsch beurteilt, falsch gedacht, nicht menschenwürdig gedacht. Es gibt durch die Politik noch viel zu viel

Machtmissbrauch. Das sollte man eigentlich nicht zulassen. Aber deswegen finde ich das halt interessant. Man muss trotzdem darüber nachdenken, sonst machen die Leute weiter, machen ihr Ding, profitieren davon.

Ich finde den Missbrauch der Kolonien asozial oder rassistisch [Zeile 79 – 91; 132 – 136]
Ich finde den Missbrauch von Kolonien asozial oder rassistisch. Amerika oder Afrika würden heute ganz anders aussehen, wenn es anders gewesen wäre. China versucht sich jetzt, westlich zu verhalten wegen den Engländern, die einen ganz anderen Lebensstil hatten. Was dort passierte, war nicht richtig. Auch der Völkermord der Spanier in Amerika war falsch. Kolumbus war der größte Massenmörder und man feiert den Kolumbustag, also wie er Amerika entdeckt hat. Das macht keinen Sinn. Das wird immer heruntergespielt. Wer der Sieger, wer an der Macht ist, kann die Politik, die Vergangenheit bestimmen. Das finde ich nicht richtig. Damals hat Missbrauch stattgefunden, weil es eine Ausbeutung war. Ich bin geschichtsinteressiert und verstehe nicht, wie man überhaupt kein Interesse dafür haben kann, was Leute da getrieben haben, was da passiert ist, wieso wir jetzt leben. Es gibt in der Geschichte Massen an Beispielen, bei denen wirklich Missbrauch geschah und die viel schlimmer waren.

Die Medien ziehen bei Politik die Sachen eher in das negative Bild [Zeile 117 – 124]
Die Medien ziehen bei Politik eher die negativen Sachen ins Bild. Winston Churchill hat während seiner Zeit enorm viel für die Politik, für England getan. Als die Krise dann vorbei war, wollten sie unbedingt einen neuen, weil sie gar nicht mehr darüber nachgedacht haben, was die Person eigentlich erreicht hat. Also es wird vielmehr auf das Negative geachtet. Deswegen bin ich auch eher negativ eingestellt.

Jeder ist gleichgestellt [Zeile 152; 597 – 601; 289 – 294]
[Politik auf meinem Planeten würde ich] sozial, ohne Rassismus, ohne Unterdrückung gestalten. Jeder ist gleich gestellt. Auch die Geschlechter sind gleichberechtigt. Kein Mitglied der Gesellschaft, nur weil es sozial schwächer, behindert oder sonstiges ist, soll deswegen weniger Rechte haben. Es soll sozial und darauf gerichtet sein, dass jede Person in der Gesellschaft gleich wichtig ist und gleich behandelt wird.

Optimum der Wohlfahrt wird erreicht, sprich Nachfrage und Angebot sind gleich [Zeile 152 – 155; 330 – 340; 354 – 356; 360 – 365; 379 – 382; 392; 436 – 445; 449 – 464]
Es wird das Optimum der Wohlfahrt erreicht, sprich Nachfrage und Angebot halten sich gedeckt. [Optimale Wohlfahrt] ist der Wirtschaftsaspekt, also dass kein Unternehmen ihr Vorteil aus einem Monopol ausnutzt, hemmungslos ihre Preise in die Höhe treibt und sich dadurch manche Leute zum Beispiel kein Öl mehr leisten können. Es soll wirklich darauf geachtet werden, dass die Unternehmen ihren Profit

machen, aber Leute, die eine Nachfrage haben, das Angebot auch wirklich nutzen können. Es soll dieses Gleichgewicht eines vollkommenen Marktes geben. Ich würde versuchen, das durchzusetzen. Das ist zwar sehr schwer, aber damit werden vielmehr Menschen glücklich und es würde auch nicht so eine starke Trennung bestehen. Die Unternehmen verlangen einfach zu viel Geld. Wenn man einen vollkommenen Markt schafft, einzurichten, hat jeder Mensch die gleichen Grundbedingungen. [Gleiche Grundbedingungen für alle zu schaffen,] ist auf unserem heutigen Planeten nicht möglich. Da sind zu viele Gedanken verankert. Aber wenn man einen neuen Planeten hätte, wo man die Wirtschaft komplett neu aufbauen kann, ohne dass sich irgendwie Unternehmen komplett absetzen können, könnte man gleiche Grundbedingungen für alle schaffen. Das ist nichts, was man sofort hinbekommen kann, aber mir gefällt an sich die Grundtheorie davon. Optimal ist halt, was die Wirtschaft betrifft. Nachfrager und Angebotssteller erreichen ihre optimale Werte und nicht nur einer von den beiden und der andere erhält den negativsten Wert. Jeder soll wirklich gleichberechtigt sein. Gleichgewichtspreis [soll entstehen.] [Wenn Nachfrage und Angebot gleich sind, müssen die Bedürfnisse] nicht unbedingt gleich sein. Der Aktienmarkt ist fast ein optimaler Markt oder fast ein vollkommener Markt. Das ist davon abhängig, ob alle Informationen bestehen, also jeder weiß über jedes Produkt Bescheid. Dann halt auch die anderen Faktoren wie Informationen, keine räumlichen, zeitlichen Differenzen, also ein Produkt darf in den USA nicht günstiger sein als in Deutschland. Alle Produkte haben die gleiche Qualität. Es gibt keine Differenzen in der Produktionswahl. Es sollten keine persönlichen Präferenzen geben. Nike und Adidas haben exakt denselben Schuh und man nimmt Nike, weil das Nike-Zeichen cooler aussieht oder mehr Leute Nike tragen. Ich arbeite nebenbei in einem Schuhladen. Wir haben ein paar Daten bekommen. Nike hat zum Beispiel zum letzten Jahr 85 Prozent Marktanteil mit Schuhen auf der ganzen Welt gehabt. Das ist enorm, wenn man sich überlegt, was für eine Riesenzahl das ist. Das ist an sich schon fast ein Monopol. Es gibt nicht wirklich viele starke Mitbewerber. Die können mit dem Preis machen, was sie wollen. Die haben gerade gesagt, dass ihre Schuhe durch die Produktion teurer geworden sind, aber garantiert nicht um 10 Euro. Die Schuhe sind um 10 Euro teurer geworden, sprich sie haben sich daran bereichert. In dem Fall kann man nicht im Geringsten von einer optimalen Verteilung zum optimalen Preis ausgehen.

Man lebt im Frieden miteinander [Zeile 155 – 156; 160 – 164]
Man lebt im Frieden miteinander, weil ich die ganzen Kriege und auch Konflikte wie zum Beispiel im Nahen Osten bescheuert finde. Ich bin komplett gegen Konflikte, auch gegen das, was wir früher gemacht haben. Man kann alles ohne Konflikte lösen, wenn man nur ansatzweise sachlich und objektiv bleibt. Das würde ich in meiner Politik versuchen unterzubringen.

Alles, das wissenschaftlich belegt wurde, sollte auch anerkannt werden [168 – 174; 177 – 180; 472 – 483; 487 – 490; 494 – 499; 606 – 610; 614 – 616; 786 – 794; 812 – 846]
Ich würde auch alle Meinungen akzeptieren, aber ich würde versuchen zu zeigen, dass man sachlich bleiben muss, dass man nicht seine persönlichen Präferenzen da zu stark reinzieht oder sein Glauben an irgendwelche Tatsachen wie zum Beispiel den Faschismus. Die Faschisten haben wirklich geglaubt, dass es Tatsachen sind und die kann man alle widerlegen. Alles, das wissenschaftlich belegt wurde, sollte auch anerkannt werden. Ich glaube viel zu sehr an wissenschaftliche Daten. Ich würde vermutlich das auch so quasi umsetzen, dass die Wissenschaft im Vordergrund steht, also das Streben nach Wissen und das Denken und nicht nur das Glauben und Hoffen. Es wurde belegt, dass wir nicht der Mittelpunkt des Universums sind. Daran sollte man auch festhalten, also nicht sagen, es könnte auch ganz anders sein. Sachen, die man nur aufgrund des Glaubens sagt, haben kein Gewicht. Man sollte alles begründen. In der Philosophie ist es genauso. Leute, die argumentieren, es ist so und deswegen ist es so, machen überhaupt keinen Sinn. Bei der Schöpfungstheorie gibt es viele Ansätze, die das Gegenteil beweisen. Die Evolution beweist, warum wir uns erst so entwickelt haben. Man kann zwar sagen, das war nicht so, aber das hat kein Gewicht. Wenn man Politik wirklich sachlich betreibt, merkt man, dass jemand da Gedanken hat, die einfach nicht sachlich sind. Wenn man sagt, dass die Juden anderes Blut haben, das man wissenschaftlich widerlegen kann – dann wäre auch der wissenschaftliche Aspekt da –, dann sollte man nicht zulassen, dass so jemand an die Macht kommt oder dass sich die Gedanken überhaupt verbreiten. Deswegen ist auch das wissenschaftliche Denken wichtig, weil man die meisten Gedanken, die asozial sind, widerlegen kann. [Wissenschaftliche Wahrheiten werden durch neue ersetzt und fließen in die politische Entscheidung mit ein.] [Beim Meinungsaustausch zur Problemlösung vertritt wirklich jeder Mensch unterschiedliche wissenschaftliche Wahrheiten], wenn er sich mächtig fühlt, das beurteilen zu können. Das ist zwar höchstwahrscheinlich nicht möglich. Aber so wird halt das größte Potential entwickelt.

Sachen wie Glauben sind auch wichtig [Zeile 174 – 177]
Sachen wie Glauben sind auch wichtig. Manche Menschen hätten wahrscheinlich gar keine Kraft. Ich glaube aber nicht an Gott. Ich glaube, dass da vielleicht irgendwas ist, was hilft.

Religion soll in der Politik keine starke Rolle spielen [192 – 194; 198; 202 – 205; 298 – 300; 528 – 545]
Religion soll in der Politik keine starke Rolle spielen. Ich finde die ganzen islamischen Regierungen, die sich da gebildet haben, falsch, weil das die Politik komplett beeinflusst. Im Islam steht, dass du so und so handeln sollst und das dann in die Politik eingebracht wird oder in die Gesetze und dann ist das eine Beeinflussung,

die nicht sachlich ist, weil es etwas ist, was nie wirklich bestätigt wurde. Nur weil ein Wesen, das nicht bestätigt wurde, sagt, Mann und Frau sollen zusammen sein, ist das nicht wirklich schlüssig. Dafür denke ich zu subjektiv. Aber Religion darf nicht der Hauptgrund sein, warum man die Politik so gestaltet. Politik sollte man sachlicher betrachten und nicht auf etwas aufbauen, was irgendein Prophet gesagt hat oder über Tausende von Jahren vermittelt wurde. Wenn man sich die Geschichte wirklich objektiv betrachtet, dann weiß man, dass viele Sachen gar nicht so übermittelt wurden, vielleicht ganz anders übermittelt wurden, wie sie eigentlich stattgefunden haben. Deshalb kann man sich auf so was gar nicht wirklich stützen. Deswegen finde ich Geschichte auch so interessant, weil die ganzen Sachen so drin sind. Die Sieger haben die Geschichte geschrieben. Wenn jemand über einen Wunderheiler schreibt und darauf eine ganze Religion aufbaut, finde ich erstaunlich, was der Mensch glauben will, damit er auf ein Leben nach dem Tod glaubt, nur weil er sich die Angst vor dem Tod nehmen will und nicht weil er wirklich daran glaubt. Die gesamten Grundlagen von Religionen sind auf menschlichen Ängsten oder Hoffnungen zurückzuführen; dass zum Beispiel irgendjemand wirklich heilen kann oder man noch Chancen hat, zu überleben oder dass es im Himmel schön ist, um einfach weniger Angst auf der jetzigen Welt zu haben.

Ich würde die Menschenrechte durchsetzen [Zeile 213; 222 – 223; 236 – 239; 243 – 245; 247; 250; 254 – 255]
Wenn es ein neuer Planet wäre, würde ich die Menschenrechte durchsetzen. [Die Menschenrechte sind] die Rechte des Einzelnen und deswegen auch wichtig. Da wäre schon ein demokratischer Ansatz, weil jeder das gleiche Recht hat, zu wählen. Das ist nicht wie es früher vom Stand abhängig war. [Dass es vom Stand abhängig ist,] ist auf jeden Fall nicht gerechtfertigt. Da spielt zum Beispiel mit rein, dass Menschen nicht gefoltert werden oder ähnliches, weil ich jegliche aggressive Handlung verabscheue. [Menschenrechte sind ein Wertekanon, die die Gestaltung von Politik prägen.] Menschenrechte bedeuten das soziale Miteinander.

Unsere Kultur ist den anderen nicht überlegen [Zeile 214 – 216; 220 – 222; 223 – 227; 269; 273 – 277; 281]
Ich finde es ganz interessant, wie die Menschenrechte entstanden sind. Die Menschenrechte sind nur durch bestimmte Politiken und von einer Gesellschaft zum Beispiel gekommen. Die Menschenrechte sind von einer Gesellschaftsgruppe, uns Europäern, gekommen. Nur weil irgendwie eine andere Kultur eine andere Moralvorstellung oder sonstiges hat, sollte man diese nicht mit Gewalt unterdrücken. Es wäre zwar gut, wenn andere Länder die Menschenrechte einführen, aber sie haben eine komplett andere Kultur. Nur weil wir denken, dass wir sachlicher denken, dürfen wir andere Länder ohne Menschenrechte nicht beurteilen oder verurteilen. [Alle Kulturen sind gleich.] Ich sehe unsere Kultur den anderen nicht als überlegen

an. Unsere Kultur hat zwar ein großes wissenschaftliches Denken erreicht, aber wir sind den anderen nicht überlegen. Die Maya hatten eine unglaublich komplexe Kultur. Ich will gar nicht wissen, was die Maya jetzt zum Beispiel erreicht hätten, wenn wir bzw. die Spanier sie nicht vernichtet hätten.

Politik ist so kompliziert [Zeile 369 – 370]
Politik ist so kompliziert. Es gibt schöne Theorien, aber meistens funktionieren sie in der Praxis nicht wirklich.

Unterschiedliche Bedingungen können dazu beitragen, dass jemand weniger gebildet ist [Zeile 398 – 406; 410 – 411]
[Für die Bewohner sollen die gleichen Bedingungen herrschen.] Unterschiedliche Bedingungen können dazu beitragen, dass jemand weniger gebildet ist und das finde ich nicht fair. Ich habe auf jeden Fall bessere Chancen gehabt als jemand, der in Lurup mit Hartz IV aufwächst.

Andere Religionen sollten respektiert werden [Zeile 509 – 519; 523 – 528]
Andere Religionen sollen respektiert werde, weil sich diese über viele Millionen von Jahren theoretisch gebildet haben. Selbst die Grundsätze sind ganz früh entstanden. Man sollte nicht davon ausgehen, dass zum Beispiel das Christentum irgendwie anderen Religionen wie dem Islam überlegen ist. Die Religionen bekämpfen sich, nur weil irgendwelche religiösen Unterschiede bestehen. Jeder achtet immer nur auf Unterschiede, aber man muss überlegen, wie viele Gemeinsamkeiten es gibt, weil ganz viele Grundsätze gleich oder ähnlich sind. Der Gesellschaft sollte auffallen, dass Religionen aus demselben entstanden sind, aber einfach nur zwei verschiedene Bereiche sind, die sich entwickelt haben. Der Grundsatz ist aber vollkommen identisch. Wenn mehr Leute darüber nachdenken würden, würden auch mehr die Religionsfreiheit akzeptieren. Also man unterdrückt nicht einfach mehr und sagt, ich bin Christ, ich bin besser als du oder ich vernichte dein Land durch Kreuzzüge. Die Grundzüge einer Religion sind zwar auch wichtig. Das soziale Denken ist zum Beispiel im Christentum verankert.

Die Grundbedürfnisse sollte jeder erfüllt bekommen [Zeile 562 – 564; 568 – 574; 582 – 585]
Es gibt ja wirklich einen enormen Unterschied an Wasserversorgung. Die Grundbedürfnisse sollte jeder erfüllt bekommen, um sein Leben aufbauen zu können. Nur weil die Leute in Afrika kein Wasser, kein Essen und keine Bildung haben, müssen sie um ihr Überleben kämpfen. Sie haben kein richtiges Leben. Wir hier im Wohlstand kaufen uns Handys, die eine Million Euro kosten. Da muss doch irgendwas bei der Verteilung schief gelaufen sein. Es wird immer Unterschiede geben, vermutlich auch in meiner Welt wie zum Beispiel Leistungsunterschiede, die durch Wissen,

Ideenreichtum und Kreativität beurteilt werden können. Aber die Grundbedürfnisse sollten verteilt werden.

Jeder, der wirklich in der Lage ist, soll mitentscheiden [Zeile 624 – 631; 635 – 639; 641 – 650; 654 – 664; 671; 675 – 678; 682 – 691]
[Dass jeder mitentscheiden kann,] greift die Gleichberechtigung und Menschenrechte auf. Jeder, der wirklich in der Lage ist, soll mitentscheiden. Ich selber bin noch nicht wirklich in der Lage, mitzuentscheiden. Ich habe zwar am besten Ahnung, aber mir fehlt viel zu viel die Übersicht, um wirklich sinnvoll entscheiden zu können. Es soll nicht so was wie im Mittelalter passieren, dass nur die Adligen wählen durften und die Bedürfnisse der Schwächeren komplett nicht beachtet wurden. Das schafft man nur, wenn wirklich jeder eine Stimme hat. Deswegen würde ich die Demokratie bevorzugen. [Jemand ist in der Lage mitzuentscheiden] sobald er selbst der Meinung ist, dass er mitentscheiden kann. Wenn man nämlich sachlich denkt, dann merkt man, ob man sachlich beurteilen kann. Ich versuche oft, sachlich zu denken. Bei meinem jetzigen Stand bin ich noch nicht in der Lage, etwas sachlich in der Demokratie oder in der Politik zu beurteilen. Ich kann zwar meine Meinung bilden, aber ich sollte bei meinem jetzigen Stand es nicht tun. Wenn jeder so pragmatisch wäre, würde es sich eigentlich von alleine lösen, ab wann man mitentscheiden und wählen kann. Es gibt viele, die sagen, sie sind mit 15 schon bereit gewesen, zu wählen, aber ich bin mir nicht sicher, ob das wirklich sachlich getan wurde oder ob dies zum Beispiel durch die Eltern passiert ist. Wenn man gewährleisten kann, dass die Entscheidung sachlich war, dann sollten sie wählen. Aber die Person soll in der Lage sein, alles umfassend bedenken zu können und nicht einfach aus einer kleinen Meinung heraus entscheiden. Man sollte selbst sachlich denken. Wenn man wirklich alles überblickt und wirklich der Meinung ist, ich sollte wählen, dann ist das kein Problem. Aber es gibt noch zu viele, die mit 15 zum Beispiel nicht sachlich denken. Ich habe ein Beispiel aus meiner Klasse, die sehr stark grün, eine Tierfreundin und sehr stark davon überzeugt ist. Sie meinte auch, sie wäre mit 15 in der Lage gewesen, mitzuentscheiden. Ich fragte mich dann, wodurch so eine starke Meinung entstanden ist. Ich schaue mir alle Meinungen an und denke mir, alle haben was gutes, aber ich finde nicht, dass eine Meinung genau die richtige ist. Davon bin ich nicht überzeugt.

Die Menschen sollen die Entscheidung sachlich prüfen [Zeile 706 – 709; 713 – 724; 852 – 867; 874 – 880; 891 – 892; 1013 – 1032]
Bei einem komplett neuem Planeten und man kann eine neue Gesellschaft aufbauen, würde ich von Anfang an versuchen, schon in der Bildung nur beizubringen, dass die Menschen sachlich zu denken haben. Die Menschen sollen nicht aus einem Bauchgefühl oder sonstigen Sachen einfach sagen, so ist das jetzt. Sie sollen die Entscheidung sachlich prüfen. Ich glaube, wenn der Grundbaustein gelegt ist, nur

dann kann man wirklich das durchführen, dass jeder es selbst entscheiden kann. Dieser Grundbaustein sollte bei jedem wirklich vorhanden sein. Nach meinem jetzigen Befinden gibt es viel zu viele, die durch die Bildung, die sie erhalten, nicht darauf vorbereitet sind. Sie haben einfach nur eine ganz andere Vorstellung von Argumentation, von Meinung. Und erst wenn das weg wäre, könnte man sachliche Entscheidungen treffen. [Nur Leute stimmen darüber ab, die genügend Wissen haben] und nicht einfach aus dem Bauchgefühl heraus entscheiden, wie es oft in der Politik ist. Also nicht einfach sagen zum Beispiel, das neue Schulsystem ist blöd und das sagt die Bild und deswegen ist das jetzt blöd, sondern dass man wirklich Sachen nur beurteilt, wenn man das auch wirklich beurteilen kann. Und man nicht einfach sagt, das könnte theoretisch so sein, aber irgendwie bin ich mir nicht so sicher. Es gibt Parlamente für diese Bereiche, wo sie sich halt in der Lage fühlen, das zu beurteilen, weil sie es wirklich beurteilen können, weil ich Politik so heuchlerisch finde.

Das weitere wissenschaftliche Streben ist wichtig [Zeile 726 – 770; 774 – 775]
[Im wissenschaftlichen Diskurs gibt es Dissens], daher ist das weitere Streben sehr wichtig. Ich glaube, dass man durch die Zeit sehr viel beweisen kann, wenn man sich nur darauf konzentriert. Die wissenschaftlichen Meinungslager, die sich da bilden, sollten sich nicht auf eine wissenschaftliche Meinung einfach festlegen. Wir hatten in Chemie das Beispiel, dass am Anfang gedacht wurde, dass Feuer durch irgend so ein Element entstanden ist, was überall in allen brennbaren Materialien war, was dann verbrennt und danach dann weg ist. Das wurde so lange geglaubt, bis einer, der dafür ausgelacht wurde, wirklich festgestellt hat, dass das was ganz anderes ist. Man sollte immer weiterforschen. Man sollte nicht nur eine Richtung einschlagen.

Man sollte eine sehr viel breitere Demokratie haben [Zeile 801 – 810; 1094 – 1097]
In der heutigen Demokratie haben wir bei manchen Sachen kaum noch was zu entscheiden, wie zum Beispiel wenn wir jemanden ins Parlament wählen und er auf einmal was ganz anderes umsetzt. Wenn wir darauf überhaupt gar keine Kontrolle mehr haben, ist es an sich nicht gerechtfertigt. Man sollte eine sehr viel bereitere Demokratie haben, also viel mehr Meinungen akzeptieren und das auch größer ineinander fließen lassen. Also nicht einfach sagen, dass man jetzt für einen Stadtteil irgendwie einen Abgeordneten wählt, der dann vielleicht gar nicht die Meinungen von allen auffasst, sondern dass das komplexer ist. Das ist zwar enorm schwer, zu bewerkstelligen. Aber erst dann ist Politik wirklich fair und nimmt auch alle Meinungen einer Gesellschaft auf. Wenn man in der Politik nicht mitmacht, ist ein menschliches Leben nicht sinnvoll, also man hat die Chance, wie in Deutschland in anderen Ländern vielleicht nicht, mitzuentscheiden. Die Chance sollte man sinnvoll nutzen.

Mündigkeit ist, dass er seine Meinung mitteilen kann [Zeile 907 – 914]
[Bei der Karikatur M3] würde ich Mündigkeit so verstehen, dass er seine Meinung mitteilen kann.

Volksentscheide können zwar etwas verändern, aber die Grundsätze der Politik bleiben immer [Zeile 918 – 923; 932 – 933; 935 – 944; 948 – 952; 954 – 956; 958 – 964; 1070 – 1074]
[Die Karikatur M3] wäre beschrieben so, dass da ein Mann auf dem Boden ist, der gefesselt ist, etwas vor dem Mund hat, sodass er nicht reden kann. Zwei Leute im Anzug stehen neben ihm und der eine zeigt mit dem Finger auf ihn. Der andere grinst und sagt, dass bei Volksentscheiden er schließlich mitreden könne und er dabei seine Meinung mitteilen könnte. Das würde ich als Kritik verstehen, dass es nicht so ist. Er kann anscheinend bei Volksentscheiden nicht was Großes bewirken. Es wird immer von Politikern gesagt, dass ein Volksentscheid wirklich ein Volksentscheid ist. Damit kann man viel entscheiden. Der Bürger hat trotzdem keine Macht. Also er kann gar nicht durch die Volksentscheide reden, weil er gefesselt ist. Er kann sich nicht wehren und er hat was vor dem Mund und kann sich nicht äußern. Es gibt nicht genug Volksentscheide, also es ist halt nicht genügend Meinungskraft. [Der Karikatur M3] stimme ich in manchen Punkten zu. Viele wichtige Dinge werden in der Politik einfach durch die Parteien entschieden, die wir eigentlich auch beurteilen müssten, weil wir in Deutschland die Deutschen, also die Wichtigen sind. Unser Denken ist auch sehr wichtig und nicht nur das von den Parteien, die ihr Wahlprogramm haben und versuchen umzusetzen. Volksentscheide können zwar etwas verändern, aber die Grundsätze der Politik, die die Politiker gesät haben, bleiben immer. Wir konnten zum Beispiel sagen, dass die Primarschule hier in Hamburg nicht so kommen soll, aber das mit der Stadtteilschule stand gar nicht erst zur Debatte. Es wird immer auf so kleine Sachen fixiert. Wirklich große Mitentscheidung ist nicht vorhanden. Ich stimme der Karikatur eigentlich zu. [Die Bürger brauchen mehr Möglichkeiten zu zustimmen.] Es gibt trotzdem noch Punkte, wo wir mitentscheiden, aber die leider zu klein sind bei den Volksentscheiden bzw. nicht so umfassend sind, wie sie in einer Demokratie hätten sein müssen, wo man sagt, dass jeder Mensch ein Stimmrecht hat und dass jeder mitentscheiden kann in einer Demokratie oder in der Politik.

Man sollte mit den Konsequenzen, mit den Handlungen leben [Zeile 970 – 982; 986 – 990; 992 – 999; 1003; 1036 – 1042; 1046 – 1049; 1053 – 1057; 1074]
[Auf der Karikatur M4] sind vier Personen, die eine Demonstration anscheinend beiwohnen, Schilder mit sich rum tragen und sehr grimmig aussehen. Die erste Aussage ist, „Wir wollen X", also wir wollen halt irgendwas, eine Variabel. Die zweite Dame sagt, „Aber wir wollen dafür nichts zahlen." Und der dritte Herr sagt, „Wir sind dafür, aber unser Leben soll sich nicht verändern." Meiner Meinung nach

stellt dies dar, dass sich viele widersprechen, also sie wollen irgendwas, sie wollen dafür nichts auf sich nehmen, sie wollen keine Zahlung dafür machen. Sie erwarten, dass der Staat oder eine andere Institution das alles tut. Und am besten wäre noch für manche, dass sich ihr Leben dadurch gar nicht verändert. [Die Karikatur M4] ist die Kritik, dass sich die Bürger das vorstellen und es kein Sinn macht. Jede Veränderung zieht irgendwas mit sich. Vielleicht auch, dass man was zahlen muss. Wenn man irgendwas haben will, dann soll man sich dafür einsetzen und mit den Konsequenzen leben. Das wollen die Menschen eben nicht. Viele Menschen sind so. Sie wollen mehr Geld, wollen dann aber nicht teurere Produkte. Sie wollen mehr Lohn, wollen dann nicht, dass Produkte teurer werden. Und am besten soll sich dadurch in ihrem Leben nichts verändern. Das ist, wenn man es sachlich betrachtet, nicht möglich, weil jede Haltung eine Konsequenz nach sich zieht, egal wie klein sie ist. Konsequenzen sehen halt manche nicht. Das finde ich auch ein bisschen blöd. Ich kann nur von mir ausgehen und versuchen, so sachlich wie möglich zu denken. Mir ist vollkommen bewusst, wenn ich mehr Lohn verlange, dass dann auch irgendwas passiert. Dann beschwere ich mich nicht darüber. Das ist halt so. [Dass Entscheidungen Konsequenzen haben,] ist ein Gleichgewicht. Das kann man nicht einfach auseinander reißen. Das funktioniert nicht. Das hat sich über Jahrhunderte aufgebaut. Man kann nicht einfach verlangen, dass sich das auf einmal verändert. Man sollte mit den Konsequenzen, mit den Handlungen leben. [Dass Entscheidungen Konsequenzen haben,] lerne ich gerade selber in ein paar Punkten. Man muss zu Recht kommen. Man hat den Teil im Leben nicht wirklich richtig verstanden. Das wird dann später auf einem zu kommen und das wird einem richtig hart treffen. Oder man lernt es nie und bleibt dann so ein Stinkepeter. Und Leute sollten lernen, mit Konsequenzen zu leben.

Ich wäre sehr froh, wenn ich in meiner Welt leben könnte [Zeile 1059 – 1067]
[Wenn ich alles Gesagte vergleiche, komme ich zur Schlussfolgerung], dass ich sehr froh wäre, wenn ich in meiner Welt leben könnte, weil ich mich dann nicht über so viele Sachen in der Gesellschaft aufregen müsste oder über Leute, die nicht sachlich handeln.

Ich finde, dass viel zu viel noch falsch läuft [Zeile 1076 – 1086]
[Für dieses Thema interessiere ich mich] an sich sehr, weil ich Politik an sich zwar weniger mag, aber eben weil ich so ein schlechtes Bild von Politikern habe. Aber ich finde, dass viel zu viel noch falsch läuft.

C.7.4.2. Die Explikation zum Interview mit Hector

Interpretative Erschließung der Charakteristika der schülerbezogenen Aussagen nebst Widersprüche und Probleme

Hector verdeutlicht ein beteiligungszentriertes und sozialausgerichtetes Politikverständnis, basierend auf Sachlichkeit, Wissenschaftlichkeit und einem optimalem Markt. Dabei erläutert er seine jeweiligen Politikvorstellungen anhand von konkreten Beispielen.

Hector verknüpft Politik mit Demokratie und sieht in ihr eine allumfassende Funktion für das gesellschaftliche Miteinander.[521] Mittels Politik werden gesammelte Güter verwendet, um Menschen zu helfen als auch Bildung und das gesellschaftliches Zusammenleben zu ermöglichen. Abhängig von der Politik kann soziales und asoziales Denken – wie beispielsweise bei Hitler – gefördert und Entscheidungsteilhabe bei der Organisation menschlichen Zusammenlebens eingerichtet werden. Politik ist aber für ihn auch kompliziert, weil schöne Theorien in der Praxis schwer umsetzbar sind.[522]

Ferner geht Hector differenziert auf Macht ein. Er sieht in Macht die Möglichkeit der Unterdrückung, des Missbrauches und der Veränderung des Menschen. Aus seiner Sicht wird Macht „falsch eingesetzt [...], falsch [...] beurteilt, falsch gedacht, schlecht gedacht, [...] nicht menschenwürdig gedacht."[523] Folglich verknüpft er Macht mit Verantwortung und fordert ein Interesse an Macht, um Machtmissbrauch zu verhindern.[524]

Außerdem äußert sich Hector zur Güterverteilung und (Welt-)Versorgung. Er erkennt zwar Unterschiede – wie Leistungsunterschiede – an, will aber als Wirtschaftsfan[525] wirtschaftspolitisch gleiche Grundbedingungen für jeden schaffen, indem es, ohne eine konkrete Umsetzung zu beschreiben, zu einem Optimum der Wohlfahrt kommt, also eines vollkommen Marktes (Ausgleich zwischen Angebot und Nachfrage).[526] Daher sollen Produkte die gleiche Qualität und keine Differenzen wie beispielsweise persönliche Präferenzen aufweisen.[527] Der optimale Markt schafft gleiche Grundbedingungen für jeden und sorgt für eine wirkliche Gleichberechtigung.[528]

Er will Sozialschwache unterstützen. Mittels eigener Anstrengung und besseren Bedingungen sieht Hector die Möglichkeit, dass Sozialschwache aus ihrer Situa-

---

521   vgl. Transkript zum Interview mit Hector, Zeile 3 – 7
522   vgl. ebenda, Zeile 369 – 70
523   ebenda, Zeile 1069 – 70
524   vgl. ebenda, Zeile 1090 – 4
525   vgl. ebenda, Zeile 35 – 6
526   vgl. ebenda, Zeile 330 – 40
527   vgl. ebenda, Zeile 449 – 64
528   vgl. ebenda, Zeile 379 – 82

tion herauskommen und die Gesellschaft insgesamt befördert wird.[529] Er sieht beim sozialen Denken die Notwendigkeit der Verantwortungsübernahme. Weiterhin bezieht sich die soziale Gestaltung auf die Gleichstellung aller, unabhängig vom Geschlecht oder etwaiger Benachteiligungen.[530] Folglich will Hector die Menschenrechte für das soziale Miteinander durchsetzen.[531] Unterschiedliche Bedingungen tragen seiner Ansicht nach dazu bei, „dass jemand weniger so gebildet ist [...]."[532]

Hector favorisiert eine, wenn auch nur abstrakt formulierte, breite Beteiligungsmöglichkeit, wobei Entscheidungen sachlich und wissenschaftlich fundiert sein müssen. Seine Kritik an der bestehenden Demokratie bezieht sich auf das freie Mandat, das den Einfluss der Bürger auf Politik hemmt aufgrund einer fehlenden Kontrolle über die parlamentarischen Entscheidungen des Abgeordneten. Auch in Bezug auf Volksentscheide sieht er kaum Teilhabemöglichkeiten, insofern diese kaum Veränderungen bringen können. Vielmehr sollen alle Meinungen akzeptiert und ineinander fließen.[533] Nur in der Teilhabe, welche er mit Mündigkeit gleichsetzt,[534] sieht er einen Sinn für menschliches Leben.[535] Nichtsdestotrotz grenzt Hector Mitbestimmung auf jene ein, die sich selbst fähig sehen, Entscheidungen sachlich zu treffen. Dies umzusetzen, sieht er selber kritisch. Das einzige von ihm diesbezüglich aufgezeigte Kriterium bezieht sich auf die Fähigkeit, „alles umfassend [...] bedenken [zu] können und nicht einfach aus einer kleinen Meinung, Orientierung einfach mal so heraus [zu] entscheiden."[536] Hinsichtlich sachlicher Entscheidungen sollen Bürger mit den Konsequenzen der eigenen Handlungen leben. Er verweist darauf, dass Menschen zwar mehr Lohn, aber keine verteuerten Produkte in Kauf nehmen wollen.[537]

Entscheidungen sollen unter Anerkennung wissenschaftlicher Belege sachlich geprüft werden. Anhand von Bildung will Hector den Menschen beibringen, „dass sie sachlich zu denken haben. [...] Und dass sie nicht irgendwie nur auf irgendwelchen Bauchgefühlen oder sonstigen Sachen einfach sagen sollen, ja, so ist das jetzt."[538] Daher stellt er sich Parlamente vor, die für bestimmte Bereiche zuständig sind, die „sich halt in der Lage fühlen, das zu beurteilen [...]."[539] Die sachliche Entscheidung koppelt er indirekt mit Wissenschaftlichkeit, also dem Streben nach Wissen und Denken, die im Gegensatz zu Glauben und Hoffen im Vordergrund ste-

---

529   vgl. ebenda, Zeile 419 – 31
530   vgl. ebenda, Zeile 597 – 601
531   vgl. beispielhaft ebenda, Zeile 254 – 5
532   ebenda, Zeile 405 – 6
533   vgl. ebenda, Zeile 801 – 6
534   vgl. ebenda, Zeile 907 – 14
535   vgl. ebenda, Zeile 1094 – 7
536   ebenda, Zeile 663 – 4
537   vgl. ebenda, Zeile 970ff
538   ebenda, Zeile 707 – 14
539   ebenda, Zeile 874 – 5

hen.[540] Durch wissenschaftliches Denken können asoziale Gedanken widerlegt werden. Daher favorisiert er das weitere wissenschaftliche Streben, welches einseitige Auffassungen verhindert.[541]

Er negiert den Einfluss von Religion auf Politik, ohne Religion abwerten zu wollen. Die Wertigkeit der Religion sieht Hector darin, Menschen Kraft und Hilfe zu geben, ohne selber religiös zu sein.[542] Die negative, also unsachliche Beeinflussung von Religion sieht er beispielhaft in islamischen Regierungen, die aufgrund unschlüssiger religiöser Handlungsprinzipien Politik gestalten. Insgesamt sieht er die Basis von Religion auf menschlichen Ängsten und Hoffnungen.[543] Dies ist für ihn eine unsachliche und folglich falsche Beeinflussung von Politik.

Die Sachlichkeit erstreckt sich auch auf das friedliche sowie religiöse und kulturelle Zusammenleben. Konflikte können, Objektivität und Sachlichkeit vorausgesetzt, friedlich gelöst werden. Er lehnt Konflikte ab und zieht als Beispiel die Konflikte im Nahen Osten an.[544] Diesbezüglich setzt sich Hector konsequent für Religionsfreiheit ein. Religiös begründete Konflikte beruhen seines Erachtens auf einer Überbetonung religiöser Unterschiede, obgleich der Grundsatz aller Religionen gleich ist.[545] Auch hinsichtlich des kulturellen Zusammenlebens negiert er die Höherwertigkeit der eigenen Kultur, was er am Beispiel der Menschenrechte[546] und der Maya verdeutlicht.[547]

Am Rande kritisiert Hector die negative Perspektive der Medien auf Politik und begründet dadurch seine negative Einstellung zu Politik.[548] Trotz dessen interessiert er sich für das besprochene Thema und findet, „dass [...] viel zu viel noch [...] falsch läuft."[549] Daher wäre er sehr froh in seiner Welt leben zu können, weil er sich nicht über die Menschen, die nicht sachlich handeln, und über die Gesellschaft ärgern müsste.[550]

Berücksichtigung sprachlicher Aspekte:
Hector bedient sich in seiner Sprache weniger der Metapher als vielmehr der Analogie und der Kontrastierung, insbesondere unter Berücksichtigung historischer Ereignisse als auch einem Bezug auf seine eigene Lebenswelt.

---

540 vgl. ebenda, Zeile 171 – 2; 494 – 7
541 vgl. ebenda, Zeile 762 – 70
542 vgl. ebenda, Zeile 174 – 7
543 ebenda, Zeile 542 – 5
544 vgl. ebenda, Zeile 155 – 64
545 vgl. ebenda, Zeile 523 – 8
546 vgl. ebenda, Zeile 223 – 7
547 vgl. ebenda, Zeile 275 – 7
548 vgl. ebenda, Zeile 117 – 24
549 ebenda, Zeile 1085 – 6
550 vgl. ebenda, Zeile 1059 – 67

Die von ihm verwendeten Metaphern beziehen sich auf Mitbestimmung, dem wissenschaftlichen Streben, Politik als auch im negativen Sinne auf soziales Denken und der Notwendigkeit, Konsequenzen des eigenen Handelns zu akzeptieren. Bezugnehmend auf Karikatur M3, kann der Bürger *durch Volksentscheide nicht reden*[551] aufgrund fehlender *Meinungskraft.*[552] Die von den Politikern *gesäten* Grundsätze[553] bleiben. Das wissenschaftliche Streben begründet er insofern, als man nicht nur *eine Richtung einschlagen* sollte.[554] Außerdem *leitet* die Politik alles.[555] Man erhält in der Politik Macht, wenn man nach *oben steigt.*[556] Ferner ist der Mensch nicht asozial, bekommt aber passende Gedanken *eingeflößt.*[557] Wenn der Mensch nicht mit Konsequenzen lebt, wird er zu einem *Stinkepeter.*[558] Sachliche Entscheidungen bilden den *Grundbaustein.*[559] Dass zu viele Gedanken *verankert* sind, behindert Veränderungen zu einem optimalen Markt.[560]

Eine beispielhafte Kontrastierung zeigt sich bei Politik, die er mit Demokratie gleichsetzt, jedoch mit korrupten Politikern aus anderen Ländern sowie Kommunismus kontrastiert.[561] Ferner verbindet er Politik mit Chaos, welches ohne Politik entstehen würde.[562] Außerdem fordert Hector die Erfüllung der Grundbedürfnisse für jeden durch die Kontrastierung der Lebensverhältnisse zwischen Afrika, wo Wasser, Nahrung und Bildung fehlen, und der westlichen Welt, in der Handys im Wert von einer Million Euro gekauft werden.[563]

Der wesentlichste sprachliche Aspekt sind die Analogien, verdeutlicht mittels historischen und aktuellen Lagen sowie einem Bezug zur Lebenswelt. Hinsichtlich des sozialen Denkens bezieht er sich auf sich selbst, insofern er ein sozialer Mensch[564] ist und verdeutlicht, dass jeder bessere Noten haben könnte, sofern man sich mehr anstrengt und bessere Bedingungen hat.[565] Hector vergleicht sich selbst mit jemand, der in Lurup mit Hartz IV aufwächst und damit schlechtere Chancen hat als er.[566] Ferner verdeutlicht er an sich selbst, dass man lernen muss, mit den

---

551   vgl. ebenda, Zeile 926 – 7
552   vgl. ebenda, Zeile 933
553   vgl. ebenda, Zeile 943 – 4
554   vgl. ebenda, Zeile 774 – 5
555   vgl. ebenda, Zeile 19 – 21
556   vgl. ebenda, Zeile 40 – 2
557   vgl. ebenda, Zeile 621
558   vgl. ebenda, Zeile 1057
559   vgl. ebenda, Zeile 716 – 7
560   vgl. ebenda, Zeile 361
561   vgl. ebenda, Zeile 3 – 8
562   vgl. ebenda, Zeile 19 – 21
563   vgl. ebenda, Zeile 562 – 85
564   vgl. ebenda, Zeile 17 – 9
565   vgl. ebenda, Zeile 422 – 3
566   vgl. ebenda, Zeile 410 – 1

Konsequenzen des eigenen Handelns zu leben.[567] Von sich selber ausgehend, soll man versuchen, so sachlich wie möglich zu denken,[568] obgleich er selber nicht fähig ist, mitzuentscheiden aufgrund einer fehlenden Übersicht.[569] In diesem Zusammenhang bezieht er sich auf eine Klassenkameradin, die ausgeprägt grün und eine Tierfreundin ist. Er verweist auf das Schulsystem und kritisiert, wenn Menschen Entscheidungen treffen anhand der Bildzeitung und ihrem Bauchgefühl.[570] Auch in seiner Forderung nach einem optimalen Markt zeigt sich sein Lebensweltbezug. Er kritisiert die Monopolstellung von Nike aufgrund seiner Arbeit in einem Schuhladen.[571]

Die von ihm verwendeten historischen Analogien dienen in der Regel als Negativbeispiel. Beim sozialen und asozialen Denken nimmt er Hitler als Beispiel[572] und zieht den Faschismus heran, um die Notwendigkeit wissenschaftlicher Belege für politische Entscheidungen zu begründen.[573] Diesbezüglich verweist er auch beispielhaft auf die Schöpfungstheorie und die falsche Vorstellung, die Erde sei der Mittelpunkt des Universums.[574] Den Missbrauch und die Ausbeutung der Kolonien empfindet er als asozial bzw. rassistisch. Er beschreibt Kolumbus als Massenmörder und kritisiert die Feier zum Kolumbustag.[575] Die Vernichtung der Maya nutzt er als Kritik an der angeblichen Überlegenheit der eigenen Kultur.[576] Auch religiös begründete Konflikte beruhen auf einer Überbetonung religiöser Unterschiede wie beispielsweise der Kreuzzüge.[577] Dass alle fähig sein sollen, mitzuentscheiden, bezieht er auf das Mittelalter, als nur Adlige wählen durften und die Bedürfnisse der Schwächeren ignoriert wurden.[578] Von seiner Systematik abweichend, kritisiert er das von den Medien gezeichnete Bild von Politik anhand von Winston Churchill, dessen Leistungen nicht entsprechend gewürdigt wurden.[579] Aufgrund der massenhaften Beispiele von Missbrauch in der Historie kritisiert er die Interessenslosigkeit dafür, was damals passierte und wieso wir heute so leben.[580]

Auf die Gegenwart beziehende Analogien gehen auf Macht, Interessensvertretung und Religion ein. Den negativen Einfluss von Macht zeigt er beispielhaft am

---

567 vgl. ebenda, Zeile 1053 – 4
568 vgl. ebenda, Zeile 1036 – 7
569 vgl. ebenda, Zeile 630 – 1
570 vgl. ebenda, Zeile 863 – 4
571 vgl. ebenda, Zeile 456 – 60
572 vgl. ebenda, Zeile 40
573 vgl. ebenda, Zeile 170 – 2
574 vgl. ebenda, Zeile 470; 494 – 5
575 vgl. ebenda, Zeile 84 – 7
576 vgl. ebenda, Zeile 273 – 7
577 vgl. ebenda, Zeile 525
578 vgl. ebenda, Zeile 635 – 7
579 vgl. ebenda, Zeile 117 – 24
580 vgl. ebenda, Zeile 132 – 6

US-Präsidenten, der nur ungern seine Macht abgibt.[581] Nichtsdestotrotz gehen viele mit Macht richtig um, wie beispielsweise Angela Merkel, die „das zum Beispiel mit dem sozialen Denken richtig gemacht hat"[582], indem sie der EU weiterhelfen wollte. Eine fehlende Interessensvertretung begründet er mit dem zu großem Einfluss der Atomlobby, die mit ausreichendem Geld indirekte Bestechungen leistet.[583] Die untergeordnete Rolle von Religion in der Politik begründet er durch die unsachliche Beeinflussung der Religion auf islamische Regierungen und verweist auf Propheten, Wunderheiler und die Basis der Religion, welche sich auf menschlichen Ängsten und Hoffnungen bezieht.[584]

Quellen der Vorstellungen:
Die Quellen seiner Vorstellungen[585] generiert Hector aus Beobachtung und Analysen verschiedener Situationen sowie dem Verhalten von Menschen. Als Beispiel nennt er Bahnfahrten. Aufgrund seiner Analysen und Beobachtungen begründet er seine Sichtweise auf die Karikatur M4. Er verweist auf die unterschiedlichen Fachgebiete in der Schule, die auf sein Interesse stoßen und Argumentation abverlangen wie PGW (Politik-Gesellschaft-Wirtschaft), Geschichte, Philosophie, Psychologie. Hierbei betont er die Notwendigkeit von Bildung. Ferner entstammen seine Vorstellungen aus der Historie, insoweit er wiederholt Bezug auf geschichtliche Ereignisse nimmt und Geschichte als sehr interessant beschreibt.[586]

---

581   vgl. ebenda, Zeile 43 – 4
582   ebenda, Zeile 115 – 6
583   vgl. ebenda, Zeile 8 – 12
584   vgl. beispielhaft ebenda, Zeile 528 – 45
585   vgl. im Folgenden ebenda, Zeile 1101ff
586   vgl. ebenda, Zeile 132 – 6

C.7.4.3. Die Einzelstrukturierung zum Interview mit Hector

Konzept: Politik		
Definition der Kategorie	**Ankerbeispiel**	**Quellen**
+ Notwendigkeit einer Demokratie	Eigentlich als erstes, also an Notwendigkeit, dass halt Demokratie ist, also dass ich Demokratie sinnvoller finde als Kommunismus oder halt ähnliche Dinge.	003 – 0004
+ Korrupte Politiker aus anderen Ländern	Ich denke immer als erstes an die korrupten Politiker aus anderen Ländern zum Beispiel.	004 – 008
+ Politik ist so kompliziert	Deswegen ist Politik ja auch so kompliziert. Also es gibt schöne Theorien, aber meistens funktionieren sie in der Praxis nicht wirklich.	369 – 370
+ Ohne Politik würden wir im Chaos versinken	Ich glaube, ohne Politik würden wir im Chaos versinken. Ist halt nur die Frage, ob es eine gute Politik ist oder eine schlechte, weil beides, es gibt halt Vor- und Nachteile.	019 – 021 029 – 035

Konzept: Soziales Denken		
Definition der Kategorie	**Ankerbeispiel**	**Quellen**
+ (Welt-)Versorgung ist wichtig	Das halt wichtig für die Versorgung wichtig ist, einfach für die Weltversorgung. Dass aber da auch falsche Entscheidungen getroffen wurden, zum Beispiel halt was Kolonien und so was angeht.	036 – 038
+ Jeder ist gleich gestellt	Sozial, ohne Rassismus, ohne Unterdrückung, jeder ist gleich gestellt.	152 – 152 289 – 294 597 – 601
− ~~Menschen bekommen asoziale Gedanken eingeflößt~~	Also ich würde sagen, dass der Mensch als solches nicht asozial ist, sondern eher so erzogen wird oder die Gedanken halt eingeflößt bekommt.	620 – 622
+ Das gesamte Potential aller zu nutzen, wäre ein Fortschritt für uns	Und wenn wir das gesamte Potential schaffen würden, zu nutzen, wäre das ein enormer Fortschritt für uns, für das Zusammenleben, für die Gesellschaft, für die Entwicklung.	421 – 425 429 – 431
+ Sozialschwache versuchen, zu helfen	Dass dieses soziale Denken, dass man nicht einfach sagt, ja, das hat schon einen Grund, warum die da sind oder so was, sondern dass man den halt versucht zu helfen,	017 – 018 419 – 421 890 – 891

Konzept: Medien		
Definition der Kategorie	**Ankerbeispiel**	**Quellen**
− ~~Medien ziehen bei Politik die negativen Sachen ins Bild.~~	Aber das, also ich finde persönlich, dass bei Politik meistens auch durch die Medien eher die negativen Sachen ins Bild gezogen werden, selbst wenn jemand, dass, es gibt auch so ein Phänomen	117 – 124

Konzept: Macht			
	Definition der Kategorie	**Ankerbeispiel**	**Quellen**
+	Macht verändert die Menschen.	Ich kann mir nicht vorstellen, dass äh jemand, der zum Beispiel Präsident der USA war, danach sehr gerne sein Amt abgibt und wieder nicht mächtig ist. Also, dass einfach wirklich, dass es die Menschen verändert.	043 – 046
+	Viele gehen mit Macht richtig um.	Also es gibt auf jeden Fall viele, die es richtig machen. Ich finde, dass auch Merkel das zum Beispiel richtig gemacht hat mit dem sozialen Denken,	114 – 116
-	~~Man kann unterdrücken.~~	Ja, wenn man weit in der Politik nach oben steigt oder eine Partei viel Macht hat, dann kann man unterdrücken.	040 – 042
-	~~Man kann Macht missbrauchen.~~	Man kann sie missbrauchen, die Macht, Machtgier zum Beispiel.	042 – 043 889 – 889 1068 – 1070
+	Man muss über Macht nachdenken.	Also man muss trotzdem darüber nachdenken, sonst machen die Leute so weiter, machen halt ihren Ding, profitieren davon.	1092 – 1094

Konzept: Optimum der Wohlfahrt			
	Definition der Kategorie	**Ankerbeispiel**	**Quellen**
?	Nachfrage und Angebot halten sich gedeckt	Eine sinnvolle Wirtschaft, also erst gar keine Monopole zulassen. Das Maximale oder das Optimum der Wohlfahrt erreicht wird, sprich, Nachfrage und Angebot halt sich abdeckt.	152 – 155 330 – 340 354 – 356 361 – 365 379 – 382 392 – 392
+	Gleiche Grundbedingung sind auf unserem Planeten nicht möglich	Ich würde sagen, auf jeden Fall auf unserer heutigen Planeten ist das nicht möglich mehr, da sind zu viele Gedanken verankert.	360 – 361
+	Abhängig davon, ob alle Informationen bestehen	Das ist halt davon abhängig, ob alle Informationen bestehen, also ob alle Information bestehen, also jeder weiß über jedes Produkt Bescheid	436 – 450
+	Wirtschaftspolitik ist wichtig	Wirtschaftspolitik, weil ich halt Wirtschaftsfan bin.	035 – 036
+	Es sollten keine persönlichen Präferenzen geben.	Es sollte keine persönlichen Präferenzen geben, also sagen wir mal, Nike und Adidas hat exakt denselben Schuh und Nike sieht cooler aus, das Zeichen, dass man dann Nike deswegen nimmt zum Beispiel.	450 – 453
-	~~Monopole können mit dem Preis machen, was sie wollen.~~	Und die können mit dem Preis machen, was sie wollen.	456 – 464

Konzept: Teilhabe		
Definition der Kategorie	**Ankerbeispiel**	**Quellen**
+ Wenn die Entscheidung sachlich war, sollte man wählen.	Also ich glaube, wenn man wirklich alles überblickt und dann wirklich der Meinung ist, ja, ich sollte wählen, dann finde ich, ist das kein Problem.	627 – 631 646 – 658 661 – 664 671 675 – 678 689 – 691
+ Jeder hat wirklich eine Stimme	Ich glaube, dass man das nur schafft, wenn wirklich jeder auch eine Stimme hat.	635 – 639
− ~~Viele sagen, sie können mit 15 wählen~~	Wenn jemand sagt, es gibt viele, die sagen, sie sind mit 15 schon bereit anscheinend gewesen, zu wählen, da anscheinend schon eine starke Meinung, bin ich mir nicht sicher, ob das wirklich sachlich getan wurde oder, ob es einfach zum Beispiel durch Eltern oder so was passiert ist.	658 – 661 676 – 689
+ Eine breitere Demokratie	Also man sollte meiner Meinung nach eine sehr viel breitere Demokratie haben, also, viel mehr Meinung akzeptieren und auch das größer ineinander fließen lassen.	801 – 810
+ Leben ist nicht sinnvoll, wenn man in der Politik nicht mitmacht	Und wenn man in der Politik nicht mitmacht, dann, finde ich, ist ein menschliches Leben an sich nicht so sinnvoll,	1094 – 1097
+ Volksentscheid hat nicht genug Meinungskraft	Also ich würde sagen, es gibt nicht genug, also es ist halt nicht genügend Meinungskraft.	922 – 933 941 – 952 958 – 964 1070 – 1074
− ~~Viele wichtige Dinge werden von Parteien entschieden~~	Also ich finde, dass viele wichtige Dinge einfach in der Politik entschieden werden durch die Parteien, die wir eigentlich auch beurteilen müssten.	937 – 941
+ Es wird nicht verfolgt, was den Menschen interessiert	Also nicht eigentlich das teilweise verfolgt wird, was verfolgt werden sollte. Also wirklich was Menschen interessiert zum Beispiel.	008 – 012

Konzept: Menschenrechte		
Definition der Kategorie	**Ankerbeispiel**	**Quellen**
+ Menschenrechte bedeuten das soziale Miteinander	Auch dieses, das soziale Miteinander bedeutet das eigentlich an sich ja auch, die Menschenrechte.	213 – 213 222 – 223 236 – 238 243 – 250 254 – 255
− ~~Menschenrechte abhängig vom Stand~~	Und dass zum Beispiel nicht wie früher vom Stand oder so was abhängig sein sollte, dass auf jeden Fall nicht gerechtfertigt ist.	238 – 243

	Konzept: Religion		
	Definition der Kategorie	**Ankerbeispiel**	**Quellen**
+	Andere Religionen sollen respektiert werden	Also ich finde, andere Religionen sollten respektiert werden, weil die sich halt über, was weiß ich, wie viele Millionen von Jahren theoretisch, sage ich mal, gebildet haben.	509 – 513
+	Der Grundsatz der Religionen sind vollkommen identisch	Und da achtet halt immer jeder nur auf Unterschiede, aber man muss mal überlegen, wie viele Gemeinsamkeiten es an sich gibt, weil ganz viele Grundsätze sind gleich oder ähnlich.	513 – 528
+	Politik sollte nicht auf etwas aufbauen, was ein Prophet sagte	Dass aber das nicht der Hauptgrund dafür sein sollte, warum man die Politik so gestaltet. Also das hat, finde ich, sollte man sachlicher betrachten, nicht auf Sachen aufbauen, die anscheinend irgendein Prophet gesagt hat	192 – 194 198 202 – 205 298 – 300 480 – 481 528 – 531
-	~~Religionen sind auf menschlichen Ängsten zurückzuführen~~	Also halt, die gesamten Grundlagen von Religion sind halt auf menschlichen Ängsten zum Beispiel zurückzuführen oder von Hoffnungen, dass irgendjemand wirklich heilen kann und dass man vielleicht noch Chancen hat, zu überleben	536 – 545
+	Glaube ist wichtig	Und zum Beispiel äh Sachen wie Glauben finde ich auch wichtig. Manche Menschen ganz bestimmt, sonst hätten die wahrscheinlich gar keine Kraft.	174 – 177

	Konzept: Kultur		
	Definition der Kategorie	**Ankerbeispiel**	**Quellen**
+	Unsere Kultur ist den anderen nicht überlegen	Wir haben zwar ein großes wissenschaftliches Denken erreicht, aber finde, bei so was wie Kultur, also da sind wir nicht den überlegen.	269 – 269 273 – 277 281 – 281
+	Eine Kultur mit anderen Moralvorstellungen nicht mit Gewalt unterdrücken	Und nur weil irgendwie eine andere Kultur eine andere Moralvorstellung oder sonstiges hat, sollte man die nicht mit Gewalt unterdrücken.	214 – 227
+	Ausbeutung von Kolonien ist asozial oder rassistisch	Ich fand's, finde es halt an sich asozial, wenn man oder rassistisch halt. Und dass zum Beispiel halt so extrem viel beeinflusst hat, weil es kann gut, also ich könnte mir vorstellen, dass Amerika oder Afrika dadurch ganz anders heute aussehen würde, wenn es nicht so gewesen wäre.	079 – 088

	Konzept: Gleiche Bedingungen		
	Definition der Kategorie	**Ankerbeispiel**	**Quellen**
-	~~Unterschiedliche Bedingungen tragen zu weniger Bildung bei~~	Weil ich finde, dass zum Beispiel selbst diese Bedingungen können dazu beitragen, dass jemand weniger so gebildet ist und das finde ich auch nicht fair.	398 – 406 410 – 411
+	Grundbedürfnisse sollten jeder erfüllt bekommen	die Grundbedürfnisse sollte eigentlich jeder erfüllt haben oder erfüllt bekommen und sein Leben aufbauen können und einfach nur weil man kein Wasser hat oder kein Essen und deswegen halt auch keine Bildung, kein richtiges Leben halt, um sein Überleben kämpfen muss.	562 – 564 568 – 574 582 – 585

	Konzept: Konsequenzen der eigenen Handlung		
	Definition der Kategorie	**Ankerbeispiel**	**Quellen**
+	Leute sollten lernen, mit Konsequenzen zu leben	Und das ist, wenn man es sachlich betrachtet, nicht möglich, weil jede Handlung eine, eine Konsequenz nach sich zieht, egal wie klein sie ist. [...] Und das sehen halt manche nicht.	988 – 990 992 – 999 1003 – 1003 1036 – 1042 1046 – 1049 1053 – 1057 1074 – 1074
-	~~Die Leute wollen etwas, aber ihr Leben soll sich nicht verändern~~	Und das stellt die meiner Meinung nach, dass sich viele widersprechen, also dass sie wollen irgendwas, sie wollen dafür aber nichts auf sich nehmen, sie wollen keine Zahlung zum Beispiel dafür haben.	974 – 982 986 – 988

	Konzept: Geschichte		
	Definition der Kategorie	**Ankerbeispiel**	**Quellen**
-	~~Die Sieger haben die Geschichte geschrieben~~	Der, der an der Macht ist, der Sieger, der kann die Politik bestimmen, der bestimmt die Vergangenheit, der bestimmt, wie es erzählt wird, und, ja, also finde ich irgendwie nicht richtig.	087 – 091 536 – 536
+	Geschichte ist interessant	Deswegen finde ich Geschichte ja auch so interessant, weil halt auch die ganzen Sachen so drin sind.	132 – 136 535 – 536
+	Geschichte objektiv betrachten	Und wenn man sich die Geschichte wirklich mal objektiv betrachtet, dann weiß man schon, dass das so viele Sachen wahrscheinlich gar nicht übermittelt wurden.	531 – 535

Konzept: Sachlichkeit		
Definition der Kategorie	**Ankerbeispiel**	**Quellen**
+ Konflikte lösen, wenn man sachlich bleibt	Ich finde, man kann das alles ohne lösen, wenn man nur ansatzweise sachlich und objektiv bleibt und das würde ich halt versuchen, irgendwie in meiner Politik unterzubringen.	155 – 156 160 – 164
+ Alles, das wissenschaftlich belegt wurde, sollte anerkannt werden	Und ich finde alles das, was wissenschaftlich belegt wurde, sollte auch anerkannt werden. Und also, weil ich stehe auf Wissenschaft. Ich mag das. Ich mag belegen und so was.	168 – 178 481 – 499 606 – 616 786 – 794
+ Das Streben nach Wissen	Und ich glaube, ich würde vermutlich das auch so dann quasi durchsetzen, dass halt auch die Wissenschaft im Vordergrund steht, also das Streben nach Wissen und das Denken, und nicht nur das Glauben und Hoffen.	178 – 180 476 – 479 726 – 770 774 – 775
+ In der Bildung beibringen, dass Menschen sachlich zu denken haben	Ich würde von Anfang an versuchen, schon in der Bildung nur beizubringen, dass sie sachlich zu denken haben.	706 – 709 713 – 717
- ~~Durch Bildung derzeit eine andere Vorstellung von Argumentation~~	Sie haben einfach nur ein ganz anderes vorstellen von Argumentation, von Meinungen und wenn man, erst wenn das weg wäre, könnte man das so machen.	717 – 724
? Nur Sachen beurteilen, wenn man das auch wirklich beurteilen kann	Wenn er sich diesem mächtig fühlt, das beurteilen zu können. [...] Ist zwar [...] höchstwahrscheinlich nicht möglich. Aber ich, also ich glaube so, dass so halt die größte, also größte Potential würde so, glaube ich, entwickelt werden.	812 – 846 852 – 867 874 – 880 1013 – 1032

C.7.5. Caius: „Politiker sollen mitreden, aber das Volk zählt schon mehr."

Hier findet sich die Analyse des Interviews mit Caius.

C.7.5.1. Die geordneten Aussagen zum Interview mit Caius

Politik ist sehr breit gefächert [Zeile 3 – 6; 822]
[Beim Wort Politik denke ich] erst mal an den Bundestag natürlich, dann auch an die Bundeskanzlerin, Abgeordnete, Wahlkampf, internationale Beziehungen zwi-

schen den verschiedenen Staaten, damit auch an Kriegspolitik. Das ist eigentlich größtenteils Politik. Politik ist ja sehr breit gefächert.

Politik ist grundsätzlich Demokratie [Zeile 11 – 12; 44 – 49; 76]
[Verbinde ich Politik mit der Organisation menschlichen Zusammenlebens, denke ich] erst mal an Demokratie, Volksentscheide, Demonstration. Politik ist grundsätzlich bei uns auch Demokratie, deshalb habe ich erst mal Wahlen, weil es auch die Grundlage ist und daraus das andere resultiert. [Wahlen sind] mehr so grundsätzlich.

Politik bestimmt das Zusammenleben [Zeile 16 – 20]
Politik bestimmt eigentlich das Zusammenleben, insofern dass sie vorgibt, wie wir leben.

In Deutschland kommen wenig neue Gesetzentwürfe, die massiv einschneiden [Zeile 20 – 22; 56 – 59]
Aber in Deutschland ist das soweit abgeschlossen, also es kommen ja wenig neue Gesetzentwürfe, die wirklich massiv einschneiden. Dann eben ganz normal die Gesetze, die schon getroffen wurden oder getroffen werden. Das betrifft eigentlich nur noch oft Kleinigkeiten, wie zum Beispiel dass bei Autos irgendwas genauer geregelt wird. Zum Beispiel müssen Crashtests immer besser ausfallen.

Es geht inzwischen, wenn man an Politik denkt, um Wirtschaft [Zeile 26 – 27; 61 – 71]
Deshalb geht es inzwischen eigentlich, wenn man an Politik denkt, in erster Linie um Wirtschaft. Wirtschaftlich ist insbesondere der Handel mit anderen Ländern wichtig, dann Marktregulation wie man welche Auflagen den Firmen in Deutschland gibt, damit es zu einem möglichst fairen Wettkampf kommt. Dann ist das Thema der Steuerpolitik mit den Wahlen groß aufgekommen, wie versteuert wird. Wie der Staat teilweise bei den Insolvenzverfahren bei den Banken, die nach der Krise Insolvenz angemeldet haben, vorgegangen ist. Bauprojekte sind eigentlich beides: Wirtschaftlich, weil sie oft teuer sind, aber gesellschaftspolitisch, weil sie Menschen betreffen, eigentlich für die Menschen offiziell gedacht sind. Die Energiepolitik ist auch wichtig, weil jetzt auf erneuerbare Energie umgestellt wird, was natürlich auch ein finanzieller Faktor ist, aber auch die Gesellschaft betrifft.

Politik ist Gesellschaftspolitik wie Verbindungen zu anderen Ländern [Zeile 49 – 50; 54 – 56]
Und dann gibt es Gesellschaftspolitik, wie zum Beispiel auch Verbindungen zu anderen Ländern. Man sieht in Nachrichten immer, wenn man andere Länder besucht. Ich finde, das hat mit Beziehungen zu tun, auch wie man auf Entscheidungen reagiert, die andere Länder getroffen haben.

Menschenrechte sind jetzt bei uns kein großes Thema, aber in anderen Ländern [Zeile 59 – 61]
Menschenrechte sind jetzt bei uns kein großes Thema aber in anderen Ländern, da insbesondere im Mittleren Osten immer mehr dafür gekämpft wird.

Was Politik alles macht, ist das Bild, was man im Alltag mitkriegt [Zeile 91 – 98]
[Gesellschaftspolitik, also Austausch mit anderen Ländern, Menschenrechte, Krise im Mittleren Osten, Gesetze, auch Wirtschaft, hier: Handel, Insolvenzverfahren, Marktregulation, Steuerpolitik, Bauprojekte, Energiepolitik] ist eigentlich das Bild, was man auch im Alltag immer mitkriegt. Natürlich ist Politik auch grundsätzlich andere Formen, auch Diktaturen, aber das ist nicht das erste, woran ich denke, wenn ich Politik höre, sondern eigentlich das alles. So erfährt man es auch in den Medien.

Politiker machen keinen Unterschied [103 – 106; 111 – 112]
[Von Politikern und Bürgern habe ich nicht geredet, weil] Politiker sich viel ändern und das macht bis jetzt eigentlich nicht so viel Unterschied. Ich bin natürlich noch in der Schule und kriege nicht so viel mit wie zum Beispiel von Steueränderungen wie Erwachsene und Arbeiter. [Politik hat massiv Auswirkungen auf unser alltägliches Leben], aber es ist nicht davon abhängig, welcher Politiker im Bundestag sitzt.

Aus dem Zusammenspiel zwischen Volk und Regierung resultiert alles [Zeile 112 – 114]
Aus dem Zusammenspiel zwischen Volk und Regierung resultiert alles genauso wie Wahlen.

Auf meinem Planeten würde ich viel von Deutschland übernehmen, aber mehr Volksentscheide [Zeile 139 – 141; 150 – 152; 594 – 598]
[Auf meinem Planeten gibt es] grundsätzlich eine Demokratie und über große Entscheidungen wie Bauprojekte, aber auch Gesetzesentwürfe gibt es Volksentscheide, aber sonst würde ich Politik eigentlich relativ ähnlich wie hier in Deutschland regeln. [Beim Vergleich der Mindmap mit den Kriterien guter Politik] ist das meiste eigentlich ziemlich ähnlich. Bauprojekte und so was beruhen auf Volksentscheide. Stuttgart 21 war vornherein zum Beispiel ein Volksentscheid, die Elbphilharmonie, glaube ich, nicht. Auch dass der Wahlkampf während einer Regierungsperiode nebensächlich ist, ist bei uns auch nicht, aber sonst ist eigentlich alles schon ziemlich ähnlich.

Freie Demokratie [Zeile 166; 178 – 183; 198 – 201; 205 – 209]
[Unter freie Demokratie verstehe ich], dass natürlich die Wahlen nicht manipuliert sind und dass jeder Politiker sein kann. Jeder ist wahlberechtigt und kann seine Meinung frei bilden, ohne dabei beeinflusst zu werden. Natürlich ist Demokratie grundsätzlich frei, aber wenn man zum Beispiel auf der Erde über Demokratie

spricht, dann gibt es davon viele verschiedene Formen, weil es verschiedene Länder, die offiziell demokratisch sind, aber Demokratie nicht so umgesetzt wird, wie sie theoretisch sein sollte. Wo die Demokratie nicht so umgesetzt wird, wie sie theoretisch sein sollte, werden zum Beispiel die Wahlen manipuliert. Auf dem anderen Planeten müsste man eigentlich nicht freie Demokratie vorsetzen, weil Demokratie im theoretischen Sinne frei ist. Es ist eigentlich nur hier relevant.

Wahlkampf während Regierungsperiode nebensächlich [Zeile 166 – 172; 223 – 232; 261 – 269; 274; 278 – 280]
Das ist mir zufällig eingefallen, weil man jetzt gerade wieder im Bundestag merkt, dass bei Vielen der Wahlkampf eine entscheidende Rolle spielt. Man merkt bei vielen Parteien, dass sie gegen andere sind, obwohl ihre Ideen ähnlich sind, aber sie trotzdem andere kritisieren, um eben selber besser dazustehen. Das steht der Regierung im Wege. [Dass Wahlkampf während der Regierungsperiode nebensächlich ist,] ist eigentlich auf Deutschland bezogen. Ich habe hier gemerkt, dass insbesondere wenn die Wahlen näher rücken, der Regierung eigentlich der Wahlkampf im Weg steht, weil dann immer mehr anfangen, sich zu bekriegen und alle Ideen anderer Parteien oft ablehnen. Das würde wesentlich reibungsloser ablaufen, wenn sie sich eben keine Sorgen um den Wahlkampf machen würden. Sie sollten einfach weiterregieren, wie sie es tun und davon abhängig machen, ob sie gewählt werden, oder nicht, anstatt andere runter zu machen. Teilweise wirkt der Wahlkampf so, als wäre den Politikern der Wahlkampf wichtiger als das eigentliche Regieren, also an der Macht zu bleiben. [Wahlkampf als Mittel zur Abgrenzung von anderen] ist nicht unbedingt ein Problem. Wenn man wirklich in einem Punkt auseinander geht, kann man sich auch abgrenzen. Das ist gut, wenn man als Bürger weiß, der eine steht dafür und der andere nicht. Aber dass sich Politiker in Deutschland von Dingen abgrenzen, wo ihre Meinungen eigentlich gar nicht so weit auseinandergeht, nur es im Wahlkampf so darzustellen, ist ein Problem. Im Wahlkampf wird nicht separiert, sondern andere Parteien werden runter gemacht, ohne entgegenzustellen, was die eigene Partei eigentlich getan hat.

Bei größeren Entscheidungen Volksentscheide [Zeile 172; 294 – 297; 305 – 308; 330 – 337; 345 – 357; 391 – 395]
Dann soll es größere Entscheidungen bei Volksentscheide. Das könnte wahrscheinlich nervig werden, aber jeder größere Gesetzesentwurf, größere Projekte oder jede Entscheidung, die Auswirkung auf eine Stadt, ein Bundesland oder das ganze Land hat, soll vom Volk getroffen werden, wie zum Beispiel die Elbphilharmonie. [Der Begriff größere Entscheidungen] ist schwer zu definieren. Eine Gesetzabänderung würde ich darunter nicht verstehen, sondern wirklich wenn man ein neues Gesetz verabschieden würde, immer wenn etwas wirklich Unabhängiges, Eigenes neue eingeführt wird. [Was am Auto sicherer gemacht werden muss, ist keine größere

Entscheidung.] Das ist eine Gesetzesänderung. Ein neues Gesetz wäre zum Beispiel Tempolimit auf Autobahnen, weil das vorher nicht gab. Wenn es das Tempolimit auf Autobahnen gebe und man würde es verändern, würde ich dafür kein Volksentscheid machen. Es gibt zum Beispiel diese Fußgängerairbags, die über der Windschutzscheibe aufgehen. Wenn die Pflicht werden sollte, gäbe es ein Volksentscheid. Aber nicht, wenn man zum Beispiel sagen würde, die Airbags müssten anders gebaut werden, damit sie sicherer sind oder die Knautschzone muss größer sein als bisher vorgegeben. Also es kommt darauf an, ob ein bestehendes Gesetz abgeändert wird oder eins komplett neu eingeführt wird. [Wenn der Airbag beim Fahrer größer werden soll, aber das Volk das nicht will,] kann man eine Unterschriftsliste einreichen, die dann zu einem Volksentscheid führt, aber da würde ich nicht ein voraussetzen.

Soziale Marktwirtschaft [Zeile 172 – 173; 404 – 412; 426 – 429; 433 – 438; 532 – 540; 542 – 553]

[Bezogen auf den Begriff soziale Marktwirtschaft] führt eine komplett freie Marktwirtschaft in der Regel dazu, dass Unternehmen immer mehr Monopole bilden. Das geht in Richtung industrieller Revolution, wo es die Firmenbesitzer gab und die Arbeiter. Das waren zwei verschiedene Welten, deshalb ist das Soziale wichtig, wo zum Beispiel Leistungen wie Arbeitslosengeld oder Versicherungen und auch die Pflicht der Arbeitgeber, dass sie Angestellte absichern und genug zahlen, geregelt werden. Aber die Arbeitgeber sind immer noch frei. Es gibt immer noch eine Marktwirtschaft mit verschiedenen Angeboten, wie es eigentlich bei uns ist. Das, was bezahlt wird, sollte regelbar sein, also wie in Deutschland eigentlich. Da gibt es ja auch immer Streiks, also nicht dass es dazu kommt, dass ein Arbeitgeber alle Freiheiten hat, dass er praktisch mit seinen Angestellten machen kann, was er will. [Der Arbeitnehmer soll nicht mehr Freiheiten haben als der Arbeitgeber.] Dem Arbeitgeber gehört immer noch sein Unternehmen und das sollte er gestalten können. Aber es sollte gewisse Richtlinien geben – gibt es ja auch in Deutschland – zum Beispiel mit Arbeitszeit, dass man nicht zu lange arbeiten darf und dass es nicht darauf hinausläuft, dass die Leuten arbeiten müssen, weil sie sonst kein Geld haben und dafür dann alles in Kauf nehmen müssen, dass sie zum Beispiel 24-Stunden-Schichten schieben müssen zum extrem geringen Einkommen. [Wenn ein Unternehmen nicht so floriert,] ist das halt schwer. Das würde dann vor allem durch Entlassung reguliert werden. Das ist natürlich auch wieder schwer, weil – je nach Arbeitsmarkt – wenn das schon schlecht im Unternehmen aussieht, ist nicht nur ein Unternehmen betroffen. Aber ich finde es wichtiger, dass die, die arbeiten, davon leben können, als wenn alle arbeiten, aber alle nicht richtig davon leben können.

Politik baut auf den Menschenrechten auf [Zeile 173; 458 – 465; 469; 479 – 480; 563 – 567]

Dass man auf den Menschenrechten aufbaut, ist in Deutschland zum Beispiel eine Selbstverständlichkeit. Jeder Mensch ist frei. Es soll nicht darauf hinauslaufen, dass der Staat zu autoritär ist, sondern auch so was wie die Todesstrafe oder ähnliches verhängen kann. Das ist halt die Grundlage erst mal. Die Menschenrechte sind praktisch grundlegender als die Demokratie. Keine Entscheidung darf getroffen werden, die gegen die Menschenrechte verstößt. [Bezogen auf die Menschenrechte sollen die Menschen] nicht durch den Staat verletzt werden. Das Verletzt-Werden kann man nicht direkt regulieren. Ich würde das eigentlich anhand von Deutschland fest machen. Man kann sich frei bewegen und vom Staat werden nur bestimmte Sachen reguliert wie eben den Arbeitsmarkt zum Beispiel. Es gibt keine Einschnitte in der Freizeitgestaltung oder ähnliches.

Volksentscheide finden im Vorfeld der Entscheidung statt [Zeile 382 – 389]
Volksentscheide finden im Vorfeld der Entscheidung statt. Politiker sollten schon noch was mitzureden haben, vor allem weil sie auch gewählt wurden. Oft sind sie auch besser informiert, aber wenn zum Beispiel das Volk mit einer klaren Mehrheit gegen etwas stimmt, dann sollte das schon mehr zählen.

Es soll ein Mindestlohn eingeführt werden [Zeile 444; 448 – 450]
Es soll ein Mindestlohn eingeführt werden. [Bezogen auf den Mindestlohn] sollte schon ein Unterlimit gesetzt werden. Das braucht man, wenn man zum Leben arbeitet. Sonst macht es keinen Sinn zu arbeiten. Das sollte dann auch mindestens bezahlt werden.

Staat meint Regierung [Zeile 579]
[Der Begriff Staat meint] eigentlich die Regierung, eben die Gewählten, also die dafür gewählt wurden, das ganze zu verwalten und für all das zu sorgen.

Die Wahl hat mehr Einfluss als Volksentscheid [Zeile 639 – 640]
[Im Vergleich zum Volksentscheid] ist eine Wahl natürlich größer und hat mehr Einfluss. Aber die Voraussetzung sollte bei beiden gleich sein.

Man will alles, aber nur die positiven Aspekte [Zeile 686 – 699; 763 – 773; 777]
Ich würde der Karikatur M4 eigentlich schon zustimmen, weil das zeigt eben oft, dass die Bürger sehr viel wollen. Zum Beispiel wird insbesondere in Deutschland ziemlich viel gemeckert, obwohl es uns sehr gut geht. Man will eigentlich alles, aber nur die positiven Aspekte. Das Negative, was mit einer Entscheidung einhergehen würde, ist nicht gewünscht. Das ist alles ein bisschen gegensätzlich. Das zeigt auch, dass man es schwer allen recht machen kann. Dass die Leute am meckern sind, egal

was entschieden wird, trifft schon zu, auch auf Deutschland. [Die Bürger fordern
etwas, wollen aber keine negativen Veränderungen] ist in der Regel auch bei gerin-
ger wertigen Bestimmungen. Wenn zum Beispiel sehr große Entscheidungen getroffen werden, die wirklich gegen die breite Masse ist, dann ist es immer deutlich,
dass sie das nicht wollen. Das ist klar. Aber wenn man so eine Situation hat, wo es
dem Land eigentlich gerade sehr gut geht, dann gibt es immer noch Kritik daran.
Bürger sagen immer noch, ja, das ist schlecht und das ist schlecht und wir wollen
das, aber die negativen Konsequenzen davon nicht tragen. Das ist ein Anzeichen
von Wohlstand.

*Politikfelder wirken sich auf den Alltag in Deutschland anders aus als in anderen Ländern [Zeile
727 – 731]*
[Gesellschafts- und Wirtschaft wirken] sich auf unseren Alltag in Deutschland
schon aus. In anderen Ländern ist das dann wieder anders.

*Dass es keine freie Demokratie gibt, ist in vielen Ländern der Fall [Zeile 604 – 617; 621 –
630; 658 – 669; 678]*
[Auf der Karikatur M3] sind zwei Leute, die wahrscheinlich Politiker darstellen
sollen. Und dieser Mann steht für den Bürger, der gefesselt und geknebelt auf dem
Boden sitzt. Hier wird behauptet „Schließlich ist der Bürger mündig und soll bei
Volksentscheiden mitreden dürfen." Ich verstehe das eigentlich so, dass der Staat
sein Volk knebelt oder unfähig macht, beeinträchtigt, aber dann von Demokratie
redet. Es geht darum, dass das nicht eine freie Demokratie wäre. Dass es keine freie
Demokratie wäre, ist eigentlich in vielen Ländern der Fall. Ich würde es aber auch
anders darstellen, weil es hier so wirkt, als ob der Staat den Bürger komplett in der
Hand hätte und die Wahlen eben Schein sein. Auch in den Ländern, wo es nicht gut
funktioniert, würde ich das anders sehen, denn man darf oft frei wählen gehen, aber
die Wahl ist dann ungültig, weil die Auszählungen manipuliert werden. Ich würde
der Darstellung nicht zustimmen. [In autoritären Staaten] hat der Bürger keinen
direkten Einfluss, aber auf der Karikatur M3 ist das noch extremer dargestellt, als es
eigentlich ist, dass der Bürger wirklich komplett keinen Einfluss hat. Das sieht man
zum Beispiel im Mittleren Osten, wo es vermehrt zu Demonstrationen kommt.
Man sieht, dass der Bürger schon Einfluss hat und auch was nach und nach verändern kann. Der Bürger ist von den Politikern geknebelt.

C.7.5.2. Die Explikation zum Interview mit Caius

Interpretative Erschließung der Charakteristika der schülerbezogenen Aussagen nebst Widersprüche und Probleme

Caius zeigt im Interview ein auf Beteiligung und Politikfelder zentriertes Politikverständnis, welches er anhand lebensweltlichen, aber partiell auch abstrakten Beispielen ausführt.

Politik sieht er als sehr breit gefächert an. Er verknüpft Politik institutionell (Bundeskanzler, Bundestag, Abgeordnete), mit Wahlkampf sowie internationalen Beziehungen und Kriegspolitik.[587] Außerdem ist Politik im Kontext der Organisation menschlichen Zusammenlebens beteiligungszentriert, weil Politik mit Demokratie, Volksentscheide und Demonstration verbunden ist. Demokratie und Wahlen sind grundsätzlich, da sich daraus das andere ergibt.[588] Die Bedeutung von Wahlen zeigt sich auch darin, dass Caius diese wesentlicher als Volksentscheide empfindet[589], wobei sich verschiedene Politikfelder auf den Alltag in Deutschland konkreter auswirken. In anderen Ländern ist dies anders.[590] Politik bestimmt das Zusammenleben von Menschen.[591]

Gesellschaftspolitik definiert Caius beispielhaft mit Beziehungen zu anderen Ländern sowie der Reaktion auf die dort getroffenen Entscheidungen.[592] Er erweitert Gesellschaftspolitik um die Energiepolitik und Bauprojekte. Beide Themenfelder bezieht er auch auf Wirtschaftspolitik.[593] Beide Politiken grenzt er nicht klar voneinander ab.

Aus der Sicht von Caius geht es bei Politik besonders um Wirtschaft, daraus resultierend, dass kaum neue Gesetze entworfen werden, welche massiv einschneiden. Neue Gesetzentwürfe beziehen sich auf „Kleinigkeiten, wie zum Beispiel dass bei Autos irgendwas genauer geregelt wird. Zum Beispiel Crashtests [...] müssen immer besser ausfallen [...]."[594] Den wirtschaftlichen Aspekt verdeutlicht er abstrakt an aktuellen Themen wie dem internationalem Handel, Marktregulation in Deutschland sowie der Steuerpolitik als auch dem Insolvenzverfahren bei Banken. Dabei finden Bauprojekte und Energiepolitik ebenfalls Berücksichtigung.[595] Diese zuvor genannten Themen verdeutlichen hauptsächlich – auch durch die Medien – das Bild

---

587 vgl. Transkript zum Interview mit Caius, Zeile 3 – 6
588 vgl. ebenda, Zeile 44 – 9
589 vgl. ebenda, Zeile 639 – 40
590 vgl. ebenda, Zeile 727 – 31
591 vgl. ebenda, Zeile 16 – 20
592 vgl. ebenda, Zeile 49 – 56
593 vgl. ebenda, Zeile 66 – 71
594 ebenda, Zeile 57 – 9
595 vgl. ebenda, Zeile 61 – 71

von Politik, welches man im Alltag erhält, obgleich andere Formen von Politik – wie beispielhaft Diktaturen – existieren.[596] Eine wesentliche Komponente in der Politikvorstellung bezieht sich auf die Beteiligungsmöglichkeiten der Bürger. Größere Entscheidungen sollen durch das Volk plebiszitär entschieden werden. Er definiert zuerst größere Entscheidungen grob mit „Auswirkungen auf eine Stadt oder ein Bundesland oder eben das ganze Land"[597]und bezieht sich exemplarisch auf die Elbphilharmonie. Später beschreibt er größere Entscheidungen mit einem Gesetz, mit welchem etwas „Unabhängiges, Eigenes neu eingeführt wird."[598] Er präzisiert dies anhand des Beispiels eines allgemeinen Tempolimits. Das ist eine größere Entscheidung, insofern dies vorher nicht gab. Sollte ein Tempolimit bereits bestehen und abgeändert werden, wäre kein Volksentscheid nötig.[599] Einen solchen Entscheidungsprozess verdeutlicht er auch an einem Fußgängerairbag für Autos.[600] Volksentscheide sollen im Vorfeld der Entscheidung – unter Berücksichtigung der Meinungen von Politikern – stattfinden, aber ausschlaggebend ist die mehrheitliche Auffassung des Volkes.[601]

Obgleich Caius ein beteiligungszentrierte Politikvorstellung darlegt, kritisiert er anhand der Karikatur M4 die Bürger. Er stimmt der Auffassung zu, dass Bürger – auch in Deutschland – nur positive, aber keine negativen Veränderungen wollen und nicht nur eine gegensätzliche, sondern auch pessimistische Einstellung einnehmen. Dies begründet sich seines Erachtens in Wohlstand.[602]

Berücksichtigung sprachlicher Aspekte:
Caius verwendet eine Metapher, um die Beziehung zwischen Volk und Regierung zu beschreiben. Ansonsten stellt er vermehrt Analogien her zwischen seinen Politikvorstellungen und den gegenwärtigen Politikverhältnissen. Die deutsche Politik nimmt er überwiegend als Vorbild, während sich seine Kontrastierungen auf Scheindemokratien beziehen, die er allgemein als andere Länder bezeichnet.[603] Er sieht sie als Negativbeispiele an.

Seine verwendete Metapher bezieht sich auf den Entscheidungsprozess, bei welchem Politiker eine geringe Bedeutung haben. Politik hat zwar Auswirkungen auf den Alltag, jedoch sei dies unabhängig davon, welcher Politiker im Bundestag sitzt. Viel entscheidender ist das *Zusammenspiel* zwischen Volk und Regierung.[604]

---

596   vgl. ebenda, Zeile 91 – 8
597   ebenda, Zeile 296
598   ebenda, Zeile 307 – 8
599   vgl. ebenda, Zeile 330 – 7
600   vgl. ebenda, Zeile 345ff
601   vgl. ebenda, Zeile 382 – 9
602   ebenda, Zeile 686 – 99; 763 – 73
603   vgl. ebenda, Zeile 139 – 52
604   vgl. ebenda, Zeile 112 – 4

Hinsichtlich der Analogien verweist Caius auf die soziale Marktwirtschaft sowie auf die Relevanz von Menschenrechten, die in Deutschland im Vergleich zu anderen Ländern, besonders im Mittleren Osten, kein großes Thema sind.[605] Die Menschenrechte sind eine Selbstverständlichkeit. Sie sollen auf seinem Planeten grundlegender sein als die Demokratie.[606] Er will einen autoritären Staat und die Todesstrafe verhindern.[607] Er will eine freie, bedingt staatlich regulierte Lebensgestaltung ermöglichen.[608] Die soziale Marktwirtschaft in Deutschland sieht er als Vorbild. Er favorisiert eine Balance zwischen den Rechten der Arbeitnehmer und – geber. Er perspektiviert besonders die Situation der Arbeitnehmer, welche ausreichenden Schutz bezüglich der Arbeitszeit und dem Einkommen haben[609] sowie Sozialleistungen wie Arbeitslosengeld erhalten sollen.[610] Diesen sozialen Aspekt betrachtet er äußerst lapidar im Spannungsverhältnis zur Freiheit der Arbeitgeber.[611] Er zeigt sich unsicher, wie wirtschaftlich schwache Unternehmen reagieren sollen. Vielmehr bilanziert er, „dass die, die arbeiten, davon leben können, als wenn alle arbeiten, aber alle nicht richtig davon leben können."[612] Folgerichtig fordert er den Mindestlohn.[613]

Im Kontrast zur deutschen Politik beschreibt Caius den Wahlkampf als nebensächlich, ohne ihn entwerten zu wollen. Bezugnehmend auf den Bundestag, beklagt er eine scheinbare Gegensätzlichkeit zwischen den Parteien, die „die anderen kritisieren, um eben [...] selber besser dazustehen,"[614] ohne das eigene Verhalten kritisch zu reflektieren.[615] Dies begründet sich darin, dass vielen Politiker Wahlkampf wichtiger sei als das Regieren, in der Absicht, an der Macht zu bleiben.[616] Vielmehr sollten Politiker „einfach weiterregieren, so wie sie es tun und dann davon abhängig machen, ob sie gewählt werden, oder nicht."[617] Divergenzen sollten zwischen politischen Akteuren betont werden, sofern sie tatsächlich existieren.[618]

Er führt sein Konzept der freien Demokratie anhand von Scheindemokratien aus und reflektiert diesen Begriff im Kontext seines Planeten. Laut Caius meint freie Demokratie eine nicht-manipulierte Volksherrschaft.[619] Er führt einen Kontrast zu

---

605   vgl. ebenda, Zeile 59 – 61
606   vgl. ebenda, Zeile 479
607   vgl. ebenda, Zeile 458 – 61
608   vgl. ebenda, Zeile 565 – 7
609   vgl. ebenda, Zeile 433 – 8
610   vgl. ebenda, Zeile 408 – 10
611   vgl. ebenda, Zeile 410 – 12
612   ebenda, Zeile 539 – 40
613   vgl. ebenda, Zeile 480 – 50
614   ebenda, Zeile 170 – 1
615   vgl. ebenda, Zeile 278 – 80
616   vgl. ebenda, Zeile 231 – 2
617   ebenda, Zeile 229 – 30
618   vgl. ebenda, Zeile 261 – 5
619   vgl. ebenda, Zeile 178 – 83

Ländern an, „die offiziell demokratisch sind, aber im Endeffekt […] nicht."[620] Diese
Einstellung reflektiert er kritisch, insofern er die Karikatur M3 ablehnt. Menschen
dürfen in Scheindemokratien zwar frei wählen, jedoch werden die Auszählungen
manipuliert.[621] Ferner zeigen die Demonstrationen im Mittleren Osten den Einfluss
und die Veränderungsmöglichkeiten von Bürgern.[622] Er spricht lieber von Demokratie anstelle von freier Demokratie auf seinem Planeten: „Demokratie ist ja theoretisch in dem Sinne frei."[623]

Quellen der Vorstellungen:
Den Ursprung seiner Vorstellungen bezieht Caius auf seine Sozialisation. So verweist er auf die Schule, das Fernsehen und auf die Nachrichten. Letztlich bilanziert
er die Quellen auf „alles Mögliche"[624], was er seit klein auf mitbekommen hat.[625]

C.7.5.3. Die Einzelstrukturierung zum Interview mit Caius

Konzept: Politik		
Definition der Kategorie	Ankerbeispiel	Quellen
+ Politik würde ich relativ ähnlich wie hier in Deutschland regeln	aber sonst würde ich es eigentlich relativ ähnlich regeln.	151 – 152 594 - 598
+ Politik ist sehr breit gefächert	Also Politik, also ist ja sehr breit gefächert gewesen.	003 – 006 822
+ Politik ist grundsätz-lich bei uns auch Demokratie	Ja, also Politik grundsätzlich ist ja bei uns auch Demokratie.	011 – 012 044 – 049 76
+ Für das Zusammenle-ben	Also, Politik bestimmt ja eigentlich das Zusammen-leben	016 – 020
+ Es geht inzwischen, wenn man an Politik denkt, in erster Linie um Wirtschaft	und deshalb geht es inzwischen eigentlich, finde ich, wenn man an Politik denkt, in erster Linie um Wirtschaft eigentlich.	026 – 027 061 – 067
+ [Gesellschafts- und Wirtschaftspolitik] ist das Bild, was man im Alltag von Politik mitkriegt	Ja, das ist ja eigentlich so das Bild, was man auch im Alltag immer mitkriegt	087 – 091 093 – 094
- ~~Politik ist auch andere Formen, auch Dikta-~~	Politik ist natürlich auch grundsätzlich andere Formen, auch Diktaturen und so, aber das ist, finde	091 – 093

620   ebenda, Zeile 200
621   vgl. ebenda, Zeile 621 – 26
622   vgl. ebenda, Zeile 658 – 661
623   ebenda, Zeile 208
624   ebenda, Zeile 833 – 4
625   vgl. ebenda

Konzept: Politik		
Definition der Kategorie	**Ankerbeispiel**	**Quellen**
~~turen~~	ich, also das ist nicht das erste, was ich, woran ich denke, wenn ich Politik höre	
+ Politikfelder wirken sich auf den Alltag in Deutschland anders aus als in anderen Ländern	Also auf unseren Alltag in Deutschland zum Beispiel eigentlich schon, ja. In anderen Ländern ist das dann auch wieder anders.	727 – 731
+ Politik ist unabhängig davon, welcher Politiker im Bundestag sitzt	doch schon, aber es ist nicht abhängig davon, welcher Politiker im Endeffekt im Bundestag sitzt	103 – 106 111 – 112

Konzept: Freie Demokratie		
Definition der Kategorie	**Ankerbeispiel**	**Quellen**
– ~~Der Bürger hat wirklich keinen kompletten Einfluss in autoritären Staaten~~	Und zum Beispiel das sieht man auch gerade im Mittleren Osten, wo jetzt mehr, auch vermehrt zu Demonstrationen kommt, sieht man ja, dass der Bürger schon Einfluss hat und auch was verändern kann.	621 – 630 658 – 661
+ Auf dem anderen Planeten müsste man freie Demokratie nicht vorsetzen, aber hier.	Ne, auf jeden Fall, dass wenn man auf dem anderen Planeten eigentlich nicht freie Demokratie davor setzen müsste, weil Demokratie ist ja theoretisch in dem Sinne frei, es ist eigentlich nur hier relevant.	205 – 209
+ Jeder ist wahlberechtigt und kann seine Meinung frei bilden	Ja, dass erst mal natürlich die Wahlen nicht manipuliert sind. Dass jeder erst mal ein Politiker sein kann, dass eben auch jeder wahlberechtigt ist und seine Meinung frei bilden kann selber, ohne dabei beeinflusst wird.	178 – 183
+ Länder, die offiziell demokratisch sind, aber Demokratie nicht umgesetzt wird	Verschiedene Länder, die offiziell demokratisch sind, aber Demokratie nicht so umgesetzt wird, wie sie theoretisch sein sollte. Wo die Demokratie nicht so umgesetzt wird, wie sie theoretisch sein sollte, werden zum Beispiel die Wahlen manipuliert.	193 – 200

Konzept: Gesetzesentwürfe		
Definition der Kategorie	**Ankerbeispiel**	**Quellen**
+ Wenig neue Gesetzentwürfe, die wirklich massiv einschneiden	aber in Deutschland ist ja inzwischen eigentlich soweit, dass dass soweit abgeschlossen ist, also es kommen ja wenig neue Gesetzentwürfe, die wirklich massiv da einschneiden	020 – 022 056 – 059

	Konzept: Staat		
	Definition der Kategorie	**Ankerbeispiel**	**Quellen**
+	Staat meint die Regierung, eben die Gewählten	Ja, also Staat, das war in dem Fall eigentlich als die Regierung gemeint, eben die Gewählten, also die dafür gewählt wurden, eben das ganz zu verwalten und eben für all das zu sorgen.	579

	Konzept: Soziale Marktwirtschaft		
	Definition der Kategorie	**Ankerbeispiel**	**Quellen**
+	Es sollte ein Mindestlohn eingeführt werden	Und zum Beispiel auch so was wie Mindestlohn dann eingeführt.	444 448 – 450
?	Unternehmen nicht floriert, würde durch Entlassung reguliert	Das ist dann halt schwer, vor allem das würde dann, aber eher durch Entlassung reguliert werden.	532 – 539 544
+	Arbeitgeber immer noch frei	aber halt im Sinne immer noch frei sind, dass es immer noch eine Marktwirtschaft ist, immer noch mit verschiedenen Angeboten, ja, wie es eigentlich bei uns ist.	410 – 412 433 – 434
+	Das Soziale ist wichtig	deshalb, finde ich, eigentlich das Soziale, dass halt schon geregelt wird, wie zum Beispiel Leistungen wie Arbeitslosengeld oder Versicherungen und auch für die Arbeitgeber Pflichten, dass sie eben An Angestellte absichern und auch Angestellten genug zahlen	407 – 410 426 – 429 434 – 438 539 – 540 542 – 553
-	~~freie Marktwirtschaft, dass Unternehmen Monopole bilden~~	Also wenn man komplett freie Marktwirtschaft hat, führt das ja eigentlich in der Regel dazu, dass sich auch Unternehmen, Firmen immer mehr Monopole bilden	404 – 407

	Konzept: Volksentscheid		
	Definition der Kategorie	**Ankerbeispiel**	**Quellen**
+	Unterschriftenaktion, die zu einem Volksentscheid führt bei Gesetzabänderung	Ja, dann, also das gibt es ja auch. Dann kann man ja immer noch eine Unterschriftenliste einreichen, die dann zu einem Volksentscheid führt, aber da würde ich nicht ein voraussetzen.	394 – 395
+	Wahl ist natürlich größer, aber beide haben die gleichen Voraussetzungen	Eigentlich schon, also es, eine Wahl ist natürlich größer und hat mehr Einfluss im Endeffekt, aber die Voraussetzung sollten bei beiden gleich sein.	639 – 640
+	Kommt darauf an, ob ein bestehendes Gesetz abgeändert oder ein komplett neues eingeführt wird	also es kommt halt darauf an, ob ein bestehendes Gesetz abgeändert wird oder eins komplett neu eingeführt wird.	305 356 – 357
+	Politiker sollen mitre-	Also, ja, also ich finde Politiker sollten dann schon	382 – 389

Konzept: Volksentscheid		
Definition der Kategorie	**Ankerbeispiel**	**Quellen**
den, aber das Volk zählt schon mehr	noch was mitzureden haben, vor allem die wurden ja dann auch gewählt. Und oft sind die auch besser informiert in den Teilen dann, aber wenn zum Beispiel das Volk mit einer klaren Mehrheit gegen etwas stimmt, dann sollte das schon zählen auch.	
+ Volksentscheide im Vorfeld der Entscheidung	Volksentscheide finden im Vorfeld der Entscheidung statt.	382
+ immer wenn etwas wirklich Unabhängiges, Eigenes neu eingeführt	sondern wirklich wenn man zum Beispiel ein neues Gesetz verabschieden würde, ja, eigentlich immer wenn wirklich was Unabhängiges, Eigenes neu eingeführt wird in der Regel.	294 – 297 306 – 308 331 – 332 345 – 346
- ~~Gesetzesabänderung~~	Also das kennt man zum Beispiel ein Gesetzabänderung würde ich nicht darunter verstehen.	305 – 306 330 332 – 337 350 – 356
+ Aus dem Zusammenspiel zwischen Volk und Regierung resultiert alles	sonst halt immer so ein Zusammenspiel zwischen dem Volk und der Regierung, und daraus resultiert das alles, also genau wie Wahlen, dass das so das grundlegende ist.	112 – 114

Konzept: Gesellschaftspolitik		
Definition der Kategorie	**Ankerbeispiel**	**Quellen**
+ Gesellschaftspolitik wie Verbindungen zu anderen Ländern	Und dann finde ich gibt es immer so Gesellschaftspolitik, wie zum Beispiel auch Verbindungen mit anderen Ländern.	49 – 50 54 – 56

Konzept: Wahlkampf		
Definition der Kategorie	**Ankerbeispiel**	**Quellen**
- ~~Im Wahlkampf wird nicht separiert, sondern andere runter gemacht~~	nicht unbedingt separiert wird, sondern eigentlich auch bei Reden und so oft andere Parteien runtergemacht wird, ohne entgegenzustellen, was die eigene Partei eigentlich getan hat.	263 – 274 278 – 280
+ Wenn man auseinander geht, kann man sich abgrenzen	Also, wenn man wirklich in einem Punkt auseinander geht, dann kann man sich auch abgrenzen, das ist ja auch eigentlich gut, wenn man dann eben als Bürger weiß, der eine steht dafür und der andere nicht.	261 – 263
+ Keine Sorgen um den Wahlkampf machen	Sie sich eben keine Sorgen um den Wahlkampf machen müssen oder nicht machen würden, sondern dass erst mal machen, ich weiß auch nicht,	226 – 230

Konzept: Wahlkampf

	Definition der Kategorie	Ankerbeispiel	Quellen
		sondern halt einfach weiterregieren, so wie sie es tun und dann davon abhängig machen, ob sie gewählt werden, oder nicht. Und anstatt andere runter zu machen	
+	Der Regierung steht der Wahlkampf im Wege	obwohl ihre Ideen eigentlich ähnlich sind, aber sie dann trotzdem die anderen kritisieren, um eben selber besser dazustehen, was auch eigentlich ziemlich im Weg steht bei der Regierung.	167 – 172 223 – 226
+	Wahlkampf nebensächlich	Wahlkampf während der Regierungsperiode nebensächlich	166

Konzept: Bürger

	Definition der Kategorie	Ankerbeispiel	Quellen
+	Bei sehr großen Entscheidungen, die gegen die Masse ist, wollen die Bürger es nicht	Also wenn es zum Beispiel ja große, sehr große Entscheidung getroffen werden, die gegen wirklich die breite Masse ist, dann ist es auch in der Regel immer deutlich, dass sie das nicht wollen.	763 – 766
+	Die Leute am meckern, egal was entschieden wird	Das finde ich eigentlich trifft schon zu, auch in Deutschland, dass man eigentlich die Leute am meckern sind, egal was entschieden wird.	687 - 688 695 – 699 766 – 767
-	~~Man will alles, aber nur die positiven Aspekte~~	Und das man eigentlich alles will, aber nur die positiven Aspekte.	686 – 687 688 – 689 767 – 769

Konzept: Menschenrechte

	Definition der Kategorie	Ankerbeispiel	Quellen
+	Es soll nicht darauf hinauslaufen, dass der Staat zu autoritär ist	dass es nicht darauf hinausläuft, dass der Staat im Endeffekt zu autoritär ist, sondern auch so was wie Todesstrafe oder ähnliches verhängen kann.	460 – 461 563 – 564
+	Jeder Mensch ist frei	dass erst mal jeder Mensch frei ist	459
+	Menschenrechte sind praktisch grundlegender als die Demokratie	also die sind dann praktisch unter dem Demokratie noch grundlegend	479 – 480
+	In anderen Ländern wird immer mehr dafür gekämpft	aber in anderen Ländern noch groß, das, da ja insbesondere im Mittleren Osten jetzt immer mehr dafür gekämpft wird.	060 – 061
+	Menschenrechte sind bei uns kein großes Thema	Ja, Menschenrechte ist bei uns jetzt kein großes Thema	059 – 060 458 – 459

C.7.6. Dorothy: „Regierung könnte nicht existieren, wenn das Volk regiert."

Hier findet sich die Analyse des Interviews mit Dorothy.

C.7.6.1. Die geordneten Aussagen zum Interview mit Dorothy

Wie unser Land regiert wird [Zeile 1 – 5; 43 – 51; 56 – 57; 59 – 62]
[Bei] Politik denke ich daran, wie unser Land regiert wird, also welche Parteien es gibt, welche verschiedenen Ansichten sie haben und welche Auswirkungen die Politik, also die einzelnen Parteien auf uns, die Gesellschaft zum Beispiel hat. Die Regierung macht die Politik aus und daraus schließe ich, dass die verschiedenen Parteien mit ihren verschiedenen Ansichten Auswirkungen auf unsere Politik haben; sondern auch wie Politik aufgebaut ist und woraus es überhaupt entsteht, also dass die Kanzlerin, der Bundestag und Wahlen zum Beispiel miteinspielt.

Wie die Politik sich auf das Arbeitsleben oder auf die Schule auswirkt [Zeile 10 – 14; 51 – 56; 103 – 123; 955 – 965]
[Bei der Organisation menschlichen Zusammenlebens] denke ich daran, wie die Politik sich auf das Arbeitsleben oder auf die Schule auswirkt, da die Politik natürlich eindeutig darauf Auswirkung hat, wie die Schulen gestaltet sind und was für Unterrichtsvorgänge es gibt. Ich denke hauptsächlich an die Schule, da mich die Schule selber betrifft. Ich habe noch Auswirkungen aufgeschrieben, weil sich Politik nicht nur auf die Schule und das Arbeitsleben, später auch für mich auf das Studium auswirkt. Mit Auswirkungen auf die Schule meine ich, dass die Politik zum Beispiel entscheidet, dass nicht mehr G9, sondern G8 an einigen Schulen deutschlandweit vorhanden sein soll. Das hat natürlich große Auswirkungen auf mich, weil unser Schulleben wird dadurch verkürzt, wir haben mehr Unterricht und der ganze Stoff wird gequetscht. Das sehe ich als große Auswirkung. Mit Auswirkungen auf das Arbeitsleben meine ich, dass einerseits die Politik zum Teil festsetzt, wie das Arbeitsleben auszusehen hat und was das für Auswirkungen auf einige Berufe hat. Die Politik setzt zum Beispiel fest, es dürfen keine bedrohlichen Situationen mit Maschinen und so weiter herrschen und Arbeitgeber müssen sich daran halten. Andererseits befolgen manche Betriebe dies nicht und da müsste die Politik auch noch mal nachhaken.

Unsere Politik [Zeile 70 – 75]
Mit unserer Politik meine ich unser Grundgesetz, unsere Vorschriften, an die wir Deutsche uns halten müssen.

Grundgesetze, die nicht gegen die Menschenwürde gehen [Zeile 177 – 179; 186 – 188; 252 – 258; 260 – 275]

[Bei der Politik auf meinem Planeten] müssten gewisse Grundgesetze vorhanden sein, die nicht gegen die Menschenwürde gehen, die uns Menschen nicht verletzen. Die Hauptgründe wären Grundgesetze, die nicht gegen die Menschenwürde sprechen. Für mich geht es bei Menschenwürde darum, dass bei gewissen Menschen die Rechte nicht unterschritten werden, dass zum Beispiel Arbeitsbedingungen nicht gesundheitsgefährlich sind und dass das Schulsystem die Schüler nicht zu einen gewissen Punkt bringt, dass sie in Depression verfallen. Das würde für mich gegen Menschenwürde sprechen, also wenn Menschen einfach unwürdig behandelt werden. [Menschen mit Behinderung dürfen aufgrund ihrer Behinderung oder Krankheit nicht in irgendeiner Art und Weise benachteiligt werden.]

Regierung vorhanden sein mit verschiedenen Angehörigen [Zeile 179 – 183; 188 – 189; 227 – 228; 288 – 299; 488 – 493]

Es müsste wie auch hier in Deutschland eine Regierung vorhanden sein mit verschiedenen Angehörigen, die zusammen ein System, also uns den Planeten führen, aber nicht beherrschen, sondern dass eine Gleichberechtigung herrscht. Es müsste eine Regierung vorhanden sein, die dieses System leitet. Keine einzelne Person ergreift die Macht. [Die Regierung] stelle ich mir ähnlich vor, wie es in Deutschland der Fall ist, dass es immer verschiedene Ansichten von verschiedenen Personen gibt und so wird es schätzungsweise auch auf diesem Planeten sein. Diese verschiedenen Gruppen stellen aus ihren Gruppen verschiedene Personen, jeweils ein oder zwei, je nach dem, zur Verfügung. Von allen Seiten, von allen verschiedenen Ansichten einigt man sich auf ein System, damit wiederum Gleichberechtigung herrscht und das Volk, also jeder auf diesem Planeten die Möglichkeit hat, sich durch seine Gruppen, durch seine Person, die dort teilhat, einzubringen. Es gibt wahrscheinlich verschiedene Gruppen, die verschiedene Ansichten haben und diese eine [vom Volk gewählte] Person vertritt eine Gruppe mit einer politischen Ansicht. Diese sollte dann die Ideen und Vorstellungen seiner Gruppe im Kreis der gewählten Personen repräsentieren und vorstellen.

Eine politische Ansicht, den sich mehr Leute anschließen [501 – 515; 517 – 519]

[Dass eine Gruppe immer am stärksten sein müsste,] kann ich jetzt nicht genau sagen. Das wüsste ich jetzt nicht, ob es so sein müsste. Obwohl es bestimmt eine politische Ansicht geben könnte, den sich mehr Leute anschließen als einer anderen. Diese Ansicht bildet dann die Mehrheit. Das ist bestimmte der Fall, sonst könnten die sich ja gar nicht einigen, weil sie sonst nicht zu einer Mehrheit kommen würden, wenn sie zum Beispiel über ein neues Gesetz, das irgendwo herrschen soll, abstimmen würden, also einer neuen Maßnahme für ein bestimmtes Projekt.

Es herrscht Gleichberechtigung [Zeile 228 – 229; 319 – 325; 329 – 332]
Diese Personen sollten darauf achten, dass eine Gleichberechtigung zwischen allen Menschen auf diesem Planeten herrscht. [Gleichberechtigung geht einher mit Menschenwürde.] [Gleichberechtigung] geht zum Beispiel darauf ein, dass verschiedene Menschen aus verschiedenen Ländern mit verschiedenen Traditionen und verschiedenen Kulturen trotzdem gleichberechtigt werden und dass nicht jemand, der von einem anderen Planeten einreist, ausgestoßen wird.

Gute Lebensbedingungen und nachhaltige Entwicklung [Zeile 183 – 185; 189 – 191; 232 – 235; 340 – 349; 351 – 370]
Außerdem sollte die Politik dafür sorgen, dass genügend Ressourcen vorhanden sind, dass diese nachhaltig genutzt werden und wir den Planeten nicht total kaputt machen. Es müsste gute Lebensbedingungen und eine nachhaltige Entwicklung geben. Außerdem habe ich noch als Punkt aufgeschrieben die nachhaltige Entwicklung, denn die Politik ist dafür verantwortlich, wie sich der Planet entwickelt und dass dieser eine lange Zukunft hat. Mit nachhaltiger Entwicklung meine ich, dass der Planet sich ja wahrscheinlich weiterentwickeln wird und wird in der Zukunft schätzungsweise an Wohnraum wachsen. Man soll einfach darauf achten, dass unsere Natur und der Planet nicht so sehr geschädigt wird, dass der Planet es nicht mehr tragen könnte, also dass der ökologische Fußabdruck nicht höher ist als die ökologische Tragbarkeit des Planeten. [Es muss ein Ausgleich geben zwischen den Bedürfnissen der Menschen und des Planeten.]

Effektiv finanziert [Zeile 185 – 186; 229 – 231; 374 – 385; 390 – 397]
Und dann müsste man noch darauf achten, wie das mit der Finanzierung aussieht, dass man nicht darüber hinausschreitet und sich nicht verschuldet. Da muss man wieder darauf achten, dass man dieses Ziel der Gleichberechtigung und der Durchsetzung aller Grundgesetze effektiv finanziert. [Mit effektiver Finanzierung] meine ich, dass das Prinzip der nachhaltigen Entwicklung, die verschiede Grundgesetze, die verschiedenen Programme, die wahrscheinlich von der Regierung geplant werden, so geplant werden, dass die Mittel der Finanzierung, die Mittel des Planeten nicht überschritten werden, also dass sich die Regierung nicht verschuldet. Man achtet mit der effektiven Finanzierung darauf, in was man investiert, ob man jetzt mehr in die nachhaltige Entwicklung investiert oder ob man sagt, okay, wir bauen doch noch mal einen Freizeitpark. Man achtet ein bisschen darauf, worin man investiert. [Wenn viele Menschen sagen, ein Freizeitpark wäre klasse,] müsste man abwiegen, ob das jetzt sinnvoll ist oder ob das kein Sinn ergibt. Man muss vielleicht auch mal gucken, wie der Planet sich in dem Moment entwickelt und was jetzt am sinnvollsten ist.

Grundgesetze als allgemeine Basis [Zeile 225 – 227; 704 – 718]
[Ich habe aufgeschrieben] einerseits wieder die Grundgesetze, denn es sollte eine allgemeine Basis herrschen, damit man auf dem Planeten vernünftig leben könnte. [Die Einhaltung der Werte von nachhaltiger Entwicklung, effektiver Finanzierung, Gleichberechtigung und Menschenwürde] würde ich gut finden, wenn das durch die gegebenen Grundgesetze sichergestellt wird, dass festgehalten wird, inwiefern wir darauf achten müssen, was wir bauen, also nachhaltige Entwicklung, dass überall die gleichen Bedingungen herrschen. Das würde ich durch die Grundgesetze festlegen.

Volk bringt sich durch Wahlen ein [Zeile 303 – 305]
[Das Volk kann sich einbringen] zum Beispiel durch Wahlen, wenn jetzt irgendwelche Entscheidungen anfallen. Das wüsste ich jetzt selber nicht genau, aber ich stelle es mir sehr gut vor. Ich kann es jetzt gar nicht so genau sagen.

Volk soll sich nur einbringen, dass es verschiedene Personen wählt [Zeile 462 – 470]
[Das Volk] sollte etwas tun, da es sich beschwert, wenn es nicht nach dem geht, was sie gerne hätten. Sie könnten sich vielleicht so einbringen, dass man den jeweiligen Personen oder der jeweiligen Regierung Briefe zukommen lässt, Ideen weitergibt, allerdings könnte eine Regierung nicht existieren, wenn man sagt, okay, das ganze Volk regiert jetzt den Planeten. Das könnte gar nicht funktionieren. Deswegen würde es schätzungsweise nur dann funktionieren, wenn sich das Volk nur einbringt, wenn es diese verschiedenen Personen wählt, die dann von dem Volk auch Ideen und Vorstellungen mitnehmen und dann miteinander besprechen.

Die Gruppen sollen einen Kompromiss schließen [Zeile 557 – 571; 575 – 579]
[Ich bin für Kompromisse,] damit es kein unausgeglichenes Verhältnis gibt. Wenn eine Partei nur die Macht ergreifen würde, würde das nicht lange gut gehen. Die Gruppen sollen einen Kompromiss schließen, damit die größtmögliche Anzahl der Menschen ihre Interessen einbringen könnte.

Das Wort Gruppe ist zugänglicher als Partei [Zeile 589 – 590; 594 – 612; 639 – 646; 648 – 651; 662 – 667]
[Der Begriff Gruppen] trifft Parteien ganz gut, allerdings wollte ich das jetzt nicht so nennen. Ich weiß auch nicht, warum, aber Parteien trifft es ganz gut. Ich finde es schwierig zu sagen, okay, ich schließe mich der und der Partei an. Ich finde es leichter zu sagen, ich schließe mich einer Gruppe an als einer Partei, weil ich finde, das Wort Gruppe ist zugänglicher als Partei. Ich finde, es ist irgendwie vertraulicher. Die Bezeichnung Gruppe ist vertraulicher, irgendwie persönlicher, weil man sagt, okay, ich bin mit einer Gruppe von Freunden unterwegs, als, okay, ich bin mit meiner Partei unterwegs. Das macht es irgendwie vertraulicher. [Gruppen sind auch weniger verpflichtend.] [Eine Gruppe] ist nicht zwingend unverbindlicher. Es gibt

bestimmt auch Gruppen, wo man verpflichtet ist, gewisse Sachen zu tun. Im Endeffekt herrschen in Gruppen die gleichen Bedingungen wie in Parteien. Ich finde das gerade ein bisschen schwieriger.

Deutsche wollen vieles, aber nichts dafür zahlen [Zeile 872 – 877; 881 – 888; 893 – 899; 903 – 908]

Auf der Karikatur M4, welche unter dem Titel „Deutsche Träume" steht, demonstrieren Personen. Alle halten ein Schild hoch. Der eine Mann hält ein Schild hoch mit „Wir wollen X". Die Frau daneben hält ein Schild hoch: „Aber wir wollen dafür nichts zahlen." Und der Mann rechts daneben hält ein Schild hoch, worauf steht: „Wir sind dafür, aber unser Leben soll sich nicht verändern." In der Karikatur M4 geht es darum, dass die Personen irgendetwas fordern, ohne dafür zahlen zu müssen. Sie wollen etwas haben, was sie einfach haben wollen, ohne dafür eine gewisse Leistung zu erbringen. Das dritte Schild unterstreicht das und sagt: Wir wollen das wirklich. Wir sind dafür. Deswegen stehen wir hier. Wir wollen X, aber wir wollen nichts dafür zahlen. Unser Leben soll dadurch nicht verändert werden. Es geht um einen Traum, wofür die Deutsche demonstrieren, protestieren. [Dass die Bürger, wie auf der Karikatur M4 dargestellt, so sind,] kommt auf das jeweilige Thema an. Ich denke schon, dass Deutsche vieles wollen, nichts dafür zahlen wollen, aber es trotzdem haben wollen, wie zum Beispiel Arbeitslose, die wollen Geld, um zu leben. Manche von ihnen wollen dafür nichts zahlen, was heißt, sie wollen dafür nicht arbeiten gehen. Das heißt, dass manche ihr Leben gar nicht erst verändern wollen. Die Karikatur M4 trifft in einigen Bereichen zu. [Ich empfinde das Verhalten in der Karikatur M4 als ein Problem,] weil wie soll ein vernünftiger Kompromiss entstehen, wenn die Deutschen für das, was sie haben wollen, nichts tun wollen.

Politik macht zum größten Teil auch unser Leben aus [Zeile 950 – 953]
[Aus allem Gesagten] ziehe ich, dass Politik ein wirklich sehr umfassendes Thema ist und viele Auswirkungen auf uns Deutsche hat, auf unsere Art und Weise, wie wir leben, dass man nicht wegschauen sollte, was passiert und dass man wirklich wählen gehen sollte, denn Politik macht zum größten Teil auch unser Land aus.

Zwei oder drei Gruppen mit deren Mitgliederzahlen und deren Mehrheit überwiegen [Zeile 528 – 531; 540 – 545]
Vielleicht ist es schwieriger, wenn es zehn verschiedene Gruppen sind und die sind alle gleich und keiner hat irgendwie mehr Mitglieder als die anderen. Es ist schwieriger dann zu einem Ergebnis zu kommen, als wenn einer Gruppe oder zwei oder drei Gruppen mit deren Mitgliederzahlen und deren Mehrheit überwiegen. Mit Überwiegen meine ich, dass diese die Mehrheit, also deren Meinungen überwiegen im Sinne von, die haben eine größere Anzahl, eine größere Bedeutung, weil sie mehr Anhänger, also Mitglieder haben als zum Beispiel eine Gruppe, die weniger

Mitglieder hat. Diese könnten dann mit ihrer Meinung schlechter überwiegen, da für sie schlechtere Bedingungen herrschen, die anderen zu überzeugen.

Wenn sich Menschen nicht für Politik interessieren, hat es erhebliche Auswirkungen, wie die Regierung aussieht [Zeile 687 – 694]
[Wenn wir Gruppen haben, die angenehmer und weniger verpflichtend sind,] nimmt das bestimmt Auswirkungen auf Politik. Ich kann mir jetzt nicht vorstellen, inwiefern es Auswirkungen darauf nehmen würde, aber ich schätze schon, dass, wenn es weniger verpflichtend ist, wenn sich die Menschen nicht für die Politik interessieren, es erhebliche Auswirkungen hat, wie die Regierung aussieht.

Der Bürger kann sich in gewissen Bereichen einbringen [Zeile 762 – 766]
[Obwohl der Bürger gefesselt ist und daher nicht mündig ist,] kann er sich in gewissen Bereichen trotzdem einbringen. Wenn zum Beispiel Wahlen sind wie gerade die Kommunalwahlen in Schleswig-Holstein, kann man ja hingehen, die Partei, die man vertritt, wählen und sich so einbringen. Es gibt gewisse Wege, sich mit einzubringen.

Der Bürger kann nicht alles miteinbringen und ist dadurch sauer [Zeile 751 – 753; 778 – 783; 792 – 799; 805 – 809]
Die Bürger sind gar nicht mündig, da sie gefesselt sind. Der Bürger ist darin gefesselt, wie sehr er sich einbringen kann. Er kann nicht alles miteinbringen und ist dadurch sauer. Einerseits gehen viele Leute gar nicht wählen. Deshalb ist es ihnen auch selber überlassen. Andererseits gibt es Entscheidungen, wo das Volk und der Bürger gar nicht mitwirken können, wo nur die Parteivorsitzenden und der Bundestag entscheiden. Vielleicht ist der Bürger auf der Karikatur M3 darüber sauer. Vielleicht hat sich der Bürger auf der Karikatur M3 selber gefesselt, um den Politikern zu zeigen, wir Bürger dürfen nicht überall mitreden. Seht ihr das nicht? Wir sind gefesselt in unserer Meinung. Wir dürfen uns nicht überall einbringen. Vielleicht hat sich der Bürger auf der Karikatur M3 selber gefesselt, um das zu zeigen.

Die Politik hat Auswirkungen darauf, dass sie gar nicht mitreden dürfen [Zeile 750 – 751; 753 – 757; 813 – 818; 820 – 830; 834 – 837]
[Der Mensch, der seine Augen verschlossen hat,] sieht gar nicht, dass die Bürger – der sitzende Mensch ist als Bürger bezeichnet – gar nicht mitreden dürfen. Die Politik hat Auswirkungen darauf, dass sie gar nicht mitreden dürfen. Der Mensch, der auf die sitzende Person zeigt, sieht das ganze zwar, aber das hat keine großen Auswirkungen, da er nur darauf zeigt und die andere Person immer noch seine Augen verschließt. [Die Reaktion des Politiker ist, dass] er seine Augen verschließt und das gar nicht wahr haben will. Der andere zeigt auf den Bürger, bringt sich aber nicht mit einer Sprechblase ein. [Die Politiker ignorieren den Bürger,] weil der eine

hat die Augen verschlossen und der andere zeigt zwar auf den Bürger, ignoriert ihn also nicht ganz, aber er zeigt nur darauf und versucht nicht, den anderen deutlicher darauf hinzuweisen, ihn anzusprechen, hey, was du gerade gesagt hast, ist ja doch gar nicht so. Siehst du das nicht? Er zeigt darauf, macht es aber nicht deutlicher.

Spalt zwischen Bürger und Politiker [Zeile 839 – 863]
[Es gibt einen Spalt zwischen Bürger und Politiker, die einander die Bedürfnisse der anderen nicht wahrnehmen.]

C.7.6.2. Die Explikation zum Interview mit Dorothy

Interpretative Erschließung der Charakteristika der schülerbezogenen Aussagen nebst Widersprüche und Probleme

Im Allgemeinen zeigt sich bei Dorothy eine lebensweltliche, auf aktuelle politische Themen gerichtete und die deutsche Politik als Maßstab nehmende Politikvorstellung. In manchen Punkten scheitert sie an einer ausführlicheren Problemlösung.

Dorothy bezieht Politik auf die Art der Regierung, „also [...] welche Parteien es gibt, welche [...] verschiedenen Ansichten die haben und welche Auswirkungen zum Beispiel die Politik, also die einzelnen Parteien [...] auf uns, die Gesellschaft hat [...].“[626] Politik hat erhebliche Auswirkungen auf den Alltag der Menschen. Dies verdeutlicht sie exemplarisch am Arbeitsleben und der Schule. Letzteres bezieht sie darauf, „dass nicht mehr G9, sondern G8 an einigen Schulen vorhanden sein soll oder ja deutschlandweit.“[627] Beim Arbeitsleben bestimmt die Politik Arbeitsbedingungen und kontrolliert deren Einhaltung.[628] Ferner bezeichnet sie mit dem Begriff „Unsere Politik“ die Gesamtheit aller Rechtsvorschriften wie das Grundgesetz und Vorschriften, „an die wir uns halten müssen.“[629]

Die nachhaltige Entwicklung bezieht Dorothy nicht nur auf ökologische, sondern auch auf ökonomische Themen. Gesellschaftliche Weiterentwicklung soll stets im Einklang mit der Natur vollzogen werden. Aus ihrer Sicht muss man darauf achten, dass die Natur und der Planet nicht so geschädigt werden, „dass [...] er es nicht mehr tragen kann.“[630] Ferner beabsichtigt Dorothy eine effektive Finanzierung. Sie lehnt Verschuldung ab und will, „dass das Prinzip der nachhaltigen Entwicklung, die [...] verschiedenen Grundgesetze, die verschiedenen Programme [...] so [...] geplant werden, dass [...] die Mittel der Finanzierung, [...] die Mittel des Pla-

---

626   Transkript zum Interview mit Dorothy, Zeile 3 – 5
627   ebenda, Zeile 104 – 5
628   vgl. ebenda, Zeile 118 – 23
629   ebenda, Zeile 71
630   ebenda, Zeile 343 – 4

neten nicht überschritten werden, also dass sie sich nicht verschulden."[631] Für Dorothy stellt sich bei der effektiven Finanzierung die Frage, ob man in eine nachhaltige Entwicklung oder in einen Freizeitpark investiert.[632]

Die oben genannten Ziele will Dorothy, Deutschland als Vorbild nehmend, mit einer pluralen Regierung erreichen, in der es zwar Mehrheiten für politische Ansichten gibt, aber die Kompromissbereitschaft prägend ist. Diese Regierung beherrscht nicht, sondern im Sinne von Gleichberechtigung leitet ihren Planeten. Der Regierung sollen verschiedene Gruppen mit unterschiedlichen Ansichten angehören. Das dabei verfolgte Ziel ist das Einbringen verschiedener Personen durch ihre jeweilige Gruppe. Diese „sollte [...] die Ideen und Vorstellungen in dem Kreise der [...] gewählten Personen [...] repräsentieren und [...] vorstellen, [...] um was es [...] seinen [...] Mitgliedern seiner [...] Gruppe [...] geht und warum es den wichtig ist."[633] Nichtsdestotrotz zeigt sich Dorothy in der Frage, ob Mehrheiten für bestimmte Ansichten geben sollen, zunächst unsicher, befürwortet dies aber später, da ansonsten die Entscheidungsfindung zu sehr erschwert wird.[634] Sie will eine eingeschränkte Pluralität erreichen, sodass zwei bis drei Gruppen mit ihrer Mehrheit überwiegen. Der Willensbildungsprozess ist damit gestaltbar, als wenn es „zehn verschiedene Gruppen sind und die sind alle gleich und keiner hat irgendwie mehr [...] Mitglieder als die anderen."[635] Trotzdem ist ihr Kompromissbereitschaft wichtig, um einen größtmöglichen Interessensausgleich zu erreichen und keiner Partei die alleinige Macht zu geben.[636]

Die Teilhabe des Volkes am politischen Entscheidungsprozess beschränkt Dorothy auf eine passive Partizipation. Obgleich sich das Volk bei Entscheidungen durch Wahlen einbringen soll, ohne dass sie dies näher auszuführen vermag,[637] sieht sie Teilhabe des Volkes in der Weitergabe von Ideen und dem Schreiben von Briefen. Aus ihrer Sicht kann eine Regierung nicht existieren, wenn das Volk regiert. Daher soll das Volk den gewählten Vertretern Ideen mitgeben, die von letzteren besprochen werden.[638]

Wenngleich sich Dorothy für eine eingeschränkte Partizipation einsetzt, problematisiert sie diese Einstellung anhand der Karikatur M3. Auf der einen Seite findet sie, dass viele Bürger nicht wählen gehen. Die Kommunalwahlen in Schleswig-Holstein zeigten Partizipationsmöglichkeiten, weil jeder die Partei wählen kann, die seine Meinung vertritt.[639] Auf der anderen Seite nimmt sie den Bürger wütend

631   ebenda, Zeile 374 – 8
632   vgl. ebenda, Zeile 380 – 1
633   ebenda, Zeile 490 – 3
634   vgl. ebenda, Zeile 517 – 9
635   ebenda, Zeile 528 – 9
636   vgl. ebenda, Zeile 557 – 79
637   vgl. ebenda, Zeile 303 – 5
638   vgl. ebenda, Zeile 462 – 70
639   vgl. ebenda, Zeile 762 – 6

über seine eingeschränkten Teilhaberechte wahr. Politiker treffen Entscheidungen, die der Bürger jedoch gerne mitentscheiden wollen würde. Aufgrund des dadurch erzeugten Desinteresses an Politik schlussfolgert sie, dass dies erhebliche Auswirkungen auf die Gestaltung der Regierung haben kann, ohne jedoch diese Problematik ausführen zu können.[640] Gleichzeitig hat auch die Politik Auswirkungen darauf, dass die Bürger nicht mitreden dürfen. Die Politiker sehen zwar den Bürger, ignorieren ihn aber und wollen letzteres nicht wahr haben. Auf der Karikatur M3 verschließt einer der beiden Politiker seine Augen. Der andere ignoriert den Bürger nicht, jedoch „versucht [er] nicht den anderen Politiker deutlicher darauf hinzuweisen, ihn anzusprechen [...]"[641] Folglich bestätigt sie einen Spalt zwischen beiden Akteursgruppen.[642]

Ferner übt Dorothy eine eingeschränkte Kritik an den Deutschen. Sie wollen zwar vieles, möchten aber nichts dafür geben. Diese problematische Einstellung konkretisiert sie an Arbeitslose, die zwar Geld zum Leben wollen, aber nicht bereit sind, dafür arbeiten zu gehen.[643] Diese Einstellung erschwert vernünftige Kompromisse. Sie schränkt aber ihre Meinung ohne eine nähere Erläuterung ein. Diese Einstellung trifft nur in einigen Bereichen zu.[644]

Abschließend leitet Dorothy aus ihrem Gesagten ab, dass Politik ein sehr umfassendes Thema ist und begründet die Wichtigkeit von Politik anhand der Bedeutung für uns und unser Land.[645]

Berücksichtigung sprachlicher Aspekte:
Dorothy drückt sich in ihrer Politikvorstellung insbesondere plastisch und lebensweltbezogen unter Verwendung von Metaphern, Analogien und Kontrastierung aus.

Die Verwendung von Metaphern bezieht sich – von der Teilhabe des Bürgers abgesehen – auf eine aktive Rolle der Politik. Unter Rückgriff auf die Karikatur M3 sieht sie *einen sich selbst gefesselten Bürger*, um zu zeigen, dass *er in seiner Meinung und Teilhabe gefesselt ist.*[646] Ferner beschreibt sie die Bedeutung der Grundgesetze mittels einer *allgemeinen Basis* und drückt somit aus, dass die Grundgesetze prägend für politische Entscheidungen sein sollen. Hinsichtlich der nachhaltigen Entwicklung spricht sie davon, dass der *ökologische Fußabdruck nicht höher sein darf als die ökologischen Tragbarkeit*[647] des Planeten und wir ihn nicht *total kaput*[648] machen dürfen. Sie sieht

---

640 vgl. ebenda, Zeile 687 – 94
641 ebenda, Zeile 835 – 6
642 vgl. ebenda, Zeile 839 – 63
643 vgl. ebenda, Zeile 895 – 8
644 vgl. ebenda, Zeile 899
645 vgl. ebenda, Zeile 950 – 3
646 vgl. ebenda, Zeile 778; 805 – 8
647 vgl. ebenda, Zeile 348 – 9
648 vgl. ebenda, Zeile 185

die Politik in der Pflicht, sowohl bei solchen Betrieben, die sich nicht an Arbeitsbedingungen halten, *nachzuhaken*[649] als auch über die Finanzierung *hinauszuschreiten*.[650]

In der von Dorothy verwendeten Analogie kommt es zu einem Vergleich zwischen Gruppen und Parteien. Sie meint mit beiden dasselbe, zieht aber den Begriff
‚Gruppe' vor. Er ist vertrauter, persönlicher und zugänglicher. Sie verdeutlicht den
lebensweltlicheren Zugriff, der durch den Begriff „Gruppe" geleistet wird. „[E]s
wirkt irgendwie persönlicher, weil man sagt, okay, [...] ich bin mit einer Gruppe von
Freunden unterwegs, [...]."[651]

Dorothy kontrastiert ihre Vorstellung dergestalt, als sie die Relevanz der
Grundgesetze durch eine Negation einer menschenunwürdigen Behandlung ausdrückt. Sie sieht die Hauptgründe für die Grundgesetze darin, dass sie „nicht gegen
die [Menschenwürde] gehen, die nicht [...] gegen uns Menschen [...]"[652] sind. In der
Konkretisierung ihrer Forderung spricht sie davon, dass weder die Arbeitsbedingungen gesundheitsschädlich noch die Schulen Depressionen verursachen sollen.[653]
Auch in ihrer Forderung nach Gleichberechtigung zeigt sich eine Kontrastierung.
Menschen dürfen nicht aufgrund ihrer Tradition und Kultur diskriminiert werden.[654] Erst bei der Bedeutung der Grundgesetze für die nachhaltige Entwicklung,
formuliert sie ihre Aussage positiv.[655]

Quellen der Vorstellungen:
Dorothy bezieht ihre Vorstellungen aus ihrem PGW-Unterricht, den Nachrichten
und Gesprächen mit Mitschülern. Sie berichtet davon, dass in ihrer alten Schule
nicht nur im Unterricht, sondern auch in den Pausen über aktuelle Themen diskutiert wurde.[656] Ferner ergibt sich ihre Politikvorstellung aus ihrer eigenen Betroffenheit, insofern sie die politische Relevanz von Schule mit ihrer persönlichen Situationen begründet.[657]

---

649   vgl. ebenda, Zeile 122
650   vgl. ebenda, Zeile 185 – 6
651   ebenda, Zeile 640 – 2
652   ebenda, Zeile 177 – 8
653   vgl. ebenda, Zeile 252 – 8
654   vgl. ebenda, Zeile 319 – 32
655   ebenda, Zeile 716 – 8
656   vgl. ebenda, Zeile 1013 – 1024
657   vgl. ebenda, Zeile 14

C.7.6.3. Die Einzelstrukturierung zum Interview mit Dorothy

	Konzept: Politik		
	Definition der Kategorie	**Ankerbeispiel**	**Quellen**
+	wie unser Land regiert wird	Politik, da denke ich daran, wie unser Land regiert wird.	003 – 005 056 – 057
+	Unsere Politik	mit unserer Politik meine ich, unser Grundgesetz, unsere Vorschriften, an die wir uns halten müssen.	070 – 075
+	Politik ist ein sehr umfassendes Thema	Ich würde daraus jetzt ziehen, dass Politik ein wirklich sehr umfassendes Thema ist	0950
+	Auswirkungen auf das Arbeitsleben	Dann denke ich daran, wie das Auswirkungen auf zum Beispiel das Arbeitsleben von uns hat	010 – 011 107 – 123
+	Auswirkungen auf die Schule	[...] auf die Schule, da die Politik natürlich auch eindeutig Auswirkung darauf hat, wie die Schulen gestaltet sind und ja, was für Unterrichtsvorgänge es gibt und so weiter.	011 – 014 051 – 054 103 – 107
+	Auswirkungen auf unsere Politik	[...] Auswirkungen darauf haben auf unsere Politik. Und das halt für mich Politik auch zum Teil ausmacht.	004 – 005 043 – 051 950 – 953
+	Politik hat Auswirkungen darauf, dass die Bürger nicht mitreden dürfen	[...] dass die Politik sozusagen auch Auswirkungen darauf hat, dass sie gar nicht mitreden dürfen.	750 – 757 813 – 837

	Konzept: Grundgesetze		
	Definition der Kategorie	**Ankerbeispiel**	**Quellen**
+	Grundgesetze, die nicht gegen die Menschenwürde gehen	Ja, also die Hauptgründe wären jetzt also Grundgesetze, die nicht gegen die Menschenwürde sprechen.	177 – 179 186 – 188
+	Grundgesetze, denn es sollte eine allg. Basis herrschen	Ja, einerseits wieder die Grundgesetze, denn es sollte eine allgemeine Basis, denke ich, herrschen, damit auch man darauf auch vernünftig leben könnte.	225 – 227 704 – 718

	Konzept: Menschenwürde		
	Definition der Kategorie	**Ankerbeispiel**	**Quellen**
+	Menschen einfach nicht unwürdig behandelt werden	Das würde mich für mich zum Beispiel gegen Menschenwürde sprechen, dass wenn Menschen einfach unwürdig, also, ähm behandelt werden.	252 – 275

Gleichberechtigung		
Definition der Kategorie	**Ankerbeispiel**	**Quellen**
+ Gleichberechtigung zwischen allen Menschen	Die sollten darauf achten, dass eine Gleichberechtigung herrscht zwischen ähm allen Menschen oder ja allen Menschen auf diesem Planeten.	228 – 229 319 – 332

Konzept: nachhaltige Entwicklung		
Definition der Kategorie	**Ankerbeispiel**	**Quellen**
+ darauf achten, dass unsere Natur und der Planet nicht so sehr geschädigt wird	Und dass man da einfach darauf achtet, dass wir sozusagen die Natur und den Planeten nicht so sehr schädigen, dass er es nicht mehr tragen könnte, der Planet.	184 – 185 189 – 191 340 – 370
+ Genügend Ressourcen vorhanden sind	Außerdem sollte die Politik dafür sorgen, dass genug Ressourcen vorhanden sind, dass die nachhaltig genutzt werden	183 – 184 232 – 235

Konzept: effektive Finanzierung		
Definition der Kategorie	**Ankerbeispiel**	**Quellen**
+ Sich nicht verschuldet	Und dann müsste man noch darauf achten, wie das mit der Finanzierung aussieht, dass man darüber nicht hinausschreitet und sich nicht verschuldet.	185 – 186
+ Durchsetzung aller Grundgesetze effektiv finanziert	Da muss man dann wieder darauf achten, dass man mit einer effektiven Finanzierung dieses Ziel der Gleichberechtigung und das Ziel des Anstrebens, dass die Grundgesetze alle durchgesetzt werden könnten zum Beispiel, effektiv finanziert wird.	229 – 232 374 – 378
+ Achtet ein bisschen darauf, worin man investiert	Und dass man darauf achtet, mit effektiver Finanzierung, in was man investiert, ob man jetzt, sage ich mal, mehr in die nachhaltige Entwicklung investiert oder ob man jetzt sagt, oh, okay, bauen wir doch noch mal einen Freizeitpark auf.	378 – 385 390 – 397

Konzept: Repräsentation		
Definition der Kategorie	**Ankerbeispiel**	**Quellen**
+ Volk wählt verschiedene Personen, die Ideen und Vorstellungen mitnehmen	Deswegen würde es schätzungsweise nur dann funktionieren, wenn das Volk sich in dem Sinne nur einbringt, dass es diese verschiedenen Personen wählt, die dann von dem Volk auch Ideen mitnehmen und Vorstellung, welche die dann miteinander besprechen.	303 – 305 468 – 470
+ Regierung könnte nicht existieren, wenn das ganze Volk regiert	[...] allerdings könnte sich das ganze Volk, ich meine, eine Regierung könnte nicht ähm existieren, wenn man sagt, okay, das ganze Volk regiert jetzt den Planeten. Das könnte ja gar nicht funktionieren, meiner Meinung nach.	465 – 467

Konzept: Gruppe		
Definition der Kategorie	**Ankerbeispiel**	**Quellen**
+ Jeder die Möglichkeit hat, sich durch seine Gruppe einzubringen	Und dass das Volk, was denn da auf diesem Planeten dann leben wird, dass jeder die Möglichkeit hat, sich durch seine Gruppen, durch seine Person, die dort teilhat, sich einzubringen.	295 – 299 488 – 493
+ Eine Ansicht, den sich mehr Leute anschließen als einer anderen	Obwohl es bestimmt eine politische Ansicht geben könnte, den sich mehr Leute anschließen als einer anderen.	501 – 519 528 – 531 540 – 545
+ Gruppen sollen einen Kompromiss schließen	Ja, ich wäre einfach dafür, dass sie ein Kompromiss schließen, damit sozusagen die größtmögliche Anzahl der Menschen, die deren Interessen einbringen könnte.	557 – 571 575 – 579
+ Regierung mit verschiedenen Angehörigen	Ich stelle mir das ähnlich vor, wie Deutschland das der Fall ist, dass es verschiedene Ansichten von verschiedenen Personen.	179 – 183 188 – 189 227 – 228 288 – 295
? Wenn Menschen sich nicht interessieren, Auswirkungen hat, wie die Regierung aussieht	Aber ich schätze schon, dass wenn etwas weniger verpflichtend ist, dass wenn die Menschen sich dafür nicht interessieren, nicht für die Politik interessieren, dass das schon erhebliche Auswirkungen darauf hat, wie die Regierung aussieht.	687 – 694
+ Gruppe ist zugänglicher als Partei	Weil, ich finde das Wort Gruppe ist zugänglicher als Partei	589 – 590 594 – 612 639 – 651 662 – 667

Konzept: Bürger		
Definition der Kategorie	Ankerbeispiel	Quellen
+ Der Bürger ist darin gefesselt, wie sehr er sich einbringen kann	Ich denke mal, er ist gefesselt darin, wie sehr er sich einbringen kann [...] und dass es begrenzt ist und er sich nicht in alles mit einbringen kann und dass er dadurch auch halt sauer ist.	751 – 753 778 – 783 793 – 799 805 – 809
+ Viele Leute gehen gar nicht wählen	Einerseits gehen zum Beispiel auch viele Leute gar nicht erst wählen. Und deshalb ist es, sage ich mal, ihnen auch selber überlassen.	792 – 793
+ Der Bürger kann sich gewissen Bereichen einbringen	Ich würde sagen, in gewissen Bereich kann man sich ja trotzdem einbringen bei, man kann, wenn man jetzt, wenn jetzt zum Beispiel Wahlen sind.	762 – 766
+ Deutsche wollen vieles, aber nicht dafür zahlen	Aber ich schon denke, dass Deutsche vieles wollen, nichts zahlen dafür wollen, aber es trotzdem haben wollen,	881 – 888 893 – 899 903 – 908

C.7.7. Alice: „Die Menschen machen es so, wie der König es möchte“

Hier findet sich die Analyse des Interviews mit Alice.

C.7.7.1. Die geordneten Aussagen zum Interview mit Alice

Wenn ich an Politik denke, denke ich an den Bundestag [Zeile 3 – 4; 56]
Wenn ich an Politik denke, dann denke ich spontan an den Bundestag und die ganzen Politiker, die da ihre Reden halten.

Ich denke auch an die Wahlen [Zeile 4 – 5; 34 – 52; 62 – 80]
Ich denke auch an die Wahlen. Hier habe ich Politiker neben den Wahlen aufge-schrieben, weil von den Politikern noch andere Sachen ausgehen. Ich habe bei Wahlen einen Strich zu den Politikern hingeschrieben, weil man die auch wählen kann; eigentlich auch die Parteien. Von den Wahlen geht es zur Demokratie. Ich könnte auch die Wahlen und Demokratie wieder verbinden. Es gibt eigentlich noch andere Herrschaftsformen. Nur passt Demokratie halt zu den Wahlen, weil das Volk bei oder mit den Wahlen ja entscheiden muss. [Obwohl ich vorhin von Volk geredet habe, habe ich es nicht aufgeschrieben.] Das hat keinen bestimmten Grund, aber ich dachte, das ist dann in den Wahlen enthalten. Das Volk wählt die Politiker. Das Volk könnte ich noch hinzuschreiben. Das gehört ja auch mit zur Politik, weil Politik nicht funktionieren würde, wenn es nur Politiker geben würde.

Unter Zusammenarbeit verstehe ich diese Abstimmung, die Unterstützung untereinander und vielleicht auch Hilfsbereitschaft [Zeile 30 – 34; 227 – 237; 308 – 313; 428 – 431; 759 – 762; 770 – 771]

[Auf meiner Mindmap, was Politik ist,] habe ich spontan aufeinander abstimmen aufgeschrieben, wenn man zu zweit ist, dann muss man sich aufeinander abstimmen. Bei der Politik, wenn man zum Beispiel ein Problem hat, muss man Lösungen suchen. Deswegen habe ich nicht zu den anderen Sachen etwas aufgeschrieben, weil das eher den Begriff erläutert. [Bei den Kriterien guter Politik, die ich aufgeschrieben habe,] würde ich wollen, dass sich alle Leute abstimmen und im Prinzip zusammenarbeiten. Ich würde auch wollen, dass man auf so eine Weise für Probleme Lösungen finden kann. [Zusammenarbeit verstehe ich wie folgt:] Ich höre sehr oft, dass es irgendwie um den Besitz geht oder darum, wo die Grenzlinie ist: Das ist mein Garten. Das ist dein Garten. Wenn die Leute nicht einfach auf die Politik rüber gehen und den anderen anklagen würden, sondern versuchen würden, zusammen eine Lösung zu finden, dann wäre das eigentlich viel einfacher. [Bei armen und behinderten Menschen, die Hilfe brauchen,] würden alle einander helfen. [Die Kriterien guten Zusammenlebens ist die Zusammenarbeit,] und die gegenseitige Unterstützung, aber man kann es auch unter Zusammenarbeit auffassen. Unter Zusammenarbeit verstehe ich diese Abstimmung, die Unterstützung untereinander und vielleicht auch Hilfsbereitschaft.

Der eine mehr zu sagen hat als der andere [Zeile 107 – 122; 128 – 134; 138 – 154]
[Bei der Organisation des Zusammenlebens von Menschen denke ich] ganz allgemein, dass wir eine Bundeskanzlerin haben. Die steht sozusagen oben, aber nicht wie ein Monarch, sondern sie steht einfach oben, weil wir sie ja anscheinend gewählt haben. Und dann gibt es noch den Bundespräsidenten und die ganze Politik, die miteinander versucht, Lösungen zu finden und soziale Gerechtigkeit herzustellen. Und dann gibt es noch mehrere Lobbys und dann kommt das Volk. [Die Organisation des Zusammenlebens von Menschen sehe ich schon als Hierarchie,] weil der eine mehr zu sagen hat als der andere. [Dass es die Hierarchie gibt, hat einen bestimmten Grund.] Manche entscheiden sich ja, dass sie Politiker werden wollen, weil sie zum Beispiel daran interessiert sind oder vielleicht eine Veränderung haben möchten. Deshalb setzen sie sich auch dann da ein oder halt mit Initiativen. Wenn ich das jetzt so formuliere, könnte man das Volk allgemein bisschen höher stellen, aber auch nicht auf die Ebene der Politiker. Das würde einfach nicht passen, weil die Politiker das dann umsetzen müssen und das ist nicht die Aufgabe des Volkes.

Das Volk entscheidet durch die Politiker [Zeile 159 – 167]
Das Volk entscheidet die Politiker, die deren Meinung vertritt. Das Volk wählt natürlich die aus, die das auch erfüllen. Die müssen dann auch machen, was sie

dann wollen. Also entscheidet das Volk durch den Politiker. Und der Politiker setzt das dann um oder hält seine Reden und versucht, die anderen davon zu überzeugen.

Versuchen, ein Gleichgewicht herzustellen und Lösungen zu finden [Zeile 183 – 186]
[Mit „Lösungen" auf meiner Mindmap meine ich:] Es gibt viele Probleme oder manche sind mit der einen Entscheidung und die anderen sind mit der anderen Entscheidung nicht zufrieden. Deshalb versuchen die, ein Gleichgewicht herzustellen und Lösungen zu finden.

Alle Meinungen werden berücksichtigt und nicht nur von einem Monarchen [Zeile 192 – 198; 208 – 214; 217 – 219; 237 – 243; 271 – 274]
[Beim Lösung finden,] ist es eher so, dass man versucht, Kompromisse zu finden. Deshalb haben wir auch hier die Demokratie, weil es soll ja vom ganzen Volk entschieden werden und nicht nur von einer Person. [Politik auf meinem Planeten würde ich] ungefähr auch so gestalten, also auf die Weise der Demokratie, weil man der Welt niemals einer Meinung ist. Deshalb würde ich das so machen. Deshalb sollte man eine Demokratie machen, damit alle Meinungen einigermaßen berücksichtigt werden können. Ich habe auch die Demokratie, weil es zu viele verschiedene Meinungen gibt und so würde ich versuchen, dass alle Meinungen berücksichtigt werden. Anders geht es gar nicht richtig. Weil ich weiß, dass es meistens verschieden Meinungen gibt, würde ich eine Art Demokratie machen. Alle Meinungen werden berücksichtigt und nicht nur von einem Monarchen.

Wenn alle einer Meinung wären, könnte man einen König darüber stellen [Zeile 214 – 217]
Das wäre ja ganz anders, wenn alle einer Meinung wären. Dann könnte man genauso gut einen König darüber hinstellen, weil man ja nichts mehr zum „Lösungen finden" braucht. Es gäbe keine Probleme mehr, aber wir haben ja verschiedene Meinungen.

Dann könnte ich einen König darüber setzen und der würde im Zweifelsfall eingreifen können [Zeile 251 – 266; 268 – 271; 276 – 284; 301 – 303; 321 – 322; 340 – 341; 368 – 369; 958 – 962]
Wenn ich einen Wunschplaneten hätte, dann wären wir nicht alle einer Meinung, aber wir hätten die gleiche Ansicht über viele Dinge. Auch was die Herrschaftsform angehen würde, hätten wir wahrscheinlich auch die gleiche Meinung. Dann könnte ich auch einen König darüber setzen und der würde im Zweifelsfall eingreifen können. [Dass der König eingreifen könnte, meine ich,] wenn es wirklich zu verschiedenen Meinungen zu irgendwas kommen würde, würde der König auch eingreifen und die Richterposition einnehmen. [Es gibt verschiedene Meinungen, aber auch jemanden als Richter.] Dass mit den verschiedenen Meinungen, heißt ja nicht, dass dann Anarchie herrscht und wenn es zu schlimm wird, greift er ein, sondern dass

sie auch versuchen, diese Zusammenarbeit umzusetzen und so Lösungen zu finden. Wenn es wirklich gar nicht mehr geht oder wenn sie nicht mehr weiter wissen, sollte er auch eingreifen. Aber das ist jetzt utopisch. Der König greift als Richter bei Problemen ein, vorausgesetzt, dass wir dann auch zusammenarbeiten und versuchen, selbst Lösungen zu finden. [Bei der Zusammenarbeit sollen die Leute] untereinander Lösungen finden, bevor man diese Instanz ergreifen müsste. Der würde immer als Richter eingreifen, falls es zu einem Problem kommen sollte. Dann bräuchte man keine Politiker mehr. Aber wenn man zusammenarbeitet, braucht man den König auch fast gar nicht. Es ist ja seins. [Als Richter] spricht der König Urteile und muss zwangsläufig Konsequenzen ziehen. Er muss bei Streitereien oder Problemen eingreifen

Der König hat vier Grundeigenschaften: Liebe, Macht, Barmherzigkeit und Gerechtigkeit [Zeile 532 – 542; 552 – 562; 702 – 703; 711 – 728; 745; 921 – 926; 940 – 953]
[Damit der König die Menschen anleiten kann,] hat er vier Grundeigenschaften. Das sind Liebe, Macht, Barmherzigkeit und Gerechtigkeit. Er hat uns auch Gesetze gegeben, nach denen wir uns richten können. Wenn alle Menschen diese Gesetze einhalten, würde es auch nicht große Probleme geben. Dann wären es eher kleine Probleme, die man auch unter sich lösen kann. Liebe gehört zu den Menschen, weil das für mich ein Gott ist. Er sorgt einfach für den Menschen und sorgt dafür, dass es keine Armut und keine Krankheiten gibt. Er ist mächtig und kann deshalb auch Gedanken lesen oder in das Herz sehen. Er kann also den ganzen Menschen an sich erkennen. Durch Barmherzigkeit ist er bereit, zu vergeben. Durch Gerechtigkeit kann er als Richter immer die richtige Entscheidung treffen, weil er alles sehen kann. Das alles spielt also aufeinander ab. [Der König bestimmt bei einem Projekt, wer was macht,] weil die Menschen vielleicht nicht diesen Durchblick haben. Wir brauchen das wirklich, weil der andere sagt, aber wenn wir das jetzt so machen, habe ich dann wieder ein Problem. Weil der König alles sehen kann und die Probleme von dem einen, aber auch vom anderen sehen kann, kann er am besten abwägen und einen guten Kompromiss für beide finden. Deshalb würde er zu den Menschen gehen und nicht nur die Probleme des einen versuchen zu lösen und dadurch den anderen vernachlässigen. Der König vernachlässigt nicht alle gleich, sondern alle können davon profitieren. [Bei den Kriterien guter Politik M2] ist der König auch Vorsitzender mit den Grundeigenschaften. Dann wären auch keine Probleme da. [Ich habe das Wort Richter gegen Vorsitzenden] umgesetzt. Der König ist Vorsitzender oder Leiter. Er übernimmt den Vorsitz bei der Schließung von Kompromissen, die für jeden annehmbar sind.

Der König ist allmächtig, also Gott [Zeile 301; 330; 334 – 336; 468 – 475; 480; 496 – 501; 702]
Der König herrscht über alles. Auf meinem Planeten müsste es kein Politiker geben, weil, wenn es einen König gibt, der auch alles weiß. Das ist irgendwie so, als wäre er so wie Gott. [Eine Gesellschaft mit einer Million Menschen] würde der König leiten und würde die Anleitung dafür geben. Wenn zum Beispiel eine Straße gebaut werden muss, dafür braucht man ja mehr als acht Leute, können sich alle einander beim Projekt, das der König leitet, helfen. Der König ist allmächtig, also Gott. Der König wäre allmächtig und liest demnach auch unsere Gedanken, das Herz und alles Mögliche. Er kann auch seine Energie, seine Kraft oder auch sein Geist an uns weitergeben, damit wir Kraft haben, um irgendetwas zu tun. Auf diese Weise kann er uns auch anleiten, etwas auf der Erde zu verändern. Der König ist Gott.

Wenn alle diesen König akzeptieren, dann ist es wie ein Land auf der ganzen Welt [Zeile 355 – 359; 506 – 507; 962 – 968]
Wenn alle diesen König akzeptieren würden, alle ihn gut finden und alle ihn im Prinzip gewählt haben, dann ist es wie ein Land, das auf der ganzen Welt ist und nicht wie mehrere Länder. Man muss jetzt aufpassen, dass das eine Land sich nicht bekriegen möchte oder nicht. Da würde es auch keine so großen Probleme wie Krieg geben. Wenn alle an ihn glauben, dann haben ihn ja auch alle gewählt. Sie wählen ihn als Vorsitzenden. Aber er muss von allen gewählt werden. Wenn sie diesen einen König wählen und sich ans Gesetz halten, würden sie auch versuchen, den König nachzuahmen.

Dieses Bild vor Auge, wie es später im Paradies sein könnte [Zeile 435 – 445; 480 – 482]
Es ist ein bisschen kompliziert, weil ich auch ein bisschen religiös eingestellt bin. Ich habe die ganze Zeit dieses Bild vor Auge, wie es später im Paradies sein könnte. Es gibt dort einen König, der über alles steht. Da gibt es keine Probleme, also nicht solch großen Probleme, weil es dann keine Krankheiten mehr gibt und nicht den Tot, Kriege auch nicht mehr. Das ist halt wie ein einziges Land. Alle können sich gut verstehen und man muss nicht Angst haben, dass das Land B dich angreift. Im Paradies braucht man eigentlich kein Richter. Dass wir einen Richter brauchen, ist wie auf der Welt, wie wir sie haben.

Die Menschen machen es so, wie der König es möchte [Zeile 506; 808 – 816]
Die Menschen machen es so, wie der König es möchte. [Liebe deinen Nächsten] müsste man hier erlernen. In meinem Traum müsste man es vielleicht auch erlernen, wenn man gerade geboren ist. Man hat eine Grundlage, auf die man immer schauen kann. In diesem Fall ist es die Bibel. Man schaut, wie der König vorher Konsequenzen gezogen hat, wie er es möchte, wie er denkt und wie er meistens

eingegriffen hat. Aus diesem ganzen Ding weiß man, wie man diese Wörter zu deuten hat. Man weiß genau, wie man zu handeln hat, wenn da steht, „Liebe deinen Nächsten." Dann gibt es nicht irgendwelche Gesetzeslücken. Man kann nicht sagen, das steht ja nicht links oder rechts. Er weiß, dass er selbst das Gesetz übertreten hat.

Die Gesetze des Königs sind zwangsläufig richtig [Zeile 512 – 513; 568 – 570; 574 – 575; 588 – 589; 703]
Wenn alle nach seinem Gesetz leben, kann es keine Kriege mehr geben. [Die Gesetze] macht der König. Die Bürger sind wir Menschen und dann gibt es noch im himmlischen Bereich Engel, die sich auch an die Gesetze halten. [Die Bürger und Engel entscheiden die Gesetze nicht mit,] weil die Gesetze gut sein müssen. Eine Grundeigenschaft vom König ist zum Beispiel Liebe oder Gerechtigkeit. Daher sind die Gesetze zwangsläufig richtig.

Der Konsequenzen zieht, falls die Gesetze übertreten werden [Zeile 595 – 606; 703 – 704; 1326 – 1331]
[Dass sich ein Bürger nicht das Gesetz hält,] ginge eigentlich auf meinem Planeten nicht, aber nach meinem Glauben ist das schon mal passiert. Dann hat der König die Bürger vorher gewarnt, was passieren würde, wenn sie sich nicht an das Gesetz halten. Das Gesetz und die Warnung sind also da. Dann wird die Warnung vollzogen. Das heißt, der König macht einfach weiter, wie er es gesagt hat. Wenn er also die Leute gewarnt hat, das passiert so und so mit euch, dann wird er das auch durchziehen, aber er wird sein grundsätzlichen Plan nicht weitermachen. Der Konsequenzen zieht, falls die Gesetze übertreten werden und der auch für die Vollziehung von Gesetzen zuständig ist. Wenn sich jemand nicht bewusst daran hält, dann ist es etwas anderes. Dann wird ihm eine Chance gewährt. Wenn er bereut, dann wird ihm vergeben. Er kommt nicht sofort ins Gefängnis, sondern er muss aufrichtig bereuen und zur Reue gehört, dass man daraus lernt und es nicht noch mal tut.

Der König ist Gesetzgeber, Richter und Vollzieher [Zeile 626 – 628]
[Der König ist Gesetzesgeber, Richter] und Vollzieher.

Es geht immer davon aus, ob der König auch so ist [Zeile 634 – 637; 645 – 646; 848 – 857; 936 – 938]
[Wenn der König nicht barmherzig, liebevoll, mächtig und/oder gerecht ist], dann wäre das eine Katastrophe. Dann würde Chaos geben und die Menschen müssten sich ja nicht mehr an die Gesetze halten, weil die Gesetze ungültig sind. Die könnten sich die eigenen Gesetze ausdenken. Es würde im Prinzip Anarchie herrschen. Es müsste einen anderen König geben, der genau die gleichen Eigenschaften hat wie der alte, der irgendwie nicht mehr wollte. [Wenn der König mächtig, aber nicht

barmherzig, gerecht und liebevoll ist,] hätten die Menschen vom König ausgesehen nicht das Recht, sich gegen den König zu erheben, weil er mächtig ist. Er möchte wahrscheinlich auch an der Macht bleiben, aber es wäre zwangsläufig so, weil diese so zusagenden Grundgesetze nicht mehr gelten würden, weil der König selber nicht so ist. Es geht immer davon aus, ob der König auch so ist, oder nicht. Wenn er nur mächtig ist, dann wären diese Grundgesetze aufgehoben. [Wenn der König die Grundeigenschaften erfüllt, haben die Bürger keinen Grund, sich zu widersetzen.]

Die Bürger können nicht die Macht haben, wie der König sie hatte, können sie nicht den richtigen Weg finden [Zeile 652 – 656; 662 – 671; 686 – 696]
[Wenn die Bürger die Gesetze machen würden, deren Einhaltung sicherstellen und die Vollstrecker bei Nicht-Einhaltung der Gesetze sein würden, gäbe es Chaos.] Dadurch, dass sie nicht die Macht haben können, wie der König sie hatte, können sie nicht den richtigen Weg finden und deshalb würde es nicht unbedingt Chaos herrschen, wie man hier sehen kann, sondern dass man auf sehr viele Probleme stoßen würde. Das würde halt nicht passieren, wenn so ein König da wäre. [Wenn die Menschen die Gesetze machen und für deren Einhaltung sorgen,] gibt es nicht Chaos, aber es ist nicht perfekt. Die Menschen können für die Einhaltung der Gesetze sorgen. Nur weil sie nicht allmächtig sind und nicht die Gedanken lesen können, finden sie nicht das richtige für sich selbst und sie wissen auch nicht, wie es richtig geht. Deshalb gibt es Probleme, die dann gelöst werden müssen. Wenn man vom Ausgangspunkt geht, wo der Mensch auf sich alleine gerichtet ist, würde es immer mehrere und mehrere Instanzen geben. Jetzt brauchen wir einen Richter. Jetzt bist du Richter. Gut, wir brauchen mehrere Richter oder irgendwie jemanden, der das gesehen hat. Jetzt haben wir Zeugen und dann hat man irgendwann einen Gerichtshof. Die Richter können gerecht sein oder sind in den meisten Fällen gerecht. Nur wenn ich höre, dass fünf Leute unschuldig ermordet wurden, weil sie die Todesstrafe bekommen haben, finde ich das nicht mehr gerecht. Weil der Mensch eben nicht allmächtig ist, konnte er das auch nicht wissen. Gerade solche Sachen oder trotz gerechter Richter gibt es Kriminalität. Das liegt daran, dass die Kriminellen sich nicht an das Gesetz halten, das ihnen gegeben wurde. Das ist eigentlich sehr verzwickt.

Der Mensch ist der Bürger, soll sich an die Gesetze halten [Zeile 708 – 709]
Der Mensch ist der Bürger, soll sich an die Gesetze halten und einfach danach leben.

Man bräuchte nur zwei Grundlagen und nicht so viele Gesetze [Zeile 776 – 779; 783 – 784; 788 – 789; 791 – 793; 797 – 802; 878 – 892; 897 – 903; 1310 – 1311]
[Wenn jemand die Hilfsbereitschaft nicht zeigt, muss er mit Konsequenzen rechnen.] Es gibt dort Gesetze wie „Du musst deinen Nächsten lieben" und darunter

fasst man viele Sachen. Ein Gesetz ist eine Grundlage. Die Grundlage ist nicht so „Du sollst nicht morden." Das versteht man. Das Gesetz ist wie eine Grundlage, auf die man aufbauen kann und worunter man viele Gesetze darunter fassen kann, auch wenn es nur ein Satz ist. [Das Gesetz ist eine Art Grundgesetz.] Bei Grundgesetzen und Gesetzen kann man immer Lücken finden. Es ist etwas anderes, wenn man sagt, „Liebe deinen Nächsten" ist ein Gesetz. Dann könnte man eine Gesetzeslücke finden. Da steht ja nicht welchen Nächsten. Den liebe ich und den nicht, sondern darunter fasst man viele Dinge, die man sich mehr oder weniger erschließen muss. Das sind dann viele Gesetze, die nur auf diese drei Wörter zulaufen. [Diese Grundgesetze sind] Grundsätze. Es gibt zwei Grundsätze, die alles zusammenfassen. Die Grundsätze lauten „Liebe deinen Nächsten," aber davor kommt noch „Liebe deinen Gott mit ganzem Herzen und ganzem Sinn." Wenn man das erste einhält, dann hält man im Prinzip alles ein, weil er diese vier Eigenschaften hat und man ja gesehen hat, wie er gehandelt hat und was die Konsequenzen sind. Man würde folglich alles richtig machen in den Augen vom König. Man bräuchte nur zwei Grundsätze und nicht so viele Bücher.

Wenn der König es nicht vormacht, dann kann man als Bürger das auch nicht einhalten [Zeile 862 – 868; 874 – 876]
Wenn der König es uns nicht vormacht, dann kann man als Bürger das auch nicht einhalten. Es würde im Prinzip zum Chaos kommen. [Es gibt kein Chaos mehr, wenn man einen König hat,] der diese Eigenschaften wie mächtig, barmherzig, liebevoll und gerecht hat.

Der König fasst auf meinem Planeten die ganzen Dinge zusammen [Zeile 983 – 990]
[Vergleiche ich meine Ausführungen von M1 und M2 miteinander,] sehe ich sofort Unterschiede, dass man auf der Erde viele Gesetze und Instanzen wie das Gericht, eine Partei oder die Wahlen braucht und auf meinem Planeten braucht man das nicht. Hier sind alle Leute eigentlich verschiedener Meinung und hier versuchen sie, den König nachzuahmen und sind meistens auch gleicher Meinung oder versuchen, gleicher Meinung zu werden. Die Gemeinsamkeit ist, dass es ein Volk gibt und dass es jemand gibt, der auch entscheidet. Der König fasst auf meinem Planeten die ganzen Dinge zusammen.

Demokratie auf Papier [Zeile 992 – 1013; 1017 – 1028; 1032; 1092 – 1099; 1107; 1111 – 1114]
[Auf der Karikatur M3 sehe ich] „Schließlich ist der Bürger mündig und soll bei Volksentscheiden mitreden dürfen." Man sieht drei Männer. Der eine ist gefangen und sitzt auf dem Boden. Er ist ein Koch. Er wird festgehalten. Das könnte man deuten, dass seine Meinung festgehalten wird. Der eine hat ein bisschen größeren Gerechtigkeitssinn, weil er sagt, na ja, der müsste eigentlich mitentscheiden dürfen.

Der andere auch ein wenig Gerechtigkeitssinn. Ich weiß nicht, ob er ihn jetzt gefangen hält. Aber man sieht, dass sie über die Meinung des Einzelnen reden und dass sie anscheinend hier festgehalten oder unterdrückt wird vom anderen, ohne dass er es selber möchte. Der Gefangene wäre ein normaler Bürger und würde vielleicht für das Volk stehen. Die anderen wären vielleicht Politiker mit verschiedenen Meinungen. Nehmen wir mal an, dass er ihn festhält und er das dann sagt. Dann würde er nicht wollen, dass er etwas an seiner Entscheidung verändert und er hat das anzuzweifeln, weil Demokratie herrscht. Aber beide stehen da und haben nicht das Gefühl, dass sie etwas ändern müssten oder ihn oder seine Meinung frei lassen sollten. Also sagen sie eigentlich, hier herrscht Demokratie, aber wir wollen eigentlich unser eigenes Ding durchziehen. [Die beiden Männer auf der Karikatur M3 zeigen, dass] dies Demokratie auf Papier ist. Der Bürger wird auf der Karikatur M3 festgehalten. Er wird unterdrückt oder erschlagen von den ganzen Kriterien, die man erfüllen muss. Der Bürger soll mitentscheiden dürfen. Die Karikatur M3 soll aussagen, dass die Politiker oder andere Instanzen wie Parteien ihre eigene Sache machen und schließlich auf den einzelnen Bürger nicht viel wert legen oder ihn gefangen halten oder anlügen.

Einfach zu komplex für den einzelnen, der vielleicht keine Ahnung von Politik hat [Zeile 1034 – 1055; 1081 – 1088; 1116 – 1127; 1142 – 1144]

Es gibt viele Meinungen, die nicht vertreten werden können, weil es einfach Minderheiten sind. Die müssen sich zwangsläufig anderen Meinungen anpassen. Aber so wie es auf der Karikatur M3 aufgezeichnet ist, wird die Meinung nicht unterdrückt, weil die Politiker immer den Anstoß geben, gibt eure Meinung, beteiligt euch an Wahlen. Deshalb gibt es immer überall so viele Plakate. Nur vielleicht ist es einfach zu komplex für den einzelnen, der vielleicht keine Ahnung von Politik hat. Sie sagen zwar ihre Meinung, aber mit dieser Meinung können sie nichts anfangen, weil sie einfach nicht nach oben durchdringt und dann nicht umgesetzt wird. [Auf der Karikatur M3] sind sie zu dritt alleine. Es ist keiner, der noch irgendwie hinzukommt und sich denkt, oh Mann, der arme Mann, der muss irgendwie mit seiner Meinung etwas anfangen können. Die sind halt alleine und wollen nichts daran ändern. Es soll wahrscheinlich so aussehen, dass die Meinungen der Politiker oder das Gesetz so komplex ist, obwohl es nicht herauszusehen ist, dass es komplex ist, dass die Meinungen des Einzelnen keine Chance hat und sich dann bedrückt oder die Meinung unterdrückt fühlt. Er sich also so fühlt, als wäre seine Meinung nichts wert. [Der Aussage der Karikatur M3 stimme ich] in manchen Fällen zu. Ich denke spontan an das Bildungspaket, weil es sehr viel versprochen hat und man das eigentlich nur erfüllen konnte, wenn man sehr viele Bedingungen erfüllt hat. Am Ende hat das Bildungspaket nicht sehr viel gebracht, weil es irgendwie beim Einzelnen Geld sparen soll. Wenn man das alles gemacht hat, um überhaupt beim Bildungspaket angemeldet zu sein, hat man schon sehr viel Geld wegen der Fahrt verloren. Durch dieses hin und her in der ganzen Zeit ist man einfach so gestresst, dass man vielleicht aufgeben möchte. Man sitzt einfach da rum und eigentlich möchte man seine Meinung sagen. Man möchte mitreden, aber dann wird man festgehalten und sagt „Ja, du hast doch das Bildungspaket bekommen. Warum beschwerst du dich noch? So wie die Politiker auf den Bürger zeigen, helfen sie ihm. Er sagt zum Beispiel „Man muss ihm helfen." Irgendwie helfen wir mit dem Bildungspaket, aber eigentlich bringt es dir nichts.

Sie möchten jemanden haben, der etwas für sie tut, ohne dass sie etwas dafür beisteuern müssen
[Zeile 1163 – 1177; 1181 – 1182; 1186 – 1189]
[Auf der Karikatur M4 sehe ich] „Wir wollen X, aber wir wollen dafür nichts zahlen." „Wir sind dafür, aber unser Leben soll sich nicht ändern." Das ist sehr paradox. Da stehen Leute, die Schilder hoch halten und anscheinend einen Protest machen. Sie sind wie jemand, der seine eigene Meinung durchsetzt, aber sie wollen dafür nichts beisteuern. Ich zweifele da, weil das sich komisch anhört. Wenn du eine Veränderung möchtest, wieso möchtest du nicht, dass sich dein Leben verändert? Aber es könnte auch so gemeint sein, dass du selber dafür nichts tun möchtest. Das heißt, dass sie da herumstehen, deren Meinungen sagen und etwas verändern möchten, aber eigentlich ist es mir egal, wie ihr das macht. Ihr macht das. Hauptsache, ich muss daran nichts machen. [Auf der Karikatur M4] könnten Leute aus verschiedenen Schichten sein, vielleicht mit verschiedener Herkunft. [Die Leute auf der Karikatur M4] sind wahrscheinlich Bürger, die protestieren und wütend sind. Sie möchten jemanden haben, der etwas für sie tut, ohne dass sie etwas dafür beisteuern müssen.

Hängt ganz vom Typen ab [Zeile 1197 – 1207; 1215; 1220 – 1225]
[Ob Menschen mit Veränderungen einverstanden sind, wenn sie Veränderungen wollen,] hängt ganz vom Typ ab. Es gibt Leute, die sagen, ich möchte unbedingt das. Ich eröffne die Bürgerinitiative und ich setze mich dafür ein. Dadurch verändern sie ihr Leben. Dann gibt es noch andere Leute, die wollen, dass es so wird. Proteste sind eigentlich auch etwas Aktives. Vielleicht gehen sie ein Mal wählen. Sie regen sich eigentlich darüber auf, haben aber nicht die Motivation, etwas daran ändern zu wollen. Sie sind zwar aktiv durch Initiativen oder Protesten oder was alles dazu gehört. Wahlen sind auch schon aktiv. Deswegen dachte ich, Wahlen sind doch das richtige. Sie regen sich darüber auf, machen aber trotzdem nichts. [Auf der Karikatur M4] sind die Leute anscheinend alle derselben Meinung und ergänzen sich gegenseitig. Sie verändern dadurch ihr Leben, dass sie da stehen. Deswegen ist das ein bisschen Paradox.

Auf meinem Planeten ist das ganz anders [Zeile 911 – 915; 1238 – 1243; 1273 – 1278; 1282; 1286 – 1301; 1305 – 1306; 1344 – 1351]
[Bei der Mindmap M1] fallen mir noch die Instanzen wie Bundesverfassungsgericht und Verfassung im Allgemeinen ein, aber ich weiß nicht, wie ich das jetzt einordnen soll. Gesetz habe ich vergessen. Und dann gibt es noch Gericht, Verfassung, was auch irgendwie ein Gesetz ist. [Bezogen darauf, wie Politik ist, meine ich mit Struktur,] wenn jemand angeklagt wird, dann geht er nicht zu irgendeinem Gericht, sondern es gibt Struktur. Es wird versucht, es klein zu halten. Erstmal arbeitet man zusammen. Man geht zum kleinsten Gericht, dann zum Landesgericht bis man ganz oben ist. Es wird schon versucht, Struktur reinzubringen. [Aus dem bisher Gesagten ziehe ich die Schlussfolgerung,] dass es zwar strukturiert ist, aber es trotzdem Probleme gibt. Vielleicht verursacht durch die vielen Instanzen, die es hier gibt. Daher kommt es vielleicht auch zu Problemen. Auf meinem Planeten ist es ganz anders. Wenn ich das jetzt mit den Karikaturen vergleichen würde, dann würde es das nicht geben, weil ja alle den und den gewählt haben und kein X mehr haben wollen. [Die Karikatur M3] würde es auch nicht geben, weil es gerecht wäre. Ich könnte die Strukturierung oder die vielen Gesetzen mit den Karikaturen verknüpfen, aber [auf meinem Planeten würde es diese Probleme nicht geben, weil wir diesen König haben.] Gesetzesbücher zeigen einfach, dass es sehr viel ist. In Deutschland ist es oft so, dass man oft umdenkt und sagt, irgendwie stört mich das doch und wir ändern das Gesetz und wir verändern das Gesetz noch mal und dann gibt es dreizehn Gesetzesvorschläge für die Atomkraft oder so. Dann kann man sich nicht einigen. Auf meinem Traumplaneten gibt es halt nur wenige Grundsätze, an die sich jeder halten kann. Der Bürger hat es gewählt und möchte das doch auch. Wenn er trotzdem ein Vergehen begeht, dann kann er es immer noch bereuen. Er hat jetzt eine zweite Chance. In Deutschland ist es so, dass man sich nicht einig wird.

Keine Meinungsverschiedenheiten, weil alle den gleichen König gewählt hätten [Zeile 1065 – 1067; 1322 – 1331]
[Auf meinem Planeten dürfen die Bürger die Meinung frei äußern.] Aber es würde keine Meinungsverschiedenheiten geben, weil alle Bürger den gleichen König gewählt hätten und sich auch an das Gesetz halten würden.

der Politiker nicht neutral bleiben kann [Zeile 1315 – 1318]
Politiker sind auch Menschen. Menschen haben Meinungen und Meinungen wollen auch vertreten werden. Daher kann ich ganz gut nachvollziehen, dass der Politiker nicht unbedingt neutral bleiben kann.

C.7.7.2. Die Explikation zum Interview mit Alice

Interpretative Erschließung der Charakteristika der schülerbezogenen Aussagen nebst Widersprüche und Probleme

Alice zeigt eine äußerst kritische Haltung zur hohen Komplexität von Politik und will Politik stark vereinfachen. Dies zeigt sich in einer äußerst geringen Beteiligungsmöglichkeit der Bürger und eines gottgleichen Königs, der nicht nur liebevoll, gerecht, barmherzig und mächtig ist, sondern auch politische Entscheidungen alleine trifft.

Zunächst geht Alice auf eine allgemein-gesellschaftsgeläufige Demokratievorstellung ein, von der sie sich nur langsam distanziert, um ihre eigentliche Politikvorstellung darzulegen. Den Begriff Politik verknüpft sie mit dem Bundestag, den Politikern[658] als auch mit Wahlen. Wahlen sieht sie als besonders relevant an. So wählt das Volk die Politiker bzw. Parteien.[659] Wahlen passen zur Demokratie.[660] In ihrer Politikbetrachtung nimmt sie ferner eine Hierarchie wahr. Die Wahl legitimiert die hohe Stellung der Bundeskanzlerin. Außerdem sieht sie noch den Bundespräsidenten als auch „die ganze Politik, die miteinander versucht, Lösungen zu finden und [...] soziale Gerechtigkeit herzustellen."[661] Anschließend kommen Lobbyisten und das Volk, welches sie zwar gerne auf einer höheren Ebene stellen wollen würde, aber nicht auf die gleiche wie die der Politiker, „weil das dann einfach nicht passen würde, weil die Politiker das dann umsetzen müssen. Und [...] das ist [...] nicht [...] die Aufgabe des Volkes."[662] Das Volk entscheidet durch die Politiker, die deren Meinung vertreten, umsetzen und andere versuchen, zu überzeugen.[663] Dabei können Politiker nicht neutral bleiben. Sie sind Menschen und haben Meinungen, die auch vertreten werden wollen.[664] Im Versuch, Lösungen zu finden, besteht das Ziel in der Herstellung eines Gleichgewichts, sodass alle zufrieden sind.[665]

Politik verbindet Alice ferner mit Zusammenarbeit, was sie mit Abstimmung (im Sinne von Absprachen), Unterstützung und Hilfsbereitschaft erläutert. Problemlösungen sollten durch gemeinsame Absprachen gefunden und nicht an eine Instanz abgegeben werden.[666] Die Zusammenarbeit beschränkt sie nicht nur auf Problemlösungen untereinander, sondern erweitert sie auf die Unterstützung hilfsbedürftiger Menschen.[667]

---

658 vgl. Transkript zum Interview mit Alice, Zeile 3 – 4; 56
659 vgl. ebenda, Zeile 34 – 7
660 vgl. ebenda, Zeile 41 – 8
661 vgl. ebenda, Zeile 113 – 4
662 ebenda, Zeile 153 – 4
663 vgl. ebenda, Zeile 159 – 67
664 vgl. ebenda, Zeile 1315 – 8
665 vgl. ebenda, Zeile 183 – 6
666 vgl. ebenda, Zeile 227 – 8; 308 – 13
667 vgl. ebenda, Zeile 431

In ihrem ersten Versuch, Politik auf ihrem Planeten zu gestalten, bezieht sich Alice auf ihre zuvor genannte Politikvorstellung. Davon ausgehend, dass Menschen unterschiedliche Meinungen haben, will sie eine Demokratie einführen, sodass alle Meinungen berücksichtigt werden und nicht nur von einem Monarchen.[668] Sie findet jedoch, wenn alle einer Meinung wären, könnte man einen König darüber stellen, „weil man da ja nicht nichts mehr braucht zum Lösungen finden, weil es dann ja im Prinzip keine Probleme mehr gebe, aber so haben wir ja verschiedene Meinungen."[669] Daran anknüpfend und vom Interviewer überzeugt, ihre eigene Vorstellung darzulegen, stellt sie sich eine Welt vor, in der Menschen gleiche Ansichten haben und von einem König regiert werden.[670] Sie bejaht zwar freie Meinungsäußerung, ist aber davon überzeugt, dass es keine Meinungsverschiedenheiten geben würde, da alle Bürger sich an das Gesetz halten und den gleichen König gewählt haben.[671] Dabei nimmt der König eine exponierte Stellung ein.[672]

Die exponierte Stellung des Königs zeigt sich darin, dass er Richter, Vorsitzender und Gesetzgeber ist.[673] Dabei hat er vier Grundeigenschaften: Liebe, Barmherzigkeit, Gerechtigkeit und Macht. Durch seine Barmherzigkeit ist der König in der Lage, Vergebung auszuüben, während die Gerechtigkeit ihn dazu befähigt, richtige Entscheidungen zu treffen. Seine gottgleichen Eigenschaften[674] erlauben ihm, die Probleme aller Menschen zu sehen und gute Kompromisse zu finden. Seine Liebe befähigt ihn, für den Menschen zu sorgen als auch Krankheiten und Armut zu beseitigen.[675] Daraus ergibt sich das Gute aus den Gesetzen des Königs, die zwangsläufig richtig sind[676] und Kriege unmöglich machen.[677] Die Funktion des Richters übt der König bei der Übertretung von Gesetzen aus, wobei er zunächst eine Warnung ausspricht und dann die nötigen Konsequenzen zieht. Vergebung erhält der Mensch bei aufrichtiger Reue und keinem weiteren Gesetzesverstoß.[678]

Die Reduktion der Komplexität von Politik zeigt sich bei Alice insbesondere an der Existenz von zwei Grundlagen anstelle einer Anhäufung von Gesetzen und Gesetzesbüchern. Die zwei Grundsätze lauten: „Liebe deinen Gott mit ganzem Herz und ganzem Sinn", „Liebe deinen Nächsten." Insbesondere den ersten Grundsatz sorgt wegen den vier Grundeigenschaften des Königs für ein gutes Zu-

---

668 vgl. ebenda, Zeile 270 – 4
669 ebenda, Zeile 215 – 7
670 vgl. ebenda, Zeile 245ff
671 vgl. ebenda, Zeile 1065 – 7
672 vgl. ebenda, Zeile 245 – 303
673 vgl. ebenda, Zeile 626 – 8
674 vgl. „Berücksichtigung sprachlicher Aspekte"
675 vgl. ebenda, Zeile 552 – 8
676 vgl. ebenda, Zeile 585 – 9
677 vgl. ebenda, Zeile 512 – 3
678 vgl. ebenda, Zeile 599 – 606; 1326 – 31

sammenleben.[679] Aufgrund dessen, dass man unter dem zweiten Grundsatz vieles fassen kann und sehr konkret ohne Gesetzeslücken ist, ermöglicht es ebenfalls ein friedvolles Miteinander.[680] Diese Grundsätze sollen die Menschen vom König erlernen und sich stets am Verhalten des Königs orientieren.[681] Zwangsläufig kann der Bürger diese nicht einhalten, wenn der König das positive Verhalten nicht vorlebt.[682] Die bisherigen Eigenschaften resümierend, bilanziert Alice, dass der König die ganzen Dinge zusammenfasst.[683] Die Orientierung an den beiden Grundsätzen soll den Menschen ermöglichen, nicht nur zusammenzuarbeiten, sondern auch Konflikte selbstständig zu lösen. Den König sprechen sie nur an bzw. der König greift nur ein, wenn sie unfähig sind, eigenständig eine Lösung zu finden.[684]

Im Gegensatz zu dieser äußersten Vereinfachung gesellschaftlichen Zusammenlebens zeigt sich in den gegenwärtigen gesellschaftlichen Verhältnissen zwar kein Chaos, aber viele Probleme. Für Alice sind Menschen unfähig, gute Gesetze zu erlassen als auch gerechte Strafen und Urteile zu finden. „Nur wenn ich dann höre, dass fünf Leute unschuldig ermordet wurden, weil sie die Todesstrafe bekommen haben, finde ich das nicht mehr gerecht."[685] Dies begründet sich darin, dass Menschen nicht allmächtig sind. Sie können die Gedanken und das Herz eines anderen Menschen nicht lesen. Diese Probleme verschärfen sich durch die von Menschen erschaffene Struktur, die sich durch die vielen Instanzen ergeben, was sich beispielhaft an den verschiedenen Gerichtsebenen (vom kleinsten Gericht über das Landesgericht zum höchsten Gericht) zeigt.[686] Abschließend kritisiert Alice häufige Gesetzesänderungen wie zum Beispiel bei der Atomkraft. Sie pointiert diese Auffassung dadurch, dass öfters umgedacht und man sich nie einig wird.[687] Dieser Kritik folgend, räumt Alice auf ihrem Traumplaneten den Bürgern eine passiv-politische Haltung ein. Sie sollen sich an die zwei Grundsätze des Königs halten und danach leben.[688]

Die Politikvorstellung von Alice hängt stets von den vier Grundeigenschaften des Königs ab. Nur wenn er diese Eigenschaften hat, kann er eine für die Menschheit positive Welt erschaffen. Ansonsten würde es zu Chaos und Anarchie kommen, begründet dadurch, dass sich die Menschen nicht mehr an die Grundsätze halten und eigene Gesetze erlassen müssten.[689] Hier zeigt sich insofern ein Wider-

---

679 vgl. ebenda, Zeile 899 – 902
680 vgl. ebenda, Zeile 797 – 802
681 vgl. ebenda, Zeile 808 – 16
682 vgl. ebenda, Zeile 862 – 3
683 vgl. ebenda, Zeile 989 – 90
684 vgl. ebenda, Zeile 280 – 4
685 ebenda, Zeile 687 – 8
686 vgl. ebenda, Zeile 983 – 5; 1238 – 43
687 vgl. ebenda, Zeile 1344 – 7
688 vgl. ebenda, Zeile 708 – 9
689 vgl. ebenda, Zeile 634 – 7

spruch, als sie, die gegenwärtigen gesellschaftlichen Verhältnisse betrachtend, kein Chaos aufgrund der Gesetzgebung der Menschen sieht, sondern von Problemen redet.[690] Wenn der König nicht mehr seiner Funktion gerecht wird, bräuchten die Menschen einen neuen König, der die vier Grundeigenschaften aufweist. „[...] [E]s geht immer davon aus, ob der König auch so ist, oder nicht."[691]

Die Karikatur M3 analysierend und bewertend, kritisiert Alice wiederholt die hohe Komplexität von Politik, die zu einer geringen bis gar keinen Partizipationsmöglichkeit führt. Obgleich Politiker Partizipation einfordern, scheitern viele Menschen an der schwierig zu durchdringenden Materie.[692] Dies macht sie beispielhaft am Bildungspaket deutlich. Durch das zeit- und geldaufwendige Beschaffen entsprechender Dokumente wird zu viel Stress und mangelndes Interesse erzeugt. Den gestressten Menschen wird aber gleichzeitig die dadurch entstehende fehlende Partizipationsbereitschaft vorgeworfen.[693]

Auf die Karikatur M4 angesprochen, hat Alice zunächst Schwierigkeiten bei der Deutung. Sie kann nicht verstehen, warum jemand auf der einen Seite Veränderungen bejaht, aber auf der anderen Seite Veränderungen des eigenen Lebens verhindern will. Sie schlussfolgert jedoch, dass Menschen zwar Veränderungen wollen, ohne aber selber etwas dafür tun zu müssen.[694] Sie findet, ob Menschen mit Veränderungen einverstanden sind, sei Typ abhängig. Einerseits gibt es Menschen, die sich zwar beklagen, aber keine ausreichende Motivation für Veränderungen haben. Andererseits gibt es Menschen, die sich aktiv durch Initiativen und Protesten beteiligen.[695]

Das Interview resümierend, besteht Alice Versuch darin, die hohe Komplexität von Politik stark zu vereinfachen. Anstelle einer Integration verschiedener Meinungen und damit einer faktischen Abschaffung unterschiedlicher Perspektiven, ohne jedoch Meinungsfreiheit zu negieren, verfolgt sie eine vereinfachte Gesellschaftsordnung. Gesellschaft wird von einem allwissenden, allmächtigen, gar gottgleichen und von allen Menschen legitimierten König beherrscht. Er ermöglicht den Menschen ein Leben ohne Sorgen und notwendiger politischer Partizipation. Sie will die Komplexität, sich in real existierende Unübersichtlichkeiten zeigend, gegen Simplizität eintauschen.

Berücksichtigung sprachlicher Aspekte
Die Analogien in der Politikvorstellung von Alice beziehen sich einerseits auf den König, andererseits auf eine positive Allgemeinbeschreibung ihrer Wunschvorstel-

---

690   siehe oben
691   ebenda, Zeile 856
692   vgl. ebenda, Zeile 1049 – 55
693   vgl. ebenda, Zeile 1118 – 27; 1142 – 4
694   vgl. ebenda, Zeile 1186 – 9
695   vgl. ebenda, Zeile 1197ff

lung. Mittels der Metapher erläutert sie mangelnde Partizipationsmöglichkeiten der Bürger. Kontrastierungen nutzt Alice für einen Vergleich ihrer Wunschvorstellung mit der tatsächlichen Politik.

Eine Analogie berücksichtigt den König. Diesen setzt Alice mit Gott gleich, insofern dieser allmächtig ist und die Menschen anleitet. Daher kann er in das Herz eines jeden Menschen schauen und dessen Gedanken lesen. Ferner kann er „seine Energie, [...] seine Kraft oder auch sein Geist an uns weitergeben, damit wir [...] Kraft haben, um [...] irgendetwas zu tun."[696] Die überragende Stellung des Königs legitimiert sich in der Akzeptanz unter der Bevölkerung, wodurch es zu einer weltweiten Vereinigung kommt und „dann ist es wie ein Land, das auf der ganzen Welt ist und nicht wie mehrere Länder."[697] Folglich vergleicht sie diese Welt mit dem Paradies, ihre zweite Analogie: „[...] [I]ch habe die ganze Zeit dieses Bild vor Auge, wie es später im Paradies sein könnte."[698]

Eine metaphorische Beschreibung aktueller demokratischer Verhältnisse beschreibt sie durch den Ausdruck „Demokratie auf Papier."[699] Sich auf die Karikatur M3 und damit auf die gefesselte Figur als auch die beiden daneben stehenden Personen beziehend, erläutert sie folgendes Problem: Die beiden Personen müssen zwar aufgrund der Demokratie die Auffassung der Figur beachten, wollen dies aber tatsächlich gar nicht.[700]

Alice verwendet in ihrer Politikvorstellung wiederholend Kontrastierungen, die bereits im oberen Abschnitt deutlich wurden. Sie stellt ihre Wunschvorstellung mit tatsächlichen Politikverhältnissen gegenüber, indem sie ihre Politik-Utopie als eine Vereinfachung gesellschaftlicher Verhältnisse lobt und die gegenwärtige Gesellschaft für ihre Komplexität tadelt. Dies wird insbesondere in ihrem abschließenden Resümee deutlich, in welchem sie wiederholende Gesetzesänderungen zur Verbesserung politischer Problemlagen beklagt und die Einfachheit von zwei Grundsätzen anpreist.[701]

Quellen der Vorstellungen

Alice bezieht sich insbesondere auf die christliche Bibel, dem alten und neuen Testament. Darüber hinaus beschreibt sie sich selbst als religiös[702] und als Mitglied der Zeugen Jehovas.[703] Sie hat sich selbst für einen König entschieden, den sie für sich gewählt hat. Sie zeigt sich offen für die derzeitigen gesellschaftlichen Verhältnisse, da sie sich für die Grundsätze ihres Königs entschieden hat und eine passive Hal-

---

696 ebenda, Zeile 497 – 9
697 ebenda, Zeile 356 – 7
698 ebenda, Zeile 436 – 7
699 ebenda, Zeile 1032
700 vgl. ebenda, Zeile 1026 – 8
701 vgl. ebenda, Zeile 1344 – 51
702 vgl. ebenda, Zeile 435 – 6
703 vgl. ebenda, Zeile 1405 – 12

tung gegenüber der Gesellschaft als unvernünftig beschreibt.[704] Ferner findet sich der Ursprung ihrer Vorstellungen nicht nur in Nachrichten, sondern auch im PGW-Unterricht, in welchem – unter anderem mittels Karikaturen – kritische Themen bzw. Fragestellungen wie das Schulsystem, Atomkraftwerke, soziale Gerechtigkeit als auch Demokratie besprochen werden.[705]

C.7.7.3. Die Einzelstrukturierung zum Interview mit Alice

Konzept: Politik		
Definition der Kategorie	**Ankerbeispiel**	**Quellen**
+ Bundestag und die ganzen Politiker	Wenn ich an Politik denke, dann denke ich spontan an den Bundestag und an die ganzen ähm Politiker, die da ihre Reden halten	0003 – 0004 0056

Konzept: Wahlen		
Definition der Kategorie	**Ankerbeispiel**	**Quellen**
+ Politiker kann man auch wählen	Und die Wahlen, ja, da habe ja ein Strich zu den Politikern hingeschrieben, weil man die ja auch wählen kann	0004 – 0005 0034 – 0041
+ Demokratie passt zu den Wahlen	Weil na ja es gibt eigentlich noch andere Herrschaftsformen. Nur es passt halt zu den Wahlen, weil das Volk ja entscheiden muss.	0041 – 0052
+ Das Volk wählt die Politiker	Das Volk wählt die Politiker.	0069 – 0080

Konzept: Zusammenarbeit		
Definition der Kategorie	**Ankerbeispiel**	**Quellen**
+ Ein Gleichgewicht herstellen	Ja, es gibt ja viele Probleme oder manche sind mit den einen Entscheidungen nicht zufrieden und die anderen sind dann mit der anderen Entscheidung nicht zufrieden. Deshalb versuchen die auch einen Gleichgewicht da herzustellen und Lösungen zu finden.	0030 – 0034 0183 – 0186 0227 – 0237
+ Gegenseitige Unterstützung	Die Zusammenarbeit darunter verstehe ich einfach diese Abstimmung, die Unterstützung untereinander und vielleicht auch Hilfsbereitschaft.	0431 0762 0770 – 0771

---

704   vgl. ebenda, Zeile 1421 –6
705   vgl. ebenda, Zeile 1381 – 8

		Konzept: Zusammenarbeit	
+	Zusammen eine Lösung finden	Und wenn es nicht einfach, wenn die Leute einfach nicht ein bisschen äh einfach auf die Politik rüber gehen würden und den einfach anklagen würden oder was weiß ich, sondern versuchen würden, zusammen eine Lösung zu finden, dann wäre das eigentlich ganz viel einfacher, finde ich.	0308 – 0313

		Konzept: Zusammenleben	
	Definition der Kategorie	**Ankerbeispiel**	**Quellen**
+	mehr zu sagen hat als der andere	Ja, schon irgendwie, weil ähm der eine hat ja mehr zu sagen als der andere.	0111 – 0134
+	Manche entscheiden sich, dass sie Politiker werden wollen	manche entscheiden sich ja, dass sie Politiker werden wollen.	0138 – 0143
+	Volk bisschen höher stellen, aber nicht auf die Ebene der Politiker	wenn ich das jetzt so formuliere, dann könnte man das Volk auch allgemein bisschen höher stellen. Aber auch nicht auf die Ebene der Politiker, finde ich.	0143 – 0154

		Konzept: Volk	
	Definition der Kategorie	**Ankerbeispiel**	**Quellen**
+	Das Volk entscheidet durch den Politiker	Also entscheidet das Volk durch den Politiker.	0159 – 0167

		Konzept: Meinungen	
	Definition der Kategorie	**Ankerbeispiel**	**Quellen**
+	keiner, der denkt, der muss mit seiner Meinung etwas anfangen	Es ist keiner, der da noch irgendwie hinzukommt und sich denkt, oh Mann, der arme Mann, der muss doch irgendwie was anfangen können mit seiner Meinung.	1081 - 1083
+	zu komplex für den einzelnen, der keine Ahnung von Politik hat	Nur dass es vielleicht einfach zu komplex ist für den einzelnen, der vielleicht keine Ahnung von Politik hat	1051 – 1055 1083 – 1088 1118 – 1127 1142 – 1144
+	Politiker geben den Anstoß, gibt eure Meinung	Aber so wie es hier aufgezeichnet ist es, glaube ich nicht, dass die Meinungen unterdrückt werden, weil die geben ja selber immer den Anstoß, ja gebt eure Meinung, beteiligt euch an Wahlen und deshalb gibt es ja überall so viele Plakate.	1049 – 1051
+	Minderheiten, die sich zwangsläufig anderen Meinungen anpassen müssen	weil sie zum Beispiel weil es einfach Minderheiten sind und die müssen dann zwangsläufig den anderen Meinungen anpassen.	1040 – 1045
+	Demokratie auf Papier	Also sagen sie eigentlich, herrscht ja hier Demokratie, aber wir wollen eigentlich auch unser eigenes	1007 – 1013 1017 – 1032

Konzept: Meinungen		
Definition der Kategorie	**Ankerbeispiel**	**Quellen**
	Ding durchziehen. Mh, ja, Demokratie auf Papier.	1092 – 1099 1107 1111 – 1114
+ Wenn alle einer Meinung wären, könnte man einen König darüber setzen	Und das wäre ja ganz anders, wenn man alle einer Meinung wäre, dann könnte man genauso gut einen König darüber hinstellen, weil man da ja nicht nichts mehr braucht zum Lösungen finden, weil es dann ja im Prinzip keine Probleme mehr gäbe, aber so haben wir ja verschiedene Meinungen.	0214 – 0217 0259 – 0265 1065 – 1067
+ Meinung nicht nur von einem Monarchen	nicht nur ja von irgendwem von einem Monarchen	00274 1322 – 1326
+ Alle Meinungen berücksichtigt werden	Deshalb finde ich das sollte man auch schon eine Demokratie machen, damit auch alle Meinungen einigermaßen berücksichtigt werden könnten.	0192 – 0198 0208 – 0219 0237 – 0243 0271 – 0274

Konzept: König		
Definition der Kategorie	**Ankerbeispiel**	**Quellen**
+ Wenn der Verbrecher bereut, wird ihm vergeben	Er muss aufrichtig bereuen und zur Reue gehört, dass man daraus lernt und dass man es nicht noch mal tut.	1326 – 1331 1348 – 1350
+ Wenn der König es uns nicht vormacht, kann man als Bürger das nicht	Also, wenn der König es uns das nicht vormacht, dann kann man als Bürger auch das nicht einhalten.	0862 – 0868
+ Es geht immer davon aus, ob der König auch so ist	Und es geht immer davon aus, ob der König auch so ist, oder nicht. Und wenn er nur mächtig ist, dann dann wären sie alle aufgehoben diese Grundgesetze.	0634 – 0637 0645 – 0646 0848 – 0857 0874 – 0876 0936 – 0938
+ wie es später im Paradies sein könnte: Es gibt einen König, der über alles steht	Und ich habe die ganze Zeit dieses Bild vor Auge, wie es später im Paradies sein könnte. Na ja es gibt dort einen König, der über alles steht.	0435 – 0445 0480 – 0481
+ Die Gesetze des Königs sind zwangsläufig richtig	Ne, weil die ja gut sein müssen, weil ähm eine Grundeigenschaft ist ja von ihm jetzt zum Beispiel Liebe ist oder Gerechtigkeit ist und das ist ja zwangsläufig dann richtig.	0512 – 0513 0568 – 0570 0574 – 0575 0588 – 0589 0703
+ Die Menschen machen es so wie der	Ne, ne, ich meine ja nur dass das die Menschen so	0506 0808 – 0816

Konzept: König		
Definition der Kategorie	**Ankerbeispiel**	**Quellen**
König es möchte	machen, wie er möchte.	0967 – 0968
+ Wenn alle diesen König akzeptieren, dann ist es wie ein Land	Wenn alle diesen König akzeptieren würden und alle finden ihn gut und alle haben ihn im Prinzip gewählt, dann ähm dann ist es wie ein Land, das auf der ganzen Welt ist und nicht wie mehrere Länder.	0355 – 0359 0506 – 0507 0962 – 0963 1276 – 1278
+ Der König ist Gott	Und das ist irgendwie so als wäre er ja so wie Gott einfach. Der König ist dann Gott	0301 0330 0334 – 0336 0468 – 0475 0480 0496 – 501 702
+ Der König hat vier Grundeigenschaften	Also, er hat vier Grundeigenschaften. Das sind Liebe, Macht, Gerechtigkeit und Barmherzigkeit.	0534 – 0535 0552 – 0562 0702 – 0703 0721 – 0728 0745 0924 – 0926 0940 – 0953 1282 1298 – 1301
+ König spricht Urteile und muss Konsequenzen ziehen	Der Konsequenzen zieht, falls es übertreten wird	0599 – 0606 0703 – 0704 0958 – 0962
+ Wenn man zusammenarbeitet, braucht man den König fast gar nicht	Ja, aber wenn man zusammenarbeitet, braucht man den auch fast gar nicht. Aber es ist ja seins, dann.	0280 – 0283 0368 – 0369 0539 – 0542
+ Der König greift als Richter bei Problemen ein	als Richter dann eingreift bei Problemen	0283 – 0284 0301 – 0303 0321 – 0322 0340 – 0341

Konzept: Bürger		
Definition der Kategorie	**Ankerbeispiel**	**Quellen**
+ Ob sie Veränderungen wollen, hängt vom Typ ab	Ich glaube, das hängt ganz vom Typ ab.	1197 – 1207 1220 – 1225
− ~~jemanden haben, der etwas für sie tut, ohne dass sie etwas dafür beisteuern müssen.~~	Sie möchten jemanden haben, der etwas für sie tut, ohne dass sie etwas dafür beisteuern müssen.	1163 – 1177 1181 – 1182 1186 – 1189

Konzept: Bürger			
	Definition der Kategorie	**Ankerbeispiel**	**Quellen**
+	Bürger soll sich an Gesetze halten und danach leben	Also, der Bürger lebt sein Leben, ja, also geht zur Arbeit, macht seine Wohnungsputz, sein Hausputz und auch den Garten, wenn er einen hat.	0708 – 0709 1348
+	Weil Menschen nicht allmächtig sind, finden sie nicht das richtige für sich selbst	weil sie sozusagen nicht allmächtig sind und nicht Gedanken lesen können und so weiter und so fort, finden sie nicht das richtige für sich selbst und sie wissen auch nicht, wie es richtig geht. Und deshalb gibt es dann eben Probleme und die müssen dann gelöst werden	0652 – 0656 0662 – 0671 0686 – 0696

Konzept: Grundsätze			
	Definition der Kategorie	**Ankerbeispiel**	**Quellen**
+	Bei Gesetzen kann man immer Lücken finden	Bei Grundgesetz kann man auch mal, man kann bei Gesetzen immer Lücken finden.	797
+	zwei Grundsätze, die alles zusammenfassen	Es gibt eigentlich zwei Grundsätze, die vielleicht das alles zusammenfassen und na ja die lauten dann „Liebe deinen Nächsten", aber davor kommt noch „Liebe deinen Gott mit ganzem Herzen und ganzem Sinn und so weiter.	0776 – 0784 0788 – 0789 0791 – 0793 0797 – 0802 0878 – 0892 0897 – 0903 1310 – 1311

Konzept: Politiker			
	Definition der Kategorie	**Ankerbeispiel**	**Quellen**
+	Politiker nicht neutral bleiben	Und wenn dann könnte ich das auch ganz gut nachvollziehen, weil, also, dass der Politiker nicht unbedingt neutral bleiben kann.	1315 – 1318

Konzept: Deutschland			
	Definition der Kategorie	**Ankerbeispiel**	**Quellen**
-	~~Oft umdenken~~	Hier ist es halt so, dass man oft umdenkt und sagt, ja, irgendwie stört mich das doch und wir ändern das Gesetz und wir ändern das Gesetz nochmal und dann gibt es dreizehn Gesetzesvorschläge für die Atomkraft	1305 – 1306 1344 – 1347 1350 – 1351
+	zwar strukturiert ist, aber es trotzdem Probleme gibt	Mh, dass es zwar strukturiert ist, dass es trotzdem Probleme gibt.	0481 – 0482 0911 – 0915 1238 – 1243 1273 – 1275 1286 – 1287

C.8. Strukturierung der schülerbezogenen Aussagen

Die Einzelauswertung ermöglicht, die Schüleraussagen zu strukturieren. Dazu erfolgt zunächst eine Darstellung der methodischen Umsetzung. Anschließend können nicht nur schülerbezogene Denkfiguren entwickelt, sondern auch die in den Schülervorstellungen bestehenden Probleme, Widersprüche und Tendenzen, also Charakteristika aufgezeigt werden.

C.8.1. Entwicklung von schülerbezogenen Denkfiguren zu Politik

Die Entwicklung von Denkfiguren erfordert einen Vergleich der einzelnen Vorstellungen. Die Denkfiguren scheiden sich in generelle, partielle und singuläre Vorstellungskonzepte.

C.8.1.1. Vorgehensweise

Denkfiguren ergeben sich aus einer Verknüpfung von Individualvorstellungen.[706] Sie bilden verallgemeinerbare Grundannahmen, die „verschiedene Klassen von idiographischen Vorstellungskonzepten"[707] enthalten und „im Hinblick auf ihre alltagsdidaktische Reichweite hierarchisiert werden können."[708] Diese lassen sich wie folgt darlegen:

- *generelle Vorstellungskonzepte:*
  Diese Vorstellungskonzepte werden von allen interviewten Schülern geteilt und ermöglichen den Bezug auf alle untersuchten Einzelfälle.

- *partielle Vorstellungskonzepte:*
  Diese Vorstellungskonzepte werden von mehr als einem interviewten Schüler geteilt und ermöglichen den Bezug auf die entsprechenden Einzelfälle.

- *singuläre Vorstellungskonzepte:*
  Diese Vorstellungskonzepte, auch originelle Vorstellungskonzepte genannt, sind individuelle Alltagskonzepte zu Politik und ermöglichen den Bezug auf einen Einzelfall.

---

706 vgl. im Folgenden Klee 2008, 214 – 5; Lutter 2011, 172
707 Klee 2008, 215
708 ebenda

Die entwickelten Denkfiguren können auf ihre verallgemeinerten Charakteristika näher untersucht werden. Daraus können sich nicht nur weitere Aspekte ergeben, sondern auch ihre Kohärenz auf die zuvor dargelegten Individualvorstellungen geprüft werden. Die Folge kann idealerweise eine vertiefende bzw. differenzierende Aussagekraft der Denkfiguren und der verallgemeinerten Schülervorstellungen sein.[709] Hierzu werden die Tendenzen, bestehenden Probleme sowie Widersprüche als auch sprachliche Aspekte untersucht.

C.8.1.2. Schülerbezogene Denkfiguren zu Politik

Die Darlegung der Denkfiguren erfolgt zunächst über die Nennung des vom interviewten Schülers verwendeten Konzepts. Anschließend folgen die einzelnen Kategorien, die ein Verständnis des jeweiligen schülerbezogenen Konzepts ermöglichen.

C.8.1.2.1. Denkfigur zu mehr Mitbestimmungsmöglichkeiten

Denkfigur S.I.1: Das Volk soll mehr Mitbestimmungsmöglichkeiten erhalten

Generelle Vorstellungskonzepte
Eine wesentliche Denkfigur zeigt sich in einer größeren politischen Teilhabe des Volkes. Diese Denkfigur erkennt gesellschaftsbedingte Pluralität an und will diese in den Entscheidungsprozess einbinden. Formen politischer Teilhabe wird von den interviewten Schülern different perspektiviert. ATTICUS konzeptualisiert eine ausgeweitete Teilhabe in seinem *Konzept „Volksentscheide."* Demnach soll „über Volksentscheide Mitbestimmung erzeugt" werden. Die Teilhabe differenziert er insoweit aus, als alle Schichten eine Chance auf Mitbestimmung erhalten sollen. Er warnt davor, dass nicht nur die Oberschicht die Möglichkeit haben soll, „Politik zu formen." CAIUS betont in seinem *Konzept „Volksentscheid"* die stärkere Legitimation politischer Entscheidungen. Zwar sollen „Politiker mitreden, aber das Volk zählt schon mehr." Deswegen soll das Volk „im Vorfeld" entscheiden, „wenn etwas wirklich Unabhängiges, Eigenes neu eingeführt wird." TOM erläutert in seinem *Konzept „Volksentscheid"* die Chance auf ein gesteigertes Politikinteresse durch eine ausgeweitete Teilhabe. Volksentscheide ermöglichen, dass „sich Leute mehr mit Politik identifizieren." Dadurch wird Politik für sie „etwas Alltägliches." Sie werden folglich „mehr Erfahrungen [haben,] über Dinge zu entscheiden." HECTOR begründet in seinem *Konzept „Teilhabe"* eine „breitere Demokratie" anhand der Sinnhaftigkeit, denn „das Leben ist nicht sinnvoll, wenn man in der Politik nicht mit-

---

709   vgl. Klee 2008, 215; Lutter 2011, 172

macht." Trotz ihrer unterschiedlichen Nuancen entfaltet sich in den Schüleraussagen der Wunsch, politische Teilhabe auszuweiten, um die Meinung des Volkes in den Willensbildungsprozess einzubinden. Exemplarisch können folgende auf Politik bezogene Alltagskonzepte formuliert werden:

Teilhabe

- Mehr Mitbestimmungsmöglichkeit soll der gesamten Gesellschaft zugute kommen.
- Mitbestimmungsmöglichkeit soll allen sozialen Schichten zugänglich sein.

Politisches Interesse

- Eine Ausweitung politischer Teilhabe sorgt für ein gesteigertes politisches Interesse aller.

Alltägliches

- Wenn das Volk mitentscheiden kann, wird es mehr Erfahrungen mit politischen Entscheidungen erhalten.

Partielle Vorstellungskonzepte
FOGG ist ebenfalls der Auffassung, das Volk am politischen Prozess partizipieren zu lassen. Er setzt in seinem *Konzept „Repräsentation"* jedoch auf passive Partizipation, insofern er sich für ein repräsentatives Modell entscheidet. Eine ähnliche Auffassung vertritt DOROTHY. Sie kritisiert in ihrem *Konzept „Repräsentation"* eine Ausweitung politischer Teilhabe, denn „die Regierung könnte nicht existieren, wenn das ganze Volk regiert." Mit ihrer Kritik verweist sie auf unberechenbare Folgen einer ausgeweiteten Mitbestimmung.

Singuläre Vorstellungskonzepte
Eine konträre Auffassung zeigt sich bei ALICE, die in ihrem *Konzept „Zusammenleben"* zunächst „das Volk bisschen höher [...], aber nicht auf die Ebene der Politiker" stellen will. Sie negiert jedoch im weiteren Verlauf des Interviews menschliche Einflussnahme auf Politik. Menschen sind nicht allmächtig. Sie will, dass jeder derselben Meinung sei, ein König Entscheidungen trifft (*Konzept „König"*) und fehlerhafte Entscheidungen von Menschen verhindert werden (*Konzept „Bürger"*).

C.8.1.2.2. Denkfigur zur Steigerung des Allgemeinwohls

Denkfigur S.I.2: Politische Repräsentation steigert das Allgemeinwohl durch ein stetigen Austausch zwischen Repräsentanten und Bürgern.

Generelle Vorstellungskonzepte

Diese Denkfigur erweitert die zuvor genannte Denkfigur über eine höhere Mitbestimmung. Konkret bezieht sie sich auf eine effiziente Ausgestaltung politischer Entscheidungsprozesse, bei dem sich Repräsentanten und Bürger austauschen, um Allgemeinwohl dienlicher Entscheidungen zu finden. So verweist ATTICUS in seinem *Konzept „Mitbestimmung"* darauf, dass es um „Gestaltung der Gesellschaft geht und eine „[r]epräsentative Demokratie als Balance zwischen Effizienz und Mitbestimmung" gilt. Dabei verweist er darauf, dass „über Volksinitiative Hürden zur Mitbestimmung [zu] senken" sind. Ferner verweist er auf die „Demokratie, um gute Lösungen zu finden." Eine ähnliche Auffassung findet sich bei TOM, der in seinem *Konzept „Repräsentative Demokratie"* Repräsentation zwar kritisch betrachtet, dergestalt sie „nicht mehr den Sinn der Demokratie" entspricht. Nichtsdestotrotz betont er im *Konzept „Volksentscheid"*, dass man gucken muss, „welches Thema groß genug ist für eine Volksabstimmung" und „wo man die Grenze ansetzt." CAIUS betont im *Konzept „Volksentscheid"*, dass „[a]us dem Zusammenspiel zwischen Volk und Regierung" alles resultiert und das Volk zu befragen ist, „immer wenn etwas wirklich Unabhängiges, Eigenes neu eingeführt" wird. Alle drei Interviewpartner drücken die Notwendigkeit aus, dass nicht jedes Thema von Bürgern entschieden werden soll. Ansonsten gestaltet sich der Willensbildungsprozess ineffizient. Hieraus lassen sich die nachfolgenden Alltagskonzepte herausarbeiten:

Repräsentative Demokratie

- Repräsentative Demokratie ermöglicht eine effiziente Gestaltung des politischen Willensbildungsprozesses.

Mitbestimmung des Bürgers

- Der Bürger soll bei wesentlichen Themen (mit-)entscheiden, um Gesellschaft mitzugestalten.

Partielle Vorstellungskonzepte

FOGG und DOROTHY grenzen sich dergestalt ab, als sie sich für eine reine Repräsentation mit einer geringen Einflussnahme des Volkes aussprechen. FOGG stellt sich in seinem *Konzept „Repräsentation"* vor, dass „[a]uf Repräsentantenebene [...] darüber gesprochen [wird], wie man das Allgemeinwohl verbessern kann." Das Mitspracherecht des Volkes drückt sich durch „jährliche Umfragen [aus], ob alles in Ordnung ist." Die „Kritik des Volkes [sei] möglichst schnell an den Mann" zu bringen. Dabei prüft man „die Effizienz dieses Antrags." DOROTHY zeigt sich in ihrem *Konzept „Repräsentation"* zufrieden mit dem Umstand, wenn das „Volk [...] verschiedene Personen, die Ideen und Vorstellungen mitnehmen," bestimmt. Für sie ist es im *Konzept „Gruppe"* ausreichend, wenn „[j]eder die Möglichkeit hat, sich durch seine Gruppe einzubringen." Sowohl DOROTHY als auch FOGG begrenzen den Entscheidungsprozess auf gewählte Repräsentanten, die die Meinung der Bürger aufnehmen sollen. Beiden ist eine effiziente Gestaltung des Entscheidungsprozesses wichtig. Sie negieren eine größere Einflussnahme des Volkes.

Singuläre Vorstellungskonzepte
ALICE konzeptualisiert ebenfalls Repräsentation, denn „das Volk entscheidet durch den Politiker" (*Konzept „Volk"*). Sie favorisiert aber im weiteren Verlauf – wie auch zuvor erläutert – die Alleinherrschaft eines Königs. Im Gegensatz zu den anderen Interviewpartnern konzeptualisiert HECTOR politische Repräsentation nicht.

C.8.1.2.3. Denkfigur zur Kontrolle politischer Entscheidungen

Denkfigur S.I.3: Das Volk soll politische Entscheidungen kontrollieren können.

Generelle Vorstellungskonzepte
Die Denkfigur zur Kontrolle politischer Entscheidungen geht einher mit der Denkfigur zur Ausweitung der Mitbestimmungsmöglichkeiten, akzentuiert aber eine Art Kontrollrecht für die Bürger bei den von Politikern verabschiedeten Entscheidungen. TOM sieht sich in seinem *Konzept „Herrscher"* als einen „selbstlosen Diktator", wobei „der perfekte Herrscher immer so handelt, dass das Volk entscheidet." Er fragt sich jedoch, ob er „das schaffe, die Macht nicht zu missbrauchen." Ferner beklagt er in seinem *Konzept „Meinungen",* dass „Politiker, die wir gewählt haben, keine wirkliche Pflicht haben, sich an etwas zu halten." Folgerichtig will er dem Volk die Möglichkeit geben, „Einspruch zu erheben." Dieses Kontrollrecht des Volkes findet sich ebenfalls bei CAIUS. Er favorisiert in seinem *Konzept „Volksentscheid"* eine „Unterschriftenaktion, die zu einem Volksentscheid führt bei Gesetzesabänderung." Ähnlich wie TOM sieht HECTOR in seinem *Konzept „Teilhabe"* das Problem, wonach „[v]iele wichtige Dinge [...] von Parteien entschieden" werden. In diesem Kontext plädiert er für die Berücksichtigung der Interessen des Volkes. ATTICUS begreift Partizipation in seinem *Konzept „Mitbestimmung"* diskursiv. Das heißt, durch den Austausch von Argumenten sollen Mängel offensichtlich werden („Durch Einzelne Argumente hochtragen"). Auch wenn er in diesem Kontext nicht von Volksentscheiden spricht, sieht er darin eine Mitbestimmungsmöglichkeit des

Volkes, um anderweitige Interessen durchsetzen zu können. Hieraus lassen sich folgende politikbezogene Alltagskonzepte ableiten:

Parteien/ Politiker

■   Parteien und Politiker müssen sich an ihren Aussagen halten.

Volk/ Bürger

■   Die Bürger sollen die Möglichkeit haben, Entscheidungen von Parteien und Politikern zu revidieren.

Kritik

■   Kritische Themen sollen diskursiv und über einen Volksentscheid in den Willensbildungsprozess eingebracht werden.

Partielle Vorstellungskonzepte

FOGG spricht den Bürgern in seinem *Konzept „Repräsentation"* Kritik zu, will ihnen aber eine passive Rolle geben. Dies zeigt sich insofern, als „die Kritik des Volkes möglichst schnell an den Mann gebracht" werden soll. Dabei sei „die Effizienz des Antrags" zu überprüfen. Nicht das Volk, sondern die Repräsentanten entscheiden über die Triftigkeit der Kritik.

Singuläre Vorstellungskonzepte

ALICE grenzt sich von den anderen Interviewpartnern ab. Sie sieht den Bürger in der Pflicht, „sich an Gesetze [zu] halten und danach [zu] leben" (*Konzept „Bürger"*). Diese Auffassung begründet sie mit der fehlenden Allmächtigkeit der Menschen, wodurch „sie nicht das Richtige für sich selbst" finden. Sie versagt den Bürgern Mitbestimmungsmöglichkeiten. DOROTHY geht auf Kontrollrechte gar nicht ein. Sie bestätigt zwar, dass, „[w]enn Menschen sich nicht interessieren, [dies] Auswirkungen hat, wie die Regierung aussieht" (*Konzept „Gruppe"*). Die sich daraus ergebenden Folgen beschäftigt sie fragend, weswegen sie darauf keine nähere Antwort gibt.

C.8.1.2.4. Denkfigur zur Anerkennung der Meinungsvielfalt

Denkfigur S.II.1: Der Willensbildungsprozess muss Meinungsvielfalt anerkennen.

Generelle Vorstellungskonzepte

Die hier angeführte Denkfigur zur Anerkennung einer Meinungsvielfalt im Willensbildungsprozess zeigt sich bei den Schülern in unterschiedlichen Konzepten. CAIUS betont in seinem *Konzept „freie Demokratie"* die freie Meinungsbildung im

Allgemeinen („Jeder ist wahlberechtigt und kann seine Meinung frei bilden"). DO-ROTHY spricht in diesem Zusammenhang von Kompromissbildung und sieht die Notwendigkeit, dass „Gruppen [...] einen Kompromiss schließen" *(Konzept „Gruppe")* sollen. Dadurch finden vielfältige Interessen Eingang in den Willensbildungsprozess. Der Begriff ‚Gruppe' ist für sie ein Synonym für Parteien. FOGG erkennt ebenfalls Meinungsvielfalt an, setzt jedoch in seinem Konzept *„Kleine Kolonien"* auf meinungshomogene Kolonien („Je mehr man die Ebenen unterteilt, desto klarer kriegt man die Meinung dargestellt"). Die Repräsentanten der Kolonien besprechen Meinungsheterogenität auf einer höheren Ebene. Ihm geht es darum, Meinungsvielfalt zu bündeln, damit einzelne Meinungen nicht verloren gehen. Ähnlich wie DO-ROTHY akzentuiert er in seinem Konzept „Selbstlosigkeit/ Kompromissbereitschaft" die Notwendigkeit nach Konsens. Man soll „auf andere fokussiert [sein], aber seine Meinung nicht aus dem Blick verlieren" und sicherstellen, dass „wirklich jeder [...] erhört" wird. Ihm ist der „Respekt und die Akzeptanz anderer Meinungen" wichtig. Man kann „immer eine Meinung, mit der jeder leben kann," finden. Aus dem Gesagten ergeben sich folgende exemplarische Alltagskonzepte zu Politik:

Meinungsbildung

- Die Bildung der eigenen Meinung ist stets frei.
- Alle Meinungen werden anerkannt.

Kompromissfindung

- Der Willensbildungsprozess integriert verschiedenste Meinungen.

Partielle Vorstellungskonzepte

ATTICUS, HECTOR und TOM sprechen sich auch für Meinungsvielfalt aus, berücksichtigen aber stärker den Diskussionsprozess. Meinungsvielfalt drückt ATTICUS in seinem *Konzept „Teilhabe durch Bildung"* aus. Für ihn sind „Dinge zu hinterfragen, [...] das wichtigste." Die Willensbildung erfordert eine „gegenseitige Bildung durch offene Diskussion." Damit betont ATTICUS die Notwendigkeit eines kritischen Diskussionsverlaufs, der andere Meinungen zwar nicht ablehnt, jedoch hinterfragt. HECTOR qualifiziert Meinungen in seinem Konzept „Sachlichkeit". Ihm sind sachliche Meinungen wichtig. Deswegen sollte „[a]lles, das wissenschaftlich belegt wurde, [...] anerkannt werden." TOM negiert Meinungsvielfalt nicht, insofern er auf zwei Umstände eingeht: 1) „Es fehlt die Meinung der Kinder" *(Konzept „Wahlrecht");* 2) „Leute, die nicht so die Weitsicht haben, sollten trotzdem das Recht haben, ihre Meinung durchzusetzen" *(Konzept „Meinungen").* Gleichzeitig problematisiert er die Einbindung verschiedener Meinungen. Zwar soll „immer die Meinung der Minderheit berücksichtigt" werden, dies geht aber auf Kosten der Mehrheit *(Konzept „Meinung").* Ihm ist somit klar, dass Entscheidungsprozesse zu Lasten einer Minderheit oder der Mehrheit gehen könnten. Er bietet keinen Lösungsansatz an.

Singuläre Vorstellungskonzepte
ALICE grenzt sich insofern von ihren Interviewpartnern ab, als sie in ihrem *Konzept*
„Meinungen" Meinungshomogenität favorisiert. Aus ihrer Sicht ist das Einbringen
der eigenen Meinung für jene schwierig, die von Politik keine Ahnung haben. Außerdem müssen sich Minderheiten „zwangsläufig anderen Meinungen anpassen."
Sie lehnt zwar Meinungshomogenität nicht offen ab, da sie den Menschen ihre
eigene Meinung nicht nehmen will, betont aber, dass sich dieses Problem gar nicht
stellt, wenn es einen König gibt, der die Probleme zur Zufriedenheit aller löst
(„Wenn alle einer Meinung wären, könnte man einen König darüber setzen").

C.8.1.2.5. Denkfigur zur Orientierung an sozialer Gerechtigkeit

Denkfigur S.III.1: Politik soll sich an einer sozialen Gerechtigkeit für die Gesellschaft orientieren.

Generelle Vorstellungskonzepte
Die Orientierung von Politik an sozialer Gerechtigkeit zeigt sich in den Schülervor-
stellungen als eine weitere wesentliche Denkfigur, die in ihrer jeweiligen schülerbe-
zogenen Ausgestaltung unterschiedlich tief differenziert und betitelt ist. Soziale
Gerechtigkeit wird von den interviewten Schülern vor allem als eine kollektive
Verantwortung konzeptualisiert. Diese lässt sich bei ALICE, DOROTHY, HEC-
TOR und FOGG finden. ALICE spricht zunächst im Rahmen ihres *Konzepts „Zu-
sammenarbeit"* von „gegenseitiger Unterstützung", mit der sie die Unterstützung und
Hilfsbereitschaft untereinander meint. Dies widerspricht nicht ihrer Vorstellung von
einem allmächtigen, barmherzigen, gerechten und allwissenden König, der zum
Wohle der Menschen handelt. Insoweit der König eine Vorbildfunktion einnimmt,
handeln die Menschen ebenfalls zum Wohl der gesamten Gesellschaft (*Konzept
„König"*). DOROTHY spricht sich im Rahmen ihrer *Konzepte „Menschenwürde"* und
„Gleichberechtigung" für die Menschenwürde aus und meint vor allem Gleichberechtigung. Sie konzeptualisiert soziale Gerechtigkeit mit der Gleichbehandlung aller
Menschen unabhängig etwaiger körperlicher Nachteile, Traditionen und kultureller
Herkunft sowie der Verhinderung gesundheitsschädigender Arbeits- und Schulbedingungen. Ähnlich arbeitet HECTOR sein *Konzept „soziales Denken"* aus. Hierbei
verweist er nicht nur auf die Gleichstellung aller, sondern auch auf die Unterstützung sozialschwacher Menschen sowie auf die Notwendigkeit einer globalen Versorgung. Folglich soll jeder Mensch „Grundbedürfnisse [...] erfüllt bekommen"
(*Konzept „Gleiche Bedingungen"*). FOGG bezieht sich in seinem *Konzept „Selbstlosigkeit/
Kompromissbereitschaft"* auf den von ihm gewünschten Altruismus. Er lehnt es ab,
wenn „das Wohl anderer völlig vernachlässigt" wird. In seiner Negation zeigt er die
aus seiner Sicht notwendige Sorge um andere. Aus dem Gesagten lassen sich folgende politikbezogene Alltagskonzepte formulieren:

Gegenseitige Unterstützung
- Menschen sollen sich weltweit gegenseitig unterstützen.

Soziale Verantwortung
- Unabhängig von irgendwelchen Unterschieden haben alle Menschen einen Anspruch auf Gleichbehandlung und guten Lebensbedingungen.
- Sozialschwache Menschen sollen überall Unterstützung finden.

Partielle Vorstellungskonzepte
ATTICUS, TOM und CAIUS orientieren sich ebenfalls an sozialer Gerechtigkeit. Sie beschränken jedoch soziale Gerechtigkeit nicht an einer rein gesellschaftlich-kollektiven Verantwortung. Sie erweitern soziale Gerechtigkeit um die Individual-verantwortung. Diese Einzelverantwortung zeigt sich dergestalt, als soziale Gerechtigkeit mittels einer Grundsicherung, Grundgehalts oder eines Mindestlohns erreicht werden soll, um den Menschen einerseits ein Leben zu ermöglichen und ihnen andererseits einen Anreiz zum Arbeiten zu geben. ATTICUS verweist in seinem *Konzept „Menschenwürdiges Leben und Chancengerechtigkeit"* auf die „Abschaffung der Ausbeutung" und der „Einschränkung der wirtschaftlichen Freiheit für mehr Chancengerechtigkeit." Die Ausgestaltung dieses Konzepts sieht er in einer Grundsicherung, guten Entfaltungsmöglichkeiten für jeden Menschen sowie in Bildung und der Bearbeitung komplexer Aufgaben. Dadurch fordert er, dass sich jeder Mensch entfalten und komplexe Aufgaben bearbeiten soll. Die Grundsicherung soll den Bürger zwar ein simples Leben ermöglichen, aber gleichzeitig sein Verlangen nach einem besseren Leben stärken. TOM konzeptualisiert sein Konzept *„soziale Gerechtigkeit"*, indem es allen gut geht und niemand etwas dafür kann, wie er geboren ist. Ferner erläutert er in seinem *Konzept „Grundgehalt"*, dass jeder durch ein Grundgehalt ein gutes Leben erhält, aber nicht vom Arbeiten abhält und sich daran orientiert, was man zum Leben braucht. CAIUS spricht das Soziale in seinem *Konzept „Soziale Marktwirtschaft"* an. Anstelle einer „Grundsicherung" (ATTICUS) bzw. „Grundgehalt" (TOM) spricht er von einem „Mindestlohn" und „Das Soziale ist wichtig." Letzteres bezieht er auf die gesetzlichen Sozialversicherungen, an denen sich auch die Arbeitgeber zu beteiligen haben. Der Mindestlohn soll dem Einzelnen den Sinn zum Arbeiten geben.

Singuläre Vorstellungskonzepte
Es zeigen sich keine singulären Vorstellungskonzepte zu dieser Denkfigur.

C.8.1.2.6. Denkfigur zum alltäglichen Zusammenleben

Denkfigur S.IV.1: Politik hat eine enorme Bedeutung für unser alltägliches Zusammenleben.

Generelle Vorstellungskonzepte

Die enorme Bedeutung von Politik für das alltägliche Zusammenleben zeigt sich in fast allen Schülervorstellungen, die insbesondere abstrakt formuliert werden. AT-TICUS begreift sein *Konzept „Politik"* dadurch, dass mittels Anreizsysteme und Regelungen gesellschaftliche Verhältnisse „über die Politik zu regeln" sei. Dabei soll Politik weder pragmatisch sein noch das Zusammenleben einfach bestimmen. Vielmehr sollte Utopie das Hauptziel von Politik sein. Anders formuliert FOGG die Bedeutung von Politik, die er in seinem *Konzept „Politik"* mit der Ebene gleichsetzt, „wo Entscheidungen für das Wohl des Volkes getroffen werden." Er sieht „Möglichkeiten, wie man Politik im Land implementieren kann." Er verknüpft Politik mit politischen Inhalten, die für ihn wegweisend sind. Daher ist „Politik in unserem Alltag integriert." Für TOM ist Politik „sehr wichtig und gehört einfach dazu" (*Konzept „Politik"*). Aus diesem Grund sollte „[m]an sich für das gesellschaftliche Miteinander" interessieren. HECTOR betont in seinem *Konzept „Politik"* die Relevanz von Politik für die Gesellschaft anhand einer Kontrastierung: „Ohne Politik würden wir im Chaos versinken". Diese Ausführungen erlauben, folgende exemplarische, auf Politik bezogene Alltagskonzepte zu formulieren:

Gesellschaftliche Verhältnisse:

- Politik steuert anhand von Anreizsystemen und Regelungen die Gesellschaft.
- Politik orientiert sich an Utopien.

Alltagsbedeutung

- Politik wirkt sich konkret auf den Alltag eines jeden Menschen aus.

Gesellschaftliches Miteinander

- Aufgrund der Bedeutung von Politik für die Gesellschaft sollte sich jeder dafür interessieren.

Partielle Vorstellungskonzepte

CAIUS und DOROTHY konkretisieren die enorme Bedeutung von Politik auf den Alltag. CAIUS verweist im *Konzept „Politik"* nicht nur auf eine breite Fächerung, sondern auch auf die alltägliche Wahrnehmung von Politik. Bei dieser „geht [es] inzwischen, wenn man an Politik denkt, in erster Linie um Wirtschaft." Folglich ist Gesellschafts- und Wirtschaftspolitik „das Bild, was man im Alltag von Politik mitkriegt." Er geht soweit, dass sich Politikfelder „auf den Alltag in Deutschland anders [...] als in anderen Ländern" auswirken. Sie bestimmen das Zusammenleben. Ähnlich konzeptualisiert DOROTHY Politik, das „ein sehr umfassendes Thema" ist. Sie konkretisiert dieses Konzept dadurch, dass Politik „Auswirkungen auf das Arbeitsleben" und „auf die Schule" hat. Ferner bezieht sie Politik auf die Gesellschaft („Unsere Politik"). Sie bezieht sich dabei auf Regularien gesellschaftlichen Miteinanders (*Konzept „Politik"*).

Singuläre Vorstellungskonzepte
ALICE verbindet Politik allgemein mit dem „Bundestag und die ganzen Politiker" (Konzept „Politik"). Im Gegensatz zu den anderen geht sie nicht auf die Bedeutung von Politik auf den Alltag ein. Dies lässt sich durch den omnipotenten König, der die Gesellschaft alleine steuern soll, erklären.[710]

Resümierend zeigen sich sechs Denkfiguren, die sich aus den zuvor individuell ermittelten Schülervorstellungen ergeben. *Diese Denkfiguren offenbaren ein bei den Schülern vorhandenes teilhabeorientiertes, sozialgerecht ausgerichtetes, auf die Inklusion von Meinungsvielfalt zielendes und die Bedeutung von Politik auf den Alltag betonendes Politikverständnis.* Die weitere Untersuchung dieser Politikkonzepte erfordert ein vertiefendes Verständnis der Charakteristika, die sich anhand der bestehenden Probleme, Widersprüche und Tendenzen nebst sprachlichen Aspekten offenbaren. Erst dadurch komplettiert sich die Art und Weise, wie Schüler gesellschaftliches Zusammenleben perspektivieren.

C.8.2. Charakteristika der schülerbezogenen Denkfiguren

Im Folgenden werden die Denkstrukturen weiter vertieft, um sie auf Stimmigkeit und Kohärenz zu prüfen. Dies erlaubt, die schülerbezogenen Politikvorstellungen besser zu verstehen. Es erleichtert, sie mit den fachlichen Vorstellungen zu vergleichen.

C.8.2.1. Bestehende Probleme, Widersprüche und Tendenzen

C.8.2.1.1. Die Gestaltung von Teilhabe

Das schülerbezogene Politikverständnis zentriert Teilhabe in drei Stufen. Die Mehrheit aller Interviewten befürwortet direkte Mitgestaltungsmöglichkeiten. Sie schei-

---

710 Indem der König die Gesellschaft steuert, wirken sich seine Handlungen auch auf den Alltag der Menschen aus. Trotzdem soll diese Vorstellung als eine singuläre behandelt werden, weil die Denkfigur ein duales Verhältnis zwischen politischen Entscheidungen und bürgerliches Interesse betont. Dies ist in der königlichen Alleinherrschaft nicht gegeben. Die Bürger bleiben passiv.

tern an der Formulierung kohärenter Umsetzungsmaßnahmen. Fogg und Dorothy geben den Bürgern indirekte Teilhabechancen. Alice negiert Partizipation aufgrund eines gottgleichen Königs und einer meinungshomogenen Gesellschaft (*Konzepte* „Meinungen", „König", „Bürger").

ATTICUS entfaltet seine Vorstellung von Teilhabemöglichkeiten anhand eines politisch informierten und interessierten Bürgers, die einen multiperspektiven Willensbildungsprozess durch Diskussion und logischer Argumentation schaffen (*Konzepte* „Teilhabe durch Bildung", „Mitbestimmung"). Hierbei verweist er eigenständig auf den Widerspruch zwischen der Partizipation vieler und einer effektiven Organisation der Entscheidungsfindung (*Konzepte* „Mitbestimmung", „Volksentscheide"). In indirekter Weise verweist TOM auf dasselbe Problem: Er will alle Meinungen des Volks mittels Plebisziten einbeziehen, hat jedoch Schwierigkeiten, genaue Hürden zu definieren. Ferner schlägt er die Möglichkeit vor, bei manchen Themen differenzierende Volksentscheide durchzuführen, damit der Citoyen nicht nur eine Ja-Nein-Enthaltungsmöglichkeit hat. Eine Unterscheidung, wann welche Form des Volksentscheids durchgeführt wird, gelingt ihm nicht (*Konzept* „Volksentscheid", „Meinungen"). Anstatt auf die Frage nach den Hürden einzugehen, thematisiert CAIUS Volksentscheide als die Möglichkeit der Bürger, über die Einführung eines komplett neuen Gesetzes im Vorfeld und über Gesetzesänderungen im Nachhinein – je nach einem nicht näher definierten Bedarf des Volkes – zu entscheiden (*Konzept* „Volksentscheid"). Hierbei verweist er zwar auf eine vorhandene Expertise der Politiker, bespricht aber nicht das Problem der Behandlung komplexer Themen. Im Gegensatz zu ihm verweist HECTOR auf diese Problematik. Er betont die Notwendigkeit einer sach- und wissenschaftsbezogenen Entscheidungsfindung (*Konzepte* „Teilhabe", „Sachlichkeit"). Er kritisiert einerseits fehlenden Einfluss des Bürgers auf parlamentarische Entscheidungen, lehnt aber andererseits Volksentscheide aufgrund einer mangelnden Teilhabemöglichkeit ab. Er favorisiert eine Experten orientierte Mitbestimmung, wobei sich jeder selbst zum Experten definiert, sofern er eine Entscheidung umfassend bedenken kann.

Fogg und Dorothy betonen zwar Kompromissbereitschaft, scheitern aber wiederholend an ihrer Umsetzung. DOROTOHY befürwortet Kompromissbereitschaft durch eine gesellschaftlich heterogen besetzte Regierung. Sie widerspricht direkter Mitbestimmungsmöglichkeiten (*Konzept* „Repräsentation", „Gruppe", „Bürger"). Eine Regierung könne nicht existieren, wenn das Volk regiert. Nichtsdestotrotz nimmt sie in Bezug auf die Karikatur M3 den Bürger als wütend wahr aufgrund seiner mangelnden Chance auf politische Teilhabe. Sie schlussfolgert daraus, dass politisches Desinteresse entsteht. Weder kann sie die Folgen von Politikverdrossenheit benennen, noch reflektiert sie dieses Problem hinsichtlich ihres eigenen Mitbestimmungskonzepts. FOGG unterstreicht ebenfalls die Notwendigkeit von Kompromissbereitschaft und Selbstlosigkeit, die er durch meinungshomogene Gruppen erreichen will (*Konzept* „Opposition", „kleine Kolonien", „Selbstlosigkeit/ Kompromissbereit-

schaft"). Trotzdem betont er an verschiedenen Stellen die Einbindung unterschiedlicher Meinungen und den Bedarf nach unterschiedlichen Sichtweisen. Diesen Widerspruch reflektiert er nur bei der Opposition, die zwar eine andere Sichtweise einbringen soll, sich jedoch bei einer Meinungshomogenität erübrigt.

C.8.2.1.2. Umgang mit Komplexität

Der Umgang der Schüler mit der Komplexität des Willensbildungsprozesses korreliert mit dem oben dargestellten Teilhabekonzepts. Während Caius dies nicht thematisiert, versuchen Alice, Fogg und Dorothy, den Willensbildungsprozess stark zu vereinfachen. Tom, Atticus und Hector beziehen sich auf einen komplexeren Willensbildungsprozess.

DOROTOHY bezieht sich in ihrer Politikvorstellung implizit auf einen vereinfachten Entscheidungsprozess. Sie negiert zum einen direkten Einfluss der Bürger auf die politische Entscheidungsebene (*Konzept „Repräsentation"*). Sie befürwortet zum anderen eine eingeschränkte Pluralität in der Regierung. Nur wenige Gruppen, die in ihrer Vorstellung Parteien entsprechen, sollen beteiligt sein. Kompromissentscheidungen sind dadurch leichter möglich (*Konzept „Gruppe"*). Auf anderen Wegen will FOGG den Willensbildungsprozess vereinfachen. In seiner Vorstellung entstehen meinungshomogene Kolonien, wodurch er Meinungsvielfalt nicht negiert, jedoch differente Meinungen separiert. Er will die Kultivierung einer selbstlosen Gesellschaft erreichen (*Konzept „kleine Kolonien"*). Eine weitaus andere Politikvorstellung hat ALICE, die jegliche menschliche Mitentscheidung ablehnt. Die Einsetzung eine gottgleichen Königs, der eine positive Alleinherrschaft einnimmt, bedingt eine durchweg meinungshomogene Gesellschaft. Sie zielt auf ein vereinfachtes Zusammenleben. Sie lehnt die plurale Gesellschaft aufgrund ihrer immensen Komplexität ab (*Konzept „Meinungen"*, *„König"*).

Auf einen komplexeren Willensbildungsprozess zielen Atticus, Tom und Hector. Alle drei interviewten Schüler erkennen die Komplexität des politischen Entscheidungsprozesses an. Wie im vorigen Unterkapitel dargelegt, verlangt ATTICUS einen Diskurs, um die beste Entscheidung zu finden. Er merkt jedoch wiederholend an, dass hohe Beteiligung und Effizienz einen kaum zu lösenden Widerspruch darstellen. Auch HECTOR bezieht sich mit seiner Idee eines Experten orientierten Willensbildungsprozess auf die Komplexität pluraler Entscheidungsfindungen. Auch TOM gestaltet die Teilhabe komplex, weswegen er unterschiedliche Ideen von Volksentscheiden darlegt.

C.8.2.1.3. Kompromissorientierung

Kompromissorientierung lässt sich als eine weitere Tendenz identifizieren. Hierbei sprechen zwar nur Fogg und Dorothy von Kompromissbereitschaft, jedoch zeigt sich bei Atticus, Tom, Hector und Caius ein konsensbezogener Entscheidungsprozess. Dieser gelingt durch die Einbindung pluraler Interessen und macht es notwendige, verschiedenste Partikularinteressen zu berücksichtigen. Alice ist auch für Konsens, grenzt sich jedoch durch eine durchweg meinungshomogene Gesellschaftsstruktur von den anderen ab.

FOGG spricht explizit von Kompromissbereitschaft und ergänzt hierzu Selbstlosigkeit. Er lehnt die Vernachlässigung des Wohls anderer ab und befürwortet, zwischen den unterschiedlichen Partikularinteressen ein Gleichgewicht herzustellen. Niemand soll sein Selbst aufgeben, jedoch die Bedürfnisse der anderen anerkennen und mithelfen, umzusetzen (*Konzept „Selbstlosigkeit/ Kompromissbereitschaft“*). Wie Fogg spricht auch DOROTOHY von Kompromiss. Sie sieht in Gruppen die Möglichkeit, dass sich jeder einbringen kann. Ihr ist es wichtig, dass die Gruppen einen Kompromiss schließen, sodass die größtmögliche Anzahl von Menschen ihr Interesse einbringen kann. Die Anzahl der am Entscheidungsprozess beteiligten Gruppen soll reduziert sein, wobei die partizipierenden Gruppen die Mehrheit zu repräsentieren hat (*Konzepte „Repräsentation“, „Gruppe“*).

ATTICUS leistet mit seiner Vorstellung eines multiperspektiven Willensbildungsprozesses, der vom Diskurs und politisch interessierten Bürgern geführt wird, einen Beitrag zur Kompromissorientierung. Die Findung guter Entscheidungen bedingt eine Teilhabe vieler. Ansonsten werden Entscheidungen zugunsten eines gesellschaftlichen Teils getroffen und damit bestimmten Partikularinteressen Vorschub gegeben (*Konzept „Mitbestimmung“, „Volksentscheide“, „Teilhabe durch Bildung“*). Er perspektiviert Kompromissorientierung durch die Teilhabe aller. In diese Richtung bewegt sich TOM, der sich nicht explizit auf Kompromisse bezieht, aber in einer Entscheidungsfindung mit hoher Teilhabemöglichkeit (Volksentscheide) die Integration verschiedener Interessen als eine Form des Konsenses ansieht. Die Relevanz der Teilhabemöglichkeit und damit Interessensberücksichtigung zeigt sich auch darin, dass er für das Wohl der Kinder das Wahlrechtsalter absenken will. Ferner spricht er der tatsächlich existierenden repräsentativen Demokratie ab, eine wirkliche Demokratie zu sein, da nicht das Volk herrsche (*Konzepte „repräsentative Demokratie“, „Volksentscheide“, „Wahlrecht“, „Meinungen“*). Auch HECTOR spricht nicht explizit von Kompromissorientierung. Er will aber nicht nur politische Entscheidungen versachlichen, sondern auch Teilhabemöglichkeiten erhöhen. Beides verhindert die Durchsetzung von Partikularinteressen. Beides mehrt das Gemeinwohl (*Konzepte „Teilhabe“, „Sachlichkeit“*). Ohne von Kompromiss zu sprechen, zeigt sich bei CAIUS die Einbindung möglichst vieler am Entscheidungsprozess, wodurch Konsensfindung notwendig wird. Im Gegensatz zu den anderen bezieht

Caius dies jedoch auf neu einzuführende Gesetze, die per Volksentscheid entschieden werden. Entsprechend ergibt sich für ihn alles aus dem Zusammenspiel zwischen Volk und Regierung (*Konzepte „Bürger", „Volksentscheid"*).

Im Gegensatz zu den bisherigen Schülern radikalisiert ALICE die Kompromissfindung. Konsens ist für sie ein wesentlicher Baustein in ihrer Politikvorstellung und ergibt sich in einer meinungshomogenen Gesellschaft. Plurale Entscheidungsfindung sind nicht nötig (*Konzepte „Meinungen", „König", „Bürger", „Grundsätze", „Politiker"*).

C.8.2.1.4. Soziale Gerechtigkeit für alle als Menschenrecht

Die Orientierung der Politik an sozialer Gerechtigkeit begründen die Schüler wiederholend entweder mit der Menschenwürde bzw. einem Menschenrecht oder als ein Grundgesetz bzw. Grundsatz. Hiermit betonen alle Interviewten die enorme Wertigkeit einer sozialausgerichteten Politik bzw. einem guten Leben für alle.

ATTICUS setzt die Menschenwürde mit gleichen Chancen für alle sowie mit der Abschaffung der Ausbeutung und Profitgier gleich. Gleiche Chancen und ein menschenwürdiges Leben bedingen eine Grundsicherung als auch den Umweltschutz (*Konzept „Menschenwürdiges Leben und Chancengerechtigkeit"*). HECTOR denkt Menschenwürde im Kontext von Macht, die sich bei Missbrauch gegen Menschen wendet (*Konzept „Macht", „Menschenrechte"*). Ähnlich wie Atticus bezieht er Menschenrechte auf ein besseres soziales Miteinander. Alle sind gleichgestellt. Im Gegensatz dazu spricht TOM von einem universell geltenden Grundgesetz zum Schutz von Minderheiten. Wie die anderen ist ihm Gleichheit und soziale Gerechtigkeit wichtig, um allen ein gutes Leben zu ermöglichen (*Konzepte „Soziale Gerechtigkeit", „Chancengleichheit"*). DOROTHY kontrastiert die Menschenwürde mit Grundgesetze dergestalt, als sich letztere nicht gegen Menschen richten darf und alle gleichberechtigt sein sollen (*Konzept „Menschenwürde" „Gleichberechtigung", „Grundgesetze"*). Hierzu nennt sie beispielhaft schlechte Arbeits- und Schulbedingungen. Für CAIUS ermöglichen Menschenrechte den Schutz von Menschen, welcher entscheidender ist als die Demokratie (*Konzept „Menschenrechte"*). ALICE spricht zwar weder von sozialer Gerechtigkeit noch von Menschenrechten/ -würde. In ihren beiden Grundlagen, die sie einer Vielzahl von Gesetzen bevorzugt, zeigt sich jedoch der Wunsch nach einem guten Leben für alle, in der ein friedvolles Miteinander und selbstständige Konfliktlösungen möglich sind. Auch FOGG bezieht sich in seiner Politikvorstellung nicht auf soziale Gerechtigkeit und Menschenrechte/-würde. In seiner Intention, einen von Selbstlosigkeit geprägten Willensbildungsprozess zu schaffen, lässt sich jedoch schlussfolgern, dass er den anderen zustimmen würde. Mit dem Konzept der Selbstlosigkeit zielt er auf ein besseres Miteinander, welches er in der real existierenden Gesellschaft vermisst. Für ihn soll das Wohl anderer

nicht vernachlässigt werden und stets ein Gleichgewicht zwischen den unterschiedlichen Bedürfnissen hergestellt werden (*Konzepte „Selbstlosigkeit/ Kompromissbereitschaft", „soziale Gruppierung"*).

C.8.2.1.5. Soziale Gerechtigkeit bedingt gleiche Chancen für alle

Soziale Gerechtigkeit ist in den Schülervorstellungen nicht nur ein Menschenrecht,
sondern bedingt stets gleiche Chancen für alle. Hierbei perspektiveren die Schüler
soziale Gerechtigkeit anhand ökonomischer Möglichkeiten, die für alle Bürger
grundlegend sind. Ihnen misslingt in der Regel, konkrete Umsetzungsideen zu präsentieren.

In seiner Forderung nach sozialer Gerechtigkeit fordert ATTICUS, der diesen
Begriff auch auf Mitbestimmung bezieht, eine Grundsicherung, scheitert aber in
ihrer Festsetzung. Seiner Ansicht nach soll sie weder zu gering sein, da sie ein simples Leben ermöglichen soll; noch soll sie zu hoch angesetzt sein, wodurch sie zur
Ausübung eines Berufs motiviert (Konzept: *„Menschenwürdiges Leben und Chancengerechtigkeit"*). Die Grundsicherung soll Menschen erlauben, nicht nach Profitgier zu
leben, sondern mittels komplexer Aufgaben gestalterisch tätig zu werden; entsprechend denkt er Chancengerechtigkeit im Kontext von Bildung (*Konzept „Teilhabe
durch Bildung"*). Soziale Gerechtigkeit verknüpft Atticus auch mit Globalisierung. Er
hält es für gerecht, Entwicklungsländern die Möglichkeit zu geben, eine eigene
Wirtschaft aufzubauen (*Konzept „Menschenwürdiges Leben und Chancengerechtigkeit"*). Er
scheitert wiederholend daran, seine Ideen zu konkretisieren. In einem ähnlichen
Dilemma befindet sich HECTOR (*Konzepte „Optimum der Wohlfahrt", „Gleiche Bedingungen", „Konsequenzen der eigenen Handlung"*): Obgleich er Leistungsunterschiede anerkennt, setzt er sich für wirtschaftliche Grundbedingungen für alle ein. Diese
Grundbedingungen bezieht er auf die Güterverteilung als auch auf die Weltversor-
gung, ohne eine konkrete Umsetzung formulieren zu können. Er schlägt einen
vollkommenen Markt vor, bei welchem es zu einem Ausgleich von Angebot und
Nachfrage aufgrund qualitativ und quantitativ gleicher Produkte sowie fehlenden
Differenzen wie zum Beispiel persönliche Präferenzen kommt. Ferner bezieht er
gleiche Bedingungen auf das soziale Miteinander, indem jeder die Grundbedürfnisse
erfüllt bekommt und sich dadurch ein Leben aufbauen kann. Hierbei verweist er
nicht nur auf Wasser und Essen, sondern auch auf Bildung. Hierbei schlägt er keine
konkreten Maßnahmen vor. Außerdem plädiert er für Verantwortungsübernahme
hinsichtlich des eigenen Handelns.

TOM beabsichtigt ein auf soziale Gerechtigkeit und Gleichheit beruhendes
System, welches er im Gegensatz zu den anderen konkret ausformuliert (*Konzepte
„Soziale Gerechtigkeit", „Grundgehalt", „Chancengleichheit"*). Wie Atticus schlägt er ein
Grundgehalt vor, mit welchem niemand auf der Straße leben muss, aber weiterhin

zum Arbeiten motiviert. Das Grundgehalt beziffert er auf 1.000 Euro, welches jährlich anhand der Inflation sowie von Studien angepasst wird. Gleichheit soll mithilfe von Chancengleichheit erreicht werden, welche er maßgeblich über Bildungschancen definiert. Dies begründet er anhand unterschiedlicher und unverschuldeter Möglichkeiten zu Beginn des Lebens, welcher er mit Migration, wirtschaftlicher Stärke und Gesundheit begründet. Ähnlich wie Atticus lehnt er das gesellschaftliche Leistungsprinzip ab.

CAIUS perspektiviert das Soziale im Kontext der sozialen Marktwirtschaft (*Konzept „Soziale Marktwirtschaft"*). Er favorisiert eine Balance zwischen Arbeitnehmern und –gebern mit einem Schwerpunkt auf die Arbeitnehmer. So setzt er sich für einen ausreichenden Schutz von Arbeitszeit und des Einkommens ein. Er will Arbeitslosengeld sowie einen Mindestlohn. Diesen begründet er – ähnlich wie Atticus und Tom – damit, dass jeder von seiner Arbeit leben können sollte.

Im Gegensatz zu den zuvor genannten Schülern gehen Alice, Fogg und Dorothy auf soziale Gerechtigkeit nur indirekt ein. ALICE betont eine Art gesellschaftliche Liebe durch ihre zwei Grundlagen („*Liebe deinen König*" und „*Liebe deinen Nächsten*"; Konzept „*Grundsätze*"), FOGG spricht vom selbstlosem und kompromissbezogenem Handeln. DOROTHY geht auf schlechte Arbeits- und Schulbedingungen ein.

C.8.2.2. Sprachliche Aspekte in den schülerbezogenen Denkfiguren

C.8.2.2.1. Hierarchieverhältnis zwischen Bürgern und Politikern

Die Interviewten drücken – auch unter Berücksichtigung der Karikatur M3 – mittels Metaphern und Analogien ein Abhängigkeitsverhältnis des Bürgers zum Politiker aus, die ersterer aufzubrechen hat. So sieht ATTICUS im Bürger eine *Marionette*, die aufgrund fehlender Bildung ein *Geknebelter* und *keine helle Leuchte* ist. Er wird mittels *Zuckerbrot und Peitsche gelockt*, wodurch er *Scheuklappen aufgesetzt* bekommt. Für FOGG ist er *mundtot*, während TOM Politikern durch das negative Bild der *Anzugsträger* bzw. das *Anzugträgergeschäft* darstellt, die sich insbesondere von Jugendlichen entfremden. ALICE beschreibt die fehlende Berücksichtigung von Wählerinteressen mit einer *Demokratie auf Papier*, während CAIUS von einer *Scheindemokratie* spricht. DOROTHY sieht den Citoyen in seiner Meinung und Teilhabe *gefesselt*. Die Schaffung eines entscheidenden *Zusammenspiels zwischen Volk und Regierung* (Caius) erfordert die Entfaltung von *Meinungskraft*, weswegen Bürger *durch Volksentscheide reden* (HECTOR) und im *Rahmen von Politik seine Fesseln und Knebeln aufbrechen sollen* (Atticus).

Im Zusammenhang des zuvor beschriebenen Abhängigkeitsverhältnisses sprechen die Interviewten konsequenterweise von einer Hierarchie. So leitet Politik nicht nur alles, sondern man erhält auch Macht, wenn man nach oben steigt (Hector). Des Weiteren sollen die Wünsche des Volkes (Fogg) nach oben getragen werden. Auch für Atticus müssen Argumente nach oben getragen werden. Wenn dies jedoch von oben nicht gewollt ist, müsste dies von unten geschehen.

C.9. Subjektbezogener Politikbegriff

In der anfänglichen Diagnose einer notwendigen didaktischen Perspektivierung von Politik offenbart sich in diesem Abschnitt ein schülerbezogener Politikbegriff. Dieser bezieht sich nicht nur auf Meinungsvielfalt und größere Mitbestimmungsmöglichkeiten, sondern auch auf ein sozial gerechtes Zusammenleben. Diese Faktoren verbessern qualitativ das gesellschaftliche Miteinander und wirken sich konkret im Alltag aus. Im alltäglichen Zusammenleben legitimiert sich der Willensbildungsprozess, weil sich politische Entscheidungen und politisches Interesse gegenseitig bedingen: Politische Handlungen legitimieren sich in der Gestaltung einer gesellschaftlichen Utopie begründet und erfordert das Interesse der Menschen für politisches Handeln. Aus dem Gesagten lässt sich ein subjektbezogener Politikbegriff, der auf vier zentrale Konzepte abstrahierbar ist, wie folgt definieren:

Der Transformationsprozess von Partikularinteressen zu allgemein gültigen Entscheidungen perspektiviert sich in ,*Mitbestimmung*', ,*Meinungsvielfalt*', ,*soziale Gerechtigkeit*' und ,*alltägliches Zusammenleben*'. ,*Mitbestimmung*' meint eine gesteigerte Partizipationsmöglichkeit, wodurch sich die Mitbestimmungsfähigkeit verbessert. Das Mehr an Teilhabe bezieht sich auf wesentliche Themen und findet im Rahmen einer repräsentativen, weil effizienten Entscheidungsfindung statt. Repräsentation erfordert Vertrauen bei Bürgern, die sich diskursiv, gegebenenfalls mithilfe von Volksentscheiden einbringen. Bürger kontrollieren politische Entscheidungen. ,*Meinungsvielfalt*' erfordert die freie Meinungsbildung und den Respekt gegenüber pluralen Meinungen, die im Willensbildungsprozess zu integrieren sind. ,*Soziale Gerechtigkeit*' erkennt soziale Unterschiede in einer Gesellschaft an und zielt auf eine gegenseitige Unterstützung von Menschen, die einen individuellen Anspruch auf Gleichbehandlung und guten Lebensbedingungen haben. Die gegenseitige Unterstützung belohnt differente Leistungsfähigkeiten. ,*Alltägliches Zusammenleben*' entfaltet sich in gesellschaftlichen Utopien, die durch Steuerungsprozesse gestaltet werden und sich konkret auf den Alltag eines jeden Bürgers auswirken. Jeder Bürger sollte sich daher für Politik interessieren. Ferner *charakterisiert* sich die Entscheidungsfindung durch die Spannungsverhältnisse der direkten/ indirekten und simplen/ komplexen Teilhabe, die kompromissorientiert stattfindet und von einer Hierarchie zwischen Bürgern und Politikern geprägt ist; soziale Gerechtigkeit als Menschenrecht unterstreicht gleiche Chancen.

Jedes zentrale Konzept setzt seinen individuellen Schwerpunkt auf einen Teil des Transformationsprozesses von Partikularinteressen zu allgemein gültigen Entscheidungen, aber die vier Konzepte ermöglichen erst in Kombination ein vollständiges Verständnis des Willensbildungsprozesses. Der subjektbezogene Politikbegriff verdeutlicht die Art und Weise, wie Lernende gesellschaftliches Leben perspektiveren und gibt Hinweise, wie die gesellschaftliche Komplexität zu vermitteln wäre.

C.10. Zusammenfassung und Ausblick

Der Abschnitt C zielt auf die Entwicklung eines subjektbezogenen Politikbegriffs. Die Entwicklung erfolgte zunächst über eine inhaltliche Auswahl von sieben Schülerinterviews, die anschließend einzeln ausgewertet (*Einzelstrukturierung*) und anhand eines Vergleichs zu schülerbezogenen Denkfiguren führte (*Strukturierung*). Danach erfolgte eine Verdichtung dieses Politikverständnis in einen subjektbezogenen Politikbegriffs. Dieser hat einen wesentlichen Einfluss auf die jetzt vorzunehmende fachliche Klärung. Die Schülervorstellungen werden mit der fachlichen Klärung „gespiegelt", will heißen, die Spiegelung meint die Suche nach ähnlichen Vorstellungen, die sich auf die zentralen Konzepte *Mitbestimmung, Meinungsvielfalt, soziale Gerechtigkeit* und *alltägliches Zusammenleben* beziehen.

Abbildung C.g: Wege zur fachlichen Klärung

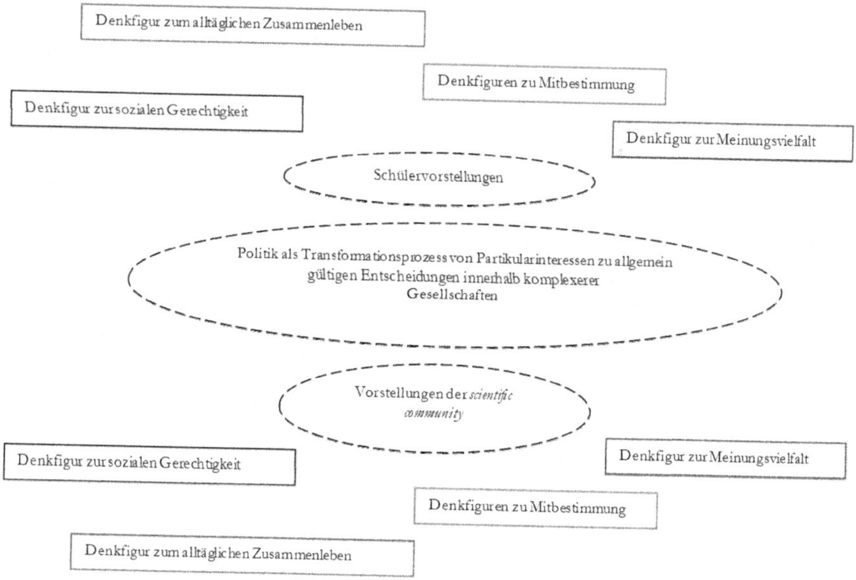

Abschnitt D – ‚Vom demokratietheoretischen Politikbegriff‘

D.1. Ziel und Struktur des Abschnitts D

Der bisher entwickelte schülerbezogene Politikbegriff ermöglicht nun, einen demokratietheoretischen zu entwickeln. Letzterer nimmt seinen Ausgangspunkt im Ersteren und konzeptualisiert sich fachwissenschaftlich. Dazu klärt der Abschnitt D zunächst die Funktion und die Untersuchungsaufgabe der ‚Fachlichen Klärung‘. Ihr methodischer Rahmen wird dadurch ersichtlich (*Kapitel D.2*). Anschließend klärt das *Kapitel D.3* die inhaltliche Gestaltung, indem der Untersuchungsgegenstand als erstes global und anschließend konkreter bestimmt wird – stets unter Berücksichtigung des subjektspezifischen Politikverständnisses. Hintergrund ist eine transparente Auswahl der zu untersuchenden Quelltexte. Die Analyse der ausgewählten Quelltexte finden sich im *Kapitel D.4*. Daraus lässt sich im *Kapitel D.5* ein demokratietheoretischer Politikbegriff ableiten. Das abschließende *Kapitel D.6* fasst die Erkenntnisse zusammen und leistet einen Blick auf den nächsten Abschnitt.

D.2. Die ‚Fachliche Klärung‘ in der ‚Didaktischen Rekonstruktion‘

Die ‚Fachliche Klärung‘ zielt auf eine Deutung der Schülervorstellungen zum utopischen Gesellschaftsleben – stets aus Perspektive einer Vermittlungsabsicht. Die sich daraus ergebene Relevanz erfordert, nicht nur die fachdidaktische Aufgabe der fachlichen Klärung, sondern auch der sie leitenden Fragen darzulegen.

D.2.1. *‚Fachliche Klärung‘ als fachdidaktische Aufgabe*

Die Fachliche Klärung zielt auf eine qualitativ ausgerichtete Inhaltsanalyse ausgewählter Fachtexte zur idealistischen Politik aus fachdidaktischer Perspektive unter besonderer Berücksichtigung der politikbezogenen Schülervorstellungen. Wie bei der Sachanalyse von Klafki handelt es sich um eine didaktisch begründete Auswahl von Unterrichtsgegenständen und –inhalten, in der die *„elementaren Ideen* (die tragenden Grundbegriffe)"[711] zu untersuchen und didaktisch sinnvoll zu reduzieren sind. Die Fachliche Klärung beschränkt sich jedoch nicht auf eine rein rezeptiv gehaltene Untersuchung. Sie erweitert vielmehr die Aufarbeitung der begründet ausgewählten Inhalte um eine kritisch und methodisch kontrollierte Analyse mit fachdidaktischer Vermittlungsabsicht. Entsprechend ist eine von der Fachdidaktik durchzuführende metafachliche Perspektive einzunehmen, „um zwischenfachliche und überfachliche Bezüge in den Blick zu nehmen."[712] Die Berücksichtigung der Schülervorstellungen ist hierbei elementar. Ziel politischer Lehr-/Lernprozesse ist die Initiierung eines komplexen Vorstellungswandels, der die Vorkenntnisse der Schüler berücksichtigt.[713] Aus dem Gesagten lässt sich der Rahmen der Fachlichen Klärung abstecken:

- Der Begründungszusammenhang ergibt sich stets aus der Vermittlungsabsicht, woraus sich die Auswahl, Struktur, Tiefe und der Umfang der fachwissenschaftlichen Analyse begründet.
- Ein wesentliches Merkmal bilden die Lernervorstellungen, welche den Ausgangspunkt bilden.
- Die zu analysierenden fachwissenschaftlichen Erkenntnisse sind in ihrer innerfachlichen Notwendigkeit sowie historischen Tiefe zu beachten.[714]

Fachliche Theorien sind anhand von fachdidaktischen Methoden nicht nur analytisch zu strukturieren; auch die dabei verwendete Sprache ist gleichermaßen zu berücksichtigen. Letzteres ergibt sich dergestalt, als Sprache Vorstellungen und Verständnisse konstituieren und sich entsprechend auf das Lernen positiv, also lernförderlich, oder negativ, also lernhinderlich auswirken können. Daher ist eine sorgfältige Auswahl der Fachwörter zu beachten und – je nach Notwendigkeit – sind Termini zu verändern.[715]

D.2.2. Orientierungsleitende Fragen

Zur Erlangung des Ziels, die fachlichen Vorstellung zum gewählten Untersuchungsgegenstand zu erheben, sind folgende Fragen leitend bzw. obligatorisch:

- „Welche fachwissenschaftlichen Aussagen liegen zu diesem Thema vor, und wo zeigen sich Grenzen?

---

711 Reinfried et al. 2009, 406 (Hervorhebungen im Original); ausführlicher vgl. Kattmann et al. 1997
712 Kattmann et al. 1997, 11
713 vgl. beispielhaft Abschnitt B.2.; Lutter 2011, 41ff; Duit 2004
714 vgl. Gropengießer 2007a, 34 – 6
715 vgl. Frerichs 1999, 22

- Welche Genese, Funktion und Bedeutung haben die fachlichen Begriffe, und in welchem Kontext stehen sie?
- Welche Fachwörter werden verwendet, und welche Termini liegen durch ihren Wortsinn lernhinderliche bzw. –förderliche Vorstellungen nahe. [sic]"[716]

D.2.3. Methodische Analyse in der ‚Fachlichen Klärung'

Die Erhebung fachlicher Vorstellungen zum utopischen Gesellschaftsleben erfolgt anhand hermeneutisch-analytischer Methoden. Wie bei der ‚Erfassung der Lernerperspektive' erfolgt die Untersuchung durch die fachdidaktisch adaptierte qualitative Inhaltsanalyse.[717] Das Ziel liegt darin, die schülerbezogenen und fachlichen Vorstellungen zum selbigen Gegenstand auf die gleichen Komplexitätsebenen (Konzepte – Denkfigur – Theorien) zu heben, sodass sich die Möglichkeit der Didaktischen Rekonstruktion ergibt.[718] Hierzu werden drei Schritte durchgeführt: Zusammenfassung, Explikation und Strukturierung.[719]

D.2.3.1. Zusammenfassung

Der erste Schritt, die ‚Zusammenfassung', zielt auf eine Sichtung der Quellentexte unter Berücksichtigung der leitenden Fragestellungen. Hierzu werden die bedeutungstragenden Textstellen ausgewählt. Zentrale Abschnitte werden zitiert, ansonsten sind sie zu paraphrasieren mit der Zielsetzung ihrer Abstraktion, wodurch eine überschaubare Darstellung entsteht. Widersprüche und Unklarheiten sind dabei aufzuzeigen.[720]

D.2.3.2. Explikation

Die Explikation zielt aus heuristischen Gründen und Absicherung der Validität auf ein erweitertes Verständnis des ausgewählten Textes. Hierzu werden neben der ausgewählten Primärliteratur weitere Quellen und (Sekundär-)Literatur herangetragen. Gleichzeitig kann auch eine interne Konsistenzprüfung erfolgen, indem variierte (Leit-)Fragen an die Texte herangetragen und dadurch „die Grenzen der jeweili-

---

716 Kattmann et al. 1997, 11
717 vgl. Abschnitt C.4.5.3.
718 vgl. Abschnitt B.4.; Abschnitt C.4.5.1.1.
719 vgl. auch im Folgenden Mayring 2002, 115; Mayring 2010, 56
720 vgl. Gropengießer 2007, 38

gen Theorie in den Blick genommen werden."[721] Bei der Explikation können sich innerhalb der wissenschaftlichen Vorstellungen widersprüchliche Interpretationen als auch noch nicht gelöste Probleme zeigen. Diese sollen durch die Fachliche Klärung nicht gelöst, aber berücksichtigt werden, wodurch sich die Anzahl der ableitbaren Konzepte erhöht.[722] Unter Berücksichtigung der Entstehungsgeschichte der wissenschaftlichen Vorstellungen erhöht sich das Verständnis für den jeweiligen Blickwinkel.[723]

D.2.3.3. Strukturierung

Die Strukturierung als abschließender Schritt erweitert die Zusammenfassung und Explikation durch das Herausarbeiten politikbezogener Konzepte und Denkfiguren. Als erstes werden die fachlichen Aussagen in Form von namentlich passenden Konzepten dargestellt; als zweites werden die Konzepte zu Denkfiguren, die ebenfalls mit einem treffenden Namen zu kennzeichnen sind, verknüpft. Die Denkfiguren bilden die grundlegenden Strukturen politikbezogener Aussagen der *scientific community*.[724] Das Herauspräparieren der Konzepte und Denkfiguren setzen beide Vorstellungswelten auf die gleiche Komplexitätsebene.[725] Sie ermöglichen die Vergleichbarkeit schülerbezogener und fachlicher Vorstellungen zum utopischen Gesellschaftsleben sowie die Verdichtung des subjektbezogenen und demokratietheoretischen zu einem didaktischen Politikbegriff.

Bei den Vorstellungen, die von den Wissenschaftsautoren als zustimmend angesehen werden, treten auch solche auf, die sie ablehnen und/ oder kontrastierend nutzen. Solch antithetischen Vorstellungen und Konzepte sind für das Verständnis der jeweiligen Auffassung nützlich; ebenso solche Vorstellungen, die fragend diskutiert werden.[726] Diese jeweiligen Konzepte werden analog zum Verfahren der gefundenen Schülerkonzepte wie folgt durch ein vorangestelltes Zeichen gekennzeichnet: vom Wissenschaftler…

1) …zustimmend vertreten [+],
2) …fragend diskutiert [?],
3) …antithetisch vertreten [-], wobei ferner der Text durchgestrichen wird [~~durchgestrichen~~].

721   ebenda
722   vgl. ebenda
723   Lutter 2010, 55; Hilge 1999, 21
724   vgl. Klee 2008, 43
725   vgl. Gropengießer 2007, 38 – 9
726   vgl. ebenda, 39

D.3. Gegenstand der Fachlichen Klärung

Die für die ‚Fachliche Klärung' notwendige Auswahl der Untersuchungsobjekte ist zu begründen. Untersuchungsobjekte in diesem Sinne sind fachwissenschaftliche Texte, deren Auswahl sich entlang der ausgewählten Untersuchungsfragen/- aufgaben als auch aus inhaltlicher, pragmatischer und untersuchungsökonomischer Perspektive begründet. Ziel dieses Kapitels liegt in einer nachvollziehbaren Auswahl der Quelltexte. Hierzu werden allgemeine Überlegungen zu den Untersuchungsobjekten dargeboten, die anschließend auf den Untersuchungsgegenstand bezogen werden. Entsprechend werden nicht nur der politikwissenschaftliche Bereich, sondern auch die Untersuchungsaufgaben erläutert. Dies ermöglicht eine begründete Auswahl der Quelltexte.

D.3.1. Allgemeine Überlegungen zum Untersuchungsobjekt

Im Allgemeinen spielen für die ‚Fachliche Klärung' sowohl gegenwärtige als auch vergangene Theoriebildungen eine wesentliche Rolle. Hieraus begründet sich die notwendige Berücksichtigung aktueller sowie historischer Originalarbeiten. Solche Quellen stellen den höchsten wissenschaftlichen Anspruch dar.[727] Historische Quellen sind zwar veraltet, beeinflussten jedoch die Wissenschafts-, Problem- und Begriffsgeschichte. Aktuelle Originalarbeiten beziehen sich dagegen auf die gegenwärtige Theoriebildung. Diesbezüglich können Originalarbeiten helfen, Schülervorstellungen besser zu verstehen, insofern einzelne Verknüpfungen zwischen beiden Vorstellungswelten existieren. Darüber hinaus ist die Sekundärliteratur für ein besseres Verständnis innerhalb der Explikation notwendig. Gleichzeitig klären Originalarbeiten etwaige Widersprüche und Unklarheiten in der Sekundärliteratur. Ferner sind von Theorien verwendete Begriffe und Termini historisch geronnen, weswegen ihre Rahmenentwicklung zu beachten ist, um „damit einen kritischen und relativierenden Blick auf aktuelle Paradigmen zu gewinnen."[728]

D.3.2. Demokratietheorie als Untersuchungsgegenstand

Der Untersuchungsgegenstand bezieht sich in der Studie auf idealistische Politik. Sie lässt sich fachwissenschaftlich der politischen Theorie zu ordnen. Die politische Theorie konkretisiert sich heutzutage in der Demokratietheorie. Letztere begründet sich ferner fachdidaktisch (*Mündigkeit in einer demokratischen Gesellschaft*) und in den

---

727 vgl. Kattmann et al. 1997, 11; vgl. ausführlicher Gropengießer 2007a, 36 – 8
728 Gropengießer 2007a, 37

ermittelten Schülervorstellungen: Die Schüler perspektivieren eine gesellschaftsge-
rechte und demokratische Ordnung (*Mitbestimmung; Meinungspluralität, Bedeutung für
das alltägliche Zusammenleben, welches sozial gerecht zu gestalten ist*).

Der Begriff ‚Politische Theorie' als wissenschaftlicher Gegenstand bezieht sich
auf eine begründete Beschreibung des Ist- (*Kritik am Bestehenden*) und Soll- (*Darlegung
des Gewünschten*) Zustands gesellschaftlicher Verhältnisse. Teilt man zunächst den
Begriff ‚politische Theorie' auf, so ergibt sich die Schwierigkeit einer eindeutigen
Definition der beiden Begriffsteile (‚politisch'; ‚Theorie')[729]. Daraus ergibt sich eine
hohe Definitionsabstraktion: Sehr allgemein lässt sich eine Theorie als eine systema-
tisierte Aussage über einen Teil der Realität unter Berücksichtigung ihrer Voraussetzung und Randbedingung sowie der etwaigen Möglichkeit der Vorhersage zukünftiger Ereignisse definieren. Sie bezieht sich wechselseitig auf den zu beschreibenden
Wirklichkeitsaspekt[730] und kann normativ oder empirisch-analytisch ausgerichtet
sein. Normativität und Empirie sind als gegenseitige Bedingungsfaktoren anzusehen, um den zu untersuchenden Wirklichkeitsaspekt zu beschreiben.[731]

Die ‚politische Theorie' ist in ihrer Eingrenzung als wissenschaftliches Feld
umstritten.[732] Dies zeigt sich insbesondere in der zeitgenössischen politischen Theorie. Erst im Diskurs ist sie identitätsstiftend.[733] Allgemein versteht sie sich als eine
Disziplin über die Beschreibung des Ist- und Soll-Zustands gesellschaftlicher Verhältnisse. Sie reflektiert politische Handlungen, eingebettet in einem gesellschaftlichen Kontext. „Its traditions, approaches, and styles vary, but the field is united by
a commitment to theorize, critique, and diagnose the norms, practices, and organi-
station of political action in the past and present, in our own places and else-
where."[734] Sie ist eine Interessensartikulation einer gewünschten Gesellschaftsord-

---

729   Die Schwierigkeit, den Begriff ‚Politik', ‚Politisch' zu definieren, wurde in der Einführung proble-
      matisiert. Hinsichtlich der problematischen Begriffsdefinition ‚Theorie' sei nur beispielhaft auf
      Schaal/ Heidenreich (2009, 22ff) verwiesen. Ferner sei auf die Tatsache einer schwierigen Be-
      griffsabgrenzung verwiesen: So geht Brecht (1959, 14ff) darauf ein, dass die Begriffe ‚Theorie',
      ‚Philosophie' und ‚Wissenschaft' aufgrund ihrer Abstraktheit schwer zu fassen sind und in ihren
      Definitionsabgrenzungen voneinander fließend sind. In der Besprechung des Begriffs ‚Politische
      Philosophie' verweist Cohen (2011, 225), dass „nobody tells philosophy students how to do phi-
      losophy, is that it is impossible to *explain* to anybody how philosophy is to be done" (Hervorhe-
      bungen im Original übernommen - ASK).
730   vgl. Narr 1976, 32ff; von Beyme 2000, 11; Schmidt 2010, 22; Schmidt lässt in seiner Definition
      den Aspekt der *politischen* Realität aus und bezieht sich auf Realität im Allgemeinen.
731   vgl. Schaal/ Heidenreich 2009, 25 – 30; Sartori 1997, 26 – 8
732   vgl. Dryzek et al. 2006, 4; Niesen 2007a; Schaal/Heidenreich 2009, 15ff; bei der Metareflexion des
      Gegenstandes ‚Politische Theorie' kritisieren insbesondere Hartmann (2012, 17ff) als auch Hart-
      mann/Meyer (2005, 11ff) eine gewisse Beliebigkeit der politischen Theorie ohne klare Konturen,
      deren Sichtweise beispielsweise von Niesen (2007) abgelehnt wird. Diese Beliebigkeit lässt sich
      aber wiederum dadurch begründen, dass sie sich selbst Identität stiftet und im Diskurs entsteht
      (vgl. Schaal/Heidenreich 2009, 17 – 8).
733   Schaal/Heidenreich 2009, 18
734   Dryzek 2006, 4

nung[735] und leistet gegenüber Gesellschaftsmitgliedern ein besseres Verständnis bestehender gesellschaftlicher Verhältnisse, vermittelt ihnen Orientierung, söhnt sie mit gesellschaftlichen Strukturen aus und entwirft Utopien zum gesellschaftlichen Zusammenleben. Ihr kann eine staatsbürgerliche Bildungsaufgabe zu gesprochen werden.[736] Hierbei darf politische Theorie nicht nur moralphilosophisch tätig sein, indem sie reine Idealvorstellungen über gesellschaftliches Zusammenleben entwirft und realitätsferne Gerechtigkeitsideen formuliert. Politische Theorie muss sich auch an tatsächlich stattfindenden Aushandlungsprozessen rückkoppeln[737], um Entscheidungsprozesse sinnvoll zu kritisieren und umsetzbare Lösungsvorschläge zu entwickeln. Folglich ist politische Theorie normativ wie empirisch-analytisch, zeichnet ein Idealbild gesellschaftlicher Ordnung und diagnostiziert reale Entscheidungsprozesse wie Gesellschaftsordnungen – wie im Hinblick auf ideengeschichtliche Entwicklungen, moralischen Fragestellungen und modelhaften Entscheidungsprozesse hinsichtlich gesellschaftspolitischen Organisationsprozessen in ihrer Ganzheitlichkeit oder in Bezug auf Teilaspekte.[738]

Aus Gründen der Schülervorstellungen sowie aus politikwissenschaftlicher und fachdidaktischer Überlegung ist die politische Theorie um die Demokratietheorie zu präzisieren. Demokratietheorien setzen sich empirisch-analytisch wie normativ mit einer demokratisch-orientierten Gesellschaftsordnung auseinander.[739] Aus fachdidaktischer Perspektive begründen sich Demokratietheorien mit dem Ziel, Lerner zur situationsunabhängigen Partizipation in einer demokratischen Gesellschaft zu befähigen.[740] Politikwissenschaftlich kann die Demokratietheorie als innovativer Impulsgeber für die politische Theorie als auch ein notwendiger Bezugspunkt politiktheoretischer Reflexionen über gesellschaftliche Verhältnisse angesehen werden, obgleich sie durch ihre Expansion und eines allumfassenden Demokratiebegriffs im 20. Jahrhundert inflationär wurde.[741] Die politikwissenschaftlichen und -theoretischen Analysen reflektieren demokratische Gesellschaftsordnung,[742] was sich

---

735 Sabine 1939, 4 – 6
736 vgl. Rawls 2001, 1 – 5; ebenda 2007, 5 – 11; vgl. Vincent 1997, 10; Miller 2003, 2
737 vgl. Schaub 2012
738 vgl. Narr 1976, 9; Held 1991, 16ff; von Beyme 2000, 39ff; Hartmann/Beyer 2005,11ff Buchstein/Göhler 2007; Niesen 2007a, 131; Hartmann 2012, 17ff; Schmidt 2010; Rinderle (1997, 15 – 6) bedient sich nicht des Begriffs ‚empirisch‘, stellt aber klar, dass politische Philosophie nicht im Entwurf eines Idealbildes verharren darf, sondern auf die menschlich machbare Umsetzung zurückzuführen ist. Brodocz/Schaal (2009, 15) hinterfragen eine Unterscheidung zwischen normativen und empirischen politischen Theorie. Sie begründen die Notwendigkeit, keine Dichotomie entstehen zu lassen als vielmehr beide als fruchtbare Partner anzusehen; so auch Schaub (2012). Hier zeigt sich die Parallelität zur Utopie (vgl. Abschnitt A.1.).
739 vgl. Lembcke et al. 2012, 12
740 vgl. Abschnitt A.1.
741 vgl. Sartori 1997, 11 – 12 sowie 21; Greven 1999, 77
742 Diesbezüglich schlägt Niesen (2007) den Begriff ‚Demokratiewissenschaft‘ vor.

insbesondere in zeitgenössischen Politiktheorien zeigt.[743] Ferner konzeptualisierten die Schüler einen demokratisch-organisierten Willensbildungsprozess.

D.3.3. Auswahl der Quelltexte

Die bisherige grobe Verortung auf die Demokratietheorie erfordert eine konkretere Standortbestimmung. Aus der Spiegelung ergibt sich eine Orientierung entlang der schülerbezogenen Politikkonzepte ,Mitbestimmung', ,Meinungsvielfalt', ,soziale Gerechtigkeit' und ,alltägliches Zusammenleben'. Der Intersubjektivität wegen lassen sich die Quelltexte systematisch-diskursiv identifizieren. Methodisch erfolgt bei der Auswahl...

a)   zunächst die Darlegung des schülerbezogenen Konzepts und der damit ver-
      bundenen Demokratietheorie;
b)   eine allgemeinen Skizzierung der jeweiligen Demokratietheorie;
c)   anschließend eine konkrete Beschreibung exemplarisch ausgesuchter Strö-
      mungen innerhalb der Demokratietheorie, die als wegweisend gelten können;
d)   ferner eine kritische Würdigung der betreffenden Demokratietheorie;
e)   abschließend eine folgelogische Entscheidung für einen Demokratietheoreti-
      ker.

Jeder Schritt findet in gegebener Kürze statt, da die Analyse und nicht die Auswahl Hauptaugenmerk der ,Fachlichen Klärung' ist.

D.3.3.1. Auswahl der Fachliteratur zu ,Mitbestimmung'

Die Ausgangslage des schülerbezogenen Konzepts ,Mitbestimmung' bilden die drei Denkfiguren, die sich auf i) mehr Mitbestimmungs- als auch ii) Kontrollmöglichkei-ten politischer Entscheidungen seitens des Volkes sowie iii) der Steigerung des Allgemeinwohls durch einen Austausch zwischen Repräsentanten und Bürgern beziehen.[744] Eine hohe Mitbestimmungsmöglichkeit meint eine Teilhabemöglichkeit aller sozialen Schichten, sowie ein gesteigertes Politikinteresse als auch einer reich-haltigeren Erfahrung mit politischen Entscheidungen. Hierbei negiert eine erhöhte Mitbestimmungsmöglichkeit nicht politische Repräsentation. Einerseits ist der poli-tische Willensbildungsprozess effizient zu gestalten, andererseits soll das Volk bei wesentlichen Themen mitentscheiden. Zwischen der erhöhten Mitbestimmungs-

---

743   Hierbei seien ideengeschichtliche Theorien nicht außer Acht zu lassen, weil das Studium der
        Ideengeschichte sich in den USA in der Erziehung von Demokraten begründet (Vincent 1997, 10).
744   vgl. (auch im Folgenden) Abschnitte C.8.1.2.3., C.8.1.2.4., C.8.1.2.6., C.8.2.1.1., C.8.2.1.2., C.8.2.1.3

möglichkeit und der politischen Repräsentation findet sich die Kontrollmöglichkeit. Das Volk kann Entscheidungen revidieren, was eine vorige repräsentative Entscheidung impliziert. Politische Akteure sind verpflichtet, sich an gemachten Aussagen zu halten. Das Austarieren zwischen Repräsentation und Mitbestimmung zeigt sich nicht in einem reinen direktdemokratischen Entscheidungsprozess; viel eher konzeptualisiert sich der Willensbildungsprozess diskursiv zwischen Bürger und Repräsentant. Volksentscheide können stattfinden, entscheidender ist jedoch eine diskursiv entstehende Konsensfindung. Die Schüler perspektiveren eine beteiligungszentrierte Demokratietheorie.

Im Allgemeinen setzen beteiligungszentrierte Demokratietheorien ihren Schwerpunkt auf ein Mehr an Teilhabe, wodurch der Bürger an politischer Urteilskompetenz und Selbstbestimmung gewinnt.[745] In diesem Sinne haben sich zwei Strömungen herausgebildet: die partizipative und deliberative. Die partizipative Theorie betont eine wirkungsvolle Beteiligung am Willensbildungsprozess, während die deliberative auf die Teilhabe am politischen Diskurs eingeht. Dementsprechend verfolgt erstere im Sinne einer *fat democracy* eine expansive Strategie, in der eine Totaldemokratisierung der Gesellschaft stattfindet. Letztere verfolgt eine integrative Strategie, also einer Teilhabe mittels Wort und Tat.[746]

Die partizipative Demokratietheorie orientiert sich an der Idee, Bürger am politischen Entscheidungsprozess direkt zu beteiligen und den Gemeinsinn zu stärken. Damit weisen sie eine Nähe zum Kommunitarismus auf. Der Kommunitarismus orientiert sich am Vorrecht des Guten vor dem Recht und einer politischen wie auch sozialen Gemeinschaft.[747] Die Gemeinschaft ist wichtiger als Individualität. Der Staat sorgt für sozialen Zusammenhalt und ermöglicht dadurch Individualrechte als auch das Erreichen persönlicher Lebensziele. Individualität erfolgt über Gemeinschaft. Es gilt, *„dass [...] der Weg zur Erkenntnis der eigenen Lebensziele prinzipiell ein gemeinschaftlicher Weg ist."*[748] Der Staat begründet jeden Bürger das Leben in ihm, indem er für sich selbst das Gute erreichen kann. Daraus ergibt sich auch die Legitimation direktdemokratischer Entscheidungsstrukturen. Die gemeinsame Lösungsfindung stiftet Gemeinsinn – wie beim rousseauschen *volonté général*, an dem sich der Kommunitarismus und partizipatorische Demokratietheorien ideengeschichtlich orientieren.[749]

---

745 vgl. Schmidt 2010, 236; Barber 1988, 209 – 11;
746 vgl. Schmidt 2010, 237 – 40; Pateman 2012
747 vgl. Bohmann/ Rosa 2012, 127
748 Schweidler 2014, 216 (Hervorhebungen im Original übernommen – AK)
749 vgl. Bohmann/ Rosa 2012, 127ff; Weber 2012, 224ff; Die Verbindung zwischen Kommunitarismus und der von Maus und Barber jeweils verfolgten Vorstellung einer direkten Demokratie begründet sich nicht nur ideengeschichtlich, sondern auch in der Tatsache einer starken Betonung gesellschaftlichen Zusammenhalts. Nichtsdestotrotz sind Differenzierungen notwendig. Zum einen distanziert sich Maus (1994, 77ff) vom kommunitaristischen Verständnis der positiven Frei-

Gemeinsinn zu schaffen, erfordert eine aktive Bürgerschaft, die sich aus der Kritik partizipativer Demokratietheorien an liberal-repräsentativen Demokratien ableitet. Diese Kritik meint nicht nur eine mangelnde Teilhabemöglichkeit, sondern auch die dadurch entstehende Vereinsamung, Entfremdung und Entmündigung der Bürger sowie eine entsolidarisierte Gesellschaft, eine Konzentration auf effektive Entscheidungsprozesse als auch auf materiellen Bedürfnissen, einer Erosion von Teilhabe sowie die Degeneration des Allgemeinwohls aufgrund der Durchsetzung von Partikularinteressen sowie der Entwicklung zu einem neokorporatistischen Verhandlungssystem.[750] Daraus entsteht die Forderung nach politisch-aktiven Bürgern. Eine aktive Bürgerschaft führt zu einem guten Leben, das sich durch eine Selbstregierung entfaltet.[751] Je nach Spielart liegt der Fokus auf einer höheren Betonung der Volksgesetzgebung gegenüber Justiz und Exekutive oder auf den Vorrang lokaler Selbstverwaltung, Teilhabe als erzieherische Kraft zwecks der Besinnung der eigenen Wirkungsfähigkeit sowie dem Verständnis, Teil eines Gemeinwesens zu sein.[752]

Die erste Form partizipativer Entscheidungsstrukturen entstand in der attischen Demokratie und wurde in der Neuzeit von Jean-Jacque Rousseau wieder aufgegriffen. Die attische Demokratie affirmierte direktdemokratische Entscheidung in der Negation repräsentativer Institution und in der Vollziehung des imperativen Mandats.[753] Indem die legitimierten Vollbürger, die sich auf einen kleinen Teil der attischen Bevölkerung bezogen, zur Teilnahme an politischen Diskursen bereit waren und öffentliche Ämter übernahmen, waren sie selbstbestimmend. Dies setzte bereits eine entsprechende politische Kultur voraus, da ansonten demokratische Abläufe unmöglich wären.[754] Eine solche direktdemokratische Kultur griff Rousseau in der französischen Revolution mit seinem „Du Contrat Social" auf. Sich von ihren Ketten befreiend, entäußern Menschen ihre individuellen Rechte an die Gemeinschaft und werden Bestandteil einer „sittliche[n] Gesamtkörperschaft, die aus ebenso vielen Gliedern besteht, wie die Versammlung Stimmen hat, und die durch ebendiesen Akt ihre Einheit, ihr gemeinschaftliches Ich, ihr Leben und ihren Willen erhält."[755] Der *Citoyen* verfolgt als Idealbürger nicht seine Partikularinteressen, vollzieht seine Stimmabgabe nicht im Kontext von Gruppierungen. Er ist durch die

---

heit. Zum anderen wird Barber dem Kommunitarismus zugeordnet. Er kritisiert den Liberalismus und will ihn über gemeinschaftlichen Zusammenhalt schützen (Reese-Schäfer 2013, 247ff).

750   vgl. am Beispiel von Benjamin Barber: Bevc 2007, 267ff; Weber 2012a, 230ff; Schaal/ Heidenreich 2009, 195 – 7; am Beispiel von Ingeborg Maus: Weber 2012a, 228ff
751   vgl. Bohmann/ Rosa 2012, 127 – 8
752   vgl. Weber 2012a, 233ff
753   Saage 2005, 40 – 1
754   vgl. ebenda, 42
755   Rousseau 2004, 18

fehlende Deliberation unbeeinflusst von etwaigen Einflüssen anderer.[756] Dadurch kann der am wahren Gemeinwohl orientierte *volonté général* entstehen.

In der Gegenwart bilden Ingeborg Maus und Benjamin Barber zwei wesentliche Vertreter eines partizipativen Demokratieverständnisses. Maus begründet eine verstärkt plebiszitär ausgerichtete Demokratie mit ihrer Kritik an einer zunehmenden Refeudalisierung des Willensbildungsprozesses aufgrund repräsentativer Entscheidungsstrukturen. Letztere beschränken den Zugang zu gesellschaftspolitischen Lösungsfindungen und konterkarieren die demokratische Idee.[757] Die plebiszitäre Demokratie erfordert eine Basisdemokratie, die zu einer Vergesellschaftung von Herrschaft führt: „Während Macht im Sinne politischer Herrschaft dem vom Volk gesetzten Recht untergeordnet werden soll, bleibt des gesetzgebenden Volkes dem Recht überlegen."[758] Sie erkennt dabei an, dass hochdifferenzierte Gesellschaftsstrukturen die Selbstgesetzgebung erschweren. Daher differenziert sie zwischen lokal begrenzten (*konfligierende Interessen in der direkten Konfrontation*) und allgemeinen Rechtsnormen (*parlamentarische oder plebiszitäre Entscheidungsprozesse oder in der Kombinationen beider Rechtsetzungsprozesse*). Sie fokussiert Minderheiten mit einer Vetomöglichkeit.[759]

Barber stellt in der liberalen Demokratie eine zunehmende Enddemokratisierung fest, gekennzeichnet durch hohe Marktliberalität (*Privatisierung öffentlicher Güter und Dienstleistungen*), der Überbetonung individueller Freiheitsrechte gegenüber der Gesellschaft (*Endsolidarisierung*) sowie der Entmündigung der Bürger durch Repräsentation (*Einschränkung von Handlungsmöglichkeiten*) sowie einer Selbst- und Weltentfremdung.[760] Die Lösung liegt in einer aktiven Bürgerschaft, wodurch der Bürger zu einem Citoyen transformiert und die Entwicklung einer *strong democracy* begünstigt wird:

> Strong democracy can be formally defined as politics in the participatory mode where conflict is resolved in the absence of an independent ground through a participatory process of ongoing, proximate self-legislation and creation of a political community capable of transforming dependent, private individuals into free citizens and partial and private interests into public goods.[761]

Die aktive Bürgerschaft soll durch Dezentralisierung und stärkere lokale Einheiten begünstigt werden, wodurch sich Engagement auf die direkten Einflussmöglichkeiten der Bürger zentriert. Es sollen unter anderem *neighborhood assemblies, civic communi-*

---

756   vgl. beispielhaft Schaal/ Heidenreich 2009, 173 – 4
757   vgl. beispielhaft Maus 1992a, 8 und 32ff; Weber 2012a, 228 – 9
758   Maus 1992a, 64
759   vgl. ebenda, 225; ebenda 1992b, 110ff
760   Bevc 2007, 267 – 70; Schaal/Heidenreich 2009, 195 – 7; Weber 2012a, 230 – 2
761   Barber 2003, 132

cations cooperative, local volunteer programms entstehen.[762] Dies erfordert eine Zivilgesellschaft, bestehend aus tugendhaften bzw. moralischen Bürgern, „die sich als Teil einer Gemeinschaft betrachten und die zu Mitgefühl fähig sind."[763] Tugendhaftigkeit bildet sich transformativ. Bürger fokussieren weniger ihre Partikularinteressen als vielmehr das Gemeinwohl der Gesellschaft und engagieren sich kooperativ und sozial. Sie verhalten sich selbstbestimmend.[764] Ferner kennzeichnet sich der Entscheidungsprozess deliberativ, insoweit er durch ein *strong democratic talk* ein größeres Verständnis für andere Perspektiven und für ausgewogene Entscheidungen bildet: „[...] [T]he I becomes a We."[765]

Die Probleme partizipatorischer Demokratietheorien zeigen sich in ihrer sozialen Konformität, einer gesellschaftsstrukturellen Homogenität, der Verhinderung von Minderheitenrechten, einer Überforderung der Bürger sowie einer unaufgeklärten Sichtweise auf Repräsentation.[766] Soziale Konformität ergibt sich aus der hohen Partizipationsmöglichkeit und den daraus entstehenden Gemeinsinn, der sich zum Totalitarismus (*Tyrannei des Kollektivs gegenüber dem Individuum*) entwickeln kann. Gemeinsinn „als Grundlage staatlichen Handelns [unterminiere] die Pluralität [...] und [führe] deshalb zu einer repressiven Einheitskonzeption der Gesellschaft [...]."[767] Obgleich sich Maus und Barber zur Pluralität bekennen und homogene Gesellschaften ablehnen,[768] stellt sich die Frage nach dem Gruppeneinfluss auf abweichende Minderheitsmeinungen in tatsächlich stattfindenden direktdemokratischen Entscheidungsprozessen. Einerseits könnten Minderheitsmeinungen von der Mehrheitsmeinung ignoriert, sogar tabuisiert werden, um das eigene Partikularinteresse durchzusetzen. Andererseits setzen partizipative Entscheidungsprozesse Teilhabemöglichkeit, aber auch -fähigkeit voraus. Diese sind nicht bei allen Bürgern aufgrund fehlenden zeitlichen, kognitiven, motivationalen als auch ökonomischen Ressourcen vorhanden. Sie werden jedoch im Rahmen eines immer komplexer werdenden Willensbildungsprozesses umso relevanter, desto mehr direktdemokratische Entscheidungen zu treffen sind. Hieraus ergibt sich ein steigender Anspruch an sozialen Beziehungen, die trotz der hohen Konflikthaftigkeit politischer Prozesse

---

762   ebenda 1984, 267ff; die Darstellung erfolgt aus pragmatischen Gründen nur exemplarisch.

763   Schaal/Heidenreich 2009, 199 – 200; vgl. auch Barber 1995, 372; ebenda 1988, 200

764   vgl. Schaal/Heidenreich 2009, 200; Bevc 2007, 270ff

765   Barber 1988, 200 – 1; vgl. auch Barber 2003, 173ff; Weber 2012a, 237;

766   zur allgemeinen Kritik an beteiligungszentrierten Demokratietheorien vgl. Schmidt 2010, 246ff; Habermas (1993, 290) widerspricht einer solch republikanischen Vorstellungen und empfindet den Liberalismus mit einem repräsentativen Charakter als realistischer.

767   Weber 2012, 244

768   vgl. Weber 2012, 244 am Beispiel von Ingeborg Maus; Reese-Schäfer 2013, 249 am Beispiel von Benjam Barber; Sandel (beispielsweise 1982) als auch Walzer (beispielsweise 1983) favorisieren grundsätzlich auch einen Pluralismus, konzeptualisieren ihn jedoch anders bezogen auf einem höheren Gemeinsinn, in der extreme Meinungen aus moralischem Gebot abgelehnt werden können (Sandel), bzw. in der Verteilung sozialer Güter (Walzer) (vgl. Bohmann/Rosa 2012).

stabil bleiben müssen.[769] Dies betrifft bestimmte Bevölkerungsgruppen mehr als andere, deren Beteiligungsbereitschaft als auch -fähigkeit eher gering ist. Ihre nicht-artikulierten, nichtdestotrotz realexistierenden Interessen bleiben unberücksichtigt. So zeigen bereits gegenwärtige repräsentative Demokratien, auch jenen mit direkt-demokratischen Elementen, eine verringerte Partizipationsmöglichkeit aufgrund bestehender sozialer Ungleichheit: Zunehmend entsteht eine Kluft zwischen der Wahlbeteiligung sozialstarker und -schwacher Bevölkerungsgruppen[770] und eine sich daraus resultierende soziale Ausgrenzung. Problematisch ist dabei die Entstehung einer „Partizipationselite"[771] bzw. „bildungsbürgerlichen Schlagseite."[772]

Des Weiteren besteht die Gefahr der zunehmenden Blockade von Problemlösungen, basierend auf dem Sankt-Florians-Prinzips bzw. *nimby (not in my backyard)*: Je kleinteiliger Gesellschaften organisiert sind und eigenständige Entscheidungen treffen, desto eher werden subjektiv wahrgenommene Nachteile für die eigene Gruppe abgelehnt. Ferner ist die negative Sichtweise auf Repräsentation eine unaufgeklärte, insofern Repräsentation eine „Ermöglichungsbedingung von Partizipation in komplexen, pluralistischen Gesellschaften"[773] darstellen kann, aber bei partizipatorischen Demokratietheorien eine Ablehnung erfährt. Abschließend ist es Rousseau selbst, der die Unmöglichkeit direktdemokratischer Gesellschaften reflektiert: „Wenn es ein Volk von Göttern gäbe, würde es sich demokratisch regieren. Eine so vollkommene Regierung passt für Menschen nicht."[774]

Die deliberative Demokratietheorie fokussiert einen diskursiven Willensbildungsprozess durch eine erhöhte Bürgerbeteiligung im Rahmen liberaler Demokratien. Ihre Entstehung bettet sich im Kontext der Erhöhung partizipativer Teilhabemöglichkeiten ein, ohne totalitäre Züge zu entwickeln und einen Beitrag zur Weiterentwicklung der modernen liberalen Demokratien zu leisten.[775] Sie fokussiert einen diskursiven Willensbildungsprozess durch eine erhöhte Bürgerbeteiligung. Der rational gehaltene Diskurs (Präferenzgenese[776]) führt zu einem Konsens über vernünftige Entscheidungen. „Konsens bedeutet dabei, in Abgrenzung zum Kompromiss, dass alle Beteiligten dieselbe Option, also eine bestimmte politische Entscheidung, aus denselben, verallgemeinerbaren Gründen allen anderen verfügbaren

---

vgl. Warren 1996, 244; Schaal/Heidenreich 2009, 204 – 5; Bohmann/ Rosa 2012, 145; Weber 2012a, 244 – 5
770 vgl. Bohmann/Rosa 2012, 145
771 Schaal/ Heidenreich 2009, 205; Gessenharter (2012) verweist beispielsweise auf die politikferne Lebensweise vieler Menschen.
772 Gessenharter 2012, 243; auf den Zusammenhang von Bildung, sozialem Stand und Partizipation verweist ferner Westle (2012).
773 Weber 2012, 245 - 6
774 Rousseau 2004, 72
775 Schaal/Heidenreich 2009, 219 – 20
776 vgl. ebenda, 220

Optionen vorziehen."[777] Aufgrund des hohen Stellwerts des Diskurses und damit verbundenen anspruchsvollen Aushandlungsprozessen erfordet die deliberative Demokratie einen Verzicht auf Machtstreben (*herrschaftsfreier Diskurs*), Präferenztransformation, offener und der Öffentlichkeit zugänglichen Meinungsaustausch über jegliche Themen ohne Gewaltanwendung sowie einen offenen Zugang zum Willensbildungsprozess für alle Gesellschaftsmitglieder unabhängig etwaiger Auffassungen.[778]

Wesentliche Vertreter der deliberativen Demokratietheorien sind Jürgen Habermas, John Dryzek sowie Amy Gutmann und Dennis Thompson.[779] Jürgen Habermas als einflussreichster Befürworter der deliberativen Demokratie verortet Deliberationsprozesse zwischen einer autonomen Öffentlichkeit und einem politischen System im Rahmen eines herrschaftsfreien Raums. Deliberationsprozesse bilden sich dadurch, dass sich die Diskussionsteilnehmer als gleiche anerkennen, ihre Partikularinteressen zwar in die Beratung einbringen, sich aber insbesondere argumentativ auseinandersetzen. Das heißt, in der argumentativen Auseinandersetzung nehmen sie Gegenargumente auf. Sie wägen diese vernunftgeleitet ab. Daraus ergeben sich gemeinwohlorientierte Entscheidungen.[780] Dadurch, dass der Entscheidungsprozess deliberativ, also sprachlich geprägt ist, äußert er sich vernunftgeleitet, weil Sprache selbst verständigungsorientiert ist.[781] Solche diskursiven Designs finden in der Zivilgesellschaft statt. Sie „setzt sich aus jenen mehr oder weniger spontan entstandenen Vereinigungen, Organisation und Bewegungen zusammen, welche die Resonanz, die die gesellschaftlichen Problemlagen in den privaten Lebensbereichen finden, aufnehmen, kondensieren und lautverstärkend an die politische Öffentlichkeit weiterleiten."[782] Die Zivilgesellschaft ist eine von Bürgern gebildete autonome Öffentlichkeit, die nicht nur Kontrollorgan, sondern auch Impulsgeber ist. Dadurch ist der Bürger sowohl Rechtsautor als auch Rechtsadressat. „Im prozeduralistischen Rechtsparadigma wird die politische Öffentlichkeit nicht nur als Vorhof des parlamentarischen Komplexes vorgestellt, sondern als impulsgebende Peripherie, die das politische Zentrum *einschließt* [...]."[783] Daraus leitet sich keine Ablehnung institutionalisierter Entscheidungsprozesses ab. Vielmehr wirkt die

---

777 Landwehr 2012, 361

778 vgl. Schmidt 2010, 240ff; Landwehr 2012, 362; Hartmann/Beyer 2005, 203; Für Habermas (1992, 138; 1993, 204 – 7) gilt beispielsweise die Notwendigkeit eines fair und rational regulierten Entscheidungsprozesses, wodurch Individualinteressen zusammen kommen und in der Kompromisslösung ausgeglichen werden.

779 vgl. Landwehr 2012, 363; Schmidt (2010, 237) und Schaal/ Heidenreich (2009, 236ff) nennen weitere Vertreter dieser Demokratietheorie; Ziel dieses Abschnitts ist, wesentliche Strömungen der deliberativen Demokratietheorie exemplarisch zu skizzieren. Dies erschwert sich insbesondere durch die Existenz weniger Theoriegebäuden (vgl. ebenda, 236).

780 vgl. Meyer 2009a, 78; Hartmann 2012, 134

781 vgl. Habermas 1981, 387; Landwehr 2012, 364

782 Habermas 1993, 443

783 ebenda 1992, 533

Öffentlichkeit auf das politische System ein. „Die nach demokratischen Verfahren zu kommunikativer Macht verarbeitete öffentliche Meinung kann nicht selber ‚herrschen', sondern nur den Gebrauch der administrativen Macht in bestimmte Kanäle lenken."[784] Öffentlichkeit und System sind getrennt, was John Dryzek ablehnt.

John Dryzek sieht in diskursiven Designs eine Vermittlungsrolle zwischen Bürgern und Staat, die „etwas Bürgerbeteiligungs- und Mediationsverfahren oder neue Formen der Verhandlung sein [können], in denen neutrale Dritte (Mediatoren oder Moderatoren) Deliberation und Verständigung erleichtern."[785] Dementsprechend bilden *discursive designs* Möglichkeiten, Wege zur Problemlösung aufzuzeigen. Dabei reduzieren sie nicht nur soziale Spannungen, sondern verhindern auch Manipulationen des Willensbildungsprozesses.[786] Insbesondere im Zeitalter der Globalisierung potenzieren sich handelnde Akteure, die den Entscheidungsprozess durch konfligierende Interessen prägen.[787] Amy Gutmann und Dennis Thompson sehen in Deliberation Lösungen für moralische Konflikte innerhalb einer Gesellschaft. Gegenstand deliberativer Auseinandersetzungen ist die Auslegung moralischer Werte bei konkreten Entscheidungen.[788] Hierbei sollten der Gesetzgeber und die Administration ihre Entscheidungen transparenter und responsiver gestalten und der Bürger durch eine ihm bekannte Sprache Einflussmöglichkeiten zur Verfügung stellen.[789]

Die Kritik an der deliberativen Demokratietheorie ist einerseits anschlussfähig an die Diskussion um partizipative Demokratietheorien, andererseits entstehen weitere Probleme, die sich auf die substantielle Gleichheit, Diskursethik sowie fehlenden Existenz eines herrschaftsfreien Dialogs als auch eines Dogmatismus der Vernunft beziehen.[790] Wie bei partizipativen Demokratietheorien führt die deliberative zu einem anspruchsvollen, gar komplexen Entscheidungsprozess. Er exkludiert Bevölkerungsgruppen. Die Teilhabe am politischen Diskurs setzt kognitive, motivationale als auch zeitliche Ressourcen voraus, die insbesondere bildungsfernen und sozialschwachen Gruppenmitgliedern fehlen und daher ihre Perspektive nicht einfließen lassen können.

Weitere Probleme entstehen beim Diskussionsprozess. In solchen Verfahren bilden sich dominante Diskursteilnehmer, wodurch etwaige Auffassungen von

---

784   ebenda 1996, 290; vgl. ebenda 1993, 623
785   Landwehr 2012, 368
786   Dryzek 1990, 53 – 6
787   vgl. ebenda 2006, 111ff (insbesondere 124 – 7)
788   vgl. Gutmann/ Thompson 1996; Landwehr 2012, 370 – 2
789   vgl. Gutmann/ Thompson 1999, 272 – 5; Schaal/ Heidenreich 2009, 238 – 9
790   Die kritische Auseinandersetzung mit deliberativen Demokratietheorien zeigt sich äußerst elaboriert aufgrund ihrer komplexen Ausarbeitung, wodurch nur eine punktuelle Darlegung der Diskussion möglich ist. Um einen guten Eindruck von der Diskussion zu erhalten vgl. Landwehr 2012, 373ff; Strecker/Schaal 2009, 125ff; Schmidt 2010, 249ff; Schaal/ Heidenreich 2009, 234 – 6; ebenda, 242ff

weniger dominanten Teilnehmern ungehört bleiben. Dies zeigte sich einerseits historisch in der griechischen Antike, als Demagogen den Diskussionsverlauf in der attischen Demokratie prägten. Andererseits äußert sich das Problem in heutigen Deliberationen. Dies zeigt beispielsweise eine Untersuchung zur Urteilsfindung amerikanischer Jurys.[791] Dieses Problem kann mittels etwaiger Ausgleichformen wie beispielsweise Bildung nicht gelöst werden. „Because dominance appears to be a function of status and the attributions of superiority that accompany it, distributing skills and resources for deliberation is unlikely to ensure more egalitarian and democratic discussions.‟[792] Aus den Problemen der indirekten Exklusion von Gruppenmitgliedern als auch der Dominanz ergibt sich eine fehlende substanzielle politische Gleichheit, welche „das Recht auf die gleiche Berücksichtigung (oder den gleichen Einfluss) aller am Entscheidungsprozess Beteiligten an der substanziellen *Entscheidung* selbst‟[793] meint. Deliberation ermöglicht zwar jedem eine Teilhabe (prozedurale politische Gleichheit), aber durch die Höherwertigkeit der „*Qualität* deliberativ gefundener Konsense‟[794] werden jene Teilnehmer, die diese diskursive Qualität nicht erreichen können, ausgeschlossen. Hierbei sei die Zusammensetzung der Diskursteilnehmer problematisiert und zwar im Hinblick nicht nur des organisatorischen Zusammenkommens von Großgruppen, sondern auch der Teilhabe sowohl aktueller als auch zukünftiger, möglicherweise diskursunmündiger Betroffenen.[795] Dies verschärft sich im Hinblick auf das Thema der Abtreibung, bei der „diese Wesen, die ja wenigstens für eine kurze Zeitspanne schon real existieren, darüber mitbestimmen [...] müsste[n], ob die sie vernichtenden Handlungen zu rechtfertigen sind oder nicht.‟[796] Die in einen solchen Kontext vorzunehmende Entscheidung erfordert Kategorien, die eine Unterscheidung zwischen moralisch richtigen und falschen Lösungen unterstützen, gar ermöglichen. Die deliberativen Demokratietheorien – insbesondere bei Habermas – bleiben einer solchen Antwort schuldig.[797]

Ferner kann ein herrschaftsfreier Diskurs nicht existieren. Dies zeigt sich nicht nur am bereits erwähnten Problem der Dominanz, sondern auch beispielsweise in der Informationsvermittlung in medialen Kanälen. Die zunehmende Informationsflut führt aufgrund bestehender technischen Möglichkeiten zu einer medialen Filterung, die mehr nach Vermittelbarkeit denn nach Inhalt sortiert.[798] Außerdem ist Sprache als Hauptgegenstand von Deliberation nicht zwingend konsensstiftend. So wird Sprache in ihrer Vernunftfähigkeit überschätzt. Sie kann konfliktförderlich

---

791   vgl. Sanders 1997
792   ebenda, 369
793   Schaal/Heidenreich 2007, 24 – Hervorhebungen im Original übernommen
794   ebenda – Hervorhebungen im Original übernommen (Schaal/Heidenreich 2007, 24)
795   vgl. Reese-Schäfer 2013, 86 - 8
796   Schweider 2014, 178
797   Reese-Schäfer 2013, 86
798   vgl. Schweider 2014, 178

sein.[799] Gleichzeitig entsteht ein „Dogmatismus der Vernunft"[800], weil das Individuum seine eigennützigen Interessen ablegen muss und seine Präferenz nicht erreicht wird, was jedoch im Widerspruch zur Präferenzgenese steht.

Diesen Abschnitt reflektierend, ergibt sich die deliberative Demokratietheorie von Jürgen Habermas als geeigneter Untersuchungsgegenstand. Aufgrund der Neigung zur gesellschaftlichen Tyrannei sowie der Überbetonung direktdemokratischer Entscheidungsprozesse ist die partizipative Demokratietheorie auszuschließen. Das politikdidaktische Ziel der Mündigkeit erfordert in einer pluralen Gesellschaft die Einbindung eigener Interessen, was jedoch in der Ausartung einer gesellschaftlichen Tyrannei ausgeschlossen wird. Ferner betonen die Schüler zwar direktdemokratische Elemente, schließen jedoch politische Repräsentation nicht aus. Repräsentative Politik fördert eine effektive Entscheidungsfindung.[801] Die deliberative Demokratie von Habermas, der „wegweisende Einsichten zu den Voraussetzungen deliberativer Demokratie"[802] gab, setzt auf eine in das politische System (Exekutive/ Verwaltung) hineinwirkende, autonome Öffentlichkeit. Volksvertretung schließt er nicht aus, obgleich er der Frage nach der institutionalisierten Organisation schuldig bleibt – wie auch deliberative Demokratietheorien im Allgemeinen.[803] Außerdem sprechen sich die Schüler für diskursive Lösungsfindungen aus, wodurch ihre Politiktheorie einen deliberativen Charakter erhält.[804] Zusammenfassend kommt die deliberative Demokratietheorie dem schülerbezogenem Konzept ‚Mitbestimmung' am nächsten.

D.3.3.2. Auswahl der Fachliteratur zu ‚Meinungsvielfalt'

Das schülerbezogene Konzept ‚Meinungsvielfalt' erkennt verschiedene Partikularinteressen an, integriert unterschiedlicher Belange in die freie Meinungsbildung und zielt auf Konsens-/Kompromissfindung.[805] Dies meint eine plurale Gesellschaft. Die Integration einer Vielzahl von Partikularinteressen nebst einer freien Meinungsbildung hat Diversität zur Folge. Eine solche Vorstellung spiegelt sich in Pluralismustheorien wider.

Pluralismustheorien beziehen sich auf die Idee einer vielfältigen, heterogenen Gesellschaft, deren Willensbildungsprozess sich aus divergierenden Partikularinteressen speist. Ideengeschichtlich verorten sie sich im politischen Liberalismus, der

---

799   vgl. Schmidt 2010, 249
800   Abromeit 2002, 109
801   vgl. Abschnitt C.8.1.2.3.; Abschnitt C.8.1.2.4.
802   Schmidt 2010, 242
803 vgl. Greven 1994, 219ff; Landwehr 2012, 365 – 6
804 vgl. Abschnitt 8.1.2.6.; dies schließt zwar die Demokratietheorien von Barber und Maus nicht aus. Viel entscheidender ist jedoch die Dualität zwischen repräsentativen und deliberativen Entscheidungsprozessen, die sich bei Habermas am ehesten zeigt.
805   vgl. Abschnitte C.8.1.2.5., C.8.2.1.3.

das Individuum gegenüber dem Kollektiv als vorrangig ansieht, anlehnend an Lockes Toleranzgebot sowie der Abgrenzung des Liberalismus zu Rousseaus *volonté générale*.[806] Der Liberalismus orientiert sich an einem normativen Individualismus, wonach sich Entscheidungen im Bezug auf die betroffenen Individuen rechtfertigen (*Individualgesellschaft versus Kollektivgesellschaft*).[807] Nicht nur die Rechte und Freiheiten des Individuums betonen Pluralismustheorien. Sie zielen auch auf die Verhinderung despotischer Machtstrukturen, wodurch direktdemokratische Elemente (*Gefahr einer Tyrannei der Mehrheit*) eine Ablehnung erfahren. Entscheidender ist die rechtlich-institutionalisierte Einbindung von Partizipationsmöglichkeiten im Entscheidungsprozess innerhalb repräsentativer Institutionen.[808] Repräsentative Pluralismustheorien entsprechen dem Gruppenpluralismus, weil die Ablehnung direktdemokratischer Elemente folgelogisch Gruppen bzw. Vereine und Verbände erfordert. Sie bündeln als Interessensorganisationen individuelle Partikularinteressen und stellen notwendige Kooperationspartner von politischen Entscheidungsträgern dar. Pluralismustheorien sind inputorientiert. Das Gemeinwohl entsteht regulativ, also durch die Berücksichtigung unterschiedlicher Individualbelange. Es ist *a posteriori*. Der Transformationsprozess entfaltet sich durch die wettbewerbsorientierte Inklusion möglichst aller Interessensakteure entweder als „Resultante eines Kräfteparallelogramms"[809] oder als „Präferenzgenese".[810] Allgemein gesagt, scheiden sich solche Vorstellungen in zwei Theoriefamilien: Die erste, die liberal-prozeduralistische Demokratietheorie verortet sich im anglo-amerikanischen Sprachraum. Sie ist gesellschaftszentriert und inputorientiert. Ihr wesentlichster Vertreter ist Robert Dahl. Die zweite Theoriefamilie mit Ernst Fraenkel als wesentlichsten Denker ist staatszentriert und –freundlich.[811]

---

806   vgl. Schaal/ Heidenreich 2009, 96; Holthaus/Noetzel 2012, 35 – 6; Habermas 1993, 401
807   vgl. von der Pfordten 2000, 500; ebenda 2004, 325
808   vgl. Holthaus/Noetzel 2012, 58; ähnlich Zakaria 1997
809   Schaal 2009, 266
810   ebenda, 267
811   vgl. Schmidt 2010, 212; Schaal 2009, 252; Schaal/ Heidenreich 2009, 136 – 7; Holthaus/ Noetzel 2012, 39; John Rawls als wesentlicher Vertreter des Liberalismus (vgl. beispielhaft Nida-Rümelin/Özmen 2006, 663; Schaal/Heidenreich 2009, 120 – 1) adressiert und affirmiert Pluralität im Kontext sozialstaatlicher Maßnahmen (vgl. beispielhaft Rawls 1996, 5 – 6 sowie 36; ebenda 1999, 98ff sowie 180ff; Nida-Rümelin/Özmen 2006, 657ff; Höffe 2013c), jedoch rezipiert die Fachliteratur ihn nicht im Sinne einer Pluralismustheorie. Dies mag daran liegen, dass Rawls Pluralismus in seiner Hauptschrift „*A Theory of Justice*" indirekt bespricht, indem er sich dem Gleichberechtigungsgedanken individueller Rechte zuwendet und erst später auf Pluralismus direkt eingeht (vgl. Rawls 1996, 36). Daher wird an dieser Stelle aus pragmatischen Gründen der Fachliteratur gefolgt und der rawlschen Theorie nicht weiter gefolgt, obgleich er auch als Begründer eines prozeduralistischen Liberalismus gilt (vgl. beispielhaft Bohmann/Rosa 2012, 131). Erst beim ‚alltäglichen Zusammenleben' wird er wieder eine Rolle spielen (vgl. Abschnitt D.3.3.4.).

Die liberal-prozeduralistische Demokratietheorie von Robert Dahl fragt nach der Organisation von heterogenen Gesellschaften.[812] Dem liberalen Gedankengut anhängend, definiert seine Theorie den Bürger als autonomes Wesen mit einem Selbstbestimmungsrecht, aus dem sich die gleichmäßige Beachtung seiner Individualinteressen und –freiheit im Entscheidungsprozess begründet. Er ist sich selbst der beste Richter über seine Interessen.[813] Dieses Selbstbestimmungsrecht entfaltet sich am erfolgreichsten innerhalb überschaubarer Mini-Gesellschaften, während es in größeren Gesellschaften wie in Nationalstaaten erschwert umzusetzen ist. Je komplexer eine Gesellschaft ist, desto komplizierter und unübersichtlicher wird die Einbindung aller Interessensakteure.[814] Hintergrund ist eine mögliche Verfestigung und Verstätigung von Machtstrukturen seitens weniger Gesellschaftsgruppen. Sie entwickeln eine dominierende Rolle im Willensbildungsprozess und exkludieren zunehmend schwächerer Akteursgruppen. Trotzdem favorisiert Dahl eine repräsentative Demokratie, deren Repräsentanten responsiv, also in ständiger Kommunikation mit den Interessensakteuren stehen.[815] Die Notwendigkeit der Repräsentation begründet sich durch den Bürger, der nicht auf allen Gebieten Experte sein kann. Seine Partizipation aktiviert sich durch seine Betroffenheit. Er organisiert sich in Gruppen bzw. Vereinen und Verbänden, wodurch der Erfolg seiner Partizipation von der Intensität der Teilhabe abhängt.[816] Daher sind folgende Kriterien für eine idealtypische Demokratie erforderlich, die die Kontrolle über die politische Agenda, gleiches Stimmrecht und Zugang zu Information inkludieren: 1) gewählte Repräsentanten; 2) freie, gerechte und regelmäßige Wahlen; 3) Ausdrucksfreiheit; 4) unabhängige Informationsquellen; 5) Versammlungsfreiheit; und 6) Einbeziehung aller Mitglieder des Demos.[817] Reale und unvollkommene Demokratien sind für Dahl Polyarchien, die je nach Ausprägung stark oder schwach sind.[818]

Mit dem Hintergrund der Weimarer Republik und des Nationalsozialismus entwickelt Ernst Fraenkel eine staatszentrierte und –freundliche Pluralismustheorie. Ihr liegt eine autonom-heterogene Gesellschaft zu Grunde, in der jedes Einzelinteresse existenzberechtigt ist. Dies erfordert eine verfassungsrechtliche Kodifizierung, in der unbeschadet etwaiger Individualinteressen, Konsens über regulative Prozesse

812 Eine ähnliche Pluralismustheorie zeigt sich bei Bobbio, der seine Theorie konsequent prozeduralistisch konzipiert (vgl. Schaal 2009, 272 – 3). Er perspektiviert die Sichtweise der Regierten, deren Stimme gleichgewichtet ist, regelmäßig an freien Wahlen teilnehmen. Es gelten Mehrheitsentscheidung unter Berücksichtigung des Minderheitenschutzes (vgl. Holthaus/ Noetzel 2012, 45ff). Aufgrund seiner Nähe zu Dahl wird er an dieser Stelle nicht weiterverfolgt.

813 vgl. Dahl 1989, 100 – 1; Holthaus/Noetzel 2012, 51 – 2

814 vgl. Dahl/ Tufte 1973, 30 – 40; Dahl 2006, 75ff

815 vgl. Hartmann 2012, 104

816 vgl. Dahl 1956, 101ff; ebenda 1971, 20 ff; Hartmann 2012, 103; Hartmann/ Meyer 2005, 117; Holthaus/Noetzel 2012, 51ff

817 Dahl 2006, 25

818 vgl. Dahl 1989, 93ff, insbesondere 100; Hartmann/ Meyer 2005, 120

zur Konfliktaustragung herrscht (nicht-kontroverser Sektor). Dagegen speist sich der kontroverse Sektor aus konfligierenden Partikularinteressen.[819] Die Transformation divergierender Einzelinteressen zu allgemein gültigen Entscheidungen gestaltet sich mittels autonomen Parteien und Interessenversverbänden, deren Aufgabe in der Interessensorganisation und der Verhinderung der Entwicklung despotischer Strukturen liegt. Hierzu dürfen sie nicht nur einzel-, sondern müssen auch zwingend allgemeinbezogene Interessen im Sinne eines kollektivorientierten Wertekodex vertreten.[820] Dem Staat obliegt es, jedem Akteur die Möglichkeit auf Interessensvertretung zu geben. Dementsprechend darf seine Aufgabe nicht darin verharren, jedem Partikularinteresse *de jure* in den Entscheidungsprozess einzubinden. Der liberale Rechtsstaat erweitert sich um den sozialen, der „die zusätzliche Aufgabe [hat], prophylaktisch die Entstehung politischer, wirtschaftlicher und insbesondere sozialer Bedingungen zu verhüten, aus denen eine Gefährdung rechtsstaatlicher Prinzipien zu erwachsen vermag,"[821] um „auf kollektiver Ebene zwischen den verschiedenen Gesellschaftsgruppen eine Waffengleichheit zu begründen [...]."[822] Der Staat sorgt auch „*de facto* über ausreichende autonome Macht [...], um sich gegenüber der Staatsmacht behaupten zu können."[823] Der Staat ist ein agnostischer[824], der Interessensheterogenität unterstützt.

Die Kritik an Pluralismustheorien zeigt sich mannigfaltig: Zum einen überbetonen sie das am Individuum geprägte Handeln gegenüber der Sozialisationskraft der Gesellschaft – trotz ihrer partiellen Orientierung am Kommunitarismus. Zum anderen ergeben sich bei ihnen geringe Partizipationsmöglichkeiten sowie einer rein rechtlichen Egalität bezüglich sozialer Ausgleichswege. Liberale Politiktheorien und Pluralismustheorien laufen Gefahr, die Sozialisationskraft von Gesellschaften zu vernachlässigen. Das Individuum entscheidet nicht nur auf der Basis seiner Individualinteressen, sondern auch auf der Grundlage gesellschaftsbezogener Ideen. „Wert- und Gerechtigkeitsvorstellungen bilden sich nicht durch individuell-rationale Kalkulationen aus, sondern über kollektive Moralvorstellungen."[825] Eine am Individuum und seiner Partikularinteressen orientierten Herrschaft negiert nicht gesellschaftsbezogene Entscheidungen. Die Interessen der Gesellschaft sind an die Interessen des Individuums zurück zu koppeln, um das Individuum in die Gesellschaft

---

819   vgl. Fraenkel 2011, 338 – 9; Holthaus/ Noetzel 2012, 42; Schmidt 2010, 221; die Grenze zwischen beiden Sektor ist aufgrund kulturellem Wandel variabel (Fraenkel 2011a, 243 – 6), jedoch ist der nicht-kontroverse Sektor stets größer als der kontroverse Sektor, da sich ansonsten gesellschaftliche Zusammenbrüche ergeben (ebenda, 245; Schmidt 2010, 221).
820   Fraenkel 2011b, 338 – 40; Schmidt 2010, 219; Holthaus/ Noetzel 2012, 42
821   Fraenkel 2011b, 343
822   ebenda 2011b, 342
823   ebenda, 2011c, 345
824   vgl. ebenda
825   Holthaus/Noetzel 2012, 55

zu re-integrieren (*Integrationsakt*).[826] Hieraus begründet sich die Anschlussfähigkeit liberaler Ideen an einem „gemäßigten praktischen Kommunitarismus."[827] Es gibt eine fehlende trennscharfe Abgrenzung der normativen Individualismus- von der normativen Kollektivismustheorie. Viel eher lassen sich liberale Ideen zwischen den beiden Theorien verorten – in Abhängigkeit ihrer Ausprägung.[828] So verweist beispielsweise Fraenkel auf Verbände und Vereine als wesentliche Akteure zur Mitgestaltung des Willensbildungsprozesses. Folglich ergibt sich das Problem einer gering ausgeprägten Partizipationschance des Individuums trotz seiner hohen Relevanz in Pluralismustheorien. Vielmehr drohen Pluralismustheorien zu einer *faktischen* Elitedemokratie zu werden, weil sich die Interessensakkumulation über Verbände und Vereine bildet und die Wähler nur die Auswahl zwischen konkurrierenden Elitemitgliedern haben.[829] Eine größere Möglichkeit partizipativer Teilhabe ermöglicht sich durch soziale Ausgleichswege, wobei dem Liberalismus ein Unvermögen vorgeworfen wird, einen wirklichen Wohlfahrtsstaat umzusetzen, um soziale Differenzen auszugleichen; zu sehr betont er individuelle Freiheiten – wie es sich beispielsweise in der Klärungsbedürftigkeit der Operationalisierung von Fraenkels „Waffengleichheit" und in Dahls hoher Marktliberalität zeigt.[830] Darüber hinaus ist ihre rechtliche Egalität (*Rechtsstaat*) um Gleichheit auf Güter und Arbeit ergänzungsbedürftig.[831]

Zusammenfassend zeigen sich Pluralismustheorien als geeignete Quelle, um das schülerbezogene Konzept ‚Meinungsvielfalt' zu deuten. Dahls sowie Fraenkels Theorie zentrieren eine heterogene Gesellschaftsstruktur, in der Interessensheterogenität den Willensbildungsprozess prägt. Hierzu zeigt sich die Pluralismustheorie von Fraenkel als geeigneter als die von Dahl. Obgleich beide Theorien der schülerbezogenen Denkfigur zu Meinungsvielfalt[832] zustimmen, kann Meinungsvielfalt um die soziale Komponente erweitert werden. Soziale Ausgrenzung erfährt in den Schülervorstellungen eine Negation.[833] Dieser Aspekt wird von Fraenkel mit dem sozialen Rechtsstaat beachtet – trotz der Klärungsbedürftigkeit seiner Waffengleichheit. Dahl hingegen bezieht sich zwar auf sozialen Ausgleich, um politische Gleichheit zwischen den Gesellschaftsschichten herzustellen. Er bleibt jedoch vage

---

826 vgl. von der Pfordten 2000, 512
827 vgl. ebenda 2004, 328
828 vgl. ebenda 2000, 505ff
829 Habermas 1993, 402; Schmidt 2010, 221; Holtaus/Noetzel 2012, 56; auf dieses Problem verweist beispielsweise Dahl (1989, 335ff) explizit und begründet dies mit der zunehmenden Komplexität politischer Lösungsfindung im Kontext unübersichtlicher Gesellschaften.
830 vgl. Sandel 2000, 252 – 3; Dahl 2006, 80; Schmidt 2010, 222;
831 Holthaus/Noetzel (2012, 57) verweist in diesem Zusammenhang auf Überlegungen der sozialen Demokratietheorie.
832 vgl. Abschnitt C.8.1.2.5.
833 vgl. Abschnitte C.8.1.2.2.; C.8.1.2.3.; C.8.2.1.

hinsichtlich ihrer Umsetzung und geht von egoistischen Handlungsmotiven seitens der höheren Gesellschaftsschicht aus.[834] Ferner stellt er fest:

> Zusammenfassend kann man sagen: Eine Marktwirtschaft fügt einigen Bürgern unausweichlich und häufig schweren Schaden zu. Durch die mit ihm verbundene ungleiche Verteilung der Mittel unter den Bürgern fördert die kapitalistische Marktwirtschaft auch unausweichlich die politische Ungleichheit unter den Bürgern eines demokratischen Staates. Doch ein modernes demokratisches Land verfügt über keine umsetzbare Alternative zur kapitalistische Marktwirtschaft.[835]

Diese Marktliberalität drückt sich in Dahls Hoffnung aus, dass eine wachsende Konsumkultur Bürger in eine wachsende Bürgerkultur transformiert und ihre Bereitschaft zur gesellschaftlichen Teilhabe erhöht.[836] Solche Auffassungen stehen Schülervorstellungen entgegen. Politikwissenschaftlich zeigt sich der Unterschied zwischen einem eher sozialorientierten Fraenkel und einem liberalem Dahl.[837] Folgelogisch ist Fraenkel geeigneter.

D.3.3.3. Auswahl der Fachliteratur zu ‚sozialer Gerechtigkeit'

Das schülerbezogene Konzept ‚soziale Gerechtigkeit' bezieht sich auf eine gegenseitige Unterstützung und einer hohen Bedeutung sozialer Verantwortung für alle Menschen, die unabhängig etwaiger Differenzen in kultureller, traditioneller und/ oder körperlicher als auch geistlicher Hinsicht sowie ihrer sozialen Stellung einen Anspruch auf Gleichbehandlung und guten Lebensbedingungen haben.[838] An diesem generellen Vorstellungskonzept, bei der soziale Gerechtigkeit gesellschaftlich-kollektiv konzeptualisiert wird, knüpft sich Individualverantwortung an. Die Individualverantwortung meint einen Ansporn an Menschen, sich stets weiterzuentwickeln. Die Gesellschaft soll soziale Gerechtigkeit in dem Maße gewährleisten, wie das Individuum motiviert ist, sich weiter zu entfalten.

In demokratietheoretischen Überlegungen finden sich unterschiedliche Ansätze, um soziale Gerechtigkeit zu fördern. Diese beziehen sich auf den Marxismus/ Sozialismus bzw. soziale Demokratie wie auch Kommunitarismus als auch die Kritischen Theorien der Frankfurter Schule bzw. Neomarxismus. Ideengeschichtlich entstanden Theorien zur sozialen Gerechtigkeit als Antwort auf die zunehmende Verschlechterung der proletarischen Arbeits- und Lebensverhältnisse während der Industrialisierung. Sie erhielten im Zuge der zunehmenden Auflösung autokrati-

---

834   vgl. Dahl 2006, 40
835   ebenda, 80
836   vgl. ebenda, 116ff
837   vgl. Hartmann/ Meyer 2005, 123 – 4
838   vgl. (auch im Folgenden) Abschnitte C.8.1.2.2.; C.8.2.1.4.; C.8.2.1.5.

scher bei gleichzeitiger Ausweitung demokratischer Staatsstrukturen am Ende des Ersten Weltkrieges im Lichte der erstarkenden Forderungen nach Liberalismus und Volkssouveränität, bereits beginnend im 17. Jahrhundert und sich weiterführend im 18. und 19. Jahrhundert[839], eine immer bedeutendere Rolle. Teilhaberechte hängte vom ökonomischen Erfolg bzw. dem sozialen Stand der (männlichen) Gesellschaftsmitglieder ab.[840] Zu dieser Zeit entstanden die ersten sozialen Demokratietheorien, die sich in radikale wie zum Beispiel den Marxismus/ Sozialismus im Sinne von Karl Marx und Friedrich Engels als auch reformpolitische Varianten wie beispielsweise Eduard Bernstein, Hermann Heller oder – zeitgenössischer – Thomas Meyer scheiden.[841] Die Kritische Theorien der Frankfurter Schule bzw. Neomarxismus wie der Kommunitarismus verorten sich zeitlich ins 20./ 21. Jahrhundert, als der Marktliberalismus erstarkte und gleichzeitig angesichts der Wirtschafts- und Finanzkrisen stärker unter Druck geriet.

Sehr lapidar ausgedrückt, ist der Ausgangspunkt des Marxismus die Kritik am Kapitalismus. Der Kapitalismus führte zu einer Kapitalbündelung bei den Produktionsbesitzern, also Unternehmern, was sich durch die „Entstehung großer Industrieoligopole (Monopolkapitalismus)"[842] weiter verschärfte und das Proletariat zur gesellschaftlichen Revolution veranlassen musste. Die Kapitalbündelung gründet und verstärkt sich durch eine Ausbeutung der Proletarier, die immer weniger Lohn erhalten und immer weniger von ihren Produktionen profitieren. Die Folge ist eine Entfremdung: Nicht nur identifiziert sich der Arbeiter nicht länger mit dem von ihm erzeugten Produkt, sondern wird durch seine Arbeitsleistung als Ware und nicht mehr als Mensch angesehen.[843] Dies gilt auch für die besitzende Klasse, aber diese „fühlt sich in dieser Selbstentfremdung wohl und bestätigt, weiß die Entfremdung als *ihre eigene Macht* und besitzt in ihr den *Schein* einer menschlichen Existenz [...]."[844] Ferner entsteht eine Akkumulation des Kapitals, was zu einer zunehmende sozialen und politischen Spaltung führt: Das Kapital konzentriert sich auf wenige Reiche, wodurch sich die proletarische Armut verschärft. Die Konfliktlösung ist eine Umkehrung der Eigentumsverhältnisse. Die dadurch zwingend erforderliche Diktatur des Proletariats führt zu einer Kollektivierung von Eigentum als auch einer notwendigen gesamtwirtschaftlichen Planung. Der demokratische Staat wird überflüssig, weil er als dem Bürgertum gehörendem Akteur zur Sicherung bourgeoisen

---

839 Beispielhaft sei auf die englische *glorious revolution*, den Amerikanischen Unabhängigkeitskrieg, der Französischen Revolution und der 1848/49er Revolution in Deutschland verwiesen.

840 vgl. beispielhaft Jahn 2004, 101ff; Schmidt 2010, 230 - 1; von Daniels 2012, 285ff; vgl. Ludwig 2012, 17ff

841 vgl. Schmidt 2010, 227 – 9; Saage (2005, 196ff) verdeutlicht die Differenz bei der Gestaltung des Entscheidungsprozesses zwischen der radikalen und reformpolitischen Ansätze der sozialen Demokratie.

842 von Daniels 2012, 286; vgl. von Beyme 2009, 351ff

843 vgl. Schaal/Heidenreich 2009, 183; Schweidler 2014, 153 sowie 167 – 8

844 Marx/ Engels 1958, 37 (Hervorhebungen im Original übernommen – ASK)

Eigentums zu verstehen ist. Er bedarf einer kompletten Auflösung.[845] Die Kontrolle der wirtschaftlichen Produktionsverhältnisse ist für die Gestaltung gesellschaftlicher Verhältnisse entscheidender als staatliche Strukturen, weswegen eine parlamentarische Demokratie zugunsten einer „radikaldemokratischen Identität von Herrschen und Beherrschten"[846] zu ersetzen ist, welche nicht in neue staatliche Strukturen münden darf. Vielmehr bedeutet die Diktatur des Proletariats die „Revolution des Proletariats in Waffen [...], das seine Macht anwendet, um den Staat aufzulösen und seine Feinde zu besiegen – nicht um einen neuen Staat, ein neues Unterdrückungsinstrument aufzubauen, dem man sich wieder anheimgeben dürfte."[847] Der Marxismus sieht die Erreichung sozialer Gerechtigkeit darin, den liberalen Staat nebst seiner marktwirtschaftlichen Gesellschaftsordnung zu überwinden.

In der Auflösung des Staates und einer totalen Befreiung überidealisiert Marx Gesellschaft mit ihren – auch ökonomischen – innewohnenden Friktionen und Strukturen; dadurch kann er nicht zur Deutung der Schülervorstellung dienen. In den Forderungen nach der Überwindung des Staates und der Ökonomie will er den marktwirtschaftlichen und politischen Liberalismus zugunsten einer totalen Befreiung der Menschen von allen Zwängen befreien und dadurch die menschliche Schöpferkraft freisetzen.[848] Dies aber setzt unter anderem eine unbegrenzte Verfügbarkeit von Bedarfsgütern voraus, wodurch gesellschaftliche Verteilungskonflikte vermieden werden. Eine solche Utopie ist jedoch unerreichbar; Bedarfsgüter sind stets begrenzt verfügbar. Dies ist aber „in Wirklichkeit ein Überideal, das hoch über den von ihm [Marx – Anmerkung von ASK] bekämpften Idealen schwebt. Und der Himmel ist mit der Erde nicht vergleichbar."[849] In der Realisierung des Kommunismus/ Sozialismus wird der Himmel auf der Erde „zum Keim einer Hölle."[850] Hierbei steht der Marxismus zur Deutung des Schülerkonzepts nicht nur die faktisch fehlende Umsetzungsmöglichkeit im Weg. Die interviewten Schüler stellen sich die Umsetzung von sozialer Gerechtigkeit nicht in der Überwindung des Staates vor; sosehr sie das Hierarchieverhältnis zwischen Politik und Bürger kritisieren, sprechen sie sich für eine repräsentative Staatsstruktur aus, die die Gesellschaftsordnung utopisch gestaltet. Der Staat dient als hilfreicher Akteur, um ein besseres Gesellschaftsleben zu realisieren. Eine solche Vorstellung widerspricht der marxistischen Lehre.

Während der Marxismus/ Sozialismus zur Zeit der Industrialisierung entstand, verorten sich zeitgenössischere Theorien im 20./ 21. Jahrhundert als Reaktion zum einen auf den zunehmenden Vormarsch des Kapitalismus im Rahmen des erstar-

---

845   vgl. Marx/ Engels 1958, 128; Meyer 2009a, 55ff; von Beyme 2009, 354ff; von Daniels 2012, 286
846   Saage 2005, 197; vgl. Marx 1966; Meyer 2009a, 56
847   Sartori 1997, 445; vgl. Saage 2005, 197
848   vgl. Sartori 1997, 439
849   ebenda, 440
850   ebenda, 452

kenden marktliberalen Konservatismus, zum anderen auf den stärker unter Druck geratenden, weil kaum noch finanzierbaren Wohlfahrtsstaat.[851] Aus dieser Perspektive verantwortet diese Entwicklung einerseits den Faschismus in der ersten Hälfte des 20. Jahrhunderts, andererseits die Degeneration sozialen Zusammenhalts im Zuge der Globalisierung, bei der sich beispielsweise international operierende Unternehmen aus national gestaltenden Sozialstrukturen verabschieden und sich durch Standortveränderungen kostengünstigere Produktionsmöglichkeiten (wie bsp. günstigere Arbeitskräfte) als auch zusätzliche Gewinngenerierungen (wie z.B. Steuerersparnisse) verschaffen. Hierbei verschärft sich die Diagnose solcher Theorien durch den Neoliberalismus, der durch Privatisierung und dem Rückbau wohlfahrtsstaatlicher Strukturen das Gemeinwohl verhindert, der Individualisierung Vorschub leistet und den staatlichen Einfluss auf die Gestaltung der Gesellschaft verringert.[852]

Die Kritische Theorie, deren materialistische Strömung aufgrund ihrer Kapitalismus-Kritik auch als Neomarxismus bezeichnet wird[853], beklagt eine Verschlechterung des sozialen Zusammenhalts, eine weiterhin existierende, durch ihre steigende Komplexität kaum sichtbare klassenorientierte Gesellschaft. Sie sieht die Verwirklichung von Demokratie in der Überwindung des Kapitalismus. So sehen Horkheimer und Adorno den Vormarsch des Faschismus in der Marktliberalität begründet. Der Kapitalismus führt durch seine Konsumorientierung zu einer mangelnden Mündigkeit und Abflachung politischer Partizipationsfähigkeit als auch der Unterdrückung von Freiheit – was auch für den Stalinismus gilt.[854] Der Kapitalismus verhindert – dies gilt auch für den liberalen Staat in der zweiten Hälfte des 20. Jahrhunderts – aufklärerisches Denken, welches aber die Freiheit des Individuums und der Gesellschaft voraussetzt.[855] Claus Offe diagnostiziert zum Beispiel am spätkapitalistischen Staat eine Widersprüchlichkeit zwischen den beiden Logiken ‚Politik'

---

851 An dieser Stelle sei nur äußerst punktuell auf die reformpolitischen Maßnahmen in Amerika (*New Deal* sowie *Great Society*), den Reformen von Margaret Thatcher in Großbritannien sowie die Agenda 2010 unter Gerhard Schröder in Deutschland verwiesen.

852 vgl. beispielsweise von Daniels 2012, 294ff; Nida-Rümelin 1999, 139ff; Meyer 2013; Hierin begründet sich beispielsweise die Diskussion um den liberalen Staat im Kommunitarismus als auch diskurstheoretische Überlegungen (vgl. van de Brink 1995). Diskurstheoretische Überlegungen ließen sich im Bereich der materialistischen Kritischen Theorie verorten, sind aber aufgrund ihrer weiteren Entwicklung – wie im Abschnitt zur Kritischen Theorie behandelt – inzwischen partizipatorisch zu betrachten.

853 Neben der materialistischen Strömung setzt sich die Kritische Theorie auch mit der Mehrheitsregel und der Transformation von Individualpräferenzen zu Kollektiventscheidungen auseinander (vgl. ausführlicher Schmidt 2010, 254ff).

854 vgl. Horkheimer 1988a, 58 - 9; ebenda 1988b, 308ff; Horkheimer/ Adorno 1971, 108ff; von Daniels 2012, 293; Bevc 2007, 48 sowie 110; Ludwig 2013, 17ff; im Gegensatz zur Kritischen Theorie – wie weiter unten behandelt – sieht der in der zweiten Hälfte aufkommende Neoliberalismus bzw. liberätere Demokratie im Sozialismus den Erfolg des Faschismus bzw. Nationalsozialismus begründet (vgl. Abschnitt 4.3.2.; Hayek 1950, 167ff, besonders 169).

855 vgl. Horkheimer/ Adorno 1971, 7ff; Bevc 2007, 49 sowie 108; Schweidler 2009, 170ff; Greven (1999, 80 – 1) führt aus, dass Adorno seine Kritik über den Zweiten Weltkrieg hinaus beibehält.

und ‚Wirtschaft'. Diese ergibt sich aus ihrer Eigenständigkeit und ihren Verschiedenheiten;[856] ferner aus den antagonistischen Interessen der Kapitalvermehrung durch Leistungsförderung und –forderung und eines wohlfahrtsstaatsorientierten Gemeinwohls im Sinne einer Umverteilung. Ferner kritisiert er den hohen Einfluss ökonomischer Akteure auf staatliche Entscheidungen, deren Druck sich liberale Staaten nicht entziehen können.[857]

Obgleich weitere Vertreter der Kritischen Theorie zu finden sind und alle Theoretiker fruchtbare Erkenntnissen für die Demokratietheorie liefern, zeigt sich das Problem der fehlenden durchgehenden Konsistenz der verschiedenen Theorieströmungen.[858] So beklagt Adorno beispielsweise eine fehlende Aufklärung, ohne aber darzulegen, wie die vorhandene „Ausbeutungs- und Unterdrückungsmaschinerie durch eine andere Weise der Produktion und Reproduktion zu ersetzen"[859] sei. Ferner ergeben sich Probleme nicht nur in der fehlenden Empirie hinsichtlich der vergleichenden Demokratieforschung; auch zeigt sich in der Kritischen Theorie – insbesondere in ihrem neomarxistischen Zweig – eine einseitige, zuweilen pauschale Kritik am Kapitalismus (wie Claus Offe) und am liberalen Verfassungsstaat (Horkheimer).[860] Letztere wird zwar immer mehr als Voraussetzung angesehen, aber eine pauschale Verurteilung des Neoliberalismus bleibt.[861] An der von Horkheimer entwickelten Ausgangsposition der Kritischen Theorie entzündet sich sogar die Kritik einer „antidemokratische[n] Tendenz, da sie nahe legt, dass nur eine bestimmte Klasse von Theoretikern eine fundierte Einsicht in gesellschaftliche Verläufe besitzt."[862] Insgesamt zeigen sich bei der Kritischen Theorie nur begrenzte Anknüpfungspunkte an das Schülerkonzept zur ‚sozialen Gerechtigkeit.'[863] Obgleich die

---

856 vgl. Offe 2003; von Daniels 2012, 299 – 300
857 vgl. Offe 1973; von Daniels 2012, 299 – 302; Schmidt 2010, 266 – 7
858 vgl. Greven 1999, 77; Hartmann/ Meyer 2005, 91 sowie 99; Schmidt 2010, 254; Greven (1994, 7ff) setzt sich diskursiv-kritisch mit der Kritischen Theorie und ihrer fachwissenschaftlichen Bedeutung auseinander
859 Bevc 2007, 110; Greven (1999) führt ausführlich aus, dass die Begründer der Kritischen Theorie (Theodor Adorno, Max Horkheimer, Herbert Marcuse) in ihrer Kritik am kapitalistischen Staat sehr wohl eine Konsistenz beibehalten. Jürgen Habermas als Nachfolger vollzieht eine Abkehr von der Kapitalismuskritik, weswegen er inzwischen eher als Theoretiker der partizipativen Demokratietheorie – wie auch in der vorliegenden Arbeit – einzuordnen ist. Hierdurch begründet sich für Greven (1999, 88) das „Fehlen einer Demokratietheorie nach heutigen Maßstäben" bei der Kritischen Theorie. Gleichzeitig konstatiert er (ebenda), dass in der Zeit der Globalisierung und den damit einhergehenden Vormarsch der Marktliberalität eine Trennung zwischen Kapitalismuskritik und Partizipationsmöglichkeit/-fähigkeit einer breiten Bevölkerungsmasse nicht Aufrecht erhalten bleiben kann und darf.
860 vgl. Schmidt 2010, 272; von Daniels 2012, 293 – 4 sowie 309 – 10
861 vgl. von Daniels 2012, 312
862 vgl. ebenda, 294
863 Zwar kritisieren die Schüler – wie auch die Kritische Theorie – den Kapitalismus, sehen aber nicht in seiner Überwindung die Verwirklichung von Demokratie; vielmehr wollen sie seine Zähmung durch einen Sozialstaat, der Menschen fördert und gleichzeitig fordert.

Schüler Kapitalismus, einseitige Leistungsförderung und Gewinnmaximierung kritisieren, fehlt der Kritischen Theorie die sich in den Schülervorstellungen zeigende Individualverantwortung. Die Kritische Theorie kann kein Deutungsgegenstand sein.

Der Zerfall des oben beschriebenen sozialen Zusammenhalts durch den Marktliberalismus ist auch Ausgangspunkt des in der zweiten Hälfte des 20. Jahrhunderts mehr und mehr in der Öffentlichkeit wahrgenommenen Kommunitarismus. Er forciert gesellschaftlichen Zusammenhalt und konzeptualisiert Ökonomie gesellschaftsorientiert, negiert einem an der Eigenverantwortung orientierten Marktliberalismus und affirmiert eine „Revitalisierung der Gemeinschaft"[864] als Antwort auf den notwendigen Rückbau des nicht länger finanzierbaren staatlichen Wohlfahrtssystems.[865] Aufgrund des im Kommunitarismus vertretenen Gemeinsinns, der sich aufgrund seiner bedingenden gesellschaftlichen Homogenität zu einem Totalitarismus entwickeln kann, negiert er nicht nur das politikdidaktische Zielfeld der Mündigkeit, sondern auch die von den Schülern eingeforderte Individualverantwortung. Der Kommunitarismus bietet sich nicht zur Untersuchung an.

Im Gegensatz zu den bisherigen Theorien zur sozialen Gerechtigkeit zeigt sich die reformpolitische Variante der sozialen Demokratie, die wie der Marxismus im 19. Jahrhundert entstand, einerseits kollektivistisch, andererseits individualistisch. Die Verwirklichung sozialer Gerechtigkeit ist geprägt durch eine staatliche Umverteilung liberalen und sozial-integrativen Charakters als auch mittels der Verwirklichung einer pluralistischen sowie rechtsstaatlichen Gesellschaftsordnung. Demnach entscheidet sich in einer Demokratie die Verwirklichung und Stabilisierung erfolgreicher Teilhabe darin, soziale Rechte wie auch ein gemeinsamer Zugriff auf kollektive Güter zu realisieren und abzusichern.[866] Dadurch entsteht eine für die friedliche, demokratische Gesellschaftsordnung positiv zu sehende soziale Homogenität. Partizipation beschränkt sich nicht nur auf den staatlichen Entscheidungsprozess. Vielmehr expandiert sie sich auf alle im Lebensbereich stattfindenden Willensbildungen wie beispielsweise in wirtschaftlichen und kulturellen Bereichen unter stetiger Berücksichtigung der Gewaltenteilung im Sinne eines liberalen Verfassungsstaates (Rechtsstaat, Pluralismus), um individuelle Freiheitsrechte zu realisieren und die Entstehung etwaiger diktatorischer Strukturen zu verhindern.

Als wesentliche Vertreter einer gemäßigten Theorie der sozialen Demokratie gelten Eduard Bernstein, Hermann Heller sowie Thomas Meyer. Eduard Bernstein versteht soziale Demokratie „als Ausweitung demokratischer Gleichberechtigung auf *immer mehr Subjekte* sowie als Ausweitung demokratischer Entscheidungsverfahren auf *immer mehr gesellschaftliche Funktionsbereiche* [...]."[867] Zentral ist die Vorstellung

---

864   Schaal/ Heidenreich 2009, 64
865   vgl. Nida-Rümelin 1999, 139ff sowie 148 – 9; Schaal/ Heidenreich 2009, 63ff; Abschnitt D.3.3.1.
866   vgl. Gombert et al. 2014; Meyer 2011; Nida-Rümelin 1999, 147 – 8; Schmidt 2010, 231ff
867   Kallscheuer 1986, 552 – 3 (Hervorhebungen im Original übernommen – ASK)

einer kompromissorientierten parlamentarischen Demokratie mit kooperativen Gewerkschaften und Unternehmen, die als Akteure mit pluralen Interessen gemeinsame Antworten auf soziale Fragen finden.[868] In dieser Tradition verortet sich Hermann Heller, der sich dem sozialen Rechtsstaat verschreibt. In der Entwicklung eines Wohlfahrtsstaates negiert er eine mögliche Verhinderung individueller Entfaltungsmöglichkeiten aufgrund von paternalistischen Staatsstrukturen. Er sieht im Wohlfahrtsstaat die Affirmation und Voraussetzung individueller Freiheitsrechte und der Verwirklichung differenter Lebensentwürfe. Demokratische Gesellschaftsordnungen mit ihren Verfahrensprozessen, die durch pluralistische und antagonistische Partikularinteressen geprägt sind, benötigen ein *fair play* auf der Grundlage eines gemeinsamen Bewusstseins. Dieser artikuliert sich besonders durch sozialen Ausgleich und einer sozialen Homogenität: „Solange an die Existenz einer solchen Homogenität geglaubt und angenommen wird, es gäbe eine Möglichkeit durch Diskussion mit dem Gegner zur politischen Einigung zu gelangen, solange kann auf die Unterdrückung durch physische Gewalt verzichtet, mit dem Gegner parliert werden."[869] Während sich Eduard Bernstein und Hermann Heller zeitlich in das ausgehende 19. Jahrhundert bzw. in der ersten Hälfte des 20. Jahrhunderts verorten lassen, stellt Thomas Meyer mit seiner „Theorie der sozialen Demokratie" eine weitaus aktuellere Sichtweise dar.

Thomas Meyer scheidet liberale Demokratie in die libertäre und soziale. Nur in der sozialen Demokratie gelingt aus seiner Sicht, Freiheitsrechte für alle Gesellschaftsmitglieder und damit soziale Homogenität zu realisieren. Sowohl die libertäre als auch die soziale Demokratie beziehen sich auf Rechtsstaatlichkeit, Demokratie mit Menschenrechten sowie den traditionell europäischen Liberalismus. Die libertäre und soziale Demokratie divergieren aber in ihrer sozialen Ausrichtung (*soziale Ungebundenheit vs. soziale Absicherung*), Teilhabemöglichkeit (*Begrenzung auf den politischen Bereich vs. Ausweitung von Teilhabe auf Politik und Gesellschaft*) und gesellschaftlichen Marktgestaltung (*selbst regulierender Markt vs. regulative und distributive Politik*).[870] Die soziale Demokratie soll im Zuge der Globalisierung auf die „Zurückerlangung demokratischer Entscheidungssouveränität auf globaler Ebene und zur weltweiten Einbettung der Märkte in politische, ökologische und soziale Verantwortungsstrukturen"[871] zielen. Dieses durch die Globalisierung zunehmend immanent gewordenes Ziel begründet sich im sozialdemokratischem Kompromiss[872]: Einerseits respektiert

---

868 vgl. Bernstein 1984; von Daniels 2012, 287 - 9
869 Heller 1992, 427; vgl.Heller 1992, 421ff; Schmidt 2010, 230; von Daniels 2012, 290 - 2
870 vgl. Meyer 2011, 16 sowie 35ff; ebenda 2009a 100ff; Gombert et al. 2014, 74ff
871 Meyer 2009a, 104; vgl. ebenda 2011, 395ff
872 Der Begriff des sozialdemokratischen Kompromisses legt die Nähe der Theorien der sozialen Demokratie zur Partei der Sozialdemokratie nahe – wie beispielsweise die Publikation von Bernstein (1984), Kellermann/ Meyer (2013) oder Gombert et al. (2014) zeigen. Sie ist insofern gerechtfertigt, als sich diese Partei – aber auch andere wie ökologische oder sozialliberale – am Konzept der sozialen Demokratietheorie orientieren und der fachwissenschaftliche Diskurs parteipoli-

die Arbeiterbewegung den Kapitalismus nebst marktwirtschaftlicher Ordnung und das Privateigentum an Produktionsmitteln; andererseits akzeptieren die Kapitalbesitzer Mitbestimmung sowie die „Mitfinanzierung eines umfassenden Sozialstaats, steigenden Löhnen und besseren Arbeitsbedingungen auf einen substanziellen, aber verhandelbaren Teil ihrer Eigentumsrechte"[873]. In dieser Lesart bedarf einer Gesellschaft eines sozialen Prozesses „der tatsächlichen, an einem von allen geteilten Begriff von Gerechtigkeit orientierten Vermittlung der gesellschaftlichen, vor allem auch sozial-ökonomischen Interessen." [874] Erst in einem Aushandlungsprozess zwischen kompromissbereiten Akteuren entsteht eine sozialgerechte Gesellschaft, bei der das „Primat der Demokratie über die Märkte, gleiche Bildungs- und Aufstiegs- und Beschäftigungschancen und ein die soziale Inklusion aller sicherndes Sozialsystem"[875] herrscht sowie negative und positive Freiheitsrechte miteinander verbindet.[876] Die soziale Demokratie zielt auf das Zusammenspiel von Freiheit, Gerechtigkeit und Solidarität[877], um einerseits dem Individuum seine persönlichen Entwicklungspotentiale entfalten zu lassen und andererseits die Gesellschaft sozial zusammenzuhalten.

Die Kritik an der sozialen Demokratietheorie erfolgt exemplarisch am Vorwurf der Zersetzung von Staatlichkeit und einer ineffizienten Gesellschaftsordnung. Die Zersetzung von Staatlichkeit zeigt sich durch eine Verschiebung des politischen in den nicht-politischen Bereich. Diese Unterscheidung zeigt sich in den Grundrechten eines jeden Menschen. Sie ist konstitutiv, gar eine Errungenschaft des liberalen Verfassungsstaats. Erst dadurch setzt er sich vom Absolutismus ab. Durch die Unterscheidung beider Bereiche werden Gesellschaftsmitglieder vor totalitären Herrschaftszügen beschützt.[878] So sehr diese Kritik in älteren Auffassungen ihre Berechtigung findet, geht es in der reformpolitischen sozialen Demokratietheorie darum, Freiheits- und Grundrechte zu verwirklichen. Beide Rechte bedürfen einer gewissen sozialen Homogenität und damit politischen Einfluss – unter stetiger Beachtung eines liberalen Verfassungsstaates. Nichtsdestotrotz erschwert die Ausweitung des politischen Einflusses auf den nicht-politischen Bereich eine effiziente Entscheidungsfindung. Die Anzahl von Vetospielern erhöht sich. Die soziale Demokratie „vergrößere mit zunehmenden Alter des politischen Systems sogar die Zahl und Stärke von Sonderinteressen, die ihren Eigennutz auf Kosten des Allge-

---

tische Debatten spiegeln – auch umgekehrt –, aber Wissenschaft und Politik operieren nicht deckungsgleich (vgl. Schmidt 2010, 231; Gombert et al. 2014, 6 – 14).
873   Meyer 2013, 258; vgl. ebenda, 257ff
874   ebenda 2011, 54
875   ebenda 2013, 262
876   vgl. Gombert et al. 2014, 27
877   vgl. ebenda, 67ff; Meyer 2011, 51
878   vgl. Hennis 1973

meinwohls maximierten und ohne Rücksicht auf die Produktion nur nach Verteilung strebten [...].‘“[879]
Diesen Abschnitt reflektierend, wurden zur Deutung des schülerbezogenen Konzepts verschiedene politische Theorien behandelt. Weder der Marxismus, die Kritische Theorie noch der Kommunitarismus zeigten sich deutungsrelevant. Die reformpolitische soziale Demokratie stellt jedoch eine gute Grundlage dar: Sie ist zum einen kollektivistisch veranlagt, weil sie marktregulativ ist und auf soziale Umverteilung abzielt; zum anderen ist sie individualistisch, insoweit sie individuelle Entwicklungsmöglichkeiten erlaubt. Die Theorie von Thomas Meyer, auch auf die Thematik der Globalisierung eingehend, ist nicht nur die aktuellste, sondern auch die bisher umfassendste.[880] Sie ist Gegenstand zur Deutung der Schülervorstellung zu sozialer Gerechtigkeit.
Aus untersuchungspragmatischen Gründen erfolgt die Untersuchung nicht anhand des Werks *Theorie der Sozialen Demokratie*, sondern entlang des Werks *Soziale Demokratie. Eine Einführung*. Beide Werke beziehen sich auf dasselbe Thema und stammen vom selben Autor, jedoch ist letzteres aufgrund seines Einführungscharakters zeitökonomischer zu analysieren.

D.3.3.4. Auswahl der Fachliteratur zu ‚alltäglichem Zusammenleben‘

Das schülerbezogene Konzept ‚alltägliches Zusammenleben‘ bezieht sich auf den enormen Einfluss von Politik auf Menschen. Dies konzeptualisiert sich in den gesellschaftlichen Verhältnissen, die Politik mittels Anreizsystemen und Regelungen steuert. Sie sollen sich an Utopien als auch am gesellschaftlichen Miteinander orientieren. Menschen sollen sich für Politik interessieren aufgrund ihrer gesellschaftlichen Gestaltungskraft. Hieraus ergeben sich die konkreten Auswirkungen von Politik auf den Alltag. Die abstrakte Darlegung des Einflusses konkretisiert sich bei zwei Schülern, die den Einfluss anhand von Gesellschafts- und Wirtschaftspolitik bzw. auf das Arbeits- und Schulleben aufzeigen.[881]
Im Gegensatz zu den bisher dargestellten schülerbezogenen Denkfiguren zeigt sich die hier behandelte Denkfigur von grundsätzlicher Natur. In ihrer Bedeutung von Politik auf den Alltag schaffen die Schüler einerseits die Begründung für das Interesse der Menschen am politischen Willensbildungsprozess, andererseits die Legitimation des politischen Transformationsprozesses. Die angedeutete Dualität zeigt sich in zirkulärer Gestalt: Politische Handlungen legitimieren sich in der Gestaltung einer gesellschaftlichen Utopie mittels Anreizsystemen und Regelungen begründet und erfordert das Interesse der Menschen für politische Handlungen.

---

879   Schmidt 2010, 233
880   vgl. ebenda, 231
881   vgl. Abschnitt C.8.1.2.1.

Anders formuliert, zeigen die Schüler auf, warum sich Menschen zu einer politischen Gesellschaft zusammenschließen und gemeinsame Handlungen vollziehen: Gesellschaftliches Zusammenleben ermöglicht dem Individuum ein gutes Leben, welches den Eintritt in eine Gesellschaft und ein Interesse am Zustandekommen allgemein gültiger Entscheidungen begründet.

Eine solche Vorstellung zeigt sich exemplarisch in älteren politischen Theorien wie bei Thomas Hobbes und John Locke[882], in der modernen politischen Theorie bei John Rawls. Diese Theoretiker begründen das Zustandekommen einer Gesellschaft durch den Natur- bzw. Urzustand. Dadurch entwickeln Menschen aus unterschiedlichen Gründen ein Interesse am gesellschaftlichen Zusammenleben.

Thomas Hobbes, der seine politische Theorie im Kontext erheblicher gesellschaftspolitischer Umbrüche (Bürgerkrieg, Oliver Cromwell) schrieb, gilt heute als Begründer der modernen politischen Theorie, zuweilen als Wegbereiter des modernen politischen Liberalismus[883]: Gesellschaft nebst staatlicher Ordnung begründet sich in einer freien Entscheidung von Menschen, sich einer Herrschaft unterzuordnen. Daraus ergibt sich zum einen die Legitimität, zum anderen die Verantwortung staatlichen Handelns. Diese Denkkonstruktion konkludiert Hobbes aus der Annahme eines vorgesellschaftlichen Zustandes: dem Naturzustand, in welchem sich die Menschen untereinander in einem andauernden Konflikt befinden.[884] Erst durch einen Vertrag entscheiden sie sich dazu, im Staat ein Machtmonopol zu schaffen und diesen anzuerkennen, sofern dieser ihnen Schutz und ein gutes Leben ermöglicht. „Der Staat verdankt seine Macht [...] einer Entscheidung des Menschen, und er rechtfertigt sich aus der Anstrengung, mit der er diese gegen die weiter bestehende menschliche Natur aufrechterhalten und sichern kann."[885] Indem der Staat als gesellschaftliche Ordnungsmacht jeden Menschen vor dem Naturzustand und vor einem permanenten Kriegszustand schützt, legitimiert sich der Staat in seinen politisch-absolutistischen Handlungen. Ein solcher Staat ist mit dem heutigen demokratisch-liberalen Staatsverständnis unvereinbar. Er kann weder aus Gründen des politikdidaktischen Zielfelds noch im Zusammenhang der hier ermittelten politikbezogenen Schülervorstellungen zur weiteren Deutung angewendet werden.[886]

---

882 E sei nur angemerkt, dass sich auch Rousseau (2004) mit der Überlegung des Transformationsprozesses von einem vorgesellschaftlichen zu einem gesellschaftlichen Zustand auseinandersetzt, jedoch wird dies an dieser Stelle nicht mehr weitergeführt, insoweit die Folge solcher Überlegungen in ein Totalitarismus münden und bereits weiter oben abgelehnt wurde (vgl. Abschnitt D.3.3.1.).

883 vgl. Schaale/ Heidenreich 2009, 89; Schmidt 2010, 57; dies begründet sich durch den von Hobbes als erstes entworfenen Kontraktualismus, der weniger von einer göttlich begründeten Herrschaft, vielmehr von einen freien, durch Vertrag geregelten Entschluss von Menschen bzgl. politischer Herrschaft ausgeht (vgl. Kersting 1994, 11ff)

884 vgl. Hobbes 1998, 82ff

885 vgl. Schweidler 2014, 95; Kersting 1994, 86ff

886 zur näheren fachwissenschaftlichen Kritik vgl. Schaal/ Heidenreich 2009, 89 – 91; Schmidt 2010, 49ff

Neben Hobbes entwirft John Locke eine auf dem Naturzustand beruhende politische Theorie. Sie setzt sich mit einem erstmals liberalen Verhältnis zwischen Herrscher und Beherrschten auseinander. Während sich Hobbes im angesichts des Bürgerkrieges einen absolutistischen Staat zur Befriedung der gesellschaftlichen Ordnung vorstellte, zielte Locke zur Zeit der *glorious revolution* sowohl auf die Begrenzung staatlicher Macht gegenüber den Beherrschten als auch die Sicherung des individuellen Eigentums. Bereits im Naturzustand sich selbst gehörend und dadurch frei sein, setzt sich der Mensch als freies Wesen mit der Natur auseinander, wodurch er „auf Kooperation angewiesen ist. Nur kooperierend lässt sich die Natur beherrschen."[887] Aus dieser Kooperation erwächst eine Gesellschaft nebst einer liberaldemokratischen Staatsordnung mit einer konstitutionellen Monarchie. Sie sichert Kooperation, indem sie jedem Menschen die Rechte auf Leben, Freiheit und Eigentum garantiert; nicht nur vor anderen Bürgern, sondern auch vor dem Staat: Jeder Mensch tritt in eine Gesellschaft ein „mit der Absicht [...], um damit sich selbst, seine Freiheit und sein Eigentum besser zu erhalten [...]."[888] Der sich daraus ergebende Rahmen staatlicher Handlung konkretisiert sich in dem von Locke favorisierten Nachtwächterstaat, der eine äußerst liberale Marktordnung verantwortet, Besitzlose als auch Arme benachteiligt und insbesondere Reiche bevorteilt. Eine solche Staatsidee widerspricht dem heutigen modernen Sozialstaat, der auf Umverteilung und Risikoschutz zielt.[889] Ein Sozialstaat ist erklärtes Ziel der politikbezogenen Schülervorstellungen, weswegen John Locke für die weitere Deutung ungeeignet ist.

In der modernen politischen Theorie griff John Rawls die Vertragstheorie nebst einem vorgesellschaftlichen Zustand auf, um das Zustandekommen einer auf distributiver Gerechtigkeit beruhenden liberalen Gesellschaft zu begründen. Den vorgesellschaftlichen Zustand nennt Rawls den Urzustand. Dort entscheiden sich Menschen hinter einem Schleier des Nichtwissens (*veil of ignorance*) deliberativ für eine Gerechtigkeitsvorstellung – also ohne Wissen über ihre gesellschaftliche Position, aber mit einer allgemeinen, aus dem Alltagswissen entliehenen Kenntnis über Gesellschaftsstrukturen (differente soziale Positionen; Regierungsformen; Verteilungsmöglichkeiten; Gerechtigkeitsgrundsätzen; etc.).[890] Davon ausgehend, selber sozial schlecht gestellt sein zu können und egoistisch, also als „rationale Nutzenmaximierer, die allen anderen Akteuren mit Gleichgültigkeit begegnen"[891] zu handeln, entscheiden sie sich für zwei lexikalisch geordnete Grundsätze:

887   Schaal/ Heidenreich 2009, 94
888   Locke 1977, 281; vgl. Schaal/ Heidenreich 2009, 94 – 5; Schweidler 2014, 111ff; Kersting 1994, 131ff
889   vgl. Euchner 1977, 42 – 3; Schaal/ Heidenreich 2009, 94;
890   vgl. Rawls 2014, 159ff bzw. 140ff
891   Schaal/ Heidenreich 2009, 112

Erster Grundsatz
Jedermann hat gleiches Recht auf das umfangreichste Gesamtsystem gleicher Grundfreiheiten, das für alle möglich ist.

Zweiter Grundsatz
Soziale und wirtschaftliche Ungleichheiten müssen folgendermaßen beschaffen sein:
  (a) sie müssen unter der Einschränkung des gerechten Spargrundsatzes den am wenigsten Begünstigten den größtmöglichen Vorteil bringen, und
  (b) sie müssen mit Ämtern und Positionen verbunden sein, die allen gemäß fairer Chancengleichheiten offenstehen.[892]

Die lexikalische Ordnung betont die Vorrangigkeit des ersten vor dem zweiten Grundsatz, sodass die Ausgestaltung des zweiten nicht zum Nachteil des ersten reichen darf. Der erste Grundsatz bezieht sich auf liberale Freiheitsrechte für alle, während der zweite Grundsatz Ungleichheiten zulässt, sofern sie zum Vorteil eines jeden Gesellschaftsmitglieds sind. Der zweite Grundsatz selbst ist lexikalisch geordnet ist.[893] Hieraus begründet sich einerseits die Zulässigkeit von Ungleichheiten, andererseits eine vom Staat durchgeführte, weil von den Menschen im vorgesellschaftlichen Zustand affirmierte distributive Gerechtigkeit (Unterschiedsprinzip). Letztere begründet sich aus der Zufälligkeit der Verteilung von Optionsmöglichkeiten, „weil niemand eine individuelle Schuld daran trägt, Talente *nicht* zu besitzen."[894] Die Zufälligkeit der Optionsmöglichkeiten negiert nicht die Zulässigkeit von Ungleichheiten. Das hohe liberale Gut vom Recht auf Verbesserung der eigenen Situation durch Eigenleistung ergänzt sich in der notwendigen Unterstützung der schlechter Gestellten – wie indirekt festgeschrieben im ersten Grundsatz. „Der intuitive Gedanke ist der, daß die Gesellschaftsordnung nur dann günstigere Aussichten für Bevorzugte einrichten und sichern darf, wenn das den weniger Begünstigten zum Vorteil gereicht."[895] Indem andere ihre günstigeren Aussichten nutzen, leisten sie einen Beitrag an weniger Begünstigte, also wird gesellschaftliche Umverteilung ermöglicht.[896] Der Urzustand begründet einen liberalen Staat, der Ungleichheiten durch distributive Gerechtigkeit zu mildern versucht.

Bei der Hebung des Schleiers zeitigen sich soziale Differenzen, aber auch, dem Faktum des Pluralismus folgend, differente Lebensentwürfe. Diese können zu einer gesellschaftlichen Zerfaserung (Desintegrationsprozesse) führen. Das Faktum des Pluralismus meint die Existenz differenter Vorstellungen vom Guten Leben, die sich antagonistisch entgegenstehen oder „nur noch einen kleinen Bereich überlap-

892 Rawls 2014, 336 (Hervorhebungen im Original übernommen – ASK)
893 vgl. ebenda, 31 - 2 sowie 81ff, insbesondere 336 – 7
894 Schaal/ Heidenreich 2009, 119 - Hervorhebungen im Original übernommen
895 Rawls 2014, 96
896 vgl. Kersting 2004, 75ff; Bevc 2007, 28ff; Schaal/ Heidenreich 117 - 9

pender Werte teilen."[897] Um unterschiedliche Vorstellungen vom Guten Leben zu zulassen und Desintegrationsprozesse zu verhindern, bedarf es einer Gesellschaft mit einem *overlapping consensus*[898], das sich in einer Verfassung mit *primary goods* manifestiert und den Staat als neutralen Akteur gegenüber vernünftigen und differenten Lebensentwürfen zeitigt.[899] Hieran artikuliert sich die Kritik, wonach Verfassungen „aus dem Schoß einer Gesellschaft stammen und somit Partikularität entfalten müssen. Eine ethisch neutrale Verfassung, die ausschließlich Prozedurales rechtlich kodifiziert, ist in Reinheit schwer vorstellbar."[900] Eine neutrale Verfassung ist unabdingbar für die Umsetzung der beiden Gerechtigkeitsgrundsätze.

In der von Rawls verfolgten Gerechtigkeitsvorstellung zeigen sich zwei Probleme: zum einen der Tautologievorwurf und zum anderen die Kritik eines begrenzten Ausgleichs von Ungleichheiten. Der Tautologievorwurf begründet sich in der Übermächtigkeit des Urzustandes, aus dem sich die beiden Gerechtigkeitsgrundsätze ergeben.[901] Die Konstruktion des Urzustandes ist allein entscheidend für die gesellschaftliche Gestaltung. Sie sollte folglich überzeugend sein, was sie aber *de facto* nicht ist: Der Urzustand leidet unter der akteursspezifischen Handlungsmotivation, die sich aus dem Prinzip der Nutzenmaximierung ergibt. Dieses Prinzip wird zuweilen als eine zu wenig plausible Handlungsmotivation angesehen. Sie ergibt sich aus keinen rationalen Gründen. Aus der Konstruktion des Urzustandes heraus ergibt sich nicht zwingend eine Situation, in der sich die Akteure für die Nutzenmaximierung aussprechen müssen.[902] Sie könnten sich für eine differente Gesellschaftskonstruktion entscheiden. Daraus können andere Gerechtigkeitsgrundsätze folgen.

Der Vorwurf eines begrenzten Ausgleichs von Ungleichheiten entstammt dem Schicksalsegalitarismus bzw. *luck egalitarianism*. Er lehnt jegliche nicht-selbstverschuldete Ungleichheit ab und akzeptiert nur aus der Eigenverantwortung ergebene Ungleichheiten. Cohen als prominentester Vertreter der Schicksalsegalitaristen bzw. *luck egalitarians*[903] favorisiert das Prinzip „equal *access* to advantage."[904] Er sieht im eigenverantwortlichen Handeln Ungleichheiten gerechtfertigt und grenzt sich von einer rein ressourcenorientierten Verteilungsgerechtigkeit.[905] Ungleichheiten sind ungerecht bei einem „*involuntary disadvantage* [...] for which the sufferer cannot be held responsible, since it does not appropriately reflect choices that he has made or

897   Schaal/ Heidenreich 2009, 122 - 3
898   Rawls 1998, 144ff
899   ebenda, 178ff; für die Liste vgl. ebenda, 181; Schaal/ Heidenreich 125 - 7
900   Schaal/ Heidenreich 2009, 128
901   vgl. ebenda, 119 - 20
902   vgl. Kersting 1994, 280 – 2; kritisch zum Differenzprinzip äußert sich Miller 2003, 90 – 1
903   vgl. Robeyns 2015, 1132; Miller 2014, 2; der Begriff *luck egalitarianism* taucht zuerst bei Anderson (1999, 289) auf.
904   Cohen 1989, 916 - Hervorhebungen im Original übernommen
905   vgl. ebenda, 920 - 1; Rinderle 2005; Grace 2013; Robeyns 2015, 1132 - 3;

is making or would make."[906] Menschen erhalten einen Ausgleich, wenn sie Ungleichheiten außerhalb ihres Verantwortungsbereichs erfahren. Dies unterscheidet die Schicksalsegalitaristen von Rawls. Rawls erscheint ein vollständiger Ausgleich von Ungleichheiten, die sich aus dem Schicksal ergeben, nicht notwendig. Dies widerspricht nicht nur dem ersten Grundsatz seiner Theorie, sondern es ist anzunehmen, die vom Schicksal benachteiligten Gesellschaftsmitglieder könnten von denen vom Schicksal bevorzugten profitieren. So erkennt Rawls einerseits ungleiche und nicht vom Individuum zu verantwortenden Lebenschancen – auch aufgrund gesellschaftsbedingter Verhältnisse – an, sieht aber die Möglichkeit, dass schlechter Gestellte von den besser Gestellten profitieren.[907]

Der Unterschied zwischen beiden Gerechtigkeitsvorstellung differenziert sich hinsichtlich von Vorlieben weiter aus: Rawls als Vertreter einer anhand von Ressourcenverteilung orientierten distributiven Gerechtigkeit sieht keinen Anlass zum Ausgleich von Ungleichheiten, die sich beispielsweise in teuren Vorlieben (*expensive tastes*) manifestieren. Dagegen fragen Schicksalsegalitaristen, inwieweit die Vorlieben das Resultat einer freien oder schicksalhaften Entscheidung ist. Im letzteren Fall handelt es sich um eine ungerechtfertigte Ungleichheit, die eines Ausgleichs bedarf.[908]

Diese wenn auch äußerst kurz gehaltene und vor allem exemplarische Darstellung[909] der unterschiedlichen Gerechtigkeitsvorstellungen offenbart die Kritik der Schicksalsegalitaristen an Rawls: Verteilungsgerechtigkeit sollte sich an der Frage der Eigenverantwortung des Individuums am Schicksal (Verantwortungsprinzip) orientieren, unabhängig dessen, ob schlechter Gestellte durch besser Gestellte direkt oder indirekt profitieren.

Im Schicksalsegalitarimus zeigen sich Probleme hinsichtlich ihres unscharfen Kerns sowie ihrer Deutungsfähigkeit der schülerbezogenen Vorstellung. Der unscharfe Kern zeigt sich beim Verantwortungsprinzip, welches nicht als alleinige Begründung von Gerechtigkeitsvorstellung dienen kann. Hierbei zeigt sich eine Schwierigkeit in der vom Cohen favorisierten *equal access to advantage*. Er kann den Begriff *advantage* nicht genau definieren.[910] Dieser ist jedoch entscheidend für seine Konzeption. Selbstverständlich ist ein solcher Begriff im höchsten Maße abstrakt und schwer zu fassen. Seine Abstraktheit problematisiert aber seine Umsetzung auf

---

906 Cohen 1989, 916 - Hervorhebungen im Original übernommen
907 vgl. Rawls 2014, 23ff sowie 96; eine ausführliche Erörterung erfolgt bei Rinderle (2005, 29ff)
908 vgl. zur Diskussion Anderson 1999, 293; Miller 2014, 18; Cohen 1989, 912ff
909 In Anbetracht der hohen Komplexität des Schicksalsegalitarimus, welche sich unter anderem in unterschiedlichen Strömungen zeigt (vgl. Cohen 1989 sowie 2011; Anderson 1999, 287; Arneson 2000; Rinderle 2005; Grace 2013), erfolgte hier eine wirklich kurze Ausführung, die aber darin geschuldet, aber auch gerechtfertigt ist, dass dieses Kapitel insgesamt nur einen Einblick in verschiedene Theorien zwecks der Findung von Deutungsmöglichkeiten der Schülervorstellungen geben will.
910 vgl. Cohen 1989, 920 - 1

real existierende Gesellschaften. Bediene man sich dem Prinzip der Eigenverantwortung, so ließe sich die Frage stellen, ab wann Eigenverantwortung greift und wie
sie zu messen sei. Das eigenverantwortliche Handeln, so sehr sie auch ihre Recht-
fertigung in der heutigen Gesellschaft findet, ist bei gesellschaftsbezogenen Wesen
immer nur begrenzt auf die eigene Willenserklärung bezogen. Handlungen begründen sich auch in Verpflichtungen – wie beispielsweise die Verpflichtung eines Va-
ters gegenüber seinem Kind.[911] „Das Verantwortungsprinzip ist nur ein *abgeleitetes*
Prinzip, dessen Plausibilität sich aus unterschiedlichen normativen Quellen speist
und dessen Reichweite in mehrfacher Hinsicht begrenzt ist."[912] Der Kern des
Schicksalsegalitarismus liegt im Verantwortungsprinzip, bleibt aber unscharf, insofern die Grenze der Eigenverantwortung unklar ist.

Unabhängig der Kritik am Verantwortungsprinzip stellt sich die Frage nach ihrer Vereinbarkeit mit der Schülervorstellung zum alltäglichen Zusammenleben. Sie
lässt sich einerseits mit dem Prinzip der Politik als Gestaltungskraft (Anreizsysteme
und Regelungen) in Einklang bringen, insofern sie Menschen animiert, für sich
positive Lebensumstände zu schaffen (Individualverantwortung beim Schülerkonzept ‚*soziale Gerechtigkeit*'). Anderseits konzipieren die Schüler als Kinder ihrer Zeit,
in der Verteilungsgerechtigkeit ressourcenorientiert aufgefasst wird, soziale Gerechtigkeit ökonomisch.[913] So sehr das Ziel des Schicksalsegalitarimus faktisch utopisch[914] zu verstehen ist – alle Menschen haben egalitäre Ausgangsmöglichkeiten
und sind ihre eigenen Glücksbringer –, stellt sich die Frage nach dem Interesse an
Politik. Warum sollten Menschen sich für die Gestaltungskraft von Politik interessieren, wenn ihre Handlungen dem Verantwortungsprinzip unterworfen sind? Die
Frage ließe sich zwar damit beantworten, dass die Menschen an der Gestaltung
einer egalitären Ausgangsposition für alle interessiert sind, jedoch fehlt den
Schicksalsegalitaristen eine theoretische Untermauerung. Sie verschärft sich darin,
dass Cohen in der politischen Philosophie unter anderem die Frage zu klären sieht,
was der Staat tun soll.[915] In solch einer Konzeption bilden die Gesellschaftsmitglieder keine zwingend aktive Akteure.

Im Gegensatz zum Schicksalsegalitarismus befürwortet Rawls eine ressour-
cenorientierte Verteilungsgerechtigkeit. Er gibt mit seinem Urzustand eine theoretische Fundierung für das Interesse der Menschen an der Gestaltungskraft von Politik; nämlich in der faktischen Übersetzung der beiden Grundsätze auf tatsächlich
vorfindbare gesellschaftliche Verhältnisse mit real existierenden Ungleichheiten.

---

911   vgl. Rinderle 2005, 28; weitere Beispiele zeigt Anderson (1999, 295ff) auf. Ihre Kritik wurde von
      Arneson (2000) aufgegriffen.
912   Rinderle 2005, 29 - Hervorhebungen im Original übernommen
913   vgl. Abschnitt 8.2.1.5.; auch bei den Schicksaleglalitaristen zeigt sich die Absicherung der Grund-
      bedürfnisse mittels ökonimischen Mindeststandards (vgl. Rinderle 2005, 25).
914   So auch Peter Niesen, Professor für politische Theorie an der Universität Hamburg, in einer Email
      vom 19. Juli 2015
915   vgl. Cohen 2011, 227

Das zu verfolgende Ziel ist die Etablierung eines politischen Liberalismus, der den bereits erwähnten *overlapping consensus* mit *primary goods* kultiviert und einen wertebezogenen Transformationsprozess unter ständiger Berücksichtigung der beiden Grundsätze schafft.[916] Die Gerechtigkeitsgrundsätze und ihre weitere Ausgestaltung ermöglichen im politischen Liberalismus einerseits die Umsetzung differenter Lebensentwürfe, andererseits gesellschaftliche Stabilitätsstrukturen. Sie bilden die Legitimität der gesellschaftlichen Ordnung.[917] Die Bürger bilden in einer solchen Konstruktion notwendige politische Akteure, insofern sie in ihrer Akzeptanz für die Gerechtigkeitsgrundsätze ihre Umsetzung durch den Staat gesichert wissen wollen. Staatliche Handlungen vollziehen sich in der Affirmation der Gesellschaftsmitglieder für diese staatlichen Handlungen.[918] Der Staat, der die Grundsätze wie auch immer umsetzt, beeinflusst den Alltag, was das Interesse der Bürger berührt. Dies kann utopisch verstanden werden, insbesondere wenn Rawls selbst von einem „highly idealized concept"[919] spricht. Rawls bildet damit eine gute Möglichkeit, dieses Schülerkonzept zu deuten.

Zusammenfassend konnten in diesem Abschnitt wesentliche Vertreter zur Deutung der schülerbezogenen Konzepte ermittelt werden. Von der Begründung für die Demokratietheorie als globaler Untersuchungsgegenstand über einen systematisch-diskursiven Auswahlprozess gelang die Spezifizierung des Untersuchungsgegenstands auf Fraenkel für das Schülerkonzept ‚Meinungsvielfalt', Habermas für ‚Mitbestimmung', Meyer für ‚soziale Gerechtigkeit' und Rawls für ‚alltägliches Zusammenleben'. Diese Theoretiker werden als bedeutend angesehen, um Schülervorstellungen deuten zu können. Sie verdeutlichen im Kontext der Schülervorstellungen ihre Interdependenz: Das Interesse der Menschen für Politik, welches mittels Anreizsystemen und Regelungen gesellschaftliche Utopie schafft, begründet sich im Urzustand und den darin gefundenen Gerechtigkeitsgrundsätzen (Rawls). Die Umsetzung dieses Ziels zeitigt sich in einem Transformationsprozess nicht nur pluraler, bei der unterschiedliche Meinungen aufgrund differenter Lebensvorstellungen zu beachten sind (Fraenkel), sondern auch sozial gerechter Art, welche sich in einer sozialen Homogenität (Meyer) zeigt. Soziale Homogenität meint die gesellschaftlich-kollektive Absicherung eines Guten Lebens für jedes Gesellschaftsmitglied unter Berücksichtigung der Individualverantwortung. Die Berücksichtigung pluraler Interessen verwirklicht sich in einem deliberativ gestalteten Entscheidungsprozess (Habermas).

---

916   vgl. Schweidler 2014, 197
917   ebenda
918   vgl. Rawls 1998, 37
919   Rawls 1998, 35; ähnlich Miller 2003, 89

D.3.4. Untersuchungsaufgaben

Neben einer begründeten Auswahl der fachwissenschaftlichen Literatur erfordert
die ‚Fachliche Klärung‘ auch, Untersuchungsaufgaben zu formulieren. Hierbei sind
nicht nur die bereits erwähnten orientierungsleitenden Fragen der ‚Fachlichen Klärung‘[920], sondern auch die aus den Schülervorstellungen heraus ermittelten politikbezogenen Denkfiguren wesentlich. Letztere ergibt sich folgelogisch aus der Spiegelung. Daher ist die Ausgangsposition des ersten Untersuchungsschritts, also ‚Erfassung der Lernerperspektive‘[921] konstitutiv für die ‚Fachliche Klärung‘:

> *Definierung eines demokratietheoretischen Politikbegriffs über die Erfassung von demokra-*
> *tietheoretischen Vorstellungen zur Deutung von Schülervorstellungen über einen idealtypischen*
> *Willensbildungsprozess.*

Aufgrund der Ergebnisse der empirischen Untersuchung ist die obige Leitfrage um
die Perspektiven...

1. ...der ‚Meinungsvielfalt‘ (Untersuchungsaufgabe I);
2. ...der ‚Mitbestimmungsmöglichkeit‘ (Untersuchungsaufgabe II);
3. ...der ‚sozialen Gerechtigkeit‘ (Untersuchungsaufgabe III);
4. ...der ‚Bedeutung für das alltägliche Zusammenleben‘ (Untersuchungsaufgabe
    IV)...

... zu ergänzen.

In der Bearbeitung der Untersuchungsaufgaben erfolgt ein Fokus auf die jeweilige Perspektive. Hierbei ist zu klären, welche i) themenbezogenen fachwissenschaftlichen Aussagen nebst ihrer Begrenztheit, ii) welche Genese, Funktion und
Bedeutung die fachlichen Begriffe in ihrem jeweiligen Kontext haben als auch iii)
welche Fachwörter verwendet werden und durch ihren Wortsinn unter Umständen
lernhinderlich oder –förderlich sind.

Hinsichtlich der Bearbeitung der vier Untersuchungsaufgaben sind von Überschneidungen in den verschiedenen Theorien auszugehen: Die Pluralismustheorie
von Ernst Fraenkel zielt auf die Einspeisung differenter Partikularinteressen in den
Transformationsprozess, was eine hohe Kommunikationsfähigkeit, also einen
deliberativen Aushandlungsprozess (Jürgen Habermas) nahelegt. Deliberative Aushandlungsprozesse zeigen sich darin, mannigfaltige, auch antagonistisch entgegen-
stehende Überzeugungen zu akzeptieren. Dies bedingt einen nicht-kontroversen
Sektor (Ernst Fraenkel), um Desintegrationsprozesse in Gesellschaften zu verhin-

---

920   vgl. Abschnitt D.2.2.
921   vgl. Abschnitt C.3.2.

dern. Dies erfordert soziale Homogenität (Thomas Meyer), die sich in einer Übereinkunft aller Gesellschaftsmitglieder legitimiert. Dieser Konsens kann das Resultat von Verhandlungen in einem vorgesellschaftlichen Zustand (John Rawls) sein. Solche Überschneidungen sind Ausdruck einer durch die Schülervorstellungen entwickelten und sich in der Auswahl der deutungsfähigen fachwissenschaftlichen Literatur weiter fortsetzenden innertheoretischen Kohärenz. Sie ermöglichen eine gegenseitige Befruchtung der jeweiligen Theorien, woraus sich eine Weiterentwicklung des subjektbezogenen Politikbegriffs ergibt; auch die Denkfiguren der Lernenden befruchten sich gegenseitig.

Rückblickend spezifizierte dieses Kapitel den Untersuchungsgegenstand der ‚Fachliche Klärung'. Nicht nur die Berücksichtigung von Primär- und Sekundärliteratur erfuhr eine Begründung, sondern auch die Textauswahl konnte diskursiv nachvollzogen werden. Ferner wurden die Untersuchungsfragen geklärt, sodass im Folgenden eine Inhaltsanalyse der einzelnen Quelltexte möglich sein wird.

D.4. Inhaltsanalytische Auswertung der einzelnen Quelltexte

Die Einzelauswertung erfolgt entlang der Schritte ‚Zusammenfassung', ‚Explikation' und ‚Strukturierung' und in der Reihenfolge ‚Mitbestimmung', ‚Meinungsvielfalt', ‚soziale Gerechtigkeit' und ‚alltäglichem Zusammenleben'. Die Einzelauswertung ermöglicht die Verallgemeinerung, die dann in einen demokratietheoretischen Politikbegriff mündet.

D.4.1. Untersuchung zu ‚Mitbestimmung' – Jürgen Habermas

Habermas, Jürgen 1998: *Faktizität und Geltung. Beiträge zur Diskurstheorie des Rechts und des demokratischen Rechtsstaats.* Suhrkamp Verlag, Frankfurt am Main.

D.4.1.1. Zusammenfassung

Das Buch *Faktizität und Geltung. Beiträge zur Diskurstheorie und des demokratischen Rechtsstaats* begründet die deliberative Demokratietheorie. Hier legt Habermas den Schwerpunkt auf einen durch kommunikative Rationalität und Vernunft geprägten Entscheidungsprozess. Er ist von Recht ummantelt. Er bewahrt und erweitert die private und staatsbürgerliche Autonomie. Im Entscheidungsprozess nimmt Öffentlichkeit eine wesentliche Rolle ein, die durch kommunikative Mittel wesentliche

Themen in das politische System einspeist, selber aber keine endgültigen Entscheidungen treffen kann.

Eine wesentliche Bezugsgröße spielt das moderne Recht. Das moderne Recht institutionalisiert Märkte sowie die Staatsgewalt und „speist [...] seine sozialintegrative Kraft letztlich aus Quellen der gesellschaftlichen Solidarität,"[922] indem es den Bürgern kommunikative Freiheit ermöglicht, grundsätzlich von Moral entlastet[923] und mittels Umgangssprache nicht nur die privaten und öffentlichen, sondern auch weitere, nicht-lebensweltliche Sphären miteinander verzahnt.[924] Habermas bezweifelt die Existenz voneinander abgeschlossener Systeme in einer Gesellschaft. Er geht von ihrer gegenseitigen Bezugnahme aus.

Das Recht zentriert die Autonomie des Bürgers, die sich in einem durch Gewaltenteilung und prozeduralistischen Verfassungsverständnis geprägten Rechtsstaat weiter konkretisiert. In der Affirmation einer sich verselbstständigen und dadurch in eine gesellschaftliche Totalität ausufernden Administration und Ökonomie adressiert der Rechtsstaat eine „effektive Ausübung der politischen Autonomie gesellschaftlich autonomer Staatsbürger."[925] Die Administration muss daher stets mit der Öffentlichkeit rückgekoppelt sein. Die Öffentlichkeit erzeugt selbst kommunikative Macht. Diese Rückkoppelung verhindert eine nur auf sich selbst bezogene Administration und Ökonomie. Vielmehr garantiert der Rechtsstaat dadurch einen unparteilichen, insbesondere auf Rationalität und Vernunft basierenden Entscheidungsprozess.[926] Ein prozeduarlistisches Verfassungsverständnis manifestiert sich insoweit, als es die Autonomie des Bürgers über die „Kommunikationsvoraussetzungen und Verfahrensbedingungen des demokratischen Gesetzgebungsprozesses"[927] definiert und die Verfassung als ein nie abgeschlossenes, stets unter Berücksichtigung historischer Ereignisse die Gegenwart normierendes „Projekt einer gerechten Gesellschaft"[928] versteht. Durch die stetige Veränderung des Rechts (einschließlich der Verfassung) zielt die Gesellschaft darauf, die private und öffentliche Autonomie zu erweitern.

Obgleich er die liberalen und sozialstaatlichen Rechtsparadigmen ablehnt, übernimmt Habermas die Zielsetzung beider Rechtsparadigmen für seine normative Theorie. Im Allgemeinen umfasst und definiert ein Rechtsparadigma das gesellschaftliche Verständnis aller Akteure.[929] Eine Entscheidung für negative *oder* positive Freiheitsrechte negierend, betont Habermas die von der Gesellschaft zu leistende und zu garantierende Autonomie hinsichtlich des privat aber auch gesellschaftlich

---

922 Habermas 1998, 59
923 vgl. ebenda, 150
924 vgl. u.a. ebenda, 74 sowie 429
925 ebenda, 217; vgl. ebenda, 105ff
926 vgl. ebenda, 592ff
927 ebenda, 320; vgl. ebenda, 347
928 ebenda, 464
929 vgl. ebenda, 472ff

agierenden Bürgers.[930] Folglich sind beide Freiheitsrechte in dem Maße zu gewährleisten, wie sie nötig sind, dem Einzelnen autonome Handlungen in der Gesellschaft im privaten wie öffentlichen Sinne zu ermöglichen. Dies als Zielpunkt des Meinungs- und Willensbildungsprozess nehmend, hat die Gesellschaft Chancengleichheit zu gewährleisten. Chancengleichheit schlägt sich dann in entsprechenden Grundrechten und ihrer weiteren Ausgestaltung nieder. Sie mündet in einer rechtlich institutionalisierten, politisch eigenständigen Rechtsetzung.[931]

Der in dieser Demokratietheorie verfolgte Prozeduralismus versteht Rechtsetzung nicht als ein starres, sondern vielmehr flexibles Gefüge von Normen. Dadurch verhält sich ein Rechtsparadigma zu gesellschaftlichen Gegebenheiten flexibel.[932] Es zeitigt sich weiter in entsprechenden Normen, die trotz ihrer Flexibilität und der Ermöglichung guter Entscheidungen für unterschiedliche Fälle insgesamt ein kohärentes System bilden.[933]

Sosehr Habermas Autonomie und Selbstbestimmung favorisiert, lehnt er radikaldemokratische Tendenzen ab, insofern die Öffentlichkeit eine „intermediäre Struktur zwischen den politischen System einerseits, den privaten Sektoren der Lebenswelt und funktional spezifizierten Handlungssystemen andererseits vermittelt."[934] Sie nimmt wesentliche Themen aufgrund ihrer verzweigten Struktur in der in Vereinen und Verbänden organisierten Gesellschaft auf. Sie speist Themen mittels eines Agenda-Settings („Kampf um Anerkennung"[935]) in das politische System ein. Themen werden erst durch die Entstehung eines gesellschaftlichen Problembewusstseins institutionalisiert entschieden. Durch die Rückkoppelung des politischen Systems mit der Öffentlichkeit garantiert sich eine wechselseitige Bezugnahme, wodurch verschiedene Interessen im Entscheidungsprozess berücksichtigt und Kompromisse ermöglicht werden. Das politische System kann Themen nur unter der Voraussetzung setzen, wenn es gelingt, die laienhafte Öffentlichkeit zu überzeugen.[936] Hierdurch begründet sich die enorme Bedeutung der Zivilgesellschaft, die in „der Verständigungspraxis der Staatsbürger ihre Integrationskraft und Autonomie sichern."[937]

Wegen der freigesetzten Kommunikationsabläufe gelten Moral, Rationalität und Verfahrensrecht als kommunikativer Rahmen, um die Legitimität politischer Entscheidungen sicherzustellen. Rationalität und Verfahrensrecht regulieren Kommunikation, sodass alle zu berücksichtigen Interessen Einklang finden. Dabei zieht

---

930 vgl. ebenda, 491ff sowie 537
931 vgl. ebenda, 134ff sowie 155 - 7
932 vgl. ebenda, 272
933 vgl. ebenda, 307ff
934 ebenda, 451
935 ebenda, 382; vgl. 374ff; 439ff; 453ff; 527ff
936 vgl. ebenda, 439ff
937 ebenda, 327; vgl. u.a. 453ff;

322 D – ‚Vom demokratietheoretischen Politikbegriff'

Habermas das Gerichtsverfahren als Beispiel heran.[938] Die Regulation kommunikativer Abläufe begründet sich darin, dass sich die Legitimation deliberativer Politik allein im „Niveau der öffentlichen Debatte"[939] zeigt. Die Legitimität zeitigt sich in der Moral: Wesentliche Bezugspunkte der Legitimation bilden Gerechtigkeit, Solidarität und Ethik einer sich selbstverantwortlichen Lebensgestaltung bezogen auf das Individuum sowie der Gesellschaft.[940]

Die deliberative Demokratietheorie benötigt eine entsprechende politische Kultur. Die politische Kultur ist liberal, egalitär und für Probleme sensibel.[941] Sie affirmiert dadurch nicht nur eine gesellschaftliche Selbstbezüglichkeit bezogen auf ihre eigene Kultur, sondern auch die Integrationsfähigkeit von Menschen, die einer fremden Kultur angehören.

D.4.1.2. Explikation

Die deliberative Demokratietheorie von Habermas erhält durch ihren Fokus auf einen rational-moralischen Diskurs zur Findung politischer Problemlösungen, der sich besonders zwischen Öffentlichkeit und politischem System vollzieht, ein besonders Gewicht für die vorliegende Studie. Dies gilt ferner für die Zentrierung des Autonomiebegriffs, der über ein rein sozialstaatliches bzw. liberales Verständnis von Gerechtigkeit hinausgeht. Der Autonomiebegriff ermöglicht eine weitere Perspektive auf Gemeinwohl als auch egalitärer Partizipationsmöglichkeiten. Die sich zeitigenden Probleme beziehen sich auf eine auf menschliche Vorerfahrung basierende, unter Umständen vorurteilsbehaftete Diskursfähigkeit, eine aufgrund von Globalisierung entstehende entgrenzte Öffentlichkeit, eine Gleichsetzung von Moralität und Autonomie mit den fragwürdigen Folgen, unfähig zur Unmoral zu sein sowie Diskursbereitschaft zu überidealisieren.

Ein zentrales Element der deliberativen Demokratietheorie ist der im Rahmen von Institutionen eingebettete herrschaftsfreie Diskurs. Er adressiert egalitäre und effektive Partizipation als auch eine höhere Legitimität politischer Entscheidungen, scheitert jedoch in der faktischen Umsetzung. Effektive, aber auch egalitäre Entscheidungsprozesse können nicht in permanenten Vollversammlungen aller Bürger stattfinden. Dies ist bereits auf kommunaler Ebene höchst schwierig und auf nationaler, geschweige denn internationaler Ebene unmöglich umzusetzen. Der zwischen politischem System und Öffentlichkeit stattfindende Diskurs zwischen gleichen Bürgern erhält dadurch eine immense Bedeutung. Deliberation richtet sich bei Habermas gegen eine sich zu sehr verselbstständigende Administration und Markt-

---

938 vgl. 239ff; 281ff
939 ebenda, 369
940 vgl. ebenda, 124ff; 491ff; 541ff
941 vgl. 626 - 31

wirtschaft[942], aber ein geltender herrschaftsfreier Diskurs ist faktisch kaum umsetz-bar. Abgesehen von sozialen Differenzen, die – wie weiter oben erwähnt[943] – kom-munikative Macht unterschiedlich verteilen, selektieren Menschen Informationen anhand ihres Vorwissens. Sie sind zuweilen unfähig, sich auf neue Informationen einzulassen, denn „people with different pre-existing opinions and partisan orienta-tions are unlikely to respond the same way to a given argument, regardless of its inherent rationality and appeal."[944] Den Eintritt in einen Diskurs mit solch einem Vorwissen verschärft sich hinsichtlich möglicher Vorurteile: Eigenschaften wie Gruppenzugehörigkeit, Geschlecht, soziale/ berufliche Position, Herkunft und Hautfarbe spielen in der menschlichen Wahrnehmung eine Rolle, sodass Argumen-te aufgrund dieser Eigenschaften auf- oder abgewertet werden.[945] Weitere Anwen-dungsprobleme zeigen sich: zum Beispiel ein zeitlich und räumlich begrenzter Ar-gumentationsaustausch, unterschiedlich ausgeprägte Argumentationsfähigkeiten sowie die Begrenztheit diskursiver Prozesse bei Gewaltanwendungen als auch die Unfähigkeit, partizipative Ungleichheiten auszugleichen.[946] Die sich in den Anwen-dungen offenbarenden Schwierigkeiten sollen zeigen, wie herausfordernd die Dis-kurstheorie in ihrer faktischen Umsetzung ist. In der Deliberationstheorie „bildet das diskursive Niveau der öffentlichen Debatte die wichtigste Variabel."[947] Ohne Frage ermöglicht ein Austausch von Argumenten, nicht nur die Diskursfähigkeit aller Beteiligten zu fördern, sondern auch gehaltvollere Ergebnisse zu erzielen, als wenn die Entscheidung bei wenigen liegt.[948]

Die Legitimität politischer Entscheidungen entscheidet sich darin, inwiefern die Öffentlichkeit Entscheidungen akzeptiert. Die Öffentlichkeit trägt politische Problemlagen an das politische System heran und löst diese in einem gemeinsamen Aushandlungsprozess. Die Willensfindung hängt von der Überzeugungskraft des politischen Systems gegenüber „eines egalitär zusammengesetzten Laienpubli-kums"[949] ab. Die vorausgesetzte Autonomie sichert die Zivilgesellschaft, die die Öffentlichkeit vor dem Einfluss von Administration und Ökonomie bewahrt. Mit-tels eines „»Kampf um Anerkennung«"[950] speist die Öffentlichkeit nur gesellschafts-relevante Probleme in das politische System ein. Dieser für komplexe Gesellschaft fraglos relevanter Filter, um (un-)wichtige, also (nicht) entscheidungsbedürftige Themen zu selegieren, erhält insofern eine undemokratische Eigenschaft, als unter-schiedliche Ressourcenverteilungen und gesellschaftliche Positionen die Möglichkei-

---

942   vgl. beispielhaft Habermas 1998, 519 sowie 532ff
943   vgl. Abschnitt D.3.3.1
944   Mutz 2008, 534
945   vgl. beispielhaft Sanders 1997, 351ff; Landemore 2013, 120ff
946   vgl. Thompson 2008, 509; Reese-Schäfer 2013, 89 – 90
947   Habermas 1998, 369
948   vgl. Sanders 1997, 359; Thompson 2008, 512; Landemore 2013, 234 - 5
949   Habermas 1998, 440
950   ebenda, 382

ten der Themensetzung unfair verteilen. Dieser Befund verschärft sich durch die Zunahme medialer Kanäle (Vielzahl an Radio- und Fernsehstationen sowie Internet), die den Konkurrenzkampf um Anerkennung äußerst erschweren und eher die Qualität der Darstellung als die der thematischen Lösungsbedürftigkeit belohnen.[951]

Neben der Einflussnahme öffentlicher Debatten sei die Frage nach Öffentlichkeit-*en* im Rahmen der Globalisierung adressiert. In der immer weiteren Verlagerung politischer Entscheidungen auf supranationaler bzw. internationaler Ebene verändert sich nicht nur die Öffentlichkeit, die aus Staatsbürgern vieler Nationen besteht. Es verschiebt sich auch die Frage nach Legitimität und Effektivität. Eine über Staatsgrenzen hinausgehende, also entgrenzte Öffentlichkeit setzt sich aus Mitgliedern mit unterschiedlichen Rechten, Kulturen und Sprachen zusammen, die sich mit Entscheidungen verschiedener Regierungen (wie bsp. Freihandel, Umweltabkommen etc.) und über Staatsgrenzen hinaus operierenden Unternehmen (globaler Kapitalismus) konfrontiert sieht.[952] Infolgedessen könnte eine Neudefinition von Öffentlichkeit weniger über die Staatsbürgerschaft als vielmehr über Betroffenheit ein Weg zur Legitimität eines sich verstärkt globalen Willensbildungsprozesses sein. Hierbei bleibt Effektivität, also die faktische Umsetzung solcher Entscheidung noch ungeklärt „- und zwar sowohl negativ, indem sie private Macht zügelt, als auch positiv, indem sie Probleme löst und das Zusammenleben organisiert."[953] In diesem Zusammenhang wäre auch die Form zivilgesellschaftlichen Handelns unter Umständen neu zu definieren[954], bei denen NGOs eine zunehmende Schanierfunktion zwischen der entgrenzten Öffentlichkeit und transnationaler Entscheidungsstrukturen und Institutionen einnehmen.

Indem er die Öffentlichkeit als wesentlich für die Legitimität von Entscheidungen ansieht, rückt Habermas zwar in die Nähe einer radikaldemokratischen Theorie, entkräftet dies jedoch über ein als Normgeber fungierendes politisches System. Die Beteiligung an der Rechtsgenese legitimiert sich in der Rückkoppelung von Entscheidungen an die autonome, nicht-vermachtete Öffentlichkeit. Sie signalisiert Zustimmung oder Ablehnung. Recht legitimiert sich in der Akzeptanz von beiden Sphären. Dies ist ein wichtiger Hinweis auf die Zufriedenheit einer Bevölkerung und ihrer Motivation, in einem politischen System zu partizipieren.

Das Recht (und die Rechtsetzung) leistet durch moralische Entlastung eine sozialintegrative Kraft, jedoch ist es möglicherweise blind gegenüber moralischem Fehlverhalten. Ein System von Rechten ermöglicht über Solidarität gesellschaftliche Ordnung, indem es den Bürgern Selbstbestimmung erfahren lässt sowie Marktwirtschaft und Verwaltung organisiert. In der Verknüpfung von Moral und Recht wird

---

951   vgl. beispielhaft Schweidler 2014, 178 - 9
952   vgl. Fraser 2007, 238 - 45
953   vgl. ebenda, 251; vgl. ebenda, 248 - 52
954   vgl. beispielhaft Nanz/Steffek 2007 sowie im Allgemeinen für das Thema vgl. Niesen/ Herborth 2007b

der Bürger entlastet, insofern er nur noch Rechtsgehorsam zeigen muss.[955] Das Recht selbst ist mit den Menschenrechten verbunden, insofern Demokratie und Menschenrechte gleichursprünglich sind.[956] Hierbei gilt ein Zusammenhang zwischen Menschenrechten, die private Autonomie ermöglichen, und Volkssouveränität, die öffentliche Autonomie adressiert. Dieser Zusammenhang legt die wichtige Perspektive auf ein ergänzungsbedürftiges Verhältnis zwischen Individuum und Gesellschaft. Sie stehen nicht in Konkurrenz zueinander, sondern bedingen sich gegenseitig. Autonomie ist Voraussetzung und Ziel deliberativer Politik. Autonomie äußert sich prozeduralistisch in der gemeinsamen, wenn auch nicht radikaldemokratischen Entscheidungsfindung, die Recht setzt. Recht objektiviert dabei Moral. Moral und Unmoral entstehen in der gemeinsamen Rechtsetzung zwischen Individuum und Kollektiv und manifestieren sich im positiven Recht. Radikal gedacht, sind moralische Vorstellungen nur gültig, wenn sie sich im positiven Recht äußeren. Ansonsten entsprechen sie nicht einer gesellschaftlich anerkannten Moralvorstellung. Positives Recht setzt Moralität und Autonomie gleich.

In der Gleichsetzung von Moral und Autonomie löscht sich die Möglichkeit aus, aus freier Entscheidung unmoralisch zu handeln. Dies verhindert Sanktionsmöglichkeit. Autonomie als Voraussetzung und Ziel deliberativer Politik äußert sich in einen von moralischer Einsicht geleiteten Willen, eingerahmt von praktischer Vernunft: „Ein autonomer Wille *gibt sich* nur vernünftig begründete Gesetze; und die praktische Vernunft *entdeckt* nur Gesetze, die sie zugleich entwirft und vorschreibt."[957] Wenn der autonome Wille zu vernünftigen Gesetzen führt, kann sich der autonome Einzelne nur vernünftig und folglich moralisch entsprechend verhalten. Frei entscheidet er sich nicht zum unmoralischen Handeln; aber nur aufgrund seiner freien Entscheidung zur Unmoral kann sein Verhalten sanktioniert werden. „Die Gleichzeitung von Autonomie und Moralität führt dazu, dass es unter diesen Umständen eigentlich keinen zurechenbaren Willen zum unmoralischen Handeln [...] geben kann."[958]

Die Fähigkeit zur Autonomie führt zur Diskursbereitschaft. Diese streckt sich nicht nur auf die individuellen Gesellschaftsmitglieder, sondern auch auf die jeweiligen ökonomischen und politischen Institutionen aus. Obgleich der *geltenden* Relevanz des Systems von Rechten für die Rechtsetzung und der Zielsetzung privater wie staatsbürgerlicher Autonomie bleiben die Kommunikationsabläufe und Entscheidungsfindung abhängig von der Diskursbereitschaft. Diese ist insofern idealistisch, als sich antagonistische Interessenslagen und differente Machtmöglichkeiten die Kompromissbereitschaft *faktisch* behindert. „Ist der Politiker, der sich durch Lüge an der Macht hält, wirklich nur an der Verbesserung der Anwendungsbedin-

---

955 vgl. Habermas 1998, 150
956 vgl. Schaal/Heidenreich 2009, 231
957 Habermas 1992, 145 (Hervorhebungen im Original übernommen – ASK)
958 Reese-Schäfer 2013, 98; Schönrich 1994, 116ff sowie 134ff

gungen für Moral interessiert, oder folgt er uneingestandenermaßen auch – oder sogar nur – seinem eigenen Machtinteresse?"[959] Die eingeforderte Diskursbereitschaft bedarf einer politischen Kultur, die Habermas zwar definiert[960], aber in ihrer realen Existenz nicht zwingend den eingeforderten Idealismus bewahrt. Dieses Problem verschärft sich im Hinblick auf die notwendige Diskursfähigkeit des Einzelnen.

Zusammenfassend zeigt sich in der vorliegenden deliberativen Demokratie eine idealistische Theorie, die mit ihrem Fokus auf Diskurs, Autonomie, Moralität und Recht einen wichtigen Beitrag zu Formen der Mitbestimmung leistet. Ihr Idealismus erschwert ihre Umsetzung auf Realität, ermöglicht aber, Herausforderungen einer gelingenden Partizipation offenzulegen.

Hinsichtlich der Begriffe zeigen sich Legitimation, Öffentlichkeit, private und öffentliche bzw. staatsbürgerliche Autonomie sowie ein Zusammenhang zwischen Menschenrechten und Volkssouveränität als auch politische Kultur, Zivilgesellschaft und Rechtsstaat als grundsätzlich lernförderlich. Lernhinderlich ist ein Begriff wie die kommunikativ verflüssigte Souveränität. Sie meint einen zwischen der nichtvermachteten Öffentlichkeit und dem vermachteten politischen System stattfindenden kommunikativen Entscheidungsprozess. Als Alternative könnte fungieren: *Souveränität, die sich in der Diskussion und Akzeptanz zwischen Öffentlichkeit und dem politischen System zeigt.* Deliberation ist zwar ein zuweilen bekannter, aber nicht alltäglicher Begriff; *Diskussion* als Alternativbegriff wäre geeigneter. Auch das prozeduralistische Rechtsverständnis wäre gegen einen *Gesetzgebungsprozess, der im stetigen Interessensaustausch stattfindet,* auszutauschen.

---

959   Schönrich 1994, 118
960   vgl. Habermas 1998, 626ff

D.4.1.3. Einzelstrukturierung

	Konzept: kommunikatives Handeln		
	Definition der Kategorie	**Ankerbeispiel**	**Quelle**
+	Akzeptanz von Geltungs-ansprüchen auf kontextabhängigen Akzeptalität von Gründen durch bessere Gründe/ Lernprozessen entwertet	Die in die gesellschaftliche Realität einbrechende ideale Spannung geht darauf zurück, dass die Akzeptanz von Geltungsansprüchen, die sozialen Tatsachen erzeugt und perpetuiert, auf der kontextabhängigen Akzeptabilität von Gründen beruht, die stets dem Risiko ausgesetzt sind, durch bessere Gründe und kontextverändernde Lernprozesse entwertet zu werden (S. 52, Z. 33 - S. 54, Z. 31).	S. 24, Z. 5 - S. 37, Z. 12 S. 52, Z. 33 - S. 54, Z. 31

	Konzept: legitime Ordnungen		
	Definition der Kategorie	**Ankerbeispiel**	**Quelle**
+	Verfassungsstaat a. Verrechtlichung pol. Gewalt unter Beschränkungen des Rechts und dem. Legitimations-modus	Ein anderes Bild entsteht, wenn man wie Parsons den modernen Verfassungsstaat aus der Perspektive einer Verrechtlichung der politischen Gewalt betrachtet, die sich unter den strukturellen Beschränkungen der rationalen Geltungsgrundlagen des modernen Rechts vollzieht und dem demokratischen, in Zivilgesellschaft, politischer Öffentlichkeit und Staatsbürgerstatus verankerten Legitimationsmodus zum Durchbruch verhilft (S. 94, Z. 29 - S. 100, Z. 12).	S. 78, Z. 25 - S. 90, Z. 3 S. 94, Z. 4 - S. 100, Z. 12 S. 100, Z. 15 - S. 103, Z. 18

Konzept: Modernes Recht		
Definition der Kategorie	**Ankerbeispiel**	**Quelle**
+ Moderneres Recht mit allen drei Ressourcen der gesel. Integration verknüpft	Auf diese Weise ist das moderne Recht mit allen drei Ressourcen verknüpft. Über eine Selbstbestimmungspraxis, die von den Bürgern die gemeinsame Ausübung ihrer kommunikativen Freiheiten erfordert, speist das Recht seine sozialintegrative Kraft letztlich aus Quellen der gesellschaftlichen Solidarität. Die Institutionen des privaten und des öffentlichen Rechts ermöglichen andererseits die Einrichtung von Märkten und die Organisation einer Staatsgewalt; denn die Operationen des aus der Gesellschaftskomponente der Lebenswelt ausdifferenzierten Wirtschafts- und Verwaltungssystems vollziehen sich in Formen des Rechts (S. 54, Z. 32 - S. 59, Z. 19).	S. 22, Z. 25 - S. 24, Z. 4 S. 41, Z. 32 - S. 52, Z. 33 S. 54, Z. 32 - S. 62, Z. 21 S. 106, Z. 8 - S. 108, Z. 28
+ Sprache des Rechts bringt lebensweltlichen Kommunikationen in Form, in der Spezialkodes aufgenommen. Umgangsprache gesellschaftsweit zirkulieren	Die Sprache des Rechts bringt lebensweltliche Kommunikation aus Öffentlichkeit und Privatsphäre in eine Form, in der diese Botschaften auch von den Spezialkodes der selbstbesteuerten Handlungssysteme aufgenommen werden können - und umgekehrt. Ohne diesen Transformator könnte die Umgangssprache nicht gesellschaftsweit zirkulieren (S. 427, Z. 7 - S. 429, Z. 30).	S. 37, Z. 13 - S. 41, Z. 31 S. 73, Z. 3 - S. 78, Z. 24 S. 383, Z. 1 - S. 398, Z. 31 S. 427, Z. 7 - S. 429, Z. 30

Konzept: sozialwissenschaftliche Reflexion		
Definition der Kategorie	**Ankerbeispiel**	**Quelle**
~~Naturgesellschafts- und Naturrechtslehre bis Strukuralismus und Systemtheorie~~	Auf dem Weg von den frühen Kontroversen zwischen Naturgesellschafts- und Naturrechtslehren im 18. Jahrhundert bis zu Strukturalismus und Systemtheorie scheint die sozialwissenschaftliche Reflexion unwiderruflich nicht nur den präskriptivistischen Zugriff der kontraktualistischen Theorien auf die Gesellschaft zu unterminieren, sondern überhaupt das Recht als eine zentrale Kategorie der Gesellschaftstheorie zu entwerten (S. 62, Z. 22 - S. 73, Z. 2).	S. 62, Z. 22 - S. 73, Z. 2 S. 100, Z. 12 - S. 100, Z. 15

Konzept: Moral und Recht		
Definition der Kategorie	**Ankerbeispiel**	**Quelle**
+ Moral über Rechtssystem auf Handlungsbereicheausstrahlen, die die Akteure von moral. Zustimmungen entlasten	Die Moral kann aber über ein Rechtssystem, mit dem sie intern verknüpft bleibt, auf *alle* Handlungsbereiche ausstrahlen, sogar auf jene systematisch verselbständigten Bereiche mediengesteuerter Interaktionen, die die Akteure von allen moralischen Zumutungen, außer der einzigen eines generalisierten Rechtsgehorsams, entlasten (S. 143, Z. 15 - S. 152, Z. 8).	S. 135, Z. 11 - S. 138, Z. 9 S. 143, Z. 15 - S. 152, Z. 8

Konzept: private und öffentliche Autonomie		
Definition der Kategorie	**Ankerbeispiel**	**Quelle**
+ Zusammenhang v. Menschenrechte u. Volkssouveränität besteht unter notw. Kommunikationsformen rechtl. institutionalisiert	Wenn aber Diskurs [...] den Ort bilden, an dem sich ein vernünftiger Wille bilden kann, stützt sich die Legitimität des Rechts letztlich auf ein kommunikatives Arrangement [...]. Mithin besteht der gesuchte interne Zusammenhang zwischen Volkssouveränität und Menschenrechten darin, dass das System der Rechte genau die Bedingungen angibt, unter denen die für eine politisch autonome Rechtsetzung notwendigen Kommunikationsformen ihrerseits rechtlich institutionalisiert werden können (S. 134, Z. 18 - S. 135, Z. 18).	S. 110, Z. 10 - S. 112, Z. 3 S. 117, Z. 10 - S. 123, Z. 31 S. 129, Z. 3 - S. 129, Z. 15 S. 133, Z. 14 - S. 135, Z. 18
+ Pol. Rechte begründen Staatsbürger, ihre Rechtsstellung mit Ziel priv. u. öff. Autonomie zu verändern	Die politischen Rechte begründen nämlich den Status freier und gleicher Staatsbürger, der insofern selbstbezüglich ist, als er es den Bürgern ermöglicht, ihre materielle Rechtsstellung mit dem Ziel der Interpretation und Ausgestaltung privater und öffentlicher Autonomie zu verändern (S. 155, Z. 27 - S. 156, Z. 30).	S. 109, Z. 1 - S. 110, Z. 10 S. 112, Z. 4 - S. 117, Z. 10 S. 155, Z. 13 - S. 156, Z. 30 S. 157, Z. 4 - S. 161, Z. 35 S. 163, Z. 34 - S. 165, Z. 28 S. 477, Z. 19 - S. 483, Z. 26
+ Gewährung von Lebensbedingung für chancengleiche Nutzung bürgerl. Rechte	Mit dem Blick auf dieses Ziel [Kategorie: Pol. Rechte begründen Staatsbürger - ASK] *implizieren* die bisher genannten Rechte schließlich: Grundrechte auf die Gewährung von Lebensbedingungen, die in dem Maße sozial, technisch und ökologisch gesichert sind, wie dies für eine chancengleiche Nutzung der (1) bis (4) genannten bürgerlichen Rechte unter gegebenen Verhältnissen jeweils notwendig ist.	S. 156, Z. 31 - S. 157, Z. 3

Konzept: Verfassung		
Definition der Kategorie	**Ankerbeispiel**	**Quelle**
+ Verfassung doppelter Zeitbezug: geschichtl. Dokument, norm. Charakter	Jede historische Verfassung hat einen doppelten Zeitbezug: als geschichtliches Dokument erinnert sie an den Akt der Gründung, den sie interpretiert - sie markiert den Anfang in der Zeit; zugleich besagt ihr normativer Charakter, dass sich die Aufgabe der Interpretation und Ausgestaltung des Systems der Rechte für jede Generation *von neuem* stellt - als Projekt einer gerechten Gesellschaft artikuliert eine Verfassung den Erwartungshorizont einer je gegenwärtigen Zukunft (S. 464, Z. 4 - S. 467, Z. 25).	S. 162, Z. 20 - S. 163, Z. 33 S. 464, Z. 4 - S. 467, Z. 25

Konzept: Rechtsstaat (interner Zusammenhang des Rechts mit politischer Macht)		
Definition der Kategorie	**Ankerbeispiel**	**Quelle**
+ Institutionen des Rechtsstaats effek. Ausübung pol. Autonomie ges. autonomen Staatsbürgers	Die Institutionen des Rechtsstaates sollen eine effektive Ausübung der politischen Autonomie gesellschaftlich autonomer Staatsbürger sichern, und zwar in der Weise, dass zum einen die kommunikative Macht eines vernünftig gebildeten Willens entstehen und in Gesetzesprogrammen verbindlichen Ausdruck finden kann, und dass zum anderen diese kommunikative Macht über die vernünftige Anwendung und administrative Implementierung von Gesetzesprogrammen gesellschaftsweit zirkulieren und [...] sozialintegrative Kraft entfalten kann (S. 207, Z. 9 - S. 217, Z. 28).	S. 167, Z. 4 - S. 169, Z. 10 S. 171, Z. 35 - S. 180, Z. 16 S. 207, Z. 9 - S. 217, Z. 28
+ Vereinbarkeit aller Programme mit moralisch gerechtfertigt Garantie für Berücksichtigung des Diskursprinzips	So bietet erst die Vereinbarkeit aller diskursiv erzielten oder ausgehandelten Programme mit dem, was auch moralisch gerechtfertigt werden kann, eine Garantie für die durchgängige Berücksichtigung des Diskursprinzips. Die vernünftige politische Willensbildung stellt sich im Prozessmodell als ein Netz von Diskursen und Verhandlungen dar, die auf vielen Pfaden miteinander rückgekoppelt sein können.	S. 195, Z. 17 - S. 207, Z. 9

Konzept: prozeduralistisches Rechtssystem		
Definition der Kategorie	**Ankerbeispiel**	**Quelle**
+ Verfahrensrecht sichert institut. Rahmen für freigesetzte Kommunikationsabläufe	Das Verfahrensrecht regelt nicht die normativ-rechtliche Argumentation als solche, aber es sichert in zeitlicher, sozialer und sachlicher Hinsicht den institutionellen Rahmen für *freigesetzte* Kommunikationsabläufe, die der Logik von Anwendungsdiskursen gehorchen (S. 281, Z. 6 - S. 291, Z. 8).	S. 244, Z. 8 - S. 270, Z. 21 S 272, Z. 14 - S. 276, Z. 22 S. 281, Z. 6 - S. 291, Z. 8
+ Gerichtsverfahren als Fluchtpunkt für Analyse des Rechtssystems	Weil alle Rechtskommunikation auf einklagbare Ansprüche verweisen, bildet das Gerichtsverfahren den Fluchtpunkt für die Analyse des Rechtssystems (S. 239, Z. 10 - S. 244, Z. 7).	S. 239, Z. 10 - S. 244, Z. 7 S. 292, Z. 15 - S. 293, Z. 6
+ Rechtsparadigmen füreinander öffnen und an versch. Situationsdeutungen bewähren	Schon aus diesem Grunde muss ein *prozeduralistisches Rechtsverständnis* eine Ebene auszeichnen, auf der sich die reflexiv gewordenen Rechtsparadigmen *füreinander* öffnen und an einer jeweils mobilisierten Vielfalt verschiedener Situationsdeutungen *bewähren* können (S. 270, Z. 22 - S. 272, Z. 14).	S. 238, Z. 1 - S. 239, Z. 10 S. 270, Z. 22 - S. 272, Z. 14 S. 299, Z. 12 - S. 307, Z. 19
+ Normen flexibles Beziehungsgefüge aber alle Normen in sich stimmigen System zusammenfügen	Gewiß, gültige Normen bilden ein flexibles Beziehungsgefüge, in dem sich die Relationen von Fall zu Fall verschieben können; aber *diese* Verschiebung steht unter dem Vorbehalt der Kohärenz, der sicherstellt, dass sich alle Normen zu einem in sich stimmigen System zusammenfügen, welches seiner Idee nach für jeden Fall genau eine richtige Lösung zuläßt.	S. 307, Z. 20 - S. 317, Z. 32

Konzept: Gewaltenteilung		
Definition der Kategorie	**Ankerbeispiel**	**Quelle**
+ Rückkoppelung der zielverwirklichenden admin. Macht Mit Recht erzeugenden komm. Macht über funktionale Gewaltenteilung	Wenn das Recht normative Quelle der Legitimation und nicht bloß faktisch Mittel der Organisation der Herrschaft sein soll, muss die administrative Macht an die kommunikative Macht rückgebunden bleiben. Diese Rückkoppelung der zielverwirklichenden administrativen Macht mit der Recht erzeugenden kommunikativen Macht kann sich über eine funktionale Gewaltenteilung vollziehen, weil die Aufgabe des demokratischen Rechtsstaats darin besteht, politische Macht nicht nur gleichgewichtig zu verteilen, sondern durch Rationalisierung ihrer Gewaltförmigkeit zu entkleiden (S. 229, Z. 5 - S. 232, Z. 27).	S. 166, Z. 1 - S. 167, Z. 3 S. 185, Z. 35 - S.187, Z. 22 S. 217, Z. 31 - S. 217, Z. 32 S. 229, Z. 5 - S. 237, Z. 3
+ Gewaltenteilenden Rechtsstaats, der Legitimität aus Rationalität von Gesetzgebungs- u. Rechtsprechungs-verfahren	Mit diesen Überlegungen ziele ich auf die Idee eines gewaltenteilenden Rechtsstaates, der seine Legitimität aus seiner Unparteilichkeit verbürgenden Rationalität von Gesetzgebungs- *und* Rechtssprechungsverfahren zieht. [...] Autonom ist es nur in dem Maße, wie die für Gesetzgebung und Rechtsprechung institutionalisierten Verfahren eine unparteiliche Meinungs- und Willensbildung garantieren und auf diesem Wege einer moralischen Verfahrensrationalität gleichermaßen in Recht und Politik Eingang verschaffen (S. 592, Z. 1 - S. 599, Z. 28).	S. 571, Z. 1 - S. 572, Z. 21 S. 572, Z. 30 - S. 572, Z. 34 S. 592, Z. 1 - S. 599, Z. 28

Konzept: prozeduralistisches Verfassungsverständnis			
	Definition der Kategorie	**Ankerbeispiel**	**Quelle**
+	Verfassungsgericht Inhalte strittiger Inhalten mit Kommunikationsvoraussetzungen u. Verfahrensbedingungen überprüfen	Die private Autonomie ist auch durch wirtschaftliche und soziale Machtpositionen gefährdet und ihrerseits davon abhängig, in welcher Weise und in welchem Maße die Bürger die Kommunikations- und Teilnahmerechte demokratischer Staatsbürger effektiv wahrnehmen können. Deshalb muss das Verfassungsgericht die Inhalte strittiger Normen vor allem im Zusammenhang mit den Kommunikationsvoraussetzungen und Verfahrensbedingungen des demokratischen Gesetzgebungsprozesses überprüfen (S. 317, Z. 33 - S. 324, Z. 11).	S. 292, Z. 1 - S. 292, Z. 14 S. 293, Z. 7 - S. 299, Z. 11 S. 317, Z. 33 - S. 324, Z. 11 S. 517, Z. 5 - S. 519, Z. 18 S. 519, Z. 24 - S. S. 527, Z. 1
+	Prozeduralistisches Verfassungsverständnis auf intrinsisch vernünft. Charakter vernünft. Ergebnisse zu ermöglichen	Tatsächlich setzt jedoch ein konsequent prozeduralistisches Verfassungsverständnis auf den intrinsisch vernünftigen Charakter jener Verfahrensbedingungen, die für den demokratischen Prozess im ganzen die Vermutung begründen, vernünftige Ergebnisse zu begründen. Die Vernunft verkörpert sich dann allein in den formalpragmatischen Ermöglichungsbedingungen für eine deliberative Politik und braucht dieser nicht als eine fremde, jenseits der politischen Kommunikation angesiedelte Autorität gegenüberzutreten (S. 340, Z. 8 - S. 350, Z. 35).	S. 15, Z. 1 – S. 22, Z. 24 S. 340, Z. 8 - S. 350, Z. 35

Konzept: Zusammenhang zwischen Macht und Recht		
Definition der Kategorie	**Ankerbeispiel**	**Quelle**
~~ökonom. Theorie, Systemtheorie den konstitutiven Zusammenhang von Recht und pol. Macht ausblenden~~	Die Theoriegeschichte der »realistischen« Ansätze führt einerseits zu einer ökonomischen Theorie der Demokratie [...], andererseits zu einer Systemtheorie [...]. Beide Ansätze operieren mit Machtbegriffen, die für die empirische Relevanz der rechtsstaatlichen Konstitution von Macht unempfindlich sind, weil sie den konstitutiven Zusammenhang von Recht und politischer Macht ausblenden (S. 401, Z. 1 - S. 407, Z. 32).	S. 351, Z. 19 - S. 351, Z. 31 S. 401, Z. 1 - S. 407, Z. 32 S. 415, Z. 7 - S. 415, Z. 31 S. 416, Z. 3 - S. 427, Z. 7 S. 552, Z. 27 - S. 562, Z. 30 S. 572, Z. 22 - S. 572, Z. 27 S. 573, Z. 1 - S. 580, Z. 12

Konzept: Öffentlichkeit		
Definition der Kategorie	**Ankerbeispiel**	**Quelle**
+ Laienpublikum durch Beiträge überzeugt, für Öffentlichkeit konstitutiv ist	Aber der politische Einfluss, den die Akteure über öffentliche Kommunikation gewinnen, muss sich *letztlich* auf die Resonanz, und zwar die Zustimmung eines egalitär zusammengesetzten Laienpublikums stützen. Das Publikum der Bürger muss durch verständliche Beiträge zu Themen, die es als relevant empfindet, *überzeugt* werden. Das Publikum besitzt dieses Autorität weil es für die Binnenstruktur der Öffentlichkeit konstitutiv ist (S. 439, Z. 31 - S. 441, Z. 16).	S. 439, Z. 31 - S. 441, Z. 16
+ Öffentlichkeit intermediäre Struktur zwischen pol. System, priv. Sektoren d. Lebenswelt u. Handlungssystem vermittelt	In komplexen Gesellschaften bildet die Öffentlichkeit eine intermediäre Struktur, die zwischen dem politischen System einerseits, den privaten Sektoren der Lebenswelt und funktional spezifizierten Handlungssystemen andererseits vermittelt. Sie stellt ein hochkomplexes Netzwerk dar [...] (S. 451, Z. 34 - S. 453, Z. 2).	S. 435, Z. 4 - S. 435, Z. 11 S. 435, Z. 29 - S. 437, Z. 20 S. 441, Z. 17 - S. 444, Z. 4 S. 451, Z. 34 - S. 453, Z. 2 S. 645, Z. 6 - S. 651, Z. 26
+ Mehr oder weniger vermachteten pol. Öffentlichkeit Kräfteverhältnisse verschieben, sobald Krisenbewusstsein an Peripherie	Natürlich gibt es andere Themenkarrieren [...]. Aber generell lässt sich feststellen, dass sich auch in mehr oder weniger vermachteten politischen Öffentlichkeiten die Kräfteverhältnisse verschieben, sobald die Wahrnehmung von relevanten gesellschaftlichen Problemlagen ein *Krisenbewusstsein* an der Peripherie hervorruft (S. 453, Z. 3 - S. 464, Z. 3).	S. 433, Z. 34 - S. 435, Z. 3 S. 435, Z. 11 - S. 435, Z. 28 S. 437, Z. 21 - S. 439, Z. 30 S. 444, Z. 4 - S. 451, Z. 33 S. 453, Z. 3 - S. 464, Z. 3

Konzept: Öffentlichkeit		
Definition der Kategorie	**Ankerbeispiel**	**Quelle**
+ staatsbürgerl. Selbstbe-stimmung wird auto-nome zivilgesellschaftl. Basis angenommen	Für die Praxis staatsbürgerlicher Selbstbestimmung wird eine autonom von öffentlicher Administration und marktvermittelndem Privatverkehr unabhängige *zivilgesellschaftliche Basis* angenommen, die die politi-sche Kommunikation davor bewahrt vom Staatsap-parat aufgesogen oder an die Struktur des Marktes assimiliert zu werden. In der republikanischen Konzeption gewinnen die politische Öffentlichkeit und, als deren Unterbau, die Zivilgesellschaft eine strategische Bedeutung; sie sollen der Verständi-gungspraxis der Staatsbürger ihre Integrationskraft und Autonomie sichern (S. 324, Z. 12 - S. 333, Z. 28).	S. 103, Z. 9 - S. 106, Z. 7 S. 324, Z. 12 - S. 333, Z. 28

Konzept: prozeduralistisches Rechtsparadigma		
Definition der Kategorie	**Ankerbeispiel**	**Quelle**
+ Rechtsparadigma erfassen Bewusstsein aller Akteure	Rechtsparadigma erfassen, solange sie in der Art eines unthematisierten Hintergrundwissen funktio-nieren, das Bewusstsein *aller* Akteure - das Bewusst-sein der Staatsbürger und der Klienten nicht weniger als das des Gesetzgebers, der Justiz und der Verwal-tung.	S.472, Z. 23 - S. 477, Z. 18
- ~~Paradigmen auf Fragen fixiert, ob Autonomie durch Freiheitsrechte o. Leistungs-ansprüche gesichert~~	Beide Paradigmen [...] sind auf die normative Impli-kationen der gesellschaftlichen Funktionsweise eines rechtlich geschützten negativen Status und damit auf die Frage fixiert, ob es genügt, die private Autonomie durch Freiheitsrechte zu gewährleisten, oder ob die *Entstehung* privater Autonomie über die Gewährung von sozialen Leistungsansprüchen gesichert werden muss (S. 483, Z. 27 - S. 491, Z. 32).	S. 468, Z. 1 - S. 472, Z. 5 S. 483, Z. 27 - S. 491, Z. 32 S. 494, Z. 24 - S. 499, Z. 7 S. 616, Z. 9 - S. 619, Z. 8 S. 632, Z. 21 - S. 632, Z. 25 S. 643, Z. 15 - S. 645, Z. 5

Konzept: prozeduralistisches Rechtsparadigma		
Definition der Kategorie	**Ankerbeispiel**	**Quelle**
+ dem. Genese des Rechts Kommunikations-ströme u. Einflüsse in kommunikative Macht	Damit sind wir beim des prozeduralistischen Rechtsparadigmas: nach einer Formulierung in I. Maus ist die »durchgängige Kombination und wechselseitige Vermittlung rechtlich institutionalisierte Volkssouveränität« der Schlüsse zur demokratischen Genese des Rechts. Das gesellschaftliche Substrat für die Verwirklichung des Systems der Rechte bilden [...] die Kommunikationsströme und publ. Einflüsse, die aus Zivilgesellschaft und pol. Öffentlichkeit hervorgehen und über dem. Verfahren in kommunikative Macht umgesetzt werden (S. 527, Z. 1 - S. 537, Z. 8).	S. 472, Z. 15 - S. 472, Z. 22 S. 516, Z. 1 - S. 517, Z. 4 S. 519, Z. 19 - S. 519, Z. 23 S. 527, Z. 1 - S. 537, Z. 8
+ dogmatischen Kern: Idee der Autonomie	Dieses [prozeduralistisches Rechtsparadigma] behält gewiß, wie der Rechtsstaat selber, einen dogmatischen Kern: die Idee der Autonomie, wonach Menschen nur in dem Maße als freie Subjekte handeln, wie sie genau den Gesetzen gehorchen, die sie sich gemäß ihren intersubjektiv gewonnenen Einsichten selber geben (S. 537, Z. 8 - S. 537, Z. 16).	S. 537, Z. 8 - S. 537, Z. 16 S. 632, Z. 1 - S. 632, Z. 21 S. 633, Z. 7 - S. 641, Z. 24

Konzept: deliberative Politik		
Definition der Kategorie	**Ankerbeispiel**	**Quelle**
+ deliberative Politik gewinnt legiti. Kraft aus diskursiven Struktur dank einer vernünftigen Qualität ihrer Ergebnisse	Die deliberative Politik gewinnt ihre legitimierende Kraft aus der diskursiven Struktur einer Meinungs- und Willensbildung, die ihre sozialintegrative Funktion nur dank der Erwartung einer vernünftigen *Qualität* ihrer Ergebnisse erfüllen kann. Deshalb bildet das diskursive Niveau der öffentlichen Debatte die wichtigste Variabel (S. 367, Z. 1 - S. 369, Z. 19).	S. 333, Z. 29 - 340, Z. 7 S. 367, Z. 1 - S. 369, Z. 19 S. 568, Z. 1 - S. 570, Z. 31

Konzept: deliberative Politik		
Definition der Kategorie	**Ankerbeispiel**	**Quelle**
+ Neutralität des Verfahrens: Kampf um Anerkennung	Ob es sich nun um den regelungsbedürftigen Tatbestand »Gewalt in der Ehe« handelt [...] - im allgemeinen ist es ein weiter Weg, bis solche, zunächst als »privat« behandelten Angelegenheiten durch hartnäckig betriebene Inszenierungen in der Öffentlichkeit überhaupt den Status anerkannter politischer Themen gewinnen, und bis sich in den kontroversen Beiträgen - im Rahmen einer konkurrierenden Welt- und Selbstdeutung, verschiedener »Visionen des guten Lebens« - hinreichend artikulieren. Erst nach einem öffentlich ausgetragenen »Kampf um Anerkennung« können die umstrittenen Interessenlagen von den zuständigen politischen Instanzen aufgegriffen, auf parlamentarische Tagesordnungen gesetzt, diskutiert und gegebenenfalls zu Anträgen und bindenden Entscheidungen verarbeitet werden. Und erst die *Regelung* [...] oder die *Durchführung* [...] greift in private Lebensbereiche ein und verändert die formelle Verantwortlichkeiten oder bestehende Praktiken	S. 374, Z. 33 - S. 382, Z. 32

Konzept: Legitimität		
Definition der Kategorie	**Ankerbeispiel**	**Quelle**
+ Legitimität verdankt eine begründungspflichtigen positiven Rechts ausgeübten Herrschaft implizit moralischen Gehalt	Legitimität verdankt eine in Formen begründungspflichtigen positiven Rechts ausgeübte Herrschaft stets einem impliziten moralischen Gehalt der formalen Qualitäten des Rechts (S. 542, Z. 22 - S. 552, Z. 26).	S. 541, Z. 1 - S. 542, Z. 9 S. 542, Z. 22 - S. 552, Z. 26 S. 562, Z. 30 - S. 567, Z. 37 S. 572, Z. 27 - S. 572, Z. 30 S. 580, Z. 13 - S. 591, Z. 32

Konzept: Legitimität		
Definition der Kategorie	**Ankerbeispiel**	**Quelle**
+ Gründe für Legitimität des Rechts	Gründe für die Legitimität des Rechts müssen, bei Strafe kognitiver Dissonanzen, in Einklang stehen mit den moralischen Grundsätzen universeller Gerechtigkeit und Solidarität sowie mit den ethischen Grundsätzen einer bewußt entworfenen, selbstverantworteten Lebensführung von Einzelnen wie von Kollektiven (S. 124, Z. 1 - S. 129, Z. 2).	S. 124, Z. 1 - S. 129, Z. 2 S. 276, Z. 22 - S. 281, Z. 5
+ Rechtsordnung legitim wie private u. staatsbürgerliche Autonomie sichert; verdankt Legitimation der Kommunikation	Eine Rechtsordnung *ist* in dem Maße legitim, wie sie die gleichursprüngliche private und staatsbürgerliche Autonomie ihrer Bürger gleichmäßig sichert; aber zugleich *verdankt* sie ihre Legitimation den Formen der Kommunikation, in denen sich diese Autonomie allein äußern und bewähren kann. Das ist der Schlüssel zu einem prozeduralistischen Rechtsverständnis (S. 491, Z. 32 - S. 494, Z. 24).	S. 472, Z. 5 - S. 472, Z. 15 S. 491, Z. 32 - S. 494, Z. 24 S. 499, Z. 7 - S. 515, Z. 32

Konzept: prozeduralistische Volkssouveränität		
Definition der Kategorie	**Ankerbeispiel**	**Quelle**
+ komm. verflüssige Souveränität der Staatsbürger In Gesetzgebungskörperschaft Gestalt, wird Pluralismus entfesselt u. in rev. Kompromissen anerkannt	Wenn sich die kommunikativ verflüssigte Souveränität der Staatsbürger in der Macht öffentlicher Diskurse zur Geltung bringt, die autonomen Öffentlichkeiten entspringen, aber in Beschlüssen *demokratisch verfahrender* und *politisch verantwortlicher* Gesetzgebungskörperschaften Gestalt annehmen, wird der Pluralismus der Überzeugungen und Interessen nicht unterdrückt, sondern entfesselt und in revidierbaren Mehrheitsentscheidungen wie in Kompromissen anerkannt (S. 217, Z. 32 - S. 229, Z. 4).	S. 169, Z. 10 - S. 171, Z. 34 S. 180, Z. 17 - S. 185, Z. 34 S. 187, Z. 23 - S. 195, Z. 17 S. 217, Z. 28 - S. 217, Z. 30 S. 217, Z. 32 - S. 229, Z. 4 S. 602, Z. 1 - S. 616, Z. 9 S. 619, Z. 8 - S. 626, Z. 35
+ Prozeduralisierung der Volks-souveränität u. Rückkoppelung des pol. Systems	Die Diskurstheorie macht das Gedeihen der deliberativen Politik nicht von einer kollektiv handlungsfähigen Bürgerschaft abhängig, sondern von der Institutionalisierung entsprechender Verfahren und Kommunikationsvoraussetzungen, sowie vom Zusammenspiel der institutionalisierten Beratung mit informell gebildeten öffentlichen Meinungen. Die Prozeduralisierung der Volkssouveränität und die Rückkoppelung des politischen Systems an die peripheren Netzwerke der politischen Öffentlichkeit gehen zusammen mit dem Bild einer dezentrierten Gesellschaft (S. 351, Z. 32 - S. 366, Z. 34).	S. 138, Z. 9 - S. 143, Z. 15 S. 154, Z. 27 - S. 155, Z. 12 S. 161, Z. 35 - 162, Z. 20 S. 350, Z. 20 - S. 350, Z. 29 S. 351, Z. 1 - S. 351, Z. 19 S. 351, Z. 32 - S. 366, Z. 34 S. 369, Z. 20 - S. 374, Z. 32

Konzept: politische Kultur		
Definition der Kategorie	**Ankerbeispiel**	**Quelle**
+ Recht auf Selbst-bestimmung schließt Recht auf Bewahrung, nicht Recht auf Selbst-behauptung ein	Das demokratische Recht auf Selbstbestimmung schließt gewiß das Recht auf Bewährung einer eigenen *politischen* Kultur ein, die für die Staatsbürger-rechte einen konkreten Kontext bildet; es schließt aber nicht das Recht auf die Selbstbehauptung einer privilegierten *kulturellen* Lebensform ein (S. 651, Z. 26 - S. 660, Z. 12).	S. 632, Z. 25 - S. 632, Z. 30 S. 651, Z. 26 - S. 660, Z. 12
+ Entstehung, Reproduk-tion, Einfluss abhängig v. egalitären pol. Kultur	Letztlich bleibt freilich die Entstehung, die Repro-duktion und der Einfluss eines solchen Netzwerks von Assoziationen abhängig von einer liberal einge-stellten und egalitären, für gesamtgesellschaftliche Problemlagen sensiblen, geradezu nervösen, in ständiger Vibration befindlichen, eben resonanzfähi-gen politischen Kultur (S. 626, Z. 36 - S. 631, Z. 14).	S. 626, Z. 36 - S. 631, Z. 14 S. 641, Z. 25 - S. 643, Z. 14

D.4.2. Untersuchung zu ‚Meinungsvielfalt' – Ernst Fraenkel

Fraenkel, Ernst 2011: *Deutschland und die westlichen Demokratien.* Herausgeben von Alexander von Brünneck, 9. Auflage, Nomos Verlag, Baden-Baden.

D.4.2.1. Zusammenfassung

Das von Alexander von Brünneck herausgegebene Buch *Deutschland und die westlichen Demokratien* beinhaltet eine Vielzahl der von Ernst Fraenkel zwischen 1958 und 1972 verfassten Schriften, die nicht chronologisch, aber thematisch sortiert sind. Das Buch zentriert seine Theorie eines pluralistisch-repräsentativen Willensbil-dungsprozesses, die er historisch und bezogen auf die Zeit seiner wissenschaftlichen Wirkung darlegt.

Allgemein ausgedrückt, beschreibt Fraenkel die Identitätstheorie bzw. klassi-sche Demokratielehre als eine utopische Demokratievorstellung, die zu einer Dikta-tur führt. Eine wirkliche Demokratie erkennt eine im höchsten Maße differenzierte Gesellschaft mit mannigfaltigen Partikularinteressen an. Sie resultiert in einen reprä-sentativen Entscheidungsprozess. Er basiert auf einen sozialen Rechtsstaat, der jedem Bürger die Möglichkeit gibt, die eigenen Interessen mittels der freien Koalitionsbildung zu vertreten.

Die Absage an die Identitätstheorie verdeutlicht sich in der näheren Untersuchung der historischen Demokratieentwicklung, die sich insbesondere im kontinentaleuropäischen Raum auf die von Rousseau entwickelte Vorstellung eines *volonté général* bezieht. Sie zeichnet bis in die Gegenwart ein verklärtes Bild demokratischer Herrschaft. In der Vorstellung einer gleichen Identität von Regierten und Regierenden zeitigt sich ein objektiv feststellbarer Gemeinwohl mittels eines empirischen, also einheitlichen Volkswillen, der parlamentarisch umzusetzen ist und „in der Existenz von Minoritäts- und Sonderinteressen Störungsfaktoren [erblickt], [...] weil sie die Bildung des einheitlichen Volkswillen zu verhindern imstande sind [...].‘‘[961] Die sich ergebende gesellschaftliche Homogenität bedingt ein homogenes Parlament. Es hat den Volkswillen umzusetzen und darf differente Vorstellungen vom Gemeinwohl nicht verkörpern, insoweit der parlamentarische hypothetische, also angenommene Volkswille mit dem priorisierten empirischen Volkswillen deckungsgleich zu sein hat.[962] Die Folge eines objektiven Gemeinwohls ist eine Scheindemokratie bzw. ein faktischer Totalitarismus, deren historische Entwicklung sich anhand von Robespierre, dem Marxismus, Nationalsozialismus sowie der »Neuen Linke« belegen lässt.[963] Der Totalitarismus stellt alle Mitglieder gleich und setzt den Volkswillen durch einige wenige, unter Umständen im Rahmen einer Einheitspartei fest. Die Infragestellung der Einheitspartei stellt ein Widerstand gegen den einheitlichen Volkswillen dar. Der einheitliche Volkswille manifestiert sich in einer heteronom-homogenen-totalitären Diktatur.[964] Die Identitätstheorie zeichnet das Bild einer homogenen Gesellschaft, welches aber im Widerspruch mit der sozialen Realität steht.

Der sich ergebende Widerspruch zwischen der Vorstellung eines homogenen Volkes mit der Realität einer differenzierten Gesellschaft beruht auf einem Fehlverständnis der von Rousseau erarbeiteten Identitätstheorie, die bis in die Gegenwart hineinwirkt. Partikularinteressen und die Vorstellung eines einheitlichen Volkswillens negierend, offenbart sich eine ablehnende Haltung gegenüber dem Parlamentarismus (in Deutschland). Dieser begründet sich historisch in der fehlenden Inklusion differenter gesellschaftlicher Kräfte und einer Machtkonzentration in der Regierung.[965] In der Gegenwart neigt man weiterhin zur Ablehnung von Partikularinteressen aufgrund des falsch angenommenen Demokratiegehalts der Identitätstheorie. Rousseau lehnt zwar Partikularinteressen aufgrund ihres egoistischen Charakters ab, stellt jedoch die Vorstellung der Transformation vom egoistischen zum altruisti-

---

961 Fraenkel 2011d, 166
962 vgl. ebenda 2011d, 186ff
963 vgl. beispielhaft ebenda 2011e, 303 - 4; ebenda 2011b, 325ff
964 vgl. beispielhaft ebenda 2011f, 257 - 8; ebenda, 272ff; ebenda 2011f, 293ff
965 vgl. beispielhaft ebenda 2011h, 60ff; 2011i, 156ff;

schen Menschen in Frage.[966] Daher ist die Pluralismus- bzw. Konkurrenztheorie adäquater.

Der pluralistisch-repräsentative Entscheidungsprozess, zurückgehend auf die Demokratieentwicklung in England, resultiert aus der Anerkennung eines egoistischen Menschenbilds, einer differenzierten Gesellschaftsstruktur mit der notwendigen und für alle gesellschaftlichen Kräfte fairen Kompromissbildung innerhalb eines sozialen Rechtsstaates und führt in eine mittels Machtdiversität, aufgrund voneinander autonom agierenden Gruppen organisierten Demokratie. Die Pluralismustheorie zeitigt sich in der frühen und von der Ständegesellschaft geprägten Demokratieentwicklung in England, wodurch sich Interessenvertretung gegenüber der Krone und sich weiterführend im englischen bzw. britischen Parlament als Normalität ergab. Folglich entwickelte sich das Gemeinwohl zu einer regulativen Idee, wodurch „politische Entscheidungen zumeist die Resultante im Parallelogramm von Kräften [darstellen], an deren Zustandekommen die Interessenorganisation maßgeblich teilhaben."[967] Ein solcher Willensbildungsprozess erfordert autonome Verbände, die jedem Bürger Partizipation ermöglichen, selbst pluralistisch organisiert sind sowie unter Beachtung des Gemeinwohls handeln. Dies bezieht sich auch auf Parteien, die nicht nur in die Gesellschaft wirken, sondern auch über ihre parlamentarischen Fraktionen als Schanier zwischen Staat und Bevölkerung agieren. „[S]ie integrieren die gestreuten Gruppenwillen, sie wirken dadurch bei der Bildung des Volks- und Staatswillens mit, dass sie sich in den Dienst der Aufgabe stellen, das Gemeinwohl im Wege eines dialektischen Prozesses verwirklichen."[968] Die erfolgreiche Integration äußerst antagonistischer Partikularinteressen erfordert einen breiten nicht-kontroversen, also einer von allen anerkannten Wertebasis (*consensus omnium*), sowie einen kontroversen Sektor, also einer durch Kompromissbereitschaft gekennzeichneten Auseinandersetzung zwischen den verschiedenen Einzelinteressen.[969] Die Grenze zwischen beiden Sektoren kann sich verschieben.

Der Erfolg einer pluralistischen Demokratie bedingt eine hohe Autonomie zwischen allen Organisationen sowie eines sozialen Rechtsstaats, um eine demokratisch organisierte Volkssouveränität zu schaffen. Die hohe Autonomie muss sich nicht nur in der rechtlich versicherten sowie freien Organisationsbildung zeigen, sondern auch in der Eigenständigkeit von Wählerschaft, Parteien, Parlament und Regierung:[970] Fraktionen bleiben gegenüber ihren Parteien, das Parlament bleibt soweit wie möglich von der Regierung unabhängig. Das Parlament bildet den hypothetischen Volkswillen, wobei Regierung und Opposition ihre jeweiligen Lösungen präsentieren und das „Volk Gelegenheit zur *nachträglichen* Bildung eines Volkswil-

---

966   vgl. ebenda 2011f, 270; 2011b, 325
967   ebenda 2011j, 88
968   ebenda, 90
969   vgl. beispielhaft ebenda 2011b, 336 - 40
970   vgl. ebenda 2011b, 216

lens"[971] erhält. In diesem Sinne handelt die Regierung als Gesellschaftsgestalter im Sinne eines Treuhänders (*trust*), der bei der nächsten Wahl entweder bestätigt oder abberufen werden kann.

Der Staat an sich ermöglicht jedem Einzelinteresse, am Entscheidungsprozess teilzunehmen, um einen „*reflektierten* consensus"[972] zu finden und im Sinne eines sozialen Rechtsstaats eine Waffengleichheit zu ermöglichen.[973] Die Auseinandersetzung zwischen den Einzelinteressen findet in einem *fair play* statt. Die getroffene Entscheidung wird zum Gemeinwillen. Die öffentliche Meinung bildet sich unabhängig anderer Organisationen. Sie hat eine Kontrollfunktion, die sich im Fall einer Gegensätzlichkeit zwischen staatlichen/ gesellschaftlichen Handelns und der Gesellschaftsordnung mobilisieren kann,[974] insofern „das Parlament an die anlässlich seiner Wahl getroffene Entscheidung der öffentlichen Meinung gebunden"[975] ist. Hieraus ergibt sich einen, das Volk in seiner sozialen Realität heterogenen Gesellschaft anerkennenden autonom-heterogenen-pluralistischen Rechtsstaat. Er legitimiert sich dann, wenn er sich als Grundhaltung etabliert.

D.4.2.2. Explikation

Fraenkels Pluralismustheorie zeigt ihre Stärke in der Deskription des Zusammenspiels von Partikularinteressen in einem demokratischen Entscheidungsprozess. Sie bleibt aber in der Ermöglichung von Teilhabe erklärungsbedürftig.

Die große Stärke liegt in der elaborierten Begründung einer für die Demokratie unerlässliche Machtdiversität und Autonomie nicht nur innerhalb der Gewaltenteilung, sondern auch durch eine Vielzahl außerparlamentarischer Organisationen und deren Mitwirkung am Willensbildungsprozess unter Berücksichtigung eines neutralen Staates nebst eines regulativ entstehenden Gemeinwohls. Fraenkel legt die notwendige Eigenständigkeit einer jeglichen Interessenorganisation dar, um die Anzahl der an der Entscheidung beteiligten Akteure zu erhöhen, sodass durch ihre Partizipation die bestmögliche Entscheidung getroffen werden kann, indem ihre Interessen Berücksichtigung finden (*Gemeinwohl a posteriori*).[976] Die damit einhergehende Machtdiversität zeigt sich parlamentarisch durch eine klare Trennung zwischen Partei und Fraktion, wobei letztere „der Primat [...] über die Parteiorganisation"[977] notwendigerweise bildet. Selbst wenn ein Dualismus zwischen Parlament und Re-

---

971 ebenda 2011g, 101
972 ebenda 2011j, 84 (Hervorhebung im Original übernommen - ASK)
973 vgl. beispielhaft ebenda 2011b, 340 - 3
974 vgl. ebenda 2011k, 248 - 52
975 ebenda 2011a, 229
976 vgl. beispielhaft Offe 2002, 73
977 Fraenkel 2011g, 100

gierung existiert, soll das Parlament weiterhin so souverän wie möglich bleiben. Nichtsdestotrotz konkludiert Fraenkel beim Vergleich des US-Kongresses mit dem britischen Parlament die höhere Mächtigkeit des Ersteren aufgrund einer klaren Trennung zwischen Exekutive und Legislative.[978] Diese Konklusion setzt sich weiter fort in der begrenzten Beeinflussung der amerikanischen Parteiführer auf parteiinterne Kandidatenaufstellungen, was letztlich die Unabhängigkeit des Kongresses vom Präsidenten festigt.[979] Davon abgesehen bilden Parteien als Massenorganisationen ein Schanier zwischen Parlamentarier und Volk, indem Parteien einerseits Parlamentarier stellen, andererseits Parlamentarier an einfache Gesellschafts-/ Parteimitglieder bindet.

Die Machtdiversität zeigt sich zudem in der freien Koalitionsbildung. Anthropologisch setzt Fraenkel ein aus seiner Sicht realistisches Menschenbild voraus, wodurch er dem Menschen die Legitimation der eigenen Interessenvertretung zugesteht.[980] Hieraus bedingt sich die freie Koalitionsbildung, welche dem Bürger ermöglichen soll, seine Partikularinteressen durch Vereine und Verbände einzubringen. Diese außerparlamentarisch wirkenden Organisationen – Lobbygruppen – sind kompromissorientiert. Dies setzt voraus, dass nicht nur die einzelnen Gruppeninteressen Anerkennung und Respekt finden, sondern auch der Staat die Aufgabe wahrnimmt, „im Rahmen der bestehenden differenzierten Gesellschaft zwischen den organisierten Gruppeninteressen einen Ausgleich zustande zu bringen, der zur Begründung eines *reflektierenden* consensus zu führen geeignet ist."[981] Der Staat als Gesamtverband hat „das Recht und die Pflicht [...], seine Vorstellung und seine Interessen bei der Herausarbeitung des Endresultats"[982] einzubringen. Hierbei ist die große Leistung, einen notwendigen nicht-kontroversen und kontroversen Sektor darzulegen.[983] Beide Sektoren stellen notwendige Bedingungen eines gelingenden pluralistisch organisierten Entscheidungsprozesses dar. Daraus ergibt sich ein Begriff von Gemeinwohl, welcher erst in der Auseinandersetzung mit antagonistischen Interessen entsteht und damit die faktische Existenz ausdifferenzierter Gesellschaften anerkennt.[984] In der Gesamtheit kann der pluralistische Staat aber nur dann gelingen, wenn der hier dargelegte Entscheidungsprozess auch verfassungssoziologisch in der Gesellschaft sedimentiert ist. Dies meint, ein weiterer wesentlicher Beitrag von Fraenkel liegt darin, dass die Gesellschaft nicht nur *de jure* einen solchen Prozess institutionalisiert, sondern auch als Grundhaltung einnimmt. Diese Grundhaltung zeigt sich in letzter Konsequenz im nicht-kontroversen Sektor, welcher

---

978   vgl. ebenda 2011d, 182
979   vgl. ebenda, 180
980   vgl. ebenda 2011f, 70 - 1
981   ebenda 2011j, 84
982   ebenda 2011e, 312
983   von Brünneck 2011, 16; Buchstein 2002, 227 - 8
984   vgl. Buchstein 2002, 235

unter anderem die Verfahrensregularien enthält. Hierdurch ist der Gemeinwohl aber nicht nur ‚a posteriori‘, sondern auch ‚a pirori‘.[985] Wie wesentlich eine solche Grundhaltung ist, zeigt sich auch heute noch: Besonders in Polen versucht die Regierung, in Anlehnung an die illiberale Demokratie in Ungarn, neue Entscheidungsstrukturen aufzubauen, um für sich das Regieren zu vereinfachen – stets im Sinne der Umsetzung des legitimen Volkswillen unabhängig etwaiger rechtsstaatlicher Bedingungen.[986]

Sosehr Fraenkel die Mechanismen eines pluralistischen Staates aufzeigt, bleiben die Ermöglichungsbedingungen hinsichtlich seines Begriffs »Waffengleichheit« erklärungsbedürftig. Durch einen historischen Bezug auf die Zeit der Industrialisierung und des damaligen liberalen Rechtsstaats bezieht er sich richtigerweise auf die soziale Frage, deren Lösung „das Bemühen einschließen [muss], auf kollektiver Ebene zwischen den verschiedenen Gesellschaftsgruppen eine Waffengleichheit zu begründen [...].“ [987] Die notwendige Waffengleichheit erfordert einen sozialen Rechtsstaat, den er aber in seiner Konzeption insbesondere *de jure* nahelegt.[988] Nur in seiner elaborierten Darlegung der Industrialisierung und der damit einhergehenden sozialen Isolierung vieler Individuen zeigt sich auch, inwiefern Interessendiversität eine Notwendigkeit zur sozialen Befriedung ist; nur wenn alle sozialen Schichten in die Gesellschaft inkludiert werden bzw. sich inkludieren können, entsteht Kooperation und eine gelingende Gesellschaft.[989] Über die soziale Frage hinaus ergibt sich auch die Inklusion von Minderheiten, deren Interessen ebenfalls Berücksichtigung zu finden haben. Fraenkel bleibt aber vage, inwiefern sich dies in der Praxis zeigt. Hieraus ergibt sich eine an anderer Stelle weitaus stärkeren Kritik, die zwar Fraenkels Konzeption lobt, jedoch die fehlende Antwort auf das ‚Wer?‘ kritisiert. „Am wenigsten reflektiert Fraenkel die Frage des ‚Wer?‘, zu denen er der damaligen Konvention folgend die Angehörigen eines politischen Gemeinwesens rechnet.“[990] Diese Frage ist auch insofern immanent, als Fraenkels Pluralismustheorie das Einzelindividuum in der Interessenvertretung zuweilen ignoriert.[991] Faktisch beeinflussen Verbände und Vereine den Entscheidungsprozess. Einerseits liegt dies an den hoch komplexen Gesellschaftsstrukturen, die einen solchen Vorgang erforderlich machen; andererseits braucht das Individuum ebenfalls Partizipationschancen, die über eine reine Teilhabe über Vereine und Verbände hinausgeht, um der Entwicklung einer Elitedemokratie vorzubeugen.

---

985   vgl. ebenda, 235
986   Lammert 2016
987   Fraenkel 2011c, 342
988   vgl. ebenda, 342 - 3
989   vgl. ebenda 2011l, 114ff; ebenda 2011a, 218ff
990   Buchstein 2002, 235
991   vgl. Abschnitt D.3.3.2

Ferner reflektiert Fraenkel teilweise unzureichend die Gefahr eines *gridlock* bzw. *deadlock*, wie er zum Beispiel im US-amerikanischen politischen System entsteht. Machtdiversität verhindert in der Regel einen effizienten Entscheidungsprozess, auch wenn die dann gefundene Lösung eine höhere Legitimation erhält. Je höher die Anzahl der Vetospieler, desto schwieriger ist der Willensbildungsprozess; eine höhere Anzahl von Einzelinteressen ist zu beachten. Dies ist im Kontext eines ausreichend mächtigen nicht-kontroversen Sektor unproblematisch; problematisiert sich aber in der Vergrößerung des kontroversen Sektors. Ein gutes Beispiel bildet hierzu die *tea party movement*, die sich im Kongress Kompromissen widersetzt und die Konsensdemokratie destabilisiert.

Reflektierend ist Fraenkel eine leistungsstarke Konzeption einer Pluralismustheorie gelungen, deren Wirkmächtigkeit auf die Gegenwart fraglos ist.[992] Sie leistet einen gewinnbringenden Beitrag zur Deutung des schülerbezogenen Konzepts ‚Meinungsvielfalt', aber auch der anderen Konzepte.

In der Deutung zeigen sich folgende Begriffe aufgrund ihrer Abstraktheit lernhinderlich: empirischer und hypothetischer Volkswille sowie eines Gemeinwohl ‚a priori' bzw. ‚a posteriori'. Sie sind weiterhin wesentlich, sollten jedoch im unterrichtlichen Kontext umschrieben werden. So existiert ein *Volkswille, der zwischen Regierenden und Regierten gleich sein soll,* und hierbei steht *der Gemeinwohl bereits vorher fest.* Dagegen existiert *ein Volkswille, der in Parlamentswahl angedeutet und vom Parlament selbst interpretiert wird,* sodass *das Gemeinwohl erst in einem Kompromiss zu finden ist.* Hierbei ist der Begriff des *trust* bzw. Treuhand gut, um Regierungshandeln zu beschreiben. Eine Regierung handelt auf Basis von Bürgervertrauen. Im Gegensatz dazu wären die Begriffe nicht-kontroverser/ nicht-streitbarer sowie kontroverser bzw. streitbarer Bereich lernförderlich. Auch ein Hinweis auf die Souveränität/ Unabhängigkeit einzelner Machtakteure bzw. Interessenakteure (Verbände, Vereine) ist leicht verständlich.

---

992   vgl. beispielhaft von Brünneck 2011, 28

D.4.2.3. Einzelstrukturierung

Konzept: parlamentarisches Regierungssystem		
Definition der Kategorie	**Ankerbeispiel**	**Quelle**
+ »Demokratie« eine das gesamte Gemein- schaftsleben durchzie- hende Grundhaltung	Geht es schon nicht an, durch Beschränkung auf die Analyse einer individuellen Staats- und Verfassungs- ordnung erklären zu wollen, was unter »Demokratie« in einer bestimmten Nation zu verstehen ist, so gilt dies erst recht, wenn von Demokratie als einem die Grenzen individueller Staaten überschreitender Sam- melbegriff die Rede ist. Nur wenn unter »Demokra- tie« eine das gesamte Gemeinschaftsleben durchzie- hende Grundhaltung verstanden wird, erhält der Begriff »westliche Demokratie« einen tieferen Sinn (S. 76, Z. 30 – S. 80, Z. 28	S. 53, Z. 2 – S.53, Z. 22; S. 54, Z. 18 – S. 54, Z. 29 S. 56, Z. 9 bis S. 56, Z. 33 S. 60, Z. 9 – S. 60, Z. 15 S. 74, Z. 1 - S. 75, Z. 05 76, Z. 30 - S. 80, Z. 28 S. 97, Z. 11 - S.99, Z. 11 S. 192, Z. 10 - S. 193, Z. 10 S. 199, Z. 18 - 200, Z. 21 S. 283, Z. 1 - S. 285, Z. 29 S. 298, Z. 6 - S. 298, Z. 38

Konzept: parlamentarisches Regierungssystem		
Definition der Kategorie	**Ankerbeispiel**	**Quelle**
+ Parlament souverän mit unentbehrlichen Faktor des Regierungsprozesses	Nach geltendem Verfassungsrecht ist das Parlament souverän; in der Verfassungswirklichkeit stellt es einen gewiss unentbehrlichen, aber nicht dominierenden Faktor des Regierungsprozesses dar. »Le Parliament règne mais il ne gouverne pas« (S. 101, Z. 8 – S. 101, Z. 22)	S. 56, Z. 34 – S. 60, Z. 8 S. 65, Z. 17 - S. 66, Z. 19 S. 66, Z. 24 - S. 69, Z. 23 S. 101, Z. 8 - S. 101, Z. 22 S. 104, Z. 6 - S. 104, Z. 26 S. 181, Z. 15 - S. 181, Z. 22 S. 193, Z. 19 - S. 194, Z. 26

Konzept: parlamentarisches Regierungssystem		
Definition der Kategorie	**Ankerbeispiel**	**Quelle**
- ~~empirischer Volkswille~~	Ein idealtypisches *plebiszitäres* Regierungssystem geht von der stillschweigenden Voraussetzung eines einheitlichen Volkswillens aus, von dem a priori angenommen wird, dass er mit dem Gesamtinteresse identisch sei. [...] Aufgabe eines plebiszitären Regierungssystems ist es, einen Zustand herzustellen und zu bewahren, der eine optimale Kongruenz von empirischem Volkswillen und Gesamtinteresse gewährleistet mit der Maßgabe, dass bei einer Divergenz zwischen empirischem und hypothetischem Volkswillen dem empirischen Volkswillen der Vorzug gebührt (S. 166, Z. 27 – S. 168, Z. 38)	S. 60, Z. 18 – S. 62, Z. 9 S. 63, Z. 20 – S. 63, Z. 26 S. 103, Z. 14 - S. 104, Z. 05 S. 116, Z. 3 - S. 150, Z. 15 S. 156, Z. 10 - S. 157, Z. 11 S. 166, Z. 27 - S. 168, Z. 38 S. 195, Z. 21 - S. 199, Z. 17 S. 200, Z. 35 - S. 205, Z. 22 S. 213, Z. 3 - S. 215, Z. 36
+ hypothetischer Volkswille	Ein idealtypisches *repräsentatives* Regierungssystem geht von der These eines vorgegebenen und objektiv feststellbaren Gesamtinteresses und der Hypothese aus, dass der Wille des Volkes auf die Förderung des Gesamtinteresses gerichtet sei (Hypothetischer Volkswille) (S. 165, Z. 1 – S. 166, Z. 26).	S. 165, Z. 1 - S. 166, Z. 26 S. 317, Z. 1 - S. 318, Z. 4
+ Regierung als Treuhänder des Volkes	Das Volk ist der Begründer und Nutznießer dieses Trust, die Regierung übt die Funktion des Treuhänders aus (S. 227, Z. 21 – S. 228, Z. 3)	S. 169, Z. 1 - S. 175, Z. 26 S. 227, Z. 21 - S. 228, Z. 3

Konzept: parlamentarisches Regierungssystem		
Definition der Kategorie	**Ankerbeispiel**	**Quelle**
– ~~empirischer Volkswille mit dem hypothethischen deckungsgleich (= empirischer Volkswille s.o.)~~	Das Erregende der großen Verfassungsdebatten von 1789 ist nicht zuletzt darin zu erblicken, dass die Utopie Rousseaus, der empirische Volkswille tendiere stets dahin, sich mit dem hypothetischen Volkswillen zu decken [...] (S. 186, Z. 1 – S. 187, Z. 2).	S. 186, Z. 1 - S. 187, Z. 2 S. 188, Z. 14 - 192, Z. 9
+ Parlament Volksrepräsentant nach oben und unten souverän	Nur ein Parlament, das nicht Volksvertretung, sondern Volksrepräsentant zu sein beansprucht, ist nach oben und unten souverän (S. 194, Z. 27 – S. 195, Z. 20).	S. 194, Z. 27 - S. 195, Z. 20 S. 273, Z. 29 - S. 274, Z. 6
+ Ebene der Wählerschaft, der Partei, des Parlaments, der Regierung eigenständig	Das politisch einflussreichste Parlament der Gegenwart sitzt nicht an der Themse, sondern am Potomac (S. 181 – 2). Barker gelangt hierbei zu dem Ergebnis, dass der Fortbestand der demokratischen politischen Diskussion nur dann gewährleistet ist, wenn sie auf zum mindesten vier Ebenen vor sich geht: auf der Ebene der Wählerschaft, der Partei, des Parlaments und der Regierung [...]. Nur, wenn die Eigenständigkeit eines jeden dieser Diskussionsbereiche bewahrt bleibe, ist die Immunität [...] gebannt [...] (S. 216 – 7).	S. 175, Z. 27 - S. 181, Z. 14 S. 181, Z. 23 - S. 182, Z. 10 S. 200, Z. 22 - S. 200, Z. 34 S. 216, Z. 1 - S. 217, Z. 4

Konzept: Prinzip der Repräsentation von Interessen		
Definition der Kategorie	**Ankerbeispiel**	**Quelle**
+ politische Entscheidungen die Resultante von Kräften, an deren Interessensorganisationen teilhaben	In der Gegenwart stellen politische Entscheidungen zumeist die Resultante im Parallelogramm von Kräften dar, an deren Zustandekommen die Interessenorganisationen maßgeblich teilhaben (S. 87, Z. 29 – S. 88, Z. 35).	S. 71, Z. 1 - S. 71, Z. 25 S. 86, Z. 18 - S. 87, Z. 15 S. 87, Z. 29 - S. 88, Z. 35 S. 89, Z. 16 - S. 90. Z. 8 S. 106, Z. 16 - S. 106, Z. 29 S. 151, Z.1 - S. 152, Z. 9 S. 157, Z. 12 - S. 161, Z. 17 S. 344, Z. 1 - 347, Z. 10 S. 350, Z. 2 - S. 353, Z. 39
+ Interessensgruppen echte, wenn Gebote des Gemeinwohls beobachten	Sie sind allerdings (und das Entsprechende gilt für alle anderen Interessengruppen) *echte* Gewerkschaften nur dann, [...] dass ihrer Betätigung immanente Schranken gesetzt sind, die sich aus der Notwendigkeit ergeben, die Gebote des Gemeinwohls zu beobachten (S. 87, Z. 16 – S. 87, Z. 28).	S. 62, Z. 10 – S. 62, Z. 25 S. 87, Z. 16 - S. S. 87, Z. 28

Konzept: Prinzip der Repräsentation von Interessen		
Definition der Kategorie	**Ankerbeispiel**	**Quelle**
+ Gegenüberstellung von Regierung und Opposition Lösung zur *nachträglichen* Bildung eines Volkswillen	Sie bedeutet vielmehr, durch die Gegenüberstellung der von der Regierung beschlossenen Lösungen mit den von der Opposition angeregten Alternativlösungen dem Volk Gelegenheit zur *nachträglichen* Bildung eines Volkswillens zu geben (S. 100, Z. 28 – S. 101, Z. 7).	S. 99, Z. 11 - S. 100, Z. 21 S. 100, Z. 28 - S. 101, Z. 7 S. 101, Z. 21 - S. 102, Z. 13 S. 110, Z. 14 - S. 110, Z. 22 S. 310, Z. 8 - S. 311, Z. 4 S. 322, Z. 22 - S. 323, Z. 33
+ Bürgern die uneingeschränkte Möglichkeit, sich in einer Vielzahl von Verbänden pluralistisch zu organisieren	Sie sind autonome Verbände, weil ihre Gründung und innere Organisation zwar rechtlich geregelt, aber nicht staatlich reglementiert, sondern frei sind. [...] Um dem Schicksal der Vermassung zu entgehen, gewähren die westlichen Demokratien ihren Bürgern die uneingeschränkte Möglichkeit, sich in einer Vielzahl von Verbänden *pluralistisch* zu organisieren, zu betätigen und kollektiv in das Staatsganze einzugliedern (S. 256, Z. 1 – S. 258, Z. 32).	S. 187, Z. 3 - S. 188, Z. 14 S. 256, Z. 1 - S. 258, Z. 32 S. 261, Z. 1 - S. 264, Z. 27 S. 295, Z. 28 - S. 296, Z. 7 S. 334, Z. 27 - S. 336, Z. 37

Konzept: Parteien		
Definition der Kategorie	**Ankerbeispiel**	**Quelle**
+ Parteien das Gemeinwohl im Wege eines dialektischen Prozesses verwirklichen	Die Parteien mediatisieren nicht einen fiktiven Gemeinwillen, sondern sie integrieren die gestreuten Gruppenwillen, sie wirken dadurch bei der Bildung des Volks- und Staatswillens mit, dass sie sich in den Dienst der Aufgabe stellen, das Gemeinwohl im Wege eines dialektischen Prozesses zu verwirklichen (S. 90, Z. 8 – S. 90, Z. 31)	S. 71, Z. 25 - S. 73, Z. 26 S. 90, Z. 8 - S. 90, Z. 31 S. 108. Z. 7 - S. 108, Z. 13 S. 220, Z. 34 - S. 220, Z. 38 S. 252, Z. 31 - S. 252, Z. 37
+ Primat der Fraktionen über Parteiorganisationen	Für das Funktionieren der englischen Repräsentativverfassung ist der Primat der Fraktionen über die Parteiorganisationen axiomatisch (S. 100, Z. 21 – S. 100, Z. 27).	S. 100, Z. 21 - S. 100, Z. 27 S. 108, Z. 13 - S. 108, Z. 22 S. 184, Z. 8 - S. 184. Z. 22
+ Parteien mitzuwirken bezieht auf kontroversen Sektor	Die Verfassungsbestimmung, die Parteien seien berufen, bei der Bildung des Volkswillens mitzuwirken, bezieht sich primär nicht auf die Herstellung eines consensus omnium im nicht-kontroversen Sektor, sondern auf die Bildung eines einheitlichen Mehrheits- und Minderheitswillens im kontroversen Sektor des staatlichen und gesellschaftlichen Lebens (S. 154, Z. 16 – S. 156, Z. 9).	S. 154, Z. 16 - S. 156, Z. 9

Konzept: Parteien		
Definition der Kategorie	**Ankerbeispiel**	**Quelle**
+ Parteien als Massenorganisationen Träger eines plebiszitären Regierungssystems	Das Kennzeichen einer parlamentarischen Demokratie liegt eben darin, dass ihre Parteien als Parlamentsfraktionen Träger einer repräsentativen, und als Massenorganisationen Träger eines plebiszitären Regierungssystems sind (S. 184, Z. 23 – S. 185, Z. 35)	S. 182, Z. 11 - S. 184, Z. 8 S. 184, Z. 23 - S. 185, Z. 35 S. 205, Z. 23 - S. 207, Z. 32 S. 217, Z. 4 - S. 220, Z. 33 S. 311, Z. 4 - S. 312, Z. 7

Konzept: Gemeinwohl		
Definition der Kategorie	**Ankerbeispiel**	**Quelle**
+ Gemeinwohl ist eine regulative Idee	Gemeinwohl ist keine soziale Realität, sondern einer regulative Idee (S. 85, Z. 28 – S. 85, Z. 37).	S. 85, Z. 28 - S. 85, Z. 37 S. 292, Z. 20 - S. 293, Z. 16

Konzept: Gemeinwohl		
Definition der Kategorie	**Ankerbeispiel**	**Quelle**
+ organisierten Gruppen-interessen einen Aus-gleich zur Begründung eines *reflektierten* con-sensus	Demgegenüber setzt sich der pluralistische Staat der westlichen Demokratien die Aufgabe, im Rahmen der bestehenden differenzierten Gesellschaft zwi-schen den organisierten Gruppeninteressen einen Ausgleich zustande zu bringen, der zur Begründung eines *reflektierten* consensus zu führen geeignet ist (S. 84, Z. 10 – S. 85, Z. 27).	S. 56, Z. 3 – S. 56, Z. 8; S. 63, Z. 1 – S. 63, Z. 19 S. 66, Z. 19 - S. 66, Z. 23 S. 69, Z. 24 - S. 69, Z. 29 S. 84, Z. 10 - S. 85, Z. 27 S. 86, Z. 1 - S. 86, Z. 6 S. 89, Z. 10 - S. 89, Z. 16 S. 312, Z. 8 - S. 313, Z. 18
- ~~objektiver Gemeinwohl~~	Aufgrund dieser Theorie sei es infolgedessen mög-lich, zu einem objektiven Gemeinwohl zu gelangen. [...] Der Totalitarismus ist auch eine Art Demokratie, aber eine Demokratie besonderer Prägung, eine Demokratie, die von Homogenität und von der Möglichkeit eines zu verwirklichenden a-priori-Gemeinwohl ausgeht (S. 303, Z. 32 – S. 304, Z. 13).	S. 303, Z. 32 - S. 304, Z. 13

Konzept: Demokratie		
Definition der Kategorie	**Ankerbeispiel**	**Quelle**
+ Politische Bildung aufzuzeigen, wie in Gesellschaft Demokratie möglich ist	Politische Bildung ist [...] berufen aufzuzeigen, wie in einer Gesellschaft, die sich ihres heterogenen Charakters voll bewusst ist, Demokratie möglich ist, ohne zur Zersetzung der staatlichen oder zur Unterdrückung der partiellen Gemeinschaften zu führen ist (S. 287, Z. 35 - S. 291, Z. 05).	S. 287, Z. 35 - S. 291, Z. 05
- ~~Demokratievorstellung als Volkswille, der in acclamatio in Erscheinung tritt~~	Bei der Demokratievorstellung des Faschismus liegen die Anklänge an die andere revolutionäre Volksvorstellungen, an die der Jakobiner insoweit vor, als der Volkswille, der in der acclamatio in Erscheinung tritt, sich auch mit der Anerkennung von Gruppen innerhalb der Gesellschaft nicht in Einklang bringen läßt (S. 307, Z. 9 - S. 307, Z. 37).	S. 302, Z. 17 - S. 302, Z. 37 S. 307, Z. 9 - S. 307, Z. 37

Konzept: Strukturdefekte der Demokratie		
Definition der Kategorie	**Ankerbeispiel**	**Quelle**
+ Diagnose und Therapie der Strukturdefekte nicht klassische Demokratietheorie zugrunde gelegt	Nach all, was bisher gesagt worden ist, dürfte es sich erübrigen, im einzelnen zu begründen, warum ich meiner Diagnose und Therapie der Strukturdefekte der Bonner Verfassungsordnung nicht die klassische Demokratietheorie zugrunde gelegt habe (S. 107, Z. 1 – S. 108, Z. 7).	S. 99, Z. 11 - S. 99, Z. 19 S. 102, Z. 14 - S. 103, Z. 11 S. 104, Z. 27 - S. 106, Z. 16 S. 107, Z. 01 - S. 108, Z. 7 S. 152, Z. 10 - S. 152, Z. 33

Konzept: Strukturdefekte der Demokratie		
Definition der Kategorie	**Ankerbeispiel**	**Quelle**
+ Verfassungssoziologie optimale Verwirklichung einer Demokratie	Um so dringlicher erscheint es jedoch, sich die Fragen vorzulegen, [...] ob diese Verfassungssoziologie den Anforderungen gerecht wird, die unter den obwaltenden Verhältnissen als die optimale Verwirklichung des Postulats einer freiheitlichen sozialrechtsstaatlichen Demokratie angesehen werden kann (S. 95, Z. 11 – S. 97, Z. 9).	S. 63, Z. 27 – S. 63, Z. 30 S. 91, Z. 1 – S. 92, Z. 13 S. 93, Z. 13 - S. 97, Z. 9 S. 114, Z. 1 - S. 116, Z. 2 S. 223, Z. 22 - S. 223, Z. 36 S. 260, Z. 1 - S. 260, Z. 38

Konzept: Kompromiss		
Definition der Kategorie	**Ankerbeispiel**	**Quelle**
+ Volk sind Mitglieder einer differenzierten Gesellschaft mittels Kompromissen zu regieren	Volk sind die Angehörigen der in verschiedenartigen Körperschaften [...] zusammengefassten Mitglieder einer differenzierten Gesellschaft, von denen erwartet wird, [...] mittels Kompromissen zu regieren (S. 307, Z. 38 – S. 308, Z. 40).	S. 292, Z. 3 - S. 292, Z. 19 S. 295, Z. 1 - S. 295, Z. 27 S. 307, Z. 38 – S. 308, Z. 40.
+ im öffentlichen Bewusstsein die erzielte Lösung Bestandteil des Gemeinwillens bildet	Es geht vielmehr darum, dass im öffentlichen Bewusstsein über kurz oder lang die fragliche Materie nicht mehr dem kontroversen, sondern dem nichtkontroversen Sektor des Gemeinwesens zugerechnet wird und die erzielte Lösung zunächst einen Bestandteil der konsolidierten öffentlichen Meinung und im Verlauf der Zeit einen Bestandteil des Gemeinwillens bildet (S. 246, Z. 9 - S. 248, Z. 19).	S. 246, Z. 9 - S. 248, Z. 19

Konzept: Pluralismus		
Definition der Kategorie	**Ankerbeispiel**	**Quelle**
+ Ko-Existenz und freien Entfaltung von Gruppen mittels Kompromissen zu regieren	Für den Bereich der Politikwissenschaft möchte ich Pluralismus provisorisch als eine Demokratietheorie definieren, die in der Ko-Existenz und freien Entfaltung einer unbestimmten großen Zahl von Gruppen die geeignete Methode erblickt, mittels einer nicht abreißenden Kette von Kompromissen zu regieren.	S. 108, Z. 23 - S. 109, Z. 16 S. 112, Z. 28 - S. 113, Z. 21 S. 258, Z. 33 - S. 259, Z. 41 S. 347, Z. 11 - S. 348, Z. 37
+ consensus omnium	Nicht das Problem der *Geltung* dieses Wertkodex steht hier zur Diskussion, vielmehr lediglich die Frage seiner *Bedeutung* für die Begründung und Aufrechterhaltung eines consensus omnium, wobei von der empirisch nachweisbaren Tatsache ausgegangen wird, dass kein Staat - und insbesondere keine pluralistische Demokratie - auf die Dauer ohne das Minimum eines solchen consensus zu bestehen vermag (S. 243, Z. 16 – S. 246, Z. 2).	S. 243, Z. 16 - S. 246, Z. 2
+ kontroverser und nicht-kontroverser Sektor sind Verschiebungen unterworfen	Die nebeneinander bestehenden kontroversen und nicht kontroversen Sektoren des Gemeinwesens, von denen im folgenden [sic] die Rede sein wird, sind durch eine Demarkationslinie voneinander getrennt, die nicht ein für allemal festliegt. Sie ist vielmehr ständigen Verschiebungen unterworfen, in denen sich jeweils politisch hochbedeutsame Wandlungen des Gemeinschaftsbewusstseins reflektieren (S. 246, Z. 3 – S. 246, Z. 8).	S. 246, Z. 3 – S. 246, Z. 8 S. 309, Z. 1 - S. 310, Z. 7
+ Bild des Menschen, wie er ist	Ihr politisches Denken ist an dem Bild des Menschen ausgerichtet, wie er ist, und nicht an einer Vision eines Menschen, wie er hätte sein sollen oder wie er werden sollte (S. 270, Z. 36 – S. 271, Z. 34).	S. 266, Z. 33 - S. 272, Z. 31 S. 291, Z. 6 - S. 292, Z. 3

Konzept: Pluralismus		
Definition der Kategorie	**Ankerbeispiel**	**Quelle**
+ autonom-heterogenen-pluralistischen Rechts-staat	Dem »Idealtypus« eines autonom-heterogenen-pluralistischen Rechtsstaat (S. 279, Z. 28 - S. 280, Z. 4)	S. 277, Z. 35 - S. 278, Z. 20 S. 279, Z. 18 - S. 279, Z. 21 S. 279, Z. 28 - S. 280, Z. 4 S. 294, Z. 18 - S. 294, Z. 37
- ~~heteronom-homogenen-totalitären Diktatur~~	Der »Idealtypus« einer heteronom-homogenene-totalitären Diktatur (S. 280, Z. 4 - S. 280, Z. 5).	S. 272, Z. 35 - S. 273, Z. 28 S. 274, Z. 6 - S. 277, Z. 34 S. 278, Z. 21 - S. 279, Z. 17 S. 279, Z. 22 - S. 279, Z. 27 S. 280, Z. 4 - S. 280, Z. 5 S. 293, Z. 17 - S. 294, Z. 17 S. 324, Z. 1 - S. 328, Z. 17 S. 348, Z. 38 - S. 350, Z. 2

Konzept: Pluralismus		
Definition der Kategorie	**Ankerbeispiel**	**Quelle**
+ Volk in sozialer Realität heterogen	Das Volk ist in der sozialen Realität heterogen, ist differenziert (S. 301, Z. 6 - S. 301, Z. 7).	S. 63, Z. 30 – S. 65, Z. 16 S. 80, Z. 35 - S. 84, Z. 9 S. 86, Z. 8 - S. 86, Z. 18 S. 264, Z. 27 - S. 266, Z. 33 S. 285, Z. 30 - S. 287, Z. 34 S. 297, Z. 1 - S. 298, Z. 5 S. 298, Z. 39 - S. 301, Z. 05 S. 301, Z. 06 - S. 302, Z. 16 S. 302, Z. 38 - S. 303, Z. 31 S. 330, Z. 13 - S. 334, Z. 26
+ in jeder differenzierten Gesellschaft zwischen kontroversen und nicht-kontroversen Sektor zu unterscheiden	In Wirklichkeit haben wir in jeder differenzierten Gesellschaft zwischen einem kontroversen Sektor ohne einen generellen Konsens und einem nicht-kontroversen Sektor mit einem generellen Konsens zu unterscheiden.	S. 336, Z. 38 - S. 340, Z. 9

Konzept: öffentliche Meinung		
Definition der Kategorie	**Ankerbeispiel**	**Quelle**
+ Parlament an getroffene Entscheidung der öffentlichen Meinung gebunden (»mandate«)	Durch die »mandate« Theorie wird nicht der einzelne Abgeordnete an Instruktionen seiner Wähler, sondern das Parlament an die anlässlich seiner Wahl getroffene Entscheidung der öffentlichen Meinung gebunden (S. 228, Z. 4 - S. 229, Z. 29).	S. 208, Z. 1 – S. 213, Z. 2 S. 224, Z. 1 - S. 227, Z. 20 S. 228, Z. 4 - S. 229, Z. 29 S. 252, Z. 38 - S. 253, Z. 4
+ »public opinion«, sie zu kontrollieren	»Opinion publique« gibt vor, die Regierungsgewalt zu etablieren; »public opinion« gibt sich damit zufrieden, sie zu kontrollieren (S. 231, Z. 1 - S. 237, Z. 14).	S. 231, Z. 1 - S. 237, Z. 14 S. 239, Z. 10 - S. 243, Z. 15 S. 304, Z. 13 - S. 307, Z. 08
+ öffentliche und autonome Meinung ohne Mitwirkung anderer organisierter Kollektiveinheiten	Der Herrschaftsanspruch einer zugleich öffentlichen und autonomen Meinung geht davon aus, dass diese sich zwar auf Angelegenheiten der Gesamtheit bezieht, jedoch ohne Mitwirkung des Staates, der Kirche oder anderer organisierter Kollektiveinheiten zustande kommt (S. 237, Z. 14 - S. 239, Z. 9). Was ist mit öffentlichen Funktionen Seite 238 letzter Absatz?	S. 237, Z. 14 - S. 239, Z. 9
+ Mobilisierung der öffentlichen Meinung	Hat sich allerdings im nicht-kontroversen Sektor des Gemeinwesens eine Routine staatlichen oder gesellschaftlichen Verhaltens entwickelt, die [...] mit den generell anerkannten Grundprinzipien der Gemeinschaftsordnung in Widerspruch steht, dann haben die Befürworter radikaler Reformen eine Chance, für ihre Argumente einen Widerhall im Publikum zu finden, der ebenfalls zur Mobilisierung der öffentlichen Meinung zu führen vermag (S. 248, Z. 20 - S. 252, Z. 37).	S. 248, Z. 20 - S. 252, Z. 37

Konzept: Volkssouveränität		
Definition der Kategorie	**Ankerbeispiel**	**Quelle**
+ Die Staatsgewalt geht vom Volke aus	Die Staatsgewalt geht vom Volke aus (S. 315, Z. 21) Das kennzeichnende Merkmal einer auf der Konstheorie basierenden autonom-demokratischen Legitimität ist in dem optimal zu verwirklichenden Postulat zu erblicken, Vorsorge zu treffen, dass zwischen der Regierung und der Mehrzahl der Regierten nicht nur im Zeitpunkt der Bestellung der Regierung durch die Regierten, sondern während der ganzen Dauer ihrer Amtsführung Einklang besteht (S. 318, Z. 5 – S. 322, 21)	S. 314, Z. 1 - S. 316, Z. 35 S. 318, Z. 5 - S. 322, 21

Konzept: Waffengleichheit		
Definition der Kategorie	**Ankerbeispiel**	**Quelle**
+ Meinungsforschung eine öffentliche Angelegenheit	Im Prinzip sollte an dem Grundsatz festgehalten werden, dass in einer freiheitlichen Demokratie Meinungsforschung eine öffentliche Angelegenheit ist [...] (S. 253, Z. 5 - S. 255, Z. 22). *(Zusatzinformation: Waffengleichheit auf Seite 254, Z. 25)*	S. 229, Z. 29 - S. 230, Z. 28 S. 253, Z. 5 - S. 255, Z. 22
+ zwischen Gesellschaftsgruppen eine Waffengleichheit zu begründen	Ein jeder Versuch, »die soziale Frage« einer Lösung näherzubringen, muss das Bemühen einschließen, auf kollektiver Ebene zwischen den verschiedenen Gesellschaftsgruppen eine Waffengleichheit zu begründen, deren Fehlen zum Scheitern des liberalen Rechtsstaats des 19. Jahrhunderts beigetragen hat (S. 340, Z. 10 - S. 343, Z. 10)	S. 53, Z. 23 – S. 54, Z. 17 S. 62, Z. 26 – S. 62, Z. 40 S. 75, Z. 6 - S. 76, Z. 29 S. 89, Z. 8 - 10 S. 340, Z. 10 - S. 343, Z. 10

Konzept: Waffengleichheit		
Definition der Kategorie	**Ankerbeispiel**	**Quelle**
+ Auseinandersetzung unter Einhaltung der Regeln eines *fair play*	So unentbehrlich, ja geradezu kennzeichnend es für die westlichen Demokratien ist, den in den Interessenorganisationen in Erscheinung tretenden differenzierten Kollektivinteressen freien Spielraum zu gewähren, so unerläßlich ist zu betonen, dass die Ergebnisse dieser Auseinandersetzung nur dann als verbindlich anerkannt werden können, wenn die Auseinandersetzungen unter Einhaltung der Regeln eines *fair play* geführt werden [...] (S. 89, Z. 1 – S. 89, Z. 8).	S. 69, Z. 30 - S. 70, Z. 33 S. 89, Z. 1 - S. 89, Z. 8 S. 92, Z. 14 - S. 93, Z. 12 S. 109, Z. 16 - S. 110, Z. 14 S. 110, Z. 23 - S. 112, Z. 27
+ Intensitätsgrade der Gruppeninteressen ausreichend berücksichtigt	Wahre Demokratie erfordert, dass die Intensitätsgrade der Gruppeninteressen ausreichend berücksichtigt werden, um zu verhindern, das eine Minoritätsgruppe sich auf einem ihr lebenswichtig erscheinenden Gebiet vergewaltigt fühlt (S. 153, Z. 1 – S. 154, Z. 15).	S. 153, Z. 1 - S. 154, Z. 15

D.4.3. Untersuchung zu „sozialer Gerechtigkeit" – Thomas Meyer

Meyer, Thomas 2009b: *Soziale Demokratie. Eine Einführung*. Verlag für Sozialwissenschaften, Wiesbaden.

D.4.3.1. Zusammenfassung

Das Buch *Soziale Demokratie. Eine Einführung* von Thomas Meyer stellt ein Überblickswerk zu seinem weitaus umfangreicheren Werk *Theorie der Sozialen Demokratie* dar. In beiden adressiert er Fragen zu einer sozialgerechten Gesellschaft in einer zunehmenden Globalisierung und der damit einhergehenden Veränderung staatlicher Strukturen, die einer transnationalen Einbettung bedürfen. Der Staat muss aktivierend und kooperierend sein. Er bedarf zudem einer aktiven Zivilgesellschaft.

Der Theorieentwurf orientiert sich am Liberalismus, welcher Meyer in die soziale und libertäre Demokratie scheidet. Der Liberalismus adressiert zwar in korrekterweise Fragen nach dem universellen Geltungsanspruch der Menschen- und Bürgerrechte, die konstitutiv für eine legitime staatliche Herrschaft ist. Er scheitert aber an der Umsetzung in der gesellschaftlichen Realität. Eine Beschränkung auf formalrechtliche Geltung, dem negativen Freiheitsbegriff und einer entsprechenden politischen und rechtlichen Institutionalisierung ist unzureichend.[993] Diese Diagnose verschärft sich im Hinblick auf die libertäre Demokratie, die selbstregulierte Märkte sowie soziale Hilfe im Rahmen privater, folglich nicht-verpflichtender Maßnahmen favorisiert. Er stellt keine stabile Demokratieform dar.[994] Hiervon grenzt sich die soziale Demokratie als grundrechtsgestützter Sozialstaat mit einer koordinierten Marktwirtschaft[995] und damit stabilen Demokratie ab. In dieser Lesart bedingt sich Freiheit aus der Gewährung negativer bei gleichzeitiger Förderung positiver Freiheit.[996] Beide Formen liberaler Demokratien stellen Idealtypen dar.

Im Allgemeinen basiert die Soziale Demokratie auf universellen Grundrechten, der allgemeinen Erklärung der Menschenrechte der Vereinten Nationen sowie dem internationalem Pakt über wirtschaftliche, soziale und kulturelle Rechte. Die Geltung universeller Grundrechte für jeden Bürger ist Verpflichtung sowohl für jedes Gemeinwesen als auch für die globale Ordnung. Gleichzeitig bedingt sie demokratische Stabilität.[997] Die Relevanz einer sozialen Demokratie erblickt Meyer in der allgemeinen Erklärung der Menschenrechte der Vereinten Nationen, insofern sie „einen konstitutiven Bezug auf die Idee der *sozialen Bürgerschaft* als Realbedingung für die zeitgemäße Einlösung von universellen Grundrechten"[998] erblickte. Dies konkretisiert sich weiter im *Internationalem Pakt für wirtschaftliche, soziale und kulturelle Rechte* als „die normativen Bedingungen, die jede gesellschaftliche Gesamtverfassung auf der Welt erfüllen muss, um den universellen Menschen- und Bürgerrechten in ihrer materiellen Lesart gerecht zu werden."[999]

Kernelement der Sozialen Demokratie ist die Konzeption einer demokratischen Sozialstaatlichkeit bzw. sozialen Gerechtigkeit nebst einer sozialen Inklusivität. Hierzu bedarf es in der Gesellschaft eines öffentlichen Konsens über die Mindestansprüche der sozialen Gerechtigkeit. Sie erschöpfen sich nicht nur in Rechten, sondern benennen auch Pflichten.[1000] Der öffentliche Konsens ist dabei

---

993   vgl. Meyer 2009b, 15ff, besonders 26
994   vgl. ebenda, 213 - 4, 271 - 2 sowie 288
995   vgl. ebenda, 197 - 203
996   vgl. ebenda, 57 - 63
997   vgl. ebenda, 291ff
998   ebenda, 31 (Hervorhebungen im Original übernommen - ASK)
999   ebenda, 34
1000 vgl. ebenda, 49 - 52

das Ergebnis eines an Rawls *overlapping consensus* anlehnendem Gerechtigkeitskonzepts, das sich auf die Mindestansprüche sozialer Gerechtigkeit bezieht.[1001] Hintergrund ist die Notwendigkeit einer entsprechenden politischen Kultur, insofern gesellschaftliche Unterstützung eine nachhaltige soziale Demokratisierung befördert.[1002] Entsprechend findet gesellschaftliche Vielfalt eine Anerkennung, wodurch Gerechtigkeitsnormen regulativ, also *aposteriori* entstehen.

Sozialstaatlichkeit bzw. soziale Gerechtigkeit zielt auf eine Dekommodifizierung dergestalt, als soziale Sicherungssysteme den Menschen „eine Sicherung bereitstellen, die im Risikofall ihre Grundrechte schützt."[1003] Im Schutz der Grundrechte verharrt die soziale Demokratie nicht in der Bereitstellung „gewährter und gewährleisteter sozialer und ökonomischer Grundrechte,"[1004] sondern erweitert sich in der Gewährung von Teilhaberechte. Entsprechend versteht sich Integration nicht nur in der Akzeptanz kultureller Vielfalt und der Affirmation politischer Rechte, sondern auch in einer materiellen Teilhabemöglichkeit. Demokratische Partizipation ist nicht radikaldemokratisch, sondern versteht sich funktionalgerecht innerhalb gesellschaftlicher Funktionssysteme.[1005] Folglich verfolgt die Theorie einen akteurstheoretischen Ansatz, der die Bürger-Perspektive einnimmt, „weil Soziale Demokratie [...] ein Demokratiemodell auf der Basis universeller Grundrechte verkörpert."[1006] Soziale Inklusivität stellt eine Rechtsverbindlichkeit dar und garantiert die grundrechtsgeschützte Autonomie in privater, sozialer und politischer Hinsicht.[1007]

In der weiteren Konkretisierung ergibt sich eine repräsentative Verfassung, einhergehend mit einer durch außerstaatlichen Organisationen (Vereine, Verbände) und einer aktiven Zivilgesellschaft eingerahmten Parteiendemokratie. Die aktive Zivilgesellschaft gestaltet sich als ergänzende Form sozialer Hilfe und politischer Selbststeuerung, wobei sich die Zivilgesellschaft nicht nur auf Bürger, sondern auch auf Unternehmen im Sinne der *corporate citizenship* bezieht.[1008] Obgleich der Staat bürgerliche Rechte garantiert, soll er „durch die regulativen Komponenten des Marktes und der Zivilgesellschaft korrigiert und ergänzt"[1009] werden. Hierbei versteht sich der Staat als aktivierend bzw. kooperativ. Er ermöglicht und fördert zivilgesellschaftliches Handeln. Er bleibt bei Fragen der ökonomischen Regulation flexibel und offen.[1010] Er gestaltet eine aktive Bildungspolitik, insofern Bildung

---

1001 vgl. ebenda, 53 - 6
1002 vgl. ebenda, 259 - 68
1003 ebenda, 185
1004 ebenda, 181
1005 vgl. ebenda, 104 - 16
1006 ebenda, 244
1007 vgl. ebenda, 66
1008 vgl. ebenda 120 - 3
1009 ebenda, 103
1010 vgl. ebenda, 119 sowie 166 - 8

nicht nur ein soziales Grundrecht, sondern auch Chancengleichheit eröffnet.[1011] Er versteht sich als Rechtsstaat, weswegen er sich dazu „verpflichtet, eine angemessene strukturelle Sicherung gegen alle sozial-strukturellen Risiken zu schaffen."[1012]

Das Wirtschaftssystem zielt auf eine nachhaltige Entwicklung, welche eine bedingte Marktsteuerung und positive Freiheitsrechte affirmiert. In der gesellschaftlich-politischen Einbettung der Märkte ist ihre Regulation nötig, ohne gleichzeitig die positiven Formen des Privateigentums zu behindern.[1013] Erwerbsarbeit ist nicht nur ein Recht, sondern auch eine Pflicht. Der Niedriglohnsektor soll subventioniert werden.[1014] Die nachhaltige Entwicklung ist ökologisch, insofern es potentielle Umweltkosten ökonomisch einpreist. Das Ziel liegt in der Befriedigung von Bedürfnissen im Kontext kulturellen und natürlichen Lebens, ohne deren Grundlage zu zerstören.[1015]

Hinsichtlich ökonomischer Fragen ist Globalisierung omnipräsent. Durch einen selbstregulierten Globalmarkt, der sich der Zugriffsmöglichkeiten nationalstaatlichen Einflüssen entzieht, sieht Meyer eine Gefährdung des Kompromisses zwischen Demokratie und Kapitalismus.[1016] Er mahnt eine koordinierte Marktwirtschaft an, um den Sozialstaat zu schützen. Hierzu sieht er transnationale Kooperation als notwendig und organisierbar an, die im Rahmen eines „neu einzurichtenden *UN-Sicherheitsrats für wirtschaftliche und soziale Angelegenheit* koordiniert werden sollte, der alle auf diesem Gebiet tätigen Organisation umwölbt und deren Handeln am Vorrang der Grundrechtsgeltung orientiert."[1017] Die langfristige Zielrichtung liegt in einer neuartigen Globalisierung, die die globalen öffentlichen Güter schützt, aber dessen Erreichen unsicher bleibt.[1018]

D.4.3.2. Explikation

Thomas Meyer aktualisiert die Soziale Demokratie, indem er den Liberalismus in Abgrenzung zum Neoliberalismus bzw. libertären Demokratie durch eine Verknüpfung der negativen mit den positiven Freiheitsrechten sozialtheoretisch perspektiviert, eine funktionsgerechte Demokratisierung von Gesellschaft und Wirtschaft mit einer aktiven Zivilgesellschaft, die die Parteiendemokratie innerhalb einer repräsentativen Demokratie einrahmt, einfordert, Nachhaltigkeit ökonomisch als auch ökologisch versteht und die zunehmende Wirtschaftsglobalisierung durch transna-

---

1011 vgl. ebenda, 186 - 91
1012 ebenda, 47
1013 vgl. beispielhaft ebenda, 132 - 41
1014 vgl. ebenda, 191 - 7
1015 vgl. ebenda, 76 - 7
1016 vgl. ebenda, 205 - 7
1017 ebenda, 229 (Hervorhebungen im Original übernommen - ASK)
1018 vgl. ebenda, 227 - 8 sowie 253 - 8

tionale Kooperation sozial ausgestaltet. Seine Theorie bleibt aber eine Wissenschaftstheorie, ohne konkrete Handlungsempfehlung zu geben – ähnlich wie bei den Schülervorstellungen, die kaum konkrete Umsetzungsmöglichkeiten benennen.[1019]

Die Soziale Demokratie grenzt sich von der libertären Demokratie bzw. dem Neoliberalismus ab. Als die Diskussion um die Soziale Demokratie in den 1960ern/ 1970ern stagnierte[1020] und sich die fehlende Wirkungskraft des Keynesianismus bei den damaligen Wirtschaftskrisen zeigte, erstarkte der Neoliberalismus. Er propagierte als reiner Wirtschaftsliberalismus den Abbau des Sozialstaates. Abstiegsängste in der Mittelklasse ermöglichten Verfechter eines individualistischen Marktliberalismus in Amerika und später in Europa, erheblichen Einfluss auf die gesellschaftliche Gestaltung zu nehmen.[1021] In der neoliberalen Kritik stand der *fat state*, der den Menschen die Früchte ihrer Arbeit durch Steuern nahm, Sozialleistungen finanzierte, und sich zu sehr in eine im Idealfall vom freien Wettbewerb geprägten Marktwirtschaft einmischte.[1022] Ein aus dieser Sicht paternalistisch agierender Staat zwingt Menschen zur Arbeit. Er demotiviert sie zur Leistungserbringung, insoweit sie von ihrer eigenen Arbeit nicht mehr ausreichend profitieren. Der Tradition von Smith und Locke folgend, sahen neoliberale Wirtschaftswissenschaftler wie Hayek, Friedman oder Nozick im Leistungsgedanken, dem Individualismus sowie im Minimalstaat nicht nur eine Förderung der Ökonomie und Anerkennung des individuellen Eigentumsrechts (*Self-Ownership*), sondern auch eine erfolgreiche Realisierung des allgemeinen Gemeinwohls.[1023] Dieser neoliberale Gedanke ist jedoch in der Finanzkrise unter Kritik geraten. Die Soziale Demokratie und damit einhergehend staatliche Eingriffe in die Wirtschaft fanden Unterstützung. Inzwischen richtet sich die Kritik verstärkt auf die Staatsschulden.[1024]

Da sich Freiheit nur unzureichend in negativen Freiheitsrechten erschöpft, gelingt Thomas Meyer mit der Verknüpfung der negativen mit den positiven Freiheitsrechten, sich nicht nur auf den klassischen Liberalismus hinsichtlich des Eigentumsrechts, der sich im Leistungsgedanken niederschlägt, zu beziehen. Er verweist auch auf eine notwendige koordinierte Marktwirtschaft mit einem Rechts- und Sozialstaat als Mindestmaß sozialer Gerechtigkeit (*soziale Bürgerschaft*).[1025] Negative Freiheitsrechte ermöglichen, Leistungen freizusetzen und Menschen zur Leistungserbringung zu motivieren. Davon profitiert nicht nur das Individuum, sondern auch

---

1019 vgl. Abschnitt C.8.2.1.5.
1020 vgl. von Daniels 2012, 294 - 5
1021 vgl. Reese-Schäfer 2013, 170ff; Hartmann/ Meyer 2005, 180 – 3; Schaal/ Heidenreich 2009, 140 sowie 148 - 9; Nullmeier 2010, 4ff; Petring 2013, 89 – 91; Meyer 2013, 255ff; Herrmann (2013, 184ff) spricht dagegen von einem Scheinsieg des Neoliberalismus.
1022 vgl. beispielhaft Hayek 1950, 39 – 42; Nozick 1974, 169
1023 vgl. Taylor 2004; Hayek 1950; Friedman 1971; Nozick 1974
1024 vgl. Misselwitz 2013, 101 - 2
1025 vgl. Meyer 2009b, 41ff sowie 57ff

die Gesellschaft. Sosehr negative Freiheitsrechte die Freiheit des Individuums betonen und eine Freiheit ohne äußere Einflüsse meinen, führen sie nicht zwingend zur Selbstregierung oder Demokratie. Sie sind mit einer liberalen Diktatur verknüpfbar.[1026] Eine ökonomisch definierte Freiheit kann in Marktfatalismus führen. „Der Markt kann ebenso wie der Staat freiheitszerstörend wirken, er kann eine Zwangsinstanz sein, die die gleiche rechtliche Freiheit im Ansatz zunichte macht."[1027] Die freiheitszerstörende Wirkung des Marktes ergibt sich aus sozialgesellschaftlichen Fliehkräften und offenbart sich spätestens in einer immer größer werdenden Kluft zwischen Armut und Reichtum. Dies gefährdet den sozialen Frieden – wie es sich beispielsweise in den Pariser *Banlieus* zeigt. Die Realisierung sozialer Gerechtigkeit und Freiheit im Sinne eines selbstbestimmten Lebens gelingt erst in einem Sozialstaat. „Soziale Gerechtigkeit schafft Freiheit, indem es allen die gleiche Freiheit gibt, ihr Leben selbstständig zu gestalten, ohne sich in extreme Abhängigkeit der Märkte zu begeben."[1028] Die Vorbedingung von Selbstbestimmung – auch im Verständnis des bereits oben erwähnten *libertarian* Begriffs der *Self-Ownership* – bedingt ein Mindestmaß sozialer Gleichheit bzw. Gerechtigkeit, sodass jeder die Chance auf Leistungserbringung erhält. Freiheit nur für das Individuum allein ermöglicht eben nicht Gleichheit oder Gerechtigkeit.[1029] Die Erlangung negativer Freiheitsrechte bedarf einer Ergänzung durch positive Freiheitsrechte. Dabei stellt sich die Frage nach der geeignetsten Mischung positiver und negativer Freiheitsrechte. Dies bleibt bei Meyer unbeantwortet. Nichtsdestotrotz bedarf es eines aktiv kooperierenden Staates mit einer aktiven Zivilgesellschaft.

Der aktive, kooperierende Staat mag in Zeiten der Prosperität unnötig sein, wenn ein überwiegender Teil der Gesellschaft vom allgemeinen ökonomischen Wachstum profitiert. In Zeiten der Krisen kehrt sich dies jedoch um. Gesellschaftliche Fliehkräfte fordern den sozialen Zusammenhalt heraus. Sozialer Aufstieg durch

---

1026 vgl. beispielhaft Berlin 2002, 176
1027 Nullmeier 2010, 40; vgl. Habermas 2012, 19 - 20; Schaal/ Heidenreich 2009, 150; Misselwitz 2013, 107 – 9; Crouch 2013, 175ff; auch Jahn (2004, 112ff) verdeutlicht die Notwendigkeit, Freiheit niemals rein ökonomisch zu betrachten, welcher ein Fehler neoliberaler wie auch sozialistischer bzw. kommunistischer Anhänger ist. Berlin (2002) verdeutlicht die freiheitsbedingte Verknüpfung negativer und positiver Freiheit. Liberale Vorstellungen, die sich rein individualistisch verstehen, vergleicht er (2002, 195) mit Anarchie: „Only one social movement was bold enough to render this assumption quite explicit and accepts its consequences – that of the Anarchists. But all forms of liberalisms founded on a rationalist metaphysics are less or more watered-down versions of this creed." Auch im Vergleich zu illiberalen Demokratien verdeutlicht Zakaria (1997) die Notwendigkeit der Sicherung individueller Freiheit.
1028 Nullmeier 2010, 40
1029 vgl. Berlin 2002, 172; Merkel 2003, 119; dass ökonomische Freiheit unzureichend ist, betont auch beispielsweise Dullien/Kellermann (2013). Ferner zeigt Berlin (1958) die notwendige Verbindung von negativer und positiver Freiheit auf, um dem Individuum Selbstbestimmung zu ermöglichen. Dies macht er (2002, 200ff) beispielsweise daran fest, dass sich jedes Individuum aufgrund seiner Selbstwahrnehmung bereits einer Gruppe zugehörig fühlt und sich darüber definiert.

Bildung als auch politische Partizipation erreichen in der Regel Sozialbessergestellte. Sozialschwache und Randgruppen haben es schwerer, den sozialen Aufstieg zu erreichen. Die Vermeidung sozialer Unruhen fordert einen aktiven Staat, der im Sinne einer leistungsgerechten Teilhabe eine Umverteilungspolitik verfolgt. „Sozioökonomische Sicherheit wird zukünftig stärker durch Einführung von Mindeststandards und Grundsicherungen und durch eine Ausweitung von garantierten Partizipationschancen besonders im Bildungsbereich zu gewährleisten sein."[1030] Das Mindestmaß sozialer Gerechtigkeit bedarf eines öffentlichen Konsenses. Dies inkludiert Eigenverantwortung, insofern Privateigentum weiterhin als Voraussetzung sozialen und wirtschaftlichen Erfolgs angesehen wird. Auch in der Sozialen Demokratie existiert eine Pflicht zur Erwerbsarbeit.[1031] Eine solche soziale Gerechtigkeit affirmiert ökonomische Liberalität. Sie verbindet sich mit einer regulativen Politik, die den „Handlungsspielraum privater Akteure mit gesamtgesellschaftlich definierten Interessen in Einklang"[1032] bringt. Der Staat versteht sich nicht nur als aktiver, also beeinflussender Akteur. Er ist auch Kooperationspartner, der mit weiteren gesellschaftlichen Akteuren wie zum Beispiel Parteien, Verbänden, Vereinen und der Zivilgesellschaft (*partizipative Demokratie*) zusammenarbeitet.[1033]

Die aktive Zivilgesellschaft gestaltet gesellschaftliche Verhältnisse mit. Sie ist determiniert durch eine entsprechende politische Kultur.[1034] Die Zivilgesellschaft setzt sich aus dem bürgerschaftlichen *Citoyen* und dem Allgemeinwohl verpflichtenden Wirtschaftsunternehmen (*corporate citizenship*) zusammen. Um eine staatliche, ökonomische oder staatlich-ökonomische Dominanz auf die Gesellschaft zu verhindern, erfordern „ Demokratien der Gegenwart eine wertorientierte Kritik des Marktes, des Staates und der Unternehmen – und damit das Streben nach einer Guten Gesellschaft [...]."[1035] Zivilgesellschaftliche Akteure speisen wichtige Interessen in den politischen Entscheidungsprozess ein – und zwar solche, die sich außerhalb der Logiken ,Politik' und ,Wirtschaft' befinden und ungehört bleiben. Dies verbessert soziale Rahmenbedingungen, trägt zur Verwirklichung partizipatorischer Rechte bei und sorgt für eine gesellschaftliche Demokratisierung mittels sowie in Abgrenzung zu Staat und Wirtschaft. Zivilgesellschaftliche Akteure erschöpfen sich nicht in Einzelbürgern, die gesellschaftliche Verhältnisse von Randgruppen oder politischer und wirtschaftlicher Institutionen verbessern. Auch Unternehmen bilden wesentliche gesellschaftliche *player* aufgrund ihrer negativen wie positiven Gestaltungskraft auf lokale Begebenheiten sei es in sozialer, ökonomischer und/oder

---

1030 Misselwitz 2013, 112 – 3
1031 vgl. Meyer 2009b, 55 – 6, 132ff und 191ff
1032 ebenda, 167; historisch mischte sich der Staat stets in den Markt ein, um den Kapitalismus zu fördern (vgl. Herrmann 2013, 87ff).
1033 vgl. Meyer 2009b, 94 – 5
1034 vgl. ebenda, 235ff sowie 259ff
1035 Crouch 2013, 186

ökologischer Hinsicht. In dieser Verantwortung müssen sie als *corporate citizenship* ihren wesentlichen Einfluss auf die sozialen Rahmenbedingungen einer Gesellschaft anerkennen. Sie sind „verpflichtete Bürger der Zivilgesellschaft."[1036] In dieser Lesart besteht eine Gesellschaft aus Mitgliedern, die sich aktiv einbringen, um eine soziale Gesellschaft zu erreichen, Verantwortung zu erkennen und wahrzunehmen sowie auf politischer, gesellschaftlicher und wirtschaftlicher Ebene funktionsgerecht zu partizipieren[1037] sowie Entscheidungen zu beeinflussen. Eine solche Zivilgesellschaft erhält eine Förderung durch den Staat (*gesellschaftliche Demokratisierung*). Insoweit Gemeinwohl *a posteriori* entsteht, bleibt die Frage, wie die verschiedenen Kräfte zusammenspielen, um gesellschaftliche Demokratisierung (Staat, Zivilgesellschaft, Parteien, Verbände) und eine funktionsgerechte Partizipation zu erhalten. Diese Frage adressiert die Soziale Demokratie nicht, ist aber für sie wesentlich.

Auch in einer nachhaltigen Ökonomie sieht Thomas Meyer die Ermöglichung einer sozialen Gesellschaft. Nachhaltigkeit in diesem Sinne meint vernünftigerweise ein nachhaltiges gesellschaftliches Leben im Rahmen sozialer Verantwortung gegenwärtiger sowie zukünftiger Generationen. Dies meint eine Ökonomie, die die tatsächlichen Kosten – samt Umweltkosten – einpreist.[1038] So wäre beispielsweise die Atomenergie weder im Hinblick des Umweltschutzes noch hinsichtlich des wirtschaftlichen Erfolgs preisgünstig gewesen. Die sehr langwierige Endlagerung des Atommülls sowie der diffizile Abbau der Atomkraftwerke sind extrem teuer. Auch die dafür notwendigen Ausgaben sind kaum kalkulierbar. Ferner sind die Interessen zukünftiger Generationen zu beachten, denn „[e]s existiert ein moralischer und ethischer Imperativ, weder die Wälder zu zerstören, die den Sauerstoff und den Lebensraum künftiger Generationen produzieren, noch die Atolle des Pazifischen Ozeans versinken zu lassen."[1039] Nachhaltigkeit ist auch global zu denken.

Globalisierung als gegenwärtige Herausforderung nationaler Regierungen bedarf richtigerweise transnationale Kooperation innerhalb bereits bestehender internationaler Institutionsgefüge, auch wenn diese Art der Zusammenarbeit begrenzt möglich ist. Die Globalisierung entfaltet einen selbstregulierten Markt, der sich trotz seiner Problemhaftigkeit dem Zugriff nationalagierender Akteure entzieht und damit „die sozialen Grundlagen des historischen Kompromisses zwischen Kapitalismus und Demokratie gefährden, die in der europäischen Tradition eine der entscheidenden Voraussetzung politischen Legitimation darstellen."[1040] Erst wenn nationale Regierungen eine globale Wirtschafts- und Sozialpolitik gemeinsam koordinieren sowie globale wie öffentliche Güter als Mittel zur Realisierung universeller

---

1036 vgl. Meyer 2009b, 120; vgl. Beschorner/ Kolmar 2015
1037 konkret vgl. Meyer 2009b, 114 – 6
1038 vgl. ebenda, 69 – 77
1039 Andersson 2013, 245; Dullien/Kellermann 2013, 195 – 7
1040 Meyer 2009b, 206; vgl. Held/ Meyer 2013, 303 – 5

Grundrechte gewährleisten[1041], gelingt ein koordinierter globaler Markt, von denen alle Menschen profitieren. Dies im Rahmen der gegenwärtigen internationalen Beziehungen, die besonders von nationalstaatlichen Egoismen geprägt sind, umzusetzen, bleibt eine große Herausforderung, die von Meyer stärker zu reflektieren gewesen wäre.

Insgesamt adressiert die Soziale Demokratie mannigfaltige Aspekte zur Realisierung sozialer Gerechtigkeit unter Berücksichtigung der Eigen- als auch Gesellschaftsverantwortung im Rahmen aktueller Herausforderungen zwischenmenschlichen Zusammenlebens und ein gewinnbringend für die schülerbezogene Denkfigur ‚soziale Gerechtigkeit'.

Für die Sprache sind Veränderungen nötig. Als lernförderliche Sprache lassen sich folgende Begriffe identifizieren: ökologische wie ökonomische Nachhaltigkeit, koordinierte Märkte, aktive Zivilgesellschaft, kooperierender Staat als auch gesellschaftliche Demokratisierung. Diese Begriffe befinden sich bereits im Erfahrungshorizont von Schülern und können folglich von ihnen leichter erlernt werden. Die gesellschaftliche Demokratisierung erhält jedoch durch ihre funktionsgerechte Umsetzung einen abstrakten Charakter, kann aber erst im Spannungsverhältnis des Entscheidungsverfahrens der gesamtgesellschaftlichen Demokratie, der Funktionsleistung der Teilsysteme für die Gesellschaft sowie den Grundrechten der jeweiligen, im Teilsystem tätigen Personen geklärt werden.[1042] Weil dieses Spannungsverhältnis ein wesentlicher Baustein im schülerbezogenen Konzept ‚soziale Gerechtigkeit' ist, soll es bei gesellschaftlicher Demokratisierung bleiben.

Lernhinderlich sind diese Begriffe: positive wie auch negative Freiheit und *corporate citizenship*. Die positive und negative Freiheit sind Schülern aufgrund ihrer hohen Abstraktheit kaum zu vermitteln. Daher wäre negative Freiheit durch *unabhängige Freiheit des Individuums*[1043], positive Freiheit durch *Freiheit, gewährleistet durch die Gesellschaft* zu verändern. Beide Begriffe werden – sehr allgemein gesagt – bereits durch individuelle Freiheit sowie Freiheit durch Gesellschaft definiert[1044], jedoch ist soziale Freiheit insofern schwierig, als sozial eher sozialstaatlich verstanden werden könnte. Positive Freiheit meint aber auch eine Freiheit, die beispielsweise durch die

---

1041 vgl. Meyer 2009b, 227 – 33 sowie
1042 Meyer 2011, 223
1043 Taylor (1988, 119 – 20) definiert negative Freiheit durch „Freiheit als individueller Unabhängigkeit".
1044 Berlin (2002) macht die notwendige Verbindung zwischen negativer und positiver Freiheit deutlich, indem er sich auf die Gesellschaft bezieht: „The reason within me, if it is to triumph, must eliminate and suppress my 'lower' instincts, my passions and desires, which render me a slave; similarly (the fatal transition from individual to social concepts is almost imperceptible) the higher elements in society [...] may exercise compulsion to rationalise the irrational section of society" (Berlin 2002, 196). Auch Meyer (2009b, 181) spricht im ähnlichen Kontext von „gewährter und gewährleisteter sozialer und ökonomischer Grundrechte [...]," sodass das Individuum nicht nur Inhaber von Rechten ist, sondern die Gesellschaft ihm diese zur Verfügung zu stellen hat.

Gewährleistung gesellschaftlicher Meinungs- und Pressefreiheit erreicht werden soll. Posititve Freiheit ist nicht nur sozialstaatlich zu verstehen. Eine solche Begriffsverwirrung sollte vermieden werden. *Corporate citizenship* ist ein kaum verwendeter Terminus und könnte durch *Unternehmer als engagierter und gesellschaftlich verantworteter Bürger* ersetzt werden.

D.4.3.3. Einzelstrukturierung

Konzept: Soziale Demokratie		
Definition der Kategorie	**Ankerbeispiel**	**Quelle**
+ Soziale Demokratie aus universellen Grundrechten folgende politische Verpflichtung und Bedingung demokratischer Stabilität	Soziale Demokratie ist der hier vorgelegten Theorie zufolge *beides*: eine aus den universellen Grundrechten folgende politische *Verpflichtung* für jedes einzelne Gemeinwesen so wie die globale Ordnung als Ganze *und* eine *Bedingung* demokratischer Stabilität (S. 288, Z. 29 - S. 294, Z. 7).	S. 7, Z. 1 - S. 14, Z. 11 S. 26, Z. 18 - S. 26, Z. 31 S. 40, Z. 8 - S. 41, Z. 8 S. 233, Z. 27 - S. 234, Z. 13 S. 283, Z. 10 - S. 288, Z. 2 S. 288, Z. 29 - S. 294, Z. 7
+ Der Internationale Pakt über wirt., soziale und kulturelle Rechte als Kern normativen Grundlegung Sozialer Demokratie	Der *Internationale Pakt über wirtschaftliche, soziale und kulturelle Rechte* enthält eine dichte Version sozialer und ökonomischer Grundrechte. Sie beschreiben in einer [...] bemerkenswert konkreten, umfassenden und detaillierten Form die normativen Bedingungen, die jede gesellschaftliche Gesamtverfassung auf der Welt erfüllen muss, um den universellen Menschen- und Bürgerrechten in ihrer materiellen Lesart gerecht zu werden. *Sie repräsentieren den Kern einer normativen Grundlegung Sozialer Demokratie* (S. 35, Z. 16 - S. 37, Z. 15).	S. 34, Z. 16 - S. 37, Z. 15

Konzept: libertäre Demokratie		
Definition der Kategorie	**Ankerbeispiel**	**Quelle**
- ~~selbstregulierte Märkte~~	Erfahrung und Forschung haben erwiesen, dass selbstregulierte Märkte nicht nur Grundrechte verletzen, sondern auch in ihrer wirtschaftlichen Leistungsfähigkeit hochgradig problembehaftet sind und selbstdestruktive Dynamiken entfalten (S. 130, Z. 18 - S. 132, Z. 11).	S. 124, Z. 1 - S. 127, Z. 17 S. 130, Z. 18 - S. 132, Z. 11 S. 213, Z. 31 - S. 214, Z. 13
- ~~Im nicht verpflichtenden privaten Bereich solidarischer oder karitativer Hilfe für Bedürftige hohe Werte~~	Liberale Demokratien, die nur die politischen und die kulturellen Grundrechte als Handlungsverpflichtungen für Regierungspolitik anerkennen, erfüllen das zentral charakterisierende Merkmal libertärer Demokratie auch dann, wenn sie im nicht verpflichtenden privaten Bereich solidarischer oder karitativer Hilfe für Bedürftige hohe Werte aufweisen (S. 271, Z. 11 - S. 272, Z. 3)	S. 271, Z. 11 - S. 272, Z. 3
+	Erfüllt die reine libertäre Demokratie die Maßstäbe einer konsolidierten Demokratie nicht	Nach der Matrix möglicher Defekte von Demokratien [...] erfüllt die reine *libertäre* Demokratie, im Unterschied zur Sozialen Demokratie, die Maßstäbe einer konsolidierten Demokratie [...] nicht (S. 288, Z. 3 - S. 288, Z. 28).	S. 103, Z. 12 - S. 103, Z. 32 S. 288, Z. 3 - S. 288, Z. 28

Konzept: Akteure Sozialer Demokratie		
Definition der Kategorie	**Ankerbeispiel**	**Quelle**
+ nicht allein strukturelle Positionsinteressen, auch Akteure, die Bürger-Perspektive einzunehmen	Im Vergleich der unterschiedlichen Erklärungsansätze wird deutlich, dass nicht allein die strukturellen Positionsinteressen [...] Motive für mögliche Akteure der Sozialen Demokratie bereitstellen [...]. Auch die politisch-moralischen oder die politisch-strategischen Interessen derjenigen Akteure kommen ins Spiel, die bereit sind, die Bürger-Perspektive einzunehmen, eben weil Soziale Demokratie [...] ein Demokratiemodell auf der Basis universeller Grundrechte verkörpert (S. 241, Z. 15 - 249, Z. 17).	S. 241, Z. 15 - S. 249, Z. 17
+ akteurstheoretischen Ansatz als Ausgangspunkt	Eine moderne Theorie der Sozialen Demokratie, und das ist der Anspruch des vorliegenden Projekts, muss beim heutigen Stand der sozialwissenschaftlichen Theoriebildung einen *akteurstheoretischen* Ansatz als Ausgangspunkt wählen, der [...] die realisierbaren Handlungsprojekte gesellschaftlicher Gestaltung aus der Perspektive der Akteure konzipiert, deren Ressourcen und Restriktionen durch die Funktionslogik der gesellschaftlichen Teilsysteme und die jeweilige Konstellationen der relevanten Akteure insgesamt wesentlich mitbestimmt und damit prinzipiell begrenzt sind (S. 84, Z. 11 - S. 88, Z. 5).	S. 84, Z. 11 - S. 88, Z. 5

Konzept: Liberalismus		
Definition der Kategorie	**Ankerbeispiel**	**Quelle**
+ nicht gleiche Menschen- und Bürgerrechte dauern Kontroversen an, sondern Geltungsanspruch und Voraussetzung gesell. Wirklichkeit	Nicht um dieses Prinzip der gleichen Menschen- und Bürgerrechte und seine Konsequenzen für die allein legitime Organisation der Formen staatlicher Herrschaft dauern die politischen und theoretischen Kontroversen um den politischen Liberalismus an, sondern um die beiden für die Theorie der Sozialen Demokratie *kardinalen Fragen*, wie weit sein Geltungsanspruch in der *gesellschaftlichen Gesamtverfassung* reicht und welche Voraussetzungen in der gesellschaftlichen Wirklichkeit gegeben sein müssen, um die legitimierenden Normen selbst als real erfüllt ansehen zu können (S. 15, Z. 1 - S. 17, Z. 12)	S. 15, Z. 1 - S. 17, Z. 12

Konzept: Liberalismus		
Definition der Kategorie	**Ankerbeispiel**	**Quelle**
+ Liberalismus in einen doppelten politischen Widerspruch	Mit seiner Selbstbeschränkung auf die formalrechtlichen Geltungsebene der universellen Grundrechte, der Festlegung auf den negativen Freiheitsbegriff als Grundlage des staatlichen Handlungsprogramms und der Einrichtung ihnen entsprechender politischer und rechtlicher Institutionen auf der Ebene der staatlichen Willensbildung gerät der Liberalismus in einen doppelten politischen Widerspruch (S. 17, Z. 13 - S. 26, Z. 17).	S. 17, Z. 13 - S. 26, Z. 17
+ Gegenüberstellung libertärer und Sozialer Demokratie um Kontrastierung zweier Idealtypen	Aus der Sicht der maßgeblichen Kriterien für Soziale Demokratie, wie sie in der Theorie entfaltet und begründet werden, kann es sich bei der Gegenünberstellung [sic] zwischen libertärer und Sozialer Demokratie nur um die Kontrastierung zweier Idealtypen handeln, denen die empirische Realtypen in der Wirklichkeit anzutreffender politischer Gemeinwesen in unterschiedlichen Graden entsprechen (S. 270, Z. 25 - S. 271, Z. 10).	S. 270, Z. 25 - S. 271, Z. 10

Konzept: politische Kultur		
Definition der Kategorie	**Ankerbeispiel**	**Quelle**
+ gewisses Maß geteilten kulturellen Hintergrund- u. Geschichtswissens, aus dem kollektive politische Identität speist	Darüber hinaus aber muss ein gewisses Maß geteilten Hintergrund- und Geschichtswissen gegeben sein, aus dem sich die spezifische kollektive politische Identität eines Gemeinwesens speist, denn zur politischen Kultur eines Kollektivs gehört ja auch ein Entwurf, wie man nach innen und außen gemeinsam politisch leben und handeln will (S. 235, Z. 1 - S. 239, Z. 33).	S. 235, Z. 1 - S. 239, Z. 33

Konzept: politische Kultur		
Definition der Kategorie	**Ankerbeispiel**	**Quelle**
+ Universalismus, politische Kultur angemessene Formen der Institutionalisierung	Für die Nachhaltigkeit sozialer Demokratisierung entscheidend ist dann ein ausreichendes Maß an Universalismus, das eine breite gesellschaftliche Unterstützungskoalition für die sozialstaatlichen Kerninstitutionen des Sozialstaats wahrscheinlich macht. Eine entgegenkommende politische Kultur erleichtert den Prozess der sozialen Demokratisierung. Sie [...] ist in ihrer nachhaltigen Wirksamkeit ihrerseits von angemessenen Formen der Institutionalisierung Sozialer Demokratie abhängig (S. 259, Z. 1 - 268, Z. 32).	S. 259, Z. 1 - S. 268, Z. 32 S. 270, Z. 10 - S. 270, Z. 24

Konzept: Sozialstaatlichkeit/ soziale Gerechtigkeit		
Definition der Kategorie	**Ankerbeispiel**	**Quelle**
+ elementare Komplementarität von Rechten und Pflichten	Im Hinblick auf die *Komplementarität von Rechten und Pflichten* aus der Sicht der Theorie der Sozialen Demokratie erscheint ein solches Verfahren legitim, solange drei Bedingungen erfüllt sind: *Erstens*: Die Begrenzung auf dafür geeignete Handlungsfelder [...]; *Zweitens*: Die zu erfüllenden Pflichten müssen so klar definiert sein wie die komplementären Rechte; *Drittens*: Die durch die Würde der Person definierten Untergrenze der durch die Menschenrechte geschützten sozialen Sicherungsleistungen darf nicht unterschritten werden (S. 49, Z. 8 - S. 52, Z. 33).	S. 49, Z. 8 - S. 52, Z. 33 S. 203, Z. 19 - S. 204, Z. 22
+ öffentlicher Konsens über Mindestansprüche sozialer Gerechtigkeit	Für die Erlangung einer stabilen Mehrheitsunterstützung für diejenigen wirtschafts-, sozial-, oder bildungspolitischen Gestaltungsstrategien, derer die Politik der Sozialen Demokratie andauernd bedarf, ist ein öffentlicher Konsens über Mindestansprüche sozialer Gerechtigkeit erforderlich (S. 55, Z. 17 - S. 56, Z. 15).	S. 53, Z. 19 - S. 54, Z. 23 S. 55, Z. 17 - S. 56, Z. 15 S. 63, Z. 28 - S. 65, Z. 28

Konzept: Sozialstaatlichkeit/ soziale Gerechtigkeit			
	Definition der Kategorie	**Ankerbeispiel**	**Quelle**
+	Orientierung der aktiven Neutralität geboten	In diesem Sinne ist auf der Ebene der Theorie der Sozialen Demokratie eine Orientierung der aktiven Neutralität geboten, die an der Frage der Begründbarkeit der einschlägigen Gerechtigkeits-normen interessiert ist und deren Möglichkeit klärt, aber selbst nicht für eine der konkurrierenden Be-gründungsstrategien Partei ergreift (S. 56, Z. 16 - S. 56, Z. 34).	S. 56, Z. 16 – S. 56, Z. 34
+	besteht Dekommodifikationswi rkung darin, im Risiko-fall ihre Grundrechte schützt	Insofern besteht die Dekommodifikationswirkung der sozialen Sicherungssysteme nicht darin, dass sie der einzelnen Personen eine prinzipielle Alternative zum Markt anbietet, sondern darin, dass sie eine Sicherung bereitstellen, die im Risikofall ihre Grund-rechte schützt (S. 182, Z. 1 - S. 185, Z. 24).	S. 182, Z. 1 - S. 185, Z. 24
+	System gewährter, gewährleisteter Grund-rechte und Einbezie-hung der Empfänger durch Partizipations-rechte	Die beiden wichtigsten Kriterien [der Sozialen Demokratie] sind: Erstens: Ein umfassendes System gewährter und gewährleisteter sozialer und ökonomi-scher Grundrechte und Zweitens: die Einbeziehung der Empfänger von sozialen Leistungen als Inhaber sozialer Rechte in die Entscheidungsstrukturen der Gewährleistung durch ausreichende Partizipations-rechte (S. 170, Z. 1 - S. 181, Z. 32).	S. 170, Z. 1 - S. 181, Z. 32
+	koordinierten Markt-wirtschaft mit einem grundrechtsgestützten Sozialstaat	Der den Erfordernissen einer Sozialen Demokratie am besten angemessene Typ einer koordinierten Marktwirtschaft in Verbindung mit einem grund-rechtsgestützten Sozialstaat ist [...] unter Globalisie-rungsbedingungen [...] ökonomisch leistungs- und wettbewerbsfähig und politisch erfolgreich (S. 197, Z. 18 - S. 203, Z. 18).	S. 142, Z. 1 - S. 152, Z. 3 S. 155, Z. 27 - S. 166, Z. 14 S. 168, Z. 25 - S. 169, Z. 29 S. 197, Z. 18 - S. 203, Z. 18 S. 204, Z. 23 - S. 204, Z. 40

Konzept: Sozialstaatlichkeit/ soziale Gerechtigkeit		
Definition der Kategorie	**Ankerbeispiel**	**Quelle**
+ Integration neben Anerkennung der Identität und Rechte auch faire Teilhabe	Im Lichte der universellen Grundrechte und der empirischen Erfahrungen gleichermaßen hängt dauerhaft gelingende Integration davon ab, dass neben der wechselseitigen Anerkennung der kulturellen Identitäten und politischen Rechte auch eine faire Teilhabe aller an den materiellen Möglichkeiten ihrer Gesellschaft gewährleistet ist (S. 239, Z. 34 - S. 241, Z. 14).	S. 239, Z. 34 - S. 241, Z. 14

Konzept: Bildung		
Definition der Kategorie	**Ankerbeispiel**	**Quelle**
+ Recht auf Bildung	Das Recht auf Bildung hat drei Aspekte: Es ist erstens ein *soziales Grundrecht* aller Bürger, es betrifft zweitens die *Chancengleichheit*, keine Gruppe darf bevorzugt oder benachteiligt werden; und es begründet drittens die Pflicht des Staates zu einer *aktiven Bildungspolitik* (S. 186, Z. 1 - S. 191, Z. 28).	S. 186, Z. 1 - S. 191, Z. 28 S. 276, Z. 9 - S. 276, Z. 38

Konzept: Nachhaltige Entwicklung		
Definition der Kategorie	**Ankerbeispiel**	**Quelle**
+ nachhaltige Ökonomie müssen Preise tatsächliche Kosten einschließlich Umweltkosten	In einer nachhaltige Ökonomie müssen aber die Preise die tatsächliche Kosten einschließlich der Umweltkosten zum Ausdruck bringen (S. 76, Z. 1 - S. 77, Z. 10).	S. 76, Z. 1 - S. 77, Z. 10

Konzept: Nachhaltige Entwicklung		
Definition der Kategorie	**Ankerbeispiel**	**Quelle**
+ wirtschaftl. Handeln in soziales Verantwortungsmuster, ohne Grundlagen zu unterminieren	Das berechtigt zur These, dass Soziale Demokratie und die ökologisch nachhaltige Entwicklung im Wesentlichen dasselbe Ziel verfolgen: Die Wiedereinbettung wirtschaftlichen Handelns in eine umfassendes soziales Verantwortungsmuster, das die Befriedigung menschlicher Bedürfnisse erlaubt, ohne die Grundlagen des kulturellen und natürlichen Lebens zu unterminieren, von denen die menschliche Zivilisation in letzter Instanz abhängig bleibt (S. 67, Z. 1 - S. 74, Z. 23).	S. 67, Z. 1 - S. 74, Z. 23 S. 77, Z. 11 - S. 77, Z. 31

Konzept: Verfassung		
Definition der Kategorie	**Ankerbeispiel**	**Quelle**
+ repräsentativen rechtsstaatlichen Demokratie	Die Verfassungsform der repräsentativen Demokratie ist der Sozialen Demokratie allein angemessen (S. 88, Z. 6 - S. 88, Z. 25).	S. 88, Z. 6 - S. 88, Z. 25 S. 89, Z. 32 - S. 90, Z. 3
+ Parteiendemokratie durch Initiativen, Vereine, Verbände und Zivilgesellschaft kontrolliert, ergänzt und eingerahmt	Partizipative Demokratie in diesem Sinne heißt [...] eine Parteiendemokratie, die durch ein starkes intermediäres System der gesellschaftlichen Vereine, Verbände und eine aktive Zivilgesellschaft kontrolliert, ergänzt und eingerahmt wird (S. 94, Z. 28 - S.95, Z. 13).	S. 94, Z. 28 - S.95, Z. 13

Konzept: soziale Bürgerschaft		
Definition der Kategorie	**Ankerbeispiel**	**Quelle**
+ Freiheit für alle, wenn negativ gewährleistet und positiv ermöglicht	In diesem Verständnis setzen sich positive und negative Freiheit einander wechselseitig voraus. Real und nicht lediglich deklarativ wirksam ist Freiheit nur, wenn sie gleichzeitig negativ gewährleistet und positiv ermöglicht ist (S. 57, Z 1 - 63, Z. 27). Dabei geht es um den Geltungsbereich der positiven Freiheitsrechte, um gleiche Lebenschancen, soziale Sicherheit und Autonomie sowie Schutz vor soziostrukturellen Risiken (S. 152, Z. 23 - S. 155, Z. 26).	S. 26, Z. 32 - S. 30, Z. 32 S. 54, Z. 24 - S. 55, Z. 16 S. 57, Z. 1 - S. 63, Z. 27 S. 152, Z. 23 – S. 155, Z. 26
+ Rechtsstaat kraft Geltungslogik eigenen leg. Normen angemessene strukturelle Sicherungen schaffen	Der demokratische Rechtsstaat ist kraft der Geltungslogik seiner eigenen legitimierten Normen verpflichtet, eine angemessene strukturelle Sicherung gegen alle sozial-strukturellen Risiken zu schaffen, sofern sie: *erstens:* politischer Natur sind; *zweitens:* erhebliche Einschränkungen von Grundrechten nach sich ziehen; *drittens:* nicht durch zumutbare individuelle oder kollektive Selbsthilfe zuverlässig abzustellen sind; und *viertens:* durch verfügbare Mittel politischer Steuerung der Gesellschaft wirksam eingeschränkt oder unter Kontrolle gebracht werden können (S. 41, Z. 8 - S. 49, Z. 7).	S. 41, Z. 8 - S. 49, Z. 7
+ Allgemeine Erklärung der Menschenrechte der UN als konstitutiven Bezug	In Erwägung der Erfahrungen mit dem Zweiten Weltkrieg und seinen gesellschaftlichen Voraussetzungen enthielt schon die *Allgemeine Erklärung der Menschenrechte der UN* von 1948 einen konstitutiven Bezug auf die Idee der *sozialen Bürgerschaft* als Realbedingung für die zeitgemäße Einlösung von universellen Grundrechten überhaupt (S. 30, Z. 33 - S. 34, Z. 15)	S. 30, Z. 33 - S. 34, Z.15 S. 53, Z. 1 - S. 53, Z. 18

Konzept: Zivilgesellschaft		
Definition der Kategorie	**Ankerbeispiel**	**Quelle**
+ staatl. Handlungssystem Aufgabe erfüllen durch regulative Komponente des Marktes und der Zivilgesellschaft	Auch wenn es in letzter Instanz nur das staatliche Handlungssystem sein kann, das die Rechte aller Bürger garantiert, kann es Aufgabe doch umso besser erfüllen, je zielgerichteter es durch die regulativen Komplementen des Marktes und der Zivilgesellschaft korrigiert und ergänzt wird (S. 102, Z. 28 - S. 103, Z. 11).	S. 90, Z. 4 - S. 93, Z. 16 S. 102, Z. 28 - S. 103, Z. 11
+ Zivilgesellschaft eröffnet Chancen direkter Demokratisierung und sozialer Hilfe, pol. Selbststeuerung	Die Zivilgesellschaft eröffnet mit den ihr eigenen Handlungsmöglichkeiten neben beträchtlichen Chancen direkter gesellschaftlicher Demokratisierung und solidarischer Handlungspraxis in der Dimension sozialer Hilfe [...] auch neue Chancen der politischen Selbststeuerung, kann aber [...] in keinem Falle die gesamte Last der notwendigen gesellschaftlichen Steuerungsleistung oder gar die Garantie der Grundrechte übernehmen (S. 121, Z. 25 - S. 123, Z. 16).	S. 101, Z. 34 - S. 102, Z. 27 S. 116, Z. 24 - S. 119, Z. 4 S. 121, Z. 25 - S. 123, Z. 16
+ Unternehmen auch verpflichtete Bürger der Zivilgesellschaft (*Corporate Citizenship*)	Ein [...] vernachlässigter Aspekt zivilgesellschaftlichen Handelns ist der Konzept der Unternehmensverantwortung in der Zivilgesellschaft (Corporate Citizenship). [...] Neben ihrer Einbindung in die Marktsphäre [...], sind sie zugleich an ihren jeweiligen lokalen Standorten immer auch [...] verpflichtete Bürger der Zivilgesellschaft (S. 120, Z. 1 - S. 120, Z. 20).	S. 120, Z. 1 - S. 120, Z. 20

Konzept: Globalisierung		
Definition der Kategorie	**Ankerbeispiel**	**Quelle**
+ auf transnationalen Ebene spielen zivilge- sellschaftliche Akteure eine zentrale Rolle	In den Diskussionen über die Rückgewinnung der durch die Globalisierung verloren gegangenen na- tionalstaatlichen Entscheidungskompetenzen durch neue Formen der Politik auf der transnationalen Ebene spielen zivilgesellschaftliche Akteure eine zentrale Rolle (S. 120, Z. 21 - S. 121, Z. 24).	S. 93, Z. 17 - S. 94, Z. 27 S. 120, Z. 21 - S. 121, Z. 24
+ ökonomische Globali- sierung gefährdet Kompromiss zwischen Kapitalismus und Demokratie	Auf diese Weise gefährdet die ökonomische Globa- lisierung in ihrer negativen Form die sozialen Grund- lagen des historischen Kompromisses zwischen Kapitalismus und Demokratie, die in der europäi- schen Tradition eine der entscheidenden Vorausset- zungen politischer Legitimation darstellen (S. 205, Z. 1 - S. 207, Z. 5).	S. 205, Z. 1 - S. 207, Z. 5
+ globale Handlungsbe- reich von UN- Sicherheitsrat für wirtschaftl. und soziale Angelegenheiten koordiniert werden	In Wissenschaft und Politik hat der Vorschlag eine weitgehende Zustimmung gefunden, dass alle globa- len Aktivitäten in diesem Handlungsbereich von einem neu einzurichtenden *UN-Sicherheitsrat für wirt- schaftliche und soziale Angelegenheiten* koordiniert werden sollte, der alle auf diesem Gebiet tätigen Organisati- onen und Institutionen überwölbt und deren Han- deln am Vorrang der Grundrechtsgeltung orientiert (S. 228, Z. 4 - S. 233, Z. 26).	S. 207, Z. 5 - S. 213, Z. 30 S. 214, Z. 14 - S. 225, Z. 8 S. 226, Z. 24 - S. 227, Z. 6 S. 228, Z. 4 - S. 233, Z. 26
+ Gewährleistung der globalen öffentlichen Güter	Die Einbettung des Weltmarktes zielt auf die Ge- währleistung der globalen und öffentlichen Güter ab, die als Voraussetzung der Realisierung universeller Grundrechte gelten könne (S. 227, Z. 7 - S. 228, Z. 3).	S. 127, Z. 18 - S 129, Z. 26 S. 227, Z. 7 - S. 228, Z 3

Konzept: Globalisierung		
Definition der Kategorie	**Ankerbeispiel**	**Quelle**
+ Akteurskoalition für positive Globalisierung organisierbar	Eine handlungsfähige Akteurskoalition für positive Globalisierung erscheint auch in realistischer Perspektive organisierbar. Das gilt umso mehr unter [...] Prämisse, dass die ökonomischen, sozialen und politischen Kosten einer anhaltenden negativen Globalisierung den Druck auf die widerstrebenden Akteure erhöhen wird, auf die Linie einer Gestaltungskoordination einzuschwenken (S. 249, Z. 18 - S. 253, Z. 2).	S. 249, Z. 18 - S. 253, Z. 2
+ kurz- u. mittelfristige Politik der Anpassung und langfristigen Politik der Umgestaltung der globalen Rahmenbedingungen	[Theorie der Sozialen Demokratie] muss daher immer auf eine Doppelstrategie der kurz- und mittelfristigen Politik der Anpassung und einer langfristigen Politik der Umgestaltung der globalen Rahmenbedingungen setzen in dem Bewusstsein, dass deren Erfolge stets hochgradig unsicher bleiben (S. 253, Z. 3 - S. 258, Z. 32).	S. 253, Z. 3 - S. 258, Z. 32

Konzept: Demokratisierung		
Definition der Kategorie	**Ankerbeispiel**	**Quelle**
- Einführung der pol. Entscheidungslogik in allen Subsystemen	Dabei stand durchaus die Vorstellung Pate, die ins Auge gefasste Form radikaler Demokratisierung ziele in letzter Instanz auf eine Einführung der [...] politischen Entscheidungslogik der Demokratie in allen funktionalen Subsystemen der Gesellschaft ab. Diese Annahme erweist sich [...] als unhaltbar (S. 104, Z. 18 - S. 104, Z. 29).	S. 104, Z. 18 - S. 104, Z. 29

Konzept: Demokratisierung		
Definition der Kategorie	**Ankerbeispiel**	**Quelle**
+ funktionsgerechten Partizipation	Im Rahmen Sozialer Demokratie erweist sich eine gleichzeitig anhand universalistischer Kriterien und jeweils spezifischer Funktionslogiken zu bestimmende Form der Entscheidungsteilhabe in den gesellschaftlichen Funktionssystemen [...] als zwingend [...]. [...] Worom es geht ist die Insitutionalisierung einer *funktionsgerechten Partizipation* (S. 104, Z. 1 - S. 116 - S. 23).	S. 74, Z. 24 - S. 75, Z. 34 S. 104, Z. 30 - S. 116, Z. 23
+ regulative Gerechtig-keitsnorm aposterirori der betroffenen Bürger	Falls diese Gerechtigkeitsnorm, über die im politischen Diskurs der Gesellschaft annähernde Einigung erzielt werden kann, ein Konzept der Sockelgleichheit ist, könnte es die Rolle der regulativen Gerechtigkeitsnorm übernehmen, aber nicht a priori, sondern nur aposteriori, als Ergebnis konkreter politischer Beratung der betroffenen Bürger (S. 37, Z. 16 - S. 40, Z. 7).	S. 37, Z. 16 - S. 40, Z. 7

Konzept: aktivierender/ kooperativer Staat		
Definition der Kategorie	**Ankerbeispiel**	**Quelle**
+ Aktivitäten der Zivilgesellschaft durch aktives Handeln ermöglichen	Der demokratische Staat ist nicht lediglich darauf angewiesen, ein ausreichendes Maß und angemessene Formen der Aktivitäten der Zivilgesellschaft bloß zu erhoffen, er kann und muss sie vielmehr durch sein aktives Handeln ermöglichen und fördern (S. 119, Z. 5 - S. 119, Z. 36).	S. 119, Z. 5 - S. 119, Z. 36
+ Flexibilität und pragmatische Offenheit ergeben sich aus internen Spannungen	Flexibilität und pragmatische Offenheit der Instrumente ökonomischer Regulation [...] ergeben sich vielmehr aus den internen Spannungen zwischen den Grundrechten, den Funktionsbedingungen des ökonomischen Subsystems der Gesellschaft und der Logik politischer Entscheidungen und ihrer Realisierung (S. 166, Z. 15 - S. 168, Z. 24).	S. 166, Z. 15 - S. 168, Z. 24

Konzept: Wirtschaftssystem		
Definition der Kategorie	**Ankerbeispiel**	**Quelle**
+ Unverzichtbarkeit von Marktsteuerung, produktiven Privateigentum und ges.-pol. Einbettung der Märkte	Seine Grenzlinien sind bestimmt durch die Unverzichtbarkeit der ökonomischen Kernfunktion der Marktsteuerung, die produktiven Funktion von Privateigentum und die Notwendigkeit der gesellschaftlich-politischen Einbettung der Märkte (S. 132, Z. 12 - S. 141, Z. 32).	S. 99, Z. 32 - S. 101, Z. 33 S. 132, Z. 12 - S. 141, Z. 32 S. 152, Z. 4 - S. 152, Z. 22 S. 157, Z. 24 - S. 157, Z. 25 S. 158, Z. 14 - S. 158, Z. 34
+ Recht auf und Pflicht zur Aufnahme von Erwerbsarbeit	Unter absehbaren Bedingungen sind das Recht auf und die Pflicht zur Aufnahme von Erwerbsarbeit zentrale soziale Grundwerte (S. 191, Z. 29 - S. 196, Z. 23).	S. 185, Z. 25 - S. 184, Z. 40 S. 191, Z. 29 - S. 196, Z. 23
+ Subventionierung des Niedriglohnsektors	Ein Erfolg versprechender Weg zur Überwindung von Arbeitslosigkeitsfalle und der Probleme der sozial unzureichenden Einkommen ist die Subventionierung des Niedriglohnbereichs (S. 196, Z. 24 - S. 197, Z. 17).	S. 196, Z. 24 - S. 197, Z. 17

Konzept: soziale Inklusivität		
Definition der Kategorie	**Ankerbeispiel**	**Quelle**
+ Drei Dimensionen grundrechtsgeschützter Autonomie in sozialen Inklusivität als Grundfähigkeit Sozialer Demokratie	Die drei Dimensionen grundrechtsgeschützter personaler Autonomie sind in der soziologischen Kategorie der sozialen *Inklusivität* zusammengefasst. Garantierte soziale Inklusivität ist demzufolge die Grundfähigkeit Sozialer Demokratie (S. 272, Z. 4 - S. 276, Z. 8).	S. 65, Z. 29 - S. 66, Z. 35 S. 272, Z. 4 - S. 276, Z. 8 S. 277, Z. 1 - S. 283, Z. 9
+ Im wirklichen Bedarfsfall jeden Bürger gleiche inklusionssichernde Garantieleistung rechtsverbindlich	Die Universalität eines solchen Sicherungssystems liegt [...] darin begründet [...] dass es im wirklichen Bedarfsfalle letztlich jeden Bürger die gleiche inklusionssichernede Garantieleistung rechtsverbindlich zusichert (S. 268, Z. 33 - S. 270, Z. 9).	S. 268, Z. 33 - S. 270, Z. 9

D.4.4. Untersuchung zum ‚alltäglichen Zusammenleben' – John Rawls

Rawls, John 2014: *Eine Theorie der Gerechtigkeit.* 19. Auflage, Suhrkamp Verlag, Frankfurt am Main.

D.4.4.1. Zusammenfassung

Das von John Rawls geschriebene Buch *Eine Theorie der Gerechtigkeit* erschien im Jahr 2014 in der 19. Auflage und wurde in den Vereinigten Staaten im Jahr 1971 veröffentlicht. John Rawls stellt eine elaborierte Vertragstheorie über eine gerechte, im Sinne einer wohlgeordneten Gesellschaft dar, deren Mitglieder vernünftige Menschen mit einem Gerechtigkeitssinn sind und einen vernünftigen Lebensplan verwirklichen. Der Ausgangspunkt der Theorie bildet ein theoretisch konstruierter Urzustand und konkretisiert sich in gerechten Institutionen. Die im Urzustand hinter dem Schleier des Nichtwissens gefundenen, lexikalisch geordneten Grundsätze sind maßgebend.

Rawls entwickelt eine in sich konsistente Vorstellung einer gerechten Gesellschaft. Er argumentiert dabei mit einer Theorie, die „zu einer differenzierten Deutung unserer moralischen Empfindung führt."[1045] Er lehnt den Utilitarismus nach Bentham, Sidgwick, Edgeworth und Pigou, das Perfektionsprinzip und ethische Theorien ab, die sich karthesisch entfalten oder sich auf den Naturalismus beziehen. Im Zentrum steht der Mensch mit seiner Unverletzlichkeit, die nicht zum Wohle der ganzen Gesellschaft geopfert werden darf und gleiche Bürgerrechte für alle begründet.[1046] Dies gilt nicht für Tiere, für die jedoch eine Pflicht von Mitgefühl und Mitmenschlichkeit besteht.

Der wesentliche Akteur einer gerechten Gesellschaft ist der vernünftige Mensch mit seinen jeweils individuellen Interessen und Fähigkeiten. Davon ausgehend, dass „die Parteien im Urzustand theoretisch definierte Menschen"[1047] sind, an ihren Mitmenschen desinteressiert sind und aufgrund des Schleier des Nichtwissens eine Unkenntnis nicht nur über ihrer jeweiligen natürlich oder gesellschaftlich bevorzugten oder benachteiligten Position, sondern auch den zeitlichen Kontext ihrer Existenz haben[1048], entscheiden sie sich als Vernunftwesen für zwei lexikalisch geordnete Grundsätze. Der erste Grundsatz bezieht sich auf eine Garantie der Grundfreiheiten für alle[1049] und der zweite auf die Affirmation sozialer und ökonomischer Ungleichheiten unter der Voraussetzung, dass die Ungleichheiten „den am wenigsten Begünstigten den größtmöglichen Vorteil bringen, und [...] mit Ämtern und Positionen verbunden sein, die allem gemäß fairer Chancengleichheit offenstehen."[1050] In dieser lexikalischen Ordnung zeigt sich das Unterschiedsprinzip, welches liberale Auffassungen und die natürliche Aristokratie wie auch das Pareto-Prinzip und Maximin-Regel ablehnt.[1051] Das Prinzip lässt Ungleichheiten insofern zu, als „die besseren Aussichten der Begünstigten genau dann gerecht [sind], wenn sie zur Verbesserung der Aussichten der am wenigsten begünstigten Mitglieder der Gesellschaft beitragen."[1052] Hieraus ergibt sich die lexikalische Ordnung im zweiten Grundsatz, weil Chancengleichheit wichtiger als Leistungsfähigkeit ist.[1053] Die Entscheidung für die beiden Grundsätze begründet sich in der Vernünftigkeit des Menschen: Weil er seine eigene positive oder negative Stellung in der Gesellschaft nicht kennt, aber seine Freiheit behalten will, entscheidet er sich für die zuvor genannten Grundsätze in ihrer lexikalischen Ordnung. In seiner Vernünftigkeit ist der Mensch ein soziales Wesen mit einem Gerechtigkeitssinn.

1045 vgl. Rawls, 637
1046 vgl. ebenda, 19 - 20
1047 Rawls 2014, 171
1048 vgl. beispielhaft ebenda, 34ff; 160
1049 ebenda, 336
1050 ebenda
1051 vgl. ebenda, 86 - 92 sowie 177 - 83
1052 ebenda, 96
1053 vgl. ebenda, 337

Der Gerechtigkeitssinn drückt sich in den beiden im Urzustand gefundenen Grundsätzen aus. Er ist immanent für einen stabilen gesellschaftlichen Zusammenhalt. Er ist Ausdruck von Menschlichkeit.[1054] In der Orientierung an den beiden Grundsätzen affirmiert der Gerechtigkeitssinn Selbstverwirklichung. Er inkludiert die Rücksichtnahme auf weniger Begünstigte. Im Gerechtigkeitssinn verwirklicht sich „der Wunsch, nach Grundsätzen zu handeln, die die Natur der Menschen als freier und gleicher vernünftiger Wesen ausdrücken."[1055] Der Mensch erhält sich seine Autonomie, indem er seine Interessen und Ziele schützt. Er verwirklicht nicht nur sich selbst. Er verfolgt auch gesellschaftlich wünschenswerte Ziele. Er handelt nicht egoistisch und verfolgt sein eigenes Ziel. Er fördert vielmehr die Situation von schlechter Gestellten (Bürgerpflicht) aufgrund seines Gerechtigkeitssinnes.[1056] Entsprechend ist das „Gewissen eines Menschen [...] fehlgeleitet, wenn er den anderen Bedingungen aufdrängen möchte, die die Grundsätze verletzen [...]."[1057] Ihm obliegt die Verpflichtung, eine gerechte Verfassung zu erhalten.[1058] In diesem Kontext existiert eine „natürliche Pflicht zur Gerechtigkeit."[1059] Sie bezieht sich nicht nur auf gegenseitige Hilfe, sondern auch einer – auch öffentlich dargestellten – gegenseitigen Achtung aller Gesellschaftsmitglieder. Sie konkretisiert sich in der Verteilungsgerechtigkeit. Ziel ist keine Gleichheit für alle, sondern die Schaffung eines demokratischen Staates mit einer weiten Streuung von Produktionsmitteln, eines konkurrenzbestimmten und offenen Marktes, eines fairen Wettbewerbs um politische Ämter (Teilnahmegrundsatz), gesetzmäßige Sicherung größtmöglicher Freiheit sowie eines über Generationen hinweg steigenden Lebensstandards für alle als auch eines Existenzminimums. „Mittels der Umverteilung (etwas der Einkommensbeihilfe) lassen sich dann die Aussichten der Benachteiligten verändern: ihre [sic] Grundgüter (gemessen anhand der Löhne und Subventionen) können auf die gewünschte Höhe gebracht werden."[1060] Gesellschaftliche Grundgüter beziehen sich auf Freiheiten und Chancen sowie Einkommens- und Vermögensverteilung.[1061]

Die im Urzustand von allen vernünftigen Menschen gefundenen Grundsätze führen zu einer wohlgeordneten Gesellschaft, die aufgrund der Verfolgung individueller vernünftiger Lebenspläne eine „soziale Gemeinschaft sozialer Gemeinschaften"[1062] ist. Das Lebensziel eines jeden Menschen zeitigt sich in keinem übergeordneten, sondern in einem selbst gewähltem Ziel bzw. selbst gewählten Zielen, die

---

1054 vgl. ebenda, 521 - 32
1055 ebenda, 519
1056 vgl. ebenda, 391ff
1057 ebenda, 563
1058 vgl. ebenda, 414
1059 ebenda, 368
1060 ebenda, 319
1061 vgl. ebenda, 112 - 3
1062 ebenda, 572

seiner jeweiligen Persönlichkeit entspricht bzw. entsprechen.[1063] Den Menschen geht es vornehmlich darum, ein Mehr an gesellschaftlichen Gütern wie Freiheit, Chancen sowie Mittel zur Zielerreichung zu erhalten. Darunter zählt auch der Aristotelische Grundsatz, also die Fähigkeit zur Lösung immer komplexer werdenden Aufgaben.[1064] Entsprechend wählen die Menschen im Urzustand keine Gerechtigkeitsvorstellungen, die zu Selbstvorwürfen führen könnte, sondern zur Selbstachtung sowie „Wertschätzung und Bestätigung [...] durch andere."[1065] Der vernünftige Lebensplan entspricht nicht nur den Grundsätzen, sondern ist auch Ausdruck einer situationsangemessen Entscheidung sowie der jeweiligen Persönlichkeit – unter sorgfältiger Berücksichtigung der jeweiligen Fakten und Folgen. Der vernünftige Plan ist kongruent mit den vernünftigen Zielen und Interessen des jeweiligen Menschen.[1066] Er entspricht seinen Vorstellung vom Guten, wodurch der selbstgewählte vernünftige Plan „Teil des umfassenden Planes [ist], der für die Gesellschaft als soziale Gemeinschaft sozialer Gemeinschaften maßgebend ist."[1067] Hierbei ist der unterschiedliche Entwicklungszustand der moralischen Persönlichkeit zu berücksichtigen, was besonders für die Erziehung relevant ist. Zur Nutzung des Gerechtigkeitssinns muss sich die moralische Persönlichkeit erst entwickeln. Die Entwicklung selbst ist unter Beachtung der Gerechtigkeitsgrundsätze zu begleiten.[1068]

Die Verfolgung vernünftiger Lebenspläne bedingt gerechte Institutionen, die sich in einem Zwischenstadium von Urzustand und Lebenswirklichkeit bilden (Verfahrensgerechtigkeit). Nach der Findung der Gerechtigkeitsgrundsätze lüftet sich der Schleier des Nichtwissens partiell. Allgemeine Tatsachen über die Gesellschaft sind dadurch bekannt, „nämlich die natürlichen Bedingungen und Hilfsquellen, den wirtschaftlichen und politischen Entwicklungsstand usw."[1069] Maßgeblich sind bei der Bildung der Institutionen die beiden Gerechtigkeitsgrundsätze, wobei der erste Grundsatz für die verfassungsgebende Versammlung, der zweite Grundsatz für die Gesetzgebung relevant ist.[1070] Vernünftige Gesetzgeber voraussetzend, gilt die Mehrheitsregel für beschlossene Gesetze, die sich aufgrund verändernder Wirklichkeiten keine Endgültigkeit erhalten.[1071] Ziviler Ungehorsam begründet sich nur in einer über einen längeren Zeitraum ergebenden Verletzung von Bürgerrechten oder Chancengleichheit im Kontext eines normalen politischen Zustands:[1072] „Gerechte Bürger sollten [...] bemüht sein, die Verfassung mit allen ihren gleichen Freiheiten

---

1063 vgl. ebenda, 608ff
1064 vgl. ebenda, 463ff sowie 479 - 80
1065 ebenda, 480
1066 vgl. ebenda, 446
1067 ebenda, 611
1068 vgl. ebenda, 547 - 55
1069 ebenda, 225; vgl. ebenda, 228 - 9
1070 vgl. ebenda, 221 - 5 sowie 227 - 9
1071 vgl. ebenda, 399
1072 vgl. ebenda 413

aufrechtzuerhalten, solange die Freiheit selbst und ihre eigene Freiheit nicht gefährdet ist."[1073] Dies negiert jedoch keinen wehrhaften Staat – wie es sich in der lexikalischen Ordnung der beiden Gerechtigkeitsgrundsätze zeigt. Ein Weniger an Freiheit hat einerseits das Gesamtsystem der Freiheit zu stützen, muss andererseits für die Betroffenen annehmbar sein[1074], wobei „bestimmte Zwangsmaßnahmen zur Sicherung der Konformität"[1075] zulässig sind. Der Staat zielt aber eher darauf, das Vertrauen der Bürger zu stärken und Neid soweit wie möglich zu verhindern.[1076]

D.4.4.2. Explikation

Die Theorie der Gerechtigkeit hat ihre besonderen Stärken nicht nur in der Neubegründung der Vertragstheorie und den damit einhergehenden Impulsen für die normative politische Philosophie. Viel wesentlicher ist für die vorliegende Studie die Wirkmächtigkeit hinsichtlich der Darlegung einer stabilen, kooperierenden Gesellschaft ohne Aufgabe individueller Freiheiten sowie des gerechten, intergenerativ wirkenden Spargrundsatzes. Nichtsdestotrotz zeigt sich eine Divergenz zwischen der hohen theoretischen Abstraktion der rawlsschen ‚Theorie der Gerechtigkeit' und ihrer realen Umsetzbarkeit.

Rawls begründet eine stabile, kooperierende Gesellschaft. Sie entfaltet sich in der freien Selbstverwirklichung der Menschen. Die Verfolgung eines vernünftigen Lebensplans zeigt sich in der individuellen Vorstellung eines Menschen vom Guten Leben, um sein Selbst zu verbessern. Dabei verwirklichen sich Gesellschaftsmitglieder nicht nur gemäß ihren jeweiligen Fähigkeiten, sondern erhalten auch Wertschätzung und Bestätigung von ihren Mitmenschen.[1077] Die sich hier offenbarende Dualität zwischen Individuum und Kollektiv führt zu einer stabilen Gesellschaftsordnung aufgrund der beiden Gerechtigkeitsgrundsätze. Demnach ist Freiheit das von allen verfolgte Gut, wobei soziale und wirtschaftliche Ungleichheiten zu jedermanns Vorteil sein sollen. Die Individuen einer Gesellschaft sind dann miteinander verbunden. Sie sind daher „bereit [...], in ihr individuelles Vorteilsstreben das entsprechende Vorteilsstreben aller anderen so weit einzubeziehen, dass diese an der Erhaltung der gemeinsamen Ordnung objektiv interessiert bleiben."[1078] Die Kooperation der Menschen untereinander ist kein Zwang. Sie ist selbstbelohnend, um sich selber weiterzuentwickeln. Dabei ist jeder immer ein Teil eines Ganzen im Sinne einer

---

1073   ebenda, 248
1074   vgl. ebenda, 336 - 7
1075   ebenda, 626
1076   vgl. ebenda, 575 - 85
1077   vgl. Rawls 2014, 463 - 86
1078   Schweider 2014, 193

sozialen Gemeinschaft sozialer Gemeinschaften.[1079] Indem er sich mit seinen Fähigkeiten und Neigungen einbringt und von den Fähigkeiten anderer profitiert, die jemand selbst nicht besitzt, wächst man über sich selber hinaus. Denn

> das Gute, das sich aus der Gesamtkultur ergibt, geht weit über unsere Arbeit hinaus, in dem Sinne, dass wir keine bloße Bruchstücke mehr sind: Der Teil von uns, den wir unmittelbar verwirklichen, verbindet sich mit einem umfassenderen gerechten System, dessen Zielen wir zustimmen.[1080]

In der Kooperation der Individuen miteinander entsteht nicht nur eine Gesellschaft, sondern auch die Weiterentwicklung des individuellen und des gesellschaftlichen Selbst.

Der in der gesellschaftlichen Kooperation entstehende Kommunitarismus ist ein sozialer, aber kein politischer. Die gegenseitige Kooperation bezieht sich auf alle Facetten gesellschaftlichen Zusammenlebens – je nach Neigungen und Interessen –, jedoch nicht auf die politische Sphäre. So existiert die Kritik, wonach der „Wert auf faktische demokratische Prozesse und die tatsächliche Beteiligung der Bürger über Wahlen"[1081] defizitär ist. Rawls intendiert jedoch eine auf Interessen und Fähigkeiten basierende Gemeinschaftlichkeit in allen Lebensbereichen. „Rawls ist also ein Kommunitarier der freiwilligen Assoziationen in der Sphäre der privaten, der künstlerischen und wissenschaftlichen Gemeinschaftlichkeit. [...] Die politische Ebene darf weder als Gemeinschaft noch als freiwillige Assoziation begriffen werden, weil sie das Moment der Unfreiwilligkeit und des Zwanges konstitutiv enthält."[1082] In der Affirmation gesellschaftlicher Betätigung gemäß individueller Präferenzen nebst individueller Entscheidungsfreiheit inkludiert sich das Recht auf politische Partizipation, also auch zur Nicht-Partizipation. Die politische Sphäre ist bereits eine Zwangsgemeinschaft. Sie soll Gemeinschaftlichkeit als Gut und Wert zurückhaltend fördern.[1083] Die sich im politischen System äußernde Zwangsgemeinschaft mit ihrem negativen Charakter potenziert sich aufgrund einer fehlenden rechtsstaatlichen Institutionalisierung wie zum Beispiel der einhergehenden Gewaltenteilung.[1084] Dieser Umstand liegt an dem von Rawls gelegten Fokus auf das Zusammenleben der Menschen. Sie sollen sich frei entfalten. Diese freie Entfaltung beruht auf individuellen Fähigkeiten, um das individuelle und gesellschaftliche Selbst zu verwirklichen. Diese entwickeln die Menschen in Anbetracht ihres Gerechtigkeitssinnes weiter. Der Gerechtigkeitssinn basiert auf den beiden Gerechtigkeitsgrundsätzen.

1079 vgl. Reese-Schäfer 2013, 428
1080 vgl. Rawls 2014, 574; vgl. Reese-Schäfer 2013, 430
1081 Schaal/ Heidenreich 2009, 121
1082 Reese-Schäfer 2013, 430
1083 vgl. ebenda
1084 vgl. Maus 2013, 80 – 7

Die beiden Gerechtigkeitsgrundsätze sind mit ihrem Anspruch der Allgemeingültigkeit unabhängig des zeitlichen und räumlichen Kontexts nur bedingt umsetzbar. Tatsächlich erfordert eine bestimmte Gerechtigkeitsvorstellung eine bestimmte Gesellschaft. Letztere geht mit einer bestimmten Gerechtigkeitsvorstellung einher. Dies aber adressiert unter Umständen nicht die Voraussetzung einer pluralen Gesellschaft, dessen Mitglieder unterschiedliche Wünsche haben: Sie können in differenten Lebenskontexte und Kulturen leben. Verweisend auf Rawls Ansicht über die im Urzustand beschlossene Entscheidung für eine Gleichverteilung aller nötigen Güter, konkludiert Walzer, dass „es keine allseits anwendbare einzige Universalformel geben, keinen universell gebilligten Weg, der von einem Konzept wie z.B. dem des »gerechten Anteils« zu einer umfassenden Liste der Güter führt, auf die dieses Konzept anwendbar wäre."[1085] Einkommen und Wohlstand sind nicht immer genauso gesellschaftliche Grundgüter wie Rechte und Freiheiten[1086], es sei denn die Gesellschaft selbst definiert sie als gesellschaftliche und stets gleichwertige Grundgüter. Dies ändert sich dann, wenn zum Beispiel Einkommen und Wohlstand keine solche Relevanz für das Individuum hat und ein Individuum andere Pläne verwirklicht sehen will: „Wenn die Armutsbewegungen der verschiedenen Epochen freiwillig auf Einkommen und Wohlstand verzichten, so verfolgen sie Lebenspläne, für die Einkommen und Wohlstand nicht im Rawlsschen Sinn ein Grundgut sind; denn das dritte Merkmal, das Maximierungsinteresse, fehlt."[1087] So sehr diese Kritik ihrer Berechtigung findet, erfordert eine plurale Gesellschaft eine gemeinsame Basis. Folglich können die beiden Gerechtigkeitsgrundsätze aufgrund ihres liberalen (1. Grundsatz) und sozialen (2. Grundsatz) Charakters einen Beitrag leisten – in Abhängigkeit ihrer jeweiligen Umsetzung. Dem Individuum selbst bleibt die Möglichkeit, seinen vernünftigen Lebensplan zu verwirklichen. Dieser Lebensplan definiert sein Gutes Leben. Er fördert die Stabilität und die Weiterentwicklung der Gesellschaft durch Kooperation. Davon können spätere Generationen profitieren.

Der Profit späterer Generationen begründet sich darin, nicht nur die Gesellschaft weiterzuentwickeln, sondern auch die Pflicht der gegenwärtigen Generation für ein besseres Leben zukünftiger Generationen zu sorgen. Hierbei können sich generationsspezifische Wünsche antagonistisch entgegenstehen. Die starke Überzeugungskraft dieses gerechten, intergenerativen Spargrundsatzes zeigt sich darin, dass jede Generation nicht nur konsumieren soll, sondern auch bewahren und investieren.[1088] Dieser Ansatz tritt in Kraft, wenn Personen im Urzustand zusammenkommen, die „idealiter – um den Gerechtigkeitsstandpunkt operational darzustellen

---

1085 Walzer 2006, 128 – 9; ähnlich vgl. Schaal/Heidenreich 2009, 121
1086 Höffe 2013a, 8
1087 ebenda
1088 vgl. Höffe, 2013b, 158 – 9; Kersting (2004, 149ff) zeigt die Notwendigkeit eines ökologischen Bewusstseins im Rahmen des intergenerativen Spargrundsatzes auf.

– Zeitgenossen sind, realiter aber verschiedenen Generationen angehören."[1089] Entsprechend begründen sie den gerechten, intergenerativen Spargrundsatz in Anlehnung an die beiden Gerechtigkeitszustände. Dieser Ansatz entspringt einem Idealzustand. Er ist nicht zwingend konform mit der Realität. Das Faktum zeitlich gebundener Wünsche und Vorstellungen zeigt die Veränderlichkeit des Erstrebenswerten, denn „die philosophische Interpretation der ethischen Überzeugung des common sense kann das ihm anhaftende Kontingente und Zeitbedingte nicht abschütteln."[1090] Hieran zeigt sich auch, dass die beiden Gerechtigkeitsgrundsätze, die in ihrer Wirkmächtigkeit auf Gesellschaft zeitlos sein sollen, keine zwingende zeitliche Allgemeingültigkeit haben müssen. Sie könnten dem Zeitgeist zum Opfer fallen. Was wäre, wenn die Menschen im 16. Jahrhundert landen würde: „Ihre Marktprinzipien würden ihnen nicht viel nützen, und bei aller Schlagetöterei zwischen italienischen Condottieri und mitteldeutschen Bauernkriegern würden sie einsehen, dass sie bei Hobbes besser gewesen wären."[1091] Zur Ehrlichkeit dieses Befundes gehört aber auch die Frage, ob eine solche Situation überhaupt entstünde. Der Gerechtigkeitssinn aller (!) Bürger könnte dies verhindern und eine andere gesellschaftliche Realität erzeugen, die Kooperation begünstigt.

Rückblickend ist die Theorie der Gerechtigkeit eine nützliche Gesellschaftsvorstellung, um das schülerbezogene Konzept ‚alltägliches Zusammenleben' sowie die weiteren Konzepte zu deuten. Die Gesellschaftsvorstellung zeigt den Menschen als jemanden mit einem Gerechtigkeitssinn. Er zeigt mit seinem vernünftigen Lebensplan seine persönliche Definition vom Guten Leben. Er ist am Erhalt der gegenwärtigen Gesellschaft sowie zukünftiger Generationen interessiert.

Hinsichtlich der Sprache sind Veränderungen grundsätzlich nötig. So zeigen sich die Begriffe des Urzustandes sowie des Spargrundsatzes aufgrund ihrer hohen Abstraktheit als lernhinderlich. Der Urzustand wäre als *Gründungsakt einer Gesellschaft* leichter in den Erfahrungshorizont von Schülern zu heben. Diesbezüglich bietet sich die Dorfgründung[1092] als gutes Beispiel an. Der Spargrundsatz wäre im Kontext der beiden Gerechtigkeitsgrundsätze umzuformulieren: Der erste Gerechtigkeitsgrundsatz kann sprachlich übernommen werden; der zweite Gerechtigkeitssinn wäre partiell zu verändern:

1. Jedermann hat gleiches Recht auf das umfangreichste Gesamtsystem gleicher Grundfreiheiten, das für alle möglich ist.
2. Soziale und wirtschaftliche Ungleichheiten müssen

1089 ebenda, 163
1090 Kersting 1994, 287 – 8
1091 Hartmann 2012, 122
1092 vgl. Petrik 2007

(a) den am wenigsten Begünstigten größtmöglichen Vorteil bringen – auch im Sinne zukünftiger Generationen, deren Entwicklungen zu ihrem größtmöglichen Vorteil zu fördern ist.

(b) mit Ämtern und Positionen verbunden sein, die allen gemäß fairer Chancengleichheiten offenstehen.[1093]

Ferner sind der Gerechtigkeitssinn sowie vernünftiger Lebensplan des Einzelmenschen zur Verfolgung der eigenen Vorstellung vom Guten Leben für Schüler leicht verständlich. Sie sollten Eingang in ihre lebensweltliche Vorstellung finden können. Die Betonung einer Verantwortung für zukünftige Generationen sollte erfolgen.

D.4.4.3. Einzelstrukturierung

Konzept: Gerechtigkeit		
Definition der Kategorie	**Ankerbeispiel**	**Quelle**
+ Mensch besitzt aus Gerechtigkeit entspringende Unverletztlichkeit	Jeder Mensch besitzt eine aus der Gerechtigkeit entspringende Unverletzlichkeit, die auch im Namen des Wohles der ganzen Gesellschaft nicht aufgehoben werden kann. [...] Daher gelten in einer gerechten Gesellschaft gleiche Bürgerrechte für alle als ausgemacht [...] (S. 19, Z. 1 - S. 20, Z. 18)	S. 19, Z. 1 - S. 20, Z. 18

Konzept: Pflichten		
Definition der Kategorie	**Ankerbeispiel**	**Quelle**
+ natürliche Pflicht zur Gerechtigkeit	Ich nehme also an, dass die natürliche Pflicht zur Gerechtigkeit [...] eingeführt würde, und dass sie vom Standpunkt der Gerechtigkeitstheorie aus die Grundforderung an den Einzelmenschen ist (S. 368, Z. 1 - S. 378, Z. 10).	S. 368, Z. 1 - S. 378, Z. 10
+ Bürgerpflicht	Deshalb haben wir eine natürliche Bürgerpflicht, die Fehler der gesellschaftlichen Regelungen nicht leichtfertig zur Entschuldigung von Ungehorsam heranzuziehen und unvermeidliche Lücken in den Regeln nicht für unsere Interessen auszuschlachten (S. 378, Z. 11 - S. 392, Z. 13).	S. 378, Z. 11 - S. 392, Z. 13, S. 414, Z. 15 - S. 414, Z. 38

1093 vgl. Rawls 2014, 336

Konzept: Pflichten		
Definition der Kategorie	**Ankerbeispiel**	**Quelle**
+ begünstigteren Mitglieder der Gesellschaft klare pol. Verpflichtungen	Wie wir oben festgestellt haben [...], haben im allgemeinen nur die begünstigteren Mitglieder der Gesellschaft klare politische Verpflichtungen im Unterschied zu Pflichten (S. 414, Z. 5 - S. 414, Z. 14).	S. 135, Z. 17 - S. 135, Z. 28 S. 327, Z. 17 - S. 327, Z. 32 S. 414, Z. 5 - S. 414, Z. 14
+ Gewissen fehlgeleitet, wenn anderen Bedingungen aufdrängen, die die Grundsätze verletzen	Das Gewissen eines Menschen ist fehlgeleitet, wenn er den anderen Bedingungen aufdrängen möchte, die die Grundsätze verletzen, denen jeder in dieser Situation zustimmen würde (S. 561, Z. 22 - S. 564, Z. 5)	S. 399, Z. 21 - S. 424, Z. 26 S. 426, Z. 1 - S. 429, Z. 17 S. 561, Z. 22 - S. 564, Z. 5

Konzept: gesellschaftliche Güter		
Definition der Kategorie	**Ankerbeispiel**	**Quelle**
+ Freiheiten und Chancen, Einkommens- und Vermögensverteilung	Es sind gesellschaftliche Güter, da sie mit der Grundstruktur zusammenhängen; Freiheiten und Chancen werden durch die Regeln der wichtigeren Institutionen festgelegt, ebenso die Einkommens- und Vermögensverteilung (S. 112, Z. 28 - S. 113, Z. 6).	S. 112, Z. 28 - S. 113, Z. 6

Konzept: Gerechtigkeitssinn		
Definition der Kategorie	**Ankerbeispiel**	**Quelle**
+ Wohlgeordnete Gesellschaft Autonomie der Menschen und Objektivität ihrer Gerechtigkeitsurteile gelten	Wir kommen also zum Schluss, dass eine wohlgeordnete Gesellschaft die Autonomie der Menschen und die Objektivität ihrer wohlüberlegten Gerechtigkeitsurteile gelten läßt (S. 564, Z. 6 - S. 564, Z. 33)	S. 493, Z. 1 - S. 494, Z. 24 S. 557, Z. 1 - S 558, Z. 22 S. 564, Z. 6 - S. 564, Z. 33
+ Gerechtigkeitssinn erworben, so Lebensplan bekräftigt, zur Erhaltung und Stärkung dieser Gesinnung führt	Hat man einmal einen wirklich endgültigen und wirksamen Gerechtigkeitssinn erworben, wie es der Vorrang der Gerechtigkeit fordert, so hat man einen Lebensplan bekräftigt, der, soweit man von der Vernunft geleitet ist, zur Erhaltung und Stärkung dieser Gesinnung führt (S. 614, Z. 30 - S. 623, Z. 38).	S. 494, Z. 24 - S. 517, Z. 18 S. 519, Z. 24 - S. 521, Z. 4 S. 532, Z. 23 - S. 539, Z. 18 S. 558, Z. 23 - S. 560, Z. 24 S. 614, Z. 30 - S. 623, Z. 38 S. 626, Z. 7 - S. 626, Z. 26
+ keinen Gerechtigkeitssinn, dem fehlen Menschlichkeit	Anders gesagt, wer keinen Gerechtigkeitssinn hat, dem fehlen bestimmte grundlegende Einstellungen und Fähigkeiten, die man unter dem Begriff der Menschlichkeit zusammenfasst. [...] Hat man sich gute Eigenschaften als Ziele und Ideale gesetzt, so ist man der Gefahr der Erniedrigung und der Scham ausgesetzt; ihre Abwesenheit bedeutet, dass keine solchen Ziele und Ideal vorhanden sind.	S. 521, Z. 5 - S. 532, Z. 22
+ Stabilität einen Gerechtigkeitssinn/Rücksicht auf die, die leiden	Zur Sicherung der Stabilität brauchen die Menschen einen Gerechtigkeitssinn oder Rücksicht auf die, die unter ihrer Abweichung zu leiden hätten, oder noch besser beides (S. 539, Z. 19 - S. 547, Z. 24).	S. 539, Z. 19 - S. 547, Z. 24

Konzept: Gerechtigkeitssinn		
Definition der Kategorie	**Ankerbeispiel**	**Quelle**
+ Tiere der Pflicht des Mitleids und Menschlichkeit ihnen gegenüber	Die Fähigkeit der Tiere zu Lust und Schmerz und ihren Lebensformen führen eindeutig zur Pflicht des Mitleids und der Menschlichkeit ihnen gegenüber (S. 556, Z. 11 - S. 556, Z. 40)	S. 556, Z. 11 - S. 556, Z. 40

Konzept: Urzustand		
Definition der Kategorie	**Ankerbeispiel**	**Quelle**
+ Schleier des Nichtwissen Bedingungen auf die vernünftige Menschen einigen	Zusammen mit dem Schleier des Nichtwissens definieren diese Bedingungen die Grundsätze der Gerechtigkeit als diejenigen, auf die sich vernünftige Menschen, die ihre Interessen verfolgen, als Gleiche einigen würden, wenn von keinem bekannt ist, dass er durch natürliche oder gesellschaftliche Umstände bevorzugt oder benachteiligt ist (S. 32, Z. 33 - S. 39, Z. 34)	S. 27, Z. 27 - S. 29, Z. 29 S. 30, Z. 32 - S. 31, Z. 35 S. 32, Z. 33 - S. 39, Z. 34 S. 140, Z. 1 - 144, Z. 9 S. 159, Z. 21 - S. 169, Z. 29 S. 171, Z. 30- S. 177, Z. 23 S. 209, Z. 23 - S. 209, Z. 37 S. 322, Z. 34 - S. 323, Z. 18 S. 327, Z. 33 - S. 332, Z. 31 S. 486, Z. 6 - S. 492, Z. 12 S. 560, Z 25 - S. 561, Z. 21

Konzept: Urzustand		
Definition der Kategorie	**Ankerbeispiel**	**Quelle**
+ ersten Grundsätze einer Gerechtigkeitsvorstellung, die für alle maßgebend sein soll	Die Gerechtigkeit als Fairness beginnt [...] mit der Wahl der ersten Grundsätze einer Gerechtigkeitsvorstellung, die für alle spätere Kritik und Veränderung von Institutionen maßgebend sein soll (S. 29, Z. 30 - S. 30, Z. 32).	S. 29, Z. 30 - S. 30, Z. 32 S. 144, Z. 9 - S. 148, Z. 31
+ Bedingungen für Vorstellungen vom Rechten	Zusammen laufen also diese Bedingungen für Vorstellungen vom Rechten auf folgendes hinaus: Eine Vorstellung vom Recht ist ein System von Grundsätzen, die allgemein, uneingeschränkt anwendbar und öffentlich als letzte Instanz für die Regelungen konkurrierender Ansprüche moralischer Subjekte anerkannt sind.	S. 152, Z. 31 - S. 159, Z. 21 S. 165, Z. 22 - S. 166, Z. 4
+ Grundsätze eine faire Grundlage	Die beiden so eben erwähnten [, also im Urzustand gefunden - ASK] Grundsätze dürften eine faire Grundlage dafür sein, dass die Begabteren oder sozial besser Gestellten - was beides nicht als Verdienst angesehen werden kann - auf die bereitwillige Mitarbeit anderer rechnen können, sofern eine funktionierende Regelung eine notwendige Bedingung für das Wohlergehen aller ist (S. 31, Z. 36 - S. 32, Z. 26).	S. 31, Z. 36 - S. 32, Z. 26
+ Vertragstheorie Grundsätze in wohldefinierten Ausgangssituation akzeptiert	Darüber hinaus sind die Vorgänge, von denen die Rede ist, rein theoretisch: die Vertragstheorie behauptet, dass bestimmte Grundsätze in einer wohldefinierten Ausgangssituation akzeptiert würden.	S. 32, Z. 27 - S. 34, Z. 32 S. 171, Z. 10 - S. 171, Z. 30
+ Bestimmungsstücke des Urzustands	Wir fassen sie in der folgenden Liste der Bestimmungsstücke der Urzustands und ihrer Abwandlungen zusammen.	S. 169, Z. 30 - S. 171, Z. 9
+ Gerechtigkeitsvorstellung gegenseitige Achtung öffentlich ausdrückt	Es ist wünschenswert, dass eine Gerechtigkeitsvorstellung die gegenseitige Achtung der Menschen öffentlich ausdrückt (S. 204, Z. 26 - 206, Z. 39).	S. 204, Z. 26 - 206, Z. 39 S. 209, Z. 37 - S. 210, Z. 37

Konzept: Urzustand		
Definition der Kategorie	**Ankerbeispiel**	**Quelle**
+ Interessen und Ziele schützen versuchen, müsse sie beide Gerechtigkeitsgrundsätze anerkennen	Diese Interessen und Ziele, welcher Art sie auch seien, müssen sie zu schützen versuchen, da sie wissen, dass die Grundfreiheiten im Sinne des ersten Grundsatzes diese Interesse schützen, müsse sie die beiden Gerechtigkeitsgrundsätze und nicht das Nutzenprinzip anerkennen (S. 186, Z. 1 - S. 204, Z. 25).	S. 186, Z. 1 - S. 204, Z. 25 S. 207, Z. 1 - S. 209, Z. 22 S. 588, Z. 4 - S. 588, Z. 28

Konzept: Utilitarismus		
Definition der Kategorie	**Ankerbeispiel**	**Quelle**
- ~~Verschiedenheiten der Menschen nicht ernst nehmen~~	Der Utilitarismus nimmt die Verschiedenheiten der Menschen nicht ernst (S. 40, Z. 1 - S. 45, Z. 40).	S. 40, Z. 1 - S. 51, Z. 6 S. 52, Z. 5 - S. 52, Z. 24 S. 109, Z. 26 - S. 110, Z. 13 S. 295, Z. 20 - S. 296, Z. 12
+ Utilitarismus an Bentham und Sidgwick, Edgeworth und Pigou	Wenn ich diese Vergleiche zwischen der Gerechtigkeit als Fairness und dem Utilitarismus ziehe, so denke ich nur an die klassische Lehre: an Bentham und Sidgwick und die utilitaristische Wirtschaftswissenschaftler Edgeworth und Pigou (S. 51, Z. 7 - S. 52, Z. 4).	S. 51, Z. 7 - S. 52, Z. 4 S. 518, Z. 22 - S. 519, Z. 24

Konzept: Intuitionismus		
Definition der Kategorie	**Ankerbeispiel**	**Quelle**
- ~~Vielschichtigkeit moralischer Tatsachen erfordere konkurrierende Grundsätze~~	Stattdessen glaubt der Intuitionist vielmehr, die Vielschichtigkeit der moralischen Tatsachen verhindere eine vollständige Analyse unserer Urteile und erfordere eine Mehrzahl konkurrierender Grundsätze (S. 55, Z. 24 - S. 60, Z. 3)	S. 52, Z. 25 - S. 61, Z. 12
- ~~Perfektionsprinzip~~	Es ist also deutlich, dass ein ganz ähnlicher Gedankengang, wie er zum Grundsatz der gleichen Freiheit führte, die Ablehnung des Perfektionsprinzips verlangt.	S. 360, Z. 1 - S. 367, Z. 34

Konzept: Vorrang		
Definition der Kategorie	**Ankerbeispiel**	**Quelle**
+ Lexikalische Ordnung macht Gewichtung der Grundsätze unnötig	Eine lexikalische Ordnung macht also eine Gewichtung der Grundsätze überhaupt unnötig; die weiter von stehenden haben im Vergleich zu den späteren gewissermaßen absolutes Gewicht und ausnahmslose Geltung (S. 61, Z. 12 - S. 64, Z. 22).	S. 61, Z. 12 - S. 64, Z. 22 S. 65, Z. 17 - S. 65, Z. 31
+ Verletzung der gleichen Grundfreiheiten nicht durch gesell./ wirtschaftl. Vorteile gerechtfertigt/ ausgeglichen	Die Gerechtigkeitsgrundsätze stehen in lexikalischer Ordnung; demgemäß können die Grundfreiheiten nur um der Freiheit willen eingeschränkt werden, und zwar in folgenden Fällen: (a) eine weniger umfangreiche Freiheit muss das Gesamtsystem der Freiheit für alle stärken; (b) eine geringere Freiheit muss für die davon Betroffenen annehmbar sein (S. 336, Z. 34 - S. 337, Z. 2).	S. 82, Z. 26 - S. 84, Z. 37 S. 275, Z. 26 - S. 283, Z. 14 S. 336, Z. 34 - S. 337, Z. 2 S. 587, Z. 20 - S. 594, Z. 25

Konzept: Vorrang			
	Definition der Kategorie	**Ankerbeispiel**	**Quelle**
+	zweiter Gerechtigkeitsgrundsatz dem Grundsatz der Leistungsfähigkeit und Nutzenmaximierung vorgeordnet	Der zweite Gerechtigkeitsgrundsatz ist dem Grundsatz der Leistungsfähigkeit und Nutzenmaximierung lexikalisch vorgeordnet; die faire Chancengleichheit ist dem Unterschiedsprinzip vorgeordnet, und zwar in folgenden Fällen: (a) eine Chancen-Ungleichheit muss die Chancen der Benachteiligten verbessern; (b) eine besonders hohe Sparrate muss insgesamt die Last von der ihr Betroffenen mildern (S. 337, Z. 3 - S. 337, Z. 30).	S. 110, Z. 14 - S. 110, Z. 38 S. 332, Z. 32 - S. 336, Z. 22 S. 337, Z. 3 - S. 337, Z. 30

Konzept: Art der Argumentation			
	Definition der Kategorie	**Ankerbeispiel**	**Quelle**
+	Theorie, die zu einer differenzierten Deutung moralischer Empfindungen führt	Man muss versuchen, eine andersartige Theorie aufzustellen, die ebenso klar und systematisch ist, aber zu einer differenzierten Deutung unserer moralischen Empfindungen führt (S. 627, Z. 17 - S. 637, Z. 12).	S. 64, Z. 23 - S. 65, Z. 16 S. 65, Z. 32 - S. 73, Z. 11 S. 627, Z. 17 - S. 637, Z. 12
-	~~ethische Theorien auf kartesische Weise oder Naturalismus zu rechtfertigen~~	Die Philosophen versuchen ethische Theorien gewöhnlich auf eine der beiden folgenden Weise zu rechtfertigen (S. 626, Z. 27 - S. 6237, Z. 16).	S. 626, Z. 27 - S. 627, Z. 16

Konzept: Grundsätze der Gerechtigkeit		
Definition der Kategorie	**Ankerbeispiel**	**Quelle**
+ Grundsätze beziehen auf Grundstruktur, bestimmen Rechte/Pflichten und Verteilung von Gütern	Diese Grundsätze beziehen sich hauptsächlich [...] auf die Grundstruktur der Gesellschaft und bestimmen die Zuweisung von Rechten und Pflichten und die Verteilung gesellschaftlicher und wirtschaftlicher Güter (S. 81, Z. 29 - S. 82, Z. 25).	S. 20, Z. 18 - S. 21, Z. 3 S. 23, Z. 9 - S. 25, Z. 37 S. 26, Z. 25 - S. 27, Z. 26 S. 74, Z. 1 - S. 76, Z. 25 S. 78, Z. 8 - S. 81, Z. 18 S. 81, Z. 29 - S. 82, Z. 25 S. 250, Z. 24 - S. 251, Z. 16
+ Regeln so, Menschen veranlaßt, gesell. wünschenswerten Zielen dienlich	Im Idealfall sehen die Regeln so aus, dass die Menschen durch ihre vorherrschenden Interessen zu Handlungen veranlaßt werden, die gesellschaftlich wünschenswerten Zielen dienlich sind (S. 76, Z. 26 - S. 78, Z. 7).	S. 76, Z. 26 - S. 78, Z. 7 S. 264, Z. 31 - S. 265, Z. 26

Konzept: Grundsätze der Gerechtigkeit		
Definition der Kategorie	**Ankerbeispiel**	**Quelle**
+ gleiches Recht auf Gesamtsystem gleicher Grundfreiheiten	Jedermann hat gleiches Recht auf das umfangreichste Gesamtsystem gleicher Grundfreiheiten, das für alle möglich ist (S. 336, Z. 23 – S. 336, Z. 25)	S. 81, Z. 16 - S. 81, Z. 18 S. 84, Z. 38 - S. 85, Z. 11 S. 229, Z. 33 - S. 232, Z. 31 S. 234, Z. 6 - S. 240, Z. 34 S. 243, Z. 19 - S. 245, Z. 8 S. 336, Z. 34 - S. 336, Z. 25
+ Soziale und wirtschaftl. Ungleichheiten	Soziale und wirtschaftliche Ungleichheiten müssen folgendermassen beschaffen sein: (a) sie müssen unter der Einschränkung des gerechten Spargrundsatzes den am wenigsten Begünstigten den größtmöglichen Vorteil bringen, und (b) sie müssen mit Ämtern und Positionen verbunden sein, die allem gemäß fairer Chancengleichheit offenstehen.	S. 81, Z. 19 . S. 81, Z. 28 S. 85, Z. 12 - S. 86, Z. 29 S. 102, Z. 24 - S. 104, Z. 13 S. 336, Z. 26 - S. 336, Z: 33
+ Chancengleichheit zur Erlangung wirt. Wohlstands und pol. Herrschaft	Diese Form der Gesellschaftsordnung folgt dem Grundsatz, dass die Laufbahnen den Fähigen offen stehen, und benutzt die Chancengleichheit zur Freisetzung menschlicher Energie zur Erlangung wirtschaftlichen Wohlstands und politischer Herrschaft (S. 121, Z. 6 - S. 129, Z. 36).	S. 105, Z. 1 - S. 109, Z. 26 S. 121, Z. 6 - S. 129, Z. 36 S. 274, Z. 33 - S. 275, Z. 25 S. 555, Z. 22 - S. 556, Z. 10

Konzept: Grundsätze der Gerechtigkeit			
	Definition der Kategorie	Ankerbeispiel	Quelle
-	~~Mischauffassungen~~	Insgesamt gesehen gibt es sogar noch Gründe, das Unterschiedsprinzip oder den ganzen zweiten Grundsatz anstelle des Nutzenprinzips auch im Rahmen einer Mischauffassung zu wählen (S. 350, Z. 8 - S. 359, Z. 33).	S. 350, Z. 8 - S. 359, Z. 33
-	~~bedenklichem Maße zu entschuldbarem allgemeinem Neid führen~~	Ich komme also zu dem Ergebnis, dass die Gerechtigkeitsgrundsätze kaum in bedenklichem Maße zu entschuldbarem allgemeinem Neid führen dürfte (ebensowenig auch zu besonderem Neid).	S. 575, Z. 1 - S: 587, Z. 19
+	vernünftig, Zwangsmaßnahmen zuzulassen, doch Hauptzweck, Vertrauen gewährleisten	Daher ist es auch in einer gerechten Gesellschaft vernünftig, bestimmte Zwangsmaßnahmen zur Sicherung der Konformität zuzulassen, doch ihr Hauptzweck ist, das Vertrauen der Bürger zueinander zu gewährleisten (S. 623, Z. 39 - S. 626, Z. 6).	S. 623, Z. 39 - S. 626, Z. 6

Konzept: Unterschiedsprinzip			
	Definition der Kategorie	Ankerbeispiel	Quelle
-	~~liberale Auffassung als auch natürliche Aristokratie~~	Nun ist sowohl die liberale Auffassung als auch die der natürlichen Aristokratie instabil (S. 95).	S. 92, Z. 9 - S. 95, Z. 25
-	~~Optimalitätsprinzip / Pareto-Prinzip~~	Nun zeigen diese Überlegungen nur, was wir die ganze Zeit schon wussten, nämlich dass das Pareto-Prinzip allein keine Gerechtigkeitsvorstellung abgibt (S. 92).	S. 86, Z. 30 - S. 92, Z. 8 S. 100, Z. 6 - S. 100, Z. 28
+	bessere Aussichten der Begünstigten gerecht zur Verbesserung der am wenigsten begünstigten Mitglieder	Geht man von den Institutionen aus [...], so sind die besseren Aussichten der Begünstigten genau dann gerecht, wenn sie zur Verbesserung der Aussichten der am wenigsten begünstigten Mitglieder der Gesellschaft beitragen [Unterschiedsprinzip] (S. 95, Z.	S. 95, Z. 26 - S. 100, Z. 5 S. 100, Z. 29 - S. 102, Z. 23 S. 111, Z. 1 -

Konzept: Unterschiedsprinzip			
	Definition der Kategorie	**Ankerbeispiel**	**Quelle**
	beitragen	26 - S. 100, Z. 5).	S. 112, Z. 27 S. 113, Z. 7 - S. 121, Z. 5 S. 232 - Z. 32 - S. 234, Z. 5
-	~~Maximin-Regel~~	Ohne Zweifel ist die Maximin-Regel im allgemeinen keine gute Regel (S. 177, Z. 24 - S. 183, Z. 21).	S. 104, Z. 14 - S. 104, Z. 35 S. 177, Z. 24 - S. 185, Z. 37

Konzept: Verfahrensgerechtigkeit			
	Definition der Kategorie	**Ankerbeispiel**	**Quelle**
+	erste Grundsatz Hauptgrundsatz für verfassungsgebende Versammlung zweite Grundsatz bei Gesetzgebung	Der erste Grundsatz, der der gleichen Freiheit für alle, ist der Hauptgrundsatz für die verfassungsgebende Versammlung. [...] Der zweite Grundsatz kommt bei der Gesetzgebung zum Zuge (S. 227, Z. 20 - S. 227, Z. 36).	S. 221, Z. 1 - S. 225, Z. 1 S. 225, Z. 17 - S. 225, Z. 29 S. 227, Z. 1 - S. 227, Z. 36
+	Vorrang darin verfassungsgebende Versammlung vor Gesetzgebung	Der Vorrang des ersten Gerechtigkeitsgrundsatzes vor dem zweiten drückt sich also darin aus, dass die verfassungsgebende Versammlung vor der Gesetzgebung stattfindet.	S. 227, Z. 37 - S. 227, Z. 39 S. 229, Z. 3 - S. 229, Z. 32
+	Schleier des Nichtwissens teilweise gelüftet	Da man sich bereits auf eine Gerechtigketisvorstellung geeinigt hat, wird der Schleier des Nichtwissens gelüftet (S. 225, Z. 1 - S. 225, Z. 16). Die Kenntnisse sind nicht mehr beschränkt, denn jetzt steht das gesamte Regelsystem fest (S. 228, Z. 1 - S. 229, Z. 3).	S. 225, Z. 1 - S. 225, Z. 16 S. 226, Z. 1 - S. 226, Z. 39 S. 228, Z. 1 - S. 229, Z. 3

Konzept: Verfahrensgerechtigkeit		
Definition der Kategorie	**Ankerbeispiel**	**Quelle**
+ Mehrheitsregel	Hält sich das beschlossene Gesetz [...] innerhalb des Bereiches, den vernunftgeleitete Gesetzgeber [...] vernünftigerweise befürworten könnten, so ist die Mehrheitsentscheidung praktisch maßgebend, wenn auch nicht endgültig.	S. 392, Z. 14 - S. 399, Z. 21

Konzept: konstitutionelle Demokratie		
Definition der Kategorie	**Ankerbeispiel**	**Quelle**
+ Teilnahmegrundsatz eine Form des fairen Konkurrenzkampfes	Zusammenfassend läßt sich also über den Teilnahmegrundsatz sagen, dass eine gerechte Verfassung eine Form des fairen Konkurrenzkampfes um politische Macht und Ämter festlegt (S. 251, Z. 17 - S. 264, Z. 30).	S. 251, Z. 17 - S. 264, Z. 30
+ Grundsatz Gesetzesmäßigkeit größtmögliche Freiheit sichern	Der Grundsatz der Gesetzesmäßigkeit hat also eine feste Grundlage in der Übereinkunft vernünftiger Menschen, sich die größtmögliche Freiheit zu sichern.	S. 265, Z. 27 – S. 274, Z. 32

Konzept: Bürger		
Definition der Kategorie	**Ankerbeispiel**	**Quelle**
+ gerechte Bürger gleiche Freiheiten aufrechterhalten, solange Freiheit nicht gefährdet	Gerechte Bürger sollten also bemüht sein, die Verfassung mit allen ihren gleichen Freiheiten aufrechtzuerhalten, solange die Freiheit selbst und ihre eigene Freiheit nicht gefährdet ist (S. 245, Z. 9 - S. 250, Z. 24).	S. 26, Z. 1 - S. 26, Z. 24 S. 130, Z. 1 - S. 135, Z. 16 S. 135, Z. 29 - S. 139, Z. 19 S. 241, Z. 1 - S. 243, Z. 18 S. 245, Z. 9 - S. 250, Z. 24

Konzept: Bürger		
Definition der Kategorie	**Ankerbeispiel**	**Quelle**
+ Denken und Empfinden die sich vernunftsgeleitete Menschen in der Welt zu eigen machen	Der Blickwinkel der Ewigkeit ist nicht der eines bestimmten Ortes außerhalb der Welt, auch nicht der eines transzendenten Wesens; vielmehr ist er eine bestimmte Form des Denkens und Empfindens, die sich vernunftsgeleitete Menschen in der Welt zu eigen machen können (S. 637, Z. 13 - S. 638, Z. 7).	S. 21, Z. 3 - S. 23, Z. 8 S. 148, Z. 31 - S. 152, Z. 30 S. 211, Z. 1 - S. 220, Z. 8 S. 283, Z. 15 - S. 290, Z. 36 S. 298, Z. 17 - S. 304, Z. 7 S. 315, Z. 33 - S. 316, Z. 12 S. 424, Z. 27 - S. 425, Z. 37 S. 637, Z. 13 - S. 638, Z. 7
+ Mindestmaß moralische Persönlichkeit vorhanden, stehen alle Garantien der Gerechtigkeit zu	Falls das Mindestmaß für eine moralische Persönlichkeit vorhanden ist, stehen diesem Menschen alle Garantien zu (S. 547, Z. 25 - 555, Z. 21)	S. 547, Z. 25 – S. 555, Z. 21

Konzept: Verteilungsgerechtigkeit		
Definition der Kategorie	**Ankerbeispiel**	**Quelle**
+ wohlgeordete Gesellschaft eine soziale Gemeinschaft sozialer Gemeinschaften	Der Hauptgedanke ist einfach der, dass eine wohlgeordnete Gesellschaft (in Sinne einer Gerechtigkeit der Fairness) selbst eine Form der sozialen Gemeinschaft ist. Sie ist eine soziale Gemeinschaft sozialer Gemeinschaften. Beide kennzeichnenden Merkmale sind vorhanden: die erfolgreiche Anwendung gerechter Institutionen ist das gemeinsame Ziel aller Mitglieder der Gesellschaft, und diese Institutionen werden als gut an sich selbst geschätzt (S. 565, Z. 1 - 574, Z. 40 (Arbeitsteilung extra: Inhalt Selbstverwirklichung)).	S. 291, Z. 1 - S. 295, Z. 19 S. 296, Z. 13 - S. 298, Z. 16 S. 429, Z. 18 - S. 430, Z. 6 S. 565, Z. 1 - S. 574, Z. 40
+ Ziel der Regierungsabteilungen die Schaffung eines demokratischen Staates	Bisher habe ich das Ziel der Regierungsabteilungen die Schaffung eines demokratischen Systems unterstellt, in dem der Land- und Kapitalbesitz weit gestreut, aber wohl nicht völlig gleichermaßen verteilt ist. Die Gesellschaft ist nicht so beschaffen, dass ein ziemlich kleiner Sektor den Hauptteil der Produktionsmittel kontrollieren würde (S. 304, Z. 8 - S. 315, Z. 32).	S. 304, Z. 8 - S. 315, Z. 32 S. 316, Z. 13 - S. 318, Z. 39
+ Existenzminimum so anzusetzen, der am wenigsten bevorzugten Gruppe maximiert werden	Wird aber das Unterschiedsprinzip zugrunde gelegt, so ist das Existenzminimum so anzusetzen, dass unter Berücksichtigung der Löhne die Aussichten der am wenigsten bevorzugten Gruppe maximiert werden. Mittels der Umverteilung [...] lassen sich dann die Aussichten der Benachteiligten verändern: ihre Grundgüter [...] können auf die gewünschten Höhe gebracht werden (S. 319, Z. 1 - S. 319, Z. 33).	S. 319, Z. 1 - S. 319, Z. 33
+ Sparen den Lebensstandard in späteren Generationen heben	Das Sparen kommt durch die politische Anerkennung von Maßnahmen zustande, die den Lebensstandard der am wenigsten Begünstigen in späteren Generationen heben sollen, indem auf augenblicklich verfügbare Vorteile verzichtet wird (S. 323, Z. 18 - S. 327, Z. 16).	S. 319, Z. 34 - S. 322, Z. 32 S. 323, Z. 18 - S. 327, Z. 16
+ Märkte hinreichend konkurrenzbestimmt und offen	Sind also die Märkte hinreichend konkurrenzbestimmt und offen, so liefert der Begriff der reinen Verfahrensgerechtigkeit brauchbare Richtlinien (S. 337, Z. 31 - S. 334, Z. 22).	S. 337, Z. 31 - S. 344, Z. 22

Konzept: Verteilungsgerechtigkeit			
	Definition der Kategorie	**Ankerbeispiel**	**Quelle**
+	jeder soll bekommen, worauf nach Gerechtigkeitsgrundsätzen Anspruch hat	Jeder soll bekommen, worauf er nach den Gerechtigkeitsgrundsätzen Anspruch hat, und diese fordern keine Gleichheit (S. 344, Z. 23 - S. 350, Z. 7)	S. 344, Z. 23 - S. 350, Z. 7

Konzept: vernünftiger Lebensplan			
	Definition der Kategorie	**Ankerbeispiel**	**Quelle**
+	Lebensplan vernünftig wenn Grundsätze der vernünftigen Entscheidung, Mensch wählen würde und Ziele vernünftigen Plan entsprechen	Erstens ist der Lebensplan genau dann vernünftig, wenn er (1) mit den Grundsätzen der vernünftigen Entscheidung, angewendet auf alle maßgebenden Eigenschaften seiner Situation, übereinstimmt und (2) von diesen Plänen derjenige ist, den dieser Mensch unter vollem Einsatz seiner abwägenden Vernunft wählen würde, d.h. bei vollständiger Kenntnis der wesentlichen Tatsachen und nach sorgfältigen Erwägung der Folgen. [...] Zweitens sind die Interessen und Ziele eines Menschen vernünftig genau dann, wenn sie dem für ihn vernünftigen Plan entsprechen (S. 435, Z. 4 - S. 448, Z. 5)	S. 431, Z. 1 - S. 434, Z. 17 S. 435, Z. 4 - S. 448, Z. 5 S. 448, Z. 26 - S. 460, Z. 13 S. 462, Z. 10 - S. 462, Z. 39
+	keiner Gerechtigkeitsvorstellung zustimmen deren Anwendung zu Selbstvorwürfen führen	Da hier der Begriff der abwägenden Vernunft anwendbar ist, bedeutet sie, dass die Beteiligten keiner Gerechtigkeitsvorstellung zustimmen können, deren Anwendung beim Eintritt zu ungünstigen Möglichkeiten zu Selbstvorwürfen führen könnte (S. 460, Z. 14 - S. 462, Z. 9).	S. 448, Z. 6 - S. 449, Z. 25 S. 460, Z. 14 - S. 462, Z. 9
+	Wunsch nach mehr Freiheit, Chancen und Mitteln zur Erreichung ihrer Ziele, Selbstachtung	Von den Menschen im Urzustand wird angenommen, dass sie von dieser Vorstellung vom Guten ausgehen und daher den Wunsch nach mehr Freiheit, Chancen und Mitteln zur Erreichung ihrer Ziele selbstverständlich finden. Im Lichte dieser Ziele - wozu noch die Sicherung des Grundgutes der Selbstachtung gehört [...] - beurteilen sie die ihnen im Urzustand vorliegenden Gerechtigkeitsvorstellungen (S. 463, Z. 1 - S. 472, Z. 23).	S. 434, Z. 18 - S. 435, Z. 3 S. 463, Z. 1 - S. 472, Z. 23

Konzept: vernünftiger Lebensplan		
Definition der Kategorie	**Ankerbeispiel**	**Quelle**
+ Selbstachtung	Es sind im wesentlichen zwei: (1) das Vorhandensein eines vernünftigen Lebensplanes, der insbesondere den Aristotelischen Grundsatz entspricht, und (2) die Wertschätzung und Bestätigung [...] durch andere [...]. (S. 472, Z. 24 - S. 486, Z. 5)	S. 472, Z. 24 - S. 486, Z. 5
+ jedermanns Vorstellung vom Guten seines vernünftigen Planes maßgebend	Die wesentliche Einheit der Persönlichkeit ist bereits durch die Vorstellung vom Rechten gegeben. Und in einer wohlgeordneten Gesellschaft ist sie für alle die gleiche; jedermanns Vorstellung vom Guten in Form seines vernünftigen Planes, der für die Gesellschaft als soziale Gemeinschaft sozialer Gemeinschaft maßgebend ist (S. 610, Z. 8 - S. 613, Z. 11).	S. 594, Z. 26 - S. 598, Z. 35 S. 608, Z. 18 - S. 608, Z. 34 S. 610, Z. 8 - S. 613, Z. 11 S. 614, Z. 19 - S. 614, Z. 29
- ~~übergeordnetes Ziel~~	Die vorstehende Erörterung führt zu dem Ergebnis, dass es ein einzelnes Ziel gibt, das alle unsere Entscheidungen vernünftigerweise bestimmen könnte (S. 598, Z. 36 - S. 608, Z. 17).	S. 598, Z. 36 - S. 608, Z. 17 S. 608, Z. 35 - S. 610, Z. 7 S. 613, Z. 12 - S. 614, Z. 18

Rückblickend zielte dieses Kapitel auf die Einzelanalyse der ausgesuchten Theoretiker entlang ihrer wesentlichen Werke. Hierzu wurden die jeweiligen Bücher zusammengefasst, expliziert und einzelstrukturiert.

D.5. Strukturierung der fachwissenschaftlichen Vorstellungen

Der spätere Vergleich der demokratietheoretischen Vorstellungen mit den Schülervorstellungen erfordert ihre Weiterentwicklung zu Denkfiguren. Diese fachlichen Denkfiguren ermöglichen, sie zu einem demokratietheoretischen Politikbegriff zu verdichten – dem Ziel der ‚Fachlichen Klärung'.

D.5.1. *Vorgehensweise*

Orientierungsleitend sind die vier schülerbezogenen Konzepte. Diese nebst den dazugehörigen Untersuchungsaufgaben sind für die Strukturierung relevant. In der Strukturierung wird davon ausgegangen, dass der für die jeweilige Untersuchungs-aufgabe ausgewählte Theoretiker zwar maßgeblich, jedoch nicht allein entscheidend ist. Jeder einzelanalysierte Theoretiker wird als fruchtbar, also deutungsrelevant für jedes Konzept angesehen. Dies ermöglicht eine erweiterte Perspektive auf die vier Konzepte. Die Entwicklung der Denkfiguren erfolgt mit MAXQDA – wie bei Erfassung der Lernerperspektive.

D.5.2. *Demokratietheoretische Denkfiguren zu ‚Politik'*

Die Darlegung der fachwissenschaftlichen Denkfiguren zu ‚Politik' erfolgt entlang der vier Untersuchungsaufgaben. Am jeweiligen Ende findet sich eine zusammen-fassende Antwort. Hierdurch kann nicht nur jede Denkfigur erläutert werden, son-dern auch das fachliche Verständnis für das Konzept wird global ersichtlich.

D.5.2.1. Untersuchungsaufgabe I ‚Mitbestimmung'

D.5.2.1.1. Denkfiguren zu ‚Mitbestimmung'

Denkfigur F.I.1: Der freie Bürger ist befähigt zu autonomen Handlungen.
Der autonom handelnde Bürger ist zentraler Bestandteil des Willensbildungsprozes-ses. Autonomie bezieht auch auf ein selbstbestimmendes Leben im Allgemeinen. HABMERMAS konzeptualisiert in seinem *Konzept „private und öffentliche Autonomie"* einen Entscheidungsablauf, der eines privat wie öffentlich autonom handelnden Bürgers bedarf und adressiert. Dies offenbart einen „interne[n] Zusammenhang zwischen Menschenrechten und Volkssouveränität".[1094] Autonomie rahmt politi-sche Bürgerrechte ein. Autonomie zielt auf Lebensbedingungen, die die chancen-gleiche Nutzung von bürgerlichen Rechten ermöglicht.[1095] Folglich basiert das *Kon-zept „prozeduralistisches Rechtsparadigma"* auf der Kernidee der Autonomie, wodurch sich eine kommunikative Macht zur Förderung der Rechtsgenese vollzieht.[1096] Die kommunikative Macht als Ausdruck der Volkssouveränität entsteht durch den selbstbestimmten Bürger, der als Individuum einem Kollektiv angehört. Dadurch negieren sich nicht negative wie positive Freiheitsrechte, auf die MEYER in seinem

---

1094 Habermas 1998, 134
1095 vgl. beispielhaft ebenda, 155 – 7
1096 vgl. beispielhaft ebenda, 537ff

Konzept „soziale Bürgerschaft" verweist.[1097] Vielmehr entfalten sie ihre Relevanz in Gewährung und Gewährleistung von Autonomie. Meyer perspektiviert Autonomie sozial-ökonomisch (*Konzept: „soziale Inklusivität"*).[1098] Er zielt auf die Inklusion der Bürger-Perspektive, um die interne Verknüpfung „politischer Demokratie und sozialer Autonomie"[1099] aufzuzeigen. Eine erfolgreiche Soziale Demokratie adressiert ein auf universelle Grundrechte basierendes Demokratiemodell (*Konzept „Akteure Sozialer Demokratie"*). Auch RAWLS verweist auf Autonomie als Voraussetzung einer wohlgeordneten Gesellschaft (*Konzept „Gerechtigkeitssinn"*).[1100] Für FRAENKEL ergibt sich Autonomie in der Organisation von Bürgern in autonomen Verbänden (*Konzept: „Prinzip der Repräsentation von Interessen"*).[1101] Demnach konkretisiert sich Selbstbestimmung in der Notwendigkeit einer politischen Bildung, um Gesellschaft zur Demokratie zu befähigen (*Konzept: „Demokratie"*).[1102] Autonomie ist Voraussetzung und Ergebnis des Aushandlungsprozesses.

Autonomie
- Jeder Bürger hat eine private wie öffentliche/ staatsbürgerliche Autonomie.
- Jeder Bürger kann sich in autonomen Verbänden organisieren.
- Der Willensbildungsprozess fördert die Autonomie eines Bürgers.
- Recht adressiert Autonomie als ihre Kernidee bzw. Rechtsparadigma.
- Autonomie zeigt den Zusammenhang zwischen Menschenrechten und Volkssouveränität.
- Demokratie basiert auf universellen Grundrechten für jeden Bürger, um Autonomie zu erreichen.

Bürgerliche Rechte
- Zielsetzung des Entscheidungsprozesses sind Lebensbedingungen, um die chancengleiche Nutzung bürgerlicher Rechte und damit Autonomie zu fördern.

Politische Bildung
- Politische Bildung befähigt Bürger zum demokratischen Handeln.

1097 vgl. beispielhaft Meyer 2009b, 57ff sowie 152ff
1098 vgl. beispielhaft ebenda, 272 – 6
1099 Meyer 2009b, 244
1100 vgl. beispielhaft Rawls 2014, 564
1101 vgl. Fraenkel 2011f, 256 – 8
1102 vgl. Fraenkel 2011o, 287 – 91

Denkfigur F.I.2: Recht als moralische Entlastung sichert die Freiheit für alle Gesellschaftsmitglieder.
Das Recht als moralische Entlastung nimmt in einer rechtsstaatlich organisierten
Gesellschaft eine omnipräsente Rolle ein, um Freiheit zu sichern. Für HABERMAS
gilt Recht als wesentlichstes Merkmal seiner Demokratietheorie. Recht (*Konzept*
„Modernes Recht") wirkt als sozialintegrative Kraft für die gesellschaftliche Solidarität
und organisiert gesellschaftliche Abläufe in Gestalt der Staatsgewalt und Marktordnung. Hierbei fungiert Recht als Kommunikationsmittel zwischen der Privatsphäre
und Öffentlichkeit sowie den jeweiligen Spezialkodes.[1103] Recht wirkt moralisch
entlastend. Eine moderne Gesellschaft gleicht einer abstrakten Gesellschaft, in der
sich die jeweiligen Mitglieder größtenteils fremd bleiben und das Recht ihre inter-
personalen Beziehungen regelt. Infolgedessen entlastet Recht die Bürger moralisch
außer von der moralischen Notwendigkeit des Rechtsgehorsams (*Konzept: „Moral*
und Recht").[1104] Das Recht manifestiert sich in einem Rechtsstaat, das das Diskurs-
prinzip mit moralisch gerechtfertigten Programmen rückkoppelt (*Konzept: „Rechts-*
staat").[1105] Das sich in einem Rechtsstaat konkretisierende Rechtssystem (*Konzept:*
„prozeduralistisches Rechtssystem") sichert verfahrensrechtlich gerechte Kommunikationsabläufe, indem sie Gerichtsverfahren als Vorbild nimmt. Sie normiert unterschiedliche Situationen flexibel und bleibt dennoch kohärent.[1106] Die Setzung positiven Rechts erfolgt mithilfe von moralischen Grundsätzen wie der „universelle[n]
Gerechtigkeit und Solidarität sowie mit den ethischen Grundsätzen einer bewusst
entworfenen, selbstverantworteten Lebensführung von Einzelnen wie von Kollek-
tiven"[1107] (*Konzept: „Legitmität"*).

Das freiheitswirkende Recht begreift MEYER als Prävention vor sozial-
strukturelle Risiken. Er nimmt Menschenrechte als Bezugspunkt unter Berücksichtigung individueller *als auch* kollektiver Selbsthilfe (*Konzept: „soziale Bürgerschaft"*).[1108]
Auch RAWLS bezieht sich auf Recht, insofern er in seinem ersten Grundsatz jedem
das „gleiche Recht auf das umfangreichste Gesamtsystem gleicher Grundfreiheiten,
das für alle möglich ist,"[1109] zugesteht, auch wenn er vor allem moralisch argumentiert (*Konzept: „Grundsätze der Gerechtigkeit"*). FRAENKEL orientiert sich in seiner
Pluraldemokratietheorie an der Idee eines Rechtsstaates: Er favorisiert einen „autonom-heterogenen-pluralistischen Rechtsstaat"[1110], der gruppenorientierte Organisationen wie zum Beispiel Verbände und Vereine rechtlich reguliert, sozial eingestellt

---

1103 vgl. beispielhaft Habermas 1998, 54 sowie 429
1104 vgl. beispielhaft ebenda, 143ff
1105 vgl. beispielhaft ebenda, 206 - 17
1106 vgl. ebenda, 239 – 317
1107 ebenda, 128
1108 vgl. beispielhaft Meyer 2009b, 30 – 3 sowie 47ff
1109 Rawls 2014, 336
1110 Fraenkel 2011f, 280

ist und grundsätzlich neutral agiert (*Konzepte: „Prinzip der Repräsentation von Interessen";* *„Strukturdefekte der Demokratie"; „Pluralismus"*).[1111]

Recht

- Recht wirkt sozialintegrativ und ermöglicht gesellschaftliche Solidarität.
- Recht organisiert gesellschaftliche Abläufe wie gruppenorientierte Organisationen, Staat, Marktordnung.
- Recht ermöglicht einen verfahrensrechtlichen Diskursprozess, der Normen situationsgerecht innerhalb eines kohärenten Rechtssystems adressiert.
- Recht adressiert das selbstbestimmte Individuum wie das autonome Kollektiv.

Moral

- Recht wirkt moralisch entlastend außer beim Rechtsgehorsam.
- Recht ist rückgekoppelt mit moralischen und ethischen Grundsätzen wie Solidarität und universeller Gerechtigkeit.

Rechtsstaat

- Der Rechtsstaat gleicht soziale Ungleichheiten aus, sichert jedem einen Anspruch auf alle Grundfreiheiten. Er adressiert den autonomen Bürger.

Denkfigur F.I.3: Die repräsentativ-rechtsstaatliche Demokratie basiert auf einer veränderbaren Verfassung
Die Verfassung fixiert wesentliche Normen, auf denen eine Gesellschaft basiert. Diese Normen beziehen sich auf gegenwärtigen Verhältnisse und berücksichtigen historisch gewachsene Strukturen. HABERMAS verdeutlicht die Relevanz einer Verfassung: Autonomie sei durch ökonomische und soziale Machtposition gefährdet. Das Verfassungsgericht als höchste Instanz des omnipräsenten Rechts hat den faktischen Grad der Autonomie zu überprüfen (*Konzept „prozeduralistisches Verfassungsverständnis"*).[1112] Die Verfassung ist jedoch kein starres Gefüge von Regeln, sondern verbindet Geschichte und Gegenwart: „als geschichtliches Dokument erinnert sie an den Akt der Gründung, den sie interpretiert [...]; zugleich besagt ihr normativer Charakter, dass sich die Aufgabe der Interpretation und Ausgestaltung des System der Rechte für jede Generation *von neuem* stellt [...]"[1113] (*Konzept „Verfassung"*). RAWLS, der seine beiden Gerechtigkeitsgrundsätze lexikalisch ordnet, differenziert zwischen einer Verfassung, die sich dem ersten Grundsatz widmet, und der Gesetzgebung, die den zweiten Grundsatz fokussiert. Hierbei hat die verfassungsgebende Versammlung gegenüber der Gesetzgebung Vorrang (*Konzept: „Ver-*

1111   vgl. beispielhaft ebenda 2011g, 95 – 7 sowie ebenda 2011f, 256 – 8 sowie 279 – 80
1112   vgl. beispielhaft Habermas 1998, 317 - 24
1113   ebenda, 464 (Hervorhebungen im Original übernommen – ASK)

fahrensgerechtigkeit").[1114] MEYER sieht in der repräsentativ rechtsstaatlichen Demokratie eine angemessene Staatsform (*Konzept: "Verfassung"*).[1115] Auch FRAENKEL bezieht sich auf eine Verfassung mit einer parlamentarischen Regierung. Er differenziert zwischen Verfassungstext und –wirklichkeit (*Konzept: "parlamentarisches Regierungssystem"*).[1116]

Die Verfassung als höchstes Rechtsdokument
- Das Verfassungsgereicht überprüft den Grad der Autonomie.
- Autonomie ist bei der Gesetzgebung durch ökonomische wie soziale Macht gefährdet.
- Die Verfassung ist ein historisches Dokument der Gesellschaftsgründung.
- Die Verfassung hat einen normativen Charakter.
- Die Verfassung hat Vorrang vor Gesetzen.
- Die Verfassung scheidet sich in ein Verfassungstext und –wirklichkeit.

Repräsentativ rechtstaatliche Demokratie
- Die Verfassung bezieht sich auf eine repräsentativ-rechtsstaatliche, parlamentarische Demokratie.

Denkfigur F.I.4: Öffentlichkeit bedarf im Willensbildungsprozess der kommunikativen Überzeugung.
Die Legitimität politischer Entscheidungen basiert auf der Überzeugungskraft des Recht setzenden politischen Systems gegenüber einer kommunikativ wirkenden Öffentlichkeit. Gemäß HABERMAS führt die staatsbürgerliche Autonomie zu einer autonomen Zivilgesellschaft. Die autonome Zivilgesellschaft mit ihrem Krisenbewusstsein speist gefiltert politische Problemlagen in das politische System ein, sodass nur von ihr wahrgenommene Probleme bearbeitet werden.[1117] Die Öffentlichkeit als Vermittler zwischen verschiedenen gesellschaftlichen Systemen wie dem privaten Bereich, politischem System und weiteren Systemen ist nicht entscheidungsmächtig. Sie setzt sich aus einem Laienpublikum zusammen, das von der Richtigkeit politischer Entscheidungen zu überzeugen ist (*Konzept "Öffentlichkeit"*, *"deliberative Politik"*).[1118] Diese Dualität – Einspeisung politische Probleme in das politische System, das für Lösungsvorschläge Überzeugungsarbeit in der Öffentlichkeit leistet – perfektioniert sich in einer "kommunikativ verflüssigte[n] Souveränität."[1119] Diese zeigt sich durch die Rückkoppelung mit dem politischen System

---

1114 vgl. beispielhaft Rawls 2014, 227 – 9
1115 vgl. beispielhaft Meyer 2009b, 88
1116 vgl. beispielhaft Fraenkel 2011j, 76 – 80 sowie Fraenkel 2011g, 101
1117 vgl. beispielhaft Habermas 1998, 461
1118 vgl. beispielhaft ebenda, 439ff sowie 451 – 3
1119 ebenda, 228

prozeduralistisch. Infolgedessen ergeben sich diskursive Kompromisse in Bezug auf Gesetze und Verfassung (*Konzept „prozeduralistische Volkssouveränität"; „prozeduralistische Verfassungsverständnis"*).[1120] FRAENKEL verweist auf den Umstand, dass die Macht vom Volk ausgeht (*Konzept „Volkssouveränität"*): Die Öffentlichkeit setzt kein Recht, kontrolliert aber die von ihr abhängig bleibende politische Herrschaft. Im Einklang zwischen Regierenden und Regierten legitimiert sich Herrschaft in einer Gesellschaft, die nicht von einer Organisationseinheit dominiert wird (*Konzept „öffentliche Meinung"*).[1121] MEYER verweist auf zivilgesellschaftliche Akteure, aus denen sich die Öffentlichkeit auf globaler Ebene zusammensetzt (*Konzept „Globalisierung"*).[1122] RAWLS sieht – wenn auch indirekter formuliert – die Notwendigkeit einer von der Gesamtgesellschaft getragenen Entscheidung. Er führt die Mehrheitsregel ein für revidierbare Gesetzesentscheidungen (*Konzept „Verfahrensgerechtigkeit"*).[1123] Das Ziel einer gesellschaftlichen Konformität kann über Sanktionsmittel erreicht werden, jedoch adressiert eine gerechte Gesellschaft „das Vertrauen der Bürger zueinander [...]"[1124] (*Konzept: Grundsätze der Gerechtigkeit"*).

Kommunikativ wirkende Öffentlichkeit
- Die Öffentlichkeit verfügt über eine kommunikativ verflüssigte Souveränität, um politische Herrschaft zu kontrollieren.
- Die Öffentlichkeit filtert politische Problemlagen durch ihr Krisenbewusstsein.
- Die Öffentlichkeit ist ein autonomes System, das eine Vermittlungsrolle zwischen den gesellschaftlichen Systemen einnimmt, ohne von einem dominiert zu werden.
- Ziel ist das Vertrauen der Bürger untereinander, auch wenn Sanktionsmittel legitim sind.

Recht setzendes politisches System
- Das politische System ist entscheidungsmächtig und muss die Öffentlichkeit überzeugen.
- Entscheidungen sind revidierbar.

Globalisierung
- Auf globaler Ebene setzt sich Öffentlichkeit aus transnational wirkenden zivilgesellschaftlichen Akteuren zusammen.

1120 vgl. beispielhaft ebenda, 340ff sowie 351ff
1121 vgl. beispielhaft Fraenkel 2011b, 315 sowie 319
1122 vgl. beispielhaft Meyer 2009b, 120 – 1
1123 vgl. beispielhaft Rawls 2014, 392 – 9
1124 ebenda, 626

D.5.2.1.2. Zusammenfassendes Ergebnis

Die fachwissenschaftliche Untersuchungsaufgabe ‚Mitbestimmung' zielt auf die Ermöglichung und Adressierung partizipatorischer Fähigkeiten autonomer Bürger mit ihren pluralen, also individuellen Interessen in einer durch Recht organisierten, gerechten Gesellschaft.

Die erste Denkfigur perspektiviert den autonomen Bürger: Der Willensbildungsprozess erfordert *und* ermöglicht autonome Partizipation. Autonomie definiert sich durch die Fähigkeit selbstbestimmter Handlungen des Individuums (Menschenrechte) als auch des Kollektivs (Volkssouveränität). Folglich ergibt sich Selbstbestimmung als Kernidee des Rechts.

Die immanente Rolle des Rechts zeigt sich weiter in *der zweiten Denkfigur*, die die rechtlich-organisierte Gesellschaft mit dem Ziel der moralischen Entlastung des Bürgers adressiert. Recht wirkt sich sozialintegrativ aus, indem es das Zusammenleben von individuellen Mitgliedern einer abstrakten Gesellschaft reguliert. Recht ist als Rechtssystem einerseits kohärent, reagiert andererseits auf individuelle Situationen flexibel. Der Rechtsstaat sichert Freiheitsrechte und Pluralität.

Diese Auffassung setzt sich *in der dritten Denkfigur* fort, insoweit die dort behandelte Verfassung als wesentlichste Rechtsnorm die Ziele einer gerechten Gesellschaft verteidigt. Die Verfassung ist eine immanente und fixe, aber dennoch flexible Rechtsnorm. Sie bewahrt historisch gewachsene gesellschaftliche Verhältnisse und adressiert gleichzeitig gegenwärtige Zustände adäquat. Die Verfassung hat Vorrang gegenüber einfachen Gesetzen und scheidet sich in Verfassungstheorie und -realität.

Die vierte Denkfigur konkretisiert Mitbestimmung dergestalt, als sie repräsentative Entscheidungsprozesse zwar affirmiert, aber die Gültigkeit von Entscheidungen von der Überzeugungskraft des politischen Systems gegenüber der Öffentlichkeit als wesentliche Kontrollinstanz abhängig macht. Diese Dualität verfestigt sich darin, dass politische Problemlagen durch das Krisenbewusstsein der Öffentlichkeit in das politische System eingespeist werden. Ziel von Mitbestimmung ist das Vertrauen des Bürgers in eine gerechte Gesellschaft. Diese entsteht in einem politischen System unter Zuhilfenahme zivilgesellschaftlicher Akteure.

Zusammenfassend definiert sich Mitbestimmung durch den autonomen Bürger, der in einer von Recht organisierten und vom politischen System in Kooperation mit der Öffentlichkeit gestalteten gerechten Gesellschaft lebt.

D.5.2.2. Untersuchungsaufgabe II ‚Meinungsvielfalt'

D.5.2.2.1. Denkfiguren zu ‚Meinungsvielfalt'

Denkfigur F.II.1: Bürger organisieren sich in gesellschaftlichen Gruppen.
Pluralismus affirmiert differente, zuweilen antagonistische Partikularinteressen, die in gesellschaftlichen Gruppen organisiert sein können. In seinem *Konzept „Prinzip der Repräsentation von Interessen"* spricht sich FRAENKEL für die bedingungslose Möglichkeit der Bürger aus, sich in unterschiedlichen Verbänden zu organisieren.[1125] Auch MEYER sieht in gesellschaftlichen Gruppen eine Bedingung für eine gelingende Gesellschaft, insofern er die „Parteiendemokratie [...] durch ein starkes intermediäres System der gesellschaftlichen Vereine, Verbände und eine aktive Zivilgesellschaft kontrolliert, ergänzt und eingerahmt"[1126] sehen will *(Konzept „Verfassung")*. Diese Auffassung setzt sich bei RAWLS fort: Seine Gesellschaft ist eine soziale Gemeinschaft, die sich in weiteren sozialen Gemeinschaften ausdifferenziert *(Konzept „Verteilungsgerechtigkeit")*.[1127] HABERMAS bezieht sich in seinem Konzept *„proeduralistische Volkssouveränität"* auf autonome, dezentrale Öffentlichkeiten, die die in Gesellschaft existenten pluralen Interessen ausdrücken.[1128]

Gesellschaftliche Gruppen
- Jeder Bürger hat die bedingungslose Möglichkeit, sich einer gesellschaftlichen Gruppe anzuschließen.
- Parteiendemokratie wird durch Vereine, Verbände und der Zivilgesellschaft eingerahmt.

Soziale Gemeinschaft sozialer Gemeinschaften
- Eine wohlgeordnete Gesellschaft ist eine soziale Gemeinschaft sozialer Gemeinschaften.

Volkssouveränität
- Die Volkssouveränität äußert sich in autonomen, dezentralisierten Öffentlichkeiten.

Denkfigur F.II.2: Das politische System basiert nach innen auf einer Gewaltenteilung und ist mit der Gesellschaft verbunden (trust) als auch von ihr unabhängig.
Die Unabhängigkeit des politischen Systems basiert auf einer inneren Gewaltenteilung sowie einer Rückkoppelung mit der Gesellschaft als aktiv neutraler, unabhän-

---

1125 vgl. beispielhaft Fraenkel 2011f, 256 – 8
1126 Meyer 2009b, 94
1127 vgl. beispielhaft Rawls 2014, 565 – 74
1128 vgl. beispielhaft Habermas 1998, 228

giger Akteur. FRAENKEL setzt sich aufgrund seiner Pluralismustheorie ausführlich mit der Eigenständigkeit des politischen Systems auseinander. Er differenziert es in seinem *Konzept „parlamentarisches Regierungssystem"* nach Parlament, Regierung, Parteien und Wählerschaft. Das Parlament als Repräsentant des Volkes muss sowohl gegenüber den Wählern als auch der Regierung grundsätzlich unabhängig bleiben. Es bildet eine wesentliche Rolle im Regierungsprozess.[1129] Die Regierung handelt aufgrund eines zwischen Volk und politischem System bestehenden *trust*, der die Regierung zum Treuhänder des Volkes macht.[1130] Die Verbindung zwischen dem politischen System und der Gesellschaft entsteht durch Parteien, die in der gegenseitigen Auseinandersetzung divergierende Interessen integrieren. Ihr Machtvermögen bleibt wegen dem Primat der Fraktionen limitiert. Parteien sind als „Parlamentsfraktionen Träger einer repräsentativen, und als Massenorganisation Träger eines plebiszitären Regierungssystems."[1131] Entsprechend bezieht sich ihr Wirken auf den kontroversen Sektor einer Gesellschaft (*Konzept: „Parteien"*).[1132] Die entstehende Machtdiversität, die sich auch im dialektischen Prozess von Opposition und Regierung zeitigt, führt zu einem vom politischen System hypothetischen, also nachträglichen bzw. gedeuteten Volkswillen (*Konzept: „Prinzip der Repräsentation von Interessen"*).[1133] Wenn auch nicht so direkt wie Fraenkel formuliert, schließt sich MEYER seiner Auffassung an: Die Theorie der Sozialen Demokratie soll sich an der aktiven Neutralität orientieren. Sie versteht Gerechtigkeit regulativ, folglich aposteriori, um eine gewährleistete Integration pluraler Interessen zu ermöglichen (*Konzept: „Sozialstaatlichkeit/ soziale Gerechtigkeit"; „Demokratisierung"*).[1134] Auch HABERMAS zielt auf eine unparteiliche Meinungsbildung in seinem *Konzept „Gewaltenteilung"*: Der gewaltenteilende Rechtsstaat adressiert eine unparteilches Gesetzgebungs- und Rechtssprechungsverfahren.[1135] Aufgrund seines hauptsächlichen Fokus auf das gesellschaftliche Zusammenleben von individuellen Menschen ignoriert RAWLS die Frage nach der Institutionalisierung des politischen Systems.[1136]

Politisches System und Gesellschaft
- Das politische System basiert auf einer Gewaltenteilung.
- Parteien fungieren als Scharnier zwischen Gesellschaft und politischem System.
- Parlamentsfraktionen sind das Primat gegenüber Parteien.

1129 vgl. beispielhaft Fraenkel 2011g, 101; ebenda 2011d, 181 – 2, 194 – 5; ebenda 2011a, 216 – 7
1130 vgl. beispielhaft ebenda 2011a, 227 – 8
1131 ebenda 2011d, 185
1132 vgl. beispielhaft ebenda 2011i, 154 – 6
1133 vgl. ebenda 2011g, 100 – 1
1134 Meyer 2009b, 37 – 40 sowie 56
1135 vgl. beispielhaft Habermas 1998, 599
1136 vgl. Abschnitt D.4.4.2.

- Die Regierung handelt als Treuhändler, während das Parlament souverän bleibt.
- Ein *trust* existiert zwischen politischem System und Volk.
- Parteien, Wählerschaft, Regierung und Parlament sind unabhängig voneinander.

Willensbildungsprozess
- Der Willensbildungsprozess integriert plurale Interessen.
- Das politische System deutet den hypothetisch existierenden Volkswille.

Denkfigur F.II.3: Regierung ermöglicht die gleichberechtigte Integration pluraler Interessen
Die gleichberechtigte Integration aller Partikularinteressen ist in einer pluralen Gesellschaft eine wesentliche Zielkategorie. Für FRAENKEL entsteht Gemeinwohl aus organisierten Gruppeninteressen, bei denen der Staat eine Ausgleichsfunktion wahrnimmt. Erst dadurch entsteht ein „*reflektierte[r]* conensus"[1137] (*Konzept: „Gemeinwohl"*). MEYER sieht in einem „kooperative[n] Staat der partizipativen Demokratie"[1138] die Ermöglichung von Zivilgesellschaft. „Der Staat kann und muss Gelegenheitsstrukturen für das zivilgesellschaftliche Engagement schaffen und in den Formen seiner eigenen Kooperationsangebote und Kooperationsfähigkeit seinerseits eine Gelegenheitsstruktur für die Förderung zivilgesellschaftlicher Aktivitäten darstellen."[1139] Der Staat ermöglicht und unterstützt Zivilgesellschaft (*Konzept: „aktivierender/ kooperativer Staat"*). Ähnlich perspektiviert RAWLS die Regierung, die sich um einen demokratischen Staatswesen kümmert. Sie reguliert Land- und Kapitalbesitz, um desaströse Fliehkräfte in einer Gesellschaft zu verhindern (*Konzept: „Verteilungsgerechtigkeit"*).[1140] HABERMAS konzeptualisiert einen handelnden Staat in Gestalt eines Rechtsstaats, dessen Institutionen sich auf „eine effektive Ausübung der politischen Autonomie gesellschaftlich autonomer Staatsbürger" konzentrieren (*Konzept „Rechtsstaat"*).

Aktiver Staat
- Staat gleicht organisierte Gruppeninteressen aus, um jede Interessensartikulation zu ermöglichen.
- Staat schafft Strukturen für zivilgesellschaftliches Engagement.
- Staat gleicht Besitz soweit aus, um desaströse Fliehkräfte in einer Gesellschaft zu verhindern.
- Staat ermöglicht aktiv den autonomen Staatsbürger.

1137 Fraenkel 2011j, 84
1138 Meyer 2009b, 119
1139 ebenda
1140 vgl. beispielhaft Rawls 2014, 304 – 15

Denkfigur F.II.4: Interessendiversität basiert auf einer aktiven Zivilgesellschaft, Kompromissbereitschaft und einer gegenseitig respektvollen Anerkennung.
Interessendiversität bezieht sich auf plurale Auffassungen einer Gesellschaft, die Meinungsvielfalt nur kompromissbereit sowie in einer gegenseitig respektvollen Anerkennung ermöglichen kann. Wesentlicher Impulsgeber ist FRAENKEL, der in seinem *Konzept „Prinzip der Repräsentation von Interessen"* politische Entscheidung definiert als „die Resultante im Parallelogramm von Kräften [...], an deren Zustandekommen die Interessenorganisationen maßgeblich teilhaben."[1141] Dies setzt sich in seinem *Konzept „Pluralismus"* insofern fort, als die freie Entfaltung und Ko-Existenz von Gruppen zu Kompromissen führen soll, weil „das Volk [...] in sozialer Realität heterogen, [...] differenziert"[1142] ist. Die Kompromissbereitschaft zeitigt sich in einem nicht-kontroversen und kontroversen Sektor. Ersterer ermöglicht die Basis der gemeinsamen Interessenauseinandersetzung, während Letzterer der Ort des Interessenaustausches bildet. Die Grenze zwischen beiden Sektoren ist „ständigen Verschiebungen unterworfen, in denen sich jeweils politisch hochbedeutsame Wandlungen des Gemeinschaftsbewusstseins reflektieren."[1143] Eine weitere Ermöglichungsbedingung findet sich im *Konzept „Waffengleichheit."*[1144] Meinungsforschung gehört in die Öffentlichkeit, und die unterschiedlichen Interessengrade erhalten in der Entscheidungsfindung ausreichende Berücksichtigung. Der zuletzt genannte Punkt bezieht sich auf Minderheiten, deren berechtigte Wünsche von Mehrheiten angemessen zu beachten sind. Insgesamt beruht die Interessenorganisation auf einem *fair play*, sodass Regeln der Entscheidungsprozedur nicht nur anerkannt, sondern auch als fair empfunden werden. Plurale Interessen verdeutlicht RAWLS in seinem *Konzept „konstitutionelle Demokratie"*, welche mit „den Teilnahmegrundsatz [...] eine Form des fairen Konkurrenzkampfes um politische Macht und Ämter"[1145] adressiert. In dem von HABERMAS vertretenden *Konzept „kommunikatives Handeln"* entfaltet sich Interessendiversität durch den kommunikativ erzeugten Aushandlungsprozess von Argumenten.[1146] Ferner zeigt sich in den verlaufsorientierten Konzepten eine hintergründige Annahme eines permanenten Aushandlungsprozesses aufgrund der Existenz unterschiedlicher Interessen, die eine stabile Gesellschaft zu integrieren hat (Konzepte: *„prozeduralistisches Rechtssystem"*, *„prozeduralistisches Rechtsparadigma"*, *„prozeduralistische Volkssouveränität"*). Auf diese Integrationsfunktion verweist auch MEYER in seinen *Konzepten „Demokratisierung"* sowie *„Zivilgesellschaft"*. Er setzt sich für eine breite Beteiligung auf allen Ebenen ein, die sich nicht allein auf die Kompetenz einer gesellschaftlichen, wirtschaftlichen und politischen Elite ver-

---

1141 Fraenkel 2011j, 88
1142 ebenda 2011e, 301
1143 ebenda 2011k, 246
1144 vgl. beispielhaft ebenda 2011i, 153 – 4 sowie ebenda 2011m, 253 – 5
1145 Rawls 2014, 257
1146 vgl. beispielhaft Habermas 1998, 31ff sowie 52 – 4

lässt,[1147] sondern zivilgesellschaftliche Akteure als Ergänzungs- und Korrekturmöglichkeit von Handlungssystemen anerkennt. Eine aktive Zivilgesellschaft ermöglicht eine höhere Form gesellschaftlicher Selbststeuerung, auch wenn die Garantie bürgerlicher Grundrechte weiterhin eine staatliche Aufgabe bleibt. Die Zivilgesellschaft definiert sich nicht allein durch Bürger, die sich in entsprechenden Gruppen organisieren, sondern sieht auch Unternehmen (*corporate citizenship*) in der Verantwortung – insbesondere für die Gestaltung lokaler Bedingungen.[1148]

Moderater Pluralismus
- Das politische System basiert auf einer Gewaltenteilung.
- Das Volk ist heterogen.
- Kompromissfähigkeit basiert auf kontroversen und nicht-kontroversen Sektoren mit veränderbaren Grenzen.
- Waffengleichheit erfordert Neutralität und dem gegenseitigen Respekt von Mehrheits- und Minderheitsinteressen.
- Fairness dominiert den Interessenskonflikt.

Zivilgesellschaft
- Teilhabe drückt sich in einer hohen Beteiligung aller aus.
- Zivilgesellschaft korrigiert und ergänzt staatliche Handlungen, wobei der Staat die Wahrung bürgerlicher Grundrechte verantwortet.
- Zivilgesellschaft verkörpert sich in einer Verantwortung für die Gesellschaft, die nicht nur von Bürgern, sondern auch von Unternehmen zu tragen ist.

D.5.2.2.2. Zusammenfassendes Ergebnis

Die Fachwissenschaft konzeptualisiert die Untersuchungsaufgabe ‚Meinungsvielfalt' in der gleichen Berücksichtigung von Partikularinteressen im Willensbildungsprozess, der sich in einer Gewaltenteilung sowie einer Regierung, die die Zivilgesellschaft aktiv unterstützt, weiter konkretisiert.

Die Denkfigur F.II.1 zielt auf die Organisation von pluralen Interessen in Verbänden, Vereinen und einer aktiven Zivilgesellschaft. Deren Aufgaben liegen darin, sowohl Öffentlichkeit zu dezentralisieren (soziale Gemeinschaft sozialer Gemeinschaften) als auch die Parteiendemokratie einzurahmen.

Die Parteiendemokratie stößt in *der zweiten Denkfigur* nicht nur auf eine fragmentierte Gesellschaft, sondern auch auf ein von Gewaltenteilung geprägtes politisches System. Parteien sind aufgrund ihrer Verbindung zur Gesellschaft sensibel für

---

1147 vgl. beispielhaft Meyer 2009b, 74 – 5 sowie 113ff
1148 vgl. beispielhaft ebenda, 101 – 3 sowie 116 – 20

gesellschaftliche Verhältnisse. Sie kommunizieren diese an ihre, aber von ihnen unabhängig agierenden Fraktionen weiter. Im dialektischen Prozess zwischen Regierung und Opposition bildet es den hypothetischen Volkswillen, sodass Gemeinwohl regulativ, also im kommunikativen Austausch entsteht. Das regulative Gesetzgebungs- und Rechtssprechungsverfahren bleibt unparteiisch. Es bedarf eines zwischen politischem System und Volk bestehenden *trust*: Die Regierung handelt als Treuhänder des Volkes.

Um die Rolle als Treuhänder zu wahren, nimmt die Regierung in *der dritten Denkfigur* eine Ausgleichsfunktion zwischen den Gruppeninteressen wahr. Sie ermöglicht die Artikulation pluraler Interessen sowie den autonomen Staatsbürger, verhindert desaströse Fliehkräfte in einer Gesellschaft und ermutigt zu zivilgesellschaftlichem Engagement.

Die in den bisherigen Denkfiguren gebildete Meinungsvielfalt trägt sich metaphorisch auf einer Basis, die sich in *der vierten Denkfigur* entfaltet: Meinungsvielfalt ist das Ergebnis diverser Interessen, wodurch sich Kompromissbereitschaft als Voraussetzung ergibt. Kompromissbereitschaft zeichnet sich gesellschaftlich durch einen kontroversen und nicht-kontroversen Sektor aus, dessen Trennlinie ständigen Verschiebungen unterworfen ist. Kompromissbereitschaft bedarf Waffengleichheit, sodass unterschiedliche Interessensgrade eine gleiche Behandlung erhalten. Der Entscheidungsprozess zeichnet sich durch einen fairen Konkurrenzkampf mittels dem kommunikativem Austausch von Argumenten aus. Zivilgesellschaft als weitere Bedingung stellt sich als Ergänzungs- und Korrekturmöglichkeit dar und ermöglicht gesellschaftliche Selbststeuerung unter Beachtung der Grundrechte. Diese werden vom Staat geschützt.

Zusammenfassend bildet sich Meinungsvielfalt durch eine fragmentierte, weil durch Vereine, Verbände und Zivilgesellschaft geteilte Gesellschaft sowie aus Gewaltenteilung bestehendes politisches System. Die Regierung ermöglicht aktiv die Artikulation vielfältiger Partikularinteressen. Sie verhindert desaströse Fliehkräfte. Meinungsvielfalt bedarf der permanenten Kooperations- und Kompromissbereitschaft aller gesellschaftlichen Akteure.

D.5.2.3. Untersuchungsaufgabe III ‚soziale Gerechtigkeit'

D.5.2.3.1. Denkfiguren zur ‚sozialen Gerechtigkeit'

Denkfigur F.III.1: Sozialstaatlichkeit konzeptualisiert sich in einem angemessenen Verhältnis positiver wie negativer Freiheitsrechte mit dem Ziel der gesellschaftlichen Integration
Soziale Gerechtigkeit ist eine vom Staat wahrzunehmende Aufgabe, wodurch sich Sozialstaatlichkeit begründet. Sozialstaatlichkeit konzeptualisiert sich in einem angemessenen Verhältnis negativer wie positiver Freiheitsrechte. MEYER versteht

Sozialstaatlichkeit in der Gewährung und Gewährleistung von ökonomischen, sozialen und politischen Grundrechten, um politische Teilhabe zu ermöglichen. Die Realisierung dieser Grundrechte bedarf der Festschreibung sozialer Mindeststandards, auf die jeder Bürger einen rechtlichen Anspruch hat. Dieser rechtliche Anspruch beinhaltet auch Pflichten für jeden Bürger. Dekommodifikation versteht sich in der Wahrung von Grundrechten.[1149] In diesem Sinne fokussiert eine erfolgreiche Integration eine faire Teilhabe, die sich auch in materiellen Möglichkeiten äußert[1150] – unter Berücksichtigung einer „gleiche[n] inklusionssichernde[n] Garantieleistungen"[1151] (*Konzepte: „Sozialstaatlichkeit/ soziale Gerechtigkeit"* und *„soziale Inklusivität"*). Hieran schließt sich ein Recht auf Bildung an, insofern es ein soziales Grundrecht ist und Chancengleichheit ermöglicht (*Konzept: „Recht auf Bildung"*).[1152] Soziale Gerechtigkeit manifestiert sich im wechselseitigen Verhältnis zwischen positiven wie negativen Freiheitsrechten. Erst dadurch ermöglicht der Staat einen Schutz vor sozial-strukturellen Risiken und kommt seiner Verpflichtung als demokratischer Rechtsstaat nach (*Konzept: „soziale Bürgerschaft"*).[1153] RAWLS orientiert sich an seinen Gerechtigkeitsgrundsätzen, die den Anspruch jeden einzelnen in Abhängigkeit ihrer Leistungsfähigkeit definieren (*Konzept: „Grundsätze der Gerechtigkeit"*). Dies inkludiert nichtsdestotrotz ein Existenzminimum, um einen fairen Ausgleich zwischen den besser und weniger bevorzugten Mitgliedern zu gewährleisten (*Konzept: „Verteilungsgerechtigkeit"*).[1154] Sozialstaatlichkeit ist auch Gegenstand von FRAENKELs Konzept *„Waffengleichheit"*. Umverteilung adressiert die soziale Frage, um „zwischen den verschiedenen Gesellschaftsgruppen eine Waffengleichheit zu begründen, deren Fehlen maßgeblich zum Scheitern des liberalen Rechtsstaats des 19. Jahrhunderts beigetragen hat."[1155] HABERMAS fokussiert Sozialstaatlichkeit nicht in seinem Buch *Faktizität und Geltung*. Er zielt aber auf Autonomie, die jedem Bürger die Nutzung seiner Grundrechte ermöglichen soll. Dies inkludiert Chancengleichheit und Handlungsfreiheit (*Konzept: „private und öffentliche Autonomie"*).[1156] Entsprechend ist das Rechtsparadigma weder liberal noch sozial, sondern reagiert situationsspezifisch, um Autonomie zu ermöglichen (*Konzept: „prozeduralistisches Rechtssystem"* sowie *„prozeduralistisches Rechtsparadigma"*).[1157]

1149   vgl. beispielhaft Meyer 2009b, 49 – 52 sowie 170 – 185
1150   vgl. beispielhaft ebenda, 239 – 41
1151   ebenda, 270
1152   vgl. beispielhaft ebenda, 186 – 91
1153   vgl. beispielhaft ebenda, 41 – 63
1154   vgl. beispielhaft Rawls 2014, 319
1155   Fraenkel 2011m, 342
1156   vgl. beispielhaft Habermas 1998, 154ff
1157   vgl. beispielhaft ebenda, 270 – 2 sowie 307ff als auch 537

Umverteilung

- Umverteilung orientiert sich an sozialen Mindeststandards.
- Umverteilung konzeptualisiert sich in negativen wie positiven Freiheitsrechten sowie in einem fairen Ausgleich zwischen den weniger und besser gestellten Bürgern.
- Soziale Unterstützung adressiert Autonomie, indem sie die Gewährung und Gewährleistung von Grundrechten fördert und die Erfüllung von Pflichten einfordert in Abhängigkeit des Bedarfsfalls des individuellen Bürgers.

Sozialstaatlichkeit

- Sozialstaatlichkeit wirkt integrativ, indem sie Waffengleichheit und den sozialen Frieden zwischen den Gesellschaftsgruppen bewahrt.
- Jeder Bürger hat ein Recht auf Bildung.

Denkfigur F.III.2: Das (globale) Wirtschaftssystem ist reguliert, konkurrenz- und sozialorientiert.

Das Wirtschaftssystem orientiert sich an einer sozialen, konkurrenzbestimmten und regulierten Marktwirtschat. MEYER sieht weder in einem selbstregulierten Markt noch in einer privat geleisteten Sozialhilfe eine gelingende Gesellschaft (*Konzept: „libertäre Demokratie"*).[1158] Diese Diagnose verschärft sich angesichts des zunehmenden Einflusses der Globalisierung auf soziale und wirtschaftliche Verhältnisse. Diese negative Globalisierung gefährdet „die sozialen Grundlagen des historischen Kompromisses zwischen Demokratie und Kapitalismus, die in der europäischen Tradition eine der entscheidenden Voraussetzungen politischer Legitimation darstellen."[1159] Globalisierung lässt sich durch eine faire Regulation – auch unter der Koordinierung einer internationalen Institution[1160] – positiveren, sofern sich eine entsprechende staatliche und zivilgesellschaftliche Koalition bildet, um öffentliche Güter auf globaler Ebene als „Voraussetzung der Realisierung universeller Grundrechte"[1161] zu gewährleisten und sich eines rein libertär gestaltenden globalen Wirtschaftsmarktes zu widersetzen (*Konzept: Globalisierung*).[1162] Regulation verdeutlicht sich auch in seinem *Konzept „Wirtschaftssystem"*, in dem es um die Notwendigkeit eines gesteuerten Marktes unter Berücksichtigung der „produktiven Funktion von Privateigentum und [der] Notwendigkeit der gesellschafts-politischen Einbettung der Märkte"[1163] geht. Dies mündet in ein „Recht auf und die Pflicht zur Aufnahme

---

1158 vgl. beispielhaft Meyer 2009b, 130 – 2
1159 ebenda, 206
1160 vgl. beispielhaft ebenda, 288 – 33
1161 ebenda, 227
1162 vgl. beispielhaft ebenda, 120 – 1; 227 – 8; 249 – 53
1163 ebenda, 137

von Erwerbsarbeit" [1164] sowie in eine „Subventionierung des Niedriglohnbereichs."[1165] Meyer plädiert für eine Mischung aus einer koordinierten Marktwirtschaft und eines grundrechtsgeschützten Sozialstaats (*Konzept: „Sozialstaatlichkeit/ soziale Gerechtigkeit"*).[1166] Diese Idee setzt sich bei RAWLS fort, insofern er sich für konkurrenzbestimmte und offene Märkte ausspricht, ohne auf Umverteilung zu verzichten (*Konzept: „Verteilungsgerechtigkeit"; Konzept: „gesellschaftliche Güter"*).[1167] HABERMAS äußert sich nicht direkt zum Wirtschaftssystem. Er spricht sich aber in seinen Grundrechten für chancengleiche Handlungsfreiheiten aus (*Konzept: „private und öffentliche Autonomie"*).[1168] Er setzt sich für eine staatsbürgerliche Autonomie ein, die auf Unabhängigkeit von Administration und wirtschaftlichen Privatverkehr zielt (*Konzept: „Öffentlichkeit"*).[1169] Autonomie ist das verbindende Element zwischen Marktwirtschaft, Staat und den einzelnen Bürgern – mit der Folge einer freien Marktwirtschaft, die unter der Bedingung reguliert ist, private wie öffentliche Autonomie zu schaffen und zu gewährleisten. FRAENKEL bezieht sich ebenfalls indirekt auf das Wirtschaftssystem. Seine Pluralismustheorie ist liberal, insofern sie sich an der freien Entfaltung von Partikularinteressen orientiert (*Konzept: „Pluralismus"*).[1170] Die freie Interessenentfaltung basiert auf dem Prinzip der Waffengleichheit, welche die soziale Frage adressiert. Ziel ist eine soweit wie möglich gelingende egalitäre Interesseneinspeisung in den Entscheidungsprozess (*Konzept: „Waffengleichheit"*).[1171] Dies führt zu einer regulierten, aber freien Marktwirtschaft.

Wirtschaftssystem
- Der Markt ist konkurrenzbestimmt, frei und sozialorientiert.
- Marktwirtschaftliche Regulation zielt auf Chancengleichheit unter Beachtung des produktiven Privateigentums und der gesellschaftlichen Funktion des Marktes.
- Märkte sind gesellschaftspolitisch eingebettet.

Globalisierung
- Eine positive Globalisierung bedarf der Regulation und gewährleistet öffentliche Güter, um universelle Grundrechte zu erreichen.
- Globalisierung soll die soziale Grundlage des Kompromisses zwischen Demokratie und Kapitalismus unterstützten.

1164 ebenda, 194
1165 ebenda, 197
1166 vgl. beispielhaft ebenda, 197 – 203
1167 vgl. beispielhaft Rawls 2014, 337 – 44; vgl. beispielhaft ebenda, 112 – 3
1168 vgl. beispielhaft Habermas 1998, 154ff
1169 vgl. beispielhaft ebenda, 324ff
1170 vgl. beispielhaft Fraenkel 2011g, 108 – 9
1171 vgl. beispielhaft ebenda 2011m, 342

D.5.2.3.2. Zusammenfassendes Ergebnis

In der fachlichen Vorstellungswelt fokussieren sich die Denkfiguren im Rahmen der Untersuchungsaufgabe ‚soziale Gerechtigkeit' auf die Sicherung positiver wie negativer Freiheitsrechte. Diese Sicherung manifestiert sich im gesellschaftlichen Zusammenleben durch Umverteilung bzw. Sozialstaatlichkeit einerseits und einer leistungsabhängigen Entlohnung innerhalb eines freien, sozialen und regulierten Wirtschaftssystem andererseits.

In *der ersten Denkfigur* zielt Sozialstaatlichkeit auf die Gewährung und Gewährleistung politischer, wirtschaftlicher und sozialer Grundrechte, um partizipatorische Fähigkeiten und Möglichkeiten für jeden Bürger zu sichern. Eine solche durch den Staat ermöglichte faire Teilhabe inkludiert die Bereitstellung materieller Möglichkeiten, inklusionssichernde Garantieleistungen sowie dem Recht auf Bildung als auch die Sicherstellung sozialer Mindeststandards bzw. eines Existenzminimums. Die Gestaltung fairer Teilhabe für jedes Gesellschaftsmitglieds bedingt Umverteilung, sodass die weniger begünstigten von den besser begünstigten profitieren können. Die besser gestellten Mitglieder profitieren von der Leistungsabhängigkeit, die sich dem produktiven Faktor des Privateigentums zu Nutze macht.

Die sich in der ersten Denkfigur zeigende Sicherstellung positiver wie negativer Freiheitsrechte setzt sich in *der zweiten Denkfigur* in Gestalt eines sozialen, konkurrenzbestimmten und regulierten Wirtschaftssystem fort. Ein solches Wirtschaftssystem positiviert Globalisierung und ermöglicht demokratische Gesellschaftsstrukturen, indem es Sozialschwächere und Sozialstärkere als ihre gleichgestellten Adressaten wahrnimmt.

Insgesamt zeigt sich eine Gesellschaft, die durch negative und positive Freiheitsrechte den autonomen Bürger zu Kooperations- und Kompromissbereitschaft befähigt und den sozialen Frieden als Voraussetzung für Demokratie perspektiviert.

D.5.2.4. Untersuchungsaufgabe IV ‚alltägliches Zusammenleben'

D.5.2.4.1. Denkfiguren zum ‚alltäglichen Zusammenleben'

Denkfigur F.IV.1: Lexikalisch geordnete Grundsätze zielen auf eine von allen Menschen empfundenen gerechten Gesellschaft mit einer moralisch orientierten Legitimität.
Die Grundsätze einer gerechten Gesellschaft adressieren einerseits den Individualismus, andererseits den Kommunitarismus. Bei Rawls *Theorie der Gerechtigkeit* zeigt sich eine Gerechtigkeit, die sich in einer gerechten Verteilung von Rechten, Pflichten und Gütern äußert aufgrund der zwei lexikalisch geordneten Grundsätze. Demnach zielt Gerechtigkeit auf Chancengleichheit für jeden, um Wohlstand und politi-

sche Herrschaft zu erreichen.[1172] Dies ist nicht nur individualistisch gemeint, insofern ein „Gesamtsystem gleicher Grundfreiheiten"[1173] für jeden herrscht, sondern auch kommunitaristisch: Die sich durch die Grundsätze manifestierenden Regeln veranlassen Menschen, gesellschaftlich wünschenswerten Zielen zu dienen (*Konzept: „Grundsätze der Gerechtigkeit"*).[1174] Die weniger begünstigten Gesellschaftsmitglieder sollen von den bessergestellten profitieren (*Konzept: „Unterschiedsprinzip"*)[1175], weil soziale und wirtschaftliche Ungleichheiten auszugleichen sind, sofern dies das Gesamtsystem aller Freiheiten nicht einschränkt (*Konzept: „Vorrang"*).[1176] Eine solch gerechte Gesellschaft bedarf – so MEYER – eines öffentlichen Konsenses über Mindestansprüche sozialer Gerechtigkeit (*Konzept: „Sozialstaatlichkeit/ soziale Gerechtigkeit"*).[1177] Auch wenn nicht so deutlich formuliert wie Rawls, bezieht sich FRAENKEL in seinen *Konzepten „Gemeinwohl"* und *„Prinzip der Repräsentation von Interessen"* auf eine regulative Idee von Gemeinwohl. das Gemeinwohl zeigt sich also erst in der Auseinandersetzung der verschiedenen Partikularinteressen.[1178] Der entstehende Kompromiss als Mittel zum Regieren soll sich in das öffentliche Bewusstsein sedimentieren. Die gefundene Lösung wird Teil des im öffentlichen Bewusstsein getragenen Gemeinwillens (*Konzept: „Kompromiss"*). Deutlicher formuliert HABERMAS die Moral als Bezugsgröße. Er verknüpft Recht mit Moral. Legitimität entsteht in einer Herrschaft mit einem „implizit moralischen Gehalt"[1179] (*Konzept: „Legitimität"*). Diskurse im Willensbildungsprozesse müssen moralisch gerechtfertigt werden können (*Konzepte: „Rechtsstaat"*).

Gerechte Gesellschaft:

- Die zwei lexikalisch geordneten Grundsätze zielen auf Freiheit und Chancengleichheit, also eine gerechte Verteilung von Rechten, Pflichten und Gütern.
- Menschen orientieren sich durch ihre Interessen an gesellschaftlich wünschenswerten Zielen mit einem regulativen Gemeinwohl.
- Der Ausgleich von Ungleichheiten soll das Gesamtsystem der Freiheit für alle stärken.

Öffentlicher Konsens

- Die Gesellschaft hat einen öffentlichen Konsens über Mindestansprüche sozialer Gerechtigkeit.

1172   vgl. beispielhaft Rawls 2014, 81 – 2 sowie 128
1173   ebenda, 336
1174   vgl. beispielhaft ebenda, 81 – 2 sowie 128
1175   vgl. beispielhaft ebenda, 77
1176   vgl. beispielhaft ebenda, 61ff sowie 336 – 7
1177   Meyer 2009b, 55 – 6
1178   vgl. beispielhaft Fraenkel 2011j, 85 – 7 sowie ebenda 2011e, 307 – 8
1179   Habermas 1998, 563

- Die Öffentlichkeit sedimentiert ein aus den Interessensauseinandersetzungen entstandenen und damit gültigen Kompromiss, der im öffentlichen Bewusstsein als Gemeinwille getragen wird.

Legitimität
- Legitimität basiert auf einem moralischen Hintergrund.

Denkfigur F.IV.2: Gesellschaft basiert auf eine von egalitären Mitgliedern geteilten, toleranten Identität mit einem gemeinsamen Wissen.
Die gemeinsam von allen Gesellschaftsmitgliedern geteilte Identität adressiert den gesellschaftlichen Zusammenhalt. Dies ist bei RAWLS in seinem *Konzept „Urzustand"* zu erkennen. Hinter dem Schleier des Nichtwissens einigen sich vernünftige Menschen auf die Grundsätze ihrer gemeinsamen Gerechtigkeitsvorstellungen, die die Grundlage für eine plurale Gesellschaft bilden. Davon ausgehend, selber am schlechtesten gestellt sein zu können, einigen sich die Menschen auf eine faire Grundlage mit dem Ziel der gegenseitigen Achtung – wie sie sich in den beiden Gerechtigkeitsgrundsätzen manifestieren und im Gerechtigkeitssinn konkretisieren.[1180] Das Ziel ist eine Gesellschaft, die einerseits die Interessen und Ziele eines jeden Mitglieds schützt, andererseits Ungleichheiten ausgleicht. HABERMAS definiert ein Rechtsparadigma als ein gesellschaftsweites „Bewusstsein *aller* Akteure – das Bewusstsein der Staatsbürger und der Klienten nicht weniger als das des Gesetzgebers, der Justiz und der Verwaltung"[1181] (*Konzept „prozeduralistisches Rechtsparadigma"*). Er verweist in seinem *Konzept „politische Kultur"* auf eine liberale, egalitäre Gesellschaft, die ihre Identität bewahrt, aber auch tolerant gegenüber fremden bleibt.[1182] Die eigene Identität ist bei MEYER (*Konzept: „politische Kultur"*) Ausdruck eines „geteilten kulturellen Hintergrund- und Geschichtswissen [...], aus dem sich die spezifische kulturelle Identität der politischen Kultur eines Gemeinwesens speist".[1183] FRAENKEL verweist auf ein *consensus omnium*, der für die Bewahrung und Aufrechterhaltung einer pluralistischen Demokratie wesentlich ist und sich im nicht-kontroversen Sektor konkretisiert (*Konzept: „Pluralismus"*).[1184]

Gemeinsame Gerechtigkeitsvorstellung
- Eine Gesellschaft basiert auf der von allen ihren Mitgliedern geteilten Gerechtigkeitsvorstellung.
- Die geteilte Gerechtigkeitsvorstellung zentriert den Zusammenhalt einer pluralen Gesellschaft.

1180 vgl. Rawls 2014, 29ff sowie 186ff
1181 Habermas 1998, 476 (Hervorhebungen im Original übernommen – ASK)
1182 Habermas 1998, 626ff sowie 651ff
1183 Meyer 2009b, 239
1184 vgl. beispielhaft Fraenkel, 243 – 6

Politische Kultur
- Eine egalitäre, liberale Gesellschaft bewahrt ihre Identität und bleibt offen gegenüber fremden Identitäten.
- Die Identität einer Gesellschaft speist sich aus einem geteilten Hintergrund- und Geschichtswissen. Sie verdeutlicht sich im *consensus omnium*.

Denkfigur F.IV.3: Jeder Bürger verfolgt einen vernünftigen Lebensplan mit seinem Gerechtigkeits-sinn.
Der von allen Bürgern geteilte Gerechtigkeitssinn beinhaltet einen vernünftigen Lebensplan. RAWLS verweist in seinem *Konzept „Gerechtigkeit"* auf die unverletzliche Gerechtigkeit eines jeden Gesellschaftsmitglieds.[1185] Er trifft mithilfe eines vernünftigen Lebensplans vernünftige Entscheidungen, um sowohl Selbstachtung – unter Verfolgung des aristotelischen Grundsatzes – wie den Respekt anderer Menschen zu mehren (*Konzept „vernünftiger Lebensplan"*).[1186] Hintergrund ist der von jedem verfolgte Gerechtigkeitssinn, bei dem die beiden Gerechtigkeitsgrundsätze inkludiert sind und sie gleichzeitig bereichern. Menschlichkeit und Rücksichtnahme gelten für Menschen und Tiere (*Konzept „Gerechtigkeitssinn"*).[1187] Die in diesem Zusammenhang relevante Bürgerpflicht adressiert die Verpflichtung der Bessergestellten, für die Schlechtergestellten zu sorgen. Jeder Bürger hat eine natürliche Pflicht zur Gerechtigkeit (*Konzept „Pflichten"*).[1188] Die Bürger verfügen über ein Mindestmaß an moralischer Persönlichkeit und arbeiten an der Aufrechterhaltung von Freiheit (*Konzept „Bürger"*).[1189] Ein ähnliches Bild zeichnet sich bei FRAENKEL ab. Er zeichnet zwar ein egoistisches Menschenbild, aber erwartet gleichzeitig Kompromissbereitschaft (*Konzept: „Pluralismus"*).[1190] HABERMAS offenbart sein Menschenbild indirekt. Sein Menschenbild orientiert sich an Selbstachtung und Respekt anderer: Die private Autonomie gestattet dem Bürger auf sich selbstbezogen zu sein, während die staatsbürgerliche Autonomie die Kooperation mit anderen beinhaltet (*Konzepte: „Rechtsstaat"; „prozeduralistisches Rechtsparadigma"*).[1191]

Gerechtigkeitssinn
- Jeder Bürger verfolgt einen vernünftigen Lebensplan.
- Jeder Bürger mehrt seine Selbstachtung und den Respekt von anderen.
- Menschlichkeit und Rücksichtnahme gelten für Menschen und Tiere.
- Der Mensch ist egoistisch, aber kompromissbereit.

1185 vgl. Rawls 2014, 19
1186 vgl. beispielhaft ebenda, 446 sowie 460 – 2 als auch 472ff
1187 vgl. beispielhaft ebenda, 556 sowie 617
1188 vgl. beispielhaft ebenda, 391 – 2 sowie 414
1189 vgl. beispielhaft ebenda, 248 sowie 550 als auch 637 – 8
1190 vgl. beispielhaft Fraenkel 2011g, 108 – 13 sowie ebenda 2011f, 262 – 72
1191 vgl. beispielhaft Habermas 1998, 207 – 17 sowie 537

Pflichten

- Jeder Bürger hat ein Mindestmaß an moralischer Persönlichkeit.
- Jeder Bürger sorgt für die Aufrechterhaltung von Freiheit für jeden.
- Begünstigtere Gesellschaftsmitglieder sind gegenüber schlechtergestellten verpflichtet.

Demokratie und Autonomie

- Demokratie basiert auf universellen Grundrechten für jeden Bürger, um Autonomie zu erreichen.

Denkfigur F.IV.4: Nachhaltigkeit adressiert Chancengleichheit gegenwärtiger wie zukünftiger Generationen

Nachhaltigkeit als Ziel gesellschaftlichen Zusammenlebens ist sozial, ökologisch und ökonomisch orientiert. Nachhaltigkeit adressiert Chancengleichheit gegenwärtiger sowie zukünftiger Generationen. RAWLS verweist in seinem *Konzept „Verteilungsgerechtigkeit"* auf die Rücksichtnahme späterer Generationen. Der Spargrundsatz verweist auf den Verzicht aktueller Erträge zum Vorteil der am wenigsten Begünstigten späterer Generationen, um ihren Lebensstandard zu sichern.[1192] MEYER perspektiviert Nachhaltigkeit nicht nur ökonomisch und ökologisch, indem er Umweltkosten anhand tatsächlicher Preise berechnen will. Er sieht in der Nachhaltigkeit die gesellschaftliche Pflicht, menschliche Bedürfnisse zu befriedigen als auch das kulturelle und natürliche Leben zu schützen (*Konzept: „Nachhaltige Entwicklung"*).[1193] HABERMAS adressiert Nachhaltigkeit indirekt. Er steht jedem Menschen fünf Grundrechte zu, wobei das fünfte auf „die Gewährung von Lebensbedingungen [zielt], die in dem Maße sozial, technisch und ökologisch gesichert sind, wie dies für eine chancengleiche Nutzung der (1) bis (4) genannten bürgerlichen Rechte unter gegebenen Verhältnissen jeweils notwendig ist"[1194] (*Konzept: private und öffentliche Autonomie*). FRAENKEL diskutiert Nachhaltigkeit nicht.

Chancengleichheit

- Nachhaltigkeit ermöglicht die chancengleiche Nutzung von Bürgerrechten durch die Bereitstellung entsprechender Lebensbedingungen.

Generationsgerechtigkeit

- Nachhaltigkeit bedenkt die Existenz aktueller wie auch zukünftiger Generationen, die einen gleichberechtigten Anspruch auf einen gleichen Lebensstandard haben.

1192 vgl. beispielhaft Rawls 2014, 323 – 7
1193 vgl. beispielhaft Meyer 2009b, 67 – 74 sowie 76 – 7
1194 Habermas 1998, 156 – 7

Befriedigung menschlicher Bedürfnisse
- Die Befriedigung menschlicher Bedürfnisse preist tatsächliche Kosten ein, um das kulturelle und natürliche Leben zu schützen.

D.5.2.4.2. Zusammenfassendes Ergebnis

Die Untersuchungsaufgabe ‚alltägliches Zusammenleben‘ aus Sicht der fachlichen Vorstellungswelt konzeptualisiert sich im Spannungsverhältnis zwischen Freiheiten und Verpflichtungen des Individuums gegenüber dem Kollektiv und umgekehrt.

Die erste Denkfigur konkretisiert gesellschaftliches Zusammenleben durch eine gerechte Verteilung von Rechten, Pflichten und Gütern für jeden Bürger, um Chancengleichheit, Wohlstand und politische Herrschaft zu sichern. Dadurch dient jedes Gesellschaftsmitglied gesellschaftlich wünschenswerten Zielen, indem es soziale und wirtschaftliche Ungleichheiten ausgleicht, sofern es Freiheit nicht einschränkt. Dies bedarf eines öffentlichen Konsens über die Frage nach den Mindestansprüchen sozialer Gerechtigkeit. Der Konsens manifestiert sich in einem von allen getragenen Gemeinwillen, der sich moralisch rechtfertigen lässt.

Der Gemeinwille bedingt einen gesellschaftlichen Zusammenhalt, der sich in *der zweiten Denkfigur* konkretisiert: Die Gesellschaft einigt sich über gerechte Grundsätze, die einerseits den Schutz des Individuums, andererseits den Ausgleich von Ungleichheiten beinhalten. Die sich dadurch ergebende Autonomie des Individuums als auch des Kollektivs setzt ein auf Selbstbestimmung zielendes Rechtsparadigma voraus, das sich im Bewusstsein aller Akteure sedimentiert. Das Rechtsparadigma bezieht sich auf eine liberale, egalitäre, gegenüber Fremde tolerant zeigende Gesellschaft mit einer spezifischen kulturellen Identität (*consensus omnium*).

Der sich in den ersten beiden Denkfiguren zeigende gesellschaftliche Zusammenhalt setzt sich in *der dritten Denkfigur* fort. Er konkretisiert sich in einem Individuum, das die Unverletzlichkeit von Gerechtigkeit respektiert und einen vernünftigen Lebensplan verfolgt. Der vernünftige Lebensplan beinhaltet Selbstachtung sowie den Respekt von anderen. Er drückt sich im Gerechtigkeitssinn aus. Gerechtigkeit und Freiheit gelten als Selbstverständlichkeiten und bedingen eine moralische Persönlichkeit. Der Mensch mag zwar egoistisch, aber stets kompromissbereit sein, wodurch sich ein selbstbestimmtes Leben ergibt.

Die Fragen nach Gerechtigkeit, Selbstachtung und dem Respekt von anderen setzen sich in *der vierten Denkfigur* fort, die Nachhaltigkeit und Rücksichtnahme auf spätere Generationen fokussiert. Nachhaltigkeit konzeptualisiert sich sozial, ökologisch und ökonomisch. Sie zielt nicht nur auf die Befriedigung menschlicher Bedürfnisse unter Beachtung des kulturellen und natürlichen Lebens, sondern auch auf die Schaffung von Lebensbedingungen, die die chancengleiche Nutzung von

Grundrechten ermöglichen. Grundrechte gelten sowohl für die gegenwärtige als auch für die zukünftigen Generationen.

Summa summarum fokussieren die Denkfiguren die Pflichten und Freiheiten jeden einzelnen Gesellschaftsmitglieds im Rahmen einer gerechten Gesellschaft.

D.6. Demokratietheoretischer Politikbegriff

Die fachlichen Denkfiguren offenbarten ein Politikverständnis, das die die bisherige Definition von Politik als Transformationsprozess von Partikularinteressen zu allgemein gültigen Entscheidungen um das regelungsbedürftige Verhältnis zwischen Individuum und Kollektiv erweitert. Die Denkfiguren verweisen wiederholt darauf, dass sich der Einzelne und die Gesellschaft wechselseitig bedingen. Die Selbstverwirklichung gelingt dem Individuum erst in einer Gesellschaft, deren Selbstverwirklichung von den vielen Individuen abhängt. Die Freiheit und die Pflicht des Individuums und des Kollektivs entstehen im Wechselverhältnis zueinander. Die fachwissenschaftlichen Vorstellungen lassen sich – entlang der schülerbezogenen Konzepte – zu einem demokratietheoretischen Politikbegriff verdichten:

Der Transformationsprozess von Partikularinteressen zu allgemein gültigen Entscheidungen äußert sich im regelungsbedürftigen Verhältnis zwischen Individuum und Kollektiv, perspektiviert durch *,Mitbestimmung', ,Meinungsvielfalt', ,soziale Gerechtigkeit'* und *,alltägliches Zusammenleben'*. *,Mitbestimmung'* meint den autonomen Bürger als Bedingung und Voraussetzung einer gerechten, durch rechtsstaatliche Prinzipien organisierten Gesellschaft. Recht sichert die Freiheit aller Gesellschaftsmitglieder, entlastet sie von der Moral und basiert auf einer veränderbaren Verfassung. Das politische System setzt Recht in Rücksprache mit der Öffentlichkeit. *,Meinungsvielfalt'* äußert sich in einem fragmentierten Willensbildungsprozess aufgrund der freien, vielfältigen Organisationsmöglichkeiten der Bürger. Sie setzen ihre Partikularinteressen im Rahmen eines vom Staat aktiv unterstützten, fairen, egalitären und auf Vertrauen basierenden Konkurrenzkampfes durch. Dieser bedingt den autonomen, kooperations- und kompromissbereiten sowie zivilgesellschaftlich engagierten Bürger. *,Soziale Gerechtigkeit'* ermöglicht sozialen Frieden, welcher sich in der Sicherung positiver wie negativer Freiheitsrechte offenbart und sich in einem regulierten, konkurrenz- und sozialorientierten Wirtschaftssystem einbettet. *,Alltägliches Zusammenleben'* setzt auf Bürger, der in seinem alltäglichen Leben Pflichten übernimmt und garantierte Freiheitsrechte besitzt. Er gestaltet die gerechte Gesellschaft. Dafür nutzt er seinen Gerechtigkeitssinn und seinen vernünftigen Lebensplan, basierend auf zwei lexikalisch geordneten Grundsätze. Die Gesellschaft basiert auf einer gemeinsamen, toleranten Identität. Sie agiert nachhaltig, um der gegenwärtigen wie den zukünftigen Generationen Chancengleichheit zu ermöglichen.

D.7. Zusammenfassung und Ergebnis

Das Ziel der ‚Fachlichen Klärung' lag darin, einen demokratietheoretischen Politikbegriff unter Berücksichtigung des subjektspezifischen Politikbegriffs zu entwickeln. Neben der Klärung der Aufgabe der Fachlichen Klärung spezifizierte der
Abschnitt D die Demokratietheorie als Quellengeber. Die weitere Präzisierung
erfolgte entlang der vier Konzepte, wodurch vier Quelltexte für ‚Mitbestimmung'
(Jürgen Habermas), ‚Meinungsvielfalt' (Ernst Fraenkel), ‚soziale Gerechtigkeit'
(Thomas Meyer) und ‚alltägliches Zusammenleben' (John Rawls) mittels eines dis-
kursiv-analytischen Verfahrens benannt wurden. Nach den Einzelanalysen konnten
mehrere fachliche Denkfiguren entwickelt werden. Die fachlichen Denkfiguren
mündeten in einen demokratietheoretischen Politikbegriff. Dieser kann nun mit
dem subjektspezifischen wechselseitig verglichen werden mit dem Ziel, beide zu
einem didaktischen Politikbegriff zu verdichten.

Abschnitt E – ‚Vom didaktischen Politikbegriff'

E.1. Ziel und Struktur des Abschnitts E

In der Einführung offenbarte sich die Komplexität der heutigen Gesellschaft. Die Beschreibung von Politik als Transformationsprozess von Partikularinteressen zu allgemein gültigen Entscheidungen ist zu simpel. Politische Bildung braucht einen komplexeren Politikbegriff, der gesellschaftliches Zusammenleben didaktisch perspektiviert. Diesen zu entwickeln, ist das Ziel der ‚Didaktischen Strukturierung' – einer methodischen Zusammenführung der Lerner- und Fachperspektive, wodurch der didaktische Politikbegriff subjektursprünglich und demokratietheoretisch geklärt ist.

Zur Erreichung dieses Ziels beinhaltet das *Kapitel E.2* die methodische Vorgehensweise. An Leitfragen orientiert, erfolgt der wechselseitige Vergleich beider Vorstellungswelten in *Kapitel E.3*. Das Ergebnis wird in *Kapitel E.4* weiter verdichtet. Das Ziel liegt darin, über eine zweistufige Abstraktion (Vergleich in Kapitel E.3 und Verdichtung in Kapitel E.4) die Grundlage für den didaktischen Politikbegriff zu schaffen. Darauf basierend, kann der didaktische Politikbegriff in *Kapitel E.5* definiert werden. Das letzte *Kapitel E.6* fasst die Ergebnisse zusammen und gibt einen Ausblick.

E.2. Methodische Vorgehensweise

Methodisch orientiert sich die ‚Didaktische Strukturierung' an den in Abschnitt B formulierten Suchraster.[1195] Dieser Suchraster strukturiert sich nach...

- *Gemeinsamkeiten* (Was haben beide Vorstellungswelten gemeinsam?),
- *Verschiedenheiten* (Welche Gegensätze weisen die Vorstellungswelten zu bestimmten Inhaltsbereichen auf?) und
- *Eigenheiten* (Was ist typisch für die jeweilige Vorstellungswelt?) nebst
- *Begrenztheiten* (Welche Grenzen weisen die Vorstellungswelten in Bezug auf ihre Eigenheiten auf?),

---

1195 vgl. Abschnitt B.3.1.

Das Suchraster findet Anwendung auf jedes zentrale Konzept unter Berücksichtigung beider Vorstellungswelten. Während des Vergleichs wird jede Denkfigur mit einem F. als Verweis auf eine fachliche, bzw. einem S. als Verweis auf eine schülerbezogene Vorstellung betitelt. Die römischen Nummern verdeutlichen die Zugehörigkeit zu einem der vier zentralen Konzepte – wie folgt dargelegt:

Tabelle E.a: Schüler- und Fachvorstellungen zur politischen Idealität

	Lernerperspektive	**Fachliche Perspektive**
	S.I.1: Das Volk soll mehr Mitbestimmungsmöglichkeiten erhalten	F.I.1: Der freie Bürger ist befähigt zu autonomen Handlungen
Konzept I: ‚Mitbestimmung'	S.I.2: Politische Repräsentation steigert das Allgemeinwohl durch einen stetigen Austausch zwischen Repräsentanten und Bürgern.	F.I.2: Recht als moralische Entlastung sichert die Freiheit für alle Gesellschaftsmitglieder.
	S.I.3: Das Volk soll politische Entscheidungen kontrollieren können.	F.I.3: Die repräsentativ-rechtsstaatliche Demokratie basiert auf einer veränderbaren Verfassung.
		F.I.4: Öffentlichkeit bedarf im Willensbildungsprozess der kommunikativen Überzeugung.
Konzept II ‚Meinungsvielfalt'	S.II.1: Der Willensbildungsprozess muss Meinungsvielfalt anerkennen.	F.II.1: Bürger organisieren sich in gesellschaftlichen Gruppen.
		F.II.2: Das politische System basiert nach innen auf einer Gewaltenteilung und ist mit der Gesellschaft verbunden (*trust*) als auch von ihr unabhängig.
		F.II.3: Regierung ermöglicht die gleichberechtigte Integration pluraler Interessen.

Lernerperspektive		Fachliche Perspektive
		F.II.4: Interessendiversität basiert auf einer aktiven Zivilgesellschaft, Kompromissbereitschaft und einer gegenseitig respektvollen Anerkennung.
Konzept III ‚soziale Gerechtigkeit'	**S.III.1:** Politik soll sich an einer sozialen Gerechtigkeit für die Gesellschaft orientieren.	**F.III.1:** Sozialstaatlichkeit konzeptualisiert sich in einem angemessenen Verhältnis positiver wie negativer Freiheitsrechte mit dem Ziel der gesellschaftlichen Integration.
		F.III.2: Das (globale) Wirtschaftssystem ist reguliert, konkurrenz- und sozialorientiert.
Konzept IV ‚alltägliches Zusammenleben'	**S.IV.1:** Politik hat eine enorme Bedeutung für unser alltägliches Zusammenleben.	**F.IV.1:** Lexikalisch geordnete Grundsätze zielen auf eine für alle Menschen empfundenen gerechten Gesellschaft mit einer moralisch orientierten Legitimität.
		F.IV.2: Gesellschaft basiert auf eine von egalitären Mitgliedern geteilten, toleranten Identität mit einem gemeinsamen Wissen.
		F.IV.3: Jeder Bürger verfolgt einen vernünftigen Lebensplan mit seinem Gerechtigkeitssinn.
		F.IV.4: Nachhaltigkeit adressiert Chancengleichheit gegenwärtiger wie zukünftiger Generationen

Abschließend erhalten die in der ‚Erfassung der Lernerperspektive' ermittelten Charakteristika die Abkürzung CH. Dieses Schema ist in der folgenden Tabelle dargelegt.

Tabelle E.b: Charakteristika der schülerbezogenen Denkfiguren

S.CH.1: Die Gestaltung von Teilhabe	S.CH.4: Soziale Gerechtigkeit für alle als Menschenrecht
S.CH.2: Umgang mit Komplexität	S.CH.5: Soziale Gerechtigkeit bedingt gleiche Chancen für alle
S.CH.3: Kompromissorientierung	S.CH.6: Hierarchieverhältnis zwischen Bürgern und Politikern

E.3. Der wechselseitige Vergleich

Der ‚wechselseitige Vergleich' zielt auf die Zusammenführung der schülerbezogenen und fachlichen Vorstellungswelt zur politischen Idealität. Die Zusammenführung stellt die erste Stufe der Abstraktion dar, um den didaktischen Politikbegriff zu definieren.

E.3.1. ‚Mitbestimmung'

Gemeinsamkeiten: Was haben beide Vorstellungswelten gemeinsam?
Beide Vorstellungswelten adressieren einen Willensbildungsprozess im Spannungsverhältnis zwischen Partizipation und Effizienz bzw. staatsbürgerlicher und privater Autonomie: Autonome Bürger und das politische System kooperieren, um politische Entscheidungen qualitativ wertvoller zu gestalten, ihnen eine höhere Legitimation zu geben sowie politische Macht zu begrenzen.

Die Kooperation zwischen dem politischem System und der aus autonomen Bürgern bestehenden Öffentlichkeit zielt auf eine größere Legitimation von Entscheidungen. Legitime Entscheidungen sollen dem Allgemeinwohl dienlich sein. Aus FACHLICHER PERSPEKTIVE legitimiert sich der allgemeine Wille aus der Zusammenarbeit bzw. einem gegenseitigen Überzeugungsprozess: Der Öffentlichkeit, ausgestattet mit einer kommunikativ verflüssigten Souveränität, wird ein Krisenbewusstsein zugestanden. Sie nimmt eine Vermittlungsrolle ein, indem sie als hauptsächlicher Problemkommunikator politische Problemlagen aus gesellschaftlichen Systemen in das politische einspeist. Das politische System bleibt entscheidungsmächtig und leistet eine mit der Öffentlichkeit rückgekoppelte Rechtsetzung. Aus dem gegenseitigen Überzeugungsprozess ergibt sich kodifiziertes Recht, das für alle gültig ist und änderbar bleibt (*Denkfigur F.I.4.*). Aus LERNERPERSPEKTIVE stärkt die Zusammenarbeit die Identifikation des Bürgers mit dem kodifizierten Recht. Die Bürger nehmen das kodifizierte Recht als ein Teil ihrer selbst wahr. Sie steigern ihr politisches Interesse sowie ihre Erfahrung mit politischen Entscheidungen (*Denkfiguren S.I.1.*). Dies führt zu einer gesteigerten Qualität der gefundenen Lösungen und zu einem repräsentativen System, insofern das politische System – wie in der fachlichen Perspektiv[1196] – aus Effizienzgründen Recht setzt (*Denkfiguren S.I.2.; Charakteristika S.CH.2.*). Die Gemeinsamkeit zwischen beiden Vorstellungswelten äußert sich in der Kooperation zwischen Öffentlichkeit bzw. Bürgern und politischem System: Während sich die fachliche Perspektive auf die Rollenzuweisung von Öffentlichkeit als Problemkommunikator und politisches System als Rechtssetzer beim Rechtssetzungsverfahren bezieht, begründen die Schüler die ausgeweitete, aber effizient zu gestaltende Willensbildung.

Eine weitere Gemeinsamkeit äußert sich in einer Rechtsetzung, die einen zwar politisch eher unerfahrenen, aber dennoch selbstständigen, weil autonomen Bürger fokussiert. Die LERNERPERSPEKTIVE nimmt eine ausgeweitete Mitbestimmung als Möglichkeit wahr, nicht nur das Interesse und die Erfahrung von Bürgern mit politischen Entscheidungen zu steigern sowie der gesamten Gesellschaft etwas Gutes zu tun (*Denkfigur S.I.1.*). Die Bürger sollen sich vom politischen System emanzipieren (*Charakteristika S.CH.6.*). Diese Vorstellung setzt sich weiter fort im Spannungsverhältnis von Partizipation und Effizienz, das sich in der ungeklärten Berücksichtigung von Expertise konkretisiert, sei es in Gestalt einer dialogischen Meinungsfindung, differenzierten Volksentscheiden, einer partizipativen Expertokratie sowie der Expertise von Politikern (*Charakteristika S.CH.1.; S.CH.2.*). Diese Ideen transformiert die FACHLICHE PERSPEKTIVE in das Spannungsverhältnis der privaten und staatsbürgerlichen Autonomie: Ziel des Willensbildungsprozesses ist die chancengleiche Nutzung bürgerlicher Rechte, indem Autonomie gefördert wird. Autonomie ist die Kernidee des gesellschaftlichen Rechtsparadigmas (*Denkfigur F.I.1.*). Autonomie äußert sich in der politischen Emanzipation aufgrund der Fähigkeit, des Rechtsetzungsverfahren mitzugestalten. Die Mitgestaltung zeigtig sich im Zusammenschluss der Bürger zu einem Laienpublikum, das als Problemkommunikator Probleme in das politische System einspeist. Das politische System als Rechtsetzer hat Überzeugungsarbeit für die eigene Problemlösung zu leisten (*Denkfigur F.I.4.*). Die Gemeinsamkeit zwischen beiden Vorstellungswelten liegt in der Klärung des Spannungsverhältnisses von Partizipation und Effizienz bzw. privater und staatsbürgerlicher Autonomie: Der Bürger soll seine politische Unerfahrenheit mithilfe von Partizipation ablegen, sich emanzipieren und in seinen Handlungen autonomer, also zunehmend mündiger werden. Autonomie fördert den Bürger in seinen Handlungen als privates Individuum sowie als gestaltendes, weil staatsbür-

---

[1196] Die Forderung nach einem repräsentativen System ergibt sich bereits in der Denkfigur F.I.4., verdeutlicht sich aber weitaus stärker in der Denkfigur F.I.3.

gerliches Mitglied eines Kollektivs – in Abhängigkeit seines eigenen Rollenver-
ständnisses. Die immer wieder zu gestaltende, also prozeduralistische Ausbalancierung dieses Spannungsverhältnisses ist Bedingung und Ziel des Rechtset-
zungsverfahrens. Dabei überzeugt das politische System das Laienpublikum und
bringt es in einen zunehmenden expertenähnlichen Zustand.

Die Kooperation offenbart eine zusätzliche Gemeinsamkeit zwischen beiden
Vorstellungswelten. Aus SCHÜLERPERSPEKTIVE sollen sich Politiker an ihre
Aussagen halten und Bürger die Möglichkeit haben, Entscheidungen zu revidieren.
Politische Akteure sollen in ihrer Macht begrenzt sein (*Denkfiguren S.I.3.*). Diese
Idee greift die FACHLICHE PERSPEKTIVE mit dem autonomen Bürger auf.
Indem Autonomie Bedingung und Ziel politischer Entscheidungen ist (*Denkfigur
F.I.1.*), erhält sie einen verfassungsrechtlichen Status. Das Verfassungsgericht über-
prüft den Grad der Autonomie, sodass sie weder durch ökonomische noch soziale
Macht gefährdet ist (*Denkfiguren F.I.3.*). Ferner ist gegenseitiges Vertrauen ein we-
sentlicher Faktor in der FACHLICHEN PERSPEKTIVE (*Denkfiguren F.I.4.*) und
geht einher mit der SCHÜLERPERSPEKTIVE, wonach sich Politiker an ihre
Aussagen halten sollen. Die Gemeinsamkeit liegt in einer vertrauensvollen Beziehung zwischen Bürgern und Entscheidungsträgern, die mittels Kooperation Macht
begrenzt und die Eigenständigkeit der Bürger fokussiert.

*Verschiedenheiten: Welche Gegensätze weisen die Vorstellungswelten zu bestimmten Inhaltsberei-
chen auf?*
Hinsichtlich von ‚Mitbestimmung' zeigen sich keine Gegensätze.

Eigenheiten: Was ist typisch für die jeweilige Vorstellungswelt?
Die Eigenheiten der jeweiligen Vorstellungswelt beziehen sich auf die bürgerliche
Autonomie und Rechtsstaatlichkeit. Während die LERNERPERSPEKTIVE Parti-
zipation auf Sozialökonomie beschränkt, entfaltet die FACHLICHE PERSPEK-
TIVE Mitbestimmung im Kontext der Eigenständigkeit. Fachlichkeit differenziert
Partizipation mit Rechtsstaatlichkeit weiter aus, indem sie die Verfassung als höchs-
tes Rechtsdokument einer Gesellschaft beschreibt und kodifiziertes Recht als mora-
lische Entlastung konzeptualisiert – eine von den Lernenden ignorierte Perspektive.
In der LERNERPERSPEKTIVE zeitigt sich die Ausweitung von Mitbestimmung als Möglichkeit, die Mitgestaltung politischer Entscheidungen jeder sozialen
Schicht zugänglich machen zu können (*Denkfigur S.I.1.*). Wenn alle Bürger, unabhängig ihres sozialen Status, partizipieren, entfalten sich Allgemeinwohl dienliche
Entscheidungen (*Denkfiguren S.I.1. – S.I.3.*). Mitbestimmungsmöglichkeit und -
fähigkeit aus einer sozial-ökonomischen Perspektive zu betrachten, zeigt sich
grundsätzlich auch in der FACHLICHEN PERSPEKTIVE. Sie erweitert jedoch
Mitbestimmungsmöglichkeit und -fähigkeit um die Idee der privaten und staatsbürgerlichen Autonomie. In der Förderung von Autonomie inkludiert sich Sozialöko-

nomie und verbindet sie mit Liberalität: Autonomie äußert sich im internen Zusammenhang von Menschenrechten und Volkssouveränität. Autonomie konkretisiert sich in chancengleiche Lebensbedingungen zur Nutzung von Autonomie (*Denkfigur F.I.1.*). In dieser Lesart ist Partizipation weder eine sozial-ökonomische noch liberale Frage, sondern vielmehr die Fähigkeit, eigenständig handeln zu können, sei es beispielsweise in ökonomischer, ökologischer und sozialer Hinsicht in gegenwärtigen wie zukünftigen Zeiten.

Weiterhin bezieht sich die LERNERPERSPEKTIVE nicht auf die von der FACHLICHEN PERSPEKTIVE als wesentlich empfundene Rechtsstaatlichkeit. Der Rechtsstaat offenbart sich einerseits in der als wesentlichstes Rechtsdokument beschriebenen Verfassung, andererseits in der Entlastung von Moral. Die Verfassung dokumentiert die historischen Wurzeln einer Gesellschaft. Sie adressiert abstrakt relevante Herausforderungen einer gegenwärtigen Gesellschaft. Sie steht in einem Spannungsverhältnis zwischen Verfassungstheorie und –wirklichkeit. Sie schützt Autonomie rechtlich. Die Verfassung spiegelt das historische und gegenwärtige Selbstverständnis einer Gesellschaft wider, verändert sich im Laufe der Zeit und bildet das höchste Rechtsdokument (*Denkfigur F.I.3.*). Der Rechtsstaatsgedanke setzt sich weiter fort in der Vorstellung, dass das Recht mit moralischen Vorstellungen gekoppelt ist und Menschen von moralischen Handlungen, außer dem Rechtsgehorsam, entlastet. Aufgrund der Abstraktheit gesellschaftlichen Zusammenlebens sind sich Mitglieder einer Gesellschaft zuweilen fremd; ihre interpersonale Beziehung ist rechtlich zu regulieren. Recht, das sich in allgemein gültige Entscheidungen als Resultante des Zusammenspiels verschiedener Partikularinteressen ausdrückt, entfaltet durch seine Rückkoppelung mit ethischen und moralischen Grundsätzen eine sozialintegrative Leistung. Recht zeitigt einen Rechtsstaat, der von seinen Mitgliedern keine moralischen Handlungen, sondern Rechtsgehorsam einfordert (*Denkfigur F.I.2.*).

Begrenztheiten: Welche Grenzen weisen die Vorstellungswelten in Bezug auf ihre Eigenheiten auf?
Die LERNERPERSPEKTIVE zielt auf die Ausweitung von Mitbestimmung auf alle sozialen Schichten in einer Repräsentativdemokratie. Sie haben die Hoffnung, nicht nur das politische Interesse zu steigern, sondern auch ein Allgemeinwohl zu finden, das allen nützlich ist. Diese Hoffnung überschätzt aber die ungleiche Ressourcenverteilung, die die Teilhabefähigkeit und –möglichkeit zwischen den sozialen Schichten unfair determiniert. Sie übersieht eine verschärfte soziale Ausgrenzung durch eine Majorisierung der Sozialbessergestellten, die aus der Ausweitung direkter Mitbestimmungsmöglichkeiten droht. Dies ist aus der Fach-[1197], nicht aber aus Lernerperspektive evident: Letztere verdeutlicht zwar die Notwendigkeit, soziale Gerechtigkeit als Menschenrecht zu verstehen, um gleiche Chancen zu schaffen

---

1197 vgl. D.3.3.1

(*Charakteristika S.CH.4. – S.CH.5.*). Sie scheitert jedoch an der Verknüpfung der sozialen Frage mit der Partizipationsfähigkeit und -möglichkeit.

Die Forderung nach repräsentativen Entscheidungsstrukturen ergibt sich einerseits aus dem Wunsch nach einem effizienten Willensbildungsprozess, andererseits aus einem ungeklärten Mitbestimmungskonzept. Hintergrund dieser Problematik mag in einer fehlenden Vorstellung liegen, was der Output politischer Entscheidungen sein soll: Obgleich Lerner eine erhöhte Mitbestimmung diskutieren (*Charakteristika S.CH.1 – S.CH.3*) und eine sozial gerechte Gesellschaft gestalten, definieren sie Allgemeinwohl dienliche Entscheidungen nicht: Sie scheitern daran, die Umsetzung gleicher Chancen für alle zu konkretisieren (*Charakteristika S.CH.5*). Hier bietet jedoch die FACHLICHE PERSPEKTIVE mit der Idee nach staatsbürgerlicher und privater Autonomie eine Antwort an: Der Willensbildungsprozess adressiert eine immer wieder neu zu findende Balance zwischen gesellschaftlicher und privater Autonomie. Diese Balance fokussiert die Fähigkeit, eigenständig zu entscheiden, wie die eigene Partizipation an einer Gesellschaft aussieht. Dies entscheidet sich am Rollenverständnis des jeweiligen, autonom handelnden Bürger.

Aus FACHLICHER PERSPEKTIVE manifestiert sich Autonomie als Voraussetzung und Ziel von jeglichen politischen Entscheidungen im kodifizierten Recht. Dies zeitigt sich beispielhaft in einer Verfassung, das als wesentlicher Normgeber das Selbstverständnis einer Gesellschaft offenbart. Ferner soll Rechtsstaatlichkeit mittels der rechtlichen Regulierung auf das zwischenmenschliche Zusammenleben moralisch entlastend wirken und die Freiheit für alle sichern. Recht ist zwar mit ethischen und moralischen Grundsätzen rückgekoppelt. Trotzdem bleibt es fraglich, inwiefern Recht jegliche moralische Handlung regulieren kann, ohne das Gesellschaft zu sehr in die individuellen Handlungen ihrer Mitglieder eingreift. In der Ausbalancierung des Spannungsverhältnisses privater und staatsbürgerlicher Autonomie darf Gesellschaft das zwischenmenschliche Zusammenleben nicht überregulieren, indem es jeden Aspekt der privaten Autonomie rechtlich kodifiziert. Wenn Bereiche der privaten Autonomie rechtlich unreguliert bleiben, müssen Menschen weiterhin nach moralischen und ethischen Grundlagen handeln. Sie können sich nicht allein auf Rechtsgehorsam berufen. Die fachliche Perspektive droht, Recht als moralische und ethische Entlastung zu überfordern.

E.3.2. ‚Meinungsvielfalt'

Gemeinsamkeiten: Was haben beide Vorstellungswelten gemeinsam?
Im Konzept ‚Meinungsvielfalt' zeigen sich zwei Gemeinsamkeiten: die Integration pluraler Interessen sowie zivilgesellschaftliches Engagement als positive Beeinflussung staatlichen Handelns.

Beide Vorstellungswelten adressieren die Integration pluraler Interessen. Die LERNERPERSPEKTIVE fokussiert die Fähigkeiten der freien Meinungsbildung aller Menschen sowie die respektierte Anerkennung aller Meinungen. Im Willensbildungsprozess erfolgt die Integration verschiedenster Interessen durch eine offene, kritische und sachliche Diskussion (*Denkfigur S.II.1*). Die Grundlage von Meinungsvielfalt bezieht sich auf kompromiss- bzw. konsensberuhenden Entscheidungsprozessen. Ziel ist die Einbindung und Berücksichtigung pluraler Interessen (*Charakteristika S.CH.3*). Die gegenseitige Anerkennung unterschiedlicher Meinungen mit dem Ziel ihrer gesellschaftlichen Integration durchzieht sich wie ein roter Faden durch die FACHLICHE PERSPEKTIVE (*Denkfiguren F.II.1 – F.II.4*): Volkssouveränität erzeugt sich in dezentralen Öffentlichkeiten, in denen sich Bürger freiwillig unterschiedlichsten Gruppen anschließen können (*Denkfigur F.II.1*). Dadurch kann der Willensbildungsprozess plurale Interessen integrieren (*Denkfigur F.II.2*) und strukturiert sich durch aktiv autonome Staatsbürger (*Denkfigur F.II.3*). Die Pluralität ergibt sich aus einem heterogenen Volk, woraus Interessensdiversität resultiert. Diese basiert auf Kompromissbereitschaft und der gegenseitigen, respektvollen Anerkennung. Faire und höchst partizipative Auseinandersetzungen finden im kontroversen Sektor statt; das Gelingen jeglichen Meinungskonflikts begründet sich im nicht-kontroversen Sektor – der gemeinsamen gesellschaftlichen Grundlage (*Denkfigur F.II.4*). Die Gemeinsamkeit zwischen beiden Vorstellungswelten äußert sich in der freien Meinungsbildung, die zu unterschiedlichen, aber gegenseitig respektierten Meinungen führt. Die Integration pluraler, zuweilen antagonistischer Meinungen gelingt aufgrund einer heterogenen, nichtsdestotrotz kompromissbereiten und fairen, durch hohe Teilhabe geprägten Gesellschaft.

Bürger und Unternehmen sollen zivilgesellschaftliches Engagement zeigen. Aus der FACHLICHEN PERSPEKTIVE zielt Zivilgesellschaft auf die Korrektur und Ergänzung staatlichen Handelns. Zivilgesellschaft verantwortet die Wahrung bürgerlicher Grundrechte (*Denkfigur F.II.4*). Auch die LERNERPERSPEKTIVE adressiert – wenn auch ohne direkten Bezug – zivilgesellschaftliches Handeln: Die Menschen sollen über Emanzipation Regierungshandeln mitsteuern, indem sie beispielsweise Meinungskraft entfalten und sich ihrer Fesseln entlegen (*Charakteristika S.CH.6*).

Verschiedenheiten: Welche Gegensätze weisen die Vorstellungswelten zu bestimmten Inhaltsbereichen auf?

Der Gegensatz zwischen beiden Vorstellungswelten zeigt sich in der Rollenbeschreibung der Regierung. Die FACHLICHE PERSPEKTIVE versteht die Regierung als einen aktiven Akteur, der Meinungsartikulation und -integration ermutigt und ermöglicht. Der Staat fokussiert autonome Bürger, indem er die Aufgaben wahrnimmt, nicht nur Gruppeninteressen auszugleichen und desaströse Fliehkräfte in einer Gesellschaft durch soziale Umverteilung zu verhindern, sondern auch

Strukturen für zivilgesellschaftliches Handeln zu gestalten (*Denkfigur F.II.3*). Dies gelingt über eine Verknüpfung zwischen dem politischen System und den Bürgern, die sich in einer Parteiendemokratie und einer Gewaltenteilung zeitigt: Parteien verknüpfen Gesellschaft und das politische System miteinander, indem Parteien Mitglieder aus der Gesellschaft rekrutieren und in das politische System hineinwirken. Das politische System organisiert sich in verschiedenen, voneinander unabhängig agierenden Gewalten (Gewaltenteilung), wonach beispielsweise die Regierung als Treuhänder agiert und das Parlament souverän bleibt (*Denkfiguren F.II.2, F.II.4*). Dagegen äußert sich die LERNERPERSPEKTIVE kritisch zur Rolle der Regierenden. Aufgrund des Abhängigkeitsverhältnisses des Bürgers zur Politik, die sich von ihren Wählern entfremdet und deren Interessen ignoriert, ergibt sich die Notwendigkeit der bürgerlichen Emanzipation. Der Staat ermöglicht nicht, sondern verhindert Meinungsintegration. Eine Differenzierung im Sinne eines – wie es sich in der FACHLICHEN KLÄRUNG offenbart – fragmentierten Staates zeigt sich bei den Lernenden nicht. Vielmehr findet eine negative Pauschalisierung von Regierung/ Politikern statt (*Charakteristika S.CH.6*).

Eigenheiten: Was ist typisch für die jeweilige Vorstellungswelt?
Die Eigenheit der FACHLICHEN PERSPEKTIVE äußert sich in einer verbandsorientierten Organisation von Meinungen. Die LERNERPERSPEKTIVE bezieht sich auf die Meinungsintegration zwischen Individuen.
Die FACHLICHE PERSPEKTIVE adressiert eine verbands- bzw. gruppenorientierte Organisation von pluralen Meinungen. Demnach unterteilt sich eine Gesellschaft in kleinere Gruppen, was sich in Vereinen, Verbänden und einer Zivilgesellschaft manifestiert. Volkssouveränität gelingt erst in dezentralisierten, autonomen Öffentlichkeiten mit dem Ziel, eine Parteiendemokratie einzurahmen (*Denkfigur F.II.1*). Dies setzt sich in der oben dargestellten Vorstellung eines durch Gewaltenteilung und Parteien sowie Verbänden fragmentieren Willensbildungsprozesses weiter fort (*Denkfigur F.II.2*). Obgleich die LERNERPERSPEKTIVE auch eine meinungsvielfältige Gesellschaft konzeptualisiert, zentriert sie das Verhältnis zwischen den Menschen, die einerseits ihre individuellen Meinungen artikulieren, andererseits andere, auch gegensätzliche Meinungen respektieren (*Denkfigur S.II.1; Charakteristika S.CH.3*). Gruppenorganisationen artikulieren sie nicht. Vielmehr verlagern sie die Integrationsaufgabe in die Gesellschaft hinein und verdeutlichen indirekt, dass Interessenintegration von der Integrationsbereitschaft von jedem einzelnen Gesellschaftsmitglied abhängig ist.

Begrenztheiten: Welche Grenzen weisen die Vorstellungswelten in Bezug auf ihre Eigenheiten auf?
Der Unterschied zwischen beiden Vorstellungswelten liegt in der Meinungsorganisation: Indem die FACHLICHE PERSPEKTIVE eine gruppenorientierte Meinungsbildung affirmiert, gelingt ihr das Aufzeigen einer effizienten Meinungsinteg-

ration. Vereine, Verbände und Parteien wirken als Filter, wodurch nur relevante Meinungen in den gesellschaftlichen Diskurs gelangen (Interessenakkumulation). Die Folge kann eine Elitendemokratie und die Ausgrenzung des Individuums sein. Dies zu verhindern, zeigt sich in der LERNERPERSPEKTIVE: Meinungsintegration ist Aufgabe des Individuums. Die Berücksichtigung jegliches Partikularinteresses ist ihr Anliegen. Deswegen ignorieren sie eine verbandsorientierte Meinungsintegration und scheitern am Spannungsverhältnis zwischen Partizipation und effizienten Meinungsfindung.[1198] Ihnen misslingt, Meinungsintegration und -artikulation in einer komplexen Gesellschaft darzustellen. Sie lassen die Frage unbeantwortet, inwiefern sie zwischen relevanten und irrelevanten Partikularinteressen differenzieren. Hieraus offenbart sich das Spannungsverhältnis der Meinungsintegration: durch den individuellen Bürger versus durch einen verbandsorientierten Filter. Gleichzeitig verhalten sich beide Vorstellungen komplementär zueinander: Meinungsintegration bedarf einerseits eine vom Staat aktiv unterstützte Meinungsbildung in einem gruppenorientierten Auswahlprozess. Andererseits kann ein solcher Verlauf nur gelingen, sofern jedes Gesellschaftsmitglied zur Meinungsintegration willens ist und der Staat Meinungsintegration nicht aktiv behindert.

E.3.3. „Soziale Gerechtigkeit"

Gemeinsamkeiten: Was haben beide Vorstellungswelten gemeinsam?
Beide Vorstellungswelten beziehen sich auf Chancengleichheit im Spannungsverhältnis der Individual- und Kollektivverantwortung bzw. der positiven und negativen Freiheitsrechte in der Zeit einer zunehmenden Globalisierung. Sie drücken die hohe Wertigkeit sozialer Unterstützung in Gestalt von Menschenrechten und universellen Grundrechten aus.

    Chancengleichheit adressiert eine kollektive wie individuelle Verantwortung. Hinsichtlich der LERNERPERSPEKTIVE äußert sich die Kollektivverantwortung im Ausgleich wie auch immer gearteter Differenzen, um nicht nur gute Lebensbedingungen, sondern auch eine Gleichbehandlung aller zu realisieren. Diese Vorstellung bedingt Bürger, die willens sind, sich gegenseitig und insbesondere hilfsbedürftige Mitglieder zu unterstützen. Die damit gemeinte soziale Gerechtigkeit zeigt sich insbesondere anhand ökonomischer Möglichkeiten, die einerseits eine Mindestgrundlage wie beispielsweise durch eine Grundsicherung, der Sicherung von Grundbedürfnissen sowie einem Grundgehalt schaffen und andererseits zu Eigenleistung motivieren (*Charakteristika S.CH.5*). Diese Aspekte finden sich auch in der FACHLICHEN PERSPEKTIVE dergestalt, als sich das Spannungsverhältnis zwischen Kollektiv- und Individualverantwortung in einem angemessenen Verhältnis negati-

---

1198 vgl. beispielhaft die Erläuterungen zum Konzept ‚Mitbestimmung'

ver wie positiver Freiheitsrechte manifestiert. Es konkretisiert sich in einem fairen Ausgleich zwischen den weniger und besser gestellten Bürgern, der über Umverteilung erreicht wird. Umverteilung orientiert sich anhand von sozialen Mindeststandards. In einer sozialen Unterstützung mündend, zielt soziale Gerechtigkeit auf die Ermöglichung von Autonomie, indem das Kollektiv dem Individuum hilft, das gegenüber dem Kollektiv Pflichten zu erfüllen hat (*Denkfigur F.III.1*).

Ferner thematisieren beide Vorstellungswelten die Notwendigkeit einer zu positivierenden Globalisierung im Kontext einer sich gegenseitig unterstützenden Weltgemeinschaft. Aus LERNERPERSPEKTIVE beschränkt sich sozialer Ausgleich im Sinne der Eigen- und Gesellschaftsleistung nicht auf eine nationale, sondern erweitert sich auf die globale Ebene. Konsequenterweise sprechen sie von der gegenseitigen Unterstützung aller Menschen, einer globalen Versorgung als auch der Möglichkeit der Entwicklungsländer, eine eigene Wirtschaft aufzubauen. Globalisierung ist reguliert, weil aktiv gesteuert. (*Denkfigur S.III.1 sowie Charakteristika S.CH.5*). Diese Auffassung setzt sich in der FACHLICHEN PERSPEKTIVE fort in Gestalt der Gewährlistung öffentlicher Güter sowie der Regulation weltweiter Marktverflechtungen. Die Umsetzung verantwortet eine kooperative Koalition aus staatlichen und zivilgesellschaftlichen Akteuren mit den Zielen, sowohl die Eigenständigkeit bzw. Autonomie aller Bürger als auch die soziale Grundlage des Kompromisses zwischen Demokratie und Kapitalismus zu fördern (*Denkfigur F.III.2*). Damit zeitigt sich die Gemeinsamkeit in der aktiven Gestaltung von Globalisierung, um gute Lebensbedingungen für alle Menschen weltweit zu erreichen.

Abschließend zeigt sich in beiden Vorstellungswelten die hohe Wertigkeit der gegenseitigen Unterstützung. Die LERNERPERSPEKTIVE artikuliert diese Relevanz mit der Gleichstellung von Chancengleichheit und der gegenseitigen Unterstützung mit der Menschenwürde, einem universell geltenden Grundgesetz bzw. Grundsatz sowie den Menschenrechten (*Charakteristika S.CH.4*). Aus FACHLICHER PERSPEKTIVE äußert sich soziale Unterstützung in der Gewährung und Gewährleistung von Grundrechten und hat eine integrative Funktion, indem sie den sozialen Frieden zwischen den Gesellschaftsgruppen bewahrt (*Denkfigur F.III.1*).

Verschiedenheiten: Welche Gegensätze weisen die Vorstellungswelten zu bestimmten Inhaltsbereichen auf?
Zum Konzept ‚soziale Gerechtigkeit' zeigen sich keine Gegensätze.

Eigenheiten: Was ist typisch für die jeweilige Vorstellungswelt?
Die Eigenheiten offenbaren sich in der Umsetzung sozialer Gerechtigkeit. Die FACHLICHE PERSPEKTIVE zielt auf ein soziale Marktwirtschaft und Sozialstaatlichkeit, die LERNERPERSPEKTIVE auf Mindestlohn und die Einstellung der Menschen.

Aus FACHLICHER PERSPEKTIVE ist der Markt konkurrenzbestimmt, reguliert und sozialorientiert.[1199] Dies begründet sich einerseits in der gesellschaftspolitischen Einbettung bzw. sozialen Funktion des Marktes, andererseits in der produktiven Funktion des Marktes in Gestalt des Privateigentums. In der Marktgestaltung setzt sich das Spannungsverhältnis kollektiver sowie individueller Verantwortung bzw. positiver sowie negativer Freiheitsrechte fort mit den Zielen, chancengleiche Freiheiten, eine von Administration und wirtschaftlichem Privatverkehr unabhängige Autonomie sowie soweit wie möglich egalitäre Interessenentfaltung zu ermöglichen. Diese Vorstellung konkretisiert sich anhand von Beispielen: Recht auf sowie die Pflicht zur Aufnahme von Erwerbsarbeit; staatliche Unterstützung von Arbeitsplätzen im Niedriglohnsektor (*Denkfigur F.III.2*).

Aus einer ähnlichen, aber nicht selben Vorstellung heraus ergibt sich soziale Gerechtigkeit in der LERNERPERSPEKTIVE. Soziale Gerechtigkeit könnte sich in einem Mindestlohn, Grundsicherung und Grundgehalt konkretisieren. Das Ziel liegt in der Ausbalancierung der beiden Pole der eigenständigen Lebensgestaltung sowie dem Evozieren eines Arbeitsanreizes (*Denkfigur S.III.1*) mit dem Problem, eindeutige Grenzen zwischen beiden Polen zu klären (*Charakteristika S.CH.5*).

Eine weitere Eigenheit zwischen den beiden Vorstellungswelten äußert sich in der Umsetzung der Kollektivverantwortung. Über Sozialstaatlichkeit verdeutlicht die FACHLICHE PERSPEKTIVE die aktive Rolle des Staates in Fragen der sozialen Umverteilung. Sozialstaatlichkeit äußert sich im sozialen Rechtsstaat, der ein Schutz vor sozial-strukturellen Risiken gewährleistet und eine Waffengleichheit bzw. sozialen Frieden zwischen sozialdifferenten Gesellschaftsgruppen ermöglicht. Die sich damit zeigende Integrationsleistung verantwortet der soziale Rechtsstaat (*Denkfiguren F.III.1 sowie F.III.2*). Dieser reguliert die Marktwirtschaft, sodass sich Chancengleichheit im Spannungsverhältnis der produktiven Leistung von Privateigentum und der gesellschaftlichen Funktion des Marktes entfalten kann. Die LERNERPERSPEKTIVE bezieht sich auf den Alltag. Soziale Gerechtigkeit zeigt sich in der gegenseitigen Unterstützung von Menschen. In dieser Lesart gelingt soziale Gerechtigkeit durch die Einstellung der Menschen; nicht durch eine aktive Rolle des Staats (*Denkfigur S.III.1*). Dies mag mit der im letzten Abschnitt dargelegten negativen Assoziation von Regierung zusammenhängen.

Begrenztheiten: Welche Grenzen weisen die Vorstellungswelten in Bezug auf ihre Eigenheiten auf?
Beide Vorstellungswelten zielen auf eine Ausgestaltung des Spannungsverhältnisses zwischen Kollektiv- und Individualverantwortung bzw. positiver wie negativer Freiheitsrechte. Obgleich in ihren Eigenheiten verschieden, verdeutlicht sich bei beiden dieselbe Schwierigkeit: die Beschreibung einer exemplarischen und konkre-

---

1199 Dass die LERNERPERSPEKTIVE den Markt unerwähnt lässt, geschweige denn überhaupt nicht anspricht, sei an dieser Stelle negiert. Jedoch äußern sich die schülerbezogene Vorstellungswelt nur partiell zur Marktgestaltung (siehe *Charakteristika S.CH.5*).

ten Ausgestaltung des Spannungsverhältnisses. Die FACHLICHE PERSPEKTIVE bezieht sich auf einen regulierten, konkurrenzbestimmten und sozialen Markt. Diese drei Bedingungen zeigen sich zuweilen gegensätzlich und in ihrer praktischen Umsetzung kaum objektiv versöhnlich. Ähnlich verhält es sich mit dem Wunsch der LERNERPERSPEKTIVE nach eigenständiger Lebensgestaltung bei gleichzeitigem Evozieren eines Arbeitsanreizes. Die Schüler sind kaum fähig, den von ihnen geforderten Mindestlohn, das Grundeinkommen sowie die Grundsicherung für sich selbst zufriedenstellend zu beziffern. Das Hauptproblem bezieht sich auf die ungelöste Frage, ab wann Arbeitsanreiz evoziert wird, ohne die eigenständige Lebensgestaltung zu behindern.

So verschieden die Umsetzung der Kollektivverantwortung auch seien mag, verhalten sich beide Vorstellungen komplementär zueinander: Die aktive Rolle des Staates ist wesentlich, um kollektives Handeln in Gestalt von Umverteilung zu steuern. Nichtsdestotrotz darf dies die notwendige Einstellung der Gesellschaftsmitglieder nicht ignorieren. Umverteilung kann nur auf einem entsprechenden Resonanzboden gedeihen. Dieser äußert sich in der Einstellung der Menschen, die eine gegenseitige Unterstützung affirmieren. Gleichzeitig überfordert sich Gesellschaft, wenn sie die gegenseitige Unterstützung organisch organisieren will. Folglich verhalten sich die aktive Rolle des Staats und die gegenseitige Unterstützung der Menschen komplementär zueinander.

E.3.4. „Alltägliches Zusammenleben'

Gemeinsamkeiten: Was haben beide Vorstellungswelten gemeinsam?
Die Gemeinsamkeit zwischen beiden Vorstellungswelten liegt darin, Utopie im Kontext des individuellen Interesses am gesellschaftlichen Miteinander zu realisieren. Die LERNERPERSPEKTIVE wünscht sich explizit eine von Politik gestaltete und angestrebte Utopie, wodurch politisches Handeln weder pragmatisch noch gesellschaftlich bestimmend sein soll. Dieser Wunsch konkretisiert sich in politische Entscheidungen, die das Wohl des Volkes mehren. Politische Entscheidungen wirken sich konkret auf den Alltag der Menschen aus. Dies begründet, warum sich Menschen für das gesellschaftliche Zusammenleben interessieren sollten (*Denkfigur S.IV.1*). Die damit einhergehende Partizipation inkludiert die Bereitschaft zum kompromissbereiten Handeln. Kompromissbereitschaft ermöglicht Gesellschaft und konkretisiert sich im Respekt des Einzelnen für die Interessen anderer ohne Aufgabe der eigenen Wünsche. Ziel ist die Berücksichtigung vieler Partikularinteressen (*Charakteristika S.CH.3*). In ähnlicher, aber ausdifferenzierter Weise zeigt sich Utopie in der FACHLICHEN PERSPEKTIVE. Die Vorstellung von Utopie konkretisiert sich in den beiden lexikalisch geordneten Grundsätzen, die ein gesellschaftliches Zusammenleben auf der Basis von Freiheit und Leistung (erster

Grundsatz) sowie dem Ausgleich etwaiger sozialer und wirtschaftlicher Unterschiede (zweiter Grundsatz) verdeutlichen (*Denkfigur F.IV.1*). Das Ziel liegt in der Stärkung des Gesamtsystems von Freiheit für alle und setzt sich im Gerechtigkeitssinn sowie einem vernünftigen Lebensplan fort. Beides ermöglicht Menschen das Streben nach Selbstachtung im Sinne des aristotelischen Grundsatzes sowie dem Respekt anderer gegenüber dem eigenen Ich. Hieraus ergibt sich ein egoistisches, aber gleichzeitig kompromissbereites Menschenbild, verbunden mit einer Bürgerpflicht, soziale und wirtschaftliche Differenzen auszugleichen sowie Freiheit aufrechtzuerhalten (*Denkfigur F.IV.3*). Die Gemeinsamkeit zwischen beiden Vorstellungswelten verdeutlicht sich im konkreten Zusammenleben verschiedener Individuen: Gesellschaft realisiert sich im konkreten Handeln jedes einzelnen, um eine Utopie zu verwirklichen. Jedes Individuum interessiert sich für das Kollektiv und handelt kompromissbereit. Beides manifestiert sich in den lexikalisch geordneten Grundsätzen, einer gemeinsamen Gerechtigkeitsvorstellung sowie im vernünftigen Lebensplan und einem Gerechtigkeitssinn.

Verschiedenheiten: Welche Gegensätze weisen die Vorstellungswelten zu bestimmten Inhaltsbereichen auf?
Gegensätze zeigen sich in Bezug auf ‚alltägliches Zusammenleben' nicht.

Eigenheiten: Was ist typisch für die jeweilige Vorstellungswelt?
Die Eigenheiten der beiden Vorstellungswelten liegen in der jeweiligen, jedoch komplementär zueinander verhaltenden Schwerpunktsetzung, um Utopie zu erreichen. Wie oben deutlich wurde, konzeptualisiert die LERNERPERSPEKTIVE Utopie im Zusammenhang von Alltag und Interesse der einzelnen Bürger. Dieser Aspekt bleibt jedoch rudimentär, insofern der von den Schülern gesetzte Fokus ausschließlich auf der Gestaltungskraft der Politik liegt. Die FACHLICHE PERSPEKTIVE sieht das Gelingen von utopischen Vorstellungen im faktischen und voraussetzungsreichen Gesellschaftsleben der verschiedenen Bürger ohne Bezug auf die Gestaltungskraft der Politik.

Die Steuerungsmöglichkeit des Alltags durch die Politik begründet die LERNERPERSPEKTIVE mit Anreizsystemen und Regelungen, die mit ihren jeweiligen immanenten Auswirkungen den Alltag der Menschen beeinflussen. Die sich daraus ergebende Gestaltungskraft ermöglicht der Politik, wegweisende Handlungen zu vollziehen und chaotische Verhältnisse zu verhindern (*Denkfigur S.IV.1*). Dass Politik bestimmend ist, zeigt sich im bereits weiter oben behandelten Hierarchieverhältnis zwischen Bürgern und Politikern (*Charakteristika S.CH.6*), die die Schüler zwar negativ werten, jedoch nicht vollends negieren. Sie streben grundsätzlich eine repräsentative Demokratie an, jedoch mit einer höheren, aber für sie noch klärungsbedürftigen Einflussmöglichkeit der Bürger.[1200]

Die FACHLICHE PERSPEKTIVE zentriert das gesellschaftliche Miteinander als Voraussetzung, um Utopie zu realisieren. Abgesehen von den weiter oben bereits behandelten lexikalisch geordneten Grundsätzen, dem vernünftigen Lebensplan und dem Gerechtigkeitssinn differenziert Fachlichkeit das zwischenmenschliche Zusammenleben in einem öffentlichen Konsens über soziale Mindestansprüche sozialer Gerechtigkeit aus. Sie bezieht sich ferner darauf, dass sich gültige, mittels der Aushandlung pluraler Interessen gefundene Kompromisse im öffentlichen Bewusstsein als Gesellschaftswille sedimentieren (*Denkfigur F.IV.1*). Dies setzt sich fort in gemeinsamen Gerechtigkeitsvorstellungen als gesellschaftliche Basis, um eine plurale Gesellschaft zusammenzuhalten. Diese Basis konkretisiert sich in einer auf liberalen, egalitären und toleranten Werten basierenden Gesellschaft im Rahmen eines geteilten Hintergrund- und Geschichtswissen, der sich im *consensus omnium* verdeutlicht (*Denkfigur F.IV.2*).

Zusammenfassend sieht die LERNERPERSPEKTIVE die Politik als Gestalter der Utopie. Die FACHLICHKEIT perspektiviert die Gesellschaftsmitglieder in ihren individuellen Handlungen im Kontext eines gesellschaftsbezogenen Bewusstseins. Diese beiden Eigenheiten verknüpfen sich in der Umsetzung utopischer Verhältnisse: einerseits als Aufgabe der politischen Entscheidungsträger, deren Handeln von den Bürgern mit Interesse verfolgt wird; andererseits in den konkreten Handlungen der Menschen, die sich zu einer Gesellschaft zusammenschließen. Ohne diese Verknüpfung bleiben beide Vorstellungen rudimentär.

Eine von der LERNERPERSPEKTIVE nicht artikulierte Thematik ist die von der FACHLICHKEIT behandelte Nachhaltigkeit [1201], die das von der LERNERPERSPEKTIVE formulierte Streben nach Utopie konkretisiert. Nachhaltigkeit zentriert die chancengleiche Nutzung von Bürgerrechten gegenwärtiger und zukünftiger Generationen und äußert sich in der Gestaltung sozialer, ökologischer und ökonomischer Lebensbedingungen. Dies negiert nicht die Befriedigung aktueller menschlicher Bedürfnisse, stellt sie aber in den Kontext ihrer tatsächlichen Kosten, sodass das kulturelle und natürliche Leben im Heute und Morgen gewahrt bleibt (*Denkfigur F.IV.4*). Utopisch sind politische Entscheidungen dann, sofern sie durch die nachhaltige Gestaltung von Lebensbedingungen die chancengleiche Nutzung von Menschen- und Bürgerrechten[1202] gegenwärtiger und zukünftiger Generationen begünstigen.[1203]

1200 vgl. Abschnitt E.3.1.1.
1201 Tatsächlich ist diese Aussage nur bedingt korrekt. Dorothy und Atticus thematisieren Nachhaltigkeit (vgl. Abschnitt C.6.1.3., C.6.1.9), jedoch bleibt dieser Aspekt in der weiteren Untersuchung unberücksichtigt, da die anderen interviewten Schüler dies nicht ansprechen.
1202 Der Aspekt der universellen Menschen- und Grundrechte verortet sich im Konzept ‚soziale Gerechtigkeit'. Nichtsdestotrotz finden die Menschenrechte ihren Platz darin, den Begriff ‚Utopie'

Begrenztheiten: Welche Grenzen weisen die Vorstellungswelten in Bezug auf ihre Eigenheiten auf?
Die Eigenheiten der beiden Vorstellungswelten verhalten sich in Bezug auf die
Verwirklichung utopischer Vorstellungen komplementär zueinander. Dies offenbart
sich im Kontext der Grenzen der jeweiligen Vorstellungswelt. Die LERNERPER-
SPEKTIVE zentriert Politik als Gestalter gesellschaftlicher Verhältnisse. Sie kritisiert gleichzeitig das Hierarchieverhältnis zwischen Politikern und Bürgern. Sie
scheitert jedoch an der Verknüpfung ihres Wunsches nach Utopie mit ihrer Kritik
am hierarchischen Verhältnis. Sie überfordert die Fähigkeit von Politik, gesellschaftliche Realität ohne die Kooperation ihre Mitbürger zu verändern. Nichtsdestotrotz
gelingt es ihnen, den Fokus auf die Gestaltungskraft der Politik zu legen. Dagegen
ermöglicht die FACHLICHE PERSPEKTIVE, gesellschaftliche Verhältnisse als
Voraussetzung für die Gestaltung von Utopie anzuerkennen. Utopie lässt sich nur
in einer entsprechenden gesellschaftlichen Atmosphäre umsetzen, will heißen, dass
Gerechtigkeit nur in einer Welt gerechter Bürger umsetzbar ist. Die Fachlichkeit
unterschlägt jedoch eine notwendige politische Führung, an denen sich (überforder-
te) Mitglieder einer Gesellschaft orientieren. Beide Perspektiven fokussieren sich so
sehr auf eine der beiden Notwendigkeiten, dass sie die andere Notwendigkeit über-
sehen. In der Zusammenführung beider Perspektiven ergibt sich die Dualität von
politischer Führung und dem Einfluss der Gesellschaftsmitglieder. Dies ermöglicht
einen Fokus darauf zu legen, wie voraussetzungsreich gesellschaftliches Zusammenleben ist, um gesellschaftsutopische Vorstellungen zu realisieren.

E.4. Verdichtung der Konzepte

Die obige Zusammenführung offenbarte die Gemeinsamkeiten, Verschiedenheiten
sowie Eigenheiten nebst Begrenztheiten. Sie ermöglicht nun eine Verdichtung, mit
denen die übergeordneten Ideen sowohl innerhalb als auch zwischen den vier Kon-

---

im Konzept ‚alltägliches Zusammenleben' zu konkretisieren. Weil soziale Gerechtigkeit mit Menschenrechten gleichstellt ist, müssen sie auch im Alltag des menschlichen Zusammenlebens eine
wichtige Rolle spielen. Zum einen ist das Konzept ‚alltägliches Zusammenleben' grundlegend (vgl.
Abschnitt D.3.3.4.), zum anderen verweist die Zusammenführung von Menschen- und Bürgerrechten darauf, dass sich Entscheidungen nicht nur auf Staatsbürger beschränken (vgl. beispielhaft
den Aspekt der entgrenzten Öffentlichkeit im Abschnitt D.4.1.2.).

1203 Der in der Einleitung dargestellte klassische Utopiebegriff verweist auf Phantasiebilder. Hier soll
nicht unterstellt werden, dass die chancengleiche Nutzung von Menschen- und Bürgerrechte ein
Phantasiebild sei. Vielmehr ist der Hinweis, dass sich jegliche Lösungsansätze daran messen lassen
müssen, inwiefern sie die chancengleiche Nutzung ermöglichen bzw. begünstigen. Der Verweis
auf gegenwärtige und zukünftige Generationen verdeutlicht den Gegenwarts- und Zukunftsbezug
von politischen Entscheidungen. Ferner ist das Ziel der chancengleiche Nutzung von Menschen-
und Bürgerrechten immer ein Prozess, insofern Gesellschaft stets ein Wandel durchläuft und sich
dabei die Frage stellt, wie Menschen- und Bürgerrechte immer besser, also chancengleich genutzt
werden könnten.

zepten identifiziert werden können. Dieser Vorgang konzentriert den Blick auf das Wesentlichste und vereinfacht die Definition des didaktischen Politikbegriffs.

E.4.1. Übergeordnete Ideen innerhalb der Konzepte

Die Darstellung der übergeordneten Ideen erfolgt für jedes Konzept nacheinander.

Die übergeordneten Ideen des Konzepts ‚Mitbestimmung' beziehen sich zum einen auf Rechtsstaatlichkeit in der Verknüpfung mit Moral und zum anderen auf das Spannungsverhältnis zwischen staatsbürgerlicher und privater Autonomie mit den Zielen der Kooperation und des mündigen, zur Partizipation befähigten Bürgers. Rechtsstaatlichkeit zielt auf eine rechtlich kodifizierte Autonomie und äußert sich einerseits in einer Verfassung als höchstes Rechtsdokument, andererseits in Gesetzestexten. Jegliches Rechtsdokument verknüpft Recht mit Moral, entlastet dadurch Gesellschaftsmitglieder von moralischen Handlungen und leistet eine sozialintegrative Funktion, aber überstrapaziert unter Umständen Recht. Recht kann nicht jegliche moralische Handlung kodifizieren. Das Spannungsverhältnis zwischen staatsbürgerlicher und privater Autonomie will den Bürger zur Mündigkeit befähigen, sodass er Rechtsetzung partizpativ mitgestalten kann. Die partizipative Mitgestaltung manifestiert sich in einer durch Öffentlichkeit geleisteten Problemeinspeisung in das politische System. Das politische System überzeugt als Rechtssetzer die Öffentlichkeit von Problemlösungen. Dies führt zu einer Verknüpfung eines rein liberalen- mit einem rein sozialorientierten Rechtsparadigma und zur Klärung des Spannungsverhältnisses zwischen Partizipation und Effizienz. Es transformiert den Bürger in einen expertenähnlichen Zustand. Bedingung ist ein vertrauensvolles Verhältnis zwischen Bürgern und Rechtssetzern.

Bezüglich des Konzepts ‚Meinungsvielfalt' zielen die Ideen auf zivilgesellschaftliches Engagement sowie die Rolle der Regierung als auch Meinungsintegration im Spannungsverhältnis von Kollektiv organisierter und auf das Individuum bezogenen Partikularinteressen. Zivilgesellschaft zeitigt sich in Gestalt von Unternehmen (*corporate citizenship*), aber auch individuellen Handlung mit dem Ziel, das Gemeinwohl über die Beeinflussung staatlichen Handelns mitzugestalten. Die dabei entstehende Meinungsartikulation und -integration sollte durch aktives und fragmentiert organisiertes Staatshandeln einerseits befördert, kann aber andererseits durch den aktiven Staat behindert werden. Meinungsintegration erfolgt zum einen effektiv in Gruppenorganisation zum Preis der Partizipation, zum anderen höchst partizipativ in der Berücksichtigung von Individualmeinungen zum Preis der Effizienz. Das Problem konkretisiert sich in einer Meinungsfilterung, die zwar relevante von irrelevanten Interessen differenziert, aber in der Differenzierung mögliche relevante Interessen (un-)bewusst exkludiert. Gelingende Meinungsintegration kann nur auf Basis eines kontroversen und nicht-kontroversen Sektors nebst Waffengleichheit zwischen den Akteuren erfolgen. Insgesamt erkennt Meinungsintegration die berechtigte Existenz pluraler Interessen an.

Das Konzept ‚soziale Gerechtigkeit' adressiert Chancengleichheit im Spannungsverhältnis der Individual- bzw. Kollektivverantwortung bzw. der negativen und positiven Freiheitsrechte in einer sich verstärkenden und zu positivierenden Globalisierung. Die in Chancengleichheit enthaltende soziale Unterstützung ist gleichgestellt mit Menschen- und universellen Grundrechten. Chancengleichheit bedeutet den Ausgleich wie auch immer gearteter Differenzen zwischen Menschen, um gute, also autonome Lebensbedingungen zu realisieren. Der herzustellende Ausgleich ist eine Kollektiv-, bedingt aber auch Individualverantwortung. Das individuelle Mitglied soll zu Eigenleistung motiviert werden. Das Spannungsverhältnis zwischen Kollektiv- und Individualverantwortung löst sich in einem angemessen Verhältnis negativer wie positiver Freiheitsrechte auf. Es adressiert nicht nur eine nationale Gesellschaft, sondern auch die Weltgemeinschaft (*positiv gestaltete Globalisierung*). Gesellschaft gestaltet ihren Markt konkurrenz- und sozialorientiert sowie reguliert. Die konkrete Umsetzung könnte sich in einem Mindestlohn, Grundgehalt oder Grundsicherung zeigen. Sie bedarf einerseits eines aktiven, auf soziale Umverteilung beruhenden Staates, andererseits die Bereitschaft des Individualmitglieds zur Umverteilung.

Im Konzept ‚alltägliches Zusammenleben' zentriert sich die Vorstellung nach einer Utopie, die das Individualinteresse am gesellschaftlichen und nachhaltigen Zusammenleben evoziert und sowohl staatliches Handeln als auch ein entsprechendes, von jedem Individuum geteiltes Gesellschaftsbewusstsein bedingt. Utopie als gesellschaftliches Ziel manifestiert sich darin, dass jedes Mitglied kompromissbereit ist und sich für die Gesellschaft interessiert. Ferner konkretisiert sich Utopie an einem individuellen Gerechtigkeitssinn mit einem vernünftigen Lebensplan, um die Selbstachtung sowie den Respekt von anderen zu stärken. Utopische Verhältnisse realisieren sich in entsprechenden Individualhandlungen im Alltag. Sie bedürfen einer sich als aktive Gestalterin verstehenden Politik: Politik steuert Individualhandlungen wirken sich auf Politik aus. Die sich gegenseitig beeinflussenden Handlungen müssen nachhaltig sein, sodass sich die aus der Lernerperspektive artikulierte Utopie in jegliche Lebensbedingungen konkretisiert, die die chancengleiche Nutzung von Menschen- und Bürgerrechte für gegenwärtige und zukünftige Generationen ermöglicht.

E.4.2. Übergeordnete Ideen zwischen den Konzepten

Als übergeordnete Ideen zwischen den Konzepten zeigen sich ‚Autonomie', ‚Gerechtigkeit', ‚kodifiziertes Recht und Moral', ‚Verhältnis zwischen Individuum und Kollektiv' als auch ‚Integration'.

‚Autonomie' als übergeordnete Idee meint die Mündigkeit bzw. Eigenständig-keit des Bürgers als Voraussetzung (*Input*) und Ziel (*Output des Entscheidungsprozesses*). Sie bezieht sich auf das wechselseitige Verhältnis zwischen Individuum und Kollek-tiv, welches Rechte und Pflichten für beide Seiten anerkennt. Im Konzept ‚Mitbe-stimmung' scheidet sich Autonomie entsprechend in eine staatsbürgerliche und private und meint – rudimentär gesagt – das Individualmitglied als ein (nicht-)gestaltendes Mitglied einer Gesellschaft. In der prozeduralistischen, also immer wieder neu zu definierenden Klärung dieses Spannungsverhältnis vollzieht sich Rechtsetzung. Dies setzt sich im Konzept ‚soziale Gerechtigkeit' fort. Es bezieht sich auf die stetige Ausbalancierung der positiven wie negativen Freiheitsrechte. Freiheitsrechte klären die Kollektiv- und Individualverantwortung im Rahmen der Chancengleichheit, also zur Realisierung guter, weil Autonomie ermöglichenden Lebensbedingung, um Bürgerrechte chancengleich zu nutzen. Die Idee von Auto-nomie setzt sich grundsätzlich auch in den Konzepten ‚alltägliches Zusammenleben' und ‚Meinungsvielfalt' fort: Eine interessierte Haltung am Gemeinwesen sowie die Integration der eigenen Meinung bedingt und befördert die Fähigkeit zum autono-men Handeln.

Autonome Handlungen bedingen ‚Gerechtigkeit'. Gerechtigkeit nimmt eine wesentliche Rolle im Konzept ‚soziale Gerechtigkeit' dergestalt ein, als die zu fin-dende Balance zwischen Kollektiv- und Individualverantwortung bzw. positiven und negativen Freiheitsrechten eine immanente Frage der egalitären Umverteilung unter Berücksichtigung des Leistungsprinzips bleibt: Gerechtigkeit motiviert indivi-duell zur Eigenleistung und gleicht kollektiv unfaire Unterschiede aus. Ferner reali-siert sich Gerechtigkeit nicht allein in Umverteilungen, sondern auch im ‚alltägli-chen Zusammenleben': Erst im Kontext von Gesellschaftsmitgliedern, ausgestattet mit einem Gerechtigkeitssinn, können sich faire Lebensbedingungen und lexikalisch geordnete Grundsätze entfalten. Sie halten Gesellschaft über einen Gesellschafts-sinn nebst Individualität in Gegenwart und Zukunft zusammen. Diese Gedanken setzen sich fort in den Konzepten ‚Mitbestimmung' und ‚Meinungsvielfalt', bei denen Kooperation zwischen Individuum und Kollektiv notwendige Voraussetzung von Gerechtigkeit ist. Allgemeinwohl dienliche Entscheidungen ergeben sich partizipativ aus der Zusammenarbeit zwischen politischem System und der hetero-genen Öffentlichkeit. Meinungsintegration bedingt ein fragmentiertes Staatswesen in Verbindung mit dezentralisierten, autonom agierenden Öffentlichkeiten, sei es entweder auf gruppen- oder individualorientierter Ebene. Nur in einem kooperati-onsgeprägten Verhältnis zwischen Individuum und Kollektiv entsteht nachhaltige Gerechtigkeit.

Ferner ist ‚kodifiziertes Recht und Moral' immanent. Kodifiziertes Recht ma-nifestiert sich besonders im Konzept ‚Mitbestimmung'. Rechtsstaatlichkeit und Rechtstexte sind für die Gewährleistung partizipativer Autonomie relevant. Ähnlich verhält es sich im Konzept ‚soziale Gerechtigkeit': Freiheitsrechte gelten für jeden.

Sie sind rechtlich bindend. Kodifiziertes Recht inkludiert Moral, insofern Recht moralischen Grundsätzen entsprechen soll. Recht allein kann jedoch nicht jegliche private und gesellschaftliche Verhältnisse regulieren, geschweige denn antizipieren. Moral konkretisiert sich daher im Konzept ‚alltägliches Zusammenleben', weil der Gerechtigkeitssinn Rechtsgehorsam zwar integriert, aber in täglichen Handlungen nicht allein auf kodifiziertes Recht basieren kann. Der Gerechtigkeitssinn äußert sich in den Handlungen des Einzelnen, der aus innerer Überzeugung gerecht handelt; nicht ausschließlich aus Rechtsgehorsam. Kodifiziertes Recht, rückgekoppelt mit Moral, kann jegliche Situation weder antizipieren noch regulieren. Moralische Handlungen bleiben weiterhin immanent.

Außerdem zeigt sich das ‚Verhältnis zwischen Individuum und Kollektiv' als übergeordnete Idee zwischen den Konzepten. Die Einstellung des Individuums zum Kollektiv und umgekehrt ermöglicht erst gesellschaftliches Zusammenleben. Meinungsintegration im Rahmen des Konzepts ‚Meinungsvielfalt' gelingt in der inneren Bereitschaft der individuellen Gesellschaftsmitglieder, differente Interessen zu respektieren. Genauso verhält es sich in der Realisierung fairer sozialer Umverteilungen (‚sozialer Gerechtigkeit'), utopischer Verhältnisse (‚alltägliches Zusammenleben') sowie in der Umsetzung der privaten wie staatsbürgerlichen Autonomie (‚Mitbestimmung'). Gleichzeitig muss das Kollektiv, was sich beispielsweise in staatlichen Handlungen offenbaren kann, aktiv an den Zielen der Meinungsintegration, fairen Umverteilung und Utopie arbeiten. Die Einstellung der Individualmitglieder zum Gemeinwesen und umgekehrt verhalten sich komplementär zueinander und wirken aufeinander integrativ.

Abschließend umklammert ‚Integration' ebenfalls die fünf Konzepte. In ‚Mitbestimmung' übernimmt das Recht eine sozialintegrative Funktion. Aufgrund seines kodifizierten Charakters hat Recht eine Gültigkeit für alle und stellt das Ergebnis von fixierten, in der Gesellschaft konsensual ausgehandelten Normen dar. Das Konzept ‚Meinungsvielfalt' ist durchweg von gesellschaftlicher Integration geprägt. Es zielt auf die Einbindung pluraler Interessen. ‚Soziale Gerechtigkeit' ist ebenfalls integrativ. In der Verknüpfung von Individual- und Kollektivverantwortung will es die Entstehung desaströser Fliehkräfte verhindern. Der im Konzept ‚alltägliches Zusammenleben' beschriebene Gerechtigkeitssinn mit seinen lexikalisch geordneten Grundsätzen zielt auf die Stärkung gesellschaftlichen Zusammenhalts.

E.5. Der didaktische Politikbegriff

Der in der Didaktischen Strukturierung erfolgte Vergleich zwischen der schülerbezogenen und fachlichen Perspektive ermöglicht nun einen didaktischen, weil subjektursprünglich und demokratietheoretisch geklärten Politikbegriff zu definieren:

Politik als Transformationsprozess von Partikularinteressen zu allgemein gültigen Entscheidungen äußert sich in einem regelungsbedürftigen Verhältnis zwischen Individuum und Kollektiv, perspektiviert durch ‚Mitbestimmung', ‚Meinungsvielfalt', ‚sozialer
Gerechtigkeit' und ‚alltäglichem Zusammenleben'. *Mitbestimmung* klärt prozeduralistisch das Spannungsverhältnis zwischen Partizipation und Effizienz bzw. staatsbürgerlicher und privater Autonomie. Diese Klärung ist geprägt von einer vertrauenswür-
digen Kooperation zwischen Öffentlichkeit und politischem System: Öffentlichkeit
agiert als expertenähnlicher und hauptsächlicher Problemkommunikator, das politische
System als überzeugender Rechtsetzer. Kodifiziertes Recht im Sinne eines Rechtsstaats
ermöglicht Autonomie und ist mit Moral rückgekoppelt. *Meinungsvielfalt* bedarf einer
fragmentierten Gesellschaft, also dezentralisierten Öffentlichkeiten und unabhängig
agierenden Institutionen, um plurale Interessen anzuerkennen und jegliche Akteure
zum zivilgesellschaftlichem Engagement zu motivieren – basierend auf einem (nicht-
)kontroversen Sektor. Vom Staat aktiv unterstützte Meinungsintegration sorgt für
„Waffengleichheit" zwischen den Akteuren. Meinungsintegration erfolgt im Spannungsverhältnis der effizienten Gruppenorganisation und partizipativen Einbindung
von Individualinteressen. *Soziale Gerechtigkeit* ist gleichwertig mit universellen Grund-
und Menschenrechten. Sie manifestiert sich weiter in Chancengleichheit, ermöglicht
durch individuelle Eigenleistung und kollektivem Ausgleich von Differenzen. Das damit gemeinte angemessene Verhältnis negativer und positiver Freiheitsrechte benötigt
einen konkurrenz- und sozialorientierten sowie regulierten (Welt-)Markt. *Alltägliches
Zusammenleben* äußert sich im Streben nach Utopie, bei der sich die chancengleiche
Nutzung von Menschen- und Bürgerrechten für gegenwärtige und zukünftige Generationen durch die nachhaltige Gestaltung ökonomischer, ökologischer, sozialer und kultureller Lebensbedingungen realisieren. Eine solche Utopie gelingt einerseits durch
kompromissbereite Bürger, die mit einem Gerechtigkeitssinn und einem vernünftigen
Lebensplan ausgestattet sind. Sie interessieren sich für das Gesellschaftsleben. Andererseits entsteht die chancengleiche Nutzung von Menschen- und Bürgerrechten über ein
institutionalisiertes Kollektiv, das über Anreizsysteme und Regelungen gestalterisch tätig ist. Die vier Konzepte verbinden sich durch I) *Autonomie*, also mündigen Bürgern,
die II) *Gerechtigkeit*, weil ein von Einzel- und Gesellschaftsverantwortung geprägtes
Verhältnis zwischen Individuum und Kollektiv verfolgen und sich III) an *kodifiziertem
Recht und moralisch richtigen Handlungen* orientieren. Ziel ist IV) *Integration*, womit ein trag-
fähiges Band zwischen V) *Individuum und Kollektiv, von denen beide eine positive Einstellung
zueinander* haben, gemeint ist.

Der Politikbegriff setzt jeweilige Schwerpunkte, die einerseits eine Perspektive betonen, andererseits erst in ihrem Verbund den Entscheidungsprozess aufschlüsseln.
Metaphorisch rahmen sie den Transformationsprozess ein.

Abbildung E.c: Der didaktische Politikbegriff

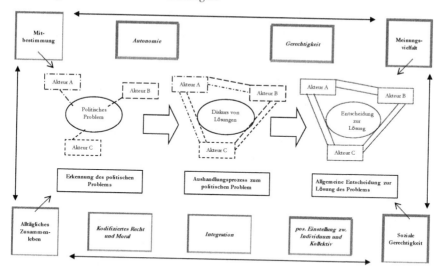

E.6. Zusammenfassung und Ausblick

Das Ziel dieses Abschnitts lag in der Didaktischen Strukturierung des subjektspezifischen und demokratietheoretischen Politikbegriffs. Diese Zusammenführung erfolgte systematisch, indem zunächst ein fragengeleiteter Vergleich der beiden Vorstellungswelten, vorstrukturiert durch die vier Konzepte, durchgeführt wurde. Anschließend konnte über eine Verdichtung die übergeordneten Ideen nicht nur innerhalb, sondern auch zwischen den Konzepten identifiziert werden. Sowohl der Vergleich als auch die Verdichtung ermöglichten die Definition eines didaktischen Politikbegriffs, sodass dieser im letzten Abschnitt kritisch reflektiert werden kann.

Abschnitt F – ‚Von der Reflexion über den didaktischen Politikbegriff'

F.1. Ziel und Struktur des Abschnitts F

Nach der Entwicklung eines didaktischen Politikbegriffs ist dieser nun zu reflektieren. Hierzu strukturiert sich der Abschnitt F in drei Kapitel. Während das *Kapitel F.1* noch eine Einleitung in den Abschnitt leistet, adressiert das folgende *Kapitel F.2* die Reflexion, bei der nicht nur *allgemeine Überlegungen*, sondern auch *Implikationen für Bildungstheorie und -praxis* dargeboten werden. Das abschließende *Kapitel F.3* beinhaltet die Schlussbemerkung, die die Studie lapidar abrundet.

F.2. Kritische Reflexion zum didaktischen Politikbegriff

Die kritische Reflexion unterteilt sich in zwei Subkapitel. Das erste behandelt einen Rückblick auf den didaktisch entwickelten Politikbegriff, während das zweite Implikationen für Bildungstheorie und -praxis offenbart, indem es mögliche Arbeitsbedarfe skizziert.

F.2.1. *Allgemeine Überlegungen*

Die allgemeinen Überlegungen zielen auf einen genaueren Blick auf den didaktischen Politikbegriff hinsichtlich seiner Einbettung in der Forschung zur politikdidaktischen Rekonstruktion, seines Mehrwerts zur Erreichung der Mündigkeit politikdidaktischer Subjekte, seiner Alltagstauglichkeit im Rahmen von Basiskonzepten, seines spezifizierten Blicks auf den Entscheidungsprozess und die sich in der Didaktischen Strukturierung offenbarte mangelnde Gegensätzlichkeit zwischen den beiden Vorstellungswelten.

Der didaktische Politikbegriff reiht sich in die Forschung der politikdidaktischen Rekonstruktion bezogen auf soziale Gerechtigkeit, ökologische Nachhaltigkeit und Partizipation ein. Eine Arbeit zur sozialen Gerechtigkeit verweist auf eine Schülervorstellung, die – wie im didaktischen Politikbegriff – auf Solidarität und Umverteilung baut. „Die Mitglieder einer Gesellschaft erhalten alle den gleichen

Teil der gemeinsamen Ressourcen. Voraussetzung ist allerdings, dass auch alle ihren Teil zu dessen Erwirtschaftung beitragen."[1204] Diese Schülervorstellung bleibt jedoch schuldig, wie leistungsbereite Mitglieder zu belohnen sind.[1205] Ferner offenbaren die Leitlinien der didaktischen Strukturierung bezogen auf ökologische Nachhaltigkeit wesentliche Konsequenzen auf, wie ökologische Nachhaltigkeit zu unterrichten sei.[1206] Nachhaltigkeit erhält im didaktischen Politikbegriff eine Verknüpfung von Utopie (Lernerperspektive) und der chancengleichen Nutzung von Menschen- und Bürgerrechten, die sich in einer ökologischen, ökonomischen, sozialen und kulturellen Nachhaltigkeit offenbaren (Fachperspektive). Hier ließe sich die Frage stellen, inwiefern die Leitlinien den didaktischen Politikbegriff befruchten könnten. Dies gilt ebenfalls für die Leitlinien, die im Rahmen der politikdidaktischen Rekonstruktion zu Partizipation entstanden sind. Diese beziehen sich auf die Steigerung der Argumentationsfähigkeit, der Einbeziehung moderner Partizipationsinstrumente, der Explikation von Schüler- und Fachkonzepten und der Unterstützung von Schülerideen sowie der Stärkung der Beziehung zu Politik und dem Auffangen von Resignationstendenzen.[1207] Die Leitlinien können insofern den didaktischen Politikbegriff weiterentwickeln, als dieser Politik auf eine bestimmte Weise definiert, jedoch keine Aussage darüber macht, welche konkreten Umsetzungen sich für den Politikunterricht daraus ergeben.

Der didaktische Politikbegriff ist ein komplexer, zeichnet ein idealistisches Bild vom zwischenmenschlichen Zusammenleben und adressiert Mündigkeit als politikdidaktisches Zielfeld. Seine Komplexität zeichnet sich durch seine vielfältigen abstrakten Begriffe aus – wie beispielsweise Autonomie, Moral, Gerechtigkeit, angemessenes Verhältnis zwischen negativen und positiven Freiheitsrechten, etc. Diese Komplexität fordert heraus. Sie verknüpft den Politikbegriff mit dem Zielfeld politischer Bildung: Abstrakte Begriffe charakterisieren sich besonders durch Leerstellen, die die jeweiligen Nutzer im Kontext ihrer eigenen Vorstellungen zu situationsspezifischen Problemlagen zwischenmenschlichen Zusammenlebens individuell füllen müssen.[1208] So kann beispielsweise die Klärung der Autonomiefähigkeit oder des angemessenen Verhältnisses negativer und positiver Freiheitsrechte im Kontext faktischen Gesellschaftsleben heterogene Vorstellungen evozieren und zum Gegenstand von (kontroversen) Diskursen sein. Gleichzeitig affimiert der Politikbegriff Mündigkeit als gesellschaftliches Ziel, insofern er die gleichberechtigte, weil auf Autonomie basierende Existenz von Individuum und Kollektiv anstrebt. In dieser Gleichberechtigung entfalten sich Werte und ermöglicht sich die Freiheit des Ichs und des Wirs. Im idealistischen Bild bildet der didaktische Politikbegriff eine Uto-

---

1204 Lenk 2011, 159

1205 ebenda

1206 vgl. Banneke/Teltmann 2011, 211 – 3

1207 Reimer 2011, 250ff

1208 Zur kognitionspsychologischer Diskussion vgl. Abschnitt B.4.4.1., B.4.4.2

pie-Folie ab, mit der sich gesellschaftliche Realität kritisieren und wünschenswerte Ziele ableiten lassen. Dieser Vergleich von Idealität und Realität erleichtert politische Urteile und Handlungen im Kontext der Anerkennung gesellschaftlicher Komplexität. In der Verknüpfung von Komplexität, Realität und Idealität leistet der didaktische Politikbegriff einen Beitrag zum politikdidaktischen Zielfeld der Mündigkeit mit dem Ziel, gesellschaftliches Zusammenleben zu verstehen.

Der didaktische Politikbegriff bleibt alltagstauglich. Während der Untersuchung adressierten die interviewten Schüler und untersuchten Politiktheoretiker stets eine komplexe Gesellschaft. Unabhängig ihrer Komplexität ist Gesellschaft immer eine Gruppe, die sich in weiteren Gruppen aufteilt. Jede Gruppe ist ein Kollektiv, das aus verschiedenen Individuen besteht. Jedes Kollektiv bildet dabei (nicht-)fixierte Institutionen, in denen sie Entscheidungsprozesse durchlaufen: Familien entscheiden in Familienräten, Klassen in Klassenräten, Arbeitnehmer in Betriebsräten usw. In diesen Abläufen klären sie (un-)bewusst ihr regelungsbedürftiges Verhältnis untereinander. Dies ähnelt Abläufen in komplexen, gar abstrakten Gesellschaften, bei denen staatliche Institutionen mit ihrem kodifizierten Rechtssystem Steuerungsfunktionen übernehmen. Dadurch klären Mitglieder ihr regelungsbedürftiges Verhältnis. Diese Ähnlichkeit offenbart die Relevanz der Alltagstauglichkeit des Politikbegriffs. Wenn Schüler in ihren alltäglichen Sozialisationsprozessen den Transformationsablauf von Partikularinteressen zu allgemein gültigen Entscheidungen erleben, die in der Regel außerhalb formal stattfindender Politikabläufe stattfinden, sind die hier entwickelten Basiskonzepte anschlussfähig an ihren kognitiven Strukturen. In der neu geleisteten Definition[1209] entstehen Basiskonzepte im Alltagswissen und sind anschlussfähig an formale Bildungsabläufe. Indem Lernende den Entscheidungsprozess zwischen Individuum und Kollektiv in wie auch immer gearteten Institutionen erleben, eröffnet sich ihr Verständnis für den didaktischen Politikbegriff. Sie können ihn nutzen, um Vergleiche zwischen ihren alltäglichen und den abstrakten Entscheidungsprozessen zu ziehen und zu beschreiben. Sie können eine Haltung zu Politik entwickeln.

Obgleich komplex perspektiviert der didaktische Politikbegriff das zwischenmenschliche Zusammenleben auf eine spezifische Art und Weise. Dieses Spezifikum ergibt sich folgerichtig aus der empirischen Untersuchung, in der subjektbezogene Politikvorstellungen zutrage kamen. Die Weiterentwicklung mittels fachlicher Vorstellungen erfolgte auf der Basis der Schülervorstellungen zu Politik. Jeder Schritt war begründet und erfolgte systematisch, jedoch immer ohne den Anspruch, jegliche Vorstellungen zu berücksichtigen. Aufgrund seines qualitativen Charakters ist die Untersuchungsbreite begrenzt, sodass weitere empirische und fachliche Untersuchungen zu weiteren Ergebnissen führen und damit den didaktischen Politikbegriff unter Umständen verändern, wenn nicht gar erweitern könnten. Weitere

---

1209 vgl. Abschnitt B.4.4.2.

Schülerinterviews könnten weitere subjektbezogene Politikvorstellungen offenbaren, die Konsequenzen für die fachliche Weiterentwicklung nach sich ziehen. Ferner erfolgte die fachliche Quellenauswahl zwar systematisch, jedoch hätten andere fachliche Theoretiker einen anderen Beitrag leisten können. Diese Ausführung soll nicht die Qualität des gefundenen Politikbegriffs negieren, aber Begrenztheiten offenbaren.

Abschließend zeigte sich in der Didaktischen Strukturierung nur ein Gegensatz zwischen den schüler- und fachbezogenen Vorstellungswelten. Dies begründet sich darin, dass die fachlichen Quellen anhand der Lernerperspektive ausgewählt wurden. Nicht Gegensatz, sondern Weiterentwicklung stand im Vordergrund der Quellenauswahl. Die Weiterentwicklung bedurfte solche Fachvorstellungen, die der Schülervorstellungen nicht widersprachen, sondern die darin enthaltenen Ideen ausdifferenzieren konnten.

F.2.2. Implikationen für Bildungstheorie und -praxis

Aus dem didaktischen Politikbegriff heraus lassen sich Implikationen für Bildungstheorie und -praxis ableiten. Diese Implikationen beziehen sich skizzenhaft auf politische Kompetenzen in Verknüpfung von Wissen mithilfe von Basiskonzepten, der Ausdifferenzierung des Begriffs nach Schulniveau und die Frage, inwiefern der didaktische Politikbegriff (*fragengeleitet*) ein deskriptives, analytisches und normatives Verständnis von Politik befördert. Abschließend werden weiter oben genannte Forschungsbedarfe zusammengefasst.

Ausgangspunkt der Studie war die Frage nach der Verknüpfung von Kompetenzen und Wissen mithilfe von Basiskonzepten. Die Verknüpfung könnte über ‚Mitbestimmung', ‚Meinungsvielfalt', ‚soziale Gerechtigkeit' und ‚alltägliches Zusammenleben', umklammert von ‚Autonomie', ‚Gerechtigkeit', ‚kodifiziertes Recht mit Moral', ‚Integration', als auch ‚Verhältnis zwischen Individuum und Kollektiv', erfolgen. Hierbei stellt sich die Frage, wie die beiden politikdidaktischen Kompetenzen der Urteils- und Handlungsfähigkeit sinnvoll mit den vier Basiskonzepten ausformuliert und gleichzeitig mit Inhalten verknüpft werden könnten. Ferner könnte der didaktische Politikbegriff genutzt werden, Bildungspläne für den Politikunterricht weiterzuentwickeln. Das Ziel läge dann darin, Verbindungen zwischen den verschiedenen Themenfeldern aufzuzeigen. Dies könnte den Schülern helfen, Verbindungen zwischen den Themen leichter zu verstehen.

Im Wesen von Basiskonzepten liegt die Idee, das Verständnis eines Faches zu vereinfachen. Daher wäre ein weiterer notwendiger Bedarf die Frage, inwiefern der didaktische Politikbegriff (*fragengeleitet*) ein deskriptives, analytisches und normatives Verständnis des Willensbildungsprozesses fördert. Der Politikbegriff setzt sich aus verschiedenen Begriffen zusammen, mit denen sich der Entscheidungsprozess aufschlüsseln lassen könnte. Die Umformulierung der Begriffe in Fragen könnte einen Beitrag dazu leisten, den Aufschlüsselungsprozess zu vereinfachen. Dadurch könnte der Transformationsprozess den Anwendern leichter zugänglich werden. Anwender könnten nicht nur Schüler, sondern auch Studenten sowie (fachfremde) Lehrer sein. Für Schüler und Studenten ergibt sich die Möglichkeit, Entscheidungsprozesse vereinfachend zu beschreiben, zu analysieren und zu bewerten. Lehramtsstudenten und Lehrer der politischen Bildung erhielten vielleicht ein Instrument, politische Inhalte für den Unterricht vereinfachend aufzubereiten. Dies könnte auch für fachfremde Lehrer gelten, die in ihren Fächern politikähnliche Themen unterrichten – wie beim Abiturthema *Culture Wars – Tearing Apart the US*.[1210]

In der Aufschlüsselung des didaktischen Politikbegriffs nach Fragen und in seiner Anwendung ergibt sich zudem der Bedarf seiner Anpassung an verschiedene Bildungsniveaus. Der definierte Politikbegriff ist beispielsweise für Schüler der Primarstufe zu komplex und müsste deutlich vereinfacht werden; selbiges gilt für die Sekundarstufe I. Der Begriff mag für den wissenschaftspropädeutischen Anspruch der Sekundarstufe II nur noch leicht zu verändern sein. Auf Universitätsniveau könnte er ausreichend sein. Ein wichtiger Schritt könnte dabei die weitere Identifikation lernhinderlicher und lernförderlicher Begriffe sein – wie weiter oben bereits erfolgt.[1211]

In der Lesart des von Grammes entwickelten Modells der Wissensformen[1212] bleibt der entwickelte didaktische Politikbegriff unzureichend. In Anlehnung an die verwendete Forschungsmethode der Didaktischen Rekonstruktion speist sich der Politikbegriff einerseits aus dem schülerbezogenen Alltagswissen, andererseits aus dem politikwissenschaftlichen Wissen. Unberührt bleibt das Berufs-/Institutionen-/Professionswissen, welches sich an „der *Angemessenheit* von Entscheidungen"[1213] orientiert. Davon ausgehend, dass jeder Mensch Gesellschaft durch seine Handlungen gestaltet, nehmen diese Handlungen aufgrund ihrer Reichweite unterschiedliche Einflüsse auf die Gesellschaft. Adressaten politischer Bildungsprozesse – unabhängig ob Kind, Jugendlicher oder Erwachsener – und Wissenschaftler konstruieren Gesellschaft. Sie lassen sich nicht nur gegenseitig, sondern auch von Mitgliedern des Berufs- und Institutionswesen beeinflussen (und umgekehrt). Die Weiterentwicklung des didaktischen Politikbegriffs sollte auch diese Wissensform berücksichtigen und könnte exemplarisch in der Untersuchung der Vorstellungen maßgeblicher Gesellschaftsakteure erfolgen. Die Elite der Wirtschaft, Politik, Kunst, Kultur und Medien beeinflusst Gesellschaft, basierend auf ihren Vorstellungen zur idealistischen Politik.

Als einen weiteren Forschungsansatz sei auf die Untersuchung solcher Fachvorstellung verwiesen, die gegensätzlich zur Schülervorstellung sind. Aus der Ge-

---

1210 vgl. beispielhaft Freie und Hansestadt Hamburg 2014, 14 – 5
1211 vgl. Abschnitt D.4
1212 vgl. Grammes 1998, 70
1213 ebenda, 90 (Hervorhebungen im Original übernommen – ASK)

gensätzlichkeit wären Lernimpulse für Lernende zu entwickeln. Dies lässt sich am Beispiel von Thomas Hobbes ‚Leviathan' und dem Konzept ‚alltägliches Zusammenleben' zeigen. Im Gegensatz zu den Schülervorstellungen[1214] legitimieren sich im ‚Leviathan' politische Entscheidungen in einem absolutistischen Staat, dem die Bürger ihre Rechte übertragen und dem Souverän eine willkürliche Handlungsfreiheit ermöglicht; nur dadurch sehen sich die Menschen in der Lage, sich dem kriegerischen Naturzustand zu entziehen, ein friedliches Leben zu erhalten und Gerechtigkeit zu schaffen.[1215] Der politische Entscheidungsprozess – in der Lesart des Schülerkonzepts ‚alltägliches Zusammenleben – steuert zwar weiterhin gesellschaftliche Verhältnisse und hat eine Alltagsbedeutung, aber das von den Schülern artikulierte Interesse der Menschen an Politik entfällt: Hobbes zementiert das Hierachieverhältnis zwischen Bürgern und Politikern, negiert Kompromissorientierung sowie Teilhabe und pervertiert den komplexen Entscheidungsprozess, der bei ihm stark simplifiziert wird.[1216] Hobbes stellt somit eine Herausforderung für Schüler dar. Die sich in einer solchen Untersuchung offenbarende Gegensätzlichkeit dürfte nicht nur den didaktischen Politikbegriff weiter befruchten, sondern auch Lernimpulse setzen.

Abschließend sei an die bereits genannten Forschungsfragen[1217] erinnert, die sich darauf beziehen, wie Lernende Basis- und Fachkonzepte miteinander strukturieren, wie Mindestanforderungen zur angemessenen alltagstauglichen Deutung von Politik aussehen und wie sich eine angemessene alltagstaugliche Deutung von Politik definieren lässt.

F.3. Politik didaktisch rekonstruiert?!

Zum Schluss bleibt die Erkenntnis: Der didaktische Politikbegriff ist vielschichtig, weil die Welt vielschichtig ist. Er bildet die Komplexität gesellschaftlicher Realität ab – *aber immer auf seine spezifische Art und Weise*. Weder gibt er leichte Antworten, noch wird er es seinen Anwendern leicht machen. Sein didaktischer Hintergrund mag eine Hilfe für Schüler der politischen Bildung sein, die gesellschaftliche Realität mit allen ihren Chancen und Herausforderungen für den Einzelnen und für die Gesellschaft besser zu verstehen. Er mag Hinweise geben, wie man als Individuum in und mit einer pluralen Gesellschaft leben kann. Er mag einen Beitrag leisten, das konzeptuelle Deutungswissen weiterzuentwickeln. Nichtsdestotrotz bleibt er ein Vorschlag, der sich in weiteren Arbeiten noch erweisen muss. Am Ende bleibt die Hoffnung, dass er einen weiteren Weg darstellt, mündige Bürger in einer liberaldemokratischen Gesellschaft zu ermöglichen.

1214 vgl. Abschnitt C.8.1.2.1 sowie D.3.3.4.
1215 vgl. beispielhaft Schäfer 2014, 78 – 83; Fetcher 1966, xx; Heimann 2015, 192ff
1216 vgl. Abschnitt C.8.1.2.6. sowie Abschnitt C.8.2.
1217 vgl. Abschnitt C.3.1.

Literaturverzeichnis

Abromeit, Heidrun 2002: *Wozu braucht man Demokratie? Die postnationale Herausforderung der Demokratietheorie.* Leske + Budrich, Opladen.

Asal, Katrin/ Burth, Hans-Peter 2016: *Schülervorstellungen zur Politik in der Grundschule. Lebensweltliche Rahmenbedingungen, politische Inhalte und didaktische Relevanz. Eine theoriegeleitete empirische Studie.* Budrich UniPress Ltd., Opladen et al..

Autorengruppe Fachdidaktik (Hrsg.) 2011a: *Konzepte der politischen Bildung. Eine Streitschrift.* Bundeszentrale für politische Bildung, Bonn.

Autorengruppe Fachdidaktik 2011b: Sozialwissenschaftliche Basiskonzepte als Leitideen der politischen Bildung – Perspektiven für Wissenschaft und Praxis. In: dies. (Hrsg.) 2011a, 163 – 171.

Autorengruppe Fachdidaktik 2011c: Zur Einführung. In: dies. (Hrsg.), 7 – 8.

Autorengruppe Fachdidaktik 2016: *Was ist gute politische Bildung? Leitfaden für den sozialwissenschaftlichen Unterricht.* Wochenschau Verlag, Schwalbach/ Ts.

Adorno, Theodor W. 1971: Erziehung zur Mündigkeit. In: ders.: *Erziehung zur Mündigkeit. Vorträge und Gespräche mit Hellmut Becker 1959 – 1969.* hrsg. v. Gerd Kadelbach, Suhrkamp Verlag, Frankfurt am Main, 133 – 147.

Alemann, Ulrich von 1995: *Grundlagen der Politikwissenschaft. Ein Wegweiser.* 2. Auflage, Leske + Budrich Verlag, Opladen.

Alemann, Ulrich von/ Loss, Kay/ Vowe, Gerhard 1994: *Politik – Politikwissenschaft – Politischer Journalismus. Einführung in die Fernstudieneinheit „Politik".* In: dies. (Hrsg.) Politik. Eine Einführung. Westdeutscher Verlag: Opladen, 12 – 27.

Anderson, Elisabeth S. 1999: What is the Point of Equality?. In: *Ethics. An international journal of social, political and legal philosophy.* Jahrgang 109, Heft 2, 287 - 337.

Andersson, Jenny 2013: Nicht ohne Zukunft. In: Christian Kellermann/ Henning Meyer (Hrsg.), 233 – 247.

Arneson, Richard J. 2000: Luck Egalitarianism and Prioritarianism. In: *Ethics. An international journal of social, political and legal philosophy.* Jahrgang 110, Heft 2, 339 - 349.

Baalman et al. 2004: Schülervorstellungen zu Prozessen der Anpassung – Ergebnisse einer Interviewstudie im Rahmen der Didaktischen Rekonstruktion. In: *Zeitschrift für Didaktik der Naturwissenschaften,* Jahrgang 10, 7 – 28.

Banneke, Hendrik/ Teltemann, Jörg 2011: Schülervorstellungen über ökologische Nachhaltigkeit. In: Dirk Lange/ Sebastian Fischer (Hrsg.), 199 – 216.

Barber, Benjamin 1988: *The Conquest of Politics. Liberal Philosophy in Democratic Times.* Princeton University Press, Princeton.

Barber, Benjamin 2003 (1984): *Strong democracy. Participatory. Politics for a new age.* University of California, Berkely et al.

Beck, Klaus/ Krapp, Andreas 2006: Wissenschaftstheoretische Grundfragen der Pädagogischen Psychologie. In: Andreas Krapp/ Bernd Weidemann (Hrsg), 33 – 74.

Becker-Carus 2011: *Allgemeine Psychologie. Eine Einführung.* Nachdruck der ersten Auflage von 2004, Spektrum Akademischer Verlag, Heidelberg.

Behrens, Rico (Hrsg.) 2014: *Kompetenzorientierung in der politischen Bildung. Überdenken. Weiterdenken.* Wochenschau-Verlag, Schwalbach/ Ts..

Behrmann, Günter C. 2008: Lösen „Basiskonzepte" die Probleme mit dem „Stoff"? Anmerkungen zu einem neuen didaktischen Diskurs. In: *Polis*, Heft 1, 22 – 24.

Berger, Peter/ Luckmann, Thomas 1969: *Die gesellschaftliche Konstruktion der Wirklichkeit. Eine Theorie der Wissenssoziologie.* S. Fischer Verlag, Frankfurt am Main.

Berlin, Isaiah 2002 (1958): Two Concepts of Liberty. In: ders. (Hrsg.): *Liberty. Edited by Henry Hardy.* Oxford University Press, Oxford, 166 – 217.

Bernstein, Eduard 1984 (1921): *Die Voraussetzungen des Sozialismus und die Aufgaben der Sozialdemokratie.* 2. Auflage, Verlag J. H. W. Dietz, Berlin und Bonn.

Bertaux, Daniel (1981). From the Life-History Approach to the Transformation of Sociological Practice. In: Ders. (Hrsg.). *Biography and Society. The life history approach in the social sciences.* Sage, Beverly Hills und London, 29 – 46.

Besand, Anja 2011: Zum kompetenzorientierten Umgang mit Unterrichtsmaterialien und –medien. In: Autorengruppe Fachdidaktik (Hrsg.) 2011a,133 – 146.

Besand, Anja (Hrsg.): *Lehrer- und Schülerforschung in der politischen Bildung.* Wochenschau Verlag, Schwalbach/ Ts..

Beschorner, Thomas/ Kolmar, Martin 2015: Richtig oder nur nützlich?. In: *Die Zeit.* Jahrgang 80, Heft 52.

Bevc, Tobias 2007: *Politische Theorie.* Bundeszentrale für politische Bildung, Bonn.

Bohnsack, Ralf 1999: *Rekonstruktive Sozialforschung. Einführung in qualitative Methoden.* 7. Auflage, Verlag Barbara Budrich, Opladen & Farmington Hills.

Böhret, Carl 1985: Ein Bericht für das 1. Wissenschaftliche Symposium der Deutschen Vereinigung für Politische Wissenschaft (November 1984) in Hannover. In: Hans-Hermann Hartwich (Hrsg.): *Policy-Forschung in der Bundesrepublik Deutschland. Ihr Selbstverständnis und ihr Verhältnis zu den Grundfragen der Politikwissenschaft.* Westdeutscher Verlag, Wiesbaden, 216 – 332.

Bohmann, Ulf/ Rosa, Hartmut 2012: Das Gute und das Rechte. Die kommunitaristischen Demokratietheorien. In: Oliver W. Lembcke/ Claudia Ritzi/ Gary S. Schaal (Hrsg.), 127 – 155.

Braun, Stephan/ Geisler, Alexander (Hrsg.): *Die verstimmte Demokratie. Moderne Volksherrschaft zwischen Aufbruch und Frustration.* Springer VS, Wiesbaden.

Brecht, Arnold 1959: *Political Theory. The Foundations of Twentieth-Century Political Thought.* Princeton University Press, Princeton, New Jersey.

Breit, Gotthard/ Harms, Hermann 1990: Zur Situation des Unterrichtsfaches Sozialkunde/ Politik und der Didaktik des politischen Unterrichts aus der Sicht von Sozialkundelehrer. Eine Bestandsaufnahme. In: Will Cremer (Hrsg.): *Zur Theorie und Praxis der politischen Bildung.* Bundeszentrale für politische Bildung, Bonn, 13 – 167.

Brodocz, André/ Schaal, Gary S. 2009: Einleitung. In: dies. (Hrsg.), 13 – 26.

Brodocz, André/ Schaal, Gary S. (Hrsg.): *Politische Theorien der Gegenwart II. Eine Einführung.* 3. Auflage, Verlag Barbara Budrich, Opladen & Farmington Hills.

Buchstein, Hubertus 2002: ‚Gretchenfrage‘ ohne klare Antwort – Ernst Fraenkels politikwissenschaftliche Gemeinwohlkonzeption. In: Herfried Münkler/ Harald Bluhm (Hrsg.), 217 – 240.

Buchstein, Hubertus/ Göhler, Gerhard 2007 (Hrsg.): *Politische Theorie und Politikwissenschaft.* Verlag für Sozialwissenschaften, Wiesbaden.

Cohen, Gerald Allen 1989: On the Currency of Egalitarian Justice. In: *Ethics. An international journal of social, political and legal philosophy.* Jahrgang 99, Heft 4, 906 - 944.

Cohen, Gerald Allen 2011: *On the Currency of Egalitarian Justice, and Other Essays in Political Philosophy.* Herausgeben von Michael Otuska. Princeton University Press, Princeton and Oxford.

Corbin, Juliet\ Strauss, Anselm 1990: Grounded Theory Research: Procedures, Canons and Evaluative Criteria. In: *Zeitschrift für Soziologie,* Jahrgang 19, Heft 6, 418 – 427.

Crouch, Colin 2013: So viel Zivilgesellschaft wie möglich; so viele große Konzerne wie nötig?. In: Christian Kellermann/ Henning Meyer (Hrsg.), 175 – 190.

Dahl, Robert A. 1971: *Polyarchy. Participation and Opposition.* Yale University Press, New Haven and London.

Dahl, Robert A./ Tufte, Edward R. 1973: *Size and Democracy.* Stanford University Press, Stanford.

Dahl, Robert A. 1956: *A Preface to Democratic Theory.* The University of Chicago Press, Chicago and London.

Dahl, Robert A. 1989: *Democracy and its critics.* Yale University Press, New Haven und London.

Dahl, Robert A. 1997 (1989): *Towards Democracy: A Journey. Reflections: 1940 – 1997.* 2 Bände, Institute of Governmental Studies Press University of California, Berkeley.

Dahl, Robert A. 2006: *Politische Gleichheit – ein Ideal?.* Hamburger Edition HIS Verlagsgesellschaft mbH, Hamburg.

Dahnken, Astrid 2005: *Englisch in der Hauptschule. Eine Didaktische Rekonstruktion von fremdsprachlichem und bilingualem Unterricht.* Didaktisches Zentrum Carl von Ossietzky Universität Oldenburg, Oldenburg.

Deichmann, Carl 2011: Autorengruppe Fachdidaktik: Konzepte der politischen Bildung. In: *Zeitschrift für Didaktik der Gesellschaftswissenschaften (zdg).* Jahrgang 2, Heft 2, 165 – 168.

Demuth, Reinhard et al. 2005: Basiskonzepte – eine Herausforderung an den Chemieunterricht. In: *CHEMKON*, Heft 12, 55 – 60.

Detjen, Joachim 2007: *Politische Bildung. Geschichte und Gegenwart in Deutschland.* R. Oldenbourg Verlag, München und Wien.

Detjen, Joachim 2008a: Die Kompetenzdiskussion in der Politikdidaktik. In: *kursiv – Journal für politische Bildung.* Jahrgang 11, Heft 3, 18 – 27.

Detjen, Joachim 2008b: Verfassungspolitische Grundsätze der freiheitlichen Demokratie. Ein fruchtbares Reservoir für Basiskonzepte der politischen Bildung. In: Georg Weißeno (Hrsg.), 199 – 212.

Detjen, Joachim/ Sander, Wolfgang 2001: Konstruktivismus und Politikdidaktik. Ein Chat-Interview (Moderation Kerstin Pohl). In: *Politische Bildung,* Jahrgang 32, Heft 4, 128 – 138.

Detjen, Joachim et al. 2012: Unterricht – Wissen – Fehlkonzepte. Eine Replik auf Wolfgang Sanders Replik zu den Konzepten der Politik. In: *politische Bildung.* Jahrgang 45, Heft 2, 152 – 159.

Diekmann, Andreas 2010: *Empirische Sozialforschung. Grundlagen, Methoden, Anwendungen.* 4. Auflage, Rowohlt Taschenbuch Verlag, Reinbek bei Hamburg.

Duit, Reinders 1996: Lernen als Konzeptwechsel im naturwissenschaftlichen Unterricht. In: ders./ Christoph von Rhöneck (Hrsg.), 145 – 162.

Duit, Reinders 2004: Didaktische Rekonstruktion. In: *Piko-Brief* Nr.2. URL: http://www.wl-lang.de/Unterricht/Aufsaetze/DidaktischeRekonstruktion.pdf [Zugriff vom 10.03.2015].

Duit, Reinders\Rhöneck, Christoph von (Hrsg.): *Lernen in den Naturwissenschaften.* IPN, Kiel

Dullien, Sebastian/ Kellermann, Christian 2013: Der Wert der Wirtschaft. In: Christian Kellermann/ Henning Meyer (Hrsg.), 191 – 209.

Dryzek, John S. 1990: *Discursive Democracy. Politics, Policy, and Political Science.* Cambridge University Press, Cambridge.

Dryzek, John S. 2006: *Deliberative Global Politics. Discourse and Democracy in a Divided World.* Polity Press, Cambridge.

Dryzek, John S. et al. 2006: Introduction. In: dies. (Hrsg.): *The Oxford Handbook of Political Theory.* Oxford University Press, Oxford, 3 – 41.

Edelmann, Walter 2000: *Lernpsychologie.* 6. Auflage, Psychologie Verlags Union, Weinheim.

Elias, Norbert 1985: Thomas Morus' Staatskritik. Mit Überlegungen zur Bestimmung des Begriffs der Utopie. In: Wilhelm Voßkamp (Hrsg.): *Utopieforschung. Interdisziplinäre Studien zur neuzeitlichen Utopie. Zweiter Band.* Suhrkamp Verlag, Frankfurt am Main, 101 - 150.

Euchner, Walter 1977: Einleitung des Herausgebers. In: Locke, John 1977.

Fetcher, Ingried 1966: Einleitung von Iring Fetcher. In: Hobbes, Leviathan 1966.

Fischer, Kurt Gerhard (Hrsg.) 1975: *Zum aktuellen Stand der Theorie und Didaktik der Politischen Bildung.* J.B. Metzlersche Verlagsbuchhandlung, Stuttgart.

Fischer, Kurt Gerhard (Hrsg.) 1980: *Zum aktuellen Stand der Theorie und Didaktik der Politischen Bildung.* J.B. Metzlersche Verlagsbuchhandlung, Stuttgart.

Fischer, Sebastian 2011: Denkweisen des Rechtsextremismus – Eine didaktische Rekonstruktion der subjektiven Voraussetzungen von Schülern. In: Lange/ders. (Hrsg.), 86 – 109.

Fleck, Ludwik 2012: *Entstehung und Entwicklung einer wissenschaftlichen Tatsache. Einführung in die Lehre vom Denkstil und Denkkollektiv.* 9. Auflage, Suhrkamp Verlag, Frankfurt am Main.

Flick, Uwe 2010a: *Qualitative Sozialforschung. Eine Einführung.* 3. Auflage, Rowohlt Verlag, Reinbek bei Hamburg.

Flick, Uwe 2010b: Konstruktivismus. In: ders.\ Ernst von Kardorff\ Ines Steinke (Hrsg.), 150 – 164.

Flick, Uwe\ Kardoff, Ernst von\ Steinke, Ines 2010: Was ist qualitative Forschung.? In: dies. (Hrsg), 13 – 29.

Flick, Uwe\ Kardorff, Ernst von\ Steinke, Ines (Hrsg.): *Qualitative Forschung. Ein Handbuch.* 8. Auflage, Rohwohlt Taschenbuch Verlag, Reinbek bei Hamburg.

Fraenkel, Ernst 2011a (1963): Demokratie und öffentliche Meinung. In: ders. 2011m, 208 – 230.

Fraenkel, Ernst 2011b (1969): Strukturanalyse der modernen Demokratie. In: ders. 2011m, 314 – 343.

Fraenkel, Ernst 2011c (1955): Akademische Erziehung und politische Berufe. In: Herbert Buchstein/ Klaus-Gert Lutterbeck (Hrsg.): *Ernst Fraenkel. Gesammelte Schriften. Band 6. Internationale Politik und Völkerrecht, Politikwissenschaft und Hochschulpolitik.* Nomos-Verlagsgesellschaft, Baden-Baden, 341 – 361.

Fraenkel, Ernst 2011d (1958): Die repräsentative und die plebiszitäre Komponente im demokratischen Verfassungsstaat. In: ders. 2011m, 165 – 207.

Fraenkel, Ernst 2011e (1968): Die ordnungspolitische Bedeutung der Verbände im demokratischen Rechtsstaat. In: ders. 2011m, 297 – 313.

Fraenkel, Ernst 2011f (1964): Der Pluralismus als Strukturelement der freiheitlich-rechtsstaatlichen Demokratie. In: ders. 2011m, 256 – 280.

Fraenkel, Ernst 2011g (1964): Strukturdefekte der Demokratie und deren Überwindung. In: ders. 2011m, 91 – 113.

Fraenkel, Ernst 2011h (1960): Historische Vorbelastungen des deutschen Parlamentarismus. In: ders. 2011m, 53 – 72.

Fraenkel, Ernst 2011i (1966): Ursprung und politische Bedeutung der Parlamentsverdrossenheit. In: ders. 2011m, 151 – 162.

Fraenkel, Ernst 2011j (1960): Deutschland und die westlichen Demokratien. In: ders. 2011m, 74 – 90.

Fraenkel, Ernst 2011k (1963): Demokratie und öffentliche Meinung. In: ders. 2011m, 231 – 255.

Fraenkel, Ernst 2011l (1971): Rätemythos und soziale Selbstbestimmung. In: ders. 2011m, 114 – 150.

Fraenkel, Ernst: 2011m: *Deutschland und die westlichen Demokratien. Herausgeben und eingeleitet von Alexander v. Brünneck.* 9. Auflage, Nomos-Verlag, Baden-Baden.

Fraenkel, Ernst 2011o: Möglichkeiten und Grenzen politischer Mitarbeit der Bürger in einer modernen parlamentarischen Demokratie. In: ders. 2011m, 283 – 296.

Fraser, Nancy 2007: Die Transnationalisierung der Öffentlichkeit. Legitimität und Effektivität der öffentlichen Meinung in einer postwestfälischen Welt. In: Peter Niesen/ Benjamin Herborth (Hrsg.) 2007b, 224 – 253.

Freie und Hansestadt Hamburg 2012: *Abitur 2014. Regelungen für die zentralen schriftlichen Prüfungsaufgaben.* URL: http://www.hamburg.de/contentblob/3396334/data/a-heft-abi14.pdf, [Zugriff am 04.09.2012].

Freie und Hansestadt Hamburg 2014: *Abitur 2016. Regelungen für die zentralen schriftlichen Prüfungsaufgaben.* URL: http://www.hamburg.de/contentblob/3977448/data/pdf-regelungen-2016-abitur.pdf [Zugriff vom 27.07.2016].

Frerichs, Vera 1999: *Schülervorstellungen und wissenschaftliche Vorstellungen zu den Strukturen und Prozessen der Vererbung. Ein Beitrag zur Didaktischen Rekonstruktion.* Didaktisches Zentrum der Carl von Ossietzky Universität Oldenburg, Oldenburg.

Friedman, Milton 1971: *Kapitalismus und Freiheit.* Seewald Verlag, Stuttgart.

Fröhlich, Iwelina 2014: Zur Diskussion um Wissen und Kompetenzen in der politischen Bildung. Oder: Was versteht man eigentlich unter ...?. In: Rico Behrens (Hrsg.), 11 – 22.

Gerring, Richard J.\ Zimbardo, Philip G. 2008: *Psychologie.* 18. Auflage, Pearson Studium, München et al.

Gessenharter, Wolfgang 2012: Chancen und Grenzen von Bürgerbeteiligungen – Theorie und Praxis. Probleme heutiger politischer Kultur und Bürgerbeteiligung. In: Stephan Braun/ Alexander Geisler (Hrsg.), 237 – 246.

Gessner, Susann et al. 2011: Schülervorstellungen in der politischen Bildung – ein Forschungsverbund aus vier Dissertationsvorhaben. In: *Zeitschrift für Didaktik der Gesellschaftswissenschaften (zdg).* Jahrgang 2, Heft 1, 166 – 169.

Giesecke, Hermann 1982: *Didaktik der politischen Bildung.* 12. Auflage, Juventa Verlag, München.

Goll, Thomas 2013: Konzeptverständnis in der Didaktik der Naturwissenschaften und der politischen Bildung – Befunde und Konsequenzen für Lehrerbildung. In: Anja Besand (Hrsg.), 133 – 152.

Gombert, Tobias et al. 2014: *Lesebuch der sozialen Demokratie 1. Grundlagen der Demokratie.* 4. Auflage, Friedrich-Ebert-Stiftung Akademie für soziale Demokratie, Bonn.

Götzmann, Anke 2008: Politische Konzepte von Grundschüler\ -innen zu Öffentlichkeit. In: Georg Weißeno (Hrsg.), 293 – 308.

Götzmann, Anke 2015: *Entwicklung politischen Wissens in der Grundschule.* Springer VS, Wiesbaden.

GPJE 2004: *Anforderung an Nationale Bildungsstandards für den Fachunterricht in der politischen Bildung an Schulen. Ein Entwurf.* Wochenschau-Verlag: Schwalbach/ Ts.

Grace, Molly 2013: Luck egalitarianism is fatally indeterminate. In: *The Student Journal of Law.* Heft 5. URL: http://www.sjol.co.uk/issue-5/luck-egalitarianism-is-fatally-indeterminate#_ftnref16 [Zugriff am 11.08.2015].

Grammes, Tilman 2011: Konzeptionen der politischen Bildung – bildungstheoretische Lesarten aus ihrer Geschichte. In: Autorengruppe Fachdidaktik (Hrsg.) 2011a, 27 – 50.

Grammes, Tilman 1997: *Kommunikative Fachdidaktik. Politik. Geschichte. Recht. Wirtschaft.* Leske + Budrich, Opladen.

Greven, Michael Th. 1994: *Kritische Theorie und historische Politik: theoriegeschichtliche Beiträge zur gegenwärtigen Gesellschaft.* Leske + Budrich, Opladen.

Greven, Michael Th. 1999: Die fehlende Demokratietheorie der Kritischen Theorie. In: Wolfgang Merkel/ Andreas Busch (Hrsg.): *Demokratie in Ost und West. Für Klaus von Beyme.* Suhrkamp Verlag, Frankfurt am Main, 73 – 89.

Gropengießer, Harald 2005: Qualitative Inhaltsanalyse in der fachdidaktischen Lehr-Lernforschung, In: Mayring, Phillip/ Glaeser-Zikuda, Michaela (Hrsg.): *Die Praxis der Qualitativen Inhaltsanalyse.* Weinheim und Basel, 172 – 189.

Gropengießer, Harald 2006: *Wie man Vorstellungen der Lerner verstehen kann. Lebenswelten/ Denkwelten/ Sprechwelten.* 2. Auflage, Didaktisches Zentrum Carl von Ossietzky Universität Oldenburg, Oldenburg.

Gropengießer, Harald 2007a: *Didaktische Rekonstruktion des Sehens. Wissenschaftliche Theorien und die Sicht der Schüler in der Perspektive der Vermittlung.* 2. Auflage, Didaktisches Zentrum Carl von Ossietzky Universität Oldenburg, Oldenburg.

Gropengießer, Harald 2007b: Theorie des erfahrungsbasierten Verstehens. In: Dirk Krüger/ Helmut Vogt (Hrsg.), 105 – 116.

Groß, Jorge 2004: Lebensweltliche Vorstellungen als Hindernis und Chance bei Vermittlungsprozessen. Oder: Warum Schüler einen Pilz im Regenwaldhaus Hannover nicht erkennen. In: Harald Gropengießer/ Anne Janssen-Bartels/ Elke Sander (Hrsg.): *Lehren fürs Leben. Didaktische Rekonstruktionen in der Biologie.* Aulis Verlag Deubner, Köln, 119 – 130.

Gunnell, John G. 1983: Political Theory: The Evolution of a Sub-Field. In: Ada Finifter (Hrsg.): *Political Science: The State of the Discipline*. Armer Political Science Assn, Washington D.C., 3 – 45.

Gutmann, Amy/ Thompson, Dennis 1996: *Democracy and Disagreement*. The Belknap Press of Harvard University Press, Cambridge et al..

Gutmann, Amy/ Thompson, Dennis 1999: Democratic Disagreement. In: Stephen Macedo (Hrsg.): *Deliberative Politics. Essays on Democracy and Disagreement*. Oxford University Press, New York und Oxford, 243 – 279.

Habermas, Jürgen 1981: *Theorie des kommunikativen Handelns. Band 1. Handlungsrationalität und gesellschaftliche Rationalisierung*. Suhrkamp Verlag, Frankfurt am Main.

Habermas, Jürgen 1992: *Erläuterungen zur Diskursethik*. 2. Auflage, Suhrkamp Verlag, Frankfurt am Main.

Habermas, Jürgen 1993: *Faktizität und Geltung. Beiträge zur Diskurstheorie des Rechts und des demokratischen Rechtsstaats*. 3. Auflage, Suhrkamp Verlag, Frankfurt am Main.

Habermas, Jürgen 1996: *Die Einbeziehung des Anderen. Studien zur politischen Theorie*. Suhrkamp Verlag, Frankfurt am Main.

Habermas, Jürgen 2012: *Zur Verfassung Europas. Ein Essay*. Bundeszentrale für politische Bildung, Bonn.

Hartmann, Jürgen 2012: *Politische Theorie. Eine kritische Einführung für Studierende und Lehrende der Politikwissenschaft*. 2. Auflage, Verlag für Sozialwissenschaften, Wiesbaden.

Hartmann, Jürgen/ Meyer, Bernd 2005: *Einführung in die politischen Theorien der Gegenwart*. Verlag für Sozialwissenschaften, Wiesbaden.

Hayek, Friedrich August 1950: *The Road to Serfdom*. 10. Auflage, The University Press of Chicago Press, Chicago.

Hedtke, Reinholdt 2011: Die politische Domäne im sozialwissenschaftlichen Feld. In: Autorengruppe Fachdidaktik (Hrsg.) 2011a, 51 – 68.

Heimann, Raul 2015: *Die Frage nach Gerechtigkeit. Platons* Politeia I *und die Gerechtigkeitstheorien von Aristoteles, Hobbes und Nitzsche*. Duncker & Humboldt, Berlin.

Held, David/ Meyer, Henning 2013: Eine Sozialdemokratie für das globale Zeitalter. In: Christian Kellermann/ Henning Meyer (Hrsg.), 302 – 313.

Helfferich, Cornelia 2011: *Die Qualität qualitativer Daten. Manual für die Durchführung qualitativer Interviews*. 4. Auflage, Verlag für Sozialwissenschaften, Wiesbaden.

Heller, Hermann 1992: *Gesammelte Schriften. Band 2: Recht, Staat, Macht*. Christoph Müller (Hrsg.), 2. Auflage, J. C. B. Mohr, Tübingen.

Henkenborg, Peter 2002: Interpretative Unterrichtsforschung in der politischen Bildung. Ansätze, Stand und Perspektiven. In: Georg Breidenstein; Arno Combe; Werner Helsper; Bernhard Stelmaszyk (Hrsg.): *Forum qualitative Schulforschung 2. Interpretative und Unterrichts- und Schulbegleitforschung*. Leske + Budrich, Opladen, 81 – 110.

Henkenborg, Peter 2008a: Kompetenzorientierter Unterricht und kognitives Lernen. Zum Streit über kategoriale Bildung und Basiskonzepte in der Politikdidaktik. In: *kursiv – Journal für politische Bildung*, Jahrgang 11, Heft 3, 76 – 91.

Henkenborg, Peter 2008b: Kategoriale Bildung und kompetenzorientierte politische Bildung. In: Georg Weißeno (Hrsg.), 213 – 230.

Henkenborg, Peter 2011: Wissen in der politischen Bildung. In: Autorengruppe Fachdidaktik (Hrsg.) 2011a, 111 – 132.

Henkenborg, Peter\ Krieger, Anett 2005: Deutungslernen in der politischen Bildung – Prinzipien didaktischer Inszenierung. In: *kursiv – Journal für politische Bildung*. Jahrgang 8, Heft 1, 30 – 42.

Hennis, Wilhelm 1973: Demokratisierung. Zur Problematik eines Begriffs. In: Martin Greiffenhagen (Hrsg.): *Demokratisierung in Staat und Gesellschaft*. R. Piper & Co. Verlag, München, 47 - 70

Herrmann, Ulrike 2013: *Der Sieg des Kapitals. Wie der Reichtum in die Welt kam: Die Geschichte von Wachstum, Geld und Krisen*. Bundeszentrale für politische Bildung, Bonn.

Hildebrand, Bruno 2010: Anselm Strauss. In: Uwe Flick\ Ernst von Kardorff\ Ines Steinke (Hrsg.), 32 – 42.

Hilge, Catja 1999: *Schülervorstellungen und fachliche Vorstellungen zu Mikroorganismen und mikrobiellen Prozessen – ein Beitrag zur Didaktischen Rekonstruktion*. Didaktisches Zentrum, Oldenburg.

Hobbes, Thomas 1966: *Leviathan oder Stoff, Form und Gewalt eines kirchlichen und bürgerlichen Staates*. Herausgegeben und eingeleitet von Iring Fetcher, Suhrkamp Verlag, Frankfurt am Main.

Hobbes, Thomas 1998 (1651): *Leviathan or the Matter, Forme, & Power of a Commonwealth*. Herausgegeben von J. C. A. Gaskin. Oxford University Press, Oxford et al.

Höffe, Otfried 2013a: Einführung in Rawls' *Theorie der Gerechtigkeit*. In: ders. 2013c (Hrsg.), 1 - 24.

Höffe, Otfried 2013b: Zur Gerechtigkeit der Verteilung. In: ders. 2013c (Hrsg.), 153 - 169.

Höffe, Ottfried (Hrsg.) 2013c: *John Rawls. Eine Theorie der Gerechtigkeit*. Akademie Verlag, Berlin.

Holthaus, Leonie/ Noetzel, Thomas 2012: Demokratischer Pluralismus versus despotische Herrschaft. Zur Theorie liberaler Rechtsstaatlichkeit. In: Oliver W. Lembcke/ Claudia Ritzi/ Gary S. Schaal (Hrsg.), 33 – 62.

Holtmann, Antonius 1980: Politische Bildung: Ausdifferenzierung und Qualifizierung gesellschaftspolitischen Wahrnehmens und Handelns. Vom Alltagsbewusstsein zur politischen Theorie. In: Kurt Gerhard Fischer (Hrsg.), 67 – 91.

Hopf, Christel 2010: Qualitative Interviews – ein Überblick. In: Uwe Flick\ Ernst von Kardorff\ Ines Steinke (Hrsg.), 349 – 360.

Horkheimer, Max/ Adorno, Theoder W. 1969 (1944): *Dialektik der Aufklärung. Philosophische Fragmente.* Rolf Tiedemann (Hrsg.), 2. Auflage, Suhrkamp Verlag, Frankfurt am Main.

Horkheimer, Max 1988a: Gesammelte Schriften. Band 3: 1931 - 1936. Alfred Schmidt (Hrsg.), Fischer Taschenbuch Verlag, Frankfurt am Main.

Horkheimer, Max 1988b: Gesammelte Schriften. Band 4: 1936 - 1941. Alfred Schmidt (Hrsg.), Fischer Taschenbuch Verlag, Frankfurt am Main.

Jahn, Egbert 2004: Demokratievorstellungen in der Geschichte des Sozialismus und Kommunismus. In: André Kaiser/ Thomas Zittel (Hrsg.): *Demokratietheorie und Demokratieentwicklung. Festschrift für Peter Graf Kielmannsegg.* Verlag für Sozialwissenschaften, Schwalbach/ Ts., 101 - 140.

Juchler, Ingo 2008: Politische Begriffe der Außenpolitik. Konstituenten von Fachkonzepten und *Political Literacy.* In: Georg Weißeno (Hrsg.), 169 – 183.

Jung, Walter 1993: Hilft die Entwicklungspsychologie dem Physikdidaktiker? In: Reinders Duit/ Wolfgang Gräber: *Kognitive Entwicklung und Lernen der Naturwissenschaften. Tagungsband zum 20. IPN-Symposium aus Anlaß des 60. Geburtstages von Prof. Dr. Heinrick Stork.* IPN, Kiel, 86 – 108.

Kallscheuer, Otto 1986: Marxismus und Sozialismus bis zum Ersten Weltkrieg. In: Iring Fetscher/ Herfried Münkler (Hrsg.): *Pipers Handbuch der politischen Ideen. Band 4. Neuzeit: Von der Französischen Revolution bis zum europäischen Nationalismus.* Piper Verlag, München, 515 - 588.

Kattmann, Ulrich 2005: Lernen mit anthropomorphen Vorstellungen? – Ergebnisse von Untersuchungen zur Didaktischen Rekonstruktion in der Biologie. In: *Zeitschrift für Didaktik der Naturwissenschaften,* Jahrgang 11, 165 – 174.

Kattmann, Ulrich 2007a: Alltagswissen und Fachwissen – oder: Warum (Um-)Lernen so schwer fällt. In: *Seminar Lehrerbildung und Schule,* Jahrgang 13, Heft 4, 9 – 21.

Kattmann, Ulrich 2007b: Didaktische Rekonstruktion – eine praktische Theorie. In: Dirk Krüger/ Helmut Vogt (Hrsg.), 93 – 104.

Kattmann, Ulrich\ Gropengießer, Harald 1996: Modellierung der didaktischen Rekonstruktion. In: Reinders Duit\ Christoph von Rhöneck (Hrsg.), 180 – 204.

Kattmann, Ulrich et al. 1997: Das Modell der Didaktischen Rekonstruktion – Ein Rahmen für naturwissenschaftsdidaktische Forschung und Entwicklung. In: *Zeitschrift für Didaktik der Naturwissenschaften,* Jahrgang 3, Heft 3, 3 – 18.

Kelle, Udo\ Erzberger, Christian 2010: Qualitative und quantitative Methoden: kein Gegensatz. In: Uwe Flick\ Ernst von Kardorff\ Ines Steinke (Hrsg.), 299 – 309.

Kellermann, Christian/ Meyer, Henning (Hrsg.) 2013: *Die Gute Gesellschaft. Soziale und demokratische Politik im 21. Jahrhundert.* Suhrkamp Verlag, Frankfurt am Main

Kersting, Wolfgang 2004: *John Rawls zur Einführung*. 2. Auflage, Junius Verlag, Hamburg.

Kersting, Wolfgang 1994: *Die politische Philosophie des Gesellschaftsvertrages*. Wissenschaftliche Buchgesellschaft, Darmstadt.

Klein Hans-Peter et al. 2014: Sind Hamburgs Abiturienten mathematisch und naturwissenschaftlich klüger geworden? Nach welchen Maßstäben übertrifft das achtjährige Gymnasium das neunjährige? Qualitative Analyse der in den Studien KESS 12 und KESS 13 eingesetzten Testinstrumente im Bereich Mathematik/Naturwissenschaften. In: *Vierteljahrsschrift für wissenschaftliche Pädagogik*. Jahrgang 89, Heft 4, Paderborn: Schöningh, 627 – 648.

Klieme, Eckhard et al. 2007: *Zur Entwicklung nationaler Bildungsstandards. Eine Expertise*. Bundesministerium für Bildung und Forschung (Hrsg.), Bonn und Berlin.

Klippert, Heinz 2008: *Planspiele. 10 Spielvorlagen zum sozialen, politischen und methodischen Lernen in Gruppen*. 5. Auflage, Beltz Verlag, Weinheim und Basel.

Klee, Andreas\ Lange, Dirk\ Lutter, Andreas 2006: Das Modell der Didaktischen Rekonstruktion in der Politischen Bildung – Einblicke in die Forschungspraxis. In: Lange, Dirk (Hrsg.): *Politische Bildungsforschung. Politikdidaktische Arbeits- und Forschungsschwerpunkte an niedersächsischen Universitäten*. Schneider Verlag Hohengehren, Baltmannsweiler, 185 – 200.

Klee, Andreas 2008: *Entzauberung des politischen Urteils. Eine didaktische Rekonstruktion zum Politikbewusstsein von Politiklehrerinnen und Politiklehrer*. VS Verlag, Wiesbaden.

Knoblauch, Hubert 2005: *Wissenssoziologie*. UVK Verlagsgesellschaft mbh, Konstanz.

Kowak, Sabine\ O'Connell, Daniel 2010: Zur Transkription von Gesprächen. In: Uwe Flick\ Ernst von Kardorff\ Ines Steinke (Hrsg.), 437 – 447.

Kraft, Lars 1999: Entwurf einer Unterrichtsstunde im Fach Politische Weltkunde. In: Hans-Werner Kuhn\ Peter Massing (Hrsg.): *Politikunterricht: kategorial und handlungsorientiert. Ein Videobuch*. Wochenschau-Verlag, Schwalbach\ Ts., 58 – 82.

Krapp, Andreas/ Weidemann, Bernd (Hrsg.): *Pädagogische Psychologie. Ein Lehrbuch*. 5. Auflage, Beltz PVU, Weinheim et al..

Kreide, Regina/ Niederberger, Andreas 2011: Politik. In: Gerhard Göhler/ Matthias Iser/ Ina Kerner (Hrsg.): *Politische Theorie. 25 umkämpfte Begriffe zur Einführung*. 2. Auflage, Verlag für Sozialwissenschaften, Wiesbaden, 290 – 306.

Krüger, Dirk/ Vogt, Helmut (Hrsg.): *Theorien in der biologiedidaktischen Forschung. Ein Handbuch für Lehramtsstudenten und Doktoranden*. Springer-Verlag, Berlin und Heidelberg.

Kuckartz, Udo 2014: *Qualitative Inhaltsanalyse. Methoden, Praxis, Computerunterstützung*. 2. Auflage, Beltz Juventa, Weinheim und Basel.

Küsters, Ivonne 2009: *Narrative Interviews. Grundlagen und Anwendungen*. 2. Auflage, Verlag für Sozialwissenschaften, Wiesbaden.

Lakoff, George 2002: *Moral Politics. How liberals and conservatives think*. 2. Auflage, The University of Chicago Press, Chicago und London.

Lakoff, George/ Johnson, Mark 2008: *Metaphors we live by*. University of Chicago Press, Chicago.

Lammert, Norbert 2016: Streit muss sein, liebe Polen. In: *Die Zeit*. Jahrgang 81, Ausgabe 1.

Lamnek, Siegfried 2010: *Qualitative Sozialforschung*. 5. Auflage, Beltz Verlag, Weinheim und Basel.

Landemore, Hélène 2013: *Democratic Reason. Politics, Collective Intelligence, and the Rule of the Many*. Princeton University Press, Princeton and Oxford.

Landwehr, Claudia 2012: Demokratische Legitimation durch rationale Kommunikation. Theorien deliberativer Demokratien. In: Oliver W. Lembcke/ Claudia Ritzi/ Gary S. Schaal (Hrsg.), 355 – 385.

Lange, Dirk 2004: Alltagsorientierte politische Bildung. Vom politikfernen Alltag zur Alltagspolitik. In: *kursiv – Journal für politische Bildung*. Jahrgang , Heft 1, 36 – 43.

Lange, Dirk 2005: Was ist und wie entsteht das Demokratiebewusstsein? Vorüberlegungen zu einer politischen Lerntheorie. In: ders./ Gerhard Himmelmann (Hrsg.), 258 – 269.

Lange, Dirk 2007: Politik didaktisch rekonstruiert. Zur Erforschung von Politikbewusstsein im Oldenburger Promotionsprogramm ProDid. In: *kursiv – Journal für politische Bildung*. Jahrgang 10, Heft 2, 50 – 57.

Lange, Dirk 2008a: Kernkonzepte des Bürgerbewusstseins. Grundzüge einer Lerntheorie der politischen Bildung. In: Georg Weißeno (Hrsg.), 245 – 258.

Lange, Dirk 2008b: Bürgerbewusstsein. Sinnbilder und Sinnbildungen in der Politischen Bildung. In: *Gesellschaft – Wirtschaft – Politik*. Jahrgang 57, Heft 3, 431 – 439.

Lange, Dirk 2010: Politikdidaktische Rekonstruktion. In: ders./ Volker Reinhardt (Hrsg.), 58 – 65.

Lange, Dirk 2011a: Konzepte als Grundlage der politischen Bildung. Lerntheoretische und fachdidaktische Überlegungen. In: Autorengruppe Fachdidaktik (Hrsg.) 2011a, 95 – 109.

Lange, Dirk 2011b: Bürgerbewusstsein empirisch – Gegenstand und Methoden fachdidaktischer Forschung zur Politischen Bildung. In: ders./ Sebastian Fischer (Hrsg.), 12 – 21.

Lange, Dirk/ Fischer, Sebastian (Hrsg.) 2011: *Politik und Wirtschaft im Bürgerbewusstsein. Untersuchungen zu den fachlichen Konzepten von Schülerinnen und Schülern in der Politischen Bildung*. Wochenschau Verlag, Schwalbach/ Ts..

Lange, Dirk/ Himmelmann, Gerhard (Hrsg.): *Demokratiekompetenz. Beiträge aus Politikwissenschaft, Pädagogik und politischer Bildung.* VS Verlag, Wiesbaden.

Lange, Dirk/ Reinhardt, Volker (Hrsg.): *Basiswissen Politische Bildung. Forschung und Bildungsbedingungen (Band 4).* 2. Auflage, Schneider Verlag Hohengehren, Baltmannsweiler.

Langner, Frank 2010: Politisches Lernen als Konstruktion. In: Dirk Lange/ Volker Reinhardt (Hrsg.): *Basiswissen Politische Bildung. Konzeptionen Politischer Bildung (Band 1).* 2. Auflage, Schneider Verlag Hohengehren GmbH, 166 – 175.

Lembcke et al. 2012: Zwischen Kongruenz und Konvergenz. Eine Einführung in die normative Demokratietheorie. In: dies. (Hrsg.), 9 – 32.

Lembcke, Oliver W./ Ritzi, Claudia/ Schaal, Gary S. (Hrsg.): *Zeitgenössische Demokratietheorie. Band 1: Normative Demokratietheorien. Band 1: Normative Demokratietheorien.* Springer VS, Wiesbaden.

Lenk, Lars-Uwe 2011: Schülervorstellungen von sozialer Gerechtigkeit. In: Lange/ Fischer (Hrsg.), 149 – 162.

Lincoln, Yvonna/ Guba, Egon 1985: *Naturalistic Inquiry.* Sage Publications, London et al.

Llanque, Marcus 2008: *Politische Ideengeschichte. Ein Gewebe politischer Diskurse.* Oldenbourg Wissenschaftsverlag, München und Wien.

Locke, John 1977: *Zwei Abhandlungen über die Regierung.* Herausgegeben von Walter Euchner, Suhrkamp Verlag, Frankfurt am Main.

Ludwig, Erhard 2013: *Kritische Theorie und Kapitalismus. Die jüngere Kritische Theorie auf dem Weg zu einer Gesellschaftstheorie.* Springer VS, Wiesbaden.

Lutter, Andreas 2010: Schülervorstellungen. In: Dirk Lange/ Volker Reinhardt (Hrsg.), 74 – 80.

Lutter, Andreas 2011: *Integration im Bürgerbewusstsein von SchülerInnen.* VS Verlag, Wiesbaden.

Mandl, Heinz/ Spada, Hans (Hrsg.): *Wissenspsychologie.* Psychologie Verlags Union, München und Weinheim.

Mandl, Heinz et al. 1988: Theoretische Ansätze zum Wissenserwerb. In: Heinz Mandl/ Hans Spada (Hrsg.), 123 – 160.

Marx, Karl/ Engels, Friedrich 1958: *Werke. Band 2.* Dietz Verlag, Berlin.

Marx, Karl 1966: Der Bürgerkrieg in Frankreich (Adresse des Generalrats vom 30.5.1871). In: ders./ Friedrich Engels (Hrsg.): *Studienausgabe in 4 Bänden. Band 2: Geschichte und Politik. Abhandlungen und Zeitungsaufsätze zur Zeitgeschichte.* Fischer Bücherei, Frankfurt am Main und Hamburg.

Massing, Peter 1997: Politikwissenschaftliche Deutungen und kategorialer Politikunterricht. In: ders./ Georg Weißeno (Hrsg.): *Politische Urteilsbildung. Aufgabe und Wege für den Politikunterricht.* Bundeszentrale für politische Bildung, Bonn, 221 – 230.

Massing, Peter 2007: Politische Bildung in der Grundschule. Überblick, Kritik, Perspektiven. In: Dagmar Richter (Hrsg.), 18 – 35.

Massing, Peter 2008: Basiskonzepte für die politische Bildung. Ein Diskussionsvorschlag. In: Georg Weißeno (Hrsg.), 184 – 198.

Massing et al. 2011: „Konzepte der Politik" – Eine Antwort auf die Kritikergruppe. In: *politische Bildung*. Jahrgang 44, Heft 3, 134 – 143.

Maus, Ingeborg 1992a: *Zur Aufklärung der Demokratietheorie. Rechts- und demokratietheoretische Überlegungen im Anschluß an Kant.* Suhrkamp Verlag, Frankfurt am Main.

Maus, Ingeborg 1992b: Basisdemokratische Aktivitäten und rechtsstaatliche Verfassung. Zum Verhältnis von institutionalisierter und nichtinstitutionalisierter Volkssouveränität. In: Thomas Kreuder (Hrsg.): *Der orientierungslose Leviathan. Verfassungsdebatte, Funktion und Leistungsfähigkeit von Recht und Verfassung.* Schüren Presseverlag, Marburg, 99 – 116.

Maus, Ingeborg 1994: Volkssouveränität versus Konstitutionalismus. Zum Begriff einer demokratischen Verfassung. In: Günter Frankenberg (Hrsg.): *Auf der Suche nach der gerechten Gesellschaft.* Fischer Taschenbuchverlag, Frankfurt am Main, 74 – 83.

Maus, Ingeborg 2013: Der Urzustand. In: Ottfried Höffe (Hrsg.) 2013c, 65 – 88.

Mayring, Phillip 1990: *Einführung in die qualitative Sozialforschung. Eine Anleitung zu qualitativen Denken.* Psychologie Verlags Union, München.

Mayring, Philipp 2002: *Einführung in die qualitative Sozialforschung. Eine Anleitung zum qualitativen Denken.* 5. Auflage, Beltz Verlag, Weinheim und Basel.

Mayring, Philip 2010: Qualitative Inhaltsanalyse. Grundlagen und Technik. 11. Auflage, Beltz-Verlag, Weinheim und Basel.

Meier, Christian 1980: *Die Entstehung des Politischen bei den Griechen.* Suhrkamp Verlag: Frankfurt am Main.

Merkens, Hans 1997: Stichproben bei qualitativen Studien. In: Barbara Frieberthäuser, Annedore Prengel (Hrsg.): *Handbuch Qualitative Forschungsmethoden in der Erziehungswissenschaft.* Juventa-Verlag, Weinheim und München, 97 – 106.

Merkens, Hans 2010: Auswahlverfahren, Sampling, Fallkonstruktion. In: Uwe Flick\ Ernst von Kardorff\ Ines Steinke (Hrsg.), 286 – 299.

Merkel, Wolfgang 2003: *Demokratie in Asien. Ein Kontinent zwischen Diktatur und Demokratie.* Verlag J. H. W. Dietz, Bonn.

Merton, R.K.\ Kendall, P. 1984: Das fokussierte Interview. In: Christel Hopf\ Elmar Weingarten (Hrsg.): *Qualitative Sozialforschung.* Klett-Cotta, Stuttgart, 171 – 204.

Merton, Robert\ Fiske, Marjore/ Kendall, Patricia 1956: *The Focused Interview. A Manual of Problems and Procedures.* Free Press, Glenoce.

Meyer, Christian 2013: Zum Wissensverständnis in der Politischen Bildung – Anmerkungen zu einer aktuellen Kontroverse. In: Anja Besand (Hrsg.), 153 – 172.

Meyer, Thomas 2009a: *Was ist Demokratie? Eine diskursive Einführung.* Verlag für Sozialwissenschaften, Wiesbaden.

Meyer, Thomas 2009b: *Soziale Demokratie. Eine Einführung.* Wochenschau-Verlag, Schwalbach/Ts.

Meyer, Thomas 2010: *Was ist Politik?.* 3. Auflage, VS Verlag, Wiesbaden.

Meyer, Thomas 2011: *Theorie der sozialen Demokratie.* 2. Auflage, Wochenschau-Verlag, Schwalbach/Ts.

Meyer, Thomas 2013: Die Zukunft der sozialen Demokratie. Ressourcen, Programme, Bündnisse. In: Kellermann, Christian/ Meyer, Henning (Hrsg.), 248 – 264.

Mietzel, Gerd 2007: *Pädagogische Psychologie des Lernens und Lehrens.* 8. Auflage, Hogrefe, Göttingen et al..

Miller, David 2003: *Political Philosophy. A Very Short Introduction.* Oxford University Press, Oxford et al.

Miller, David 2014: *The Incoherence of Luck Egalitarianism. CSSJ Working Papers Series, SJ022.* Centre for the Study of Social Justice Department of Politics and International Relations University of Oxford, Oxford. URL: http://www.politics.ox.ac.uk/materials/centres/social-justice/working-papers/SJ022_The%20Incoherence%20of%20Luck%20Egalitarianism%20final%20draft.pdf [Zugriff am 12.08.2015].

Misselwitz, Hans-Jürgen 2013: Kapitalismuskritik als Kampf um Werte und Menschenbilder. In: Christian Kellermann/ Henning Meyer (Hrsg.), 100 – 118.

Müller, Klaus 2001: Der Pragmatische Konstruktivismus. Ein Modell zur Überwindung des Antagonismus von Instruktion und Konstruktion. In: ders./ Johanna Meixner (Hrsg.): *Konstruktivistische Schulpraxis. Beispiele für den Unterricht.* Luchterhand Verlag, Kriftel, 3 – 47.

Münkler, Herfried/ Bluhm, Harald (Hrsg.): *Gemeinwohl und Gemeinsinn. Zwischen Normativität und Faktizität.* Band IV. Akademie Verlag, Berlin.

Murphy, Gregory L. 2004: *The Big Book of Concepts.* Massachusetts Institute of Technology, Cambride und London.

Mutz, Diana C. 2008: Is Deliberative Democracy a Falsfiable Theory? In: *Annual Review of Political Science.* Jahrgang 11, Heft 1, 521 – 538.

Nanz, Patrizia/ Steffek, Jens 2007: Zivilgesellschaftliche Partizipation und die Demokratisierung internationalen Regierens. In: Peter Niesen/ Benjamin Herborth 2007b (Hrsg.), 87 – 110.

Narr, Wolf-Dieter 1976: *Theoriebegriffe und Systemtheorie.* 4. Auflage, Verlag W. Kohlhammer Gmbh, Stuttgart et al.

Nida-Rümelin/Özmen 2006: John Rawls, Eine Theorie der Gerechtigkeit (1971). In: Manfred Brocker (Hrsg.): *Geschichte des politischen Denkens. Ein Handbuch.* Suhrkamp Verlag, Frankfurt am Main.

Niesen, Peter 2007a: Politische Theorie als Demokratiewissenschaft. In: Hubertus Buchstein/ Gerhard Göhler (Hrsg.), 126 – 155.

Niesen, Peter/ Herborth, Benjamin 2007b (Hrsg.).: *Anarchie der kommunikativen Freiheit. Jürgen Habermas und die Theorie der internationalen Politik.* Suhrkamp Verlag, Frankfurt am Main.

Nida-Rümelin, Julian 1999: *Demokratie als Kooperation.* Suhrkamp Verlag, Frankfurt am Main.

Nozick, Robert 1974: *Anarchy, State, and Utopia.* Blackwell, Oxford.

Nullmeier, Frank 2010: Kritik neoliberaler Menschen- und Gesellschaftsbilder und Konsequenzen für ein neues Verständnis „sozialer Gerechtigkeit". Friedrich-Ebert-Stiftung. URL: http://library.fes.de/pdf-files/wiso/07649.pdf [Zugriff am 02.01.2016]

Oeftering, Tonio 2014: Von Kategorien zu Basis- und Fachkonzepten – Alter Wein in neuen Schläuchen. In: Rico Behrens (Hrsg.), 23 – 32.

Offe, Claus 1973: Politische Herrschaft und Klassenstrukturen. Zur Analyse spätkapitalistischer Gesellschaftssysteme. In: Gisela Kress/ Dieter Senghaas (Hrsg.): *Politikwissenschaft. Eine Einführung in ihre Probleme.* Fischer Taschenbuch Verlag, 135 - 164.

Offe, Claus 2002: Wessen Wohl ist das Gemeinwohl?. In: Herfried Münkler/ Karsten Fischer (Hrsg.), 55 - 76.

Offe, Claus 2003: *Herausforderungen der Demokratie. Zur Integrations- und Leistungsfähigkeit politischer Institutionen.* Campus Verlag, Frankfurt am Main und New York.

Pateman, Carole 2012: Participatory democracy revisited. In: *Perspectives on Politics.* Jahrgang 10, Heft 1, 7 – 19.

Patton, Michael Quinn 1990: *Qualitative evaluation and research methods.* Sage, Newbury Park.

Patzelt, Werner J. 2013: *Einführung in die Politikwissenschaft. Grundriss des Faches und studiumbegleitende Orientierung.* 7. Auflage, wissenschaftsverlag richard rohe, Passau.

Petrik, Andreas 2007: *Von den Schwierigkeiten, ein politischer Mensch zu werden. Konzept und Praxis einer genetischen Politikdidaktik.* Verlag Barbara Budrich, Opladen und Farminton Hills.

Petring, Alexander 2013: Die Gute Gesellschaft oder der gute Staat?. In: Christian Kellermann/ Henning Meyer (Hrsg.), 84 – 99.

Petrik, Andreas 2011: Das Politische als soziokulturelles Phänomen. Zur Notwendigkeit einer wertebezogenen, soziologisch und lernpsychologischen Modellierung politischer Basiskonzepte am Beispiel „politische Grundorientierungen". In: Autorengruppe Fachdidaktik 2011a, 69 – 93.

Przyborski, Aglaja\ Wohlraub-Sahr, Monika 2008: *Qualitative Sozialforschung. Ein Arbeitsbuch.* Oldenbourg Wissenschaftsverlag GmbH, München.

Rawls, John 1996: *Political Liberalism.* Columbia University Press, New York et al.

Rawls, John 1999: *A Theory of Justice. Revised Edition.* Oxford University Press, Oxford.

Rawls, John 2001: *Justice as fairness. A restatement. Edited by Erin Kelly.* The Belknap Press of Harvard University Press, Cambridge, Massachusetts & London.

Rawls, John 2007: *Lectures on political philosophy. Edited by Samuel Freeman.* The Belknap Press of Harvard University Press, Cambridge, Massachusetts & London.

Rawls, John 2014: *Eine Theorie der Gerechtigkeit.* 19. Auflage, Suhrkamp Taschenbuch Wissenschaft, Frankfurt am Main.

Reese-Schäfer, Walter 2013: *Grenzgötter der Moral. Der neuere europäisch-amerikanische Diskurs zur politischen Ethik.* Springer VS, Wiesbaden.

Reich, Kersten 2006: *Konstruktivistische Didaktik. Lehr- und Studienbuch mit Methodenpool.* 3. Auflage, Beltz Verlag, Weinheim und Basel.

Reinfried et al. 2009: Das Modell der Didaktischen Rekonstruktion – eine innovative Methode zur fachdidaktischen Erforschung und Entwicklung von Unterricht. In: *Beiträge zur Lehrerbildung.* Jahrgang 27, Heft 3, 404 – 414.

Reimer, Andreas 2011: Schülervorstellungen zu politischer Partizipation. In: Dirk Lange/ Sebastian Fischer (Hrsg.), 238 – 256.

Reinhardt, Sibylle 2005: Fehlverstehen und Fehler verstehen: Aus Fehlern lernen ist aktives Lernen. In: Dirk Lange/ Gerhard Himmelmann (Hrsg.), 129 – 140.

Reinhardt, Sibylle 2009: *Politik-Didaktik. Praxishandbuch für die Sekundarstufe I und II.* 3. Auflage, Cornelsen Scriptor, Berlin.

Reinhardt, Sibylle 2011: Fachdidaktische Prinzipien als Brücken zwischen Gegenstand und Methode. In: Autorengruppe Fachdidaktik (Hrsg.) 2011a, 147 – 162.

Reinmann, Gabi/ Mandl, Heinz 2006: Unterrichten und Lernumgebungen gestalten. In: Andreas Krapp/ Bernd Weidemann (Hrsg.), 613 – 658.

Richter, Dagmar 2007: Welche politischen Kompetenzen sollen Grundschülerinnen und –schüler erwerben?. In: dies. (Hrsg.), 36 – 53.

Richter, Dagmar 2008: Kompetenzdimension Fachwissen. Zur Bedeutung und Auswahl von Basiskonzepten. In: Georg Weißeno (Hrsg.), 152 – 168.

Richter, Dagmar (Hrsg.): *Politische Bildung von Anfang an. Demokratie-Lernen in der Grundschule.* Bundeszentrale für politische Bildung, Bonn.

Riemeier, Tanja: Moderater Konstruktivismus. In: Dirk Krüger/ Helmut Vogt (Hrsg.), 69 – 79.

Rinderle, Peter 1997: *Politische Vernunft. Ihre Struktur und Dynamik.* Verlag Karl Alber, Freiburg & München.

Rinderle, Peter 2005: Eine Kritik des Schicksalsegalitarismus. In: *Deutsche Zeitschrift für Philosophie.* Jahrgang 53, Heft 1, 23 - 44.

Robeyns, Ingried 2015: On G. A. Cohen's "On the Currency of Egalitarian Justice". In: *Ethics. An international journal of social, political and legal philosophy.* Jahrgang 125, Heft 5, 1132 - 1135.

Rohgalf, Jan 2015: *Jenseits der großen Erzählungen. Utopie und politischer Mythos in der Moderne und Spätmoderne. Mit einer Fallstudie zur globalisierungskritischen Bewegung.* Springer VS, Wiesbaden.

Rohe, Karl 1994: *Politik. Begriffe und Wirklichkeit. Einführung in das politische Denken.* 2. Auflage, Verlag W. Kohlhammer, Stuttgart et al.

Roth, Gerhard 2003: *Aus Sicht des Gehirns.* Suhrkamp Verlag, Frankfurt am Main.

Rousseau, Jean-Jacques 2004: *Vom Gesellschaftsvertrag. Oder Grundsätze des Staatsrechts.* Herausgegeben von Hans Brockard, Reclam Verlag, Stuttgart.

Saage, Richard 2005: *Demokratietheorien. Historischer Prozess - Theoretische Entwicklung - Soziotechnische Bedingungen. Eine Einführung.* VS Verlag, Wiesbaden.

Saage, Richard 2008: *Utopieforschung. Band II: An der Schwelle des 21. Jahrhunderts.* Lit Verlag, Berlin.

Sabine, George H. 1939: What is a political theory?. In: *The Journal of Politics,* Jahrgang 1, Heft 1, 1 – 16.

Sandel, Michael 1982: *Liberalism and the Limits of Justice.* Cambridge University Press, Cambridge et al.

Sandel, Michael J. 2000: Universalismus, Gleichheit und das Recht auf Einwanderung. In: Herlinde Paul-Studer (Hrsg.): *Konstruktionen praktischer Vernunft. Philosophie im Gespräch.* Suhrkamp Verlag, Frankfurt am Main, 260 – 290.

Sander, Wolfgang 2005: Die Welt im Kopf. Konstruktivistische Perspektiven zur Theorie des Lernens. In: *kursiv – Journal für Politische Bildung.* Jahrgang 8, Heft 1, 44 – 59.

Sander, Wolfgang 2008a: *Politik entdecken – Freiheit leben. Didaktische Grundlagen politischer Bildung.* 3. Auflage, Wochenschau-Verlag, Schwalbach/ Ts.

Sander, Wolfang 2008b: Was ist der „Kern" des Fachunterrichts in der politischen Bildung? In: *kursiv – Journal für Politische Bildung.* Jahrgang 11, Heft 3, 44 – 59.

Sander, Wolfgang 2009: Bildung und Perspektivität – Kontroversität und Indoktrinationsverbot als Grundsätze von Bildung und Wissenschaft. In: *Erwägen – Wissen – Ethik.* Jahrgang 20, Heft 2, 239 – 248.

Sander, Wolfgang 2010: Wissen im kompetenzorientierten Unterricht – Konzepte, Basiskonzepte, Kontroversen in den gesellschaftswissenschaftlichen Fächern. In: *zdg zeitschrift für didaktik der gesellschaftswissenschaften.* Jahrgang 1, Heft 1, 42 – 66.

Sander, Wolfgang 2011a: Kompetenzorientierung in Schule und politischer Bildung – eine kritische Zwischenbilanz. In: Autorengruppe Fachdidaktik (Hrsg.) 2011a, 9 – 25.

Sander, Wolfgang 2011b: Konzepte in der politischen Bildung – ein Replik zum Streit über Wissen. In: *politische Bildung.* Jahrgang 44, Heft 4, 154 – 159.

Sanders, Lynn M. 1997: Against Deliberation. In: *political theory: an international journal of political philosophy.* Jahrgang 25, Heft 3, 347 – 376.

Schaal, Gary S./ Heidenreich, Felix 2009: *Einführung in die Politischen Theorien der Moderne*. 2. Auflage, Verlag Barbara Budrich, Opladen & Farmington Hills, MI.

Schäfer, Rainer 2014: *Was Freiheit zu Recht macht. Manuale des Politischen.* De Gruyter, Berlin.

Sartori, Giovanni 1997: *Demokratietheorie.* Wissenschaftliche Buchgesellschaft, Darmstadt.

Schaal, Gary S. 2009: Die politische Theorie der liberal-prozeduralistischen Demokratie: Robert A. Dahl. In: André Brodocz/ ders. (Hrsg.): *Politische Theorien der Gegenwart I. Eine Einführung.* 3. Auflage, Verlag Barbara Budrich, Opladen & Farmington Hills, 247 – 276.

Schaal, Gary S./ Heidenreich, Felix 2009: *Einführung in die politischen Theorien der Moderne.* 2. Auflage, Verlag Barbara Budrich, Opladen & Farmington Hills.

Schaal, Gary S./ Heidenreich, Felix 2007: Quality versus Equality? Liberale und deliberative Ideale politischer Gleichheit. In: *Österreichische Zeitschrift für Politikwissenschaft.* Jahrgang 36, Heft 1, 23 - 38.

Schaub, Jörg 2012: Politische Theorie als angewandte Moralphilosophie?. In: *Zeitschrift für Politische Theorie.* Jahrgang 3, Heft 1, 8 – 24.

Schelle, Carla 2003: *Politisch-historischer Unterricht hermeneutisch rekonstruiert. Von den Ansprüchen Jugendlicher, sich selbst und die Welt zu verstehen.* Klinkhardt, Heilbronn.

Schelle, Carla 2015: Ergebnisse, Methoden und Internationalität in der qualitativen Forschung zum Politikunterricht. In: Georg Weißeno/ dies. (Hrsg.): *Empirische Forschung in gesellschaftswissenschaftlichen Fachdidaktiken. Ergebnisse und Perspektiven.* Springer VS, Wiesbaden, 21 – 34.

Schirmer, Dominique 2009: *Empirische Methoden der Sozialforschung. Grundlagen und Techniken.* UTB Verlag, Freiburg.

Schmidt, Manfred 2010: *Demokratietheorien. Eine Einführung.* 5. Auflage, Verlag für Sozialwissenschaften, Schwalbach/ Ts.

Schmiederer, Rolf 1975: Entwicklung und Probleme der Didaktik des politischen Unterrichts. In: Kurt Gerhard Fischer (Hrsg.), 137 - 146.

Schmitt, Carl 1963: *Der Begriff des Politischen.* Duncker & Humboldt, Berlin.

Schönrich, Gerhard 1994: *Bei Gelegenheiten Diskurs. Von den Grenzen der Diskursethik und dem Preis der Letztbegründung.* Suhrkamp Verlag, Frankfurt am Main.

Schütz, Alfred 1993: *Der sinnhafte Aufbau der sozialen Welt – Eine Einleitung in die verstehende Soziologie.* 6. Auflage, Frankfurt/M.: Suhrkamp.

Schütze, Fritz 1977: *Die Technik des narrativen Interviews in Interaktionsfeldstudien - dargestellt an einem Projekt zur Erforschung von kommunalen Machtstrukturen.* Universität Bielefeld Fakultät für Soziologie, Bielefeld.

Schweidler, Walter 2014: *Der gute Staat. Politische Ethik von Platon bis zur Gegenwart.* 2. Auflage, Springer VS, Wiesbaden.

Seel, Norbert 2003: *Psychologie des Lernens.* Ernst Reinhardt Verlag, München und Basel.

Seitz, Simone 2005: *Lehr-Lernforschung für inklusiven Sachunterricht. Forschungsmethodische Strategien zum Lernfeld Zeit.* Didaktisches Zentrum der Carl von Ossietzky Universität Oldenburg, Oldenburg.

Siebert, Horst 2004: *Sozialkonstruktivismus: Gesellschaft als Konstruktion.* Verfügbar unter: http://www.jsse.org/2004/2004-2/sozialkonstruktivismus-siebert.htm [Zugriff: 11.12.2011].

Siebert, Horst 2005: *Pädagogischer Konstruktivismus. Lernzentrierte Pädagogik in Schule und Erwachsenenbildung.* 3. Auflage, Beltz Verlag, Weinheim und Basel.

Stark, Robin 2003: Conceptual Change: kognitiv oder situiert. In: *Zeitschrift für pädagogische Psychologie.* Jahrgang 17, Heft 2, 133 – 144.

Steiner, Gerhard 1988: Analoge Repräsentationen. In: Heinz Mandl/ Hans Spada (Hrsg.), 99 – 119.

Steinke, Ines 1999: *Kriterien qualitativer Forschung. Ansätze zur Bewertung qualitativ-empirischer Sozialforschung.* Juventa Verlag: Weinheim und München.

Steinke, Ines 2010: Gütekriterien qualitativer Forschung. In: Uwe Flick\ Ernst von Kardorff\ dies. (Hrsg.), 319 – 331.

Sternberger, Dolf 1978: *Drei Wurzeln der Politik.* Insel-Verlag: Frankfurt am Main.

Strauss, Anselm 1991: *Grundlagen qualitativer Sozialforschung – Datenanalyse und Theoriebildung in der empirischen soziologischen Forschung.* Fink, München.

Strecker, David/ Schaal, Gary S. 2009: Die politische Theorie der Deliberation: Jürgen Habermas. In: André Brodocz/ Gary S. Schaal (Hrsg.), 99 – 148.

Sutor, Bernhard 1984: *Neue Grundlegung der politischen Bildung. Band II.* Schöningh, Paderborn.

Taylor, Charles 1988: *Negative Freiheit? Zur Kritik des neuzeitlichen Individualismus.* Suhrkamp Verlag, Frankfurt am Main.

Taylor, Robert S. 2004: A Kantian Defense of Self-Ownership. In: *The Journal of Political Philosophy.* Jahrgang 21, Heft 1, 65 – 78.

Thompson, Dennis F. 2008: Deliberative Democratic Theory and Empirical Political Science. In: *Annual Review of Political Science.* Jahrgang 11, Heft 1, 498 – 520.

Timm, Johannes-Peter 2009: Lernorientierter Fremdsprachenunterricht: Förderung systemisch-konstruktiver Lernprozesse. In: Gerhard Bach/ Johannes-Peter Timm (Hrsg.): *Englischunterricht. Grundlagen und Methoden einer handlungsorientierten Unterrichtspraxis.* 4. Auflage, A. Francke Verlag: Tübingen und Basel, 43 – 60.

van de Brink, Bert 1995: Die politisch-philosophische Debatte über die demokratische Bürgergesellschaft. In: ders./ Willem van Reijen (Hrsg.): *Bürgergesellschaft, Recht und Demokratie.* Suhrkamp Verlag, Frankfurt am Main, 7 – 26.

Vincent, Andrew 1997: *Political Theory. Tradition & Diversity.* Cambridge University Press, Cambridge.

von Beyme, Klaus 2000: *Die politischen Theorien der Gegenwart. Eine Einführung.* 8. Auflage, Westdeutscher Verlag, Wiesbaden.

von Brünneck, Alexander 2011: Vorwort des Herausgebers. In: Ernst Fraenkel 2011m, 7 – 29.

von Daniels, Detlef 2012: Zwischen sozialdemokratischer Praxis und neomarxistischer Theorie. Zur kritisch-sozialen Demokratietheorie. In: Oliver W. Lembcke et al. (Hrsg.), 285 - 316.

von der Pfordten, Dietmar 2000: Normativer Individualismus versus normativer Kollektivismus in der Politischen Philosophie der Neuzeit. In: *Zeitschrift für philosophische Forschung*. Jahrgang 54, Heft 4, 491 – 513.

von der Pfordten, Dietmar 2004: Normativer Individualismus. In: *Zeitschrift für philosophische Forschung*. Jahrgang 58, Heft 3, 321 – 346.

Wagner, Anika 2014: Basiskonzepte politischer Bildung: Erforschung der Lernendenperspektiven zu „Gemeinwohl". In: Rico Behrens (Hrsg.), 97 – 106.

Walzer, Michael 1983: *Spheres of Justice. A defense of pluralism and equality*. Blackwell, Oxford.

Walzer, Michael 2006: *Sphären der Gerechtigkeit. Ein Plädoyer für Pluralität und Gleichheit*. Neuauflage, Campus Verlag, Frankfurt am Main/ New York.

Warren, Mark E. 1996: What should we expect from more democracy? Radically democratic responses to politics. In: *political theory: an international journal of political philosophy*. Jg. 24, Heft 2, 241 – 270.

Weber, Florian 2012a: Selbstbestimmung durch Teilhabe. Theorie der partizipativen Demokratie. In: Oliver W. Lembcke/ Claudia Ritzi/ Gary S. Schaal (Hrsg.), 223 – 254.

Weber, Florian 2012b: Unterkühlter Diskurs. Zum Verhältnis von Emotionen und Deliberation bei Jürgen Habermas. In: Felix Heidenreich/ Gary S. Schaal (Hrsg.): *Politische Theorie und Emotionen*. Nomos Verlagsgesellschaft, Baden-Baden, 199 – 216.

Weber-Blaser, T. 2011: *Entwicklungspolitische Bildung. Basiskonzepte und empirische Befunde*. Wochenschau-Verlag, Schwalbach/Ts.

Weinert, F. E. 2001: Vergleichende Leistungsmessung in Schulen – eine umstrittene Selbstverständlichkeit. In: F. E. Weinert (Hrsg.): *Leistungsmessung in Schulen*. Beltz Verlag, Weinheim und Basel, 17 – 31.

Weißeno, Georg 2002: Demokratie besser verstehen – Politisches Lernen im Politikunterricht. In: Gotthard Breit/ Siegfried Schiele (Hrsg.): *Demokratie-Lernen als Aufgabe der politischen Bildung*. Wochenschau Verlag, Schwalbach/ Ts, 95 – 116.

Weißeno, Georg 2006: Kernkonzepte der Politik und Ökonomie – Lernen als Veränderung mentaler Modelle. In: ders. (Hrsg.): *Politik und Wirtschaft unterrichten*. Bundeszentrale für politische Bildung, Bonn, 120 – 141.

Weißeno, Georg 2008: Politikkompetenz. Neue Aufgaben für Theorie und Praxis. In: ders. (Hrsg.), 11 – 20.

Weißeno, Georg (Hrsg.): *Politikkompetenz. Was Unterricht zu leisten hat. Bundeszentrale für politische Bildung*, Bonn.

Weißeno et al. 2010: *Konzepte der Politik – ein Kompetenzmodell.* Bundeszentrale für politische Bildung, Bonn.

Westle, Bettina 2012: Souveräne Teilhabe unter Unsicherheit und Halbwissen: Politisches Wissen und politische Partizipation. In: Stephan Braun/ Alexander Geisler (Hrsg.), 51 – 68.

Wildhage, Manfred 2003: History. In: ders./ Edgar Otten (Hrsg.): *Praxis des bilingualen Unterrichts*. Cornelsen Scriptor, Berlin, 77 – 115.

Wilkening, Friedrich 1988: Zur Rolle des Wissens in der Wahrnehmung. In: Heinz Mandl/ Hans Spada (Hrsg.), 203 – 224.

Witzel, Andreas 2000: Das problemzentrierte Interview. In: *Forum: Qualitative Forschung*. Jahrgang 1, Nummer 1. URL: http://www.qualitative-research.net/index.php/fqs/article/view/ 1132/2519 [Zugriff am 01.07.2011].

Zakaria, Fareed 1997: The Rise of Illiberal Democracy. In: *Foreign Affairs.* Jahrgang 76, Heft 6, 22 – 43.

Printed by Printforce, the Netherlands